让你受益终生的书

已有千百万人因此书得到了积极的改变

方与圆全集

丁远峙经典著作集

珍藏版

海天出版社
HAITIAN PUBLISHING HOUSE
·深圳·

图书在版编目（CIP）数据

方与圆全集/丁远峙著. —2版. —深圳: 海天
出版社, 2018.5（2021.3重印）
　　ISBN 978-7-5507-2420-4

　　Ⅰ.①方… Ⅱ.①丁… Ⅲ.① 人生哲学—通俗读物
Ⅳ.①B821-49

　　中国版本图书馆CIP数据核字(2018)第092798号

方与圆全集
FANG YU YUAN QUAN JI

出 品 人　聂雄前
责任编辑　何志红
策　　划　李剑亚
责任技编　陈洁霞
责任校对　万妮霞

出版发行　海天出版社
地　　址　深圳市彩田南路海天综合大厦（518033）
网　　址　www.htph.com.cn
订购电话　0755-83460239（邮购、团购）
印　　刷　衡阳顺地印务有限公司印刷
开　　本　787mm×1092mm　1/16
印　　张　38.125
字　　数　774千
印　　数　266001-296000册
版　　次　2018年5月第2版
印　　次　2021年3月第4次
定　　价　58.00元

序

　　2013 年 8 月，接到一个几经辗转才打给了我的电话。对方告诉我，他出生在湖南山区，高中毕业后，在广州打工，一次偶然在街上捡到了一本残破的《方与圆》，本来只想随便翻翻，没想到却入了迷，一直被《方与圆》里面跳跃的精神火花燃烧着，想自己创业。几经摸索，他终于开发了一项全新的产业，并带动了整个乡村致富。去年他给原来读书的县高中捐了一栋教学大楼。新学期开学，教学大楼启用，他希望能购买一些有我签名的《方与圆》，送给学生人手一本，并请我做一场现场讲座，出场费由我定。

　　电话让我感动，结果就是免费讲座，还捐了一批书。

　　类似感谢的电话和信，十数年来收到了许多。

　　现在我每年都要花大量的时间，给一些商学院的总裁班讲课。每次讲课时，都会有学员拿着泛黄的《方与圆》找我签名，说终于看到"活的了"，并谈着《方与圆》对他们的影响。

　　正是这些人，让我对这本 20 年前出版的书，有了继续面世的动力。

　　感谢真诚的读者！是你们让我的人生感到了意义。

2018 年 1 月 19 日

目 录

方与圆1

第一部 品质篇

第二部　技巧篇

方与圆 2——成功者的个人修炼

上部　行动篇

下部 心灵篇

方与圆 1

谨以此书献给——

对人生怀有强烈欲望

并准备生生奋斗不已的人们。

丁远峙著

你要得到得越多，你就要知道得越多

讲座后掀起的购书狂潮

前　言

如果您愿意在百忙之中抽出几分钟，看一下本书的前言，相信您一定会对本书产生浓厚的兴趣，或许您的生活道路从此将发生改变……

人生座右铭

您见过清朝的铜钱吗？一枚圆圆的小钱，中间透着棱角分明的小方孔。这是一位饱经人生风霜的老人在我怀抱着成就一番事业的梦想，临去深圳前送给我的人生座右铭。当时我不能理解。但现实生活让我跌尽跟头，在开始体味人生的艰辛，深感生活难以驾驭时，我又拿出了这枚古铜钱，这时我突然明白了这枚铜钱的道理，找到了生活中的光亮。原来我的失败、我的磨难都来源于没有像这枚铜钱所启示的那样去做人呵！

铜钱所启示我们做人的道理就是要外圆内方。方，就是做人的正气，具备优秀的品质。圆，就是处世老练、圆通，善用技巧。正如人走路，直走不行，就可以想办法绕过去。一个人如果过分方方正正，就像生铁一样，一拗就容易断；但一个人如果八面玲珑，圆滑透顶，总是想让别人吃亏，自己占便宜，久而久之，谁还愿与这种人打交道呢？这种人自然也是人生的失败者。做人就必须方外有圆，圆中有方，外圆而内方。

"外圆内方"的确应该成为我们每一个人的人生座右铭。这也正是本书所努力奉献给您的。

一、"方"是做人之本

我们从小在家庭、学校受的教育，都是做人要善良、正直，可当我们走上社会后却发现世态炎凉，人情冷暖，我们纯真的梦想开始在现实无情的墙壁前碰得粉碎。于是，我们犹疑、彷徨，怀疑我们所接受的思想，怀疑做人之方是不是一种傻气。

实质上，"方"的确是做人之本，是堂堂正正做人的精神脊梁，这个世界上最受欢迎、最受爱戴的那些人物无不是具有"方"之灵魂。武侠小说之所以备受欢迎，其中一个重要原因，也正在于它歌颂了一种侠义精神，大丈夫有所不为，有所必为。没有"方"之灵魂的人，有悖于社会伦理，只会遭到大众的唾弃，永远无法取得最辉煌的成功。但人仅仅依靠"方"是不够的，还需要有"圆"的包裹，需要掌握为人处世、有效说话等技巧，才能无往不利。

但单纯的技巧是低级的，一本书如果只是一味地宣扬技巧，而不激励人的品质，这本书是低级的；一个人如果只是盲目地学习技巧，而不去努力升华品质，这个人也是低级的。我们不能为技巧而技巧，学习技巧的目的既是为了掌握方法，更是为了升华品质。

人的外在是内在的一种反映。内心没有的东西，外表就无法显露；内心有了，外在自然而然就能表现出来。人的心灵杰出，行为才可能杰出；人的内心美好，气质才会美好。人的气质、能力在很大程度上正是由人的内在品质决定。正如军队，做参谋的，只需要有计谋，但起决定作用的司令官，却要有威望、魄力，具备优秀的品质。对人生而言，技巧只是方法和手段，而决定人生成败的却是品质。

伟人之所以成为伟人，他们与凡人并无多大差别，有差别的只是他们具备伟人的品质。李白说："天生我材必有用。"这个"材"，不是才华，我认为更应该是品质。一个具备优秀品质的人，无论在何种环境、条件下，都最终会超越他的同类，环境、条件只能制约成功的大小，但绝无法阻止他最终取得成功。

一个人要干出一番事业，要真正懂得为人处世，要取得生活快乐，最重要的，就是首先要具备优秀的品质。实际上我们谁不向往品质优秀呢？我们都想气质美好，都想富有魅力，都想心理成熟，而这些在很大程度上却是由品质决定的。

但品质、气质、魅力都是抽象的，抽象的东西都有让人看不见、摸不着，无从下手改进的感觉。本书在这里将努力使其具体化，让你看得见、摸得着，知道该如何努力，如何做。我甚至抱有这样的期望，希望你看完本书后，品质、气质即刻就有改观。

二、"圆" 是处世之道

香港著名歌星邝美云，曾参加香港小姐竞选，获得第三名。在竞选期间，记者提了一个习钻的问题："你读书时成绩不好，你是否很笨？"这个问题的确棘手，可邝美云的回答却发人深思。邝美云是这样回答的："你们注意到没有，读书时成绩一流的人毕业后干什么？可能当工程师、律师、医生；而成绩二流的干什么呢？他们中很多人却当了那些工程师、律师、医生的老板。"

成绩一流的打工，成绩二流的却当老板。回忆我大学、中学，甚至小学的同学，那些最有名、最有钱的，的确都是成绩二流，甚至三流的同学，而那些成绩一流的同学走上社会后却往往并不出众。为何如此？就是因为成绩一流的同学过分专心于专业知识，忽略了做人的"圆"；而成绩二流，甚至三流的同学却在与人交往中掌握了处世之道。

一个人的成功主要依靠什么？你不妨观察一下周围的人。那些成功的经理、厂长，甚至专业性很强的工程师、律师、医生，他们的成功是否因为他们的专业技术都是最好的呢？答案是否定的。他们的成功往往在很大程度上是因为他们善于为人处世，会有效说话，推销自己。正如幸福的家庭并不一定是妻子貌美如花，丈夫英俊潇洒，幸福的家庭正在于双方彼此尊重体谅，关系融洽和谐。美国著名人际关系专家戴尔·卡耐基曾这样说：一个人的成功只有15%是依靠专业技术，而85%却要依靠人际交往、有效说话等软科学本领。可我们的教育却过分偏重于前面的15%，而对后面的85%几乎可以说是完全置之不理，实际上后面的85%对人而言更加重要。

举一个简单的例子。比如你对邻居说："我家有一盆花，你帮我修剪一下吧？"对方一定会让你滚到一边去，"哼，要我给你卖体力。"但如果你换一种说法："我发现你家的花修剪得特别漂亮，你在这方面造诣很高。哎，我家有一盆花，你能不能教教我，看怎么剪才漂亮？"对方一定就会高高兴兴地帮你剪花了。同样一件事情，说话的方法不同，导致的结果就截然不同。这就是技巧的作用。

1924年，美国哈佛大学教授团在芝加哥某厂做"如何提高生产率"的实验时，首次发现人际关系才是提高工作效率的关键所在，由此提出"人际关系"一词。自此以后，人们普遍认识到个人的事业成功、家庭幸福、生活快乐都与人际关系有着密切联系。而人际关系技巧则能使你在与人交往中如鱼得水，是你在现实世界中拼搏、奋争的有力武器。本书正是想让您在"方"的基础上，变得更加"圆"，掌握人际关系的技巧。

三、掌握人性乃万"圆"之源

人生活在社会中就不得不与人交往，就不得不注重人际关系，而人际关系技巧正是与人交往的润滑剂。但人际关系技巧可以说千变万化，会因人、因时、因地而异。那我们究竟怎样才能娴熟地运用它呢？

我曾见一位小姐在纸上写下这样一句话："男人的心，大海里的针。"可奇怪的是有位先生却对我说："女人的心，大海里的针。"人心真的这么难以捉摸吗？你去观察这个社会上那些成功的人士，那些成功的男人、成功的女人，他们的方法虽然千变万化、五花八门，但万变不离其宗，它们都是基于人性基础上的运用。

大家同来自动物界，同在这个现实的世界中生活，这就决定了大家都有一些共同的本性，即人性。把握人性、利用人性，正是千般技巧、万种方法的源泉。

人性是什么？英国哲学家休谟说："人性就是自私。"但对于人性最权威、最系统的剖析，应该是美国著名人本主义心理学家马斯洛的基本需要理论。

马斯洛认为：人类在社会生活各个领域的动机，均来源于若干始终不变的、遗传的、本能的需要，即人的基本需要。

马斯洛将人的基本需要按顺序分为五大类：

a. 生理需要（食物、睡眠、性生活等）；

b. 安全需要（生命、财产安全有保障）；

c. 归属和爱的需要（涉及给予爱和接受爱）；

d. 尊重的需要（自尊和来自他人的尊重）；

e. 自我实现的需要（促使潜在能力得以实现的趋势）。

高级需要以低级需要为基础，当某种基本需要得到满足，他会走向更高的层次，会因更高级的需要产生动力。由于社会环境与条件的改变，高层次的需要也可以占主导地位。这就是人性，也是本书所有技巧的心理学依据。

深刻地了解人性，把握人性，利用人性为你服务会使你永立不败之地。

学习本书的方法

某次奥运会，美国游泳队取得了世界冠军，队员欣喜若狂，高高地将教练抛进了水池，结果却发现原来教练不会游泳。不会游泳的教练，可以培养出游泳世界冠军，因为队员下水刻苦训练。

你也可以让全世界最优秀的游泳教练来教你，但无论他的教授水平如何高超，你不下水，也就永远学不会游泳。人际关系的技巧也正是如此。

有人说学人际关系读几年书还不如去做几个月推销员，这句话有几分道理，就是因为人际关系技巧的实践性强。学习本书的最好方法就是去实践，在运用中学习，在运用中提高，最好今天看了明天就去试一下，力求将本书的内容变成你的一种生活方式、一种习惯。

我喜欢美国著名教育家卡尔·罗杰斯的一句话："谁也不能教会谁任何东西。"知识是没有谁能教会给你的，要真正掌握知识，将知识变成自己的财富，只能靠自己。教师的作用、书的作用只是将你领到一桌丰盛的宴席旁，告诉你这个菜如何好吃，如何有营养。但吃不吃最终还在你自己。

没有登临泰山的人也知道泰山日出是一个胜境，但只有您自己真实地身临其境，您才能感受到它的博大与壮丽。我想本书也正是如此。

开 篇

《方与圆》在深圳读书月被评为"影响我人生的一本书"

一、激发成功欲望

我来到深圳，深圳人说我是内地来的；可回到内地，家里人又说我是深圳来的。弄得我自己也不知道自己究竟算哪里人。但我始终喜欢深圳，为做深圳人而自豪。

记得首次来深圳的感觉：坐在广州到深圳的火车上。原本十几个小时的长途旅行，粒米未沾，人早已饿得麻木。现在看着边上衣冠楚楚的乘客大嚼着炸得金黄的、飘溢着诱人香气的鸡腿，真想也买一只。但算着自己口袋里的钱，还计划在深圳求职待十多天呢，而且别人都说深圳的东西很贵，于是死劲地将口水咽进去，连鸡腿的价钱也未敢问。

这种感觉直到今天我都记忆犹新。从那天起，我就在心里对自己说："做人就要响当当，永远不要做生活的乞丐。"

的确，在深圳，你天天会感受无形的压力，让你无法停止奋斗。同样是人，别人去高档的酒家、歌舞厅，而自己只能去低档的。国贸大厦动辄上万元的家具，它们也有人买。为什么别人能买，自己不能买呢？为什么别人能有高级的物质享受，自己只能享受低级的呢？

想想这些，不感到屈辱吗？同样做人就不要比别人差，即使拼命工作也要不落后于人。

我曾与内地来的一位友人一道登上国贸大厦旋转餐厅，鸟瞰着深圳市容。他突然问我："看着深圳的繁华景象，有何感想？"

我说："一言难尽！"

他说他的感想只有一句话："想去抢银行！"

这虽是玩笑话，但的确深圳会让你无法停止奋斗，永远想去超越。

成功起源于强烈的企盼，孕育于痛苦的挣扎，是寻找自我，最终超越自我的一种结果。人要成功，就要有一种始终不渝的奋斗精神。这种奋斗精神的强弱正取决于你成功欲望的大小，你必须将欲望之火激发到白炽状态。

生当作人杰，死亦为鬼雄。每天买菜为一毛钱、两毛钱讨价还价，每周精打细算、节衣缩食，为买各种家用电器伤神费脑，这样的生活不令人窒息吗？何不去努力工作，奋力实现自身价值？做人就要做强者，永远不要比人差，这才不枉在世上走一遭。

现在，街上每天都有无数的奔驰车驶过。现在我们不拥有，这并不可悲，可悲的是我们不敢向往拥有。人生最大的悲剧就在于梦想的消失。一个人一旦没有了梦想，也就预示着他人生的浪漫剧降下了帷幕。人人都应该有一个梦，没有梦想，生命将会枯竭。

二、运用大脑，每一个成功者的座右铭

世界上最有效、最奇妙的机器是什么？就是你的大脑和神经系统。

大脑，由生命的单元细胞发展到今天，虽然只有上千克重，但却经过了几亿年的进化。它的功能世界上没有任何机器可与之比拟。英国的生物物理学家在 20 世纪 80 年代初，曾研究认为：要制作一个仅仅具有人脑的记忆功能和神经系统传输效能的机器，就将用上千万个电子元件，占地面积将有两个足球场大，所用导线有几百万米长。

大脑、神经系统正是我们人类赖以生存和发展，能在地球上占据统治地位的有力凭借。

大脑、神经系统也是我们每一个人走向成功的有效辅助机器。美国心理学家马尔茨通过多年的研究发现：大脑和神经系统具有帮助人们分析环境、选择目标、提供方法、矫正错误，引导人们最终走向成功的功能。

我们每个人都拥有这种世界上最奇妙、无可比拟的成功辅助机器。成功的关键就在于我们是否善于运用它。

世界著名的成功学家拿破仑·希尔曾写了一本名为《思考致富》的书。我不建议你看它，我建议你精读它。该书出版后，屡次重印，深受广大人士的喜爱。因为它深刻地揭示了如何运用我们自身最大的资源——大脑。我们任何人要取得任何意义上的成功都必须运用我们的头脑去思考。只有用思考的利剑才能去攫取机会，获得成功。

拿破仑·希尔有次去见一个专门以出售主意为职业的教授，结果被教授的秘书挡驾。拿破仑·希尔觉得很奇怪："像我这样有名望的人来见教授，也要挡驾的吗？"

秘书回答："无论谁，即使美国总统现在来，也要等两个小时。"

拿破仑·希尔犹豫了一阵，他很忙，但仍决定等两个小时。

两个小时后，教授出来了，希尔问他："你为什么要让我等两个小时？"

教授告诉希尔，他有一个特制的房间，里面漆黑一片，空空荡荡，唯有一张躺椅，他每天都要躺在椅子上默想两个小时，此时的两个小时，他创造力最旺盛，很多优秀的主意都来自此时，所以这时他谁也不见。

拿破仑·希尔听着教授的讲述，内心突然涌起了一股意念：运用思考才是人生成功的要诀。由此写下了使他名扬世界的著作《思考致富》。

哲人笛卡尔说："我思故我在。"是什么使你成为你？将身体还原，除开少许化合物，70%都是水分。使你成为一个"人"的，正是你的思想。这个世界上，小到针，大到摩天大厦、航天飞机无不来源于思想。思想的创造力是巨大的。它给我们带来了丰富的物质享受、不可思议的科学进步；它改变了我们的过去，改变着我们的今天，也正在改变着我们的未来。

有次在火车上与一个体户聊天。

他问我："去哪里？"

"去深圳。"

"去深圳干什么？"

我开玩笑地回答："赚钱！"

"赚钱？赚钱为什么一定要到深圳呢？"他说，"这个世界地上长的是钱，空中飘的是钱，天上掉的也是钱，只看你会不会抓罢了。"

这句话太伟大了。你不觉得伟大吗？他所说的赚钱可以通指为成功。他的意思是这个世界上成功的机会比比皆是，只看你是否善于运用大脑，抓住机会罢了。

有一位学员告诉我，他大学毕业来到深圳，发现深圳拍卖 8888888 的电话号码，价格高达几十万元，他就想 7 个 8 的电话号码有什么用，看一眼就能记住，能抢占人们头脑中的认知。

于是他用很便宜的价格拿下了一批中小城市的 7 个 7 的电话号码，以家乡为试点，到处推出广告：有问题找 7777777。7 个 7 的电话号码深入人心，搬家的、开锁的，甚至送外卖的，都打 7 个 7，以至于不通过 7 个 7，搬家公司都接不到单。而后，他自建了搬家公司，并成为当地垄断的搬家公司。随着价格的增长，他出售了外地的一些 7 个 7 的电话号码，也获得了丰厚的利润。

人生一世，降临到我们身上大的机会，就不会少于十次，关键在于你是否善于运用大脑捕捉它。

1. 机会

机会是人生成功的重要因素，人人都知道这点。但如何才能捕捉呢？我有一位朋友，在深圳从事电脑培训，现在发达了，培训点遍布深圳。他是否机会好呢？在他身无分文时，他看好深圳的电脑培训市场，认为大量涌入深圳的打工仔，体味了都市生活后不愿回家，想学一技之长有利于在深圳立足，学电脑必然是热选。于是他极力说服别人投资，最终取得了成功。我还认识一位股票大户，人们也说他机会好，但我认为是他头脑好。邓小平视察深圳时，他敏锐地意识到必将促进中国的经济发展，刺激股票上涨，于是大量购进。果不其然，稍后股票暴涨。

机会在很大程度上就是对有预见性的人的一种报酬。

孙子曰："兵者，国之大事，……不可不察也。故经之以五事，校之以计，而索其情。一曰道，二曰天，三曰地，四曰将，五曰法。……凡此五者，将莫不闻，知之者胜，不知之者不胜。故校之以计，而索其情。曰：主孰有道？将孰有能？天地孰得？法令孰行？兵众孰强？士卒孰练？赏罚孰明？吾以此知胜负矣。"孙子流传千古而不朽的名言，告诫我们"五事""七校"是决策基础。但年轻人往往只依主观愿望，凭一腔热血办事。不善于全面、成熟地分析、考虑客观条件。冲劲固然是人生中最可宝贵的，但只凭冲劲办事就是一种鲁莽，往往事与愿违。到跌尽跟头再成熟时，宝贵的冲劲可能已化为云烟。邓小平不是说做领导最重要的能力就是要有远见吗？对人生成功而言也正是如此，要全面地、联系地考虑、分析问题，眼光要放得更远一点。

2. 高峰和低谷

哲学中的否定之否定规律向我们揭示了事物的发展规律：螺旋式上升，波浪式前进。

古语说：盛极必衰。事物的发展都是像波浪一样由低谷到高峰，再由高峰跌到低谷，循环往复以至无穷。

马克思据此，推论出资本主义社会必然出现周期性的经济危机。一种产品很少企业生产，这就是低谷；随着发展，必然会供不应求，于是生产的企业开始大发其财，这时众多企业见生产这种产品赚钱，就大量投于其间，高峰出现；接着就开始出现供过于求，于是企业纷纷亏本，出现新的低谷。

深圳的股民对此最有切身感受。开始股票无人买，结果买股票的赚了大钱；大家见炒股赚钱，于是都买股票，将股价炒得天高，随后的恶果就必然是股价的暴跌。

事物发展的高峰和低谷正是辩证的统一，高峰中潜藏着跌落低谷的因素，低谷中孕育着新的高峰。高峰的前途一定是低谷；低谷的未来必定是高峰。既然事物的发展规律如此，那我们做任何事都必须谨记：高峰时退出，低潮时投入。

人都喜欢跟风，见"好"就上，见"坏"就收，这是人的直观哲学，这种方式会使你永远比人慢一拍。

新生事物必然战胜旧事物，新生事物是最有生命力、最有发展前途的。这就需要我们抛弃跟风哲学，总是不断地寻找有生命力的新事物，这样才能永远把握事物的高峰。

三、行动，才能导向成功

你崇拜成功者吗？真的，我崇拜成功者。在小的时候我就崇拜成功者，可长大后却发现，许多成功者原来只是曾经生活在我身边的普通人。我太了解他们，如果抛开传媒的渲染，要我崇拜他们，还真不知崇拜什么。何况他们中还有人曾经崇拜过我呢。但他们毕竟不平凡了，毕竟与我地位不同了。为何如此？他们比我聪明？条件比我好？当我冷静地思考后，发现答案唯有一个：他们不懈地行动了。

行动使他们增长了才干，行动使他们获得了成功。特别对于为人处世及那些社会上的学问，实践才是最好的导师。毛主席在著名的《实践论》中说："你要知道梨子的滋味，你就得变革梨子，亲口吃一吃。"你要获得人生的知识，就要亲身去实践。

我又开始崇拜他们了，崇拜他们的敢于行动，不懈地行动。有行动才可能有成功。行动说起来容易，做起来也真难。行动就要克服懒惰，行动就要遇到难以想象的困难，迎接无数的挑战。有思想是一种能力，能行动也是一种能力。要不为什么我们将那些卓越的行动者，称之为行动家呢。离开了行动，自信、勇气都是空谈，抑或是一种阿Q式的自我安慰。行动才是对你是否真正具备自信、勇气的严峻考验。

有许多次我都被名人的事迹，为那些激动人心的话语而刺激得热血沸腾，只觉得浑身充满力量，恨不得马上就去大干一场。但可惜的是它如大海的波浪，来得快去得也快。思想上的震颤、情感上的激动都只是短暂的，真正重要的还是行动，行动……

第一部 品质篇

人不是一件东西，
他是一个置身于
不断发展过程中的生命体，
在生命的每一时刻，
他都正在成为，
却又永远尚未成为他能够成为的那个人。

—马克思—

成功是每个人所梦寐以求的，在世界舞台的风云变幻之中，涌现出无数杰出人物，他们与你我一样只是普普通通的人，在这普普通通之中是什么决定因素使他们获得成功呢？

美国哈佛大学做过研究，发现全美国80%的财产仅被少数的20%的人拥有，余下的20%的财产却被占人口绝大多数的80%的人拥有。假设将全美国的财产平均分配，每人一份，那么若干年后，仍然将出现这种二八分配规律。也就是说有少数人能长保成功，他们始终能取得与众不同的成就，那么到底是什么因素决定了他们始终能取得与众不同的成就呢？

知识，早期大家认为知识最重要，在教育中也强调学习知识，但培养出许多高分低能的学生。知识并不是决定因素，世界是一个不断发展变化的动态系统，信息在大爆炸，知识在无限突破，人的短短一生怎能赶得上知识的无限积累。更何况我们学的很多知识，并不能派上实际用场呢？

那么能力呢？知识本身并不重要，重要的是运用知识。所以20世纪80年代以来我们强调能力培养，认为能力是成功的关键。但一个人能力的获得要靠实践的磨炼、经验的积累，一个人生活经历越曲折，阅历越丰富，能力就越强。能力来源于生活。

西方有言："知识不如能力，能力不如品质。"一个人能否成功的决定性因素正在于他是否具备优秀的品质。品质当然是一种复杂的组合，但优秀品质中最重要的成分就是自信、勇气、热忱。

一个人如果建立了顽强的自信，对生活充满挚爱，而又有一种追求事业的狂热，勇于面对任何困难，那么他必将是人生这场韧性战斗的最终胜者。这种优秀的品质会支撑他去奋斗，激励他去尝试生活。没有知识，他会努力学习；缺乏能力，他会在锲而不舍的实践中获得，这样的人难道不正是人生的强者吗？

具备优秀的品质正是人生成功的决定因素！

第一章　走向生活成功的金钥匙

有人曾告诉我这样一个故事：在大西北山区，有一个很贫穷的老山农。一次偶然机会，他发现了一个金矿，这个金矿对于国家开采价值不大，但他个人却发了大财。为了表明自己有钱，老山农买了一辆汽车，每到节假日他就将车开到附近的城镇，看到左边有熟人，就将车开到左边与熟人打招呼；看到右边有熟人，又将车开到右边与熟人打招呼。他的车忽左忽右，却从没撞到一个人。

为什么呢？原来他在车的前面套了一匹马。他不知道只要将钥匙拧动，汽车发动机的动力可以顶上几十匹马的力量，但他偏要用一匹蹩脚的马去拉车。

实际上我们大多数人正是如此，明明自己潜在有无比巨大的动力，只要拧动钥匙是可以创造出奇迹来的，但却偏要依靠外在的那匹蹩脚的马。

人类最大的悲剧并不是自然资源的巨大浪费，而是人力资源的巨大浪费；人力资源不同于自然资源，不运用它，就会消磨殆尽。一般人在进入坟墓时，仍带着他尚未演奏的乐器。更不幸的是，所有美妙的乐章都是尚未演奏的。

此时此刻你身上就有大量别人希冀得到的东西，你自身就是蕴藏巨大财富的宝库。请运用我们奉献给你的钥匙，发动你内在的发动机。

第一节　自信

你觉得自己是有价值的人，你就会变成有价值的人，做有价值的事。

人的一生，大概都有几个重大的转折点。在我的生命历程中，自也有令人难以忘怀的转折。

在深圳东湖宾馆 219 号房间的一个不眠之夜，友人对我说："我俩回老家办个公司吧！"

"办公司，就凭我俩？"在我的思想意念中从来没敢想过，一个既没后台，又没经济基础的年轻人能办公司？

"事在人为，那些名人在没成功之前，不也同你我一样。事情只有做过了才知道行不行。用心地做了某件事，即使不行，也表明你毕竟试过，真正用心生活过了，才没有遗憾。"友人回答。

在他的极力鼓动下，那晚我们长谈了一宵，最终决定一起创办公司。经过大半年坚持不懈的努力，最后公司竟然办成了。

这在我的人生中不仅是一次尝试的成功，更重要的是让我解放了思想，真正理解了"事都是人干出来的"，建立了自信，从此掀开了我生活的新一页。

自信正是使人走向成功的第一要素。如果你真正建立了自信，那么你就已经迈入了成功的大门。

自信会使你创造奇迹。古往今来，每一个伟大的人物在其生活和事业的旅途中，无不是以坚强的自信为其先导。拿破仑就曾宣称："在我的字典中没有不可能的字眼。"这是何等豪迈的自信，正是因为他的这种自信激起了无比的智慧和巨大的能力，才使他成为横扫欧洲的一代名将。

只有相信自己，才能激发进取的勇气，才能感受生活的快乐，才能最大限度地挖掘自身的潜力。

心理学家曾做了一个实验：

将一只跳蚤放进杯中。开始，跳蚤一下就能从杯中跳出来。然后，心理学家在杯上盖上透明盖，跳蚤仍然会往上跳，但碰了几次盖后，碰疼了，慢慢就不跳那么高了。这时心理学家再将盖拿走，却发现那只跳蚤已经永远不能跳出杯子了，因为它将目标定到了不及盖的高度。对于我们而言不也正是这个道理吗？求上则可能居中，求中则可能居下。

如果你说："我这人不想干什么大事，只想生活过得快乐。"要想生活快乐，也必须有自信。

不谈大的，就说我学跳交谊舞吧，自信的作用就的确功不可没。

初学交谊舞，水平不高，从不敢擅请舞伴。每次去舞场，都龟缩在角落，只有偶然发现某个女孩跳舞水平比自己还差，才敢去请，而且往往发挥还不错。但有时看走了眼，错请一位舞艺高超的女孩，顿时就心慌意乱，连平时会跳的动作也吓忘了，这样跳舞水平总是不能提高，还惹得同伴嘲笑自己：去舞场总是请那些跳舞水平最差的、长得最难看的。

这样的刺激谁受得了。回家后，我就想：为什么请了水平不高的女孩，自己跳得好，请到水平高超的女孩反而跳不好了呢？这是信心问题。碰到水平比自己还差的女孩，自己信心足，跳起来潇洒自如，能充分发挥水平；一旦遇到水平超过自己的女孩，就会信心大失，总害怕踩了别人的脚，跳起舞来缩手缩脚，表现狼狈不堪。于是我就在心里给自己打气：请了水平高的女孩有什么了不起，至多就是踩了她的脚。我可以告诉她我们初次配合不够熟练，以后多配合就会好；或者干脆就说她的跳法与我的不同。反正大家来自不同地方，她又不认识我。这样一想果然信心强了。

下次去舞场时，我就下决心请舞艺出众的女孩。当我终于发现一位舞姿翩翩的女孩时，我却开始害怕了。这时越想越紧张，我干脆不想，舞曲一响我就壮着胆子走过去，人已经到了别人面前，紧张也得邀请。当我大大方方地请舞时，那位女孩也慨然应诺。跳着、跳着，我踩了她的脚，我马上歉意地一笑，半开玩笑地说："哎，我的跳法与你的不同哟。但我发现你的跳法比我的好，我跟你学吧。"那位女孩虽然发现了我的舞艺很蹩脚，但为我的大方、自然、风趣所感染，对我顿生好感，反而认真地教我跳起了舞。

就这样，增强了信心，终于让我学会了跳舞。

一次，我与一位作家谈信心对人生的重要性，他给我讲了这样一个故事：

20世纪50年代，有位工程师爱上一个年轻的女大学生。虽然她已经有了男朋友，但这位工程师对她的人品、相貌极为中意，达到非她莫娶的地步。因此绝不放弃，经常给她送花、写求爱信。久而久之，这位女大学生的男朋友怕出事，就主动放弃了与女大学生的恋爱关系。

之后，这位女大学生又谈了一个男朋友。这位工程师就直接给他写信。信中这样说："你能像我这样不顾一切地、全身心地去爱她吗？我相信你做不到。既然做不到，就请你退出这场角逐！"这位女大学生的男朋友想想，也觉得自己刚认识她，的确做不到，也就放弃了。

渐渐女大学生年龄大了，就去法庭控告这位工程师：干涉她的人身自由，有威胁、恐吓的罪名。法庭最后判工程师拘役15天。出庭时，女大学生觉得对方毕竟那么爱自己，而自己却使他拘役15天，有点内疚，就对着那位工程师笑了一下。那位工程师却怎么说呢？

他说："亲爱的，15天之后，我再来找你。"

这位女大学生终于被他颠扑不灭的爱情之火所感动，撤销了起诉，两人最终结成了美满的姻缘。

这个故事不管它的艺术加工成分有多少，但它的确告诉我们这样一个事实：信心会为你带来幸福。

你去应聘，如果在招聘人面前，自己都对自己没有信心，又怎能期望别人信任你呢？作为公关人员，你的表现应该落落大方，具有大家风范；如果畏畏缩缩，仿佛哪个穷乡僻壤钻出来的，又怎能不让人感觉你们公司是皮包公司呢？销售人员的形象比经理更重要，经理的本事不是一下能表现出来的，但销售人员的一举一动却无不代表了公司的形象。

作为推销员，你推销的不仅是商品，更重要的，你首先要将自己推销出去。吉尼斯世界推销纪录创造者，美国的乔伊·吉拉德，他曾在一年中创造了零售推销汽车平均每天四五辆的纪录。他去应聘汽车推销员时，经理问他："你推销过汽车吗？"吉拉德回答："我没有推销过汽车，但我推销过日用品、家用电器，我能成功地推销它们，说明我能成功地推销自己，我能将自己推销出去，自然也能将汽车推销出去。"这句话非常有道理。推销商品，首先要推销自己，顾客接受了你，看见你就喜欢，才会接受你的商品；顾客如果不接受你，见到你就讨厌，你的商品再好他们也不会喜欢。就像我讲课，听众只有接受了我，才会接受我讲授的内容；听众如果不接受我，也就不会接受我讲授的内容。而要推销自己，首先就要有自信。

一、自信——激发潜能的最佳法宝

自信不是一句空话，也不是阿 Q 式的精神胜利法。我们每个人都有充足的理由相信自己。

现代心理学、逻辑学、生物学、人类学均证明人存在巨大的潜能。早期学者认为，一个正常人只运用了自身潜藏能力的一半；后来的研究又发现，一个正常人只运用了自身潜藏能力的 10%；近代比较权威的看法是：正常人只运用了自身潜力的 2% 至 5%。也就是说，最成功的人也只运用了自身潜能的 5%；最失败的人，只要正常，也运用了自身潜能的 2%。他们之间的差距不会超过 3%。总之，随着科学的越深入越发展，发现人的潜能就越巨大，我们所运用的部分就越少。苏联学者做了一个形象的比喻：一个正常人如果发挥了自身潜藏能力的一半，那么他将掌握 40 多种外语，学完几十门大学的课程，可以将叠起来几人厚的全苏百科全书，背得滚瓜烂熟。既然我们每个人都有如此巨大的潜能，那为什么不能相信自己，相信自己必将有所作为呢？

美国最著名的人本主义心理学家马斯洛认为：自我实现的需要是人最高层次的需要。正如你需要空气、需要阳光，你也需要发挥自己的潜能。而自信正是挖掘内在潜能的最佳法宝。

如果你能顽强地相信自己，那么你才敢于奋力追求实现自身价值，才敢于去干事，也才会激发自己的潜能。那么你也正是在挣脱人性的枷锁而力求解放自己。

有位学员抱着解决棘手问题的目的来到培训班。但直到毕业都没来找我，我问他："你带着解决问题的目的来到本班，为什么不来寻求我的帮助呢？"

"我已经解决了！"他轻松地回答。

我奇怪地问："你不是说那个问题很难解决吗？你怎样解决的？"

他自豪地说："那天，听了你的自信课，我觉得自己有信心，能解决问题了，就去解决，结果它也就真的解决了。"

你不觉得正是如此吗？生活中的许多问题、困难，实际上，正来源于你信心不足；一旦获得了信心，许多问题就将迎刃而解。自信能使你保持最佳状态，有助于激发你的潜能。

二、自信——塑造良好气质的重要因素

我们常说，人的外部容貌是短暂的，只有内在气质才能光华永驻。

很多朋友都问我："我的女朋友漂不漂亮？"奇怪！他们的女朋友漂不漂亮，应该由他们判定，为什么要问我呢？细想之下，的确，任何娇美的容颜久看之下都会麻木，自己分不清美丑，要借别人的评判来取得心理安慰。别人说好看，他内心便会产生自豪感；别人说难看，他就陷入深深的失望。更何况鲜花也有凋谢时呢？所以只有气质因素才能产生持久的魅力，而自信正是塑造良好气质的重要因素。

记得去拜会深圳大众传媒有限公司总经理的事。这家公司在国际金融大厦21楼，租了整层楼。我去到公司发现里面全部是进口设备，布置得豪华气派；公司职员个个西装革履，看上去气宇轩昂。这时一位小姐迎上前来，我告诉她找总经理，小姐就领我去经理室，可是经理不在，小姐请我坐下，倒杯茶给我，然后就去找总经理。

经理办公桌后面是一张大班椅，我坐在桌前的小麻绒椅上，就在我四处打量，观赏经理室时，进来了一个年轻人，看上去不过二十四五岁，穿着也很随便。我想这样一家大公司，总经理起码也有三十多岁，以为他只是一个打工仔，也没怎么在意。谁知他却一屁股坐到经理的大班椅上去了。这下我发现不对头了，一般打工仔是不敢随便坐总经理位的。

这时他主动问我贵姓，然后说他姓陈。我突然明白过来，原来他就是陈总经理，霎时我感到了一种难以名状的压抑，在他面前紧张起来。我的语言开始变得苍白无力，举止失措。他发现了我的紧张，就微笑着，这令我想起了长辈对后生表示宽容的微笑。我一下感到了刺激。平时总是我宽容地对别人笑，今天居然要别人宽容地对我笑。我对自己生起气来：他有什么了不起，他办这么大的公司绝不是凭他自己的力量，是他爹，还是他妈有钱，帮他办的；我的公司虽小，但是我一刀一枪自己打出来的。这样一想我顿觉腰杆也直了，说话又恢复了往昔的镇定与自若。那天的谈话我终于谈得很成功，表现了自己的水平。

在某些人面前，你感觉处于劣势，就发挥不出应有水平，而真的处于劣势；在某些人面前，你觉得自己有优势，表现自然，往往就能充分发挥水平，而真的处于优势。自信能让你产生一种慑人的气势，使你的气质焕发光彩。

先生都关心的一个问题是如何赢得小姐的欢心。我有一个同事特别能赢得小姐的欢心，是公认的在小姐面前有魅力的男士。那么他的魅力从何而来呢？经过认真观察、研究，我发现他的魅力在于坚定的自信。在小姐面前他总是表现得信心十足，巧妙地让你觉得他是一个强者，仿佛有他在这个世界上就没有解决不了的问题。有次我听他打电话语气就显得格外不同。"有我在，你放心，绝对没问题！"

小姐喜欢什么样的先生？自然喜欢那些充满男子汉气概的先生。即使是一个女强人，她也希望她的先生是一个强者。只有那些笨拙的先生才常在小姐面前愁眉苦脸：唉，将来还要买房子，还要买家用电器。太艰难了。这些话无济于事，只会在小姐面前损害你的形象。聪明的先生虽然也有这一大堆的问题，但他在小姐面前却始终表现得信心十足："买房子，没问题，买家用电器，也没问题！"有他在，一切都充满希望，这样的先生只要表现得真诚，自然充满魅力。

信心会为你带来活力，焕发光彩，使你的谈吐洒脱、大度，产生一种不知不觉中感染人的魅力；而丧失信心，会使你显得猥琐，不能充分发挥水平。

如果你自己都瞧不起自己，又怎能让别人瞧得起你呢？

实际上，自信简直就是男人的生命之魂。女人喜欢的男人，甚至男人崇拜的男人，都是心灵高贵，有坚强的自信精神的。

何谓自信？内心的自信才是真正的自信。我们的职业可以低下，地位可以卑微，但我们的心灵不可以低下。只要心灵高贵，我们的人也就高贵。有高贵的心灵就是自信！这种自信会令你的气质高贵。我们可以很现实，甚至可以为小事斤斤计较，但我们的思想上要永远有狂放之情。情感的奔放、精神的狂暴也就是自信！这种自信会使你的气质浪漫，富有魅力。

人的灵感来源于哪里？创造力来源于哪里？甚至魅力来源于哪里？我认为很大程度上来源于人高贵的心灵、奔放的情感。毛主席写起字来，气势磅礴；作出词来，气吞山河；干起事业，惊天动地。不正在于他内心奔放着火一般的情感吗？高贵的心灵、奔放的情感，如果再配以成熟的思想、老练的行为，那么这种人的魅力将是无法抵挡的。

男子汉！激荡起你征服世界、征服同类的狂暴吧，让自信的旗帜高高飘扬在你的灵魂深处。这样你就自会气质优秀。

三、自信——一种美妙的生活态度

世界上什么最神奇、最伟大？大多数人都会毫不犹豫地说："人!"人，的确最神奇、最伟大，但这个"人"不是别人，正是你自己。

我发现一个奇怪的现象：这个世界上大多数人都不喜欢做自己而喜欢做别人。

我曾对学员做过一次问卷调查，其中有一问："你最喜欢做谁?"结果绝大多数人都填邓小平、托尔斯泰、李嘉诚等名人，居然没有一个人填自己。并不是说邓小平、托尔斯泰不伟大，他们有他们的伟大之处，但你也有你的伟大之处，此时此刻你身上正有许多别人希冀得到的东西。你要做邓小平、托尔斯泰，你永远也做不了，你只能做自己，你也正是这个世界上最神奇的产物。

人是由来自父亲的 23 个染色体和来自母亲的 23 个染色体偶然结合而成。每一个染色体有几百个基因；一个基因变了，你人就变了。也就是说这个世界上诞生你的概率只有 300 万亿分之一；假设你有 300 万亿个兄弟姐妹，那么你还是你，总有地方与他们不同。正像这个世界上那么多的树叶，但绝对找不到两片完全一样的。

太神奇了！300 万亿分之一的概率，居然产生了你、产生了我，这本身就是一个巨大的奇迹！更何况还没有将父亲是如何恰好认识母亲的概率算上去。所以，我们每一个人都应该珍惜自己、热爱自己。我们每个人都是这太阳下面的一个新生事物，我们应该呼吸一份属于自己的氧气，占有一份属于自己的空间，充分地相信自己。

自信正是一种美妙的生活态度。以前当我一事无成时，我怀疑自己的能力，被自卑感所打倒，于是我觉得生活痛苦、暗淡无光；后来我取得了一些成就，恢复了对自己的信心，于是思想上也变得乐观、豁达，从而我的生活也随之变得美好了。我想，即使我再遇到新的打击或者说失败了，我为什么不仍然保持自信呢？因为只有这样，才使得失败只是一个偶然的挫折而已，而不会影响到我的人生快乐。

建立顽强的自信吧，这样你会感觉自己驾驭生活能力的强劲，从而对生活充满乐观，你的人生也会因此充满快乐。

不经你承认，没有人能让你自觉低劣。

总之，自信是根魔棒，一旦你真正建立了自信，你将发现你整个人都会为之改观，气质会更优秀，能力会更强，随之你的生活态度也将变得更乐观。

四、信心能孕育信心

世界酒店大王希尔顿，现在全世界遍布他的酒店分支机构，但他起家时只有 200 美元。那是什么秘诀使他获得成功呢？希尔顿回答："信心！"

开始，希尔顿想筹建一个大酒店，由于没钱，他就用充满信心的行动和自信的语言到处游说，鼓动别人投资。最终他的信心感染了大家，大家纷纷投资。

但酒店建了一半时，突然有个人听信别人的谣言，对希尔顿产生了怀疑，要撤回投资。此时如果收回投资，酒店就建不下去，马上就会导致连锁反应，引起大家纷纷收回投资，而希尔顿此时已无法偿还这笔钱，很可能会因此坐牢。

面临这严峻的时刻，希尔顿镇定如常，首先从银行取回大笔现款，待那人来后，希尔顿首先问他：愿意要现金还是支票。然后拉开抽屉给他看满抽屉的现金和支票。那人看后，说要支票，希尔顿就说："如果你走时，仍要收回投资，那么这些支票就给你。"

希尔顿这番举动和言辞稳住了对方的心，让他能心平气和地听自己说话。如果此时，马上就辩驳不能收回投资，对方的逆反心理一定会令他更加想收回投资。接着希尔顿就充满信心地告诉他，投资后将来会有什么收益，如果现在收回投资，不仅没有收益，还要为破坏合同而赔款，岂不是得不偿失。最终那人被希尔顿说服，没有收回投资，这样也为希尔顿的成功铺平了道路。

信心能孕育信心。你能通过充满信心的活动促使别人对你和你的意见产生信心。作为领导者，特别是关键时刻更要表现得信心百倍，如果你都丧失信心了，那别人就一定更加恐慌。

拿破仑被流放到一个小岛，逃出来后，法国国王派大军去捉拿他，拿破仑随从都劝他快跑，拿破仑却说："跑什么？我是他们的元帅，他们是我的士兵，为什么要跑？"拿破仑迎着捉他的军队走过去，仍然以元帅的气度指挥他们，结果这批军队反而跟他回去抓国王了。

人往往都是软弱的、被动的，特别在关键时刻就更容易犹疑不定，此时稍遇挫折，就会全线崩溃。所以强者对于大众是必需的。他要在关键时刻出来振奋、召唤大众，也就是要善于用他的信心去激发大众的信心。

五、丧失信心，走向失败之路

如果说自信不一定让你成功，那么丧失信心却一定会失败。

我国早期的乒乓球运动员韩玉珍，在国内屡战屡胜。一次，代表国家队参加世界锦标赛，临赛前的一天晚上，她患得患失，承受不住心理压力，用刀将自己的手腕割破，谎称有人行刺她后跑了。结果这件事被查出，成为国际上一大丑闻，为此国家队将她开除出队。

但在随后的国内比赛中，她又屡屡获胜，为了给她机会，又重新召她回国家队。在一次国际重大比赛中，对方的日本运动员，以前没赢过她。开始，韩玉珍连赢两局，第三局对方赶上几分后，韩玉珍信心开始动摇，结果连输三局。

外电评论：韩玉珍不是输在技术上，而是输在信心上。

反观我国优秀乒乓球运动员蔡振华，在国内比赛很少能进入前三名，但对战国外选手却从没输过，被誉为"乒坛魔术师"。他的技术算不上顶尖，之所以能取胜，在于他那种高昂的斗志和顽强的精神。在比赛中他总喜欢用力挥舞着拳头给自己鼓劲。每发一个球，他就要用力跺一下脚；每打一个好球，他就要绕场跑几圈。在对战瑞典运动员林德的比赛中，比分已经落后，15 比 20，到林德发球。这时他站在球台的一端，用手指着林德的鼻子，狠狠地看着林德。这种无形的精神压力，使林德顿时紧张起来，结果反而以 20 比 22 输掉了这局。

蔡振华的这种高昂的精神斗志，使国外选手无法逾越这道雄关，国际乒联为此不得不专门修改规则：发球不许跺脚、不许转球拍等。太自豪了，一个人居然迫使国际乒联专门为他修改规则，这不值得骄傲吗？

一个人之所以失败，是因为他自己要失败；一个人之所以成功，是因为他自己要成功。

六、自信——现代挑选人才的重要标准

自信的作用，现在已为越来越多的智慧人士所注目，目光远大的企业家已将它列为挑选人才的重要标准。

日本东京帝国大学有一高才生，毕业后应聘某公司，结果落选了，痛不欲生。但该君自杀水平不高，没能如愿，只是在脖子上留下深刻痕迹。救醒来后，家人告诉他：幸好未自杀成功，他是该公司考分的第一名，只是由于计算机的错误，将他漏掉了。这下，他顿时喜出望外，就在他正准备邀请亲朋好友摆酒庆贺时，又传来消息，他还未聘用就被解雇了。公司经理这样评价他：这个人也许知识和能力是第一流的，但这样一点小小的生活打击都受不了，又怎能期望他来公司有大的作为？如果公司濒临危险，他肯定第一个就当逃兵。

美国人寿保险公司曾做过一个尝试，在报考推销员的落选考生中，聘用了十个考分稍低但充满乐观自信的人。结果，一年后，发现他们要比他们同行中那些考分虽高，但生活态度消极低沉的人，推销成绩平均高出 10%。

积极的生活态度会为你带来积极的收获；消极的生活态度只会使你人生消沉。

我爱每一个人，所以我希望每个人都能顶天立地！不要奴颜婢膝，不要猥琐卑劣，我们的地位可能卑微，我们的金钱可能不如人多，但我们的灵魂和任何人都是平等的，我们的心灵和任何人都是同样的高贵。自信正是我们每一个人做人的最基本要素。如果每个人都能真实地建立自信，那么这个世界简直就太美好了！可惜我的才能太有限，我虽觉有满腔的情感，但却无法清晰、富有感染力地宣泄出来。那么我就仅仅归于一点吧：真正的自信绝不应仅仅停留在思想上，真正的自信应该渗透进你的行动，影响你的一言一行，在你的处世为人中显现出来。

但要注意，这里我丝毫没有教你张牙舞爪，弄得鸡飞狗跳的意思。这种自信是表面的，是不堪一击的，是不成熟的表现。真正的自信是内心深处对自己神圣的认可，也就是灵魂深处的。只要你内心充溢着自信，那么在潜意识中，或者说不知不觉中就会影响你的举手投足、处世为人，会使你人生更快乐。

七、谦虚是一种美德

自信也并不是说不要谦虚。如果我将自信喻为一种精神上的狂放、一种浪漫，那么谦虚就是注重现实，就是尊重他人的一种表现。你既然承认自己的潜能，你也应该承认别人的潜能。

老子说："江海所以能为百谷王者，以其善下之，故能为百谷王。"百川之所以汇集江海，因为它善处下游地位，所以能成为百川之王。这正是老子对谦虚作用的写照。这个社会上真正成功的人士往往都是懂得谦虚待人的。因为他们才真正理解世事的艰难、行为处世的重要。你注意过没有，凡是那些说话冲冲的、行为飞扬跋扈的、目空一切的，往往都是年轻人，或者说没有经受过生活磨难的。

木秀于林，风必摧之。谦虚不仅是一种美德，更重要的，它还是有助于你成功的待人方式。在我的人生中，我干过很多事，也开拓了一些事业，但都由于自己恃才傲物，而导致事业的夭折。人的潜意识中都是争强好胜的。你有本事大家会佩服你，但如果表现得太过分，伤到了别人的自尊时，别人就会告诉你："少了你，地球也照样转。"

强硬的事物，往往都不能持续长久。所以老子说："人之生也柔弱，其死也坚强。万物草木之生也柔脆，其死也枯槁。故坚强者死之徒，柔弱者生之徒。"这是人生哲理。所以我们做人不仅要"方"，还要懂得"圆"，心灵上要有自信，要有蔑视一切的勇气，但在行动上却要富有弹性，懂得尊重他人，让他人表现自己，以谦虚待人。也就是善下之，而后能上之。就像老子形容的"天下莫柔弱于水，而攻坚强者莫之能胜，其无以易之"。天下没有比水更柔弱的，而攻击坚强的东西没有什么能胜过水，真没有可以代替它的。做人就要像水一样善于以柔克刚。

"江海所以能为百谷王者，以其善下之，故能为百谷王"，如果每个年轻人都能明白这个道理，那么在人生中就会少走许多弯路。

懂得谦虚是人成熟的表现，自信与谦虚也正是辩证的统一。要将它结合起来作为我们人生的指导的话，最恰当的莫过于 IBM（国际商业机器公司）总裁送给他儿子的座右铭："心灵像上帝，行动如乞丐。"心灵要永远有高傲之情，但行动上却要像乞丐一样，去乞讨、把握一切有助于我们人生幸福与成功的机会。

第二节　勇气

勇气，使你立于不败之地！

建立了自信，有了目标，认清了环境还不够，还要有行动的勇气。世界上没有一件事，可以完全确定和保证成功。成功的人和失败的人的区别，不在于主意的好坏、能力的大小，而在于是否相信自己的判断，敢于适度冒险，并采取行动。

很多人一方面觉得精力充沛，另一方面又感到无聊、忧虑、痛苦，感到充沛的精力无从发泄。那你何不认真地分析自己的环境、条件，选择一个目标，勇敢地去行动呢？

勇气就是敢作敢为，就是将自信表现在行动中的一种胆识。

我的一位朋友形容他自己：总是在想，总是在说，却总没有做，就仿佛熔岩在地层运动，但仍没有足够的力量喷发。

当你感受到这一切的时候，你唯一所需要的，就是勇气，就是勇气支撑下的行动啊！

以前，我很不理解为什么要耗费人力、物力去攀登珠穆朗玛峰，甚至很多人为此献出了生命。一次，记者采访一个登上珠峰的队员，他说："当我登上珠峰后，我才发现，原来我什么也没征服，征服的只是我自己。"

我终于理解，这种行动就在于证明人类的能力，给人类以鞭策、鼓励，激发人们的勇气。第一个顽皮的猴子，敢于直立起来，走出大森林，才有今天的人类。西方很多人从事探险、高崖跳水、无动力漂流等活动，正是为激励人们开掘出潜在的勇气。

一、勇气，是人潜在的英雄本色

勇气是自然的本能。我们每个人，男男女女、老老少少都有一种潜在的英雄本色。当你备受凌辱时，也会想到反抗；哪里有压迫，哪里就有反抗，这正意味着勇气是人类的本能。只不过，很多人都带着怀疑态度度过一生。实际上只要勇敢地去做、去拼，你的勇气将会激发巨大的潜能，它是能够创造奇迹的。

这个世界上每天都有许多天才，默默无闻进入了坟墓。我的许多友人都才华横溢，但最终无所作为。关键就在于他们没有勇敢地迈出第一步。很多人抱怨怀才不遇，你的才在哪里，有没有施展出来让别人接受？坐在家里自怨自艾，正是无能的表现。

我向来相信，人天生就是一个赌徒。只不过很多人消沉于赌桌上的赌。如果你去干事业、去创造，那么，你正是在用你天赋的才能和智慧作赌资，去博取壮丽的人生。

怯懦者才会在酒杯中寻找勇气，真正的勇气在你自身、在你心里。

二、精神上的勇者才是真正的勇者

我很欣赏高仓健年代的日本电影，它里面总歌颂了一种深沉、坚毅的男子汉精神。当然，我并不是鼓吹男尊女卑，我们需要的是一种阳刚之美。真正的男子汉不只是那种膀大腰圆，像健美冠军式的人物。真正的男子汉是一种精神上的汉子，具备精神上的勇气。

拿破仑，身材矮小，但他指挥军队横扫欧洲，谁不说他是勇者？贝多芬，身患多种疾病，又聋又哑，可他谱出的《英雄交响曲》震撼人心，这不正是他心灵的呼喊吗？

真正的勇气是一种精神上的勇气，是勇于面临挑战，勇敢行动，不被任何东西打垮的一种气概。

做个真正的男子汉！

三、勇气，就是绝不向恐惧屈服

第二次世界大战名将，号称"血胆将军"的巴顿，有人问他在开战之前是否曾感到恐惧，他说："有，我常在重要会战前，甚至交战中发生恐惧。"但是，他又说："我绝不向恐惧屈服。"真正的勇气，不是没有恐惧，而在于绝不被恐惧压倒。

很多人在应聘时，怕得"要死"，你会不会死呢？不会，最多就是聘不上，那么找第二家好了，又有什么了不起。恐惧会腐蚀你心灵的钙质，让你显得无能、没水平，抹杀你做人的尊严。

一个人失去金钱，损失甚少；一个人丧失健康，损失甚多；一个人失去勇气，则失去一切。

四、只要多多运用勇气，就可以培养出勇气

平平庸庸地活着，也是活着；顽强进取地活着，仍是活着。但平庸活着的人会死去，顽强奋斗的人将永生。

勇敢地去行动，是你开启成功之门的第二把金钥匙。那怎样才能获得勇气呢？

你拥有世界上最大的财富，也买不到强壮的体魄。要使你的两臂粗壮，唯一的方法就是去健身房锻炼。同样，你要获得勇气，唯一的方法，就是多多运用勇气。你最怕做什么？那么现在就去做。不断地挑战自己，勇敢地去行动，这就是成功之道。

五、培养胜利心态

在体育比赛中，运动员常常喜欢握紧拳头大喊一声，在气势上压倒对手，为自己树立必胜的信心。而这种必胜的信心，又常使他充分发挥水平，表现杰出，为他的取胜奠定基础。

从心理学上说，人的神经系统不能分辨真正的失败和想象的失败。当你想象失败时，你的神经系统会以为你真的失败；当你感到必胜的心态时，你的内部机制就已经在成功的方向上定向了。

第三节　热忱

人生最大的痛苦莫过于孤寂、无聊。人要追求幸福，就必须充实生活，而爱是充实生活、摆脱孤寂的最好方法。被爱固然幸福，但全身心地去爱却更加幸福。人都渴望被爱，但应该更加渴望的，却是去爱一个人、爱一种生活、爱一项事业。

热忱，在古希腊语中的含义是内心之神。如果说成功要借助于神灵之力的话，那么这种神灵就是热忱。俗语说："世上无难事，只怕有心人。"我认为对这种"有心人"最正确的理解应该是满怀热忱的人，也就是对事物有持之以恒的情感和体能的投入。

热忱就意味着要有对生活的挚爱、事业的狂热。

一、珍惜生命

人生的真谛就是生活，热爱人生就是热爱生活；只有对生活充满热忱的人，才是人生的最大享受者。

人的一生将经历千百样事，有些事恍如过眼云烟，但有些事却能强烈地震撼心灵，对人的一生产生重大影响。下面的这件事对我来说就是如此。

作为一个人生的漂泊、闯荡者，初来深圳是寂寞与孤独的，为了寻找

心灵的慰藉，总想得到一份友谊的温馨。一个偶然的机会，结识了一位同乡。她是位十七八岁的女孩，天真活泼、纯洁可爱，整天生活在无忧无虑中，仿佛从来就没有过烦恼与忧愁，生活对于她就如一首歌，所有的内容都是欢乐。我们大家都愿意跟她在一起，无论你有什么烦恼，只要与她一起，她的欢乐、她的纯真，就会感染你，在不知不觉中让你忘掉烦恼，重新回复轻松愉快。

那次，我外出办事，两个星期后回到深圳，友人却告诉我她去世了。我真不敢相信自己的耳朵，一个活生生的生命这么容易就会失去？一个从不知烦恼为何物、充满欢乐与天真的可爱的女孩，就会这般突然消失在世间，真的，我不相信，我一点都不相信！但无情的事实就是如此。我和一帮友人怀着沉痛的心情去看望她的父母，她的母亲含着眼泪告诉我：一天晚上，她突然嚷肚子疼，送到医院，还没查出原因，就去世了。

那天回到家里，我想了很多很多：人的生命原来是这般脆弱。如果明天我要死了，今天应该干什么呢？今天应该去吃我最中意吃的，玩我最喜欢玩的。但我随即又想：即使明天不死，为什么今天不也这样做呢？因为这样活得快乐！活得快乐，这就够了，难道还需要更好的理由吗？

第二天早上，闹钟响了，每天这个时候我都会说："真讨厌，又要起床了。"但今天我在想：如果我下午死了，难道现在还要躺在床上吗？虚度光阴就是自杀。

也许是心灵感应吧，当天果然出了事。我借熟人的自行车，在深圳狭窄的华强路骑行，发现前面有一辆停住的车挡了道，就绕过它往前踩。这时突然迎面开来一辆汽车，我急忙刹车，却发现这辆自行车原来刹车不灵，幸好自己反应快，及时跳下车，但左手小指头已被撞得鲜血淋漓。可对方司机下车后，他首先不是看我被轧死没有，而是去看他的汽车灯被我的自行车撞坏没有，在他眼里，我的一条命还不如一盏灯值钱。如果不是他个头太大，我真想上去揍他几拳。但不管别人珍不珍惜，我们自己应该珍惜自己的生命。

日本著名演员高仓健，去南极拍《南极狐语》时，随飞机带去一只苍蝇，那只苍蝇在南极的冰天雪地下，拼命地挣扎，努力想活命，高仓健看着、看着，流下了眼泪，这么丑陋的生命尚且惜生，何况我们人呢？

活着能干多少事呵！请珍惜生命！

二、挚爱工作

如果说爱情是女人的一切，那么，事业就是男人的一切。世界上的享受千奇百样，但有低档的，有高档的，做一个真正的男人就要享受那些最高档的。而这正有待于你去努力工作，力争成功。一个男人只要事业上成功了，那么，你所需要的一切都在等待着你，准备给你嘉奖。

曾经有位中年人对我说:"你们年轻人也真是,谈恋爱好好的地方不去,偏要找那些有花、有草的地方,也不怕蚊子咬。"我理解他的心情,他的年轻时代已经过去,这是嫉妒。

大家在爱情上,都知道追求浪漫,但我认为真正的浪漫是去干事业。这样你每天会遇到无数的困难,迎接无数的挑战,天天会感受一种战斗的欢乐,成功、失败,失败、成功,交织成一首狂想曲,天天感受热辣辣的刺激。著名书法家庞中华,给自己的座右铭:韧性的战斗。他居然将每天的练字,都看成了一种战斗,这才是一种真正的浪漫情怀。我在日记中对自己说:希望我的生活能像一个生动的故事,像一个辉煌的梦想,像一首童年所痴迷的歌。

你有没有问过自己,在你的一生中是否真正地笑过,是否真正地哭过。如果没有,那你这生是白过了,起码像喝一杯白开水,平淡没有味道,表明你没有用心地生活。德国大诗人歌德,80岁生日那天把腿摔断了。那天他去爬树,结果从树上掉下来。歌德始终在体味生活、保持童真,所以才有无比的创造力。如果我能活到70岁,那天我一定要去爬树。活着,就要表明自己的存在,表现得与死不同。

有人曾对我这样说:"在生活艰辛的犁轭下,奄奄一息。"这是弱者的哀鸣。生活不是一种负担,而是一桌丰盛的宴席,只有挚爱工作的人才能得享其中乐趣。

1. 成功要付出代价

许多年前,一位聪明的老国王召集了聪明的大臣,给他们一个任务:"我要你们编一本《古今智慧录》,将世界上最聪明的思想留给子孙。"这些聪明的大臣离开国王以后,工作了一段很长的时间,最后完成了一本洋洋12卷的巨作。国王看了说:"各位先生,我相信这是古今智慧的结晶,然而,它太厚了,我怕人们读不完。把它浓缩一下吧!"这些聪明的大臣又进行了长期的努力工作,几经删减后,变成了一卷书。然而,国王还是认为太长了,又命令他们再浓缩。结果这些聪明人把一本书浓缩为一章,然后缩为一页,再变为一段,最后则变为一句。聪明的国王看到这句话时,显得很得意。"各位先生,"他说,"这真是古今智慧的结晶,我们全国各地的人一旦知道这个真理,我们大部分的问题就可以解决了。"

这句凝聚世界上最聪明思想的话是:"天下没有白吃的午餐。"

你想让人知道贫穷的滋味,最好的办法是先给他一百块钱,当他大手大脚将钱用完后,此时无钱的痛苦就会追随他,他才能真正体会到贫穷的滋味。如果他从来就没有钱,感受不到贫穷与富裕的差别,那么,他永远也不能真正理解贫穷。

同样，你想让人丧失能力，成为白痴，那么，就让他不劳而获、养尊处优吧！白吃午餐是要付出代价的。

我喜欢那个老人的故事。

一个村庄经常有几头野猪出没，威胁经过那里的人。几位经验丰富的猎人很想捕获它们，但这些野猪却狡猾得很，从不上当。

一天，一个老人领着一匹拖着两轮车的毛驴，走进野猪出没的村庄。车上装的是木料和谷粒。老人告诉当地的居民说他要帮助他们捉野猪。他们都嘲笑他，因为没有人相信老人能做那些猎人做不到的事情。但是，两个月以后，老人又回到村庄，告诉居民，野猪已经被他关在山顶的围栏里。

居民奇怪地询问他是怎样捕捉它们的，他说："我做的第一件事，就是去找野猪经常出来吃东西的地方。然后我就在空地中间放少许谷粒作为陷阱的诱饵。那些猪起初吓了一跳，最后，还是好奇地跑过来，由老野猪带头开始在周围闻味道。老野猪猛尝一口，其他野猪也跟着吃，这时我知道我能捕到它们了。

"第二天，我又多加一点谷粒，并在几尺远的地方竖起一块木板。那块木板像幽灵一样，暂时吓退了它们，但是白吃的午餐很有吸引力，所以不久之后，它们又回来吃了。当时野猪并不知道，它们已经是我的了。此后我要做的只是每天多竖几块木板在谷粒周围，直到我的陷阱完成为止。每次我加进一些东西，它们就会远离一阵子，但最后都会再来'白吃午餐'。围栏做好了，陷阱的门也准备好了，而不劳而获的习惯使它们毫无顾忌地走进围栏。这时我就出其不意地把它们捕捉了。"

这就是白吃午餐的代价。美国彩券公司做过统计，发现很多获巨奖的人，若干年后，不是比以前更有钱，而是变得更穷了。飞来的财富使他们好逸恶劳，最终生活瓦解、家庭混乱、工作破灭。白吃的午餐不会使你步向坦途。

我有次在公共汽车上，遇到深圳康宁医院的一个医生。他告诉我，自从深圳开始炒股票后，康宁医院的病人就增加了。那些没买股票的，看到别人买了股票，大发其财，懊悔得茶饭不思，最终进了康宁医院。那些买了股票，但买少了的，也为当初没有多买股票，而愁思百结，最后也进了康宁医院。甚至那些买股票，大发其财的人，他们每月几百块钱工资穷惯了，突然一下有了几十万元，还真不知怎么用。弄得班也不想上，工作也不想做，整天陷于欢场，导致家庭破裂，妻离子散，最终还是进了康宁医院。

过分舒适的环境、飞来的横财，往往带给你更多的不是成功，而是失败。你得到一条鱼，只能享受一天；但学会打鱼的方法，却能享受一世。

成功就正是如此。成功是一种辉煌，但辉煌绝不应是投机取巧幸运所致，这种辉煌至多也只像流星稍闪即逝；真正的辉煌是真本事、实干精神所迸发的绚烂光芒，这才能永耀人生。

痛恨无能吧！见到成功者，听到他们辉煌的业绩，你难道不热血沸腾吗？做人就要永远像一个天才，浑身散发才气。让世俗的社会去羡慕那些幸运者，我们追求真才实学，一种真正的出类拔萃！

而这一切都有待于你去勤奋工作呵！成功正是每一个男人甚或女人人生幸福的温床。如果你向往成功，渴盼活得轰轰烈烈，那么，就去努力工作吧，唯有工作才是通向成功的阶梯。要收获，就一定要付出。

2. 工作是人生最大的享受

从功利的角度说，工作是通向成功的阶梯；从人生观来看，工作也正是人生的最大享受。

这个世界上有许多人为找不到工作而痛苦，但同时，许多人有了工作却不认真做。工作是一种人生态度。

法国大画家雷诺阿，晚年得了关节炎，手扭曲抽筋，每画一笔，就引起一阵剧痛，但他仍坚持不辍。

友人问他："为什么这么痛苦，还要坚持画下去？"

雷诺阿回答："痛苦会过去，而美丽永存。"

人生在历史的长河中，仅仅只是短短的一瞬。在这短短的一瞬间，只有工作才能产生一种永恒的美丽，为你的存在留下不可磨灭的印记。美国著名政治家、前国务卿杜勒斯，晚年得了癌症，天天在忍受肉体的剧痛，医生都不忍卒睹，要给他打麻醉剂，杜勒斯却说："不要麻醉我，这样我会不能工作。"杜勒斯对工作可以说有一种痴狂。实际上这个世界上任何成功的人，都对工作有执着的爱好，像一部工作机器。

人生最大的痛苦是什么？我认为是无聊。人们都说闲暇是种享受。但我觉得这种闲暇是忙里偷闲。如果你天天都闲着，这不仅是痛苦，简直是致命的。美国一部电影中，一位老警察教导他的儿子人生的目的：（1）发挥自己的特长；（2）让生活快乐。这是很普通的两句话，但我觉得道出了人生的真谛。人工作为了什么？赚钱只是目的之一，更重要的，是在工作中体现自身价值，得到一种快乐。钱只是工具，不是人生的目的。有人天天拼命工作，然后晚上数一下钱就满足了。这种守财奴正是一种心理变态，人被钱所操纵，成为钱的奴隶。实际上人生最大的幸福莫过于找到自己倾心相爱的工作，并努力干出成绩。工作本身就是人生最大的享受，它会让你感受创造的欢乐，一种体现自身价值的畅快。

人生成功的秘诀就在于走出困围你的小圈子，痴狂地工作，为大众谋取快乐，从而让自己成功，得到一种真正的快乐。

3. 工作勤恳主动，不计较得失

如果现在有两副担子，一副 25 千克，一副 50 千克，同样报酬是 50 元，你挑选哪一副划算呢？很多人会说同样报酬当然拣轻的划算。我说，你错了，同样报酬拣重担才划算。挑重担虽然吃力，但它会使你能力增强；拣轻担虽然省力，但它无法激发你的潜能，会造成你人力资源的浪费。

如何赢得领导的好感？我相信这是每个人都迫切关注的。我有一个同事非常能赢得领导好感，20 多岁就被提拔为处级干部。他的成功引起我的思考，通过观察我发现他之所以能赢得领导好感，正在于他工作积极主动，勤勤恳恳，又从来不计较报酬。比如单位主办大合唱，我觉得站在台上傻乎乎的，而不愿参加。但他却不同，类似这样的活动，他都积极参加，而且在活动中，充分表现自己的能力。

领导喜欢什么样的人？领导自然喜欢那些肯工作、有能力的人。谁不愿意自己有一个工作积极主动而能力又强的下属呢？如果我们公司有位员工，工作积极肯干，有能力，还不斤斤计较，将来公司要重用、提拔员工，第一个考虑的当然是他。有些人多做了一点工作，就跟领导计较，还自以为精明。实际上，这种人最笨。你那多做的工作，就因为计较，会让领导觉得你多做工作，就是为了争报酬，而顿失好感。你那多做的工作不也就白做了吗？聪明人，积极主动工作，充分表现能力，而又绝不斤斤计较。人人都有眼睛，不会对你的表现看不到，领导正喜欢这样的人，时间长了，自然会对你加以重用。我可以跟你打赌：一年内你工作勤恳主动，不计较得失，一年后，你看领导对你是何态度。当然一年后领导换了不算。

有位秘书对我说："老板哪，你今天给我加工资，我明天保证好好工作。"我说："你这话是否说倒了。你对着炉子说：'炉火啊，你烧旺点，烧旺了我再给你加柴。'你只有先加柴，才能让炉火烧旺；你也只有先努力工作，才能期望老板给你加工资。"

我是喜欢玩世不恭的。但我们尽可以对别的事玩世不恭，对待工作却一定要认真。如果你对待工作都玩世不恭，那就是对作为人的你自己玩世不恭。无论做什么工作，只要你愿意做的，或者必须要做的，那就要认真做，努力干好它。这正体现了你的一种人格，能赢得别人青睐的人格。我记得我与我大学老师的一次谈话，它对我的一生都产生了影响。当我怀着崇敬的心情对他谈到某位教师一年出了六本书时，他却嗤之以鼻：什么态度？也许他的话有些偏激，但的确一年出六本书是无法认真思考、周密筹划的，这也正反映了他的做人态度。

毛主席说：世界上怕就怕"认真"二字。我们可以怀抱美好的梦幻、伟大的理想，但饭要一口一口地吃，事要一步一步地做，要达至伟大的理想，首先就要脚踏实地、认认真真地做好手边的事。一个人如果对待每项工作都认认真真，那么即使他处在世界上任何一个不起眼的角落，都终将脱颖而出。

认认真真、踏踏实实地工作正是人生中一个既简单又深奥的哲理。

有学者曾告诉我，昙花是原生于南美泥潭中的一种植物。昙花虽是草木，在恶劣的环境中，也力争一现。何况我们人呢？人只能活一次，但死却绵延无期，就用心地活一次吧！

人生成功的金钥匙就是相信自己，勇敢行动，对人生、事业怀有无比的热忱，如果你把握了这三把金钥匙，那么成功之路就展现在你眼前……

本章要点
成功者的要素：具备优秀的品质

一、自信

1. 自信——激发潜能的最佳法宝
2. 自信——塑造良好气质的重要因素
3. 自信——一种美妙的生活态度
4. 信心能孕育信心
5. 丧失信心，走向失败之路
6. 自信——现代挑选人才的重要标准
7. 谦虚是一种美德

二、勇气

1. 勇气，是人潜在的英雄本色
2. 精神上的勇者才是真正的勇者
3. 勇气，就是绝不向恐惧屈服
4. 只要多多运用勇气，就可以培养出勇气
5. 培养胜利心态

三、热忱

1. 珍惜生命
2. 挚爱工作
 a. 成功要付出代价
 b. 工作是人生最大的享受
 c. 工作勤恳主动，不计较得失

第二章 成功者的人生修养

人是人的最高本质。

——马克思

中国传统文化强调修身，养性，格物，致知，齐家，治国，平天下。顺序是很重要的，其中修身养性是根本。其实，不仅从大道理上来说如此，从实际生活出发也是如此。我一位儿时的玩伴、现在的"大款"就曾感慨地说："赚钱是很容易的事，只要学会做人就行。现在赚不到钱，只因机会没到；你懂得了做人，打好了基础，机会到了，也就自然能赚到钱。"

这句话不是很有哲理吗？学会做人正是人生的最高学问。

在充满迷幻色彩的少年时代，人人都有甜蜜的梦想，我的梦想是成为一个英雄豪杰。为此，我花了大量精力，去寻找英雄豪杰成功的秘诀。

我相信美国作家杰克·伦敦的话：看书要看传记。小说艺术加工成分太重，传记才较为真实地反映英雄豪杰辉煌的一生。为此我借了大量名人传记，认真阅读，做笔记。但最终，我深深地失望了，为寻找不到他们成功的秘诀而陷于痛苦之中……

一次偶然的机会，使我茅塞顿开，我幸运地看到了民国初年李宗吾先生著的一本书，它的前言就深深地吸引了我。

李宗吾先生年轻时梦想成为英雄豪杰，经过多年努力，仍壮志未酬，就转而研究英雄豪杰成功的秘诀，但历经多年仍无结果。有次看《三国演义》时，突然大彻大悟，终于找到英雄豪杰成功的秘诀，为此写下了被誉为世界奇书的《厚黑学》。

李宗吾先生认为，纵观所有英雄豪杰成功的秘诀，不外两个字：厚和黑。厚，就是脸皮要厚；黑，就是心要黑。要在这个世界上获得成功，就必须牢记这两字真言。

《三国演义》中厚的典型是刘备：

刘备经常打败仗，打败仗说明他无能，但每次打败仗后，刘备就大哭一场：对不住父老乡亲。结果大家觉得刘备很仁义，他每打一次败仗，大家反而更拥护他。

黑的典型是曹操：

曹操一次逃难到老朋友家，老朋友叫家人杀猪招待。可曹操听见外面议论如何杀法，误以为老朋友要杀他，就将老朋友一家几十口人尽数杀了，待到发现案上捆着的猪，方知杀错。出去后，迎面遇上老朋友回来，问：正要杀猪招待，你为何走呢？但曹操随即将老朋友也杀了。部下问曹操："你明知杀错了，为什么还要杀他？"曹操说了一句名言："宁可我负天下人，不可天下人负我。""如果我不杀他，他回去发现家人死了，一定会报告我的行踪，不如斩草除根。"

厚黑之道是人生成功的真谛。我们民族智慧的化身，天纵奇才的诸葛亮，遇到脸皮厚、坚守不战的司马懿，结果六出祁山伐魏，最终无功而返。诸葛亮用激将法，送一盒胭脂和一套女人衣服给司马懿，说：如果你像妇人一样不敢出战，那么就将这盒胭脂擦上，妇女衣服穿上。司马懿将胭脂收下，仍拒不出战，诸葛亮也没办法。

项羽，力拔山兮气盖世，威震天下，但心不够黑，鸿门宴没杀刘邦，脸皮又不够厚，胜败乃兵家常事，他却觉"无脸见江东父老"而自杀，终因不谙厚黑学，由强转弱，让心黑脸皮厚的刘邦得到天下。

我对厚黑妙用的深刻认识，还是得益于这样一件事。

时值创办公司阶段，每次可行性报告送上去，都被主管部门指出缺陷退回来。修改后，送上去，又有新缺陷被找出，再退回，如此反复五六次。在我深感失望之际，一次偶然看柏杨先生著《丑陋的中国人》，中间一个故事给我很大启发。

孔丘昔年困于陈蔡，饿得奄奄一息，附近有家观光店，叫弟子仲由去讨碗饭吃。掌柜的说："我写一个字，你若认识，我就免费招待。"仲由说："我是圣人门徒，不要说一个字，就是十个字，都包下啦。"掌柜的写了一个"真"字，仲由说："这连三岁娃儿都知道，一个'真'字罢啦。"掌柜的说："明明白痴，还说大话，小子们，给我乱棒打出。"仲由狼狈而逃，禀告一切，孔丘说："无怪你会挨揍，等我前去亮相。"掌柜的仍写一个"真"字，孔丘说："这是'直八'呀。"掌柜的大惊说："名不虚传，你的学问果然大得可怕。"酒足饭饱之后，仲由悄悄问："老师，你可把我搞糊涂啦，明明是'真'字，怎么变成'直八'？"孔丘叹道："你懂个啥，现在是认不得'真'的时代，你一定要认'真'，只有活活饿死。"

我突然明白，自己书呆子气太足，过分认真了。可行性报告被退回，主要原因并不是存在缺陷，而是因为我们太年轻，主管部门不信任。任何事物都无法十全十美，要找缺点都很容易。主管部门只是通过找我们的缺点来推搪我们罢了。

因此，我又重新回到深圳，找熟人要了一大沓香港公司空白介绍信，在上面写上公关的重要性之类字眼，最后附注：如果该公司成立，香港公司愿赞助多少多少钱。这样拿着一沓介绍信，又重新找到主管部门。主管部门见有这么强大的经济后盾，还能吸引外资。即刻，接待级别就变了，由科长一跃而为处长，可行性报告也不用写得那么繁琐，公司也很快就批下来。

之后，我们与处长熟了，关系近乎了，才说："香港公司经济出现困难，他们现在很难出钱赞助。"反正公司已批了，主管部门也没办法。

郑板桥说"难得糊涂"；刘少奇说"大事清楚，小事糊涂"；古语也说"水至清则无鱼"。一个人如果过分认真，那么必将一事无成。现实生活中，许多有权人士故意刁难你，指出你的缺点，往往并不是真的因为你有缺点，只是通过刁难你，让你知道他的权力，甚至是为了让你求他，送东西给他。如果你书呆子气太足，真的去精心改正自己的缺点，那么必定是做无用功。

但很快，这种生活信条出现了危机。

凡办私营企业的，认为自己是在干大事、办实体，因此最讨厌别人称其为个体户。每个私营企业老板都给自己标上响亮的头衔，我们称为"总经理"，有的叫"董事长"，甚至有的称为"总裁"，蒋介石才叫"总裁"，他们也叫"总裁"。每月工商局例会，私营企业管理处处长明知我们都怕他，却故意用调侃的音调说"吴董事长发表发表意见""张总裁说说话"，来笑话我们。

私营企业主有钱，经常举办大型活动，在报纸上搞得沸沸扬扬，个个表现得轰轰烈烈。不了解底细，还不知道是多伟大的人物。但两年后，我再回老家出席例会，却发现那些轰轰烈烈的人物，很多已烟消云散。这引起我的思考，他们为什么会失败呢？我们也有公司，将来会不会也走上这条道路呢？

另有一件事也给我很大震动。某报几个年轻记者，举办首届中国饮料节，评选中国饮料大王。主意非常好，各个厂家纷纷赞助，一下赚了几十万元，但这些记者每月一百多块，穷惯了，从没见过这么多钱，人人为分钱争得不可开交，谁也不去理评选的事，最后草草评选一饮料大王了事。结果厂家大呼上当受骗，纷纷上告。这件事被作为国内一大诈骗案处理，钱全部被没收，人也差点被判刑。

看来厚黑之道，只顾自己收获，不管他人死活，在今天并不完全行得通。正如卖东西，原始时代，大家天真无邪，人人卖物，货真价实。突有一人懂厚黑之学，卖假货，大家从没上过当，因此纷纷上当，卖假货者大发其财。众人见卖假货好，纷纷效仿，此时，假货遍地，买者处处谨慎，提心吊胆。突有一人，货真价实，大家吃亏吃怕了，自然都拥护他，结果他取得了成功。这正是现代买卖成功之道。

人生也犹如做买卖，要买卖公平。你付出得越多，对别人帮助越大，别人才会越支持你，付给你也越多。那些轰轰烈烈的私营公司之所以倒闭、失败，正在于他们完全靠厚黑一套闯世界。在 1987、1988 年经济开放、搞活时期，长期的闭关自守，使大家纯真无知。此时，行厚黑之道，东一想法、西一主意，的确能使不少人上当受骗，赚不少钱。但上当多了，吃一堑长一智，人人都变得精明。那些没有自己拳头产品——真正受大众欢迎的产品的公司，还靠厚黑一套，自然就吃不开而倒闭。

松下幸之助看到一个乞丐在水龙头上喝水，由此想到：要让自己的产品像水龙头一样，在全世界一拧开就有。他的立足点，正是首先为别人着想，方便大众，然后别人会支持你，使你成功。这才是现代的成功之道。

李宗吾先生这样描述人的"厚黑"：脸皮厚要厚如城墙，枪打不穿还不够，要炮都轰不烂；心黑要黑如锅底，从里到外黑透。但我认为"厚黑"只能作为在某种情况下达到目的的一种手段，有时我们为了达到大的目的，就不得不牺牲一些道德、伦理观。但"厚黑"绝不能作为我们做人的准则，透心的"厚黑"会使你丧失人生的真正乐趣，这种人也不可能取得最辉煌的成功。

厚黑学的最深刻根源就是自私自利。

休谟说："人性就是自私。"我们姑且不去研究这句话正确与否。但的确人人都有这样一种心理状态：都想有所得而不愿有所失。但在交往中，如果人人都想多得收获而不愿有所失去，那么就必然会导致矛盾。我们如何正确处理这种得与失呢？

有人说："自私自利是精明。"我倒觉得纯粹自私自利的人是笨蛋。我有一些熟人，有能力，能吃苦，他们也创造过辉煌，但却始终无法持久。另有些熟人，能力差一点，但讲义气，真正地懂得做人，他们反而能获取最后的辉煌。其间差别，就在于前者太过于为自己。一个人如果总是想让别人吃亏，自己占便宜，久而久之，谁还会与他交往呢？这种人最终也就必将失败。所有人际交往中的失败者，正在于过分自私了。

我不想谈大道理，也不愿吹嘘所谓高尚的道德标准，从生活实际出发，我以为自私的人也是行不通的。

首先，人的能力都是有限的，要在世间生存、寻求大的发展就必须合作，也就是生意人常说的"要搭伙求财"。而要合作长久，相处愉快，就必须善为别人考虑。用我的话来说：自己要吃肉，起码要让别人有汤喝。如果你既想吃肉又要喝汤，那么最终你连肉都没得吃。而自私自利的人是不会真正懂得这种辩证法的，即使懂了，他也无法真正运用好，因为他的眼光容易被一己私利所蒙蔽。更通俗点说，你与人合作做生意，你骗了他，他会很气愤，就会去告诉这个圈子的人，于是你的名声臭了，就再难找到新的合作者。反之，你们合作愉快，他就会告诉别人和你一起能赚到钱，于是大家都乐意与你合作了。

另外，人的快乐不仅来源于物质享受，更重要的部分，还是来自精神享受。人需要爱，需要被人尊重，需要实现自身价值，而这些都是自私自利的人所无法得到的。现实生活中虽也有许多人凭厚黑之道赚了大钱，物质生活优裕，但这类人过分关注自己，自无法得到真正的友谊，于是在现实世界中永远孤苦伶仃，精神空虚、痛苦。

我相信人生有这样一个真理：一个人的成就程度，大致上是与他的施与程度成正比例。你施与得越多，对别人帮助越大，别人就会越感激你，对你的回报也就越大。人生在世正是要努力体现自身价值，并力争社会承认。那么你满足了大众的需要，大众也就需要你，从而你也能获得自己想要的。

同样道理，企业要成功，就不能单纯立足于赚钱，这是目光短浅的做法；首先要立足于满足大众的需要，别人得益了，自然就会支持你的企业，最终企业也得益。这才是企业长期发展之道。

自私自利的人正是那些已经丧失了生活中的美好事物而永远生活在渺小世界中的人，真正成功的人士首先就要有博爱的情怀。

第一节　树立博爱的情怀

20 世纪 80 年代的一个初春季节，75 位诺贝尔奖获得者集聚巴黎。他们在一份会议宣言中写道："如果人类要在 21 世纪生存下去，必须回头到 2500 年前去吸取孔子的智慧。"

孔子究竟有何神通？他反复阐述仁与礼。仁的内涵是爱人与修身正己，强调的是人格上道德的完善；礼指的是反映、体现出仁的行为准则，它强调名分与尊卑长幼。孔子的核心思想可以说就是一个"仁"字。"仁者爱人"，"仁"就正意味着博爱。

法国启蒙思想家强调：平等、自由、博爱。"博爱"实际上不仅是一种社会伦理，更重要的，它还是一种让你人生更快乐的法宝。只有"博爱"的人，才能胸襟开阔，才能真正做到待人热情、友善，乐于助人，才能在人际交往中永立不败之地。

我喜欢这个小男孩的故事，他出于一时的气愤对他的母亲喊道："我恨你。"然后，也许是害怕惩罚，他就跑出房屋，走到山边，并对山谷喊道："我恨你，我恨你，我恨你。"接着从山谷传来回音："我恨你，我恨你，我恨你。"这个小孩有点吃惊,他跑回屋里对他母亲说,山谷里有个卑鄙的小孩说他恨我。母亲把他带回山边,并要他喊:"我爱你,我爱你。"这位小孩照他母亲说的做了,而这次他却发现,有一个很好的小孩在山谷里说:"我爱你,我爱你。"

生命就像一种回声,你送出什么它就送回什么,你播种什么就收获什么,你给予什么,就得到什么。你想要别人是你的朋友,首先你得是别人的朋友。心要靠心来交换,感情只有用感情来博取。

一、友善能铲除障碍

有天我去发廊理发,见到两位风尘女子在谈论香港明星李小龙。一位说:"李小龙最后是死在一位妓女房间的。"另一位反驳说:"不会吧?好像听说是得暴病死的。"前一位马上应道:"就是,肯定是别人造谣,要是那样,也太'肉酸'了。"

我突然感觉:一个人不论把自己的位置摆得如何,但内心深处都是希望自己所喜爱的人物是一个有高尚品德的人。

《红灯记》里鸠山说:"人不为己,天诛地灭。"但如果人人都标榜看穿了尘世,信奉自私为座右铭,那么这个世界必将暗无天日,这个社会必将走向衰亡。所以我们从小受的教育,这个社会所弘扬的伦理,都教导我们要友爱、仁慈,这种根深蒂固的文化影响,正如弗洛伊德的理论所形容,渗透进我们的潜意识,我们潜意识深处有了对友善、仁慈的向往,有了对具备这种品质的人的尊重。

世界上最受欢迎的人,一定都是品德高尚,有仁爱之心的。

你有这样的体会吗?这个社会上有种人,仿佛所有人都是他的敌人,对待别人总是凶巴巴的、恶狠狠的,或者从来就不将别人当人,只是当作他人生旅程上的一种工具。这种人不论他有多大本事,最终还是会遭到人们的唾弃。人就应该有爱心,友善地对待每一个人,这也正是成功者的人生准则。

我有位朋友,一个典型的生意人,在他最危难的时候,身无分文又没有工作,我帮过他,给他提供住的地方,还借钱给他,可他为了多赚我几百块钱,却伙同别人骗我。这正如美国已故总统肯尼迪所说:"做生意的都是狗娘养的。"最后我发现了,虽然也很气,但并没有痛骂他一顿,然后潇洒地绝交。我只是告诉他人都不傻,不要骗人,还是友善地继续帮助他。以后他终于发达了,出于对我的感激,在很多紧要关头他都无偿地帮了我。

我还有位同事,人们眼中"变态"的老太太。我与她无冤无仇,但她眼红我的第二职业,时刻盯住我,稍一抓住我的过失,就去领导面前打我的小报告,害得我几乎被炒鱿鱼。旁人都愤愤不平,她每见我也总是有些不好意思，但我始终以友善待她，能帮她时还是尽量帮她。终于她被我感动，不无惭愧地对我说："我的年纪比你大得多，但你的做人姿态却比我高得多。"

这只是小事，但却是每个人生活中都会遇到的。别人伤害了你，明知报复已无济于事，何苦还要多树仇敌呢？此时友善会使你显得大度、姿态高，会使你生活天地无比辽阔。而且别人对不住你，你还以友善待他，他自会对你有负疚感，说不定以后还会加倍补偿给你，这正是聪明人的做法呀。人性本就自私，我们要学会理解人、谅解人，愤怒和暴力只是外在的力度，只有友善才能感发人性中光辉的部分，真正深入人心灵。

100多年前，林肯曾引用一句古老的格言，说过一段十分精彩的话。他说："一滴蜂蜜比一加仑胆汁能够捕到更多的苍蝇。"人心也是如此。假如你要赢得人好感，就以友善待他，用蜜去赢得他的心，你就能使他走在理智的大道上。

有人说："你在喊口号，这个世界本就是一个生存竞争、弱肉强食的斗兽场，好心多半不得好报，好人往往吃亏。"

我不否认，人性中最古老、最深切的禀赋本就是自私，那种幼稚的仁慈、天真的友爱，自会使你处处碰壁。但友善绝不是叫你傻气，在深刻认识人性基础上的友善正是使你受欢迎的一种方法。

有人会说："说，谁不会，但做起来却难。有些人你一看上去就讨厌，还怎么对他友善得起来？"

这里我想介绍心理学中一条原理，"照镜子"效应：

与人交往，常常会有这样的感觉，这人一眼看去就不错，与自己很投缘，果然大家谈得很好；这人一接触，感觉上讨厌，结果，彼此真的格格不入。为此我们常在心里庆幸自己感觉灵验。是否你真的感觉灵验呢？

心理学中有一条规律：我们对别人所表现出来的态度和行为往往做出同样方式的反应和回答。

在与人打交道时，我们发现自己的待人态度会在别人对我们的态度中反射回来。恰似你站在一面镜子前，你笑时，镜子里的人也笑；你皱眉，镜子里的人也皱眉；当你叫喊，镜子里的人也对你叫喊。几乎很少人认识到这条心理学规律是多么重要和多么具有预测性，反而得意地归之于自己感觉灵敏。

实际上，如果你事先就确认某人是难以对付的，则你很可能会用多少带有敌意的方式去接近他，在心中握紧你的拳头准备战斗。其实当你这样做时，你简直就是设置了个舞台让他上去表演，他也就被逼扮演了你为他设计好的角色。而如果你事先认为某人是友好的，你就会用友好的方式去待他，在你的感染下，他自然也以友好的方式待你。

我办的每一期训练班都有一些学员，听我讲课时，始终板着脸，看上去尖酸刻薄，仿佛被我骗了学费。以前，我见了这类人就讨厌，很少去搭理他们。结果毕业时，我与他们的关系真的也就很差。知道了这条心理学规律后，我想，是否我的心理作用造成的呢？以后，我就有意识地去接近这类人，在心里始终当他们为好朋友。结果我发现他们中很多人都很友善，心中都有一团热情之火，只是性格使然，在外表上表现得严峻点罢了。

请记住你的大多数敌人正是你自己造成的，友善才会使你朋友遍天下，使你的品质升华，生命充满欢乐。

友善还能带来两种心理效应。

1. 晕轮效应

我国古代有个疑邻盗斧的故事：

有一个人丢了一把斧子，就暗自怀疑是邻居的儿子偷了。从此，他觉得邻居的儿子无论是走路的姿势、面部的表情，还是言谈的语调都像是偷斧子的。后来，他在山谷刨土时无意中找到了那把斧子。回家后又看到了邻居的儿子，这回他看人家的一举一动又不像偷斧子的人了。

人都有一种以偏概全的心理倾向。对某人有好感，就觉得他的举止言行一切都好，即所谓"爱屋及乌"；然而对他反感时，就会觉得他处处不顺眼。

2. 报恩心理

汉朝名将韩信曾对一位老妇人说："滴水之恩，定当涌泉以报。"人都有报恩心理。

你对某人有好感，是因为他给了你友谊，满足了你的需要。既然他对你很好，当然你就不能对他不好。"来而不往，非礼也"，出于感激之情，你就可能接受他的观点或建议，满足他的要求。

二、博爱使你心态健康

我的一位朋友在他心情郁闷的时候，给我看了他写的日记。

"一种无可名状的痛苦，时时萦绕心怀。我从没有发自内心地真正笑过，任何欢情中都渗有苦涩。我的心是苦的，我的脉搏中跳动着的血液是苦的，我的生活是苦的。我不知什么能使我幸福，我不停地追求，但永远不知幸福的彼岸在何方？……

"我在折磨自己的灵魂，摧残自己的生命，一种心理变态在深沉地扭曲自己。精神分裂症者，我突然找到了我们之间的共同语言……"

令我怵目惊心的是，诸如此类的感情宣泄竟然每篇都是。他的生活真的很差、很不如意吗？我了解他，实际上他在很多方面都过得比一般人优越，但他的心却已完全被这种痛苦情绪所笼罩，当然他的生活也就真的过得很痛苦。

心理学上说，每个人多少都有一种要伤害自己和伤害他人的潜意识的动机，做出有害自己和他人的事。这就是"虐待自己"和"虐待他人"的倾向。

"虐待自己"常常是因为解决不了的矛盾、破坏性的欲望、不愉快的感觉等压抑在心里，而造成的自我惩罚。"虐待他人"则多半是为了自卫、报复，甚至是单纯的泄愤。

比如当你痛苦不堪时，你会用牙齿去咬下嘴唇，用头拼命去撞墙，这种用伤害自己的身体来发泄不满或者借烟酒来消除烦恼的方法，均属于自虐倾向。这种自虐还只是伤害身体，我认为更为严重的自虐，却是精神上的痛苦情结。这会毁掉人的生活。很多大诗人都陷于这种痛苦情结而不能自拔。拜伦，19 世纪诗坛的拿破仑，事业上取得了辉煌的成就，但阴郁却成了他生活的主旋律。雪莱，浪漫诗歌的王子，痛苦情结甚至令他走向了死亡。有人说，痛苦使人类创造了灿烂的艺术。但我觉得这种代价也未免太大，牺牲了创造这种艺术的人的人生快乐。不仅诗人如此，很多伟大人物都有这种痛苦情结。传奇人物拿破仑不是说自己从没有真正快乐地过过一天吗？实际上，我们每个人或多或少都有这种痛苦情结。回忆我的少年时代，我就有很长一段时间被这种痛苦情结所笼罩，那时见到诸如"生命苦难""灵魂痛苦"之类字眼，就激动得心灵颤抖，生活也因此而压抑、苦闷。精神上的自虐倾向正是人生快乐的一大劲敌。试想一个不懂善待自己，享受生活快乐的人，又怎能懂得珍惜生活、享受生活？又怎能懂得善待别人？苦闷、痛苦自然会伴随一生。

如果说自虐还只是伤害自己，那么虐待他人却是一种心理变态。

很多人喜欢围观交通事故，他们从交通事故中得到一种快感：见到别人被车轧死了，内心会有一丝喜悦，庆幸自己还活在世上。

有这样一则笑话：

某次出了交通事故，观者如堵。有位仁兄怎样挤也进不去，随之灵机一动，马上挤出两滴眼泪说："请大家让一下，我父亲被轧死了！"大家一听这么悲惨，就让他进去了。岂料进去一看，原来是轧死了一只狗。

在台北也曾有这样一件事：

某人想自杀，站在一幢高楼的天台上，下面围观者人山人海。但这人偏偏又不跳下来。此事惊动了消防队，但消防队员要上去援救时，他却说："你们上来我就跳下去！"消防队员不上去吧，他又不跳下来。这样磨了好长时间，下面有位老太太终于等得不耐烦了，在下面叫嚷："你要跳就快点跳嘛！跳完了，我还要去买菜呢！"

这不正是"虐他"心理吗？

我常以为，人有了权后，并不是件好事，权力会使人心理变态。来深圳上户口时，我去派出所排队，辛辛苦苦排了近一个小时，到窗口时，办事员却将窗一关，"下班了，明天再来！"我在外面气得要命，他还在里面偷偷笑哩："这傻家伙，又白排了一个小时。"如果他提前告诉我不用排了，到点就要下班，我也就不用浪费这一个小时；或者他多费一两分钟帮我办了，我心里该多感激！但下班了，这就是他的权力，你明天再来重新排，这就是他的本事。

这是权力的另一种转移，成为满足"虐他"心理的工具。谁与这类人组成家庭一定不会幸福。

人呵，居然从别人的痛苦中感受快乐！有些人总是幸灾乐祸，打小报告，踩着别人的脊梁往上爬，或者"推倒了酱油瓶子不扶"，或者"当面笑哈哈，背后使绊子"，都是他们的惯用伎俩。这种人我们在生活中还见得少吗？他们已经丧失了做人的真正乐趣，永远体味不到人生的真正幸福。我们在心里都鄙视这种人，但想想我们自己，是不是或多或少也有这种心态呢？

"自虐"和"虐他"心理轻则招致生活麻烦，重则摧残人的心灵。为什么有的人刻薄、挑剔？为什么有的人心胸狭窄？为什么有的人生活痛苦？这正是"自虐"和"虐他"心理倾向造成，它是人生失败之因，生活痛苦之源。如果我把"刻薄""挑剔""心胸狭窄"一类形容词加在你头上，你一定不高兴。既然如此，那你为什么不树立更广阔的胸怀呢？

雨果说："世界上最辽阔的是大海，比大海更辽阔的是天空，比天空更辽阔的是人的胸怀。"雨果所说的人，正是指那些富有"博爱"心的人。

"博爱"是一种情操，更是一种修养。只有"博爱"的人，才真正懂得善待自己、善待他人，生活也才充满欢乐。

第二节　维护人格尊严

自然界万千植物都有幸被文人所赞美，甚至渺小如草也得到垂青，但唯有浮萍却只用来作贬义的形容。这正反映了人的好恶：讨厌那些摇摆不定、随波逐流的人。

一个人有灵活性是聪明，但灵活要有一定的限度，做人如果没有人生准则，那么给人的感觉势必就是没有个性、缺乏魄力，甚至是软骨头。要做一个真正的人，要得到别人的尊重，甚至要成功地与人交往，要取得生活成功，做人就必须有准则。正所谓：没有规矩，不成方圆。而人生准则中一个很重要的部分就是要维护人格尊严。

生活中常有这样的体验：有些人，虽然有钱、有地位，但一眼看去就觉得不必重视；而有些人，虽然没钱、没地位，但短暂的接触，却让你感到不能轻侮。这后一类人正在于他们自尊自爱，看重自己的人格尊严。实际上维护人格尊严，就是维护自己做人的权利，就是尊重自己；连人格尊严都可以放弃的人，就是不把自己当人，也就是自己贬低自己。一个人如果自己都不尊重自己，别人又怎么会尊重你呢？

我们可以寄人篱下，可以求人，也可以迎合人，甚至聪明人有时还会想办法让别人觉得他比自己聪明。但在做这一切时，必须注意不能让人因此而瞧不起我们。我们要让他感觉到我们心中拥有我们自己的尊严，让他觉得我们有分量，这样他才会尊重我们。如果有两个人用同样的方式去赞扬一个人，那么，两人中地位较高的人的赞扬对方一定更为看重。我们在别人心目中的地位，往往决定了我们在与他交往中的分量。而这种心目中的地位，一方面固然是由我们的实际地位决定的，但另一方面也要看我们给他的感觉如何。注重维护人格尊严的人，表现出的是自尊自重，也就往往容易让人尊敬，给人良好的感觉。

一、唱自己的歌

那天我去看花卉展览，一朵怒放的玫瑰吸引了众人的目光。我在欣赏之余，无意间发现了它边上有一株小草。突然间狂风大作，暴雨倾盆而下，人们纷纷跑去避雨。雨过天晴后，我再出来看时，那朵艳丽的玫瑰已被雨水打得凋残，可那株小草却更加青翠，洋溢着旺盛的生命力。

我由此想到了人生。我们可能并不显赫一时，可能永远只是芸芸众生中渺小的一员。但我们仍然要用顽强的生命力奋力地唱自己的歌。拜伦爵士说："我生来绝不是为世俗这沉闷的戏文扮演繁忙的配角。"我们也许并不能在世间唱主角，但我们起码要做我们自己人生的主角。这是我们作为人的最基本权利，是维护我们人格的最基本要素。

记得少年时代受了许多教育，比如大公无私、助人为乐、为人民服务等，那时觉得为自己生活是一种肮脏的想法。但当走上社会，搏击于人生战场时，却发现这里人人都是唯利是图的，能在这里取得成功的，往往就是那些为达目的不择手段的人。被正统的宣传所尊崇的道德品质，在现实的社会里却并不值钱。你道德高尚，大家不会因此而来巴结、讨好你；但如果你有钱、有势力，那么，众人就会对你趋之若鹜。人生价值的天平，明显地倾斜于后者。我突然有受骗了的感觉，被所受的教育所愚弄。人怎么可能大公无私？人怎么可能不为自己？不为自己而生活的人，一定没有享受过生活；只有为自己而生活的人，才懂得享受生活。

我记得曾在电视中见到一些"痴人"。有的耗其毕生精力收藏书籍，为了省钱买书，一天可以只吃两个馒头；有的收集毛主席像章，终身乐此不倦；甚至有的为收集古钱币，踏遍万水千山，终身不坠其志。当然我并不是赞赏他们的爱好，但我却不得不佩服他们人生中的这一种"痴意"。一个人不论他是否成功，是否伟大，只要能毕其一生去"痴意"于某件事，这本身就是值得歌颂的。人就是要有一种"痴意"，"痴意"也正是人的一种不朽精神啊。

最令我感动的是菲亚特集团老板的独生子，放着亿万家产不继承，却痴心于自己的艺术梦想。人活着就要干自己所喜欢的事呵！当然这句话说来简单，做起来也是难。我们大多数人所耗最主要的精力干的事，往往是由于经济的压力，为环境、社会和家庭，被迫去做的，我们只是在为生存而生活，这样的生活怎能忍受？生活就要轰轰烈烈，生活就要能随自己的心愿。如果一个人终其一生都没能摆脱束缚，努力、认真地去干自己所喜欢的事，甚至还不知道自己喜欢干什么，那这一生又有什么意思？至多也只能算是随潮流来到世上，又随潮流消逝于世间，没有闪耀个性的火花。我们不谈崇高的理想，但我想做人最起码，也是最重要的不也就是要努力挣脱束缚，去干自己所喜欢的事，并让此成为主宰生活的主旋律吗？当然这需要能力，但不论我们的能力能否达到，这总应该作为我们内心的奋斗目标。

一个人怎样掌握自己的命运，比命运是怎样更为重要。

我们都是地球上的过客，人生只是短暂的一瞬间，死后一切都将灰飞烟灭，如果我们不努力去做自己所喜欢的事，不唱自己的歌，又怎对得住自己？唱自己的歌正表明了现代人的务实精神以及重视自身价值，是平等、自由思想在人生观上的体现，是一种进步的道德意识。

活着就要有自己的生活信念，人生宗旨。你可以追求轰轰烈烈的人生，也可以固守"宁静以致远，淡泊以明志"，甚至还可以遵循老子的"无为"思想。存在决定本质。你首先是存在着的，也是自由的。也就是你可以按自己的意愿选择属意的生活方式，但重要的是要在人生中用你的意志力将它贯彻到底。不要因外界的动荡而摇摆，不要被环境所左右，这就是人生中的"抱一"。

现代也许已不是一个纯情的年代，商品大潮冲击得人头脑发热，但人不应该随波逐流，要坚守自己的人生信念。如果今天大家热衷于某件事，你就跟着去做；明天社会流行某种潮流，你又跟着去赶，那么你就永远只能居人之后。有些当官的，以前为政清廉，怀抱美好的理想，但看到别人进行权钱交易大发其财，于是受不了环境的引诱，铤而走险，结果正好赶上风头，毁了一生。一个人如果没有自己的个性，没有自己对生活的独到见解，没有自己的人生信念，就一定不能出类拔萃，就一定不能取得大的成功。

我崇尚人的信念，歌颂人的意志力，信念是有魔力的！

美国一间大银行的总裁斯通就曾说过，他少年时代在一张纸上画了无数个美元符号——＄＄＄，立下信念，结果后来他终于成了大银行家。

我们在"文革"中不也是如此吗？天天听到的、看到的都是"革命无罪，造反有理""阶级斗争要年年讲，月月讲，天天讲"之类，这种信念深植于没有见过外面的世界的、单纯的，从而也就没有深邃的思考力的中国大众心里，从而导致了中华民族的一次大劫难。

我们不谈大的、不谈远的，最近我的一位朋友的母亲病危，医生认为连一个晚上也活不过去了。可是老人的意识还很清醒，所有的人都希望让她再同远在内蒙古的女儿、女婿见上一面。于是我的朋友不停地在母亲耳边小声说："再过三天就是您八十大寿了，我们都想好好地给您庆祝生日，您在内蒙古的女儿和女婿也快赶回来了，您可一定要挺住啊。"结果，这位老人在四天后死去。她终于在生命的最后一刻与亲人见了面。

这不也是信念的作用吗？

如果说人有灵魂，那么信念就是人的不死的灵魂。布鲁诺为坚守自己的科学信念，宁愿被罗马教会烧死，也矢志不移。张志新不惧强权的高压，用嘶哑的喉咙呐喊出自己的信念，以至上刑场时已被人割去了舌头。外界能够摧毁人的躯体，却不能摧毁人的信念。精神不朽！信念不朽！

对每一个成熟的人来说，唱自己的歌就是要做自己人生的主角，坚守自己的生活信念，并为它付出一片"痴意"。

我喜欢野性，男人就要有些野性，甚或像杰克·伦敦笔下一匹孤独的、在荒野里嘶叫的狼。野性是一种奔放，是一种力量，是一种无所畏惧的勇气。唱自己的歌正是人生中的一种野性。我呼唤野性……

二、让个性之花开放

袁伟民在介绍挑选女排运动员的经验时，曾谈到要挑选有个性的运动员。这是科学的选才之道。实际上我们观察一下就会发现，任何杰出的东西都是有特色的，对人而言也就是要有个性、有性格。优秀的文艺作品，电影或小说，往往在于它有特色，甚至畅销于社会上的任一种商品，之所以畅销，也在于它有特色；同样道理，人要受欢迎，要取得成功，也要有个性。

王朔的小说能轰动一时，引起诸多反对和支持，正在于他的鲜明的个性色彩：那种玩世不恭的态度，赢得了现代年轻人的共鸣。张艺谋的电影能领导一时潮流，也在于他独特的艺术手法：虽然拍的是陈年往事，但赋予了它浓郁的现代意识。《红高粱》里处处闪耀的狂放精神之火，正投契了现代年轻人内心深处的激荡之情。个性正是事物的生命力之所在，没有个性就没有生命力。诺贝尔文学奖为什么很少专业学文学的人获得呢？我认为原因在于专业学文学的人，陷于浩瀚的文学作品中，而丧失了自己的个性。

实际上这个世界上任何一个能取得成功的人士，无不是有着极强的个性。世上没有十全十美的事，力争完美，往往还会使你丧失特色。有个性虽然有可能使你的思维和行为有片面性，但同时会使你的特点鲜明，而有鲜明的特点，就有极强的感染力，就能引起深切共鸣。有个性本身就是一种超越、一种魅力。

我总认为人的性格对人的气质和能力有极大的影响。因为人看待事物、思考事物以及行动时都带有明显的性格烙印，性格决定了人的习惯思维和行为方式。性格豪爽的人，思维直率，行为果敢，虽然有时不免失于莽撞，却有魄力。性格柔弱的人，思维缜密，行为谨慎，虽然优柔寡断，却常能面面俱到。性格本身并无好坏之分，都有积极的一面，也有消极的一面。一个人只要有鲜明的个性，就必定会有独特的思维方式、独特的能力，也就是有显著的优点，只要善于扬长避短，往往就能超越芸芸众生，开辟一条属于自己的路。

维护人格尊严也就是要让个性之花开放。

三、莫献殷勤

维护人格尊严，在交往中就要注意莫献殷勤。

献殷勤者是恐惧的，他是害怕别人不与他好，所以才巴结人，这种交往是不自然而丑恶的。

生活是由无数的小事集合而成，正如无数小溪汇集成大河。小事虽小，却蕴藏生活哲理，能引发人的深思。下面这件小事就是如此。

那天，我去某校办事，见他们校长和主任一起骑自行车外出，行经校园大道时，校长发现有个下水道盖未盖，就随口说了一句："怎么下水道盖未盖？"可主任听后却如奉圣旨，急忙刹住车，迅速跳下来（幸好还未摔倒），三步并作两步，跑到下水道口前，费了九牛二虎之力，将沉重的铁盖盖好，又怕校长久等，未及喘气，就又匆匆跑回自行车前，与校长一起外出。

我在边上看着，心里产生了感慨：何苦呢？40多岁的人了，拍马屁也不能拍到这个份上。换了我，只会刹住车，叫一些附近的学生，把盖盖好。这样我既听了校长的话，又没有表现出过分的奴颜婢膝。

献殷勤固然能让很多人喜欢，但同时，却会让人觉得你没本事。因为真正有本事的人，多少都有几分恃才傲物。如果我的手下有一个喜欢献殷勤的人，我虽然会喜欢他，但内心深处总会觉得他没大本事，至多也只会让他当一个副手，不会让他去独当一面。

献殷勤有辱你的人格尊严，只会让人更加瞧不起你。

莫献殷勤这一条说来简单，却是我一个熟人十多年人生失败的痛苦总结。有一天，他以过来人的姿态语重心长地对我说：

"做人千万不要献殷勤。我在学校是教体育的，我夫人教英语，是学校办公室主任，人长得又漂亮，我们家是典型的女比男强，因此我事事都迁就她。开始我借聘到深圳大学，但她找的工作不理想，就叫我回去，说：'如果你不回去，我们就离婚。'我想夫人比工作重要，于是就放弃了深圳大学的职位，回了老家。但回去后她还是与我离了婚。我再到深圳，深大的职位已满了，最后只好去了华侨城。

"平时在家里，就因为她比我强，我对她殷勤备至，每天下班，就忙着买菜、洗菜、做菜，连小孩的尿片子，都是我洗，而她下班后，回家就坐在沙发上看报纸。我是一个男人，我越这样，她反而越看不起我，我尽了最大的努力，但这个家庭最终还是破裂了。"

做人就是这样，你越献殷勤，对方反而会越瞧不起你。正如西方谚语所说："急于出嫁的姑娘，反而将小伙子吓跑了。"

我有一个同事给我介绍了他两次恋爱的经历：

第一次，经熟人介绍和一个女孩在歌舞厅见面。见面后，熟人自不能充当电灯泡，找个理由走开了，他请这位女孩跳舞，可是一曲未了，女孩就谈起她母亲说她年龄不小了，要早点结婚。你想想身为女孩，第一次与人约会，就谈婚论嫁，别人不会觉得她有问题吗？自然将人吓跑。

第二次，他又认识了一位女友，两人正谈得感情投契时，那位女孩却突然几天不来了。弄得他天天坐卧不安，反复告诉我们那位女孩与他说话用的什么语气、看他用的什么眼神，请我们帮助判断她是否对他有意。

可待到他有点失望时，那位女孩又来了。就这样，那位女孩来几天又不来几天，弄得他天天都像盼星星盼月亮一样，盼她的出现。

我想这位女孩懂得一些心理学。人就是这样，容易得到的东西不知道珍惜，不容易得到的东西才知道珍惜。这个世界上最好的东西永远是没得到的东西。你不献殷勤，经常吊一下人的胃口，反而会令他更加垂涎三尺。

当然这样做不要过分，否则别人以为没有指望，而放弃了。

我们常说强扭的瓜不甜，但有些先生问我："你说强扭的瓜不甜，但有些瓜你不强扭还吃不到呢？"瓜只有到瓜熟蒂落时，才甜美可口；没有成熟的瓜一定是酸的。如果你愿意吃酸瓜，那就去强扭吧，而要吃甜瓜，那就最好等到瓜熟蒂落。

献殷勤者不仅是丑恶的，而且还会让你丧失主动权。心理学中有这样一条最小关心原理：较不关心人际关系者获主动权。你与你的朋友交往，如果是你对两人关系关注较多，那么对方一定获主导地位。反之，如果是对方对两人关系更需要、更关注，那么，你就会获得主导地位。

献殷勤者不仅是恐惧的，而且别人对你献殷勤，往往是别有所图。我记得小时候住的大院，里面有一口井，大家都喜欢喝井水，井水比自来水甜。因此家家都备有一口大水缸装井水。邻居一位小姐，她男朋友每次来首先就看她家水缸满了没有，没满就去挑水。久而久之，只要这位小姐的男朋友要来，她家的水缸就一定是空的。有天小姐的弟弟见家里水缸空了，准备去打水，他母亲在一边说："小王要来的，你不用去了。"

我们小孩喜欢热闹，每次她男朋友来了，我们就跟在后面，边跑边喊："拎王来了！拎王来了！"但结婚后，这位先生却整天摇晃着二郎腿，什么事也不做了。别人问他："你以前挑水那么勤，现在结婚了，为什么却什么也不做了？"他回答："从奴隶到将军嘛！"我想这位小姐吃亏了，原来找位奴隶，现在却变成了将军。有些小姐告诉我她们的恋爱观，要找个从将军到奴隶的人。开始让他当将军，说明他有本事，然后再将他驯服为奴隶。我想这样总比你找个先奴隶后将军的人划算吧！

我总觉得追一个人是一件幸福的事。谁追谁都占便宜，追别人是因为别人比你强或者你发现了她的优点，才追之不舍。但追人绝不是在她面前百般逢迎，追一个人是一种征服，是想办法在她面前充分显示出自己的优点，折服她。那种奴颜婢膝的追法，效果只会适得其反。

维护人格尊严是很复杂的，我们不仅要维护作为个人权利、特征的尊严，还要维护道德品质上的尊严。仁、义、礼、智、信，是每一个真正做人者都必须遵循的，它也正是我们作为人的高尚人格，也都是我们所要努力维护的。

第三节　处世的修养

有人曾问我："你教人际关系，是否你就没有敌人？"

有！我也有敌人，有些人甚至恨得我牙痒痒。这个世界上每一个人，无论他多么伟大、多么高尚，都有敌人，都会有人不喜欢他，甚至讨厌他。

可有人却常为此烦恼："我对他们都很好，可总有人对我不好，不喜我，甚至恨我。"有人因为领导不喜欢自己或者自己被人出卖而痛苦不堪；有人更甚，因为失恋而痛不欲生。这些都是一种傻气。你自杀了于对方没一点伤害，反而变成他吹牛的本钱："某某小姐（先生）为我痴情得自杀了。"你说这是何苦。

你问自己，是否这个世界上每一个人你都喜欢？你不可能喜欢这个世界上每一个人，那你也不能要求这个世界上每一个人都喜欢你。有几个人不喜欢你那是再正常不过的事了，为此而生烦恼正是自寻烦恼。

我们活在世上不可能迎合每一个人，讨好每一个人。否则人活着岂不太累，人生还有什么意思？人生的一个重要目的就是活得洒脱、自然、快乐。人际关系学也并不是要你一味委屈自己迎合别人，何况即使你这样做了，也不可能每个人都喜欢你。

虽说我们不可能赢得世界上每一个人喜欢，但还是要尽量减少敌人，少一个敌人就多一个朋友。不要因为我们的过失、我们待人的方式不正确而得罪人。不论我们喜欢与否，周围的人们都是现实存在着的，都能给我们的生活带来巨大影响。在当今的世界上，不考虑到这一点，我们简直无法获得任何成功和幸福。

下面介绍待人之道。

一、勿道人短长

我们公司长期和外贸公司合作做生意，外贸公司的大胖子涂经理，可以说是我们的财神爷。

有天在公司里，我极力劝说涂经理和我们扩大贸易范围，费了九牛二虎之力也没能说服他。我恼羞成怒，涂经理刚一走，我就说："你们看涂胖子，往公司大门口一站，蚊子都只有侧着身子才能飞进来；他那条短裤，肯定是他老婆用两条米袋子改的。"

结果涂经理忘了拿包，正好回来。虽然旁人不断给我使眼色，但我越说越得意，全然没注意到涂经理正在我后面。我发现怎么旁人不笑，一回头，恰好看到涂经理涨得像猪肝般的脸，当时的那种尴尬劲就甭提了。旁人赶紧打圆场："小丁这个家伙，就是嘴巴讨厌。"我也急忙赔着笑脸道歉，说自己喜欢开玩笑。涂经理当时没吭一声就走了。

之后，虽然自己多次请涂经理吃饭，想方设法赔礼道歉，但关系始终恢复不到以前的水平了，合作生意因此也少了很多。这就是道人短长的代价。

实际上我们平常的谈话中有90%是闲聊，那种品质恶劣的人则总是以议论人及诽谤人为中心，仿佛这个世界上人人都不行，唯有他最伟大。或者通过指责别人的不是来抬高自己，这种人正是自尊心极低的。他没有真本事去表现自己，只有借助于挑别人的短处来提高自己身价，这样的人令人齿冷。

我相信这样一条规则：判断别人时你自己也被别人判断。

一个经常挑别人短处、指责别人错误的人，只会让人感到挑剔而难于相处，让人感到品质恶劣而厌烦。如果你总是认为这个也不好，那个也不行，人人都有问题，那么只能说明你自己不善于与人相处，自己有问题。别人正是通过你对别人的判断，来判断你的为人。

如果你去应聘，招聘者经常问的一个问题是：你在原来单位干得好好的，为什么要来我们单位？"有些人为了讨好招聘者，就极力指责原单位：那里的人很难相处，老板挑剔、刻薄。你们这里多好呵。这样说的人，十有八九会落选。如果我是招聘者，我会想：他现在这样指责他原来的老板，将来会不会也这样说我呢？聪明的应聘者应该多说原单位及原来老板的好话，"与他们相处很好，离开真有点依依不舍"，然后再提出一个客观原因，如"这个单位更适合发挥我的才干"等。这才是聪明的应聘方法。

你听说过坐在马路边的老人，分别被两位陌生人拜访的故事吗？这是我最喜爱的故事之一。

老人坐在一个小镇郊外的马路旁边。有一位陌生人开车来到这个小镇，看到了老人，他停车打开车门，询问老人："这位老先生，请问这是什么城镇？住在这里的是哪种类型的居民？我正打算搬来居住呢！"

这位老人抬头看了一下陌生人，问道："你刚离开的那个小镇上的人们，是哪一种类型的人呢？"陌生人说："我刚离开的那个小镇上住的都是一些不三不四的人。我们住在那里没有什么快乐可言，所以我们打算搬来这里居住。"

老人回答说："先生，恐怕你要失望了，因为我们镇的人，也跟他们完全相像。"

不久之后，又有另一位陌生人向这位老人询问同样的问题："这是哪一种类型的城镇呢？住在这里的是哪一种人呢？我正寻找一个城镇定居下来呢！"

老人又问他同样的问题："你刚离开的那个小镇上的人们到底是哪一种类型的人？"

这位陌生人回答："喔！住在那里的都是非常好的人。我的太太和小孩子在那里度过了一段很好的时光，但我正在寻找一个比我以前居住的地方更有发展机会的小镇。我很不愿离开那个小镇，但是我不得不寻找更好的发展前途。"

老人说："你很幸运，年轻人。居住在这里的人都是跟你们那里完全相同的人，你将会喜欢他们，他们也会喜欢你的。"

如果我们在寻找坏人，那么我们就真的会遇到坏人。如果我们在寻找好人，我们就一定会见到好人。不善于与人相处的人，到了哪里，都会认为别人难于相处；善于与人相处的人，见到任何人，都会与人相处融洽。

二、勿触怒别人

美国一位企业家，有次应邀参加一个聚会，聚会期间朋友为他介绍了一位记者，恰好这位企业家某天在报纸上见过他的大名，对着这位西装革履、风度翩翩的记者，企业家讨好地说："久闻大名，我在报纸上见过你的文章，文采飞扬，读后受益匪浅。"

结果这位记者听后，扭头就走。企业家莫名其妙地去问他朋友，他朋友说："唉，你拍马屁拍到马蹄子上去了。你知道他是写什么的吗？他们主任给他小鞋穿，他是专门写讣告的。"

这就是在无意之中触怒了别人。在你的生活中有没有过别人的一句话深深刺痛了你，让你终生难忘？那你又有没有过一句话深深刺痛了别人，让别人终生难忘呢？触怒别人往往是无意中的，在你不知不觉中就得罪了人。

我有次放假回老家，去同学家里玩。他老家的习俗：死了长辈，三个月不许理发，以示戴孝。我去的时候正遇他母亲去世没多久。我们真的好久没见面了，见面后为了表示亲热，我打了他一拳，看着他长长的头发，开玩笑地说："瞧你这么长的头发，像条翻毛狗。"边上同学赶紧给我使眼色，可我一点都没注意，仍然说："这么乱糟糟的，麻雀都可以在上面做窝了。"

虽然他见我大老远从深圳赶回来，不好说我，但当其他同学告诉我是因为他母亲去世，三个月不许理发，表示戴孝时，我内心却深深内疚了：别人母亲去世了，内心该多痛苦啊！可我还要去开玩笑，虽然不知者不罪，但这毕竟是火上浇油的行为。

话题是否恰当，要视你周围的人们以及那一刹那的气氛而定，要尽量避免那些会使双方动怒或争辩的话题，对周遭状况保持敏锐，不要有意或无意触怒别人。否则，会令你自己下不了台。

实质上，良好的礼节就是敏锐，是一个人对他人所表现的崇高敬意。

三、勿探人隐私

隐私是一种不愿被人知道，不愿被人公开的弱点或缺点。金无足赤，人无完人。大家都是人，自然也就存在着一些弱点和不足，我相信这个世界上如果每个人都把他的想法、行为原原本本地公之于众的话，那么没有人能有面子活下去。隐私权也正是人的生活权利。所以，揭人隐私就成了人际交往中的一大禁忌。

我们每个人都应该避免那些私人、细琐、刺探的问题。

在一次与友人一起吃饭时，他给我介绍了同桌的一位个体户。彼此寒暄后，无意中我就问起他最近进的一批货是什么价。话一出口，我就懊悔了。个体户之间竞争激烈，进货价都保密。答复我吧，不可能；不答复我吧，彼此刚认识，又伤感情。正在我不知所措时，他问我："你能保密吗?"我一听他相信我，赶紧拍胸担保说："能，我最能保密了!"他一笑接道："很好，我也能保密。"

在他这种俏皮的答话中，我才避免了尴尬。

人们大多数的谈话过失只不过是由于欠缺思虑或无知而引起的，揭别人隐私的行为正是一种欠缺思虑或无知的表现。

我最讨厌的那类行为就是吃了饭没事做，以揭别人的短、探人隐私为乐趣。别人结婚几年没生小孩，他就议论这人是否生理有缺陷；别人来了几个女性朋友，正常交往，他就四处散布这人喜欢搅搅震。这类人正是在现实的世界中丧失美好事物而过着猥琐生活的人。

在现实生活中，喜欢探人隐私的人不仅令人讨厌，而且自己也常常吃亏。深圳有些大公司的秘书经常都是几个月一换。因为做经理的不愿你对他的底细了解太多。比如某些大公司一年要买进上万吨糖，经理每斤糖提成一毛钱就是一笔可观的数目。你如果对他底细掌握太多，对他就是一种威胁，他自然要想办法换掉你。所以你不仅不要去探他的隐私，即使他要告诉你，你都要尽量避开，以免将来有嫌疑。比如我们私营公司经常都有一些黑账，如果哪个员工总是喜欢刺探这些问题，不用多久他就一定会被炒掉。

四、不要好为人师

在生活中常可以遇到一类好为人师的人。他们总喜欢指出人家这做得不合适了，那做得欠火候了，似乎他什么都在行，对什么都可以说出个道理来。这种自负，恰好是自卑心理的曲折表现。他们所以摆出一副"万事通"的面孔来，就是唯恐被人小视，他们炫耀自己的目的就是要提高自己的地位。可是这样做的结果更使他们捉襟见肘，遭人厌恶。道理很简单，你不相信别人有办好事情的能力，别人也不会把你的能力放在眼里。

我大学毕业时被分配去教书。有次一位学生拿着一道题目问一个老教师，正在老教师思考时，我为了表现自己年轻聪明、反应快，拿过题目就说："这还不简单，怎么这样的题都做不出来呢？"结果当我做下去时，我发现自己也做不出来，搞得十分狼狈。

这件事使我深刻认识到，谦虚才能学习更多，人外有人，天外有天，我们懂得的一切都没有什么了不起，更不要好为人师了。

一个人有本事是件值得佩服的事，如果再能用谦虚的美德来装饰，那就简直值得敬佩了。

任何人潜意识深处都是争强好胜的，自负正是人的本性之一。那么你的自我表现、不恰当的炫耀往往就会刺伤别人，所以谦虚也正是人际交往中使你受欢迎的有效方法。

本章要点

一、树立博爱的情怀

1. 友善能铲除障碍
2. 博爱使你心态健康

二、维护人格尊严

1. 唱自己的歌
2. 让个性之花开放
3. 莫献殷勤

三、处世的修养

1. 勿道人短长
2. 勿触怒别人
3. 勿探人隐私
4. 不要好为人师

第三章　心理整容

一个人生理有病，一定会找医生。但心理有病呢？生理的疾病只是损害健康；心理的疾病却危害灵魂，毁灭整个人。

世界著名整容外科医师马尔茨讲述了这样一件事：

纽约一位股票经纪人，长得英俊潇洒，待人和蔼可亲，备受人欢迎，因此事业也非常成功。一次，公司发生了火灾。很不幸，这位英俊的经纪人半边脸都被烧坏了。自此以后，他整个人都变了。脾气异常暴躁，稍一受刺激就大发雷霆，动不动就骂妻子、打儿女。他的生意也渐渐差了，顾客都怕他。

妻子不忍见他如此，就花了一大笔钱请马尔茨为他整容。马尔茨运用高超的整容医术，最终将这位经纪人的疤痕治疗得基本不见痕迹。过了一段时间，马尔茨突然接到一封感谢信，信中说："我们全家都真诚地感谢您！您不仅医好了他面部的伤痕，您将他整个人都医好了。自从您治好他脸上的伤痕后，他又和以前一样了，在家里是好丈夫、好父亲，对同事也谦让有礼。他的生意又重新繁荣兴旺，事业又开始获得成功。可以说是您让他获得了新生！"

马尔茨看到这封信后，内心触发了感慨：一个人的面部整容是次要的，重要的是心理整容。从此马尔茨就将心理整容作为终生的事业。

第一节　解除心理枷锁

心理对人究竟能起多大作用？过分强调心理作用是否"唯心论"？

如果你远方的亲人得了重病，这时突然有人叫你接加急电报。此时，紧张感就会笼罩你，心跳加快、腿发软、头发晕，仿佛马上就要倒了，这不就是心理作用吗？

以下这种恶作剧，也能反映心理对人的影响。

首先，找几个朋友帮你玩这个游戏，选择一个对象，当作这场恶作剧的"牺牲品"。再安排你们几个人，都能在同一个早上轮流见到这位"牺牲品"。

你对他说："你今天看起来好苍白啊！一定是生病了。"然后另一个人遇见他后说："你好像是得传染病了。"再一个人说："你在发高烧吗？""你的样子好可怕，赶快去看医生吧。"

如果以很逼真的方式来说这些话，那么那位"牺牲品"，将会真的生起病来了。

有位心理学家，很喜欢告诉别人这个故事：

"上大学时，为了赚取所需的食宿费用，我照顾一位独居的老妇人，做一些杂七杂八的工作。这位老妇人常失眠，往往要吞下一粒安眠药才能安然入睡。有一天晚上，这位老妇人跑来敲我的门说：'很抱歉打扰你，睡不着，安眠药又吃光了。不知你身边有没有安眠药？'

"我很快地回答：'我有安眠药，太太。放在楼下，我这就下楼去找一粒给你。'

"我知道老太太的视力不佳，无法辨别青豆与安眠药丸。我回到楼上，说：'这是一颗特大号的安眠药。它很管用。把它服下你很快就会入睡了。'

"这位老妇人当真服下这颗'药丸'，而且睡了她这一生当中睡得最好的一觉。从那天开始，她每天要求我给她那种特殊的'药丸'。"

实际上，心理状态不仅影响人的生理状态，甚至可以说影响到人一生的成功与幸福。一个人不善交际，往往并不是由于技巧掌握得不够，而是心理素质没过关，被自卑、腼腆、羞怯心理所控制。人的烦恼也几乎毫无例外是属于心理上的。心理障碍正是导致人烦恼、苦难乃至生活失败的根源，它可以扑灭人心灵的光明，掩盖人魅力的光辉，使你显得怪异、不受人欢迎。

我喜欢下面这个故事：

美国有位牧师，第二天要去进行一次隆重的布道演讲，但踌躇再三，一直找不到合适的讲题，偏偏他的小孩又在边上捣乱。他就拿了一张世界地图，几下将它撕成碎片，交给小孩，说："如果你能将这张地图拼好，我给你两块钱。"小孩高高兴兴地就拿过去了。牧师心想：这张地图够孩子忙上几个小时，自己也正好准备一下演讲。

岂料过了几分钟，小孩就兴高采烈地跑出来，说地图已经拼好。牧师接过一看，果然一张完整的世界地图又呈现在眼前，他奇怪地问："你怎么能这么快就拼好了呢？"小孩回答："地图反面是一张人头像，我把人头像拼好了，地图也就当然拼好了。"牧师一听顿然醒悟，他终于找到布道的题目：一个人是对的，他的世界也就是对的。

在古代，世界上有被人不当人看的人，他们被强迫做了奴隶，被镣铐锁链将身体锁起来。那么现代废除了奴隶制，还有没有奴隶呢？现代还有奴隶，只不过这些奴隶不是身体被锁了起来，而是"心灵、个性、雄心"被锁了起来，受到了控制。这个枷锁不是别人强加的，而是他们自己戴上的。

有人说，"我胆小""我腼腆""我怎么比得上别人""我有缺陷"，这些理由束缚了他的本性之美，阻碍了他潜能的发挥，使他显得没有魅力。这些就是他的枷锁，可能也是你的枷锁。你的一生，你的幸福，就被这类无形的枷锁锁住。你已经不得自由，心灵受到了控制。

你有没有问过自己，是否你想做的事，你认为正确的事，你都敢去做呢？是否你在别人面前，总是保持自然大方、展露自如的魅力呢？我想，没有一个人敢理直气壮地回答："我敢去做了！""我表现自然了！"人，都被一些无形的东西控制住，包括你，包括我，我们都要奋力去砸烂这些枷锁，挣脱这种控制，让身心获得一种真正的自由，这是通往幸福的唯一道路。

要获得成功就要先获得自由！心灵的自由有助于最大限度地发挥我们的潜能，有助于展现我们的怡然之美。

一、培养一流的心态

有次我去看望大学时代的教授，恰遇他为小孙子学习成绩不好着急，我忍不住问："您小孙子多大？"

"小学二年级。"

我不解地说："小孩子，特别是男孩，小时候成绩并不能反映问题，我以前读到初中成绩都不好，但还不是能考上大学？"

教授回答："他的学习成绩不好，本身并不重要，我们两夫妇都从事教育，待他读到高中，拼命给他补课，考大学一定不成问题。关键是他现在成绩'二流'，时间长了，会在心里产生他这个人也是'二流'的感觉，这就是大问题了。"

听了教授的话，我在心里感慨：到底是从事教育工作的，从小就注意消除孩子的自卑感，培养"一流"心态。

一个人如果在各方面长期比人差，他就会觉得自己比别人差。反之，如果一个人在很多方面有过人之处，他就会养成一种心态：自己是强者，是一个"一流"的人。可以肯定，一个认定自己是"一流"的人，在将来的生活中不可能成为一个猥琐不堪的小人。他的气质会更优秀,胸怀会更博大,做人会更有一种锲而不舍、永不服输的劲头。

回忆我大学的同学,那些在班上有影响、有号召力,称得上头面人物的,都是少年时代父母重视培养,在某些方面受过专门培训而超出常人一等的。读书时,这些专长都能让他出尽风头,成为众人瞩目的人物。从而也养成他的"一流"心态。这类人走上社会后,也极少甘于平庸,总有强烈的上进心。而那些没有特长、读书时又没能充分展露长处的同学,始终是班上的丑小鸭,长期遭受自卑的折磨,心态扭曲,生活压抑、苦闷,最终也就影响到他的整个人生。所以从小让小孩有专长,在一些方面比人强,有助于培养小孩"一流"的心态。如果再让他认清世事的艰难曲折,消除他的骄横之气,长大后,他一定会成为栋梁之材。

"一流"的心态不仅对做人很重要,在人际交往中也是举足轻重的要素。我从来相信,人生来就平等。特别在人际交往中,双方处于平等的地位,都是交往的主体,都具有主动性。交往是一种平等互利的活动。一个人具备谦虚的美德,容易让人接近,但是,如果一个人的自卑感很强,这就意味着放弃交往的主动性,意味着人格的丧失。而谁又愿意同一个没有人格的人交往呢?

自卑不仅抹杀你的人格尊严,也让你不能正确认识自己。自卑的人,数学考不好,他会说:"我数学不行。"可能他仅仅只是不善于考试,而数学本来很好。很多大数学家数学考试成绩也不好呢。有人更甚,数学考不好,他会说:"唉,我人不行。"至多也只是数学不好,为什么要夸大到人不行呢?

1. 自卑的产生,是以己之短比人之长

我永远记得读大学的第一天。那天考试,我的成绩是 32 分。太令人难以接受了!从小学读到高中,我的专业课成绩从没考过 80 分以下,这次居然只有 32 分。那天晚上,我失眠了,但我仍安慰自己,可能教师想给我们这些中学时代的高才生下马威,出题特难,别人也许还没我考分高呢!

但第二天,却发现很多同学都比我考分高,甚至还有八九十分的,我的成绩属于最差的一类。我痛苦、彷徨。而且在以后的考试中,我的成绩也只能算中偏下,这对少年时代心高气傲的我来说,不啻是一种灵魂的折磨。但我想,也许他们不及我聪明,我做题的能力一定比他们强。于是我就有意识地去找一些同学比做难题的速度。但我失望地发现,常常他们做完了,我还根本不会做,更谈不上比速度了。我面对着苍天呼喊:生我在世,为什么要比别人差呢?

整个大学时代我都沉默寡言,为不能超越他人而痛苦。大学四年是自卑感令我痛苦而让我抬不起头的四年。

工作以后，有次出去补鞋，10 多分钟，补鞋的老太太就要了我 20 多块钱。我不满地说："你的收入比我还高呢！"可老太太回答得更干脆："我的收入为什么就一定要比你低呢？"

我一想也对，为什么她的收入就一定要比我低呢？虽然我大学毕业，她只是一位没有文化的老太太，但她会补鞋，我不会补鞋，补鞋也是一种本事嘛！我顿然发现我自卑的原因了。也许我不善于读那些书，不善考试，而我又偏偏用这短处去与人比，那当然就会永远自卑。

我大学时代的痛苦完全是自找的，我斤斤计较于自己的短处，而不去发挥长处，这就使自己陷于不能自拔的痛苦。

人都有所长，也都有所短。人的能力是多方面的，你这方面强，他另一方面就会有本事。成功的人就在于寻找到自己的长处，并充分发挥了它。如果你总是耿耿于自己的短处，去与别人的长处比，那自然比不过人，也就自然会自卑。跑 100 米谁也跑不过世界冠军刘易斯，会不会自卑呢？不会。因为我不去与他比赛 100 米，他虽然跑得比我快，但我会说中国话，他还不会说中国话呢。

自卑感的产生很可能是你以己之短，比了他人之长。要消除自卑感，就要努力挖掘自身的长处，并充分发挥它。

日本心理学家多湖辉发现了一条规律，叫自尊补偿法。多湖辉常听人议论，说社会女青年要比女大学生漂亮，为此专门去进行了研究。经过数年追踪调查，发现每年考上大学的女大学生的平均容貌都要比社会女青年差。这就不是偶然现象了，为什么会出现这种情况呢？原来这正是人的自尊心起了重要的调节作用。正因为那些女大学生容貌比不过人，所以自尊驱使她努力学习，从而发展了智力，考上大学。

当你有所短时，你的自尊会鞭策你在另一方面去胜过他人，从而又会有所长，这就是自尊补偿法。正如美国已故总统林肯所说："没有突出缺点的人，也没有突出的优点。"一个没有明显缺点的人，做事一定四平八稳，也就没有个性色彩，自然也就不会有杰出的优点。

我正视自己的短处，但我更注重自己的长处，因为这才真正代表了我。"扬长避短"使我做人更具信心，也给我的生活带来了欢乐，这是我的人生秘诀。它是否也应该成为你的人生秘诀呢？

2. 自卑的产生，是太过谨慎，对自己要求太高

自卑是你太过谨慎。过分追求事物的完美，又对自己的能力抱持谨慎，这就必然导致自卑。所以用人之道中认为，自卑感强的人做事认真、谨慎，最适于做细致、繁琐的活。

另一方面，自卑是你对自己要求太高。比如你考试 80 分，但以 90 分为

标准，自卑就自然追随你。没有自卑的人，考试70分，但他以及格为标准，还会沾沾自喜。对自己不要过于苛刻，不要追求尽善尽美，世界上没有完美的人，也没有完美的事。缺陷始终存在，接受它，接受自己，接受现实，这是消除自卑之道。

实际上，这个世界上人人都有自卑心理，没有自卑的人是那种不知天高地厚、憨乎乎的人。我们曾举办过一次公关先生、公关小姐大奖赛，有位进入决赛的小姐，本人在名牌大学外经系就读，父母都是高干，她能进入决赛，自在人品、相貌方面很不错，评委将她的笔试文章推荐给我看，可她在文章中说："别人都说我孤傲，实际上我内心深处非常自卑，我孤傲正是用这层甲胄保护自己，以免别人伤害我脆弱的身心。"

的确，面临这复杂的世事，艰难的人生旅程，谁都有自卑的时候。美国电影《金牌庄逊》中的主人公庄逊，看上去精力充沛，信心十足，在参加奥运会滑雪比赛前，记者问他："谁将获得第一名？"庄逊回答："这问题问得太傻，你不应该问'谁将获得第一名'，你应该问'谁将获得第二名'，因为第一名当然是我了。"

任何时候都表现得信心十足的庄逊，回家后，却对女朋友说："要是我拿不到第一名，怎么办呢？"

消除自卑感，并不在于没有自卑，而在于绝不被自卑所压倒，时刻支撑自己的信心。

二、挣脱"缺陷"的束缚

我有一位学员，身高一米六，有强烈的自卑感，他在报名培训班的目的上清楚地写明："我太孤独，我想与人交往，想从社会的大熔炉中得到快乐。"但我观察他，发现每次我们去郊游、烧烤，他都一个人孤零零地坐在一个角落，不与任何人交往。

我奇怪地去问他，他解释："大家都会瞧不起我。"我说："谁瞧不起你了，班上同学都很友善，你又没与他们接触，怎么知道别人瞧不起你呢？"他真诚地对我说："老师，我要是像你那样潇洒自若，或者像有些同学那样高大英俊，我也会很有信心，也会与人交往融洽。"

我看着他，内心只觉得阵阵难过，他的生理缺陷已经控制了他，损伤了他的灵魂，扑灭了他心中的光明。我只能对他说："你想自由，我也在外面高叫着：出来吧，给你自由！但你却像一只乌龟一样躲在坚硬的外壳里面不敢直面人生，我又能有什么办法呢？"

自由不是别人赐予的，是靠自己争得的。生理的缺点，或者心理的缺陷，都不足以控制一个人，让你不得自由。除非是你自己把它们作为枷锁，锁住了自己。

　　谁又没有缺陷？谁又没有不足？被称为"中国古代四大美人"的西施、王昭君、貂蝉、杨贵妃，一本杂志上介绍，她们都有缺陷。沉鱼之容的西施，鱼儿见到她的绝代芳华都吓得沉到水底，够美的吧，但她的脚比较大，不够完美。落雁之貌的王昭君，大雁迷醉于她的姿色而坠落地下，但她的肩有些仄削，美中有不足。闭月的貂蝉，月亮惊诧于她的美貌而钻到云里，她的耳垂过小了点，白玉有瑕。羞花的杨贵妃，花儿羞愧于她的玉容，不敢开放，但她却有狐臭，始终不得十全十美。

　　世界上没有完美的事，没有完美的人，人人都有缺陷，都有不足，做人重要的是扬长避短，挣脱"短处"的锁链，摆脱它对心理的控制，让身心获得一种自由，潇洒地走向生活。

　　菲律宾外长罗慕洛，联合国的发起人之一，世界著名国务活动家，他逝世的时候，联合国为他沉痛地降下半旗。但他的身高只有一米六左右。原先他也为自己矮小的身材自惭形秽，年轻时常穿高跟鞋，但一米六的身高，穿上高跟鞋又能有多高呢？别人还嘲笑他丑人多作怪。为此罗慕洛愤然脱下高跟鞋，发誓再也不穿。后来他在工作中拼命努力，要用成就来弥补自己的不足，最终成为菲律宾的外长，联合国发起人之一。

　　在联合国成立大会的那一天，罗慕洛以菲律宾代表团团长身份，应邀发表演讲，当他走上讲台时，由于联合国讲台的高度是按西方人身高设计，他就只有两只眼睛露出讲台，引得下面哄堂大笑（英国女王访问美国时，由于机场发布记者招待会的讲台是按美国总统布什的身高设计，英国女王也只有两只眼睛露出讲台外，结果引起轩然大波，美国还专门为此向英国道歉），但罗慕洛仍镇定地站在那里，待笑声渐落，他突然高举起一只手，用力地挥动，同时庄严地说出一句："我们就把这个会场当作最后的战场吧！"话音甫落，全场登时寂然，随之掌声雷动。

　　罗慕洛分析：如果我长得高大英俊，别人一见就认为有水平，那我讲出这种话，别人认为理所当然，不会觉得震惊。正因为我其貌不扬，别人认为没有水平，而我讲出稍有水平的话，别人就会大感意外，对我刮目相看。

　　罗慕洛成功地将自己的劣势转化为优势，矮倒促使他成功。以至他说出这样的话："但愿我生生世世都是矮子。"

　　美慕他人是无知，模仿他人是自杀。人要勇于接受自己，哪怕自己生来有缺点，甚至有缺陷，因为这才是自己。

　　我佩服我的好朋友，公司经理陈新先生，他身高一米六二，容貌也实在不敢恭维，女朋友却长得如花似玉。有次她开玩笑地说："别人都说我是一朵鲜花插在牛粪上。"

陈新却认真地回答："我生来就是这个样。如果我长高了，变漂亮了，那一定是个怪物。因为那不是我，我就是这个样子。"

我觉得这是一种真正做自己的宣言，一个真正男子汉的宣言。能从内心深处真正地喷发出这种语言，该需要多大的自信，多狂放的自豪呵！你也能发出这种豪言吗？如果你能，我觉得你已成为一个真正的汉子。

做一个真正的汉子吧！砸碎那些无形的心理锁链，让自己从控制中解脱出来，做一个真正的自由人，不自由，毋宁死！让敢想、敢说、敢做，成为我们生活的座右铭！

第二节　建立乐观的生活态度

我曾在心里祈祷：如果有上帝，他应该让我生得高大英俊，还应该让我很有钱，还要让我的人生快乐。可我又想，如果上帝说我太贪心，只允许我选择一条呢？如果你们面临与我同样的选择，我相信大家一定选择的是：让人生快乐。

德国哲学家叔本华说："一个悲观的人，把所有的快乐都看成不快乐，好比美酒到充满胆汁的口中也会变苦一样。生命的幸福与困厄，不在于降临的事情本身是苦是乐，而要看我们如何面对这些事。"我在深圳的很多富豪朋友也说：外在能带给人的东西是很少的，人的快乐与否还是决定于自己。

一、人的快乐与否取决于自己的心态

人生犹如一艘航行在大海中的船，在波涛中颠簸，时而波峰，时而浪谷。而我那段人生的低谷期，竟是那样的难以忍受，事业、生活上一连串的打击，常常使自己夜不能寐，有时真想活着不如死去。

一天，我独自在街上徜徉，从午夜至黎明，痛苦始终萦绕在心中。这时一件偶发的小事突然给我的生活带来了光亮。

我看见一老人，双腿被截肢，坐在轮椅里，正艰难地用手摇动轮圈，想从马路驶上人行道。只见老人用手将车后退几步，然后突然加速，冲上人行道。我看着老人吃力的模样，觉得很好玩，也没想到过去帮他。

此时，老人抬头发现了我，冲着我一笑，说："先生，早上好！"

我现在很难用言词表达我当时的感受。我四肢健全、年轻力壮，居然觉得生活痛苦不堪；而一个上人行道都如此困难的老人，却能快乐地向我问好。从那天起，我就在心中说："我要让自己的生活天天充满欢乐。"

人生的快乐来源于哪里？代表了一代人梦想的拿破仑，得到了世界上绝大多数人渴望拥有的荣耀、权力、金钱，但他却说："我这一生从来没有过一天欢乐的日子。"海伦，美国残疾女青年，又聋、又瞎、又哑，可她却表示：生活是这么美好。你的快乐与否正是你的生活态度造成！

心理学理论告诉我们：以为自己处于某种状态并相应地为之，这种状态就会益发明显。有些小孩本来不很难过，但一哭起来，却越哭越伤心，就是这个道理。当你认为自己很可怜，让痛苦爬满额际，你的生活就会真的很痛苦；而如果你相信自己很快乐，并且快乐地去生活，那么你的生活也就真的很快乐。快乐的神泉就在你心中，它取之不尽，用之不竭。

我想起著名教育家巴士卡里雅访问孤儿院的事：

面对着一个失去双亲而又瘫痪在轮椅中的小孩，巴士卡里雅同情地问："你会干什么？"

小孩天真地回答："我会吐痰！"随即"呸"的一口痰吐出。

巴士卡里雅看在眼里，感慨在心里：太神奇了！你不觉得神奇吗？口一张痰就吐出去了；手想捏住自己的鼻子，它就不会抓住耳朵。

只要你对生活充满爱意，每时每刻你的身边都会有许多神奇的东西供你享受，就连天上的蜻蜓在飞、小鸟在鸣，地上的小孩嬉戏，你都会感到新奇，只要你好好地珍惜，付出你的爱意，这些生活的点滴，就会像一组美妙的乐章，在你周身流淌。

请记住，生活本身就是一顿丰盛的宴席，只有傻瓜才找不到食物而饿死。

二、失败中，存在着等量，甚至更大利益的种子

我希望生活于每个人都是一首欢乐的歌，但人生在世谁又没有挫折、没有失败呢？

失败是什么？我喜欢欧几里得的一个定律：整体等于各部分之和，而又大于其中的任何一个部分。

成功是一个整体，而失败是整体中缺少了一部分。比如5支粉笔算成功，4支粉笔就算失败。但很多人却因为缺少了1支粉笔而将其余4支也否定。那缺少的1支粉笔有多大呢？

现在大家都知道电话是贝尔发明的。其实发明电话的大量工作都是爱迪生等科学家完成的，贝尔所做的仅仅只是将电话中的一个螺母转动了1/4周。为此大家打了一场著名的官司。法院最后将电话的发明权判给了贝尔。

法官说：虽然爱迪生等科学家做了大量工作，但他们认为电话不能实用，而最终放弃了。可贝尔没有放弃。他将螺母转动了1/4周，改变了电流幅度，致使电话有了实际用途，所以电话的发明权应属于贝尔。

爱迪生等科学家的失败距离成功的整体缺少了多大一部分呢？仅仅只是将一个螺母转 1/4 周。

莱特兄弟发明飞机，他们所做的工作，也仅仅只是将前人发明的飞机后面的副翼变成了活动的，而这使他们名留青史。失败往往只是成功的整体缺少了一部分，你只要努力补上就行，千万不要"倒洗澡水时连小孩一起倒掉"。

失败不是真正意义上的完结，而是新的探索的开始。

失败是一种痛苦，有些人因为害怕失败，所以不敢行动。这类人虽遇不到失败，但也绝遇不着成功。很多人活了一辈子都不知道自己到底有多大本事，都没有真正享受过他们热切盼望的幸福。因为他们从来没试过，没行动过，没努力过。为了追求属于自己的幸福而努力，为了实现自己的梦想而奋斗，即使失败，也不悔今生。因为我毕竟试过了，努力过了。人走错一步也远胜原地不动。不行动，你的大脑和神经系统无法指引你；但你行动了，即使走错，你的成功辅助机器也会帮助你矫正，最终引导你走向正确的方向。

我喜欢贝多芬的名言：乞求失败！人人都追求成功，为什么有"疯子"乞求失败？每当失败降临，你不退缩，拼尽全力去克服，你就会发现自己的能力又获得增长。失败是成功之母，是你增长才干的最佳途径。

失败在悲观者眼里是灾难，在乐观者眼里却是生活的浪漫。有失败的痛苦，才有成功的欢乐；有失败的考验，才有做人的成熟；失败会使生活产生波折，从而更添生活情趣。

古语说："富不过三代。"过于顺利的环境并非好事，只会扼杀人的才华。爱情也是如此，没有经历过失恋，就很难真正懂得珍惜感情，失恋对爱情也未尝不是件好事（开句玩笑：我奉劝那些没成家的朋友，去找一个失恋过的人做终身伴侣吧！她更懂得珍惜你的感情）。因此人在年轻时多经受失败是件绝好的事。没有遭遇过失败的人，永远是轻浮的，没有深度。一个人经历的失败越多，他的经验就越丰富，做人就越成熟，从而能力就越强，只要他还能保持乐观，维持顽强的上进心，他就一定是最后的成功者。

三、烦恼是心理问题

有次和同事去北京旅游，计划玩十多天，可第二天同事的钱包掉了，于是他心烦意乱。我劝他反正钱已掉了，烦也没用，不如忘掉它，只当没发生过，照旧开开心心地去玩，说不定这辈子就来北京这一次。但他始终心情不佳，玩起来无精打采，弄得我也无心游玩，只得准备提前回家。可在收拾行装时，突然发现他的钱包在床缝中。这下他顿时喜出望外，可我在边上真恨不得踢他一脚。一次本来可以美妙的生活旅程就这样被他破坏了。他的钱虽没有失去，但失去了一次对美好生活的享受。

林肯说：人们都是自己想要怎么快乐就能怎么快乐。我们的烦恼几乎毫无例外是属于心理上的，而不是生理上的。

有位学员烦恼地告诉我："一位同事总是在领导面前打我的小报告，真烦人。"

我问："他的小报告有没有用呢？"

"一点用都没有！领导跟我关系很好，每次他打小报告领导都告诉我。"

我回答："他的小报告有用，它让你心烦了，睡不着了。"

著名教育工作者魏书生在被评为高级教师时，同事告诉他有位老教师到处散布他的谣言。魏书生却说："我对不起他，让他心烦了，让他死了不少脑细胞。"

这个世界什么能伤害我们？外在的事物都不足道，唯一能伤害我们的，是它通过我们的内心起了作用。现在世界上所拥有的核武器随时都可以毁掉整个地球，这么严重的问题，你为之烦恼过吗？你走在街上随时都可能被汽车轧死，你又为之烦恼过吗？危及生命的事你不放在心里就不会为之烦恼，那么烦恼不正是你的心理造成的吗？归根到底，所谓的伤害，所谓的烦恼只是我们的内心造成，是我们自己伤害自己。我们为什么要自己伤害自己，为什么要自寻烦恼？说严重点，死也不就那么回事吗？还有什么更值得我们为之烦恼呢？

一个人只要宽宏大量，心地豁达，那么几乎没有任何东西能伤害到他。

有次电视报道一位身患白血病的女孩的事迹。她的生命历程已经不会太长了，全家人都要耗费精力照顾她，还要为她支付巨额的医疗费。在这样的生活重压下，她居然想方设法筹措资金办了一个热线电话，为生活失意的人进行心理辅导。有人问她觉得生活痛苦吗，她回答："你觉得痛苦，是因为生命对你太宽裕。我的时间不多了，我不能去考虑痛苦，只能加倍地珍惜我过的每一天、每一个小时。"

她的话对我的灵魂是一次巨大的冲击。一个腰缠万贯的人得到一百块钱不会珍惜，而一个穷光蛋得到一百块钱才会格外珍惜。那些感觉生活痛苦的人，不正是因为生活对他太恩赐了吗？

建立乐观的生活态度吧！乐观的人到哪里都受欢迎，是生活中的天使。他们开朗、充满朝气的情绪，对每个人都是有益的感染，其魅力无穷……

第三节　克服压抑

人的一些无形的心理锁链，比如"自卑""胆小""腼腆"等，往往起因于来自生活、来自生理的压抑。小时候缺少了爱的温暖，生活时常不如意，有些生理缺陷，这些长期的压抑，都会导致心理的病态。另外，心理学上还认为，人许多伤害自己、伤害别人的冲动也是来自压抑感。压抑使许多不满郁积于心，使渴望得不到满足，导致一种强烈的心灵摧残。弗洛伊德就认为，现代人的痛苦、心态的扭曲都是由于本能冲动受到过多的压抑。压抑感可以说是导致心理病态的罪魁祸首。

一、压抑是心理病态的罪魁祸首

精神压力是在本人毫无察觉之中由日常生活中的刺激、压抑所积蓄起来的，当它积累到一定程度后，就会导致歇斯底里症的暴发，引起心态的不平衡。

正如一只气球，慢慢地打气，逐渐地膨胀，最终导致无法承受而爆炸。婚姻也是如此，很少婚姻的破裂是因为一件突发的大事而造成，往往是平常生活上的琐碎小事，双方彼此的摩擦、不满，日积月累，最后一件突然的事故成为导火索，引发家庭的破裂。同样，精神病患者，也绝不是因为一件事的刺激而造成。往往是平时生活中的小刺激，日积月累，最终导致精神分裂。我们常说的，老实人要么不发脾气，一发脾气，就如火山爆发，也是这个道理。

压抑既然是生活中的小事日积月累所造成，那么克服压抑的最好方法，就是在尊重别人的前提下，将平时生活中的不满、压抑，及时发泄出去。

著名作家冯骥才去美国访问期间，专程去拜访一位美国友人。去到他家，冯骥才发现一个很奇怪的现象：在这位友人的妆台上，放着一块红色的砖。冯骥才心想：这块砖说是装饰品吧，又不好看；说是古董吧，又是新的。

正在冯骥才捉摸不透时，那位美国友人谈起他们市长竞选时许下许多空洞的诺言，越说越气，抓起那块砖就用力向墙上的大玻璃镜扔去。冯骥才一见，吓得赶紧躲避。但那块砖撞到玻璃镜后，却没事地反弹到地上，跳了几下后，就停止了。玻璃镜竟然丝毫无损。冯骥才好奇地走过去，捡起砖一看，发现原来只是一块海绵做成了砖的样子。

这种"砖"在美国称之为"成人玩具"，帮助成人发泄愤怒，又不造成伤害。

国外还有一种"出气"公司，专门利用让人发泄压抑来赚钱。你有什么不满，有什么压抑，都可以花钱去这间公司，找人倾谈也可以，要砸要打物品也可以。公司专门有间房，里面陈设了各种供顾客发泄压抑的物品，你摔打完之后，再照单付账。

让人发泄压抑，已成了一种赚钱手段。要保持心理的健康，就不能让压抑郁积在心里，天长日久，终将无法控制。

曾经有位学员给我讲了他对发泄压抑的感受：

我们单位连我一起共有四位司机，其他三位司机都开小车，独派我开大巴，每天接送公司员工，上班早，下班迟，我对此很不满，但一直闷在心里。

过了一段时间，经理又规定：大车不许开回家，要停放在公司里面。这明明是冲着我来的，我更不满了，但我仍憋在心里。

这天经理决定给司机配 BB 机，其他三位司机都配了，但唯独不配给我，说开大车不用 BB 机。

这下我终于忍不住了，和经理大吵了一场，在众人面前非常出气地痛骂了他一顿。事情发生后，经理怒不可遏，声言不将我炒鱿鱼，誓不罢休。这下我可完了，胳膊拧不过大腿。只好又当面赔礼道歉、写检讨，在大会上宣读，我出尽了丑，让经理在众人面前挽回了面子，还扣发了全月奖金，他才善罢甘休。

我为什么不能控制自己？不能好好跟经理谈呢？就是因为平常对经理的不满没有即时发泄出去，日积月累，最终导致了自己头脑不冷静。如果我平时能将对经理的不满，在家人面前、在朋友面前发泄出来，我心里一定会好受得多，也不至于最后控制不住自己，造成这样的后果。

有不满要即时发泄出去，这样才能保持心态的平衡，增强控制力。现在，每当我对领导有不满，受了领导的窝囊气，我就找几个要好的朋友，在他们面前将领导臭骂一通。这绝不是阿Q精神，这样做过之后，会觉得心情舒畅好多，再遇到类似问题我也能控制自己，不至于做出傻事。

常常有些妻子抱怨丈夫，对外面的人好，对家里的人凶。这种现象常发生在有一定社会地位的丈夫身上。这类丈夫在外面要表现得道貌岸然、温文有礼，各种压抑、不满要深埋心里。回到家里，假面具不用了，突然而来的松弛感，使他们在外面忍受的各种压抑、不满，很容易就在家里发泄出来。作为朋友和家人，出于关怀爱护的目的，就要适当接受他发泄压抑的行为。

要正当地发泄压抑感，可以借鉴以下方法：

a. 不顺利时，可以"自言自语"，进行自我安慰。

b. 在要好朋友面前讲出来。

c. 用写信、写日记的方式，尽量将原因写出来。

二、不要因为发泄自己的压抑而伤害别人

有压抑就要即时发泄，但有个前提，要尊重别人，不要因为你的发泄，

而伤害别人。这在心理学上叫作"不要踢猫"。

什么叫"不要踢猫"？就是不要对无辜者发泄你的攻击性。这条规则起源于这样一个故事：

公司经理有天正在气头上，恰好办公室主任来请示工作，他就满面怒容地将办公室主任斥责了一番。办公室主任莫名其妙地被经理斥责了，正在火头上，秘书这时又来汇报工作，办公室主任就怒气冲冲地将秘书训了一顿。秘书无缘无故地被主任训了，心中愤愤不平，出到门口，发现她男朋友来接她，劈头盖脸就将他骂了个饱。她男朋友高兴而来，扫兴而去，走到街上，怒火难耐，遇到一只猫，就一脚踢过去……

这是何苦呢？为什么经理生了气，要转到主任身上，主任又转到秘书，而秘书又转给她男朋友，她男朋友呢？就只得去踢猫。何不经理直接走到街上去踢猫一脚呢？

我读高中的时候，有次数学老师与他夫人吵嘴。我们做学生的又想看，又怕看，躲得远远地偷看。到下午上数学课时，我和一位同学讲了几句话，结果就被数学老师气冲冲地点到前面站了一节课。要在平时，至多也只是提醒一下就罢了，不会处罚得这么重。以后只要上数学课，看到数学老师板着面孔进来，我们就会在下面小声地说："大家小心，今天老师又被老婆骂了。"

对无辜者发泄攻击，是一种品德低下的行为，发泄了自己的压抑，却给别人增添了压抑。

"踢猫"现象还可以引申到家庭争吵中。意大利世界杯足球赛期间，我们单位的年轻人都喜欢聚集在一起看球，这样更热闹。有位同事，他夫人每天早上要五点起床去上班，可足球赛转播都在半夜进行，看完球后，常常已是凌晨二三点，他每次回家，都影响夫人休息，有天夫人对他说："你今天再去看球，我就把家门锁上，不让你回家！"

这天晚上他本来也不准备看球，但与我们一聊兴致又上来了，终于还是看完了比赛。回家时，他夫人也真的将门锁上。他敲了一阵，没人应，气起来，就一脚将门踢开，铺张凉席就地而睡。到了五点钟，他夫人起床，报复性地将家里所有能开的东西全都打开。电灯也打开，电视也打开，音响也打开，电风扇也打开，吵得他无法入睡，在愤怒之余，他一拳向边上的鸿运扇打去……

下午，我邀他出外踢球，发现他还在睡觉，而且手上缠着绷带，就问他缘故。他一五一十地告诉我，我听后笑着对他说："何苦呢？风扇打烂了，还不是要去买。"他说："出出气就行了。"

夫妻吵架不过夜，没几天他又高高兴兴地同夫人去东门买风扇。我在一边调侃地说："这次一定要买个铁的，打不烂的。"

吵嘴，要借助于摔打物品来发泄愤怒，既说明你无能，也反映出你没涵养。这是心理不正常的表现。

我记得一场话剧中解决这个问题的方法：两人吵得正凶时，男的抓起桌上一把筷子就往地上扔。女的一看，你扔我不会扔吗？抓起桌上的保温瓶准备往地上摔。男的一见，赶紧变愤怒为幽默："别摔，别摔，摔坏了，我们还要去买的。"女的说："那你为什么摔呢？"男的回答："你没见我摔的是筷子吗？筷子是摔不烂的。"

这种方式多好呵！既幽默，缓解两人关系，又没有为出一时之气，而让经济受损。这是聪明人的做法。

有压抑了，要借助于摔打物品来发泄，不也正是一种"踢猫"行为吗？

三、增强律己力

我崇尚奔放、不羁、自由自在，所以我谈了要解除心理枷锁，要消除压抑感，也只有这样我们的人生才能快乐无比，也才能最大限度地发挥自己的潜力。

但事物都是辩证的，过分严格地律己，会使自己丧失人生享受，导致压抑，引起心态的扭曲。而过分的放荡不羁，却又会使人流入只为冲动所控制，没有理性思考。

人的思想往往与行动有着很大的距离，思想上考虑成熟的东西有时却无法转化为行动；我们的情感也往往与理智不能和谐，理智上认为正确的，但情感却执拗地与它相抵触。要解决这种矛盾，就要增强律己力，也就是要善用思想来左右行动，善用理智来控制情感。

心理学家说要获得成功，就要先获得自由。他们指的这种自由，是一种心灵与行动的自由。自己认为正确的事，又想去做的事，就一定敢去做，而不被一些无形的枷锁控制，明知正确，却无法行动。但这种自由，绝不是为本性、为一种原始的冲动所支配的自由，那种自由是低级的，那类人也是奴隶，内在冲动的奴隶。那类人不能行动，只能反应。

实际上，能"戒"才能获得更大的自由。比如抽烟上瘾，烟瘾，此时就是你的镣铐，不抽不行，你被烟瘾所控制，不得自由。只有戒掉了烟，你才砸烂了镣铐，挣脱了控制，达到了真正的随心所欲，做了自由自在的自己。

律己力还是人与动物的根本区别之一。动物不会考虑长远利益，只要有诱饵，就容易上当。只有人才能立足现在，放眼未来，衡量局部利益和整体利益。能律己，也就意味着能理性思维，对各种情况都能冷静考虑，是非轻重的衡量有依循标准，不致利令智昏，误了大局。律己力正是人成熟与否的重要标志。

人毕竟不同于动物，不要做内在冲动的奴隶，要用远大的理想来控制自己的内在冲动。能律己，才能获得真正的自由；能律己，才能取得更大的成功；律己才是通向幸福的康庄大道。

本章要点

一、解除心理枷锁

　　1. 培养一流的心态

　　a. 自卑的产生，是以己之短比人之长

　　b. 自卑的产生，是太过谨慎，对自己要求太高

　　2. 挣脱"缺陷"的束缚

二、建立乐观的生活态度

　　1. 人的快乐与否取决于自己的心态

　　2. 失败中，存在着等量，甚至更大利益的种子

　　3. 烦恼是心理问题

三、克服压抑

　　1. 压抑是心理病态的罪魁祸首

　　2. 不要因为发泄自己的压抑而伤害别人

　　3. 增强律己力

第二部 技巧篇

这世界退立一旁吧，
让每一个知道
自己要往哪里去的人通过！

如果这个世界公平的话，她应该让每一个向着目标坚定迈进的人，让每一个辛勤付出者，都得到收获。但现实并非总如想象中那么美好，我们不是说做事要看天时、地利、人和吗？环境、条件对人的行为有重要的制约作用。那么，怎样才能更好地利用条件、创造条件呢？也就是要事半功倍，不要事倍功半。这就需要我们掌握一定的技巧。

孙子说：不尽知用兵之害者，则不能尽知用兵之利。对任何事情都是如此，不尽知其弊，就不能真正掌握它。技巧通过书来讲授，就有其无法克服的片面性。

哲人斯宾诺莎说：所有的规定都是否定。如果抛开形而上学所制造的迷宫，我们应该明白这样的道理：技巧是千变万化的，会因时、因地、因人而异。本书分析、罗列了一系列技巧，既然如公式、定律般地规定这些为技巧，那么，无可避免就在某种程度上将它从所处的环境中割裂开来，也就多少限制了它与现实的千丝万缕的联系，损伤了它的实用性。用哲学的语言来说，我在肯定它的同时也对它做出了否定。

开始，我很怀疑书中的技巧对人是不是真的有用。街上关于人际关系技巧的书泛滥成灾，但我看了也并不觉得与人交往的能力就得到提高。究其根源，正是自己未能注意书中技巧的孤立性与片面性。如果将技巧比喻为数学公式，笨的学生才会死记硬背，聪明的学生正是通过公式揭示的规律，去理解、探究事物之间的内在联系。技巧会随环境变化，但人性是永恒不变的。一切技巧的根源，就是利用人性、符合人性。本书分析、讲授技巧的目的，固然是为了传授方法和手段，但更重要的，还是为了帮助大家更深刻地认识人性，掌握处世的方法。

也许有人会说：技巧就是骗人的方法，你要传授骗人的方法了。如果你这样认为，那么已经步入迷途，起码无法达到最高境界。

实际上任何人都讨厌别人对自己用技巧，一旦知道别人在用技巧，即刻就会产生反感，引起抵触。所以人际交往中最有效、最大的技巧就是真诚。只有真诚才能取得持久的效力，也只有真诚的人才是人际交往中的最终胜利者。深刻了解人性而又以真诚待人者正是人际交往中的得道者。

方法本身并没有好坏之分，有好坏之分的只是你的目的。方法是工具，目的才是内核。任何以损人为目的的技巧都无法取得长久的效力。技巧只有具备"方"的内核，以助人助己为目的，并融入你的生活方式，成为一种生活习惯，你才能真诚、自然地运用它，它也才能具备完美的效力。孙子不是说：善战者之胜也，无智名，无勇功。同样道理，真正的人际交往高手也是没有技巧、不显痕迹的，一切皆出于自然。

不要幻想看完本书就能成为人际关系的高手，书是人掌握知识的捷径，理论也对人有重要的指导作用，但书只有活学活用，理论也只有通过你的切实运用、亲身体验，你才能真正领会并掌握它，它也才能成为与你牢不可分的一种生活方式，才能对你的人生产生积极的指导作用。经验永远是书本所无法代替的。

要处理好人际关系，首先就要懂得朋友和敌人的辩证法。

朋友和敌人

如果我对你说："世界上朋友都是假的。"你可能很难接受。但如果我这样问："假设你和最要好的朋友之间有价值 100 万元的生意，你做了他就没得做，他做了你就没得做，你是否会一脚把他踢开自己去做？"

如果你愿意诚实地回答这个问题，在现时的生活条件下，我相信答案一定是："会把他一脚踢开。"那么朋友是不是假的呢？

开始，我也弄不清朋友到底是真还是假。有些时候，我真诚待人，可别人却骗我，我就会感慨：这个世界上朋友都是假的。可又有些时候，在我遭遇困难时，朋友毅然帮助了我，令我感激涕零：朋友到底就是朋友。可一遇到根本利益相冲突时，那些朋友又会无情地抛弃我，我只好又叹息：人就是自私的，朋友都是假的。

虽然这样说，但我心里也觉得不舒服。如果这个世界上朋友全都是假的，人活着岂不太孤独、太累，那生活还有什么意思。但说朋友是真的吧，又的确有些朋友出卖朋友，而且涉及个人根本利益时，最要好的朋友也会翻脸。为此我陷于一片迷茫……

那天看《参考消息》，中间一篇文章令我豁然开朗，缠绕我几年的迷茫迎刃而解。这篇文章介绍了香港巨富陆孝佩的发迹史。陆孝佩几十港币闯到香港，几十年后一跃成为香港十大富翁之一。记者问他成功的原因，他回答主要依赖三本书。第一本是《孙子兵法》。这我理解，《孙子兵法》从古到今，都是军事家必读之物，德国、美国的许多军事院校，都将它列为教材。海湾战争期间，美军总司令诺曼·施瓦茨科普夫就是运用《孙子兵法》中的虚实结合战术，取得战争胜利。《孙子兵法》对做生意、与人交往，甚至下棋都有很大的指导意义。但陆孝佩列出的第二本书就让我吃惊了，是毛泽东的《矛盾论》，第三本书也是毛泽东著的，叫《实践论》。对此我百思不解，陆孝佩是一个资本家，他没必要为毛主席的著作涂脂抹粉，但为什么要将其列为指导人生成功的最重要书籍呢？那天，我又将《毛泽东选集》找出来，连夜攻读《矛盾论》。

这时，我越看越激动，越看越觉有收获，那天我通宵未眠，许多平时纠缠不开的死结，仿佛一下被利剑斩开。

《矛盾论》讲述了这样一条规律：世界上任何事物都是既对立又统一的，对立统一规律存在于一切事物的发展、变化之中，解决问题要抓矛盾的主要方面。对人际交往而言，就是人与人之间都是既对立，又相互依赖。

你与最要好的朋友之间，也有对立面；与最仇恨的敌人之间，也有依赖面。处理人际关系，就要看彼此是依赖面大，还是对立面大，抓矛盾的主要方面。

对立统一规律是毛泽东思想的精髓之一。毛泽东一生就是运用对立统一规律，引导中国革命从胜利走向胜利。

北伐时期，军阀势力强大，国共两党虽主义不同，但需要携手合作，才能打垮军阀，这时依赖面大，于是有了第一次国共合作。

待到北伐硝烟消散，蒋介石企图统治中国，国共两党的矛盾日益尖锐，毛泽东精辟地分析形势，批判了陈独秀的右倾投降主义，此时两党对立面大，蒋介石就是要将共产党赶尽杀绝，不能对蒋介石抱有幻想，唯有"枪杆子里面出政权"。

"九一八"，日本鬼子打响了侵略中国的枪声，民族危亡，张学良发动了西安事变，国共两党的对立面又处于次要地位。毛泽东英明决策，力主放走屡次屠杀共产党的罪魁蒋介石，逼蒋抗日，从而建立了第二次国共合作。

当美国巡洋舰上，日本帝国签署了投降书，人民大众翘首盼望和平时，蒋介石又发动了新的内战，欲在中国建立蒋家王朝，因此以毛泽东为首的党中央制定了针锋相对的对策，号召人民打败蒋介石集团，夺取新民主主义革命的胜利，全面展开了解放战争。

国共两党分手、合作，合作、分手，正是毛泽东灵活运用对立统一规律的结晶。

毛泽东不仅将对立统一规律运用在与国民党的争斗中，还运用在对待民族资本家、划分敌我的标准等一系列问题上，对立统一规律的运用正是毛泽东将哲学原理成功运用于现实生活的光辉典范。

对立统一规律是一条铁的规律。任何感情用事、意气用事，都是一种幼稚，必将最终导致失败。有些人说，谈对立统一规律，是冷血动物。但凡是指责对立统一规律的人，一定都在社会上处处碰壁，郁郁不得志。在商品经济高度发达的今天，对立统一规律必须成为你的座右铭，成为你人际交往的哲学指导。

我曾经运用对立统一规律，帮助一位学员处理人生大事。

那是有天下课后的事，这位学员非常痛苦地对我讲述了她面临的难题。

"我丈夫是纺织公司下属企业的经理，有次我外出办事，中途提前回家，发现家门紧锁，但我明明听到里面有说话声，敲门却没人应。我就自己用钥匙打开门，这时我丈夫突然出现一把抱住我，边上马上有位女孩跑了出去。这事发生后，我反思与丈夫的关系，发现原来他一直都在骗我，他为人极端自私。通过这事，我算看透他，简直无法忍受与他一起生活，哪怕只是一天。我想与他离婚。"

听她这样一说，我顿时认真起来。离婚可不是一件小事，关系到人一生的幸福。我就问她现在处境。她告诉我刚来深圳没多久，还没有工作，工作关系已通过熟人从原单位拿出来暂时寄放在一个单位，也就是说如果进不了深圳，她就失业了。小孩也寄养在父母家。她来深圳时，丈夫许诺三个月内帮她解决工作问题，但一直找理由拖着不办，现在看来是想作为钳制她的手段。

这位学员找我谈，我估计倒并不是要我出主意（别人离婚征求我的意见，那什么意思吗）。她已决定离婚，只不过是心中苦闷想找人倾诉。但我觉得婚姻虽然是一件感情的大事，但也是一件生活的大事，不能意气用事，要权衡利害得失。于是我就用对立统一规律帮她衡量。

她无法忍受与丈夫一起生活，共同的生活对她是一种精神折磨，这是对立面。但如果她现在就与丈夫离婚，按照深圳的规定，那么她就不可能调进深圳，而小孩户口随母亲，她小孩也来不了深圳。她回老家后，又面临着失业，最后的结局可能只好带着小孩回父母那里，靠父母养活。那是一种悲惨的结果。

如果她现在暂时不与丈夫离婚，限令丈夫三个月内帮她解决工作（她丈夫有这个能力），而且声明没解决，就去找丈夫单位领导，她丈夫身为国企干部，最怕的就是这事外扬，以此逼丈夫就范。到那时，她工作解决了，户口也调进深圳，小孩的户口随母亲自然也进了深圳，她再与丈夫离婚。而且按照深圳的法律，离婚后，房子归女方。那么她工作有了，房子也有了，此时前景一片辽阔。她唯一的损失，就是暂时忍受丈夫三个月，何况这期间还可与丈夫分居。

听了我这番分析，她认为很有道理，她现在与丈夫的确是依赖面大。

虽然这件事最后结局如何，她没告诉我，但运用对立统一规律来分析问题，才是唯一理智的方法。

现在我也可以回答朋友是真还是假的问题了。依赖面大，两人就是朋友；对立面大了，两人就是对手。你和最要好的朋友彼此交往愉快，能互相取长补短，你们现在就是真的朋友。到了有100万元生意产生利益冲突时，如果你不踢开他，或者他不踢开你，那倒是精神有问题。这时你们可以真刀真枪地竞争一番。当然，如果以后你俩还有互相依赖的地方，那你们就又是朋友。

这并不是叫你唯利是图，这是教你衡量主次的方法，这就是生活。

第一章　消除防卫心理

马斯洛认为：人有安全的需要。

人来自动物界，在生存竞争的漫长历史时期，不断遭受天敌的侵袭，养成了对安全的迫切需要，需要生命有保障、财产有保障。这种需要就正如人需要食物、需要睡眠一样，是人性之一。

有位学员说："老师，我每次上班出门坐电梯，都碰到一位小姐，她与我住在同一幢房。一人坐电梯怪闷的，我很想跟她打招呼，但又怕她不理我，自讨没趣。"

我们把这作为任务交给了这位学员。

第二天，这位学员继续讲他的故事：

"我坐电梯又遇见她，这次我想一定要跟她打招呼。可她板着脸，一副冷冰冰的模样，我又害怕了，但我想就把这作为一次试验吧！于是硬着头皮与她打了个招呼。岂料她马上回应了，原来她也很想跟我打招呼，只是怕我拒绝她罢了。"

安全需要导致人有深深的防卫心理，使人猜疑心重、胆怯、脆弱，在交往中背上沉重的包袱。如果你对人性有深刻的了解，那为什么不用坦荡的情怀，不以高的姿态去帮助人解除这沉重的负累，让人活得轻松自如呢？这也正是一种乐善好施的行为。

第一节　建立良好的交往情势

古语说："害人之心不可有，防人之心不可无。"但如果我们在交往中处处有防卫心理，总害怕上当受骗，害怕遭人拒绝，那这种交往又怎么能够融洽呢？社会上有许多好的合作生意，因彼此的猜疑而流产；很多要好的朋友，也因此而分手。防备别人的人总是被动的、低水平的。真正的高手就要深刻了解人性，只有这样，在交往中才能居高临下，对对方的目的、企图、心理一目了然，并能够对症下药，也就不需要小心翼翼地去防备别人，也自不会上当。他所要做的反而是要消除对方的防卫心理，努力营造良好的交往情势，也就是让双方的心理情态处在一种融洽、和谐、健康的气氛中。下面介绍建立良好交往情势的方法。

一、自然就是魅力

世界上什么样的风景最美？锦绣中华有按 1∶1 比例做的云南石林，大家毫不惊奇。可去了云南石林却惊叹万分，因为它是天然的。黄山之所以让人叹为观止，感到美不胜收，也正在于它是一种自然之美。正如李白所言"清水出芙蓉，天然去雕饰"。

自然就是一种美，自然也正是一种魅力。

我们喜欢从容、大度、潇洒，这些美妙的字眼不正蕴含着自然吗？实际上任何时候只要你表现自然，你就有魅力。

矫揉造作总是虚伪的，会让人生厌。但奇怪的是，很多人却总喜欢矫饰，常摆出一副令人作呕的做作姿态。不幸的是，很多人居然被这种姿态所打动。

你有过这样的体会吗？女人浓妆艳抹也许会使人冲动，但粉饰卸去，你就会感到失望，会有受骗感。真正老练的男人，或者对女人有深入了解的男人，对女人的造作、嗲声嗲气的姿态，只会感到恶心。我有位熟人，她丈夫从气质、修养到地位都比她高出一截，她整天都提心吊胆，害怕宝贝飞去，于是不断地去美容院、健身房，每天节食以保持身段的苗条。她总是跟着丈夫，丈夫稍晚一点没回家，就打电话询查，对丈夫也曲意奉承。但她越这样，她的丈夫越嫌恶。因为她已经失去了她曾经拥有的最美好的东西。我是男人我懂得男人的心理，实在看不过去，就对她说："你们是自由恋爱结合的，你自然有吸引他的地方。你何不自自然然、大大方方、从从容容地与他相处，自然会美好地展现你的本性，恢复你的魅力。矫揉造作是一种痛苦，也会使你大失风采。"

我们常说"丑人多作怪"，这正是一种哲理。越有不足的人，才越会去粉饰。真正的伟人只会自然、平易、和蔼可亲地待你，这样你就更能感受他的伟大。

有人常为自己的性格苦恼，或内向，或外向，总是力求改变。"江山易改，本性难移"，人的性格是无法完全改变的。内向要变得外向，给人的感觉一定是装出来的；外向想改成内向，也一定如毛手毛脚的猴子装斯文，让人产生不协调的感觉。实际上性格本无所谓好坏，各种性格都自有其魅力，内向有含蓄美，外向有豪爽美。个性正是一种自然的本性，是一种清淳之美。一个人只要充分展露个性，顺其自然，不论是外向型还是内向型，都有一种自然的吸引力。

女人的造作是无知，男人的造作是无能。自然会使你显得从容、成熟、潇洒，使你魅力无穷。自然是一种淡定、一种洒脱、一种风采。

谈恋爱时就正是如此。你观察过没有，怎样的先生在小姐面前有魅力？答案可能出你意料呢。往往是那些恋爱过多次的先生能吸引小姐。

任何一位初涉情场的先生，在小姐面前难免都会腼腆、紧张，有些甚至说话声音都发颤，更谈不上表现魅力了。而那些多次恋爱过的先生，经验丰富，在小姐面前能保持自然、大方，知道该说什么、该如何说才能赢得小姐喜欢。他们的成熟、老练、自然、信心，往往成为小姐无法抵挡的魅力。

前面我谈了很多关于自信、勇气、扫除心理障碍的问题，这一切都是为了帮助你解除束缚，恢复自然状态，以使你能最大限度地发挥潜力。

二、认为别人喜欢你，别人就将真的喜欢你

在我的训练班里，有两位漂亮的小姐，她们都在花城招待所工作，王小姐是客房部长，孔小姐在总台服务。她俩在人品、气质各方面都可以说不相上下，但两人在班上的受欢迎程度却明显不同。每次班上组织去烧烤、游泳，孔小姐就备受喜爱，成为众人眼里的"明星"，人人都愿与她在一起，个个都想同她交谈；王小姐相对就要被冷落好多。面对这样的现实，王小姐苦恼地请教我："为什么？"

为什么呢？我也在问自己。不久后，我终于在另一位小姐的身上，找到了答案。

这位小姐是歌舞团的演员，能歌善舞，人又长得漂亮。记得去小梅沙游泳，她在哪里，哪里就一定围满了人，成为班级的重心。她轻轻地一启樱桃小口："谁和我比赛跑步？"马上呼啦啦一大群先生就在沙滩上排开。

她的号召力，仅因为她漂亮、多才多艺吗？但这样的小姐我也见过不少，却没有她这样的魅力。于是我去问她，她笑着反问："你不觉得我漂亮吗？"我笑说："深圳街上要找条狗不容易，要找漂亮的小姐却是成堆成堆的。"这时她认真地说："我是演员，心理素质好，每与人接触，我就知道别人肯定会喜欢我，结果他们也真的喜欢我了。"

她的说法很有道理。当你相信别人会喜欢自己时，行动起来好像人们也会喜欢自己，最后你的表现就流畅、自然、洒脱，从而有利于消除别人的防卫心理，别人也就真的喜欢你了。

我再回顾王小姐与孔小姐的不同待遇，王小姐过分内向、拘谨，心中总是一团疑问：别人会不会喜欢我？因此在与人交往中，始终不能放开自己，展现不出自然的本性，就像一只蜗牛认为自己将要被触痛一样，远远地躲在自己的防卫壳之后，使别人无法与她接近。并且由于她的态度的传染性，对别人产生了影响，所以他们也开始撤退了。孔小姐则不同，活泼、

开朗，世界在她的眼里总是美好的、丰富多彩的，人在她的心目中也总是热情的、友善的，心理没有障碍。"别人肯定喜欢自己"这种心理状态导致她的行动自然、大方、欢快，从而也感染了对方，产生一种交往的和谐共振。

我强调的是这样一条心理规律：认为别人喜欢自己，别人就将真的喜欢自己。这不是玄学，而是一条奇妙的心理规律。

三、玩世不恭也是男人的一种魅力

"玩世不恭？不就是油滑，对一切都不以为意么。这太有违东方的传统美德。"有人会这样认为。

人是无法对一切都无所谓的。男人就要"有所不为，有所必为"，内心要有对某些事如痴的认真。人没有为之认真的东西，也就失去了生活目标，也就没有了真正的享受。我要说的玩世不恭，不是对一切都无所谓，只是一种能让你摆脱羁绊，展现内心潇洒的方法。

古龙小说中最受欢迎的陆小凤、楚留香不是有点玩世不恭吗？倾倒了无数少女的《上海滩》中的许文强不也是如此吗？畅销一时的王朔的小说不也是靠他玩世不恭的态度吸引了广大读者吗？玩世不恭有助你保持自然，表现大方，使你富有幽默感，显得聪明、洒脱。

佛告诉我们：万物皆空，不执着于任何物事，就达到至高境界。玩世不恭，按字典里的解释是不把现实社会放在眼里，对一切事都抱着不严肃的态度。所谓不把现实社会放在眼里，所谓不严肃，从某种意义上说不就正是一种不执着吗？

首先，现代社会是反传统的，男人的老实就是无能。认真、正儿八经，就意味着呆板、没有乐趣、傻气。男人"好"，人会尊重；男人"坏"，人才会爱。现代社会流行着一种反道德倾向，而玩世不恭从某种意义上说就正是一种对道德规范的反动，会使你显得灵活、可爱。

卢梭在《社会契约论》里认为：人原本都是完全自由的，但你自由，我也自由，过分的自由就会伤害别人，于是为了保障人们最大的自由权利，每个人都要交出一部分自由，通过订立法律，限制起来。道德规范则是对法律作用的一种补充，是通过社会舆论来制约人们的行为。

按卢梭朴素的观点，道德规范既然是约束人们行为的，它就势必与人的本性相冲突，那么单纯地去迎合社会道德规范，就会让自己得不到享受，道德规范就只成了人性的枷锁。而且，如果我们在人生竞争中恪守道德规范，别人却对此不屑一顾，那就如玩游戏时，我们受规则约束，对方却能随心所欲，这种竞争就已经不公平了，我们处于劣势。所以人们不是常说做人太老实、善良会吃亏吗？

况且，很多的旧时代遗留下来的所谓道德规范，其实其中很大一部分从某种意义上说只不过是为了维护社会架构不被侵害的一种欺骗。它虽然不像鲁迅先生所抨击的旧道德观"仁义道德吃人",但确实与现实生活是格格不入的,谁按这种行为规范处世,到头来一定失败,还会被人笑为傻气。而且谁越早明白这个道理,谁就越能在人生的生存竞争中占据优势。所以很多人文学家甚至这样认为:经济越发达,人的道德意识就越低下。弗洛伊德也说:人的认识越客观、准确、科学,就越远离道德或价值观。

当然,玩世不恭并不是叫你鄙视一切道德规范。如何对待道德规范是一个辩证的问题。既然道德规范是社会所推崇的,那么一味地鄙视道德规范,就是与社会为敌,你也自不会受社会欢迎,也就自不能取得最辉煌的成功。

在现实生活中,不遵守道德规范,别人会说你"坏";过分拘泥于道德规范,又显得你"呆"。做人就要既不呆,又不让人说自己坏。实际上,真正伟大的人物都不是将道德规范当作枷锁,而是将它变成为自己服务的工具。

其次,执着虽然是好事,但好事有时也会变成坏事。有些东西是很空的,过分执着于抽象的东西,常会使人丧失具体的东西,会使人不能享受生活。那么,过分执着于此,不就是一种傻气吗?大众所常常执迷不悟的面子、虚荣心就是如此。虽然不可否认这些有时能给人促进作用,但也常常成为人思想与行动的枷锁。当你背负它时,你不会觉得很累,会束缚你的灵活性、你的活力吗?玩世不恭的态度就正能帮助你解除这沉重的负累,轻松地面对生活。

1. 爱面子是信心不足的表现

爱面子实际上正是信心不足的表现。

我记得这样一个故事:

某大学两位年轻的大学生相爱了,每次约会都是男生约女生。一次,这位女生主动约该男生晚上到老地方见面。男生去后随便问了一句:"你约我出来干什么?"那位女大学生顿觉自尊心受到伤害。约你出来干什么?女的约男的,晚上在老地方见面,还能干什么?她随即回答:"我约你出来是想告诉你,我以后再也不理你了!"

本来一件好事,就因为爱面子,结果弄吹了。

面子只是一种表面的尊严,过分维护这种尊严,往往是内心脆弱的表现,会丧失了自己。真正自信的人,是不会去负担虚荣的十字架的。他们正是在坚忍地、踏实地相信着自己,承认着自身的价值。

很多成功者都有这样的体会:要做一个真正的成功者,首先就必须摧毁面子观念，先做回"孙子"，不耻于求人、迎合人，不耻于做"高尚人"不屑一顾的事，然后在逐渐的成功中再逐步建立自己的自尊，最后做"爷爷"。

不破不立。不打掉虚荣心，就不能建立真正的自尊。你不妨考察一下社会，如果除开那些具备先天优势的人，现代社会能真正白手起家赚大钱的，往往是那些"流氓无产阶级"。他们曾经生活在最底层，穷尽所能为生存而挣扎，尊严、道德观念都被无情的生活碾得粉碎。他们看透了世界，知道手段是次要的，重要的是目的。他们破了面子和一些迂腐的道德观念，却立了赚大钱之业，获得了新的自尊。

而有些知识分子，由于长期所受的教育，背上了虚荣与面子的十字架，被一些腐朽的道德观所束缚。他们虽自命清高，却也不得不食人间烟火，特别在现代商品经济的大潮冲击下，他们也蠢蠢欲动，但始终无法破除那些迂腐之气，也就始终无法赚到大钱，这正是读书人的致命弱点。

不为娼妓，就不能成圣人。不将面子、虚荣心，甚至一些腐朽的道德观念彻底撕碎，就不能取得世人所仰慕的成功。

手段是次要的，重要的是目的。这句话也许太绝对，但如果你的手段是要牺牲面子和虚荣心，那么这句话简直就是真理了。

2. 玩世不恭的态度是消解紧张的良药

另外，太执着往往还会使你心理紧张，束缚你能力的发挥，使你显得不洒脱。而玩世不恭的态度却是消解紧张的良药。

谈恋爱时就是如此。记得我的那次爱恋，我太爱她了，总是觉得她高高在上，在她面前，我总掩饰不住紧张、腼腆。我在别的女孩面前，都能风趣、幽默、洒脱、大度，可一有她在，马上就变得畏畏缩缩。于是她认为我没水平，对我浑不在意。这种爱，这种痛苦，令自己无法忍受，我决定放弃这种爱。有了这种思想后，我在她面前也开始有些玩世不恭了，言语、行为也恢复了往昔的自然、洒脱、风趣，可结果她反而喜欢上了我。当然我有些书呆子气："这份爱我曾经给过，但已经被你玷污了。"

实际上真正地爱一个人，从某种意义上说，是蕴含着崇拜，会使人自卑的，这种情绪自会使人紧张、腼腆。我们不是说太爱一个人往往会毁了这种爱吗？

可是话说回来，如果明白了这个道理，那么也要注意，那些腼腆、紧张者，可能正是最纯情、最爱你的。如果你发现某位女孩，在你面前总是有些不好意思，或者紧张，那么可能她是对你有意了。

总之，玩世不恭的态度有助你摆脱执着，会使你显得洒脱，富有灵活性，能充分开掘潜力。

也许这里的观念和书中某些地方的观念相矛盾，但事物都是辩证的。

过分追求"高尚"是一种迂腐，而过分的"玩世不恭"却又是一种低级、一种俗气。"高尚"固然应该，但"玩世不恭"又何尝不重要？只是不要越过一定的度罢了。

四、勇于率先伸出友谊之手

我喜欢一首歌，叫《今生无悔》。我之所以喜欢它，就是因为人的一生，如果过得没有遗憾，没有后悔，那该是多么惬意啊！但谁又能做到呢？

我常常在日记中悲叹自己：一颗浪漫、奔放、炽热而又细腻的心，始终寻找不到和谐的共振，情感孤寂、痛苦……

实际上这正是我自己造成。如果有来生，我相信我会活得更潇洒！在我的生命历程中，过多的犹疑、腼腆、胆怯，使我错失了不少的黄金机会，这些过失不仅折磨了我自己，在某种程度上也摧残了别人。所有的后悔、痛苦全都来源于自己没有勇敢地率先伸出友谊之手。

克服别人将会"冷落"你的恐惧感，冒一次风险，为了证明他是友好的，打一个赌。虽然你不可能每次都赢，但伸出友谊之手，而被别人拒绝，并不可耻，它反而更显出你的潇洒、大度。更何况，大多数人确实渴望友谊，正像你一样。友谊是一种普遍的渴求。别人总是显示出不友好的原因或许在于他担心你——害怕你将他拒绝。

由于人的安全需要，导致人都有脆弱、胆怯的一面，不论多么老练的人，在交往中有时都会畏畏缩缩，所以采取主动精神，不要等待他人发出建立友谊的信号，自己先做出第一步行动，这样也许会让对方也开始变得热情。

在让人生变得如酒样醇的恋爱上就更是如此。有些人总是被动地坐等幸福的降临，而有些人却是主动地去追求幸福。一位朋友告诉我，他给恋人写了八封情书才得到回应。听了这话，我激动不已，人的一生能够真正去爱一个人，并为之写下八封求爱信，这才叫真正地爱过，真正地生活过！即使没有回应，又有何妨呢？因为我已经真正爱过了！而实际上大多数人都是希望别人去追的，即使不喜欢你，如被你追，也会有一种自豪感。她正等待着你率先伸出友谊之手。

特别东方的女性，大多都腼腆、被动，对爱情怀抱美好梦幻，而又不敢主动出击，只是期待着命运的安排，坐等梦中的"白马王子"光临。即使她对你有意，也只会间接地暗示，含蓄地表达，而期望你采取主动（而且小姐太主动了，往往还将先生吓跑）。作为先生，就应该表现勇士精神。该做骑士时，就要勇敢地去征服。女人的模棱两可，往往是半推半就。我喜欢一位德国将军的话："我喜欢追击人，而不喜欢被人追击。"这应该是男人的座右铭。恋爱也是需要豪情的哟！

曾有过女朋友在众人面前郑重其事地宣布与你彻底分手的尴尬场面吗？我想要是我遇到这种情况，你不尊重我，我也不尊重你，我一定会说："哼！你有什么了不起，分手就分手。"

可我的一位好朋友遇到这种情况时，他却是这样说的："既然你决定分手，我也不能强求，但只请你记住一点，我是真的爱过你！这种爱也并不因为你的拒绝而减弱。"听了他的话，我突然感到认识了他十几年，原来他是那么潇洒！那么高大！在人际交往中，这正是表现你洒脱的方法。

五、消除紧张与恐惧

有人会说："你在前面大谈与人交往时要表现自然，敢于率先伸出友谊之手。说起来当然容易，做起来却难。"

的确，人人都有安全需要，别人有防卫心理，我们自己也有。这使得我们在与人交往中常常会有紧张、腼腆，甚至恐惧情绪。这些不仅阻碍我们潜力的发挥，还使我们魅力大失，让人瞧不起；使我们与人的交往艰涩、难以融洽。下面介绍几种消除紧张与恐惧感的方法。

紧张与恐惧情绪常出现在会见某个大人物或在交往中被对方的优点压倒时，此时消除紧张与恐惧情绪的方法就是：

1. 坚信对方与自己一样都是"人"

有些人，特别是一些占据领导岗位的人，总喜欢摆出一副傲慢的架子，使人望而生畏。他们把办公室环境布置得富丽堂皇，雇用了成群的秘书和职员，其目的就是为了装饰门面，故意炫耀自己。所要记住的是，他们也是人，和其他千百万人一样有类似的害怕、弱点和过错。当你按照真实的他们而不是他们所表现出来的样子去想象他们的时候，心理障碍就会立即消失。

实际上，这个世界上真正伟大的人物通常都是容易接近的，不会把来访者拒之门外。那些装出不可一世样子的人，正是自尊心极低的。他们没有真本事表现自己的强大，只有借助于那些外在的东西来吓唬你，以支撑他们自己的信心。

柏杨先生写过一篇有趣的论文，通过对台湾官员广泛研究，发现当官的有一个通病——怕老婆。他们平常在外趾高气扬，表现得道貌岸然，但在夫人面前却无法伪装，因为夫人对他到底是个什么货色知道一清二楚。在夫人面前，他们仿佛被剥掉一切遮羞的衣服，赤裸着身子，始终抬不起头。这就是他们之所以摆脱不了"妻管严"毛病的最根本、内在的原因。而你却为什么被这样的人吓倒了呢？

2. 运用"假想体验"，消除恐惧感

日本已故著名性心理学家高桥铁先生，生前曾治疗过许多被"初夜恐惧症"所困扰的年轻人，并且有效地帮助他们渡过了心理的难关。

高桥铁先生的做法是，把"初夜"的全部内容统统讲给他们听，并拿出春宫画册请他们"假想体验"所谓"初夜的恐惧"。这样的做法，心理学上称为"净化疗法"，是一种对恐惧情绪的有效的心理疗法。

恐惧感来源于对前景的未知，产生于一种陌生的体验。当你对预期将要发生的情况怀有恐惧感时，可以用假想体验的办法消除。譬如你为会见某个人而紧张、恐惧，就想象与他见面时的各种情景。一旦心中清楚见面后也不过如此，这时恐惧感就会消失。

3. 运用心理图像，消除恐惧感

人的紧张、恐惧无一例外，都是由心理产生，然后才在身体状况中反映出来。一旦心理上战胜了恐惧，那么随之而来的就是身体状况的怡然和谐，产生一种自然的吸引力。心理图像的艺术正有助于你达至这种境界。

美国著名推销员乔伊·吉拉德，述说了他战胜恐惧的方法。

我在推销中曾遇到一个奇特的顾客，他是一位老头，满脸的横肉，脖子生得粗壮有力，粗短的头发，一根根直立，给人的感觉是他随时都可能发火。我不停地述说我们产品的优点，但他只是面无表情地盯着我，既不说好，也不说不好。我说着说着，看着他毫无表情的双眼，突然开始紧张了，最后终于忍不住放弃推销逃了出去。

回家后，我就在心中责备自己：要成为世界第一号推销员，却连这个老头这一关都过不了，能成什么大器？我漫无目的地在公园走着，心中在激励着自己，突然，我看着笼子中的大狗熊心想：这个老头不正像只大狗熊吗？看上去可怕，实质上是很可爱的。于是，我又去找了这个老头，当紧张感开始产生时，我就看着老头，心里想象他真像只大狗熊，很可爱的嘛！这样一想脸上就绽开了笑容，恐惧感也早已去到爪哇国了。我的言谈又恢复了往常的镇定和自信，终于打动了老头，买下了货物。

这种方法的确有效，当你害怕某人时，不妨运用心理图像，将他想象为一只可爱的动物。

在谈判、推销、与人交往中，双方的心理状态特别重要，谁的心理状态占了优势，谁就获得了主动权。高明者常常表现得让你捉摸不透，从而获得心理优势。

我就遇到这样一个人，不论你说什么，他长长的脸总是绷得紧紧的，

双手始终捻着下巴上的山羊胡子，不动声色，让你被他的捉摸不透所压倒。

当我感觉到自己心理的堤坝渐渐崩溃时，我就想象：这家伙不是像一只老山羊吗？老山羊是很温驯的。这样想着，心理上就开始滋生出力量，又让自己重新寻回了心理上的优势。

心理图像不仅可以将对方想象为可爱的动物，有时，也可以将对方想象为自己慈祥的长辈，如父亲、母亲，总之，就要使自己心理上不再惧怕对方。

4. 适度地让肌肉反复做同一动作

我不知道大家第一次与恋爱对象约会时，是如何消除紧张感的，但在电影、小说里面却见过：大姑娘将自己的大辫子扔在前边，双眼看着辫梢，两手不停地反复编弄着；大小伙子，则来回搓着双手，憨厚地傻笑。

这实际上只是应用了人原本就有的心理机制。当人的精神或神经处于紧张状态时，人体某一部位的机械性运动能够使这种紧张状态缓解。一些人因为焦躁或紧张而频频悠荡二郎腿，恰恰就是这种心理机制的具体表现。

神经生理学家也认为，与精神和神经、思维活动无直接关联的身体各部位肌肉的适度的反复运动，能使神经或精神的紧张状态得到松弛、恢复平衡。

这种心理和生理上的特点，其应用范围可以说相当广泛。当你参加朋友婚礼宴会或公司会议时，很可能会被请出来发表即席讲话。这时你就可以灵活运用这一原理，当你起身讲话时，最好在手中拿个打火机之类的小玩意儿，讲话时有意识地去摆弄它，这样，就会在某种程度上防止精神紧张。当然最好将这些小玩意儿放在身后或讲台下面，以免他人取笑。

5. 自我暗示，增强交往信心

运动员在比赛中，时不时会举起拳头用力挥一下，口中发出一声叫喊，这正是在自我激励：我能行，我能打败对方。

自我暗示能够激发心理力量，增强信心。我记得有一次公司举行酒会，大家很想出经理洋相，就轮流敬酒，不停地灌他。我看着已经头重脚轻的经理，担忧他待会儿的讲话会丑态百出。这时，经理去洗手间，我就赶紧跟进去，但奇怪地发现，他正面对着镜子，口里喃喃不停地在念叨，我靠近过去，只听见他在说："我没有醉！我很清醒！他们就想让我出丑，我不会让他们得逞。"几分钟后，当经理重新出来时，大家惊奇地发现他仍是那么镇定和清醒。

自我暗示对解酒效果最为明显，对消除紧张感也能起不小的作用。"我不会紧张，没有什么大不了"，这类心理暗示，有助于人保持平静。

第二节　消除警戒心

一位心理学家曾根据一件真事出了这样一道题：

在台湾某大城市有一栋大楼，是城市的骄傲。但随着时代的变迁，这栋意义深长的大楼已经陈旧，董事长二世——前任董事长的儿子，以及各位董事一致决定壮士断腕，公开招标拆除它，以建造一栋更富现代气息的大厦。

如果你是投标者，你准备如何说服董事长接下这工程呢？

一般人可能都会标榜自己的拆房手法如何高明，机械如何先进，能快而彻底地拆除这栋大楼。但这种说法，此时不合时宜。

有位高明的投标者是这样说服董事长的。

"它真的要拆吗？太可惜了！我少年时代在大楼前留下了许多美好的照片，我常常对远方的朋友夸耀，这栋美轮美奂的大楼是我们城市的骄傲，每当看到它，就勾起我对少年时代无数甜蜜的回忆。"

董事长回答："它毕竟太陈旧了，而且董事会也决定拆。"

"那能不能在建新的大厦时，专门开辟一个房间，作为展览室，将这栋具有历史意义建筑的模型陈列进去，既作为你们家族发展的历史见证，又作为这座城市发展的见证呢？"

这种说法深得董事长好感。最后，董事长不仅将拆房工程交给了他，连建房工程也交给了他。

这位高明的投标者是希望承接拆房工程的，可是他却再三强调，不可轻易拆除此楼。他这样做正是针对董事长依依不舍的心理，来寻得心理共鸣。只有那些不谙人心的人，才一个劲强调机械先进，能很快将房拆得干干净净。这种说法只会引起董事长的反感。

兵法曰：攻城为下，攻心为上。有效的说服方式也要"攻心为上"。那么究竟如何"攻心"呢？这就必须首先了解人的心理活动。

一、人的深层心理活动

按照心理学理论，人的心理活动可以分为两个层次：一是表层心理，即随时可以坦然外露让众人知道的心理活动；二是深层心理，这层心理活动是不愿让外人知晓的，常常被加以掩饰和伪装。

德国有间啤酒厂，生产两种啤酒，一种是高档的名牌啤酒，另一种是价钱便宜的普通啤酒。有一年，啤酒厂想增加其中一种啤酒的产量，于是进行了一次问卷调查，了解大家最常喝哪种啤酒。问卷收上来后，发现绝大多数人填的都是高档的名牌啤酒。因此厂家大力增加高档啤酒的产量，结果却发现卖不出去。

为什么呢？这正是大家的深层心理在作怪。明明平时常喝低档啤酒，但要填到表上却不好意思，所以纷纷填高档啤酒。

我记得读大学时，曾经也有一个问卷调查，了解大家平时最常看什么小说，结果绝大多数人填的都是世界名著，先生填《红与黑》之类，小姐填《简·爱》之流。回宿舍后，大家都笑，先生谁不是抱着武侠小说打得昏天黑地，小姐莫不捧着琼瑶的小说长吁短叹。但要填到表上，却怕人讥笑层次低。

不论多么诚实、多么爽快的人，都有深层心理。不注意这点，在生活中就要吃亏。特别对于中国人，民族性格就内向、谨慎，深层心理格外明显。譬如，你送东西给人，人说："不要，不要！"如果你真的将东西带走，那你求他的事十有八九就要泡汤。有些人嘴上在说"不要、不要"，可眼睛却盯着你手中的东西，掂量分量。你请人吃饭，他说："不用，不用！"如果你听而信之，对方的内心一定很感失望。

我听过这样一个笑话，那是关于我初中体育教师的事。他 30 多岁了，还没谈过女朋友，好心人给他介绍了对象。第一次两人见面出门上街，走到路上，体育教师口渴了，那时冰棍 3 分钱一支，他问女友："吃不吃冰棍？我口渴了。"他女友回答不吃，于是他就买一支自己吃。之后走到一家餐馆前，体育教师肚子饿了，问他女友："吃不吃包子？"他女友又说不吃，他就又买一些自己吃。结果第二天他女友就不理他了。

深层心理为人际交往制造了许多困难，但同时又可以被你加以利用。

来深圳后，我最感讨厌的就是歌舞厅卖花的小孩，特别当同伴是位不太熟悉的小姐时，"先生，买一束花送给小姐吧！"你说买不买？不买吧，面子上过不去；买吧，几十块钱买束花，回家又心疼。

后来我找到了一种办法。当卖花的小孩请求我给小姐买束花时，我就问这位小姐："给你买束花吧？"

她说："不用。"

我边装着掏钱边说："真的给你买一束啊！"

她说："真的不要。"

既然真的不要，咱们也就算了。

去餐厅请客，老板为了赚钱，常常给你推荐一些很贵的菜，你做东，自然不好意思推却。这时，好的办法就是问客人："你们要吃什么菜？"既然作为你的熟人，他们自然也不会太让你破费，会帮你推掉。这不两全其美吗？

我们所谈的"攻心为上"，就是要针对对方的深层心理，切不可被对方表面的言词、态度所蒙蔽。但人心隔肚皮，我们又怎样去看透人心呢？

人心虽然难以捉摸，但他的言行、举止始终受到内心的支配，通过分析、思考，你可以透过蛛丝马迹，而探究其内心意识。

二、看透人心的诀窍

看透人心的方法自然有很多种，弗洛伊德著的《释梦》，就通过深入的心理分析，去了解人的深心，但它太复杂、深奥。这里我只想介绍几种简单有效的方法。

1. 看破人的本意

我有一位同事，与我关系很差，我俩平时都尽量避免照面。我远远看到他，就绕道而行；他远远见到我，也装作有事避开。有次，他有要事非找我不可。我估计他在门外徘徊了很长时间，最后终于鼓起勇气敲开我的门。我一见到是他，既然大家都是成人，自然装模作样也要握握手互致问候。当我握着他的手对他说"你好"时，他却突然冒出一句："再见。"

哪有刚见面就说再见的，这明显是语言失误。他本应也说"你好"，却由于紧张而说成了"再见"，这句"再见"正反映了他内心的真实想法：的确不想见我。

语言失误是人的潜意识的愿望与想克服这种愿望的强烈意识的矛盾表现。仔细分析一个人的语言失误，往往能够看破他潜藏于心灵深处的本心。

语言失误曾经使我泄露了内心秘密。那还是与人合作办班时的事。当时，我与管理干部培训部合作，大家五五分成。我感觉不合理，就想换与文化研究中心合作。见到中心主任，我自然不能直说与培训部是五五分成。就向他介绍办这种班的好处，以及以前与培训部合作也很成功，双方都很满意，但现在我认为中心有些特别优势。我与培训部原来是三七分成，现在愿意与中心合作，仍然按三七分成。

主任听了有些心动，就问我一次合作大概能赚多少钱。由于心里只想着将五五分成说成三七分成，没有考虑赚多少钱的事，结果脱口就说培训部赚了多少钱。话一出口我就后悔，这笔钱是按五五分成得的，我赶紧找其他借口，说还有一些开支没去掉，实际数目要少些，这时主任对我笑了，说："你与培训部是五五分成，你的目的说穿了就是想与我们三七分成。"

语言失误的确是探究人内心秘密的窗口。我有一个学员，不知是否开玩笑，也谈了语言失误使他功亏一篑的事。他这样述说：

"谈恋爱时，为了得到最佳选择，我脚踏两只船，同时与两位小姐接触，时间长了，我脑筋就渐渐转换不灵。有天对着我最中意的 A 小姐，我却叫着 B 小姐的名字。A 小姐一听，顿觉不对，'既然中意我，为什么会叫出别的小姐的名字呢？如果不想着对方，是很难出现这种错误的。'A 小姐马上就觉察到我与 B 小姐关系不同一般，为此将我骂了一顿，就愤然离去。"

我们常说："日有所思，夜有所梦。"语言失误也正是内心惦念的事物在警惕松弛的一刹那而突然冒出来，所以它也往往是内心最真实的写照。

2. 使人吐露真实想法

让人吐露真实想法是一件困难的事，我们往往可以采用"出其不意，攻其不备"的方法，随便自然地突然提出一个模糊的问题，让对方在毫无精神准备的情况下暴露本来面目。

我记起少年时代，父亲不允许我去长江中游泳，可我常偷偷地去。有天，我们在家中聊天，聊着、聊着，正起劲时，父亲突然显得很随便地说了一句："长江里游泳一定很好玩。"

"是好玩。"此话一出，我后悔也晚，情不自禁就暴露了自己。

有时模糊的语言、声音、图形也会在无形中起到一种心理诱导的作用。

我在临近大学毕业的实习中，就曾经运用过这种方法。当时，我作为教师第一次独立带学生做电学实验。但实验结束后，实验员告诉我电池少了 30 多节，第一次上实验课就被学生偷了电池，自然不好交代，还会影响到我的实习成绩，为此我很想将这批电池追查回来。但这帮学生也不是什么善男信女，偷了电池自不会承认。怎么办呢？经过一番设计，我就采用了这样的方法。

这个班哪些学生调皮我心里有数，第二天，我就将一个我估计可能参与偷电池的学生叫到办公室，表情严肃地对他说："昨天上实验课，别人揭发你表现不好！"

他说："我怎么表现不好了？"

我说："不是一个人，好几个同学都揭发你。"

他气愤地说："我没拿电池，是哪个混账说我拿了电池？"

我一听心里暗自作乐，岂不是不打自招吗？我赶紧接上说："我又没说你拿电池，你怎么知道实验室被偷了电池？只有两种可能，一是电池就是你拿的，二是你见到别人拿的。两种情况我都找你。这样吧，电池也不值多少钱，大家拿电池也只是为了好玩，这是第一次，你负责给我将电池都收回来，我也不追究是谁拿的，就算了。但下次绝不允许出现这种情况。"

结果他没办法，回到班上就说："我被老师抓住把柄了，大家把电池都交出来算了。"

就这样我成功地追回了丢失的电池。

对于模糊不清的图形、语言、声音，人会依据自身的体验和心理状况对其做出解释。运用这一原理，可以探明一个人的真实想法，使人吐露真情。

例如，对于死不开口的杀人嫌疑犯，拿出一张模糊不清的相片给他看，问他："这人是谁?!"假如他真是罪犯，很可能想到那照片上的正是自己所杀的人，于是会移开目光，露出惊慌的神色，表现出明显的心理动摇。再如，犯罪现场还不清楚时，用证据确凿的口吻对罪犯说："出事现场××街……"故意把那个街道名说得含糊不清，于是罪犯会依据自己的体验把它听成犯罪现场的那个街道，在交代中就会吐露出来。

3. 小事会使你暴露

我相信这样一条规律：小事会使你暴露。

虽然我们不可能钻进别人的脑袋，去看看他到底是怎样一个人，但我们可以透过他下意识地暴露出来的一些小的"迹象"或"线索"来认清他。人对于大的事情，往往比较重视，会加以掩饰和伪装；而这些小的"迹象"或"线索"，由于他在心理上没有引起注意，因此常常都是真实自我的表露。

我有一位非常要好的同事，谈了女朋友，曾经征求我对她的看法。我告诉他，她性情比较暴躁，容易吵嘴。他听后不相信地对我说，他与女朋友一起相处了这么长时间，从没吵过嘴，她不会属于那种性情暴躁的人。我告诉他，现在是恋爱阶段，彼此自然会小心翼翼地掩饰缺点，一旦结婚，问题就会出现。果然，他们结婚后没多久就开始经常吵嘴。

是不是我有什么先见之明呢？不是，是因为我从小事上去研究过她。

他俩恋爱时，我们都住在一幢紧挨操场的简易平房里。有次她去厨房做菜，学生在打排球，一不小心将球打到房顶上，结果她马上跑出来将学生痛骂了一顿。看着她凶神般的样子，我心里在想：学生在操场打球是正当的，偶尔将球打到房上也是常事，即使我在做菜，也只会告诉学生，去远一点打球，否则球打到房上会将灰弄进菜里，而绝不会去骂他们。

这只是一件小事，但这件小事让我看到了她内在性格的一面——暴躁、容易发火。

通过小事去判断一个人，正是看透人心的有效方法。

4. 用实际距离测定心理上的距离

当你去参加会议，恰遇一位你讨厌的人坐在那里，这时你会很自然地选择离他远一点的座位；反之，如果你见到一位很要好的朋友，马上你就会坐到他的边上。

这种心理现象说明，人们往往用实际距离来表示对对方心理上的抵触。坐得越近，表示心理上越融洽；坐得较远，表明心理上较有抵触。

实际距离不仅反映双方心理上的距离，它还对双方的交往产生一种潜移默化的影响。

以前单位开会，我总怕人说我拍领导马屁，每次座位都离领导远远的，时间长了，我发现我与领导的距离也真的就越来越远。实际上，选择远离领导的座位，久而久之，会在双方心理上产生距离。心理距离远了，感情也自然疏远。以后开会，只要没有特别安排，我总是尽量坐到领导边上，即使双方不交谈，我发现感情也比以前融洽许多，而且通过有意识选择靠近领导的座位，也让自己锻炼了胆量，培养了进取的主动性。

心理距离是影响双方交往感情的重要因素。我有一位远房亲戚，大家住在同一城市，每年春节都要互相拜访，平时也常走动，结果我们的关系比许多远方的直系亲属还要亲近。人交友也是这样，经常交往、联络，感情就密切，长期不来往，杳无音讯，彼此就会淡忘，交往频度对交往感情有着重要的影响。

三、消除警戒心

在人际交往中常常会遇到这样的问题，由于对方不了解我们的目的和动机，基于人类自我防卫的本能，而对我们保持警戒的态度。这时，他会龟缩在坚硬的外壳里面，以不为所动的姿态，对我们保持戒备，进而还会对我们和我们的意见产生一种抗拒心理。

要成功地运用人际关系技巧，首要的是消除对方的警戒心。否则，技巧的运用往往弄巧成拙。

1. 真诚能消除戒心

许多根深蒂固的猜疑心，其实就是起因于微不足道的小事和对方内心深处的一种偏见。当对方疑窦刚萌芽时，如果不立即想办法消除反而任其发展，那么，今后即使对于很正常的事他也会频生疑念，对我们的猜疑心越来越重。换句话说，猜疑心就是些鸡毛蒜皮的事的累积。而要阻止最初刚萌芽的猜疑心，除了诚意之外，再也没有别的。

2. 你能说服自己，就能说服别人

真诚应该发自内心，任何一种说服方式如果在心里认为有道理，那么说起来就会理直气壮，更何况大家本是同类，自然有心灵相通之处。所以你能说服自己，你就能说服别人。

我在公司餐厅里面就曾经用诚意消除了员工的戒心。

那是 1989 年夏天，我们"伤感"酒吧营业额逐渐滑坡的时候，由于我们长期在公司策划公关业务很少过问酒吧的事，因此，为了找出经营不善的原因，就召集员工开会，各抒己见。但开了几次会，效果都不好，员工吞吞吐吐，始终不敢吐露真言。原来员工认为说出了真正的原因，责任就在他们，无异于搬石头砸自己的脚。

总结经验后，下次开会时，我就首先诚恳地对大家说："酒吧营业不好，对我们、对大家都有损失，我相信大家与我们一样着急，我们共同的目的就是要将经营搞上去，这是我们这次开会的唯一目的。可能经营不善，某些员工也有责任，但这次开会绝不是为了追查责任，过去的错误就让它过去，重新纠缠出来，对大家、对酒吧都没有一点好处。我可以负责任地说，一切既往不咎，只希望大家着眼未来，坦诚相见，找出真正的原因，这是我们共同利益的需要。"

这样一说，大家明白了事理，而且酒吧效益的好坏直接关系到每个人的切身利益，因此大家在我真诚的感召下，消除了顾虑，纷纷吐露真言。

3. 白色谎言也是处世之道

真诚是消除戒心的最好法宝，但真诚并不等于不要谎言。有人曾问我："说谎好不好？"我想用这个故事来说明：

有位肥胖的先生，去看医生，希望减肥。医生说："你这么胖是不是什么病症引发的呢？我先给你做体检吧。"

体检完毕，医生沉重地告诉病人："我发现你的肥胖还是次要的，你得了癌症，已活不过三个月。"

病人一听痛苦万分，既然如此还减什么肥呢？就悲哀地回到家，每天都忧虑着活不过三个月。可三个月后他居然还没死，于是气愤地跑去责问医生。

可医生反问："你以前找我干什么？"

"减肥啊！"

"那你现在是不是减了肥呢？"

……

我们不能笼统地说谎言坏或谎言好。有位心理学家曾去一所幼儿园调查，问孩子们："说谎好不好？"

结果出乎意料，大多数孩子都回答："说谎好。"

心理学家奇怪地问："为什么？"

其中一位小孩回答："有次我们在幼儿园犯了错，阿姨要我们回去告诉家长。结果说了的，都被父母打了，撒谎的反而没事，所以说谎好。"

谎言有一种不以害人为目的的，被称为"白色谎言"，这类谎言有时是必需的。比如，对于患了绝症的病人，诚实就可能使病人精神崩溃，而谎言却有助于延长他的生命，让他余下的日子活得愉快。

实际上，这个世界上也找不到一个绝对诚实的人，如果你胆敢说自己绝不说谎，那么这句话本身就是谎言。当别人送礼物给你，你心里不大满意，但表面上仍说很喜欢，这不是谎言吗？

人性中一条很突出的弱点，就是大家都乐于被虚假的事实所安慰。苏联领导人搞愚民政策，结果江山稳如磐石，戈尔巴乔夫增加透明度，反而被民众赶下台。福尔摩斯在柯南·道尔笔下早已死亡，可读者纷纷表示不满，扬言如果福尔摩斯不活过来，就要杀死柯南·道尔，逼得柯南·道尔硬编出了福尔摩斯复活。

特别有些小姐就乐意被别人欺骗，三番五次地问恋人："你爱我吗？"

废话！你当着他的面问，他敢说不爱你吗？"当然爱你了，这个世界上就爱你一个！"

于是小姐高兴了。

有些小姐也喜欢问恋人："以前，你谈过朋友没有？没关系，老实告诉我了，即使谈过我也不会计较的。"

老实的先生就一五一十地说谈过。好，只要以后吵架，那位小姐准会旧事重提："哼，你与以前的情人如何，如何……"总是在两人关系上投下阴影。

聪明的先生此时都应骗一下女友："没谈过，你是我的初恋。"有些怕女友不信，就说："谈是谈过，但没什么，只是拉了一下手。"

这样小姐一定乐意。

人都喜欢幻想，都喜欢陶醉在甜蜜的梦里，而现实却永远是冷酷的，缺少浪漫色彩。那么有时骗一下人，让他沉浸在梦想里，享受生活的甜蜜，也未尝不是一件好事。你何苦要让他清醒，而面对残酷的现实，感受生活的无情呢？

诚实的确是一种美德，但我们也要辩证地看待。二战时德国的戈培尔说："谎言说一千遍就变成了真理。"这虽是反动言论，但在某些场合，却有一定的道理。

我看过这样一个幽默故事：

英国大作家狄更斯去钓鱼，不一会儿走来一个人，问狄更斯："你钓了多少鱼？"

狄更斯回答："钓了一大筐。"

对方说："你知道我是干什么的吗？我是鱼塘管理员，这里不许钓鱼，要罚款。"

狄更斯回答："你又知道我是干什么的吗？我是作家，作家是专门编故事的。"

当然，在交往中能够诚实，还是尽量地诚实。有一对恩爱夫妻，妻子某天心血来潮，破天荒地做了一个菜——烧茄子，丈夫本来很讨厌吃烧茄子，但为了不打击妻子的积极性，就连声夸奖好吃。见丈夫喜欢吃，以后，妻子每次做菜就必定有烧茄子。时间长了，有一天丈夫终于忍不住了，气愤地说："天天吃这个鬼烧茄子，难吃得要命。"

他妻子一听顿时说："好哇！原来你一直都在骗我，以后再也不相信你了。"

这就是谎言的代价。

四、表现若无其事的态度，制造偶然发生的情况

戒心属于人的深层心理，它深藏心中，不轻易在外表显露出来，但它左右着人的思维。要消除戒心，我们不能率直地指责对方、"不要怀疑我嘛！不要对我有戒心，我是很诚实的。"这种说法只会使对方更加退缩。

心理学有一种理论叫"逆反心理"，即你越是努力强迫一种思想进入他人的潜意识，这种思想遇到的阻力也就越大。小时候，父亲不让我看《茅盾文集》，这就更引发我的好奇心，晚上躲在被窝里打手电筒也要看。心理学家曾建议，要让学生戒烟，不妨取消不许学生抽烟的规定，转而用科学的方法宣传抽烟对人体的危害。因为这条规定，往往只会更加激发学生偷食禁果的欲望。

用直接的方式消除戒心，往往只会产生逆反效果。为此，要消除戒心就必须通过潜意识的影响，在潜移默化中消弭于无形，而要通过潜意识的影响来消除戒心，唯一的方法就是表现若无其事的态度和制造偶然发生的情况。

日本心理学家多湖辉先生介绍了他消除戒心的方法：

"当时，我和每日出版文化奖受奖者、画家桂雪子，在东京涉谷大讲堂举行签名会。会场内，横幅上醒目地写着：'多湖辉、桂雪子签名招待会会场。'我俩站在横幅下，面前是张铺着白色台布的条案，上面放着我俩的书，将近 500 册。

"出人意料的是，签名会开始后，顾客们都在远处围观，不肯靠近，当时，我的感觉就仿佛自己成了一个游街示众的罪犯。冷静下来后，我就用心理学对这种场面加以分析：很可能是这种令人拘束的形式使顾客与我们之间产生了隔阂；还有一种可能就是，顾客不愿当着我们的面翻弄书，怕

不买会使我们难堪。

"原因找到了，我便请来工作人员把这近 500 册书分散到各个书架，并要他们通过有线广播向顾客发出通知：'多湖辉和桂雪子两位今天偶然光临会场，为买书的读者签名留念。'刚才，购书者还少得屈指可数，通知播出后，马上就有无数的读者手拿我俩的书蜂拥般地向我们包围过来。作者与读者之间的心理隔阂，就这样轻而易举地消除了。"

要防范戒心于未来，就要努力表现若无其事的态度，制造偶然发生的情况，这样对方会认为你的期望不迫切，是偶然想起来的，不会精心准备，从而不会对你有怀疑。

我记得我们高中那帮同学的顽皮。去同学家，如果见到同学的女友也在，就故意压低声音、神秘地问："你怎么又换了一个？"却又故意让对方女友听见。这下那位同学可惨了，在女友面前解释老长时间，费尽口舌，也不中用。他女友会想："怎么我是你又换的一个，也不知你换了多少个？"

这种捣鬼手段的有效性，正在于表现出是突发的惊奇，所以对方女友没有戒心，会深信不疑。

超级商场的诞生，迅速蔓延，也是基于这个道理。面对售货员的商场，顾客往往心存顾虑，不好意思麻烦售货员随便拿商品看，怕自己看不中意，不买总是有些尴尬。而超级商场则不同，可以自由自在，想看就看，想翻就翻，愿买就买，不愿买就拉倒，没有心理压力。而随意翻弄商品，却又往往容易诱发顾客的购买欲。

了解了这条心理规律，大家就要在生活中加以运用。

1. 保持轻松而从容

不要表现出过分的急切，让别人了解到实际上你对自己想得到的东西垂涎三尺。

兵法云：欲擒故纵。就是让对方在"纵"之中丧失警惕，攻其不备。在世间生活，最忌讳过分急切，一旦你急切，别人就会认为你对这事特别关注，这事对你特别有利，他的戒心就会油然而生。如果是推销、做生意，他的贪欲之心就会令他大杀你的价；如果是寻求合作、签订合同，他就会顿生犹疑之心。而你始终保持轻松、表现从容，别人会认为这事对你利益不太大，这样会使你掌握主动。

人人都喜欢轻松而从容的氛围。你去商店买东西，如果服务员始终盯着你，你一定感觉不自在，而想赶紧离开。优秀售货员的定义，不仅仅是对顾客满腔热情，见到顾客就殷勤备至，这样反将顾客吓跑，还应该善于制造一种若无其事的气氛，让顾客在宽松的环境下随意选购，你只需偶尔用眼角的余光看一下顾客是否需要你的帮助。

保持轻松和从容是消除别人戒心，让你掌握心理主动权的有效方法。

一般小姐都善于用这一条。看本书的小姐不妨回忆一下你赴约会的情景。如果晚上8点约会，你又很想赴约，那么一整天你都可能惦念着8点钟，如果路上有半小时行程，到了7点半差几分钟，你可能却要故意慢条斯理地照照镜子、打扮打扮。出发时，开始赶得急，但距约会地点越近，你可能就走得越慢，有时还要故意迟到几分钟，让先生等等。这就是小姐的天性：应该让先生表现急切，而自己保持矜持。小姐的这种天性正来源于社会上大多数情况都是先生追求小姐，在双方交往中，小姐应保持主动权。

过分的急切始终是丑陋的，柏杨先生说：这个世界上最难看的，就是先生向小姐求婚时，等待答复的那种焦急表情。

任何情况下保持一定的矜持，不仅令你表现出翩翩风度，而且让人觉得你有本事，是一位不同凡响的人。这个世界上只有奴才见了主人才卑躬屈膝。你是否愿意做奴才呢？

要保持轻松而从容。从心理学上说："越把前景估计得暗淡渺茫，越能构成对失望的缓冲，越能保持轻松而从容。"

有些人在办事时，仿佛自己怕得要死。退一步想，就算办不好，真的会死吗？显然不会。你何苦让自己紧张呢？紧张的时候，你就不妨做最坏的打算，将前景估计暗淡，紧张的产生都是过于关切的原因，缓解关注情绪，有助于保持轻松和从容。

然而这种方法又有一些弊端，一个人如果将前景估计暗淡，他自不会紧张，但随之而来他也丧失了干劲。所以我一般采用的方法是，在心中告诉自己"尽人力，听天由命"，尽自己最大的努力，但结局如何，却不是我能决定的。这样既作了失败的打算，也没有丧失干劲。

2. 利用第三者影响

要使思想尽量不被注意地溜进别人的潜意识，就要让别人无意中接触到你的思想。而通过第三者来传递你的思想，最易使对方有种偶然发生的情况的感觉，从而没有戒心。

假如一位白糖推销员找到你，劝你赶快去买白糖，说白糖就要涨价了，你会去买吗？很难说。因为你可能觉得他是有意制造紧张气氛，试图影响你，以便推销出更多白糖。可是如果你意外地听到这个推销员正对他的好朋友说，白糖快要涨价了，赶快去买。那你一定相信这个消息是真的，可能马上就去买白糖。这就是第三者的作用。

在我的生涯中，吃过不少亏，上过不少当，但令我记忆至今的，却是我读高中时的一件事。

那天我在街上漫步，偶然发现有很多人围观，好奇心吸引我过去，原来是一个小贩在卖一种叫"海石花"的药。那位小贩看见我，就对我说："你脸上长了这么多'青春痘'，买点'海石花'吃，很有效的。"我听了，只是笑笑没作声。

这时，外面突然走进一个人，看着"海石花"惊喜地叫道："你们从哪里弄来的，我找了很久都没买到，'海石花'可以治贫血、头晕等多种疾病。我一定要买点。"

小贩回答："当然很难弄到，我们从海南岛运来的，所以价格贵点，二十五元一斤。"

那人听后面有难色地问："能不能便宜点？我买两斤。"

小贩回答："最便宜二十五元，你知道这药多难弄到啊！"

那人说："我知道，但我买得多，你应该便宜点嘛！"正说着，那人好像无意中突然看到了我，就对我说："真的，'海石花'是很难得的药。怎么样？我们一人买两斤，让他二十元一斤卖。"然后他不等我答复就对小贩说："我们一起买四斤，二十块一斤怎么样？"

我想到我母亲也患贫血症，一下孝心发了，也就没吱声。

经过一番认真地讨价还价（那位小贩知道保持从容，不着急以免让我生疑），最后终于成交，于是我花四十块钱买了两斤。要知道1979年的四十元钱对于一个高中生来说，可是一年的零花钱啊！但走了一段，我又有些后悔，就转回去要退货。那位小贩看着我，以为我听了别人的指点，就对我说："你别听人瞎说，这药真的很有效，你没见这么多人买吗？"

我坚持要退货，正在理论时，外面又挤进一个人，对我说："你要退货吗？我正要买，免得麻烦，你卖给我吧！"

我一听就打算卖给他了，这时他将我拉出人群，然后开始装模作样地看货，看着、看着，他突然一摸口袋，"哎呀！忘了带钱。这样你跟我去家里拿吧！"

我赶紧转身去看那个小贩，却哪里还有人影。明知上当了，再和那人去他家，还不知什么事呢？自认倒霉吧。

回家后，母亲告诉我这是一种海菜，菜场里有卖的，一毛二分钱一斤。

一毛二一斤的菜，我花四十块买了两斤，之所以上这个当，正是吃了第三者的亏。

五、以退为进消除戒心

戒心往往来源于对方的心理压力：对你的目的不了解，害怕吃亏上当。要消除戒心就要减轻对方的心理压力，而以退为进则是最好的策略。

人际关系技巧，虽然只是一些简单的心理学原理，但运不运用，却能对人生产生重大的影响。

初来深圳时，我和内地的一位熟人，以及来自上海的两位教师同属于借聘，深圳的借聘合同订得非常苛刻，我们四人原单位都不同意借聘，为此我们分头回家做领导的工作。但那两位上海的教师这一去就杳如黄鹤，而我们两位却最终成为光荣的深圳人。这中间的差异，正是用不用技巧造成的。

我回到原单位后，就找校长在借聘合同上盖章，可校长要我去教委，说教委同意了他才能盖章；当我到教委，教委主任又说，原单位同意，他们才能讨论。当我又回到原单位时，校长却摆出一副推心置腹的姿态对我说："你想想，教委不表态，我们敢同意吗？"就这样将我当一只皮球来回踢。

我那位熟人也回去找他们系主任，他们系主任倒干脆：要调可以，但借聘不行。为此他买了一些礼物去看系主任，但系主任知道收了他的礼物是要为他办事的，因此坚决不收，他为此十分苦恼。

有一天，他突然灵机一动，宣布不去深圳。说深圳没有四季之分，水土不服，经常患病，决定留在原单位安心工作。领导听到这消息，鉴于他本来就是教学骨干，纷纷找他谈话，与他缓和关系，希望他好好工作，他也表示尽力工作。然后他买了一些小礼品去看望系主任，表示过去的事已过去，要尊重主任的领导，协助搞好工作。系主任为了融洽关系就收下了礼品。之后，他又去探望了几次系主任，一次接下了东西，以后自然更难拒绝，系主任每次都收下了礼品，大家关系也和睦了。

有一天，他突然对系主任说："主任呀，深圳那边拍来电报仍然要我去，我还是想去。"那位系主任收了他不少礼品，自然不好意思再拒绝，最终同意了他去深圳。

他将这种方法介绍给我，我俩设计一番后，我就去找校长。对校长说："教委人事处处长是我父亲老战友，已经打了招呼，估计问题不大。我无论是借聘，还是调动，肯定要通过人事处处长，我非找他不可。但不论怎样要处长同意，基层首先要表个态，我们一起共事多年，你何苦刁难我呢？反正要找处长，同不同意最终也是处长的事。"

校长听我这样说，心想，干脆将球全踢给处长，何不落得做个好人呢？就在借聘合同上写下"同意"，盖了公章。而深圳办借聘手续，不管哪一级别，只要有个公章就认了。因此，我拿着那份合同就跑到深圳，校长在那边着急地打电话问："你不是说去找处长的吗，怎么没去？"

我回答："时间太紧，深圳这边催我，没办法。"

这样，校长还得帮我背黑锅，在领导面前解释，我很快就会正式办调动的。

当然我这种以退为进的方法，是钻了校长的空子。如果他在我的借聘合同上注明："校长同意，但需教委批准方能成行。"那我就没办法了，但这种能上不能下的领导，又有多少有水平呢？

以上方法虽然有些骗人的味道，但那是生活所迫，如果不这样，很难在世上有立足之地。

1. 采取低姿态

我曾经与一位大公司总经理聊天，问他招聘推销员的条件，他的回答大出我意料。他说条件有二：一是老实；二是不笨。按我的想象招推销员应该选那些精明、能说会道的人。他为何却列出这样的条件呢？我百思不解地问他，他这样回答：

"那些看上去精明、能说会道的人，往往让人产生戒备心理。别人会想：这么精明，这么能说会道，可别上他的当。结果他的说服反而比别人困难。而那些看上去老实巴交、待人诚诚恳恳的人，别人一见就相信，没有戒心，他的说服容易取得效果。加上他不笨，不上别人当，这种人正是做推销员的好材料。"

总经理的见解，令我想起了这样一句话：老实人要么不骗人，骗起人来却骗死人。正是因为别人对老实人没有戒备心理。

某大企业的负责人，曾经邀请十位该年度招揽顾客成绩最佳的业务员开座谈会，请他们将自己的心得传授给新进业务员。令人惊讶的是，十位成功的业务员，竟然都属于木讷型。实际上，一般人对不善辞令者，往往不会有戒心，有时还会不自觉地向对方吐露心声，说服者反成为听众，而这种忠实的听众自然容易获得人心，于是，无形中就影响了对方。

适当保持低姿态不仅有助于消除别人的警戒心，同时也有利于与人交往。过分成熟的人，往往给人压抑感。不要去做完美的偶像，完美的偶像会为你带来交际距离，会令别人有可望而不可即的感觉。不妨暴露一些可爱的小缺点，使你成为一个可爱的"人"，而不是"神"，这种低姿态会为你带来融洽的交往。

2. 鼓励对方踊跃讲话

我们在进行说服之前，如果能先摘下对方警戒的面具，使他产生"姑且听之"的心理，就可以获得成功一半的把握了。

"我绝无任何不良的企图，请不必如此心怀警戒嘛！"

如果你这么率直地指责对方，不但无法化解紧张、沉闷的气氛，反而会造成反效果。对方发现你已看透他隐藏在心灵深处的事物，他的逆反心理会使他更加加强心理防线。这时候，你必须见风转舵，把来意暂搁置一旁，先努力促进双方情感的交流，使对方不自觉地松懈情绪，乐意和你做进一步的交谈。

要促进情感的交流，就要鼓励对方踊跃讲话，让对方在自然的言谈中将戒心消弭于无形。但是你绝不可像个木头人般，任凭对方唠叨。否则，对方必定会意兴索然，而产生不满。如果想提高对方谈话兴致，使其自动开启心扉，就必须输送"我正在洗耳恭听"的讯号，以点头表示同意，上身前倾做出关怀姿态，表情亲切，随时附和，并且提出让对方产生好奇的话题，诱发谈话兴趣。

3. 暂时与对方站在同一线上

我们公司长期与外贸公司合作做药品生意，由外贸公司将外商订单交给我们，我们转托给厂家生产，从中提取介绍费。但这种方式利润很少，我们很想直接由我们公司出面，组织原材料，聘请高级技术人员去乡镇企业加工成药，然后给乡镇企业加工费，这样绝大部分利润都由我们公司与外贸公司分。但不论我们怎样去说，外贸公司涂经理始终担心质量没有保证，而断然拒绝。

这时，如果我们再去努力说服，只会将事情弄得更僵，因为别人坚决地回绝了你，他的自尊也不允许他马上改变。此时最好的办法就是先同意对方的看法，保持感情融洽，再见机行事。

当即，我们表示理解涂经理的处境，作为国家干部，与我们不同，出了质量问题，干系太大。然后我们就一起去酒店吃饭聊天，谈得高兴了，涂经理又对他先前的态度太决绝而有些歉意，就主动提起这件事，说质量如果真的有保障，他何乐而不为呢？反正大家都有钱赚。

这时，我们趁机详细介绍为了保障质量设想了哪些措施，然后请涂经理也发表建议。在双方互相磋商中，涂经理也渐渐对质量有了信心，最终同意了这个想法。

在对方不信任你，坚决反对你时，以言辞来胜过对方的方式，实质上无法奏效。人的心理都有一种惯性，不可能马上推翻自己原来的看法，如果你逼得太紧，双方很可能就彻底谈崩，这样就杜绝了你一切机会。所以，此时应放弃论理式说服法，暂时同意对方的观点，表示理解，然后再见机作侧面攻击。

4. 先提出易为对方接受的目的

如果一位先生首次和小姐约会，就急切地想拥抱接吻，后果自然是小姐的一巴掌。

聪明的先生往往是这样做：坐在长凳的一端，先斯斯文文地和小姐谈话，融洽感情，然后随着谈话的热度增加，一点点地向小姐挪近，无意之中轻碰小姐的手，如果小姐没有明显的躲闪，就温柔地握住……

一道大坝，只要小小的蚂蚁在里面做穴，洪水来临，则整体都会崩溃。人的防卫心理也正是如此，只要有一点突破，则整体都会变得软弱。

许多聪明的推销员总是对顾客说："拿起来看看嘛！买不买无所谓。"

先提出容易为顾客接受的建议，寻找突破口，再逐步激发顾客的购买欲。

日本有家公司推出一种类似中国赤脚医生背的药箱，里面放了各种家庭常用药，但这种产品面世后却很少家庭购买，大家均认为买一箱药没必要。为此公司出了一个新招，派推销员挨家挨户送货，对家庭主妇说："这箱药先放在你家，如果你真觉没用，我过一星期就来拿走。"家庭主妇想：反正这箱药放在家里也不碍事，需要时就用，没有用就让他们拿走。所以都爽快地同意了。

但药箱里的药都属于家庭常用药，谁家都难免会有磕磕撞撞，用起药箱来自然方便。所以一星期后当推销员来取药箱时，发现十有八九的家庭都已用过了。她们自然也就得买下这箱药了。

这种方法也曾诱导我买了一套我并不怎么中意的西服。

那是去内地旅游的事。本来在深圳工作自然不会在内地买西服，但我突发好奇心，就去西服店转转。

当时售货员小姐见我远远地盯着一套西服看，就说："拿下来看看嘛！"

"不用了。"

"拿下来看看，不买无所谓的。"

我听了就将西服取在手中看。

这时小姐又说了："穿在身上试一试吧！西服要试试才知道好坏。不中意我再放回去，反正我也没事，没关系。"

我一听，不好意思拒绝就穿在身上试一下，谁知那套西服竟那么合身，我一时也挑不出毛病，弄得又不好意思放回去，结果稀里糊涂地买下来，可回家就后悔得不得了。

当你觉察到别人有戒备心理，这时千万不要发起全面的进攻，这只会使对方更加退缩；聪明的做法是：寻找对方最薄弱的环节，力求取得一点点突破，随之对方整体就会崩溃。

5. 不要坚持赢得100%的胜利

有时我们买东西，因为几块钱还不下来，就愤然离去。原因并不在于要多花几块钱，而是因为没还下价有种失败感。人人都想有胜利感，有时这往往比实际利益还重要。那么去追求100%的胜利岂不是很笨的做法，这样只会造成与对方的自尊为敌，那么你也就注定要失败了。聪明人总是在某些次要的地方做出让步，让对方心理上有胜利感，那么就较容易在大的方面使对方让步了。比如男女交往，精明的先生对原则问题坚持到底，赢得胜利后，对小问题却赶紧让步。这样既维护了男人的尊严，又满足了小姐的虚荣。

不要坚持赢得 100% 的胜利，这既是谈判的重要技巧，也是人生的哲理。

六、消除戒心技巧实例

1. 约大人物或重要人物出来的方法

如何约大人物或重要人物出来吃饭、唱歌？这是生活中经常遇到的问题。特别生意场上甲方约乙方或者约主管领导，由于对方的戒备心理，往往认为吃了你的，花了你的钱，你提出要求，他不容易拒绝，所以不愿轻易出来。先生约小姐也是如此，在双方还不太熟悉时，由于小姐的戒心，也不容易请动芳驾。

当然此时最好的办法，就是通过熟人关系来邀请。但如果没有熟人，下面有两条技巧可以供你参考。

a. 以若无其事的态度，让邀请出自偶然

大人物或重要人物不愿赴约，往往是怀疑你请他别有目的。当你以轻松从容的态度，装出偶然发出邀请，对方会认为你没有蓄意准备，从而没有戒心。比如我就常在电话聊天中，装出无意中提起："有家酒店，前段时间去吃过一次，菜做得很有特色，吃后令我念念不忘，正好今天有空很想再去过过瘾，怎么样，一起去吗？"

这种说法好像你不是刻意请他，而是自己想吃，对方就不容易产生戒心。但无论怎样，吃了人的嘴软，只要他赴约，自然就有效果。

b. 给他一个时间选择范围

有次我想约一位小姐出来唱歌，由于我俩不太熟，开始我有些腼腆，打电话时羞怯地试探："今晚你没空吗？"

对方小姐不了解我，自然不会一约就出来，顺口就回答："是没空。"

我白费劲了。

我想，约得太突然了，对方没准备，今次我提前约，到了星期三我又给她打电话："星期六晚上你有空吗？"

小姐自有她的矜持，不可能星期三就将她星期六的时间约定。她回答："到了星期六才知道哦。"

我又白费劲了。

这种约法的确有问题。比如你努力戒了一段时间烟，现在烟瘾突然上来，你犹疑地走进一间商店。这时如果小姐问你："先生，不买烟吗？"

她的问话无疑提醒你要戒烟，你顺口就会回答："不买烟。"

如果小姐问你："先生，买烟吗？"

这是一句没有诱导性的话，是戒烟还是买烟的想法就在你心中交战，很可能戒烟的念头占上风，你还是放弃了买烟。

聪明的小姐应该怎么问呢？她一见你进来，马上就问："先生，你是要'万宝路'，还是'三个五'？"

这种问话，意味着你肯定要买烟，只是选择哪种牌子的问题。

正如去到服装店，没有哪一个店主会傻到问你："不买衣服吗？"他只会问你："中意这件黄色的，还是红色的？"意味着你走进来就是要买衣服的，只是挑选一种款式罢了。

以后你再约人时，不妨也给她一个时间选择范围："你是星期六有空呢，还是星期天有空？"她便会产生一种不得不出来的感觉。

如果她说两天都没空，那是对你一点好感都没有，你也就别作指望了。

2. 提要求的技巧

人生在世，谁都会有一些要求，但如果提的方法不当，往往就会遭人拒绝。

a. 提大要求的技巧

如果你有一个较大的要求，直接提出容易遭人拒绝，怎样提才恰当呢？

有次我回内地老家度假，在家没事，小侄子就要我陪他上街买把小手枪，本来我很不想上街，但我侄子嚷着一把小手枪才两三块钱，为了不扫他的兴，我就同意了。可走到一半，小侄子却变卦了，要买一个变形金刚，而且强调只买一个小的。我想一个小变形金刚，也不过十来块钱，就没有反对；岂料到了商店，柜台上恰好放了一个大变形金刚，小侄子一见，顿时要买大的，柜台里的小姐也在一旁说："先生，要买就买个大的嘛！大的又漂亮又耐用。"弄得我没办法，只好花了一百多元给侄子买了一个大变形金刚。

如果我侄子开始就提出买大变形金刚，我一定会找理由不同他上街。但他用买一把小手枪将我引出来，途中变成小变形金刚，最后买了大变形金刚。虽然我侄子只是出于小孩得寸进尺的天性才如此，但这种方式提醒我们，这岂不是一种提要求的绝好技巧？！

如果你有一个大要求，直接提出容易被人拒绝，你就不妨将它划分为一系列小要求逐个提出。人都有这样一种心态：不愿让人觉得他出尔反尔，一会儿同意，一会儿又反对。而且人的心理惯性往往使他干脆"做好人就做到底"。

比如别人拒绝你进他家，你就请求："我不进去，我只站在你家门槛外，好不好？"到了他家门槛外，你接着请求："我不进去，我只将左脚放进去，如何？"待到左脚放进去了，你再说："我不进去，我将右脚放进去，怎么样？"

待到右脚进去，你人也就进去了。

b. 提小要求的技巧

上面介绍的是提大要求的技巧。但如果你有一个较小要求，直接提出容易遭人拒绝，又如何提呢？

有次，我买了台洗衣机，但苦于厨房窄小，又是两人共用，没有洗衣机立足之地，就想接水管进房间，将洗衣机放家里。去找总务主任，却遭主任一口回绝。"你将水管接到家里，别人也将水管接到家里，人人都将水管接到家里，岂不乱套！"

怎么办呢？洗衣机已经买了，不用的话，放也放坏了。为此我就精心设计了一番。

这天，我去到校长室，对校长说："我都已经这么大年龄了，还要同人共用一间厨房，太不方便。我发现那边有间厨房空着，能不能分给我？"校长回答，那间厨房已经分人了。我接着请求："那我们厨房边上有块空地，能不能分给我做个简易厨房呢？"校长也拒绝说，那里要用来种花。既然这样，我就对校长说："您看，您要我做工作，我从来就不挑三拣四，说什么做什么。可我提几个要求，您就这不行，那不允许。算了，我只提一个小要求，我买了台洗衣机，想节省时间多干点事，您能不能批准我安根水管进家里？"

校长已经拒绝了我那么多要求，本就有些不好意思，听我这样一说也就同意了。我再去找总务主任，说校长已经同意。

如果你有一个小要求，直接提出容易被人拒绝，你就先有意提出一些大要求让对方拒绝，待他有些歉疚时，再伺机提出小要求。心理学强调，人有一种"背后鞠躬"效应，当面拒绝了你的要求，意味着得罪了你，因此很想找机会来挽回这种损失，谁也不愿给人留下一种很坏的印象，这时你再适时提出你的小要求，就容易达到目的。

比如，你想说服别人借给你 300 元钱，就可以先向他提出借 1000 元的要求，遭到拒绝后，待他解释原因时，你就可以说："既然 1000 元很难拿出手，那借 300 元总可以吧。"这样，他就有可能答应你这一较小要求，被你顺利地借到这 300 元。

记得诸葛亮大战曹真时，司马懿曾断言：诸葛亮打了胜仗必定会退兵。结果果如其言。当时诸葛军中已没有粮草，无法继续战斗，如果打了败仗，反而不能退兵，以免曹真趁乱而入。但打了胜仗，趁敌心惊胆战，以为他会乘胜前进时，却果断地退兵，出敌之意外，见好就收。这就是兵法中的"以进为退"。在提要求时也正要如此，我们不仅要善于"以退为进"，从小到大，有时还要懂得"以进为退"，由大到小。

3. 讨价还价的方法

买衣服讨价还价，是人人都遇到的问题。怎样还价效果才最好呢？有些人说不管三七二十一我砍一半价。你砍一半价有时也不适中，有次我买一件衬衣，标价 150 元，结果还到 45 元，就买下了。

a. 保持轻松而从容

买衣服要还好价，最重要的是要店主报出实价。如果你见到一件衣服，马上就喜形于色，表现出强烈的购买愿望，那么这件衣服你很难还价。反之，你表现出可买可不买，这件衣服有优点也有缺陷，在那里犹疑不定时，店主为了吸引你，往往报价就很实。

买衣服最好是两人同去，一个唱红脸，一个唱白脸，一个说这件衣服有什么不足，另一个却夸奖这件衣服有哪些好处。这种戏剧化的表现，有助于诱导店主让价。当然，两人最好是同性别，如果是一位先生和一位小姐，反而更麻烦。

买任何东西都不能表现得太迫切，买不买无所谓，这样才能诱导店主让价。很多人试探价钱的虚实，往往报出一个价，老板不同意，就装作要离开，看老板叫不叫住他。如果老板想成交就一定会急着叫住他，反之老板没叫他，就说明出价实在太低。这实际上是大家自发地对上述心理学原理的运用。

b. 问贵衣服价钱，买便宜衣服

一般人常用的方法是货比三家，寻找最低的报价，这样一方面花时间，另一方面，各店主卖同样的货，为了不彼此竞争降价，往往订出了统一的最低价格，你也不容易钻空子。要诱导店主报低价，有一条很有效的方法，那是我在无意中发现的。

有次去买录像机，看到柜台上有台"画王"彩电，我灵机一动就装作要买彩电的模样，问老板彩电的实价。老板报价后，我佯问："还能不能便宜？"然后就表现出犹疑的姿态，在那里踌躇……

这时，我突然很随便地问老板："录像机实价多少钱？"

老板报价后，我追问："还能不能便宜？"

老板回答："最多再便宜十块。"

之后，为了怕上当，我又去问了好几家商店，但没有一家报的价更低。

这岂不是一种还价的有效方法吗？

要买几十块钱的衣服，就去问老板上百块钱衣服的价钱，然后表现出若无其事的模样随便问老板："这件衣服实价多少？"老板为了吸引你买贵衣服，这时他的报价一定很实，如果你再很随便地还一下价，老板就很容易突破他的最低限价，此时你就顺水推舟："干脆我买这件衣服算了。"

这种方法我试过好几次，都取得了成效，你不妨也去试一下。

反之，如果你要买贵衣服，那么就表现出想买便宜衣服，先问便宜衣服价钱，再很随便地问贵衣服的价钱。老板为诱导你放弃买便宜衣服而买贵衣服，这时他对贵衣服的报价往往很实在。

c. 买大宗货物的还价方法

假设你有大宗货物要买，如何还价呢？

记得有次与同事一起去买游戏机，转了多家商店与店主讨价到最低后，我就准备掏钱了。这时边上的同事突然也心动了，对店主说："如果你再便宜 10 元钱，我也买一台。"

店主一听，薄利多销吧！就让了 10 元钱。同事正准备付钱时，恰好外面又有一熟人进来，见我们俩都买游戏机，也有些心动，对店主说："本来我不想买的，这样，你再降 10 块，我同他们一起买。"

于是又诱导店主降了 10 元钱。

买大宗货物，千万不要一次说出，而要隐瞒一部分，作为诱导卖方降价的筹码。比如买 100 吨货物，你首先就与卖方谈 80 吨的价格，当谈到最低价后，你装出突然动了念头，对卖方说："你再便宜一些，我就加买 20吨。"好像这 20 吨是对方愿意降价你才想买的，这样容易诱导对方突破他定的最低价。

4. 推销的技巧

a. 给人选择范围的报价法

报价是推销中一个很棘手的问题，不少能力平平的推销员在这个问题上束手无策，只会毫不掩饰地、单调枯燥地报价，有时还会显出一副自己也觉得价钱高得不合理的样子，这样的报价自然会失败。

那究竟应该如何报价呢？这里介绍给人一个选择范围的报价技巧。下面是回答顾客买复印机要求报价的一个例子：

"眼下，多数人打算用 12000 元买复印机。有少数人能出价 15000 到20000 元。还有一些在物价昂贵的今天受经费限制的人能出的价钱不超过10000 元。请问，贵公司最适合的价格是哪一种？"这种问法使你反客为主，让顾客决定他们购买复印机的档次。

"我们打算出 12000 元。"

他们为什么说 12000 元？实际上，他们的脑子里事先可能并没有一个准确的数字。他们不愿意站在出价最低的行列之中，所以他们选择了中间数字。

因为事先已经筹划好了价格，心中有数。所以当他说了 12000 元之后你就能对他们这样说："这真令人高兴，我可以对你们这样说，这台能满足你们全部要求的复印机只卖你们 10000 元——比你们打算出的价钱低多了。"

除了去开订单之外，他们还能做什么？

即使对方选择了最低的报价，你仍然能同意卖给他们。给人选择范围的报价法，能做到无论顾客选择哪一种报价你都能赢得这笔生意。

给人选择范围的报价法可以归纳为以下步骤：

第一，开始报一个比你的真实价格高 20% 的数字（"多数人打算用 12000 元……"）；

第二，接着报一个比真实价格高 50% 到 100% 的数字（"少数人能出价 15000 到 20000 元……"）；

第三，最后报出你的真实价格（还有一些……不能多于 10000 元）；

第四，于是你问："这几种价格哪一种对你（你的公司、家庭）最合适？"

如果他们选择了最低价格，你就用"那正好和你打算出的价钱一样"来结束你的话。

如果他们选择的是中间价格，你就用"比你打算出的价钱低多了"。

有些推销员到了要谈钱的时候，就在那里把脚挪来挪去，担心害怕地等着那一时刻的到来。我们管他们叫作"嗯……价钱嘛……"先生，以后遇到这种情况，你就不妨反客为主，给顾客一个选择范围。

b. 反问法诱导顾客

人的心理真是奇妙，无怪乎恩格斯要说：心理学是地球上最美丽的花朵。往往我们运用一些小小的心理学技巧，就能诱导对方，在不知不觉中跟你走，在推销中，以反问的方式回答对方提问就有这种效果。

比如顾客买某件商品，问你有没有白色的，你的回答就很有讲究。如果只是简单地回答"有"，很可能就将到手的成交机会放跑。而如果强硬地回答："我拿出白色的，你一定买！"这样又会将顾客吓跑。聪明的回答方式是以反问来诱导顾客，进一步让顾客在心理上确认中意白色的。此时，你应该追问一句："你喜欢白色吗？"当顾客顺其自然回答"喜欢"时，你再将白色的商品拿出来，只要他挑不出大毛病，就肯定会买下。

这种以反问的方式回答顾客的提问，对于诱导顾客心理的确作用不小。当顾客还未确定是否买商品，而试探地问："我能在下月 1 号提货吗？"内行的推销员不会简单地回答："肯定没问题。"他会笑着问："月初提货是不是对您最合适呢？"这种巧妙的提问，以及随之引发的讨论，无形中已经影响顾客在心理上做出了买商品的决定。将顾客买不买商品的犹疑成功地转化为了是否月初提货的犹疑。这是兵法中"声东击西"战术的又一种含义上的运用。

七、防止警戒心的产生

戒心一旦产生，往往消除就很困难，最好的方法是防患于未然，不让对方产生戒心。有时对方原本对你自然而亲切，但由于你的言谈举止不当，而导致对方产生戒心，这就更不应该了。

1. 语言的效力在于得体

语言的效力并不在于说许多话，只在于说话要恰如其分。即善于抓住关键，把握分寸，这才算掌握了语言艺术。

人生在世，谁都讨厌一些跳梁小丑似的人物，他们喜欢挑拨是非，煽风点火，在领导面前说人坏话。如果你遇到这种人，在领导面前打你的小报告，你怎样改变领导先入为主的观点呢？

一般人遇到这种情况，都是在领导面前将跳梁小丑斥责一番，甚至痛骂一顿。但这样效果并不好，领导只会觉得你们是狗咬狗，他指责了你，所以你反过来指责他，甚至于让领导对你的辩解的客观性也产生怀疑。那么聪明的做法是怎样的呢？

我曾经与深圳某培训中心合作办班，但由于对分成方法不满意，就取消了合作。他们因此对我不满，在成教局领导面前打我的小报告，说我办班不成熟。他们以组织的名义说出此话，成教局领导自然深信不疑，怎样扭转这种观点呢？

首先，我在成教局领导面前赞扬该培训中心，表示我很感激他们，他们为我办班提供了不少帮助和支持，我事业的起步有赖于他们的支持。然后，我话锋一转，"他们说我办班不成熟，但他们仍愿与我合作，只是我觉得他们的分成方案太不合理不愿与他们合作，所以他们说我办班不成熟自然有不够客观的地方。"

这样的说法合情合理，自然很快改变了成教局领导的看法。

要在领导面前反击打小报告的人，最好先赞扬一下对方，别人骂你，你还赞扬他，领导会认为你豁达大度，从而对你建立信任感。然后，你再以非常客观的态度，表现出对自己的克制，摆事实、讲道理，这才是既理智又聪明的方式。

2. 人在保持与他人一致的过程中，会有放心的感觉

心理学理论告诉我们：人在争取达到和保持与他人一致的过程中，产生放心的感觉。

人们都说当今是个性化的时代，但你走在街上仍会惊奇地发现，人们

的衣着打扮是那样相似。长发、T恤衫、牛仔裤，等等，有的女孩子长得又矮又胖，那样打扮实在很不相宜。其实，她完全可以打扮得富有个性与魅力，可惜她没有那样做。问她为什么，回答是："我这样打扮符合潮流，跟大家一样。"

原来，她这身流行的打扮绝不是为了突出自己，恰恰相反，是为了让别人承认她与大家一样，是为了获得某种放心的感觉。

商店老板都深谙此道。有次我去买电冰箱，讨价还价后，老板说已经降到最低价钱了，不能再降。我不相信，以为老板骗人，就犹豫着准备换一家商店，这时老板拿出一沓发票给我看别人买的价钱。我一看发票，原来别人也是这个价钱买的，有的甚至比这个价钱还高，于是我就放心下来，终于买了这位老板的冰箱。

人普遍具有一种心理倾向，就是愿意采取同别人一样的行动，如果你想使某人做某事，首先应想方设法让他觉得很多人都是这样做的。

美国广告商史蒂文·贝卡曾经讲过这样一个有趣的故事。在一家餐馆里，有两位女招待，一位名叫罗莎，另一位名叫卡林娜。一天，罗莎为得到顾客的小费，在小费盘里放上10美分的一个硬币引诱顾客。卡林娜见罗莎这样做，学她的样子在小费盘里放上25美分的一个硬币。结果怎么样？罗莎得到了10美分小费，而卡林娜则得到了25美分，这正同她们放在小费盘里引诱顾客的钱数相同。

顾客在准备离开餐桌时，往往不知给招待员多少小费为好。这时，顾客的心理活动是：不知别人给了多少，我要是给得少那可……解决这个心理矛盾的最简便的办法，就是往小费盘里放上与上一位顾客相同数量的小费。

这不由令我想起一些高级宾馆洗手间里的招待员，他们凭本能也知道运用这条心理学规律，往往在小费盘里预先放上5元、10元，甚至50元一张的钞票，给你增加心理压力，使你不好意思少给小费。

3. "接种效应"

为了预防"天花"病，我们可以接种"牛痘"来增强抵抗力。同样道理，在改变人的态度时，为了不让被劝说者受相反观点的影响，也应该进行预防性注射。也就是在被劝说者接受了你的观点以后，你自己再对这种观点给以轻度的攻击，"某某人出于某某原因会这样说""当然也有某方面不足"之类，使他对相反的观点有心理准备，产生免疫力，以便在大规模的攻击到来时，有足够力量进行抵抗。心理学把这种效应称作"接种效应"。

第三节　引发谈话的方式

人的幸福在极大的程度上取决于交谈的能力。我们用交谈来表达自己的思想、愿望、理想、雄心壮志或对别人的失望。从孤独的远征中返回来的探险家们说：他们最渴望的是与其他人有一次"短暂的交谈"。精神病医生发现，许多人的不幸，或因此，或因彼，常常因为他们不善表现自己，无法传达他们被压抑在体内的思想和感情。

交谈是人与人之间最直接、最有效、最广泛、被运用得最多的交往方式，交谈能力直接反映了你的交际水准，而与陌生人的交谈能力，则更显重要，它对于开创局面、洽谈合作、推销、应聘、结交新的朋友都起着举足轻重的作用。可以毫不夸张地说，它直接影响了你的生活幸福。

一、扫除心理障碍，让舌头随意运动

曾经有位小姐向我诉说她的人生苦恼："没有一个陌生人跟我谈话能坚持2分钟以上。陌生人与我说话时，我就手足无措，不知该干什么，该说什么，弄得对方也不知所措，无法讲下去。"

现实生活中有许多人苦恼于如何与陌生人交谈，那么究竟应该怎样与陌生人交谈？怎样去引发一次谈话呢？

有人说："我这人不善谈话，更甭提去引发一次谈话了。"那么你与老朋友交谈呢？我想你一定能随心所欲、谈兴大发。

实际上无论何时，只要人们消除心理障碍，让自己的舌头按它愿意的那样无拘无束地活动，任何人都可以成为一个优秀的谈话家，交谈都会投机而友好，都能令人振奋起来。

为什么与陌生人交谈举步维艰？关键正在于陌生人给你造成了心理障碍，束缚了你的舌头，使你无法尽兴而谈。与陌生人交谈首要的是解除心理拘束。一些人际关系的老手，之所以善于拉关系，与人套近乎，就在于他们实践经验丰富，与任何人交往没有陌生的感觉，仿佛大家早就是老朋友，制造宽松和谐的气氛，从而感染对方。

二、不要想象每一句话都闪闪发光

陌生感造成的心理障碍，只要多与陌生人打交道，习惯成自然，也容易消除。但还有一类心理障碍，却是你自己造成。许多人发现自己难以成为出色的交谈者，原因在于他们担心自己所谈的事或者流于无味和肤浅，或者言不由衷，要不就害怕他所讲的东西对交谈的对方毫无价值，或者方式方法不适合于某种场合。其实任何伟大的谈话都是起源于最简短的交谈。

不要想象每分钟都有闪光的语言，人的谈话90%是废话，只有少数的真理。有些人，特别在第一次与恋人约会时，为了显露自己的本事，常常挖空心思去想一些闪闪发光的话，有些甚至为此激动得彻夜不眠。好，约会时你讲出闪闪发光的话，表现了水平，那么对方呢？对方自然不甘示弱，她也会找闪闪发光的话。她找出了之后，你又怎么办呢？是不是又要搜索枯肠去寻找闪闪发光的话呢？这样循环往复，你俩不是谈恋爱，而是在斗智。太有水平的话在交谈中，有时会给对方造成压抑，封住对方的嘴。

三、引发对方谈话

实际上，引发一次谈话并不是困难的事，当你独自一人坐几次长途列车就能体会。

开始我坐火车，总觉得边上人傻乎乎不值得交谈，因此总是一个人寂寞地度过漫长的时光。但我觉得边上人傻，他们还认为我不正常呢！其他人都谈得眉飞色舞，唯独我孤独地坐在那里，更何况一个人十几个小时不说话，也的确是件难受的事。以后坐火车，我也开始找人交谈了。怎么谈呢？无非是一些简短的问话，"你是哪里人？""你到哪里去？"之类，你可千万别小看这类问话，这类问话对于联系感情居功至伟。

我与很多人在火车上分手时，大家互换名片，依依不舍。深圳云达公司办公室主任就是我用这种方法在火车上结识的，来深圳后，他请我吃饭，还帮了我不少忙。最有趣的一次是从广州坐火车到武汉，途中上来一位小姐，坐在我边上。我问她："干什么工作？"她要我猜，我说："踢足球的。"她一笑，之后，我们谈得非常投机。结果惊动了她哥哥，从后面过来，硬要同她换个座位，好似我别有企图，惹得边上的同伴忍不住都哈哈大笑。

火车上引发谈话的方式，在日常生活中也是有效的，往往一些简短的寒暄就能引发谈话。每个人都可能流于平俗，都可能涉入那些只谈论些既缺乏机智又毫无意义的事情的简短谈话中去。然而这种短暂的交谈对于使"轮子转动起来"却是必要的。一旦你认识到这点，并且不再担心自己是呆板的，你将发现，你也能引发一次交谈，甚至是与一位完全陌生的人。

"你是哪里人？""干什么工作？"这一类的引发谈话方式，不仅是我的发现，实际上，这个世界上最会引发人谈话，靠引发人谈话为生的那些电视节目主持人、名记者，无不是用这种方法打开局面。

引发谈话的关键是必须让对方说话，而切忌将谈话引入死胡同。一些没有经验的小伙子在初次约会时，往往只会说一些呆板的问题，如："今天天气真好！"对方回答一句："是好！"完了！你就没下文了。而问对方："干什么工作？""是哪里人？"对方必得回答干什么工作，是哪里人，而不能用"是"或"不是"将你打发。

在开始一次谈话时，要准备经过一个"变得热心"的阶段。"一见钟情"只是美国电影的浪漫。基于人类的本性，突如其来地开始一次意味深长的交谈是愚蠢的，不要期望一开始就很热乎。短暂的交谈不仅能为你引发一次谈话，而且可以用来加热，迫使对方准备讲话。然后在这种交谈中观察别人的兴趣。这正如点篝火，不必期望用一块着火的布头开始，只需划着一根小火柴就行了，然后在这星星之火的作用下，通过逐步的加热过程，寻找到共同的兴趣，这时篝火就将熊熊燃烧……

但要特别注意的是，成为一位出色交谈家的艺术并不过多地依赖于你能想出多少聪明的事情，或者与你有关的某些勇士般的经历，而在于启发、诱导别人讲话。

人际关系中的致命失误就是谈话以自我为中心。人们往往从始至终只对他们自己，他们的工作、家庭、故乡、理想感兴趣。其实，即使像"你从哪里来"这样一个简单的问题也说明你对别人感兴趣，结果会使别人也对你感兴趣。

有关这个问题的一条准则是，你只需要在心里给自己提一个问题："通过交谈我究竟想得到些什么？是想表现和炫耀自己呢？还是想与别人做成交易，让别人在议定书上签字，并得到他的准许和友善呢？"很多人在与人谈话时容易犯的错误就是谈自己感兴趣的事，而不去谈别人感兴趣的事。你谈自己感兴趣的事，虽然自己兴高采烈，但别人却不会高兴，那你要求别人办事、请别人帮忙，又怎能达到目的呢？

四、寻找双方共同爱好

调到深圳是一件很困难的事，按现在的说法，需要有熟人、有能力，还要舍得花钱，三方面缺一不可。但我可以凭良心起誓，我调进深圳没有花一分钱活动费，也就是没有用一分钱去打点别人。是否我的门路很大？初来深圳，我独自一人闯天下，举目无亲，不用说亲朋好友，连熟人都没有一个。是否我的职业很紧俏呢？我在内地是一个普通的中学物理教师，调进深圳联系的也只是一所普通中学，当时与我竞争的有大学讲师、特级教师等多位教坛高手，但最终是我获得了成功。有没有什么秘诀？有，是人际关系学的技巧告诉我的。

当改革大潮风起云涌的时候，我的心中也涌起火一般的骚动，渴望跻身于改革的前列——这充满神秘、诱人的特区。可按我的资历，深圳大学一定看不上眼，因此决定联系一所中学。于是我到教委去了解情况，当得知这所中学缺人后我就匆匆赶去，结果不凑巧，校长没在。办公室主任告诉我深圳是校长负责制，校长说了算。于是我打听了校长家的地址，并且在与办公室主任的聊天中，我了解到校长是教中文的，而且对《红楼梦》特别感兴趣，曾在杂志上发表过一篇文章，《论〈红楼梦〉中诗与人物性格》，还获过奖。

到了晚上，我就去拜访校长。开始我还犹豫买不买东西去。来深圳前，朋友就告诫我，在深圳人情淡漠，人人讲求实惠，只认东西，送的礼越重办事就越方便。但我考虑第一次拜访校长，又不认识，送错了岂不白送。何况又不了解别人，如果对方拒不接受，反而尴尬。我决定第一次先看看情况，有点眉目了，下次再送。那天我就空着手找到校长家，敲开门后，校长一见我这副模样，就知道是内地来求职的。于是将我让到客厅，就去倒茶。趁这工夫，我打量了一下客厅，发现墙上有一副对联是《红楼梦》中的。校长过来后我就问："这副对联好像是《红楼梦》中的吧？"

校长见我能看出是《红楼梦》中的对联，反问我："你喜欢《红楼梦》吗？"

"哎呀！太喜欢了。"我马上接道，"毛主席对许世友说《红楼梦》不看五遍没有发言权，我已不知看了多少遍。大学时代，一无聊我就看《红楼梦》，觉得是一种莫大的享受。但越看越觉得其深奥，很多地方理解不透。"

校长插嘴问："你觉得什么地方最难懂呢？"

我回答："诗！我有一位朋友说《红楼梦》中任一首诗只要从中挑一句出来给他看，他就知道是书中哪个人物写的，我试过好几次他都判断对了，但我却怎么也看不出来。"

这时校长就开始给我解释诗与人物性格的关系，当然校长写的文章我是特地找来看过的，我就专门挑那些我感觉到他比较得意的地方去问他，两人越谈越投机，不知不觉过了几个小时，校长一抬头，发现已经十点多钟了，突然醒悟过来，问我："哎，你来找我干什么的？"

前面几个小时的谈话，我已充分赢得了校长的好感，所以当我谈了自己的一番抱负，想来深圳应聘的意愿之后，校长自然不好意思拒绝，就同意我先上一节公开课。当公开课也上成功后，我就最终战胜多位竞争对手调进了深圳，而且还没有花一分钱活动费。

要赢得别人的喜欢，就要谈论别人感兴趣的事。这只是一个很小的技巧，却让我尝到了很大的甜头。我之所以研究人际关系，也正是起因于此。

实际上，人际交往有经验的人都知道，遇到老人就一定去谈他的小孙子、小孙女，在老人的心目中，他的小孙子是最可爱的，很多大人物出去旅游，甚至办公事，都要将小孙子带上。你给老人买东西还不如给他小孙子买东西，让他印象更深刻。遇到对方有位小孙子，你就夸他小孙子真聪明、真活泼；小孩子聪不聪明谁知道呢？这话对方自然乐意听。如果对方有位小孙女，你就说他小孙女真可爱、真天真；小孩子自然个个都可爱，这话也不假。

我有一位同事特别热衷于武侠小说，看起小说来经常彻夜不眠，打得昏天黑地。遇到他不高兴，或者我有事需他帮忙时，我就首先与他谈论武侠小说，谈得他高兴了，我再请他帮忙，常常很快就能如愿。

有次上课，我正讲"谈论别人感兴趣的事"时，一位小姐说她与丈夫吵嘴了，今天晚上就想试一下这条技巧，我接道："如果你不能逗得你丈夫高兴，连你丈夫对什么感兴趣都不知道，那你丈夫是白娶你了。"作为一个好的人际交往者，就要有一种本领，能够很快地抓住对方的兴趣爱好，巧妙地去打动对方。

有时要通过提问，把谈话引向对方的兴趣点。如"为什么""哪里""怎么样"等等。当他说"我买了一台21英寸乐声牌彩电"时，你不要匆忙抢着说："啊，我买了一台29英寸的彩电。"这纯粹是打击别人的积极性。而应该问："你的彩电色彩好吗？清晰吗？"

"你为什么干那事？""你怎样管理它？""那么你怎么看？"这些相似的问题，将使你赢得在你的伙伴曾经遇到过的人中最有趣的交谈者的美誉。

如果你一时找不到对方感兴趣的事，那么就让他谈论自己。每一个人都是关于自己的专家，让别人谈论自己可以打破僵局，感化别人。

在交谈时，适时轻唤对方的姓名，也可以增加熟络的气氛。当你轻唤对方的名字或雅号时，能使对方感到颇受重视，而不自觉地开启心扉，谈话的气氛也会更加和谐而融洽了。每个人对自己出生以后即十分熟稔的名字，通常都极为敏感，尤其听到他人用柔和亲切的语调呼唤它时，更觉得浑身舒畅。"××先生！你的看法竟然和我不谋而合！""××经理！你的高见真是发人深省！"

那在什么时候谈论自己呢？从心理学上讲，将自己引进交谈的一个正确时间，是你能告诉对方自己的一些事，而这些事又能与他所说的事联系起来，或者在你们之间形成了一种结合。简单地说，使用到"我也"这个字眼时就该谈论自己了。

如果他说"我是在农村长大的"，你最好回答"我也是"，或多少讲一点你有关农业方面的经验。这让他感到更重要。如果他说他出生在某个城市，而碰巧你喜欢去那里旅游，你也一定要告诉他。

引发谈话的方式，我想已经介绍清楚了，简短地说就是：a. 扫除心理障碍，让舌头随意运动。b. 用"你是哪里人？""干什么工作？"之类简短的问话引发谈话，使谈话逐渐加热，并从中寻找别人的兴趣，最好是双方共同的兴趣。c. 谈论别人感兴趣的事。

五、要想让一位陌生人帮你，不妨从与他交谈开始

看了这些方法，你是否能马上就去试一下呢？一位学员非常感激我这套方法帮他做成了一笔生意。他这样告诉我：

"我去蛇口一间公司，想得到一份订单，适逢经理不在，遇到办事员，我想先与他聊一下，联络感情。于是我就问他是哪里人，他告诉我来自武汉，我说听人讲武汉夏天很热，冬天很冷。他给我谈起了武汉的情况。正

谈着，他告诉我刚才过去的就是经理，我问能不能带我去见经理，他爽快地带我去了，还在经理面前替我美言了几句，结果经理以为我是公司职员的熟人，很快就给了我一份订单。"

掌握了引发人谈话的方法，就要运用去与人交谈。

以前买卖股票都要排队是一件很苦恼的事，有时未免就想插到别人前面算了。但直接插队，别人岂会容忍，怎么办呢？这时交谈就能起到作用。

有次我起了一个大早买股票，辛辛苦苦排到前面，这时悠闲地走来一位先生，很诚恳地问我昨天股票收市多少，对现在股票涨落怎么看，当我满怀兴致地谈了我的看法后，他说："先生，我还有事，能不能在你前面插个队？"我一听，顿然发现自己上当，却怎么也不好意思拒绝。

这真是一种巧妙的方法，此后我也经常运用。比如从内地来深圳都要经广州，由于时间紧买火车票排队是一件头疼的事，我就常常观察一下队列前面，看到一位合适的人，就慢慢走过去，"先生，你去哪里呀？""去深圳。""哎，我也是深圳人。你在深圳哪个单位工作？"于是谈话就这样开始了，待时机成熟，我再请他帮我买张票，往往就如愿以偿了。

很多事情都是这样，你想让一位陌生人帮你，不妨从与他交谈开始。人和人之间只要进行了交谈就有感情。

本章要点

一、建立良好的交往情势

1. 自然就是魅力
2. 认为别人喜欢你，别人就将真的喜欢你
3. 玩世不恭也是男人的一种魅力
4. 勇于率先伸出友谊之手
5. 消除紧张与恐惧

二、消除警戒心

1. 人的深层心理活动
2. 看透人心的诀窍
3. 消除警戒心
4. 表现若无其事的态度，制造偶然发生的情况

5. 以退为进消除戒心
6. 消除戒心技巧实例
7. 防止警戒心的产生

三、引发谈话的方式

1. 扫除心理障碍，让舌头随意运动
2. 不要想象每一句话都闪闪发光
3. 引发对方谈话
4. 寻找双方共同爱好
5. 要想让一位陌生人帮你，不妨从与他交谈开始

终生学习，终生进步

第二章　感情投资的妙方

你一定坐过电梯，那么走进电梯有什么感受呢？如果没有熟人，大家一进电梯就会面朝电梯门，双手自然下垂，面部表情僵硬，不是活像一具具僵尸吗？彼此都是同类，为什么不互相打个招呼问好，表达人类的温暖呢？有次巴士卡里雅博士走进电梯，看见一位老太太，于是满怀热情地问了一声好，可老太太一俟电梯到下层，就"刷"的一下跑出去了，认为巴士卡里雅精神有问题。

人也真是很可悲的，明明大家都需要爱的温暖、感情的温馨，却又常常彼此猜疑，将满腔的爱意、友情冰封在坚硬的假面具后面。

人需要孤独，孤独使人冷静，使人能沉浸在思想的天地里。但人又害怕孤独，逃避孤独，孤独是人的最大敌人。所以人都需要爱，都需要感情的慰藉。武侠小说宣扬讲义气，社会伦理弘扬助人为乐，这正说明人的潜意识中有对爱的需要。马斯洛也说：爱是人类的本能，我们需要爱就像我们需要碘和维生素 C。

爱的需要正是人性！人就是感情的动物。天若有情天亦老。情既可以使人善良、亲切，焕发人的巨大创造力，也是使人软弱，可以被人利用的致命弱点。

魏国大将吴起在一次巡营时，发现一个士兵身上长了毒疮，辗转呻吟，痛苦不堪，于是吴起毫不犹豫地跪下身子，把这位士兵身上毒疮中的脓血一口一口地吸吮出来，解除了他的痛苦。士兵的母亲听说了这件事，大哭。别人说："你儿子仅仅是个普通士兵，却得到将军为你儿子吮血，应是光荣之事，为什么还要哭呢？"士兵的母亲说："不是这样呀，前几年吴将军为他的父亲吮吸疮口，结果他的父亲直到战死也决不回首。今日吴将军又为他吮血，我真不知我儿子要死在哪里了，我因此哭。"

中国帝王术的经典著作《贞观政要》，在开篇就记载了李世民的一段话："为君之道，必须先存百姓，若损百姓以奉其身，犹割股以啖腹，腹饱而身毙。"《三国演义》中也生动地叙述了刘备的一个故事：刘备被曹操打得大败，但他不听众将的劝谕，冒着被曹操追上的危险，扶老携幼带着全城的百姓出逃，甚至看着百姓落难的痛苦情景时，还惭愧得掉下了眼泪。大英豪拿破仑，还有恺撒，在他们的传记中爱惜士兵的感人故事也可以说俯拾即是。古往今来，纵观各类大英雄、大豪杰无不是爱民或者爱兵如子的。从技巧的角度看，这不正是以情动人吗？以情动人正是每一个真正的大英雄的最重要技巧。

也许我们不能做大英雄，但我们也要善于以情动人。有些先生就精于此道。小姐都是感情化的，恋爱之初她可能对你挑肥拣瘦，但一旦你付出真情，并用真情打动了她，那么她就会对你不顾一切了。正在恋爱中的先生不妨试一下，勇敢地流露你的真情，让眼中时时闪现爱的火花，那么小姐将一定无法摆脱你编织的情网。我一位友人就曾告诉我，当他真诚而又巧妙地对小姐表达出爱意时，那位小姐眼中即刻闪现出火花（这也正是做先生的一种技巧啊！当然你必须赶紧趁热打铁，否则错过了时机，感情是不进则退的。而且以后再用，效果就要大打折扣了）。

恋爱上如此，在人际交往中也要如此。爱是人内心深处的渴盼，只是这种需要有时不如人的自私本性表现得那么强烈，所以常常被掩饰了。其实，只要你能真正付出你的爱，那么必定会赢得共鸣，会使你从中感受一份温馨，而且这也正是一种有效的交际技巧。

第一节　进行感情投资

现在大家都喜欢研究投资回报率，那么世界上什么投资回报率最高呢？

1987 年，一位台湾商人以过来人的姿态对我说："这个世界什么商品都可以生产，唯有土地不能生产。投资房地产，一本万利。"

的确，地球原来多大，将来仍会多大，无法生产土地，随着经济的高速发展，地价自然也会暴涨。1987 年在深圳投资房地产的，现在早已腰缠万贯。那么房地产投资是否回报率最高呢？

日本麦当劳社社长藤田田，著有一本畅销书《我是最会赚钱的人物》。他将他的所有投资分类研究回报率，发现感情投资在所有投资中，花费最少，回报率最高。

藤田田非常善于感情投资。他每年支付巨资给医院，作为保留病床的基金。当职工或家属生病、发生意外，可立刻住院接受治疗。即使在星期天有了急病，也能马上送入指定的医院，避免在多次转院途中因来不及施救而丧命。有人曾问藤田田，如果他的员工几年不生病，那这笔钱岂不是白花了？藤田田回答："只要能让职工安心工作，对麦当劳来说就不吃亏。"

藤田田还有一项创举，就是把从业人员的生日定为个人的公休日。让每位职工在自己生日当天和家人一同庆祝。对麦当劳的从业人员来说，生日是自己的喜日，也是休息的日子。在生日当天，该名从业人员和家人尽情欢度美好的一天，养足了精神，第二天又精力充沛地投入工作当中。

甚至麦当劳每一个职工的太太、小孩过生日，藤田田都一定送束鲜花表示祝贺。鲜花的价钱并不昂贵，可是，太太们的心里都很高兴。"连我先生都忘了我的生日，想不到社长却记得送花束，实在太感谢了。"

藤田田还首创了"太座奖金"，对优秀员工的太太发奖金，并附上短函：公司能有这么好的业绩，都是各位太太的协助，虽然直接参与工作的是先生们，可是，如果没有你们这些贤内助，先生们的工作成绩将大打折扣。所以，这笔奖金是你们应得的。正像我们国家一首歌里唱的"军功章啊，有我的一半，也有你的一半"。

藤田田的信条是：为职工多花一点钱进行感情投资，绝对值得。感情投资花费不多，但换来员工的积极性所产生的巨大创造力，是任何一项的投资都无法比拟的。

人人都有爱的需要，感情投资正是通过满足别人人性的需要、感情的饥渴而进行投资，是迎合人内心的渴盼，因而也就是一种最最有效的投资。任何一位管理者，如果不懂感情投资，一定不能算合格。

我将感情投资分为了以下几类：

一、助人的结果是自己必将得利

我有一个生活信条：在不损害自己利益的前提下，能助人时尽量助人。这个生活信条的树立，起源于这样一件事：

我刚从学校毕业，走上工作岗位，怀抱着成就一番事业的梦想，开始在社会上闯荡。有次，去拜访一对教授夫妻，乞求他们在我人生旅程上扶一把。当时女的指着桌上的烟盒对我说："小丁，你看我丈夫喜欢'三个五'，但'三个五'的烟盒总是空的。"

真的，我书呆子气太足，当时还没明白过来，可她丈夫却发火了："我还没穷成这个样子。"

我恍然大悟，原来她要我送烟。我赶紧说："正好，别人前几天送了两条'三个五'给我，我又不抽烟，下次带来。"

她丈夫在一边说："下次你带烟来，我就不让你进门。"

此时，强烈的反照令我内心对这位身为教授的女士，产生强烈的反感。"教授"在我眼中是一个神圣的字眼，为帮一点小忙，居然能开口找一位小青年要烟！两条烟也就一百多块，算不了什么。如果下次你有事求我，我不要你送二十条烟才怪呢！

人生在世，山不转水转，石头不转磨子转，转来转去，说不定哪天你就会转到别人那里。帮助人是一种投资，你帮助了人，下次再去求他帮你不就更容易？

很多人问，怎样与别人建立良好的关系？这个问题很复杂，但我认为有一个重要技巧，沙头角镇一个报关员的事例可以说明这点。

"我们报关的自然要巴结海关人员，但对他们微笑、赞扬都没效，因为人人见他们都如此。他们的印象中世界上的人都只有笑脸，只会说好话。

"有次，一位海关人员看着我的报关单问：'你是沙头角的吗？能不能帮忙办几张沙头角证？'

"过了几天，我给他把证送去了。从此以后，他对我的态度特别好，从不刁难我，还尽量给我方便。"

改善与人关系的一个重要方法，就是找机会帮他一个忙，甚至两人关系很差时，只要你在关键时刻帮了他，两人就可能亲如兄弟。

有一个人被带去参观天堂和地狱，以便比较之后，能聪明地选择好的归宿。他先去看了魔鬼掌管的地狱。第一眼看去令人十分吃惊，因为所有的人都坐在酒桌旁，桌上摆满了各种佳肴，包括肉、水果、蔬菜。

然而，当他仔细看那些人时，他发现没有一张笑脸，也没有伴随盛宴的音乐或狂欢的迹象。坐在桌子旁边的人看起来沉闷，无精打采，而且瘦得皮包骨头。这个人发现每人的左臂都捆着一把叉，右臂捆着一把刀，刀和叉都有四尺长的把手，使它们不能用来喂自己吃东西。所以，即使每一样食物都在他们手边，结果他们还是吃不到，一直在挨饿。

然后他又去天堂，景象完全一样——同样的食物，刀、叉与那些四尺长的把手。然而，天堂里的居民却都在唱歌、欢笑。这位参观者困惑了。他怀疑为什么情况相同，结果却如此不同。在地狱里的人都挨饿而且可怜，可是天堂的人却吃得很好而且很快乐。最后，他终于看到答案了。在地狱里的每一个人都试图吃到东西；在天堂的每一个人都在喂对面的人，而且也被对面的人所喂，因为互相帮忙，结果帮助了自己。

这个启示很明白，如果你帮助其他人获得他们需要的事物，你也会因此而得到想要的事物；你帮助的人越多，得到的也越多。

我帮助人还有一个原则：不受感谢物品，不赴感谢酒宴。如果我接受了礼物，赴人宴席，别人会认为我的帮助他已经给了回报，他欠我的人情，已经给了补偿，那我的帮助就变成只是为了一餐饭、一点礼物，岂不很不划算？我愿别人记住我这个人情，欠我这笔债，说难听点，是放长线钓大鱼。

调我来深圳的校长，从来不要我因为感谢而送的礼品，也不赴我为了报答而请的酒宴，使我总觉得欠他的情。他要我做的事，我真有赴汤蹈火在所不辞的感觉。我认为他是聪明人，你愿不愿意也做聪明人呢？

二、对别人表现出诚挚的关切

不论何人标榜自己多么大公无私、多么关注别人，他只要拿起一张集体照，就彻底暴露，因为他首先看的一定是自己。

毋庸置疑，人最关注的就是自己。所以，你要赢得别人的友谊，就要对别人表现出诚挚的关切。

什么叫领导者的素质？从我们经理身上我理解了这点。

那次在餐厅，我们一群人坐着聊天，适逢餐厅员工下班，有位小姐上自行车时，不小心摔了下来，我看摔得不重，也就没动，心想"摔倒了再起来就得了"。

但此时，只见经理快速起身跑了过去，扶起那位小姐关切地问："摔得重不重？要不要给你找辆车去医院看看？"

小姐回答："不用。"

"你看腿都摔破皮了，去餐厅搽点药，歇歇再走吧。"

经理小心地扶着她回到餐厅，然后就去找药，找到药后，又亲手替小姐搽上，还对她说如果不舒服，下午就不用来上班了，算公假。那位小姐连声说："不用，不用。"此时，我看在眼里，心里在想：我们这么多人为什么都不知道这样做呢？要知道这种做法比发几百元钱奖金更能赢得这位小姐对公司的忠心。这就是公关素质的差距。

这只是一件小事，可对小事的处理往往却能反映人的素质。

以前，我总认为心里关切别人就够了，说出来有点假惺惺的。在公司的时候，每次有员工病了或者家里有事，许久没来上班，见了面后，虽然我心里很关切，但表面上也只是打个招呼就罢了。可经理却不同，见了面后，他必定问长问短："完全好了没有？要不要再多休息几天？"或者"家里的事解决了吗？要不要帮忙？"这种简短的问话，能暖人心。你心里关切别人，但不说出来，别人又怎能知道？即使有些极端自私的人表面做出一些关切和问候，往往也能打动人心。

有些人和同事、熟人、朋友许久没见面了，但见了面后，却仍然还像平时一样，这样岂不令人伤心？试想如果你许久没上班，上班后别人见到你没有任何特别的表示，你心里一定会有这种感觉：我这么久没来上班，原来他们还不知道，我在他们眼里太不重要了。既然你有这样的感觉，别人也一样。下次你遇见许久没见的朋友时，别忘了用惊讶、亲热的语气表达你的问候："好久没见你了，干什么去了？""好久没见了，真有些想你。"

关切别人，意味着被他的兴趣所吸引，为他的高兴而高兴，因他的担忧而着急。一个人只要对别人真心感兴趣，他必将赢得真正的友情。

　　共产党军队制胜的法宝之一就是政治思想工作。在军队里破天荒地设置了政委一职。军队就是打仗的，有指挥员就行，要政委干什么？政委的一个重要职责就是让指战员有明确的人生目标，要经常对他们问寒问暖，关心他们，从而极大地提高部队的战斗力。这不正是感情投资的作用吗？邓小平在为刘伯承元帅致悼词时，就谈到了他的一个重要优点，重视政治思想工作，尊重政治工作人员。

三、病人最容易记住别人的关切

　　你的亲朋好友病了，你是否都去探望过呢？我有一条生活原则，凡是我的亲朋好友病了，甚至亲朋好友的亲朋好友病了，我都一定要去探望。因为这是融洽感情的绝好方法。

　　平时你去不去探望别人都无所谓，但别人病了，你就一定要去探望，病中的一次探望，可以抵上平时的十次探望。记得我生病时的感觉，躺在病榻上，倍感孤独与空虚。此时，特别需要别人的安慰与关切，每当探望我的人数超过了探望同室病友的，我就会产生一种自豪感，我活在世上有这么多人关心。有次我病了，其他好友都来探望，唯独一位至交没来，病好后，他也没解释原因，我感觉好像无形之间我们的关系就淡了许多。

　　真的，如果哪位先生想向某位女士发起进攻，那么趁她生病时献殷勤，效果一定最好，因为这时她往往最软弱、最需要人安慰。这就是兵法中的"乘虚而入"。

　　我原来在学校里和教导主任关系一般。有次主任胃出血住院急诊，我买了一些营养品去探望。看着主任病体恹恹，我诚恳地对他夫人说："您小孩读深大不能回家，您又这么大年纪，像这样日夜照看顶不住的。我年轻身体好，有需要我照看时尽管说，现在不是讲客气的时候。"

　　当然，我不是他的亲人，要我照看也不放心。但主任病好后，对我的态度却特别亲热，老远见到我就打招呼，工作上也特别照顾。那段时间监考，我喜欢睡懒觉，主任怕我迟到了，影响不好，每次都专程提前叫我。

　　有人会说："你这人太残酷，别人病了已经够可怜了，你还要利用这个机会。"我并不残酷，我只是从技巧的角度来谈人的这种心理状态。如果换一个角度，人病了就需要你去探望，那你为什么不满足病人的要求呢？探望病人要出自真诚，如果你怀抱着利己的目的而去，那么，效果就要大打折扣了。

四、热情具有感染力

　　你期望别人对你及你的观点、你兜售的货物、你的计划变得热情吗？请采取你想要别人表现出来的态度和行为。

　　热情比麻疹更富有传染性。当你对待别人热情时，别人也将变得热情。

我喜欢去这样的家庭：主人对你热情似火，临走还要再三挽留，期望你下次再来。而有些家庭，死气沉沉，洋溢不出活力，让人望而生畏。热情的人是朝气与欢乐的象征，能焕发旁人的力量，其魅力无穷，能赢得众人的爱戴。我校的工会主席就是这样一个人。

我刚来深圳时，她只是一个普通教师，但对我非常热情，经常问寒问暖：初来深圳习不习惯？有没有困难？而且好几次请我去她家吃饭。我感觉她像我的母亲，让我这孤独的游子，在深圳这块"生存就是竞争"的土地上，感受温馨的人情味。

后来，我发现她不仅对我一个人这样，对许多新来的同事她都如此。谁家有难，第一个出现的一定是她；谁家有事，她一定热情相助。有人说她太傻，这样做有什么好处？一年后，学校工会主席改选，结果她以绝对优势当选，一跃成为副校级干部。

心理学中的"皮格马利翁效应"，就深刻地反映了热情的效力。

皮格马利翁是古希腊神话中的一个国王，他擅长雕刻。有次，他精心雕刻出一个美女，结果他自己深深地爱上了它，每天他都深情地凝视它、抚摸它。结果这件雕刻品，在他深情的感染下，突然有了生命力，成了一个绝色的美女，皮格马利翁终于娶到了他的梦中情人做妻子。

这个故事只是一个传说，但在现实的世界中，它却得到了应验。

美国哈佛大学一群研究员来到某中学，对教师说，经过测验，他们发现有五名学生智力超群。这五名学生有的本来成绩就好，但有的成绩只是一般。

一年后，这五名学生的成绩果然都出类拔萃了，正在教师惊叹哈佛的鉴定准确时，研究人员说出了这五名学生只是在名册上随意选的，并没有做什么科学的鉴定。

那么，这五名学生为什么成绩能突出呢？就在于教师相信了哈佛的鉴定而对他们投入了特殊的关切。这种现象在教育学上称为"皮格马利翁效应"。只要你对某人表现出你内心深处的关切，有时你并不需要采取什么特殊的对待，你的言谈举止之间渗透的热情，就能影响别人。

五、记住重要人物的重要纪念日

我从事公关工作，在我的抽屉里有一个充满"公关"魅力的小本本，这个神奇的小本本，为公司带来了巨大的效益。它里面记录的是公司主管部门和长期业务来往单位的主要领导，甚至领导的妻子、父母、小孩的生日及重大纪念日。每天我都要翻这个小本本，适逢有人过生日，近的，就送鲜花和蛋糕祝贺；远的，就寄一张贺卡。这些花钱不多，但在别人情感上引起的震颤，却是巨大的。

我可以说精通这种技巧了，但它仍能掀起我感情的巨澜。来深圳后，我就基本脱离了我的公司，随着时间的推移，我也慢慢淡忘了。有一天，我突然发现办公桌上有一张贺卡，拆开后，一阵清脆悦耳的音乐响起："祝你生日快乐……""原来今天是我生日，连我自己都忘了。"边上的同事第一次见到这种音乐贺卡，也纷纷围上来，表示应该好好庆祝。那天晚上，我们去歌舞厅尽兴了一番。回来躺在床上，我的心潮起伏：原来他们还记挂着我。真想念公司，真想念与他们一起共度的美好岁月。此时，如果公司有什么任务给我，我真的会赴汤蹈火，万死不辞。这张贺卡对我的影响，我相信是金钱所无法比拟的。

有一个学员，给我讲了他的感受：

我去惠州出差，住在惠州大酒店。回来后，有一天突然接到一张生日贺卡，是惠州大酒店寄的。我想，他们真有心，居然记下了我的生日。可过了一年，我又收到了他们的生日贺卡。这时我有些不安了，寄一张贺卡容易，但连续两年记住我的生日却不容易。我被他们的行为所感动，心里总有欠债的感觉。为此，有一次我出差，特地叫了一批熟人，绕道到惠州大酒店住了几夜。两张生日贺卡花费不多，我们几人住酒店几夜，他们获利却甚丰。

谁都认为送礼给人，是一件头疼的事。特别是那些烧香人众多的衙门。一位房地产经纪人给我讲了他的苦恼。

"每到逢年过节，就该我费脑筋了。送什么给主管部门领导？中秋节，领导家里月饼堆积如山，你再送月饼，他根本不领情。而且送礼还要排队，有人捷足先登，你就不能进去，只好在门外溜达。不一会，又来一个拎大包小包的，大家相视一笑。没多久拎大包小包的就排起了一小溜，还算大家同病相怜，能按次序在心里默默排队，轮流烧香拜佛。"

我想消除这种苦恼的方法就是不要赶热闹，你何不出新招，利用他家人的生日或重大纪念日来烧香呢？这样不会有人与你争抢，你也不会为送什么而犯愁，且效力是双倍的。

第二节　联络感情的技巧

懂得了感情投资，还要掌握一些与别人联络感情的小技巧。

一、消除情感"断绝"

"断绝"是一个时髦的词，譬如领导与下级的难以沟通，知识分子与文盲的无法交流，长辈与幼辈的代沟，都意味着一种"断绝"。但"断绝"并非产生于情感交流的不足，而是产生于这种交流的欲望得不到满足。正如某些孩子心里话愿意向朋友倾诉，却不愿与父母交谈。这种"断绝"并非孩子没有交流的欲望，而是他认为家长始终当他为小孩，不能理解他，他的交流无法得到对等的回应。

要消除"断绝"，首先应努力使对方觉得彼此可以进行交流，双方处在某种对等的条件下。国外强调父子如兄弟，正是为了如此。

你有没有觉得，你与某些人谈话，很难谈得拢，彼此之间始终不合拍。这也属于"断绝"。这种"断绝"往往产生于双方地位的悬殊、文化素养的距离、性格的差异。要消除这种"断绝"，就要做到"入乡随俗"，见什么人说什么话，遇个体户能粗俗，见知识分子能高雅，碰家庭主妇能谈柴米油盐，见生意人能谈经营之道，总之要让对方觉得与你不存在距离。

有些优秀领导为消除与年轻人之间的距离感，就常常打扮得漂漂亮亮与年轻人一道去玩，让自己的行为和精神状况都保持与年轻人一致。结果，年轻人把他当成可以交流的朋友，彼此之间有交流的欲望，而且这种欲望能够得到充分的满足。

我喜欢一个同事消除"断绝"的方法。他学生时代入了党，分配到我们单位后，年轻人都不怎么理他。我们有一个偏见：学生时代能入党，要么就是会吹牛拍马，要么就擅长打小报告。每次我们交谈得热闹，只要见他过来，马上就冷场，他也为此很苦恼。后来，他采用了一种方法，只要我们骂人，他也一定跟着骂，我们骂校长，他比我们骂得更凶。这种方式，让我们觉得他跟我们意气相投，我们很快就接纳了他，最终成为好朋友。

二、寻找共同点

人生在这个社会上，就必定会有求于人，也就必定会行"请客送礼、拉关系、走后门"之道，虽然庸俗，却无人可避免。但你发现没有，有时求人送了许多礼，说尽好话，却不如"大家是老同学"好办事。双方的共同感有时比物质利益更有用，共同感正是联络双方感情的有效手段。

心理学研究表明，人容易对社会背景与态度和自己相同的人产生好感。

在交际中，当你有求于人，或者面对陌生的同行、缺乏善意的竞争者，此时特别需要发掘共同感，这是一种艺术。

双方共同的志向、共同的爱好、共同的经历、共同的感受，血缘关系以及大家是同学、同乡、同事等，都会引起心灵的共鸣，尽力发掘它们，这些正是联系感情的纽带。

"同乡会""同学会""俱乐部"对于联络感情可谓效力巨大，有时你也不妨"以棋会友""以舞会友""以卡拉 OK 会友"，甚至可以因为曾在同一医生处看病，或患有同一种病，或同是左撇子开始认同，而最终引起思想感情的认同与共鸣，促进相互间的交往。

三、善用俚语、行话、流行语

每个人几乎都有自己喜欢的词汇或语调，只要听到这些特定语，就会立刻产生共鸣，顿时瓦解心里的武装。例如，山东人听到乡音，马上有陶然如醉之感；北京人乍闻标准的京片子，定会怦然心动，涌现一股如逢故友的兴奋情绪。如果你想交往一位平常是麻将迷的人，不妨在谈话时穿插一些麻将术语，"白板""红中"，将会产生魔咒般的效果，使他很快地和你融洽如故了。因此活用各种专门性的术语，作为谈话时的点缀，必定会收到令你喜出望外的效果。另外，流行语作为某些风行一时的特定语，常受年轻人欢迎。作为年长或地位高的人，若想交往那些桀骜不驯的年轻人，在谈话中加入几句流行语、行话，必可收画龙点睛和近似特效药的效果。

我曾经和一帮个体户待在一起，他们令我大开眼界。他们赌钱不用数，输钱后只是用尺量出一沓钱的厚度，潇洒地一推。我在他们中间，显得文质彬彬，格格不入，谈话气氛很快陷入沉闷。我灵机一动，马上运用一些他们的行话，"你赢了几方钱？""输了几撇钱。没所谓，混混点嘛！"（方表示万，撇表示千，混点表示混时间。）他们马上就有我是他们自己人的感觉，关系顿觉亲密，谈话气氛也融洽了许多。

四、表现浓厚的人情味

心理学研究表明：大众所喜欢的人，一是要在物质方面求异，即才智、容貌等方面超群出众；二是心情方面求同，即心情上与大众有相通之处，有深厚的人情味。国外一些著名的经纪人就常常大肆宣传某某明星出生的秘密、成长的曲折过程，以造成既才华出众又具有艰难奋斗历史的"理想形象"，以满足公众的双重心理需要。

恩格斯说：人来源于动物界，这一点已决定了人不可能完全摆脱动物的本性。作为人生活在这无限宇宙的小小星球上，自然有自己的七情六欲，有着这般爱好，那般不足。那你又何必装得道貌岸然，仿佛不食人间烟火呢？在现实的世界中，大众并不接受镀金的偶像，因为他们是虚伪的。大众只喜欢与自己心思相通，有血有肉，活生生的人，即富有人情味的人。

与有浓厚人情味的人交往，你会感到轻松自如、随便自然，可以想说什么就说什么，想骂谁就骂谁，这种人让你活得轻松，展现真的自我。而那些伪道学先生，摆出一副正儿八经的模样，与他们交往，只会感觉沉闷、疲累，因为伪装是一种痛苦。

表现浓厚的人情味正是使你受欢迎的妙方。

西方总统竞选，竞选人往往与妻子、儿女一道，接受采访、拍照，目的正是为了表现自己浓厚的人情味。新华社香港分社社长周南上任，报纸介绍他的简历就有些新意，不仅介绍他的革命历程，还介绍他喜欢游泳、跑步，这种介绍方式让人感觉亲近，容易接受。某报曾登载，邓小平同志在意大利世界杯足球赛期间，每场球赛必看，还与儿子一起研究录像，探讨足球战术，我想刊登这条消息的目的，正是为了渲染邓小平同志的人情味。如果我是球迷，一定会更加热爱邓小平同志。

大众喜爱有人情味的人，人情味还表现在做人的灵活性上。有些规则是死的，但人是活的，大众讨厌那些像铁板一块，过分拘囿于条条框框，而不知适当通融的领导，优秀的领导应善于将规则和人情味恰当调和，很多问题当你从人情味的角度去考虑，就会得出不同的结论。

五、给别人一些特殊的对待

人在感情上希望别人重视自己，待自己与众不同。因此，当你给别人一些异于常人的对待，稍多一点的好处，让他感觉到特殊的话语和行为时，都会引起对方的好感。比如情人眼里的一丝特殊的闪亮，话语中渗透的特别语调，都会令对方心旷神怡。

我佩服住宅附近的杂货店老板经营有方。每次我去买东西，他都便宜一两毛钱，一两毛钱不算什么，但在我心里却产生了优越感，别人买万宝路香烟要六块，而我只要五块八，因此，我尽量光顾那里。有次回家路上，烟瘾上来，很想就近买包烟，但结果还是忍住烟瘾，去他那里才买。

赢得别人好感的一个重要方法就是给人一些特殊的对待。这种特殊不在于实质的多少，只在于让对方感觉你待他与众不同。我在公司里面，就经常用这种方法。要得到某位员工的忠心，就偷偷地对他说："有客户要来，下班后别走了，一起去吃饭。"这句话仿佛灵丹妙药，老板待他与众不同，你看他的得意劲。别人问他："下班了怎么不走？"他神秘地回答："你们先走，我还有事！""我还有事"语调显得特别自豪。

六、向他人吐露一点私密

当你向初见面的人吐露一点私密的时候，他就会对你产生亲近感。

当你与陌生人会面，如果对方心情紧张，话不投机的时候，你就不妨将话题转到你的家庭生活和个人爱好上来。工作、地位，可以因人而异、千差万别，但家庭生活和兴趣爱好，却是世人相通。因此这类话题，会令对方紧张情绪消失，有利于双方交流。为了快速与人融洽，泄露一点自己的私密是一种有效的方法。

有次，一批学员约好来我家玩。由于大家接触不久，彼此不很熟，以致气氛拘谨。这时，我就开始用这招了。

"前天我去沙头村，玩到晚上一点钟回来时，被巡警拦住检查身份证，恰巧那天我忘了带。我说打个电话叫人送来，巡警不允许，用广东话叫我'猫低'。什么'没带'？我莫名其妙地看着巡警，直到他做着手势，我才明白原来他叫我蹲在地上，以免别人看见绕道走（也许广东话的'猫低'就是叫人像猫一样低下去吧?）。不一会儿，巡警就截住一大批没带身份证的，全部用一辆闷罐车，拉到沙头村一间破铁皮房里，那间房不知以前是放咸鱼还是放什么的，臭烘烘的。满屋躺的都是那些要饭的、逃荒的，肮脏不堪。我说尽好话也没用，一关就是几个小时。"

大家一听，都哈哈大笑。我马上接道："看来我这人的确罪该万死，我一被抓起来，大家居然都很开心。"

结果大家又笑起来，气氛马上就随和了。

有时，为了表明你对某人的信任，也不妨有意给他透露一点私密，这样他会自然进入你制造的气氛。在公司时，为了表明对某个员工的信任，我就有意透露一些财务上的问题给他。私营公司常常都有两本账，财务问题绝对保密。我对他一说，他马上就觉得我信任他，真正将他看作自己人，从而对我更加忠心。

美国著名推销员，吉尼斯推销世界纪录创造者——乔伊·吉拉德，将吐露一些秘密给顾客列为推销四大技巧之首。

每个人都喜欢秘密的事，知道一些别人不知道的事，觉得自己领会了某件事情，是最快活不过的了。

推销的基本原则就是不要只推销产品，而且要推销产品的内容。顾客们通常不会关心某一件产品的机械原理，只关心那件产品使用后是否能带给他们更多的欢乐。所以要告诉顾客，产品能为他们带来什么利益，但是自己要留住一个秘密，不一定要是产品的什么大优点，小优点也就可以了，诀窍就是要使这个小小的秘密显得很重要，最后悄悄地告诉他们，与他们分享，这样顾客会很兴奋。

我有过从顾客的角度对这条技巧的体会：我去买一张大班椅，讨价还价后，店主明确表示价钱不能再低，但我仍觉贵，就想走。这时店主突然悄悄对我说："你去别处肯定买不到这么便宜的，我们这种椅子，不锈钢是走私进来的，所以价钱特别低。"我一听，就不再犹豫，爽快地买了一张。

可以后却发现，它并不比别的商店便宜。

不管你的产品是什么，你也可以这么做，故意以一种神秘的方式，透露一些秘密，经由你故布悬疑的诡局，顾客已经在你的掌握之中，而心甘情愿地买下你的产品了。

本章要点

一、人是感情的动物

二、进行感情投资

1. 助人的结果是自己必将得利
2. 对别人表现出诚挚的关切
3. 病人最容易记住别人的关切
4. 热情具有感染力
5. 记住重要人物的重要纪念日

三、联络感情的技巧

1. 消除情感"断绝"
2. 寻找共同点
3. 善用俚语、行话、流行语
4. 表现浓厚的人情味
5. 给别人一些特殊的对待
6. 向他人吐露一点私密

第三章　满足人性的饥渴

什么是人性的饥渴？

有天我在家看书，侄子在打游戏机。突然侄子嚷着："叔叔，快来看，我打到最后一关了！"我看书正带劲，也没理他。他却按了暂停键过来，拉着我用乞求的眼光看着我说："叔叔，过去看看吧。"

我看着侄子，突然感觉他此时就像一个乞丐，作为一个善良人，你能忍心不施舍、不去满足他吗？于是，我就合上书过去了。

终于他打过了最后一关。看着他的得意劲，我真心地说："你真有本事！我都打不过这一关。"岂料我随便的一句话，却让侄子那一天都兴高采烈，仿佛得到了极大的满足。我突然有做了善事的感觉：原来我简单的一句话，却能给侄子带来这么大的欢乐。

不仅我侄子这样，成人也有这种心态。那天，我们校长在得意地对我述说校园建设的美丽，虽然他是以一种领导者的姿态在对我说话，但他眉飞色舞的神态，使我感觉他此时的情景就像我侄子一样，不也正在乞求我的施舍吗？于是我说："我们学校的确漂亮！很多内地来的朋友看见我们的校舍，都感慨深圳的一所中学都这么漂亮！深圳的确不错。"我这样说的时候，我发现校长掩饰不住脸上的喜色。

人对尊重的需要，就是人性深处的饥渴。

在美国芝加哥曾发生了一件事，有位丈夫掐死了他的妻子，仅因为他对妻子畅谈白天所干的得意事时，发现妻子竟然睡着了。

这位丈夫的残酷举动正起因于他认为妻子伤害了他的自尊。

如果一个饿得要死的人，乞讨碗饭吃，你一定会施舍；那么一个人心理上饥渴了，乞求你施舍，你为什么不也满足他呢？吃饭、喝水只是满足人生理的饥渴，满足人尊重的需要却是满足人人性的饥渴。

当然，满足人尊重的需要绝不是要你卑躬屈膝，点头哈腰迎合他人，这样只会损伤你的人格尊严。满足人尊重的需要实质上正是一种乐善好施的行为。当你这样认为的时候，你就会感觉自己正以一种高姿态，像耶稣基督一样在广布善事，这样你的心态才怡然和谐，你的行为才真诚有效，你也才更加乐意施舍、满足他人。

第一节　赞美的威力

如果一个人在艰难的旅途中跋涉，消耗了体能，那么吃些兴奋剂，就能迅速激发潜能，振作精神。但如果一个人在艰难的人生路上攀登，消耗了精力，磨损了意志，被自卑感压得抬不起头，我们又能否找到一种灵丹妙药去诊治他呢？而且这种灵丹妙药还要没有副作用。这种灵丹妙药到底有没有？

一、真诚的赞扬和欣赏是激励人的最佳动力

我看过一本意大利著名女高音歌唱家的传记，给我留下了深刻的印象：

少年时代，她唱歌就很有天赋，被誉为少年之星。于是，父亲为她请了一位罗马最负盛名的、年轻有为的音乐教师。这位音乐教师造诣非常高，她的一丝一毫错误都逃不过他的耳朵，他要求非常严，绝不放过她的任何一点错误。这位小姐为音乐教师超凡的音乐才华所倾倒，内心偷偷爱上了他，因此，每次面对音乐教师唱歌，她都紧张不安。渐渐地，她的歌唱得越来越生硬，表现也越来越差，音乐厅开始很少请她唱歌了。几年后，她与这位音乐教师结了婚，也就放弃了歌唱生涯。

时光流逝，音乐教师不幸因车祸去世了。岂料丈夫的不幸去世，倒成了她事业的转机。

那天，有位推销员来她家推销商品，她正好在家唱歌。推销员夸奖说："你的歌唱得真好！我很少听到这样美妙的歌喉。你为什么不去音乐厅唱呢？"

"没人请。"她忧郁地回答。

"怎么会呢？我可以推荐你去一间音乐厅。"推销员自告奋勇地说。

最后，她买了他的商品，他出于感激，也真的帮她联系了间音乐厅。

演唱的那天，他叫了许多熟人朋友，坐在前排，她一唱完，他们就拼命鼓掌欢呼，他又及时献上祝贺的鲜花。得到这么多人的鼓励，她决定继续唱下去。以后，每当她登台唱歌，他就必定坐在第一排，不仅掌声响得最热烈，还有一束饱含情意的鲜花祝贺。原来他已经爱上了她。

在他真诚的鼓励下，她又开始恢复了原来自然清新的歌喉，歌唱得也越来越好，最后终于成为意大利著名女歌唱家。当然，她也最终与这位推销员结了婚。

这个故事告诉我们：一位对音乐有相当造诣的音乐教师，因为不懂运

用赞扬，让一位颇有天赋的歌手夭折；而一位对音乐不甚懂的推销员，善于运用赞扬，却造就了一位歌唱家。

美国一位著名企业家也述说了他的人生转折：

"那时我贫困潦倒，胸无大志，只能靠摆地摊卖铅笔，赚钱糊口。那天一位衣着考究、举止不凡的商人模样的人跟我买铅笔。但他扔下一美元后，却忘了拿铅笔，就匆匆走进地铁车站。几分钟后，他突然又跑回来，对我说：'真对不起！我忘了拿铅笔。'我不解地问：'看你的模样是有钱人，不会在乎这一块钱，何况进地铁车站还要买票，你为什么宁愿误车，也要专程跑出来呢？'这位商人的回答令我终生难忘，他这样说：'你是一个商人，而不是一个乞丐，乞讨我一美元。做生意就要买卖公平，我给了钱，自然要拿你的货。'

"听了这话，我激动万分，我以前一直都像一个乞丐在生活，是他告诉我，我是一个真正的商人。从那天起我就放弃了犹如乞丐的生涯，努力去做一个真正的商人。开始四处求职应聘，努力工作，最终成了一位著名的推销员。

"几个月后，当我西装革履地去参加当地名流的一次聚会时，我一眼就认出了他。我走过去感激地伸出我的手，他茫然不解地看着我，我对他说：'也许你已经忘了我，但我这一生都忘不了你，是你让我懂得，我是一个真正的商人，你的一句话改变了我的一生。'"

有效的赞扬常常能够改变人的一生。

许多著名作家在谈自己的人生时，都归功于读书阶段写了一篇好文章，得到教师的高度夸奖，从而终身选定写作道路。英国前首相撒切尔夫人，在大学时代开始是学化学的。她之所以选学化学，是因为高中化学教师特别喜欢她，经常赞扬她，所以毕业后，她就报考了化学系。进了大学，才发现原来自己并不喜欢化学，又改学法律。我在高中时期，也是因为物理教师特别喜欢我，每次上课提问，都喜欢点我回答，结果读大学我就进了物理系，最后发现自己并不适合学物理，才在业余时间开始研究"人际关系"。

美国著名教育家巴士卡里雅曾宣称："把最差的学生给我，只要不是白痴，我都能把他们培养成优等生！"

巴士卡里雅博士到底有什么妙方呢？他的妙方就是运用赞扬激励。首先了解学生情况，针对学生的程度出考试题，题目难度以让学生通过思考都能恰好做出来为准；有了进步后，再出更难一点的试题，标准也是让学生费点苦功都能做出来，让学生通过思考都能取得好成绩，激发学生从学习中产生一种喜悦，从而增强自信心，提高学习兴趣，焕发学习干劲。

我认为巴士卡里雅博士不是狂妄，他的话非常有科学道理。我常年在三类学校从事教育工作，学生厌学，往往是因为一考试他们的成绩就是三四十分，这样下去，谁还有学习积极性？如果能让学生的成绩经常八九十分，学生自然会产生自豪感，越学越带劲。譬如找两位各方面条件大致相同的学生，让其中一位做物理科代表，教师也不给他单独补课，那么不出几个月，做物理科代表同学的物理成绩就会明显比另一位同学高，这不正说明赞扬的神奇作用吗？教育学生，特别是中小学生，要以赞扬方法为主，考试题要尽量出得能让学生通过思考获得高分。

赞扬是催人向上的最好动力。

看过小孩学走路吗？摇摇晃晃地走几步，父母赶紧过去抱起亲吻，表达的是"你真了不起！你真可爱！"。于是，下次小孩就能走得更远，父母又兴高采烈地过去美滋滋地拍拍小孩，这样小孩终于能直立行走。

这不就是赞扬的作用吗？

往往我们赞美什么，就增加什么。我喜欢下围棋，很大程度上是因为我的围棋水平比一般人强，这样越下越带劲。而对于打桌球，我也练了很久，却始终提不起劲。为什么？原因在于自己的水平太蹩脚，逢赛必输，越打越没意思。

人的生活离不开赞扬。那些被自卑感压倒的人，那些谨小慎微、猜疑心重的人，往往就是因为少年时代缺少了赞扬的温暖。赞扬对于人类的灵魂而言就像阳光，没有它人是无法"开花结果的"。赞扬甚至能增添人的体能。

心理学家找了两组小孩做实验。首先让他们长跑消耗体能。然后，一组小孩被批评，另一组小孩被赞扬。结果马上检验体能时，发现被批评的那组小孩，就像泄了气的皮球一样，更没力了；而被表扬的那组小孩，小脸都兴奋得红彤彤的，体能迅速恢复。

真诚的赞扬和欣赏就是心理学家梦寐以求的灵丹妙药。它能抚平人心灵的创伤，助人摆脱自卑，树立自信。

二、真诚的赞扬和欣赏是一种美妙的人际交往技巧

心理学理论告诉我们：人人都有只愿认知与己有利事实的倾向，即认知的防卫心理。

心理学家在小孩身上做了实验。比如找一群美国小孩，每人发一分钱人民币，给他们拿在手上把玩十几分钟，然后让每个小孩写出人民币一分钱在中国能买什么东西。结果几乎所有小孩都将这一分钱看大了。本来一分钱只能买一颗糖，但有些小孩写一分钱能买两颗糖、十颗糖，有的甚至认为，一分钱能买一台彩电。不仅小孩有这种心理，成人也有，大家都喜欢把事情朝对自己好的方面看。这就导致古语所说：千穿万穿，唯有马屁

不穿。

既然人人在潜意识中，都有把事情朝向自己好的方面看的倾向，那我们要赢得别人的友谊，就要善于表现真诚的赞扬和欣赏。

美国历史上第一个年薪过百万美元的管理人员叫史考伯，美国钢铁公司总经理。记者曾问他："你的老板为什么愿意一年付你超过 100 万美元的薪金，你到底有什么本事？"

史考伯回答："我对钢铁懂得并不多，我的最大本事是我能使员工鼓舞起来。而鼓舞员工的最好方法，就是表现真诚的赞赏和鼓励。"

说穿了，史考伯就是凭他会赞扬人，而年薪超过 100 万美元。

史考伯到死都不忘赞扬人。他在给自己的墓志铭上写道：这里躺着一个善于与那些比他更聪明的下属打交道的人。

一个人即使别的方面不强，但只要真正掌握了赞扬方法，在人际交往中就一定能如鱼得水。

我认识一位女士，某美容院老板。有次我们一起外出，途经一银行，她叫学生去取钱。但取钱的人很多，那位学生等了很久也没取到。这时，她走了过去。我还记得那天银行出纳小姐，穿了一件藕色连衣裙，胸前绣了一朵花。只见她看着那位出纳小姐，然后说："小姐，你这件连衣裙真漂亮，与你白皙的皮肤很相衬，特别是胸前这朵花绣得很别致，哪里买的呀？"

出纳小姐抬起头来，看着她说："别人从外面带进来的！"

"我说嘛！难怪这么漂亮。"她接着又说，"小姐，我是来取钱的。"

结果，这位出纳小姐就将她的钱先给取了。

人人都乐意听赞扬，当我们赞扬人时，我们就正是在满足他尊重的需要，化解他人性的饥渴，我们施舍了他，帮助了他，那么他也一定会回报于我们。

我的一位学员也谈了她试用赞扬方法的效果。

"那天上班，见到一位同事穿着一套西服，我以前曾听人谈论他买了一套名牌西服。于是我说：'你的西服真漂亮！是名牌吗？'他得意地回答：'当然是！'我马上接道：'到底是名牌，穿上去就是不一样，有型有款！'

"到了中午吃饭的时候，他以前从没叫过我，那天却主动跑来问我：'到吃饭时间了，一起去打饭吧？'当我告诉他还有点事，要等一下才能去，他就说：'我帮你打上来吧。'

"太划算了！我只是夸奖他西服漂亮，却换来一餐饭。"

我们培训中心的报名小姐，也精通赞扬之道。有次一位小姐来报名，问："报名这个班的，都是些怎样的人啊？"报名小姐回答："他们都跟你一样，气质很好的！"仿佛在夸奖班上学员，实际上间接地赞扬了那位小姐。那位小姐一听果然很高兴，很爽快地就报了名。

李宗吾先生曾介绍过做人的八字真诀："见人短命，遇货添钱。"见到一个人四十多岁，就问："你三十几了？"他回答："不止，四十多了。"你赶紧说："怎么会，看上去这么年轻的，至多也只有三十几岁。"青年是人生的黄金时期，人人都希望自己看上去年轻。"见人短命"就是指将人的实际年龄尽量说小一些，以赢得别人欢心。"遇货添钱"则是满足别人的一种虚荣心理，将他用的东西价钱夸大。比如别人穿了一件两百元的衣服，你就说："你这件衣服三百几啊？"对方说："没有，才两百多。"你装出惊奇地说："怎么会！这么好的衣服肯定要三百多。"对方说："真的只要两百多。"你再感叹："你真会买衣服，这么漂亮的衣服才花两百多！"

赞扬的确是一条很有效的技巧。下次别人骂你骂得正凶的时候，你突然说："哎，我发现你的牙齿很漂亮！"你看对方还骂不骂得下去。

我是年轻人，自然有些不拘小节，时常犯些小错误。有次校长正式下了一个通知，要我去他办公室，促膝谈心，意即要严严肃肃地批评我。本来我和校长关系很随便的。校长很严肃地批评了我，以后相处不免就会有些尴尬。我也愿意改正错误，但不想被校长严肃地批评。

怎么办呢？设计了一番后，我就去到校长室。见校长板着面孔坐在那里，我就故意不看他，而装出打量他的办公室，说："到底是校长大人的办公室，就是不同，又有沙发，又有鲜花，布置得这么漂亮！不像我们办公室，来了客人，就是几张硬板凳。"

校长像没听见似的，仍板着面孔要我坐到他对面。过去后，我仍不看校长的脸，而在办公台上东看西瞧，然后指着台上的一张照片问校长："嘿，这张照片拍得真漂亮！是黄山拍的吧？又有怪石，又有奇松，连流云都拍进来了，拍摄角度选得真好！我也在这里拍过照片，但换了很多角度，都拍得不理想，您怎么选出这样好的角度的呢？"

校长一本正经地坐在那里，我却在这里不停地左夸奖，右表扬，弄得校长没法严肃，最后他终于板不住脸了，说："拿你这家伙没办法。但以后要注意，随便时要随便，该严肃时，也要严肃，可不能老是不拘小节。"我一听立即表示坚决改正。

本来一次严肃的谈话，被我运用赞扬方法，终于弄得轻松下来。校长仍然批评了我，但这样的批评不会导致以后的尴尬。

有些人说，赞扬对于陌生人有效，对于很熟的人却没多大必要。

以前我每次回老家，母亲见我大老远回来，总是忙着给我做些好菜吃。但我为了表明见多识广，今不同昔，总是炫耀地告诉母亲，这个菜应该怎么做才好吃，那个菜应该配什么作料才有味，弄得母亲只好无奈地说："你走南闯北吃得多了，我也没办法满足你了。"

我发现母亲这样说时，总有种失落感。做母亲的都希望对子女表达她的母爱，也希望这份爱能被子女接受，如果子女没接受，她内心深处会产生失望，会有一丝悲哀。我一年才从深圳回内地一次，母亲见到我自然要表达她的关怀，她怎么表达呢？我母亲又没有多少文化，也无法与我深入交谈。唯一能做的就是弄些好菜给我吃，希望我能吃得满意。可我偏又说菜做得不好，这该令她老人家多难受呵！

以后回家我就改变了方法，要母亲做些家常的特色菜，吃着菜时，我就说："这个菜唯有您才做得出来，回到家就是不同，在外面总是想吃却吃不到。"母亲听我这样说时，总是叫我："多吃点，多吃点。"在她的这种语气中，我发现了她的满足、她的快乐。

对熟人赞扬不是不必要，而是很有必要。有位学员40多岁了，与夫人离了婚。与夫人都处不好关系，怎么与别人相处呢？这种想法令他陷于深深的自卑中。通过学习赞扬技巧后，他终于找到了失败的根源——不懂运用赞扬——从而恢复了信心。他这样述说他的教训：

"每次我夫人做了好菜，穿了漂亮衣服，内心希望我夸奖时，我就会产生逆反心理，你越想我赞扬，我就越不赞扬。夫人见我如此，她也如此。有时我在公司干得很出色，回家讲给她听，就在我讲得正得意时，她却突然来一句：这有什么了不起！对我的志得意满有意表现出不屑一顾。

"开始还只是好玩，可时间长了，我们倒真的不像夫妻，反而像敌人了。彼此找对方的碴，故意不满足对方的期待心理。结果融洽的夫妻关系倒真的给破坏了。"

人就是这样，所以心理学强调要满足别人的期待心理。如果你女朋友买了一件漂亮的衣服，你看了是否无所表示呢？我想小姐买衣服一定不会随随便便，可能她转了好几条街，精心挑选、比较，好不容易找到合意的。可你看到却像没见一样，无动于衷，小姐心里该多难受呵！她买衣服穿给谁看？自然是给你看。如果给别人看，那倒有麻烦了。但你看到却恍如没见，那岂不是对她的打击吗？

赞扬也正是帮助你俘获芳心的妙方。朋友，如果你正处在恋爱的浪漫中，或者正有意于某位小姐，那么我教你一个秘诀：请不吝于缠绵的情话，请经常让对方处在你精心构筑的暖融融的赞扬之中。不要觉得俗气，不要认为假惺惺，情话就是出于恋人之口的最美妙的赞扬和欣赏，情话说一千遍也不多，而情人的赞扬则更令人陶醉了。

三、让人觉得赞扬是发自内心

人人都需要赞扬，人人都乐意听赞扬，那怎样的赞扬才有效呢？

姚雪垠著的《李自成》中有位叫张献忠的，群臣中阿谀奉承之徒众多，害得他老是打败仗。有天他愤然地说："老子之所以打败仗，就是因为你们这帮阿谀奉承之徒。以后谁再胆敢拍老子马屁，一定格杀勿论。"

他的话音未落，边上一位大臣马上接道："张大王，历代帝王，失败者，就是因为吹牛拍马者太多。大王认识到这点，的确抓住了关键，真是英明圣绝。"

张献忠听了很高兴，结果后来又打败仗，终被凌迟处死。

拍马屁是肤浅的，这骗不了人。赞扬要取得效力，首先要让人觉得真诚，是发自内心。只要对方觉得我们的赞扬出自真诚，出自内心，他即使感觉有些夸大，也会沾沾自喜。

有位学员曾对我说，平时不赞扬倒好，有意识地赞扬领导后，效果反而更差了。为何如此？就在于这位学员嘴上虽然在赞扬领导，可思想上总觉得自己在溜须拍马，感觉到屈辱，内心始终有些别扭。嘴上在赞扬对方，内心却又显示出不情愿，这样的赞扬自然会适得其反。赞扬不是叫我们溜须拍马、低三下四，我们完全可以找别人真正的优点加以赞扬，人都有优点，只在于我们善不善于发现。真诚是赞扬的灵魂，只有真诚的赞扬才能深入别人的心灵。

赞扬还必须恰如其分。见到一位衰老很快的人，却用"见人短命"，对方会认为你在讽刺他。

有次在班上，我们请学员对学员的演讲进行赞扬。有位学员很有表演天分，他首先走到台上，大家正等着他开口时，他却突然跑到台下，抓住演讲者的手激动万分地握住，嘴里还拼命说着："太感谢你了！太感谢你了！你把我心里想说而又表达不出的话都说出来了……"

他这番举动效果如何呢？演讲学员的评价只有两个字——"肉麻"。

过分夸大的赞扬只会让人感到恶心，引起反感。

1. 做一个美好的发现者

伊斯兰教的经文记载了这样一个故事：

穆罕穆德看见一位老太太正在月光下的路旁找东西，就问老太太："你掉了什么？"

老太太回答掉了钥匙。于是穆罕穆德同老太太一起找，可找了很长时间也没找到。穆罕穆德就问老太太："你的钥匙掉在什么地方了？"

老太太回答："掉在屋里面。"

穆罕穆德奇怪地问："既然掉在屋里，你为什么要在外面找呢？"

老太太回答："因为外面亮嘛！"

穆罕穆德感叹地说："钥匙并不是都在那些光明的地方！"

做一个美好的发现者，正如灵芝生长在人迹罕至的深山角落，美好的事物也往往存在于毫不起眼的地方。真正美好的发现者，就要在细微之处见真谛，善于在平凡中找出别人的不平凡。

有位老人坐在飞机上，发现旁边的先生在批改作业。只见这位先生批上的每一句评语，都是"写得好！""好极了！""写得漂亮！"之类，老人问边上的同行，这位先生是谁？同行告诉老人他是大名鼎鼎的巴士卡里雅博士。老头长叹一声说："我就知道这人不同凡响。我上学时可没有一个教师给我批过这样的评语。我倒希望有个教师这样指导我呢。"巴士卡里雅博士就是一个真正的美好的发现者，是一位真正的淘金人。你是否也能沙里淘金，去发掘别人不显眼的优点呢？

2. 挖掘不明显的优点加以赞扬

法国大文豪巴尔扎克说：第一个形容女人为花的人，是聪明人；第二个这样形容的人，就一般了；第三个再将女人比喻为花的人，纯粹就是笨蛋。

如果一个健美冠军，我们去赞扬他长得真健壮、真美，他一定不会激动。可能电视、广播、报纸都已介绍过了，电视、广播、报纸的赞美不比我们的赞美更让人激动吗？我们的赞美还有什么效力呢？这时如果他烹调不错，我们去赞美他菜做得好，他反而会兴奋不已。爱因斯坦就这样说过，别人赞美他思维能力强，有创新精神，他一点都不激动，他作为大科学家听这类话都已听腻了，但如果谁赞美他小提琴拉得真棒，他一定就会兴高采烈。

赞扬不要跟在别人后面，人云亦云，至多我们也只是在别人习以为常的赞美上，增加了小小分量，别人不会兴奋。去挖掘别人一些不为人知的优点，表现我们的独特性，让人得到一些新的刺激，效果反而更好。

3. 最少期望时，感谢别人

有次我去丹霞山旅游，爬至半山腰，一个卖香的小孩拦住我："先生，买香上去点吧，丹霞山上许愿特别灵，能助你心想事成。"

"我不信这些，不买！"我很干脆地回答，继续往前走。

这时，小孩又在后面说："先生，不管你买不买香，你来我们韶关旅游，我都很感谢你。"

听了这话，我不禁回过头看着这个小孩，这么会说话。最后他的感谢令我把他手上的香全部买了下来。

最少期望时，感谢别人，别人会认为这种感谢来得真诚，没有企图。你去请人帮忙，别人没帮上，这时你仍然感谢他："不论怎样，总是让你费心了，谢谢你。"别人不仅会领受你感谢的真诚，内心还会产生压力：没帮上忙，还被你谢了，真不好意思。这种压力会让他惦记这事，以后会更加努力帮助你。

曾经有人请我帮忙，我没帮上，他仍然诚恳地感谢我：麻烦你了。我掂量自己的内心，只觉沉甸甸的，老是感觉欠他什么，总想找机会帮上他。

最少期望时，感谢别人，不仅是我们应该做的，也是一种为人之道。有些人请你帮忙之前，对你低三下四，万般逢迎。一旦得知你没能帮上忙，马上神色就变，翻脸不认人，这种人还会有下次吗？

4. 赞扬行动和品性而非本人

赞扬怎样才能做到既有效力，又不养成别人骄傲自满情绪呢？这就要赞扬别人所做的事和他的品性，而不要扩大到他这个人。

比如，你小孩经过努力数学考好了，你就应该赞扬他努力而考好了数学这件事，而不要说"你真聪明"。他经过努力考好了数学，你赞扬这点，让他知道是因此才得到赞扬，他就会继续发扬光大，而赞扬他聪明，并没有赞扬他真正应该被赞扬的原因，产生不出赞扬的效果，反而会导致他养成骄傲自满情绪。

一位员工工作很勤奋，就应该赞扬他工作勤奋的品性，而不要说："你是个很好的员工。""好员工"这种笼统的赞扬，产生不出直接的效力。

做什么事就赞扬什么，有什么品性就表扬什么，这才是赞扬之道。

四、赞扬的方式

真诚的赞扬和欣赏是抚慰人灵魂的阳光，还是一种人际交往的技巧，打动人的美好方式。下面介绍一些不着痕迹的真诚赞扬方式。

1. 微笑

动物的天性就是自私，为生存而生活，但有些动物比人更懂知恩图报。在孩提时代，我喜欢邻居家的小狗，有什么好吃的都要分一些给它享受，久而久之，我们建立了感情。每当我放学回家，小狗见到我就摇尾巴，表明它喜欢我，见了我很高兴。狗表达它对人的喜爱，最简单、直接的方式就是摇尾巴。而人呢？人是没有尾巴可摇的，那如何最简单、最直接地表达你对他人的喜爱呢？

我们公司有位秘书小姐，是我们从数期公关训练班中挑选出来的，公关素质非常优秀。我们与人谈生意时，最头疼的就是讨价还价。价格说高了吧，买了货物自己吃亏；说低了吧，又不容易成交。有时为了探是否最低价，还要要挟一下别人："降不到这个价我们就不买了！"可对方如果真的不能降到这个价，他会说："你不买算了，我们不能降到这个价！"这时我们往往就不好意思再提高价格去买他们的货物，一笔生意很可能就吹了。每当这个时候她就出现，给每人倒一杯茶，微笑着说："做生意嘛，和气生财，何必要吵呢？"我们就赶紧顺着台阶下："就是，和气生财。这样，我们让点价。"

有次，我们一起外出开会。途经一服装店，上面挂的衣服吸引了她。她一看就喜欢上了，想买。可当时买衣服的人很多，拥挤不堪。我们说现在要赶去开会，没时间，这么多人，她一下又买不到，开完会回来再买。可她说："开完会，这衣服说不定就卖完了。你们等一下，我很快就能把衣服买回来。"

"别吹牛了，你能很快买回来？这么多人，我们这样身强力壮的小伙子要挤进去都不容易，别说你这样娇嫩的小姐了。"我们不相信地说。

她说："这样，你们只等五分钟。"

"好，五分钟！买不回来我们就走。"

当时我没有计时，但在我的感觉中她还没用到五分钟就将衣服买回来了。我惊讶地问："你是不是认识那个卖衣服的呀？"

她说："你们又不是不知道，路过这里，谁认识他？"

"那你怎么能这么快就将衣服买回来呢？"

"我有秘诀。"她故弄玄虚地回答。

我好奇地问："什么秘诀？"

她神秘地一笑："保密。"

弄得我一路上都净想套出她的所谓秘诀，可她始终不说。开完会后，我又问她时，她顽皮地说："肚子饿了，一起去吃饭吧。"

敲我的竹杠。反正我肚子也饿了，吃饭就吃饭吧，无所谓。

吃完饭后，我再问她。她笑笑说："今天晚上也没事，去听歌吧。"

没办法，要学点东西就得付出代价。于是我又请她去听歌。

听完歌后，我再问她。她笑着说："你请我吃了饭，又请我听了歌，不告诉你是不行了。不过我告诉你后，你会觉得不划算。"

我说："请都请了，不划算就不划算，你总应该告诉我吧？"

聪明的读者，你知道她是怎样买到那件衣服的吗？说起来实在太简单了。

她这样说："买衣服时人很多，大家都怕买不到，因此脸上的表情都很焦急，很难看。而我却不同，我不用挤进去，只站在后面对着老板一笑，'先生，请把这件衣服拿给我'。别人的表情都很难看，唯有我对他笑，他自然就会注意到我。因此我也就能很快买到那件衣服。"

这就是微笑的作用。如果你不信，可以去试验。我在深圳举办了多期人际关系训练班，有位叫杨主民的学员，我们称他"靓仔"，他曾去试用过。

"我去邮局取包裹，可人很多，我就想用一下老师讲的'微笑'方法。但我越想笑，却偏偏越笑不出来。我就转过脸，闭上眼睛酝酿感情，待到笑意在脸上荡漾时，我再转过身，对着营业员一笑：'小姐，我是来取包裹的。'她果然就将我的单先接了呵！待她拿着我的包裹过来时，我发现这种方法的确有效，也就真的笑起来了。"

天虹商场停业装修期间邀请我去讲课，中间休息时，我与营业员聊天，问她们："如果卖东西时，顾客对你们微笑，你们是否会先把东西卖给他？"

她们考虑了一阵后回答说："没有人对我笑过呵！"

看来大家不懂这个方法。但她们接着又说："如果有人对我微笑，说明他对我很友善、很客气，我会把东西先卖给他。"

我不仅仅教别人，自己也去运用过。坐长途火车时，每到一个小站，大家就蜂拥而下，去小卖部买些啤酒、食物之类。这时我总是不与他们争抢，站在后面，时机一到，就对着营业员一笑："小姐，请给我两支啤酒。"我发现，虽然我笑得不好看，但也是很有效的。当然，笑的时候一定要对方正看着你，否则就白笑了。

微笑可以说是人际交往的魔力开关。也许有人不以为然："微笑？太简单了！不就是把脸部肌肉动一动，有什么作用？"

你可千万不要小看这脸部肌肉的动一动。香港有部电影叫《三笑》，它为什么不叫《三哭》呢？就是因为微笑有魔力。唐伯虎遇见了秋香，秋香对他一笑，他着了迷；待秋香对他第二笑，他魂都掉了；秋香的第三笑，顿令他放着画家不当要去丞相家里做仆人。我们古语有云：一笑倾城，二笑倾国。这就是笑容的魔力。

许多先生都谈过这样的经历，见到某位小姐迷人的笑容，一下都呆了，心不禁为之震颤。我们招聘公关小姐时，主要条件有两条：一是爱好广泛。公关人员并不需要专业性很强，爱好广泛的人，性格活跃，见什么人能谈什么话。二是要有一副动人的笑容。笑容能给客人带来亲切感，仿佛沐浴春风。

微笑本身就是人际交往成功的秘诀，它能散发凡人无法抵挡的魔力。

我大学时代有位很要好的同学，现在美国已获得博士学位。大学期间我们就誉其为"白马王子"。他成绩好，多才多艺，人长得又帅气，是一般小姐心目中的理想人物。

可能大家会想，这么杰出的人物，女朋友也一定出类拔萃。那么他女朋友是干什么的呢？说来你不信，纺织厂的女工。

那天他告诉我时，我也不信，但我随即想：这位小姐家一定很有钱，或是有海外关系。他想出国留学。

可我问他时，他却说："别把我看得那么俗气。她家子女五个，父母都是普通工人，经济并不宽裕，也没有什么海外关系。"

"她长得很漂亮？"我又问。

"一般，不算特别漂亮。"

"那你想专心事业，找一个会持家、料理家务的妻子。"我想当然地说。

可他却回答："她不是很会持家。做饭还可以，菜就不会做了。"

我感到太奇怪了："那你究竟喜欢她什么？"

当时，他说了半天也说不出个所以然来，只是说喜欢她。

那么这位在常人眼中没有任何特殊优点的小姐，到底有什么魔力能吸引这位同学呢？我认真研究后，发现她有秘诀。

那时我们都还年轻，几个老同学议论后，大家都觉得可能他书呆子气太足，从没接触过小姐，被某个小姐稍为施展一点手腕就乖乖就范了。既然是好朋友，我们应该去打抱不平，见识一下这个狐狸精到底有点什么鬼本事。

那天，我们几个同学瞒着他去了这位小姐家，在路上就商量好要让她知难而退。那时，她刚好下班。我们敲开门后，介绍了自己。她马上说："知道、知道，他经常提起你们。房里坐吧。"然后就去倒茶。

这时，我们就开始在边上不冷不热地嘲讽了。"别忙乎了，你上班那么辛苦，回家就好好休息一下吧。我看一本杂志介绍你们纺织女工，一人要照看六台机器，每天行程有两万米，相当于运动员的运动量。"

听到我们的讽刺，她仍然继续倒茶，将茶送到我们手上后，她善意地一笑，轻声说："我自然不能同你们坐办公室的比。我的工作是很辛苦，但它也有它的乐趣。"随后她就谈起她们工作中的一些有趣的事来，以及姐妹之间关系如何融洽，平常如何有说有笑。她还说起有次她病了两个星期，在家里憋得难受，倒很想去上班。

我在边上听着，她的欢乐、她的微笑感染着我，我只感觉我们知识分子之间很难享受到她们之间那种纯真的欢乐，倒真有点羡慕她们。可我们去是抱定要让她知难而退的，自不能心软。但你在挖苦别人，别人却对你笑脸相迎，你又能怎么样呢？

正在这时，她弟弟在一旁玩球，恰好将球踢到了我们这里，这下又有话题了。"你家子女这么多，要是弟弟在这里踢球，妹妹在那里唱歌，这样的家庭可真够热闹。不过像我们这样爱看书的人，在这种家庭可不适应，有时简直是一种痛苦。"

这句话刁难的味道够重了，可她仍不以为忤。谈到她的弟妹，她的脸上就荡漾起笑容。她开始介绍她的弟弟如何顽皮可爱，妹妹如何天真活泼，谈着谈着，我就觉得我们家子女是否太少了，享受不到她家的这种快乐。

我们实在找不到挑剔的借口了，只好像无赖一样地问："我们以前是读书去了。你又没怎么读书，为什么连菜也不会做呢？"

这下她不好意思了，羞怯地一笑。"都怪我妈。每次放学回家我要做家务，我妈总说：'上学很辛苦的，歇着吧！这点事我做就行了。'弄得我现在还不会做菜，不过我还是很想学的。"接着她又深情地谈起她母亲多么善良，父亲多么慈祥。她说的时候，我发现她完全陶醉了。她一定认为她是世界上最幸福的人，她的生活充满欢乐。她的全部表情也沉浸在这种幸福之中，她的脸上笼罩着一层圣光。我看着她醉人的笑容，上面是如此闪耀着人性的光辉，我突然发现自己的心跳也加快了，我不敢再谈下去，急忙找个借口，拉着那帮同学就匆忙离去。

我终于发现她的魔力所在了。她对生活的挚爱，她欢乐的生活态度，还有她那种让人一见就永远难忘的微笑，正是她魔力无边的秘诀。

微笑正是每一个人的魔力开关。请人帮忙时，带着微笑，别人几乎无法拒绝你的请求；感谢别人时，带着微笑，别人会加倍领受你的感激之情；心情郁闷时，微笑会解除你的烦恼；开心乐意时，微笑会令你更加愉快。

只要你轻轻一展笑颜，就胜过万语千言。

记得有次听一位高级领导作报告。开始大家觉得这么大的干部亲临会场作报告，情绪上都未免紧张，整个会场一片肃穆。面对这种沉闷的气氛，只见这位领导首先环视大家，然后绽露一个亲切的笑容。这一笑，顿令他平易近人的风貌凸现。当时，我只觉得凝滞的空气仿佛一下溶解，整个会场气氛顿时轻松下来。这就是微笑的神奇作用。

我办"人际关系训练班"，有段时间租用科学馆的场地和电话，但负责报名的小姐年轻气盛，与科学馆的工作人员因些小事争吵起来，弄得科学馆吴馆长一气之下收回了电话。报名时间没有电话可是大事，我急忙赶到科学馆。吴馆长见到我，以为是来吵嘴的，板着面孔将头扭过一边。我就绕到他面前，对他友善地一笑，说："吴馆长，你好！"你对别人报以友善，对方自然不好意思保持严厉。他也对我一笑，说："你好！"本来一场暴风雨即将来临的场面，顷刻间就风平浪静。我再解释报名小姐年轻、不懂事，有话大家好商量，合作就要彼此真诚体谅。吴馆长也说："像你这样自然不会有问题。"又将电话还给了我。

一个简单的微笑就有效地表达了我的友善，省却许多麻烦。

微笑不是雕虫小技，它也是做优秀领导人至关重要的条件之一。苏联外长葛罗米柯在政治局会议上推荐戈尔巴乔夫做总书记时，提出了戈尔巴乔夫两条主要优点：其一是戈尔巴乔夫有一副钢铁般的牙齿，表明他坚强；其二就是戈尔巴乔夫有一副亲切动人的笑容。作为国家第一号领导人，不会微笑绝对不行。伊拉克总统侯赛因那么凶残，但在人民面前，他总是笑容满面，给人和蔼可亲的感觉。国家的主要领导人，必须给人以亲切、慈祥、友善的形象，而微笑正有助于达至这点，帮助领导建立亲民形象。美国总统克林顿，他的微笑就倾倒了不少选民。美国一本杂志甚至因为他漂亮的嘴唇，将克林顿评为十大性感男性之一。

笑容是人类最甜、最美、最动人的表情，它是人类特有的宝贵财富。动物有痛苦、有难受的表情，但它们绝不会微笑，这是苍天对人的恩赐。

微笑的神奇作用不仅在于表达我们的喜爱、传递友善的信息，它也让我们显得可爱而富有魅力。

爱美之心，人皆有之。在顽皮的学生时代，我们男生喜欢给女生打分，评选校花，最后目标集中在外语系的两位女生。她俩各有千秋，分别有一帮拥护者，双方常常争执不下，谁也不能说服谁。这两位校花候选者明知道大家在议论她们，平常也刻意打扮，争妍斗奇，互相攀比。

毕业后，其中一位小姐名花有主，邀请我们参加婚礼。婚礼那天，另一位小姐也去了，她还打扮得特别漂亮，脸上薄薄施了一层粉黛，显得分外娇艳，纤细的脖子上还挂着一条黄澄澄的金项链，白皙细腻的皮肤，更衬得她如花似玉。她的打扮胜过了新娘（当然这是不礼貌的，别人结婚又不是她结婚，为什么要压倒别人呢？搞不好大家还会弄错了新娘）。

婚礼结束后，我们这帮老同学聚集在一起，大家又议论起这两位小姐谁最有魅力。原来我们常常为她们争执不下，这次大家却一致认为新娘子最有魅力。为什么呢？新娘子那天是她的喜事，脸上总洋溢着幸福的笑容。而另一位小姐，她以前的竞争对手结婚，唱主角，所以脸上总掩饰不住那种尖酸、刻薄的表情，仿佛别人都欠她钱。

一个人的面部表情比穿着更重要！

有位先生曾对我说："微笑对于小姐的确重要，但先生微笑，未免给人很阴险的感觉。史泰龙就不笑，多有男子汉气概呵！"可能这位先生不知道，史泰龙不微笑是因为他少时得过小儿麻痹症，脸部肌肉僵硬，没法舒心地微笑。但他在一部电影中最后与老友分手时，老友问："你要我给你什么作为永久的留念？"史泰龙回答："一个灿烂的微笑。"

先生的微笑为什么会给人阴险的感觉？我翻看影集，发现凡是别人让我准备好，摆好姿势照出的照片都很难看。反而那些我毫无准备被别人偷拍的照片，却张张生动有趣。为何如此呢？那些我准备好姿势的照片，是在别人让我"笑一个""笑一个"的情况下拍出的，这时的笑容是强逼出来的。强逼只能逼迫皮动，而肉是不会动的，即皮笑肉不笑。而那些在毫无提防之下被偷拍的照片，却是我会心微笑的写照。这种笑容是发自内心的，自然、亲切、动人，照片也美妙可爱。

微笑要感人，首先就必须发自内心深处，微笑是内心的鲜花在脸上的绽放。笑容有狞笑、阴笑、奸笑、狡笑，而唯有内心欢乐的笑容才称得上微笑。它不仅不会让人觉得你阴险，只会使你显得更加可爱，增添你的魅力。

那么究竟怎样才能展露自如的微笑呢？这就需要养成热爱生活、热爱人类、热爱自己、热爱工作的快乐的人生习惯。另外也有一些小技巧。

美国著名推销员乔伊·吉拉德述说了自己微笑的技巧："每当要去见客户时，我就在他门口，先想一件开心的事，让自己笑起来，然后趁笑将落未落之际，赶紧敲门进去。"大笑着走进去，别人会觉得你傻乎乎。趁笑将落未落时走进去，这时的笑容自然、亲切，容易感人，而且人在微笑时，是不会有紧张感的。

美丽的微笑不仅来自内心深处，还需要一定的训练。

国际旅游协会主席说，他办的旅游学校，其中有专门课程训练微笑。让小姐对着镜子展示各样微笑，寻找自己最美的笑容，定格在脸上，变成自己的习惯性笑容。甜蜜的微笑能显示我们优秀的修养功夫，增添气质魅力。如果你的工作、生活需要你这样，你为什么不去寻找你最美丽的笑容呢？

在行将结束"微笑"之际，我想用一个学员叙述的故事作结束。

"我父亲管劳改队。我从小就在劳改营长大，耳濡目染，脸上总表现出冷峻，很难展露笑容。有次夫人来了一位朋友，我就出去买菜，结果回来发现客人走了，我奇怪地问夫人为什么不留客人吃饭，夫人回答：'她怕摔了我家的碗！'

"我好奇地问：'怎么会摔碗呢？'

"夫人回答：'她说见到你这副尊容就紧张，害怕吃饭时吓得发抖，将饭碗摔了。'

"听后我哭笑不得，微笑的确对人太重要了，请大家帮助我微笑起来吧！"

我想每个人都需要微笑！

2. 记住他人的名字

民以食为天，吃是人生的大事。我长年吃食堂，时间久了，也摸索出一些经验。每当哪天食堂有我特别喜欢吃的菜，我总有办法让师傅多给一点。

说起来方法也简单，只要打饭时，对着师傅一笑，甜甜地叫着他的名字说："王师傅，请帮我打个菜。"那么那天的菜就一定比平时多。你不信？

可以去试。当然不能每天都用，只是偶尔遇到你特别中意的菜时才用，保证很灵。

一个人的名字，对他来说，是语言中一种非常甜蜜、重要的声音。每个人都将名字看得重要。记得儿时顽皮与人打架，打不过人时，就在墙上写"打倒×××"，而且最好写到厕所里去。仿佛打倒了别人的名字，就打倒了别人；侮辱了别人的名字，就侮辱了别人。

名字完全属于拥有这个名字的人，代表了拥有这个名字的人，使他在许多人中显得独立。人人都对自己的名字看得珍贵异常，记住别人的名字并把它叫出来，实质就是对人不着痕迹的赞扬。

名字既然重要，很多事情从名字着手，也就能产生奇效。

美国钢铁大王卡内基曾经想与美国工业巨头普尔门联合办汽车公司，但卡内基费尽口舌，提出了各种优惠条件，普尔门始终不同意。最后卡内基灵机一动，对普尔门说："我们如果联合办了这个公司，就叫普尔门汽车公司吧！"普尔门听了，其他条件还没细谈就当场拍板同意。

我们在公司里也常利用人们对自己名字的珍视，来调动员工的积极性。比如培训部部长谭洪订了一套制度，我们就将制度起名为"谭洪法"，作为大标题写在纸上，张贴在培训部墙上。这样一来谭洪先生就要为这套法规拼命了，因为是用他的名字命名的。这样的方法有时比你发人几千块钱还有效。

美国总统罗斯福也擅长运用这种技巧。每当有客人拜访，罗斯福就要手下将对方，甚至对方司机的名字、爱好整理好交给自己，提前背下来。会见时，罗斯福就叫着对方的名字主动迎上前，对方常常为此惊叹不已。会见结束后，罗斯福又坚持送对方上车，目的只是为了握着对方司机的手，亲切地叫着他的名字。有些司机顿时激动得热泪盈眶：美国总统都知道我的名字！他不知道罗斯福只是在几分钟前背下来的，可能过了这一阵，又会忘掉。但我想，这司机是终生不会忘记这一时刻了。

如果下次你与人见面，请记住他的名字，第二次见面时就叫出来，那么他一定认为你重视他，对他印象深刻，从而也对你产生好感。

我有一个习惯，无论接了谁的名片，都要琢磨对方的名字一番，留下印象，以便下次一见面就能叫出来。

能记住人名不仅是一种技巧，也是一种本事，历史上许多名人，恺撒大帝、拿破仑、周恩来都有这种特殊本领。据说帮助罗斯福三次入主白宫的罗斯福竞选委员会负责人法布里能记住五万个人的名字，这也正是他的成功秘诀，那么你又能记住多少人的名字呢？

记住别人的名字是一种有效的赞扬方法，但如果把对方的名字记错了，那就弄巧成拙。

　　我在内地工作时，很少与同事交往，对同事的名字也记得不甚清楚。恰好单位两位同事，一个叫张佩如，一个叫李佩如，名字极易混淆，而且张佩如还身负管理员工档案的重任。

　　在中国的现行制度下，调动是一件特别烦琐的事，调动一次简直就要扒一层皮。调深圳就更麻烦了，各种表格、鉴定弄得人眼花缭乱。那年调深圳，我将需要的表格、鉴定都详细抄好交给张佩如，说明这些是调动必需的。张佩如满口答应。为了表明我的感激之情，我对张佩如说："谢谢你呵，李佩如老师！"结果对方一听，马上不高兴了："一起工作两年了，居然还叫不出我的名字，我叫张佩如，不叫李佩如！"弄得我尴尬万分，赶紧道歉。

　　我想事情已经过去。谁料到了人事局讨论我的材料时，我却差了一份单位的业务鉴定，幸好熟人提前告诉我，否则我调深圳的希望就泡了汤。我急忙坐飞机赶回内地，买了东西去看望张佩如，说明差了份材料，请她帮忙。费尽功夫总算拿到材料，又匆匆坐飞机赶回深圳。就因为我记错了别人的名字，费尽精力不说，来回飞机票就用了七百多元。这就是记错人名的代价。

　　记住别人的名字，并把它叫出来，是一种有效的技巧，但记名字一定要准确，否则叫错了名字，会引起别人的反感。常常有这样的情况：在路上偶遇熟人，却一时记不起名字，这时怎么办呢？

　　此时不宜直接告诉对方忘了他的名字，这种做法多少都会令对方不快。试想，你的朋友忘了你的名字你会作何想呢？好的方法是以攻为守，亲热地握着对方的手，说："好久没见，你还记得我叫什么吗？"然后在言谈中进行联想，努力回忆对方的名字，如果回忆不出那也应酬一番就罢了。

　　记不住别人的名字实际上是对别人的不尊重。

3. 做一个好的听者

　　怎样才算会说话？我有一次被人誉为有效说话者的经历。

　　那是在内地教书时的事。有位先生来办公室找我同事，可同事上课去了，于是我倒杯水给他，请他稍候。之后我又怕他无聊，就陪他聊天。闲谈中得知他是法医，我顿时来了兴趣："法医是不是专门与尸体打交道，解剖尸体的啊？"

　　他见我好奇，就夸张地说："是啊！但解剖尸体只是小儿科，我读书时就已经解剖过好几具了。还有更吓人的呢？"

"什么更吓人的？"

"你见过枪决犯人吗？"

"没有。"

"我曾在非洲某小国做过法医，他们枪决犯人时，犯人刚死，内脏器官还是活的，可以移植到病人身上。事前他们与犯人家属商量，将犯人尸体买下来，当时价格大约值两千元人民币。枪毙犯人时，手术车就在附近，一俟执行完毕，他们就赶紧过去将犯人抬上车，开始取内脏器官。有些犯人当时还未死呵！还在呻吟，可法医的手术刀就已经下去了！"

他讲得惊心动魄，我听得胆战心惊，可又觉得够刺激，有新鲜感，既怕听又想听，真真是意犹未尽。可下课了，同事回来了，没办法只好依依不舍地目送他离去。

岂料第二天，同事一见我就夸奖说，他那位朋友说我是一位很会说话的人。我怎么也想不通，那天都是他在那里大讲挖心挖肝的，弄得我心惊肉跳，我只是听得带劲罢了，没说什么话啊？

还有一件事给我很深的印象。

我父亲是位老知识分子，为人古板，不喜与人交往。每次有熟人来找我，父亲就独自去到书房，很少与他们打招呼。

有次来了三位高中同学，大家一见分外亲热，其中两位喜欢下棋，闲谈几句就要"种豆子"，我也只得舍命陪君子。可另一位同学却对"黑白世界"一无所知，无聊中去到了我父亲书房。我下棋正带劲，也没管他。棋瘾过足，大家离开之际，叫他出来。我却发现一个很奇怪的现象：我父亲送他出来，而且还问我为什么不留他们吃饭。临行父亲还一再叮咛：以后有空来玩。这真是破天荒的，在我的记忆中，这是我父亲第一次留我的同学吃饭。而且以后，父亲还几次问及那位同学为什么不来玩。

那个家伙到底有点什么鬼本事，居然能这样赢得我父亲的欢心？为此我问他。他说："没什么呀？你们下棋我又不懂，就去到你父亲书房。见你父亲在看一本水利方面的书，就问你父亲是否搞水利的，然后我就好奇地问长江大桥的桥墩怎么做的，你父亲就开始给我讲解，如何先将一个大铁筒插进去，将里面水抽干，挖出稀泥，打地基，直到做好干透，再将铁筒抽掉。你父亲在说，我只是觉得好奇很认真听，也没说什么。"

有效说话绝不是要你口若悬河，滔滔不绝，能大侃大谈，这类人只会引起别人的反感。真正的有效说话者，首先应是一个好的听者，这也正是这个世界上友好地与别人相处，并与他们建立深厚友谊的最有效途径。

有个小孩对母亲说："我知道您最喜欢我！"

"为什么?"

"因为我每次说话时,您都放下手里的活认真听。"

认真地听人说话,就是在表达你对他人的尊重和重视。人人都觉得自己所说的话值得听、重要,因此听人说话也就是对他的一种暗示性赞美,而很少人禁得起别人专心听讲所给予的暗示性赞美。

温莎夫人,一位传奇般的美国寡妇,她的魅力,改变了大英帝国的历史——令爱德华八世弃江山而爱美人。于是众多文人猎奇,探究其魅力何在。中间一段描写我至今记忆犹新,"当温莎公爵讲话时,温莎夫人用右手支撑住下颌,身体微微前倾,双眼含情脉脉地看着温莎公爵。"我相信谁讲话时如果有这样一位美人脉脉含情地听着,他一定会越讲越带劲!

年轻人的希望在未来,所以喜欢展望未来;老年人已经没有了未来,他们就乐意沉湎于过去,陶醉在他们的老经验之中。年轻人要赢得老年人的好感,一个重要方法就是尊重他们的老经验,做一个好的听者。我在单位和中老年同事关系融洽,他们看不惯别的小青年,对我却青眼有加。一个重要原因就是我尊重他们的老经验,他们讲话我总是洗耳恭听,绝不像其他年轻人表现出不屑一顾的神情。

做一个好的倾听者,不仅是一种赞美方式,而且还是一种消除恼怒的好方法。常发牢骚的人,甚至最不容易讨好的人,在一个有耐心,且具同情心的倾听者面前都常常会软化而屈服下来。

在我们"伤感酒吧",有次顾客点喝鸡尾酒,可我们谁也不知鸡尾酒究竟如何配,于是厨师随便倒了几种酒混合冒充鸡尾酒拿了出去。可顾客一喝却大发雷霆:"这也算鸡尾酒吗?把调酒师叫出来。"厨师自知理亏,诚惶诚恐地跑出来,聆听顾客的怒骂。"鸡尾酒要有层次对比,颜色对比。要先倒××酒,再倒××酒。"

厨师认真听完后,小心翼翼地问:"我按您教的方法给您配一杯如何?"

当新的鸡尾酒端上来后,这位顾客才满意地说:"这才是真正的鸡尾酒嘛!"他发脾气的目的,倒并不在于要喝真正的鸡尾酒,只在于表明他是真正喝过鸡尾酒的。

从此以后,他反而成了我们酒吧的常客。

下次别人对你生气,你要消除他的恼怒时,就不妨认真倾听他的训斥,甚至很认真地、表现得很重视地请他将最愤怒的话重复,这样他发泄几次后,恼怒就会很快地消除了。

倾听还能使我们变得聪明。人有两只耳朵却只有一张嘴,明显是要我们听比说多一倍。

你想探听别人的秘密,了解别人的内心,就要鼓励别人说话,做一个好的倾听者。弗洛伊德说:如果你能使别人谈得足够多,那么他就简直无法掩饰其真实的情感或真正的动机。

成为优秀谈判者的秘诀就是鼓励别人谈话——保持谈话——同时设法闭住自己的嘴。不论你如何试图掩饰，如果你说得太多，别人就会发现你的一切。

记得为了接下某公司的一个小项目，三伏天去拜访他们安董事长的事。顶着夏日骄阳，拖着一三轮车西瓜，经理在前面踩，我在后面推。有些时候送礼不在于礼物的轻重，而在于你的心意，所谓"礼轻情意重"。安董事长明知我们可以雇人送，可我们亲自送，他内心会有一种骄傲。有人喜欢讲这种格调：你在别人面前是耀武扬威的经理，却要给我亲自踩三轮车送瓜。

我们送瓜的目的有两个：其一，想与他们公司有深度合作；其二，有位朋友在与他们合作时，出了一些问题，弄得他们很不高兴。想了解一下还有没有可能继续合作。

去到安董事长家，他自然很高兴。我和经理又气喘吁吁地将西瓜一个一个地给他抱进家里。安董事长很感动，闲谈中他主动提起，你们一件小事就这么认真，亲力亲为，相信与你们合作是最好的选择。谈着谈着，谈到我们那位朋友时，安董事长生气地说：那家伙太不像话！这次起码也要他破费一笔。此话一说，我们顿时心里有数，多花一点钱公司还可继续合作。

锣鼓听音，说话听声，懂得倾听就是聪明。

我们大多数人都想让别人认为我们是聪慧的、机智的和精明的。然而那些总是费尽心机想为自己制造一个"精明者"评价的人，常常聪明反被聪明误，人们不但没有把他们当作"聪明者"，反而认为他们是"自作聪明"。要使人信服我们是聪明的人，最妥当的办法就是：倾听，注意他说些什么，重视他说的每一个字，这一事实便足以向他证明我们是机敏的人。一个傻子决不会有足够的理智意识到别人的话是多么有价值和多么重要，因而也就不会给予密切的注意。

4. 赞美最细小的进步，而且是每一次的进步

你看过马戏吗？狗，一格一格地沿着楼梯战战兢兢地爬上去，然后从另一面的滑梯上滑下来。这个节目太简单了！一般水平的马戏团都能表演。但我却感觉不简单。俗语说"狗急跳墙"，狗不急是不爬高的。为什么他们能让狗爬高呢？为此我专门去问过一位驯兽师。他告诉我，这很容易。首先在楼梯上放一根骨头，让狗吃习惯，然后将骨头的位置升高，逐步诱导狗爬高，最终克服狗的恐高症。

太有道理了！驯狗要一步步地诱导。那训练人为什么不也如此呢？人是需要诱导的，需要我们一点一点地鼓励，请赞美别人最细小的进步吧！而且是赞扬每一次的进步。

庄子曰："巧者劳而知者忧。"的确有道理，一般家庭总是"巧者劳"，

会做的做死，不会做的玩死。对于做菜就更是如此，一方手艺高，另一方必定回家就潇洒。

我一位同事家里就是这样，他特别能干，于是每天下班就忙着进厨房。我笑他："一个大男人整天围着灶台转，有何感受？"

他回答："夫人做菜太难吃，每次我都说她，弄得她也没积极性。"

"这种方法太笨！她做菜不好，你就指责，下次她决不会再做，那么也就永远学不会做菜，结果辛苦的还是你。"我又半开玩笑地说："你何不用训练狗的方法训练她？鼓励她做菜，今天找条优点赞扬说盐给得恰到好处，明天又说火候把握得好。这样她才越做越带劲，也才能学会做菜。"

这位同事接受了我的方法没有呢？他不好意思说。但我发现他现在一下班就能吵着跟我下棋了。

学任何东西都是这个道理。我学桥牌也是如此。开始，高中那帮要好的同学都在省府工作，个个幻想着将来头上戴一顶红灿灿的帽子。他们认为要从政就必须学会桥牌，一些官员就是打桥牌打上去的。于是群起而学桥牌，可我的水平与他们有段距离，每当我上阵想过过瘾，就被他们指责得悻悻然，"水平太臭！"于是我终于放弃了学桥牌。

来深圳后，单位有几位桥牌迷，时常三缺一，就拉我上阵，我有前车之鉴，怕被骂不愿上阵。他们就死拉活拽强行要我上场边学边打，上场后又怕打击了我的积极性，我稍一出张好牌就夸奖："到底会下棋的头脑灵，这牌出得俏皮。"在他们的表扬下，我的桥牌水平也真的越来越高，最后居然也上了瘾。

赞美人最细小的进步，实质上是对人的鼓励，让他更具信心，产生强大的动力。

我们公司的小姐特别喜欢跟我学跳舞，得到众多小姐的青睐，我真有些飘飘然。原因何在？我善于鼓励她们。每教小姐跳舞，我都养成了习惯：遇到较胖的小姐，我就夸奖她舞跳得沉稳，节奏感把握得好，跳舞嘛就是要节奏感强；遇到较瘦的小姐，我就赞扬她跳得轻盈，男的带舞伴就希望她轻盈，不要像笨牛一样，弄得人气喘。有人开玩笑：遇到不胖不瘦的呢？遇到不胖不瘦的就更容易了。既可以说她节奏感好，又可以说她舞跳得轻盈。不过我倒一般这样做：先教她最简单的动作，前进几步后退几步，连小孩都能学会，然后就夸奖她学舞很快，有跳舞的天分。

你见过医生鼓励病人恢复行走吗？"你一定能行！你不是已经站起来了吗！……你不是已经走了一步吗！……"

这实际上也是我们教导人的最好方法！

5. 真诚地请对方帮一个忙

前面我谈过运用技巧调进深圳，但调进深圳后，马上就遇到麻烦。由于我的调进，挤掉了我们科组长介绍的人选，因此他对我很不满，遇到我就没有什么好脸色，从不与我打招呼，有时还要"哼"的一声，将头一仰，傲慢地表示对我不屑一顾地走开。开始，我想有什么了不起，你不理我，我还不理你呢！但大家知道深圳的夜生活特别丰富，我又特别贪玩，晚上睡得很晚，因此早上起床总是很迟，有时十点上课，我睡到九点五十才起床，脸都来不及洗戴上眼镜就跑去上课，反正戴上眼镜学生也不知道。可他却知道，并且常常去领导面前打我的小报告："十点钟上课，九点五十才起床，脸都来不及洗，怎么会备课？"结果领导在大会上将我批评了一通。我还年轻呢！在众人面前如此张扬我的邋遢，岂不有损我的形象？为此我真想将他臭骂一顿，但转念一想："骂"有什么用，"骂"只能图一时痛快，他是组长，我是组员，他要给我小鞋穿，我还没办法，非穿不可，上上之策是缓和与他的关系。

我们组长姓王，一手字写得不错，而且每每以此得意。这天我就去找他，他一见我就将头扭过一边，我又专门绕到他面前，对他一笑说："王老师，您好。"

我对他充满善意地微笑着打招呼，他自不好意思不理我，就问："有什么事吗？"

我说："我看您的字写得很好，我这人喜欢晚上工作，而且越晚精神越好，躺在床上还要看书，看到一本比较差的书也还罢了，可看到一本好书，就会越看越激动，弄得常常失眠，也影响第二天的工作。您能不能给我写一个大大的'静'字，我裱好作为警句贴在床前的墙上，用来平抑自己的情绪。"

"你找别人写吧！我的字不好。"他推辞道。

我说："当然，学校有美术老师，他们的字是专业水平。但我发现他们的字龙飞凤舞，要他们写一个'静'字，岂不是越看越不能平静。您的字很正楷，正适合写'静'字，请您务必帮个忙。"

在我的极力请求下，他推辞不过，就帮我写了一个"静"字，我也真的将它裱好，贴在床前的墙上。

第二天上午，以前从来不理我的组长，却主动向我打招呼了："喂，小丁，昨天晚上睡得怎么样啊？"

我说："太谢谢您了！昨晚正好失眠，睡不着觉。我就看着墙上的'静'字，在心里自我暗示：好不容易让王老师写好字，自己又花这么大功夫裱好，如果再睡不着，就太对不住人了。这样想着，内心努力让自己平静下来，竟然也就睡着了。真得好好谢您。"

自此以后，我们组长对我的态度就彻底改观了。我的社会活动较多，有时赶不及回校上课，给他打电话请假时，他还说："没关系，你不用请假，大家都说你不务正业，眼睛都盯着你呢！何苦还要搞得沸沸扬扬。这样，你的课我帮你上了，以后我有事，你再帮我上。"

太划算了，我没有给组长任何东西，反而是请他帮了我一个忙，居然就缓和了关系。

人人都希望别人认为自己重要，巧妙地请人帮一个忙，正可以让他产生重要感，实际上也是一种对他的赞扬。

有学员说："你教我的，请人帮忙是间接赞扬。那你借一万块钱给我吧！"

这忙当然越帮越忙。请人帮忙的目的，只是为了让他感觉重要，而不是要他帮了你以后怪心疼的，所以帮忙应请人帮一些力所能及的小忙，以及运用他的特长提供帮助。比如新搬一地方，找邻居借些小针小线之类；新到一单位，请老同事运用特长帮些小忙，都有助于联络彼此感情。

我是教师，要搬家时找学生，学生不敢不搬，但他们在帮我搬时，特别遇到搬很重的家具时，他们就会边搬边骂我：这混蛋！要我们卖体力。那能不能有什么方法既让学生帮我搬了家，还搬得很高兴呢？有，以后我再找学生搬家，就不那么笨了。首先，我会对他们说："你们是90年代的年轻人，这里又靠近香港，你们见多识广，审美眼光特别独到，你们看一下我这房间家具怎么摆设才漂亮？"

这帮小孩家里搬家父母都不征求他们意见，一听老师居然请教他们，顿时兴高采烈，像小鸟一样叽叽喳喳帮我设计：书桌放这里，床摆那里。遇到我不中意的地方，我就会说："床放在靠窗的地方，下雨会有雨水飘进来，放这边是不是好一点？"房是我住，他们自然会应和我的意见。待一切都设计好了，我就说："我们一起来搬一下，看是否好看。"于是大家一起动手，搬好之后，我再夸奖一句："请你们帮助设计的，果然不同，就是漂亮。"够了，这话一说，再加一瓶百事可乐，他们帮我搬了家，而且个个还高高兴兴。

如果你身体很差，我对你说："你身体真差！"你不会生气。但如果我说："你智力真差！"我想你一定会说："你智力才差呢！"人人都对智力看得很重要。小时候受的教育就告诉我们：不要四肢发达，头脑简单。请人提供智力的帮助，始终是一种让人产生自豪感的有效方法。

有学员曾问我："老师，你教人际关系，有没有方法让单位将我的学费报销？"我想，如果每个学员来我这里学习都能回去报销学费，那人人都来学习了。

人际关系技巧不是万能的，它的成功运用需要有一定的条件，如果你单位有可能报销学费，有一个可供参考的方法：首先去找主管领导，运用各种方法让他高兴起来，然后你再说："我来到深圳，感觉缺乏知识，工作很吃力，很想多学点知识。您是领导，经验丰富，您认为我报名什么培训班比较好呢？"这时，领导自然会指点你。当然如果你想学什么班，你就通过暗示或者请教领导，间接地谈一些这种班的好处。是你去读书，领导自然不会拂逆你的意思，一般会建议你去报名这个班。这时是领导建议你去学习，你再找他报销，他必不好拒绝。

很多事情上请教领导，请领导提供智力的帮助，是融洽与领导关系的一个重要方法。有时推销员请顾客帮忙，也是拉拢顾客的一种有效手段。

五、物质奖励要起到吊胃口的作用

上面讲到的主要是精神赞扬。在现实生活中，还需要大量的物质赞扬，即物质奖励。有人问："如何才能少花钱多办事呢？"

心理学家做了一个实验：让 A、B 两组老鼠分别去碰一种装饵料的装置。A 组老鼠一碰装置，马上就有饵料出来；B 组老鼠要碰好几次装置才可能有一次饵料出来。一段时间让 A、B 两组老鼠习惯后，再不论两组老鼠如何碰都没有饵料出现。那么哪一组老鼠将碰更长时间，才最终失望地放弃呢？答案不说大家也知道，一定是 B 组老鼠。

这个现象同样也适用于人。心理学理论：对于某种行为给予报酬的次数愈少，当停止给予报酬时，该行为愈能维持长久。

我记得以前找熟人帮忙登广告，第一次登门拜访买了东西；隔一段时间又要麻烦他，不好意思空手去，又买东西送去；到第三次求他时，就更不好意思空手去了，只得再买东西。于是每找一次都买东西，时间长了，倒养成该熟人接东西的习惯，本来关系很好，可后来一旦没送东西，他就顿时热情锐减。而且物价飞涨，他接东西的胃口也越来越大，弄得我们苦不堪言。

后来我们登广告的频度增加，实在承受不了，只好放弃这位多年的熟人，去公事公办。可认识他反而成了麻烦，每次去广告部，都要先偷偷看一下他在不在。如果他在，就不好进去，否则他还会生气："为什么不来找我了？"你说这是何苦？

物质奖励不仅要有奖励作用，还要能吊胃口，高高悬在那里，引人垂涎，才算高效力。一旦物质奖励过频，它就失去刺激作用。

以后我们再找记者登广告，就采用这样的方法：第一次拜访送他东西。以后再找就硬着头皮空手去，这时前面的友情依然在，他还能帮忙。帮了几次，他有些冷淡，积极性不高了，我们就再送东西，尽量不养成他每帮一次忙就接东西的习惯，而且逢年过节，我们也送礼给他联络感情。这种方法摆脱了我们长期的苦恼。

家长教育小孩也应如此。不要小孩每考好一次就许诺物质奖励。八十分买小手枪，九十分可以买冲锋枪，那么一百分又怎么办呢？一旦没有了物质刺激，小孩的学习积极性即刻就会下降。小孩考好了，表扬是应该的，但不要动不动就允诺物质奖励，物质奖励应放在关键时刻。

企业发奖金也要这样，只有员工干好了，才发奖金，但不是每干好一次就发奖金。干好了表扬是应该的，但只有干好了几次才可能偶尔发一次奖金，这样的物质奖励才能起到吊胃口的作用，也才能取得高效力。这就是少花钱多办事的方法。

第二节　批评的技巧

如果说赞扬是抚慰人灵魂的阳光，那么批评就是照耀人灵魂的巨镜，能让人更加真实地认识自己。

圣人教导我们要"闻过则喜"。发现了自己的缺点，也就意味着会有新的进步，这正是值得高兴的事。真正聪明的人就是最能认清自己的人，客观地看待自己的优、缺点，这样才能不断取得进步，扬长避短。但人非圣贤，从人的本性来说，不是有对尊重的需要吗？那就必然潜藏着对批评的抵触。不能真实地看待自己的不足，这是人的一大劣根性，是人类进步与发展的巨大障碍。

认清了这个道理，我们就要注意两个方面：一、自己要努力提高修养，保持闻过则喜的心态；二、批评别人时，要注意场合、方式、方法。下面主要谈谈第二个方面。

一、不要作无谓的批评、指责、抱怨

人的一生，可谓批评无数，但批评的真正目的究竟是什么？我相信很少人能回答出这个问题。

批评的目的唯有一个：帮助别人进步。

可往往我们大多数的批评却不是为了帮助别人，有时是用来泄愤、发泄不满，有时只是为了抱怨，有时甚至是通过斥责别人来抬高自己。这类批评正是人际关系中常见的失败之一。

人不同于动物，从爱面子乃至维护自己做人的权利，都需要自尊和被他人尊重。自尊正是人生存和发展的支柱，是人克服各种困难，坚持不懈去取得成就的动力。那么伤害人的自尊就是一种犯罪，而批评的最大弊端，就是容易伤害到别人的自尊。

我永远记得考上大学办户口时，那位办事员的嘴脸。那年高考，我考得很差，刚刚够上录取分数线，勉强被一所小城市的极不出名的师范学院录取。平时踌躇满志的我，当时觉得极没脸见人，一提高考就耷拉着脑袋。去办户口时，那位办事员见我竟然从大城市跑到小城市去读书，就以蔑视的语气说："你考了几大点鬼分？"

当时，我听到这句话的感觉，就仿佛一颗子弹突然打中了我的心脏。我至今仍然对那位办事员说话的语气、神态记忆犹新。

别人的指责深深地刺伤过我的自尊心，检查我自己，我也有很多时候无谓地刺伤过别人的自尊心。我的生活中有许多次与人合作的黄金机会，但都由于自己喜欢卖弄聪明嘲笑别人，而导致事业的流产。孔子说：己所不欲，勿施于人。无谓的批评、指责、抱怨，正是得罪人的根源。

有时做人就要像俗语说的"事不关己，高高挂起"，虽然这只是明哲保身的庸俗哲学，但的确会使你受欢迎。我的社会活动繁多，但单位很少同事对我眼红，打我的小报告。其他年轻人都饱受其苦，为此他们都说我狡猾。其实我哪里是狡猾，我只是抱定一个宗旨：尽量不要指责、抱怨、批评别人。这些就像放出去的家鸽，总是会飞回来的。

我们与别人过不去，别人就会与我们过不去；我们对别人宽容，别人自然就会对我们宽容。这是很简单的处世哲学，但很多人常常忽略了。究其原因，正是因为人有颇为自负、喜欢炫耀自己的劣根性，时不时就会表现出自以为是、狂妄自大，情不自禁就会对他人说三道四、指手画脚。这些正需要我们增强修养来避免。

1. 要善于了解和谅解别人，要有容忍心

做人不要动辄就批评别人，要试着了解他们，试着明白他们为什么会这样做，这比批评和斥责更有益处，也更有意义得多。当我们真正了解了别人之后，往往就会发现原来他们是值得原谅、值得同情的，这样我们也就更有自制力了。

一个伟大的人物，正是以他对待小人物的方式来表达他的伟大。

在我读初中时，有一件发生在我的邻居——姐妹俩身上的小事，给我留下了深刻的印象，直至今天都难以忘怀。

当时人们还在烧蜂窝煤。倒垃圾时，清洁工人拖着装垃圾的车，摇着铃走进我们住的大院，于是家家户户都端着垃圾出来倒。恰巧这姐妹俩住一楼，楼上倒垃圾的都要经过她们家，这样免不了就有些煤灰洒在门口。那天收垃圾的清洁工又来了。姐姐回来后，发现家门口有很多煤灰，她扫的次数实在太多，这次终于忍不住了，就骂起来。她骂得很凶，也很难听，"哪个王八蛋有本事洒没本事认的，有种的就站出来！"

结果不小心洒了煤灰的那人，终于忍不住了，就跳出来与她对着吵。正吵得热闹，妹妹回来了。我想这下有戏看了，两个吵一个。谁知妹妹见姐姐在与人吵嘴，不仅没有帮姐姐吵，反而一个劲地推姐姐回去，说："左邻右舍的，有什么好吵的？别人也不是有意的。你吵的时间早就可以将煤灰扫干净了。"将姐姐推进去后，她就拿出扫帚开始扫起来。我在边上看着看着，突然觉得她很美、很动人。

以后我在倒垃圾时都尽量小心，不要洒在她家门口。不仅我这样，我发现别人也都如此。

俗语说：退一步，海阔天空。很多事情忍一忍、让一让就能彼此达成谅解。忍让此时不是表明软弱，相反它正表明你有理智，是真正的勇者。

善于体谅人不仅可以增强自制力，也正是一种美德，会增添我们的魅力，让我们显得可爱。

我高中时的物理老师，人长得其貌不扬，夫人却生得楚楚动人，让人一见难忘，而且还是一位大学教师。我们做学生的常常都私下议论：物理老师真有本事，能找这么出色的夫人。那么他的本事究竟在哪里呢？以前我一直不明白，但有一件小事，却让我突然感受到了他的优点。

那是早晨上学的时候。我在路上碰到他，他正搀着夫人去看病，他夫人的脚被车撞伤了。我们一起走着，恰好他碰到了一位熟人，熟人问："你夫人的脚怎么呢？"此时他是这样回答的："她的脚被自行车轧了，伤得还比较重。唉，从来不病的，就这一回。"

这种回答你是否觉得没啥出奇呢？可我觉得这回答正渗透了他的魅力所在，我终于发现他的本事在哪里了。试想想，他夫人脚被车轧了，自己不能上班，还天天要丈夫搀着去看病，这段时间的家务肯定也是丈夫全包了，她内心自会有一种内疚感和烦躁感。而她丈夫的回答正是深入其心，"从来不病的，就这一回。"表达的意思是：你从来就没有麻烦过我，就这一次又算得了什么？这样体贴入微的丈夫，谁嫁了都是一种莫大的幸福。

容忍和体谅虽不如热情的感染力，似疾风骤雨，但却仿如丝丝春雨，能滋润人的心田。

2. 让对方知道你的批评是为他好

心理学家史京纳曾做了一个著名的实验，发现：在学习方面，有良好行为得到奖励的动物比有不良行为就受到处罚的动物学得快得多，而且也更能记住它所学的。人类也有着同样的情形。所以我们在激励别人进步时，一般应采用多鼓励、少斥责的方法。

但批评既然是照耀人灵魂的巨镜，那么有些批评就是必需的。比如要在领导面前展现才华，一味地迎合、赞扬领导，领导常常并不以为意，反而你能巧妙地、恰到好处地提出不同意见，领导可能就对你刮目相看了。

要真正地帮助一个人是离不开批评的，但批评又常易伤到别人的尊严，引起反感，我们怎样才能两全其美呢？

这个世界上被批评得最多的是飞机驾驶员。他们在进入飞机场时，控制台不断地纠正他们，飞高了，飞低了，偏左了，偏右了，他们从来都是诚心诚意地接受，没有丝毫抗拒。为什么呢？因为他们知道控制台是为了他们好，是为了他们能安全降落。

实际上，批评要不引起反感的最有效方法，就是：让对方觉得我们的批评是为了他好。

为了帮助好朋友，我们常常会大声地责备他，有时甚至会痛骂，他却并不生气，就是因为他知道我们这样做是为了他好。只要让人感觉到"我对你说这些是为了你好"，就能消除对方的抵触情绪。

有次上课，学生讲话，我狠狠地训斥了他一顿，他对我怀恨在心。下课后，我就将他叫到办公室，问他："你上课讲话我不管，学校会不会扣我的工资？"

他回答："不会。"

"你上课讲话，我批评你，你跟我顶嘴，我生气还要死很多细胞，我不管你岂不更舒服？对我又没有损害，我何苦要让你恨我批评你呢？你说为什么？"

"是为了我好。"

够了，这样的对话自然很快就消除了学生的抵触。

二、批评的方法

心理学理论告诉我们：批评和赞扬自己的某一部分，会有全部都受到了评价的感觉。比如赞扬某位小姐"你的眼睛真漂亮"，她会觉得你说她人很漂亮；批评某位小姐"你的嘴长得不好"，她会认为你说她人长得不好。批评往往容易被夸大，容易被对方误认为是对他整个人的攻击，因此批评就必须注意批评的方法。

有次应邀给某成教班上课，课前主持人将我大吹一通，仿佛请到我这样的人上课，是学生的莫大荣幸。待我从后面走上讲台时，一位学员毫不客气地说："原来是个小孩。"

这句话明显对我是个挑战，不理会降低我的威信，进而影响教学效果；而如果批评得不恰当，又会影响师生关系。怎么办呢？走上讲台后我就这样说：

"刚才我走上讲台时，大家都听到了，有位学员说：'原来是个小孩。'

我很欣赏这句话！他的意思是我没有什么了不起，他将来会比我更强。上次你们演讲时，我也在下面听。这位学员演讲结束时，将拳头攥得紧紧地用力一挥，说：'做人就是要这样！'的确，做人就是要有这样一种气概，我欣赏这种气概，但更欣赏的是徐悲鸿的一句话，'人不可有傲气，但不可无傲骨'。如果他将这句话放在心里就好了，说出来不够圆滑，因为我听了不高兴，如果我是他的领导，我就会给他小鞋穿。"

批评完后，我马上就叫这位学员发表感想。他道歉说，他为人就是这样，喜欢随随便便，并没有什么恶意。我的这种批评方式显然取得了效果。

批评要取得效果就要有批评的方法，下面介绍批评的技巧：

1. 从称赞和诚心感激着手

我的一位高中同学，在纺织厂当轮班长，手下管着一帮散漫的女孩。纺织厂工资低，工作又辛苦，人人都"身在曹营心在汉"，想换工作，所以工作起来吊儿郎当，很不好管理。可我这位同学管理的轮班，却是全厂出勤率、工作效率最高的。厂长要他介绍经验，他认为没什么好说，我问他，他说实际上很简单，每当这班女孩迟到或者工作效率不高要批评时，就先赞扬一下，比如："你的发型配你的脸形真漂亮，不过下一次打扮尽量少花点时间，要不迟到了影响不好。""你这件衣服真漂亮！不过这么漂亮的衣服穿在身上，工作起来未免碍手碍脚，降低效率。"这样的批评女孩们容易接受，又能保持彼此关系融洽。

如果你要拔牙，拔牙是很痛苦的事，那么医生会给你打针麻醉药，牙还是要拔的，但麻醉药却可以消除痛苦。同样道理，批评也是一件让人痛苦的事，而赞扬就是麻醉药，赞扬有助于将交往建立在友好的气氛中，使对方认识到我们不是在攻击他的自我，使他感觉到更加无拘无束。

通常人们在听到别人对他的某些长处赞扬之后，再去听一些比较令人不愉快的批评总是好受得多。

2. 间接地提醒他人注意自己的错误

美国著名管理人员史考伯有一次经过他的一家钢铁厂，看到几个工人正在抽烟。而在他们头上正好有一块大招牌，上面写着"禁止吸烟"。史考伯是否指着那块牌子说："你们不识字吗？"没有，史考伯才不会那么做。他朝那些人走过去，递给每人一根雪茄，说："诸位，如果你们能到外面去抽这些雪茄，那我真是感激不尽。"工人马上就知道自己违反了规则。

史考伯的批评方式没有一句指责工人的话语，反而给他们每人一件小礼物，如果他们遵守了规则，还是帮了他一个忙，这样的人谁会不喜欢呢？当面指责别人，有时只会造成对方顽强的反抗；而巧妙地暗示对方注意自己的错误，则常常使我们受到爱戴。

　　很多人在开始批评之前，都先真诚地赞美对方，然后一定接句"但是"，再开始批评。听者可能在听到"但是"之前，感觉很高兴，马上，他会怀疑这个赞许的可信度。对他而言，这个赞许只是要批评他失败的一条设计好的引线而已。生意场上的老手，在对方动人的言语之后，只要听到一句"但是"，马上就会神情紧张，全神贯注。要解决这个问题，只要把"但是"改为"而且"就行了。比如你的小孩数学考好了，语文没考好，你可以说："你的数学考得不错，但是语文考得不好。"他开始听你赞扬他数学考得好可能会很高兴，但久而久之，他就会知道你赞扬他只是为了一个"但是"，批评他的语文考得不好。我们何不把"但是"改成"而且"呢？"你的数学考得不错，而且我相信你下次语文也会考得很好。"这样，实际上是将批评化成了一种激励。

　　我有一位同事，教语文的，为人自视甚高。有次我请他帮我写了一个广告，文笔虽然不错，但过于文绉绉，无法让大众接受。我就对他这样说："你写的广告真是文采飞扬，到底学中文的，我就写不出来，而且我想像你这样的大手笔，再稍加润色，一定能做到雅俗共赏。"我的实质是要批评他没有做到雅俗共赏，但给他的感觉就好似我一直在赞扬他，这就是间接批评的效力。

3. 幽默批评可以化解敌意

　　我曾经给厂长经理培训班讲过课，其间我问他们："什么令你们最头疼？"有位经理告诉我："当我在大众面前正威凛凛地讲话时，夫人突然跑出来说：'你真笨！'令我最头疼。"接着他又问我："面对这种情况如何处理？"

　　这的确是一个让人头疼的问题。有位学员说："我当时不作声，回家再找她算账。"这样不行，夫人在大众面前打了你的脸，你就必须在大众面前找回来，否则，下属会笑你怕老婆，有"妻管炎"，影响你的威信。

　　古希腊大哲学家苏格拉底也曾遇到类似情况。苏格拉底娶了一个有名的长舌妇，别人问他，像他这样有名望的人为什么要娶一个泼妇。苏格拉底反问："好骑手要骑什么马？当然是烈马。如果我跟这样的人都能相处成功，那跟别人交往还会有什么问题呢？"

　　有次苏格拉底在讲课，正讲到得意处，夫人突然跑出来，劈头盖脸将苏格拉底臭骂一顿，越骂越气，最后一盆洗脚水就往苏格拉底身上泼去。待夫人走后，苏格拉底看着惊诧莫名的学生问："雷鸣过后是什么？当然是倾盆大雨。"

　　这种回答机警虽机警，但未免有些阿Q精神。这类问题难就难在既不能影响夫妻关系，还要适度回击夫人。此时最好的方法就是运用幽默的方式来回击。比如："我是笨，但我发现还有一个人比我更笨，那就是你，你为什么要嫁给我呢?"或者:"我是笨,笨得连家务事也不会做,都给你包了。"幽默反映了你并不笨,又不影响夫妻关系,同时还适度攻击了夫人。

幽默批评是间接批评中的一种重要方法,貌似开玩笑,实则暗藏玄机。比如某人在你面前大吹大擂,令你不胜其烦,你就可以用幽默批评中的不伦不类法:"我这一生最佩服两个人,一个是戈培尔,另一个就是你了。"

利用谐意也是有效的幽默批评。我有一位同事,为人十分小气,每次我们一起出去吃饭,一到买单时,他就要去洗手间或者要打电话,反正总有事。一次吃饭时,我故意装出吃惊的样子说:"你头上有一根白头发,我帮你拔掉。"他说不用,我马上接道:"你这家伙一毛不拔还想做人。"弄得他不好意思起来,主动去买了单。

4. 在批评他人之前,先谈到自己的错误

假如一个人一开始就谦虚地承认,自己也不是无懈可击的,那么听他再评断你的过失,也许就不那么难以入耳了。批评之前先说一些诸如"我以前也犯过类似错误""我年轻时也是如此",这类话都有助于降低对别人的伤害。

谦卑如果运用得当,在人际关系中的作用将是巨大的。一个人即使尚未改正他的错误,但只要承认自己的错误,就能帮助另一个人改变他的行为。

有位抽烟成瘾的老父亲,自己未能戒烟,却劝儿子戒烟,他这样说:"我抽了几十年烟,也戒了几十年烟,始终没有毅力戒下来,你看我现在咳得多厉害。儿子应该比老子强,我相信你一定能把烟戒下来!"

这种说法将自己的错误变成了一种对儿子的挑战。

5. 用"建议"而不下"命令"

我是当老师的,遇到学生上课讲话,为了让他下次不敢再犯,总要惩罚他。但惩罚过后,学生往往对我怀恨在心。怎样既能惩罚学生以戒下次,又让他不怀恨我呢?我设计了这样一个方法:

在开班会时,我首先问学生:"上课讲话对不对?"学生自然回答不对。我接着又问:"既然大家都认为上课讲话不对,还会影响其他同学的学习,那我们是否应该惩罚一下上课讲话的同学?"目的不在于真的惩罚他们,只是为了让他们印象更深刻,以免下次再犯。学生中有谁敢说不惩罚呢?否则说明他上课喜欢讲话。于是我让大家自己提出建议,对上课讲话者应如何惩罚。

同学纷纷提议，有的说罚扫地一星期，有的说罚扫地一个月，有的甚至说罚扫地一学期。最后还是我出来做好人，提议罚扫地三天。然后我问大家有不同意的赶紧举手，如果都没有意见，以后罚上课讲话者扫地可不能怨我。结果无一人举手，这条惩罚措施就通过学生自己的提议而确定下来。

以后再有学生上课讲话，我罚他扫地，他也无话可说，因为是他自己同意了的。

"建议"有时就是做一个笼子，让别人主动钻进来。还有一次，我们公司餐厅接到一份订单，有间公司要求我们送晚间加班餐。这笔订单虽然有利可图，但需要员工加班加点。为了避免员工抱怨，影响工作情绪，我们就将是否接订单交给员工讨论。首先我们强调这笔订单能增加大家收入，对公司也有好处，但不足的是，需要大家加班加点，吃点苦。在老板面前哪个员工不力争表现积极呢？纷纷表态：既有利于公司，又有利于自己，辛苦点又算得了什么？于是这份订单就由员工决定接了下来，既然是员工决定接的，工作辛苦他们也无法有怨言了。

聪明的管理者是不会用"做这个或做那个"，或是"不要做这个或不要做那个"的语气来讲话的。他们经常说的是"你可以考虑这个"或"你可以考虑那个"，"你认为这样做可以吗"。像这种方法维护了人们的自尊，表明了我们对他的尊重。

请求总是比要求带来更多的合作。当我们要求时，我们使别人扮演了奴隶的角色，而我们自己成了监管奴隶的人；当我们请求时，我们是把他放在了协作成员的角色中，他是我们的合作者。

6. 让他人保住面子

有家商场在招聘售货员时曾出了这样一道题：有位顾客要求退换衣服，说："绝没穿过。"作为售货员，你现在发现了明显的干洗痕迹，怎样处理？

这道题的答案可谓五花八门，但回答得优秀的并不多。这道题难就难在：首先，顾客是上帝，一定不能得罪；其次，这件衣服已经干洗过了，又绝不能退换。怎样才能做到两全其美呢？如果我们直接指出衣服上明显的干洗痕迹，顾客虽理屈词穷，不好意思再要求退换，但让顾客下不了台，因为她说过"绝没穿过"。正确的回答应该类似于这样：

"我想是否你的家人将这件衣服错送到洗衣店去过。记得不久前我也发生过同样的事情，我刚买了一件衣服，试穿后，与其他衣服放在一起，结果我丈夫以为是脏衣服，将它送去了洗衣店。我怀疑你可能也遇到了同样的情况——因为这件衣服确实显出已经被洗过的明显痕迹。"

顾客看了证据，知道是自己错了，而售货员已为她的错误找好了借口，给她打开了一扇门，她可以从那里逃跑了。

我总记得这样一句俗语：树要皮，人要脸。面子是做人的尊严的一种外部表现，任何人都没有权利去贬抑他人的自尊，保住他人的面子，在某些情况下是非常重要的。很多人常常却忽略这一点，残酷地抹杀他人的感觉，又自以为是。实际上一句或两句体谅的话，对他人态度作宽大的了解，这些都可以减少对他人的伤害，维护他人的面子。

保住他人的面子，不仅仅是一种批评的艺术，同时表明我们会做人。

大学毕业后我去考过一次研究生。考完后同事问我考得怎么样，我回答："像我这样的人还有考不取的吗？"大话说出去了，岂料分数出来后我却落选了，同事都说我喜欢吹牛皮，弄得我尴尬得要命。可一位同事替我解围说："他是考得很不错，只是外语差了几分，谁都免不了会有些失误的呢！我倒是欣赏他做人的这种信心。"他这句话让我至今都感激不尽！

要批评别人，又要保住他人面子，在批评中就要注意以下几点。

a. 批评必须完全在私下进行

要想批评取得效果，就绝不能与别人的自尊相对抗。时刻要记住，我们的批评目的只是使对方回到正确的航向上来，而不是去贬抑他的尊严。即使我们的动机是高尚的，而且对批评别人抱有正确的态度，但也要注意往往是对方的感觉在起作用。而有其他人在场时进行批评，哪怕是最温和的方式，也很可能引起被批评者的怨恨。不论是否辩解，他会感到他在同事和朋友面前丢了面子。批评就要在私下进行。

b. 使批评与人无关，批评行动而不是人

我们可以通过批评对方的活动或行为而不是他这个人来避免伤害别人的自尊。比如某位女孩打字错了，正确的批评方法是"这个词打错了"，而错误的批评方法却说："你真是一个糟糕的打字员。"无论如何，我们所要批评的毕竟是她的行为，不要动不动就扩展到她这个人。批评人只会引起对方的抵触，对方也不明白为什么要被批评，不知道要改进什么；批评行动却会使对方明白为什么要被批评，需要改进什么，而且又不伤害对方的自尊。这才是批评的目的。

c. 一个过错一次批评

如果我们想对一个已知的过错引起注意，往往一次提醒就足够了，批评两次完全没必要，而三次就成了唠叨。要记住我们的批评目的：使工作得以完成，而不是在一场斗争中取胜。总是把过去的错误翻出来并且唠唠叨叨地讲个没完，对我们来说完全是愚蠢和无效的。每个人都有一些应该埋藏的过去，又从中去翻些错误和过失来，这决不会帮助别人做得更好，只会让人觉得你喜欢用老眼光看人，早就将他看瘪了，这样更可能产生完全相反的结果。

d. 在友好的方式中结束

任何批评都应在友好的基调上得以解决，才算真正结束。正确的批评结束语应是："我知道我可以相信你了。"而错误的是："那么，现在已经教给你了。以后可不许再犯。"前者是一种激励，而后者带有一些斥责。

第三节　赢得争论的方式

我喜欢叛逆者，叛逆者能推动社会前进。普罗米修斯不就是一个叛逆者吗？他盗天火给人间，给人类带来了温暖。但我觉得他盗给我们的不仅是火，更是一种精神，一种叛逆的性格。叛逆就是一种不屈服，不屈服于命运，不屈服于强权。爱因斯坦的叛逆，令他创造了相对论，奠定了现代物理学的基础。毛泽东的叛逆，使他领导人民推翻了旧体制，建立了中华人民共和国。叛逆就是一种不等闲，就是一种对创造的渴望，就是一种豪情。大众也喜欢叛逆者，孙悟空，以及《水浒传》中的那些脍炙人口的英雄人物不都有着叛逆的性格吗？所以他们能被人传诵千古。但叛逆也要有方法，叛逆就是争大胜而不争小胜，并不是要你处处与人作对。

喜欢争论就是一种争小胜的行为，喜欢争论的人正是属于那类婆婆妈妈，喜欢斤斤计较，把自己位置摆得很低的人；是一种思想上的琐碎者，行动上的无能者，也就是自尊水准很低的人。

如果有人问我人生的教训，那么我会毫不犹豫地告诉他：不要争论。争论正是导致我们人生失败的重要根源。

下面的例子只是小事，但争论能坏小事，也能坏大事。

在武汉地区打扑克牌时，将"Q"读作"团"（音）。有一天在电影院门前，我见到了一场因此而起的笑话：

两个人一道准备看电影，其中一位看着广告牌上的电影名说："哎，今天放《阿'团'正传》。"

边上一位笑着指正："叫你读书你要逃学。不是《阿'团'正传》，是《阿Q正传》。"

"明明是'团'怎么是'Q'？你打扑克牌不是读J团KA吗？"这位不服气地说。

偏偏另一位文化水平也不高，只知道读"Q"，也不知道为什么，结果两人争吵起来。引来不少围观者，两人更加各不相让。最后两位本来满怀兴致一起来看电影的伙伴，弄得电影也没看就不欢而散。

这就是争论的结果。

那次我去上步食街吃野味。因我常来这餐厅，所以每次老板都八折优惠。酒足饭饱后，结账时我发现账单上价钱与我估算的出入很大，就叫老板重新算。老板边走过来边说："不会错的!"拿出计算器重新计算。这时他也发现账单错了，就偷偷将几个菜的价钱提高，我一见顿时生起气来，对老板说："连我这样的熟客你都骗，以后我绝不再来你这里! 还要告诉我的熟人也不来这里!"

老板一听顿时也拉下脸来说："我没有说打八折，所以价钱没问题。"

这样，我俩争吵起来，但老板的确没有说过八折优惠，最后我没办法，还是付了全部钱。

如果我换一种方式，心平气和地指出老板的错误，老板也不愿意得罪熟客，这本是一个很容易解决的问题。但我一时控制不住自己，威胁了老板，他的自尊逼使他宁愿得罪我，也不低头。结果还是我吃了亏。

你不妨回忆一下，在你的生涯中你赢得过争论吗？一定没有，你不可能赢得过争论。

一、从争论中获胜的唯一秘诀是避免争论

美国心理学家布斯和鲍顿曾调查了一万例真实的争论。他们偷听了出租汽车司机、夫妻之间、推销员和柜台服务员的争吵。他们还听了联合国的辩论，在听的时候，他们记录下谁赢得了争论。

结果发现职业辩论家，那些政治家、联合国代表，在使他们的意见被接受方面，反而不如走街串巷进行游说的推销员成功。为什么会有这种现象呢？一个重要的原因就在于：专业辩论的目的是要推翻相反的意见，或者"揭穿"相反的言论。而与此相反，推销员只是试图诱发一个观点来使对方改变主意。

布斯和鲍顿的研究告诉我们，使自己的观点被别人接受的最好方法是循循善诱。争强好辩是不能解决问题的，对方很容易把它当成是对自尊的威胁和攻击，为了捍卫尊严，他势必不会认输，即使明知自己错了，他也会顽强抵抗。

争论是完全情绪化的、非理性的。一旦争论发生，即使你说得头头是道，对方也不会接受，这时完全是他的感觉在起作用。伴随着争论出现的，必定是叫嚷、威吓、羞辱、奚落，完完全全的一场个人争斗。争论最大的弊端正是将双方观点上的冲突转变为了自尊的冲突，也就注定了没有人能赢得过争论。要是输了，当然你就输了；即使赢了，还是输了。因为你已经得罪了人。

争论只会使事情愈来愈糟，避免争论、循循善诱才是取得共识的途径。

很多学员问我，在投标中作为乙方，遇到甲方给下马威，苛刻地指责缺点时，应该怎么办？

此时的关键，就是首先要避免争论。一旦争论发生，不可避免就造成了与甲方的敌对情绪。所以当甲方指责你时，不要急于反驳，暂时应和他

的观点。甲方挑乙方的毛病，往往只是为了打击乙方的信心，有利于还价，而并不是要拒绝乙方。他挑完缺点后，自然会去谈论优点。这时，你再趁机去改变他的观点。

美国纽约怀德汽车公司的明星推销员欧哈瑞，谈了他推销卡车的经历：

"以前，当我走进顾客的办公室，对方说：'什么？怀德卡车？不好！你送我都不要，我要的是何赛的卡车。'我就会据理力争，挑何赛卡车的毛病，但往往我越批评别的车子不好，对方就越说它好，有时虽然我的专业知识能让我将对手辩得无言以对，但当我满怀胜利感地走出去时，我的车却没有推销出去。

"以后再听到这类话，我就会说：'何赛的货色的确不错。买他们的卡车绝对错不了。何赛的车是优良公司的产品，业务员也呱呱叫。'这样他就无话可说了，没有抬杠的余地。

"如果他说何赛的车子最好，我说没错，他只有住口了。他总不能在我同意他的看法后，还说一下午的'何赛的车子最好'。接着我们不再谈何赛，我就开始介绍怀德的优点……"

争论所引起的只会是个人争斗，为维护自尊，没有人会在争论中认输。这个道理谁都明白，但要做到不争论，却的确困难重重。我教人际关系，给数千学员传授不要争论的道理，最近我却又去与人争论，险些坏了大事。

学校近来评职称，评一级教师要满足两个条件：一是1984年前本科毕业；二是被评为二级教师满五年。第一条我刚好符合，但第二条就有问题了。由于我调来深圳第一次评职称时，内地单位还未将我被评为二级教师的材料转到，结果学校办事员为了省事，就将我作为未评职称的教师重新申报，这样我被评为二级教师就没满五年。为此我去找办事员，有些怨气地对她说："就是你！上次我说将原单位材料转来，你偏说不用，重新申报也没关系，这下可好了！"

办事员一听，怕承担责任，马上就不认账，说："明明是你自己怕麻烦，要我重新申报，怎么怪我?!"

我一听就有些恼火，说话也冲起来。对方随即脸色也变得难看了。眼看一场风暴就要降临，还算我刹车快。我一想事情已经发生，争论有什么用？即使弄清楚责任完全在对方，又于事无补，只会更加得罪对方。何况要想补救方法，还得依靠她。于是，我强迫自己冷静下来，换用一种轻松的口气说："看来我被逼急了，正可谓'狗急跳墙'。对不起！这件事不管怎样说，主要责任在我，我为什么不将原单位材料即时带来呢？怪不得别人。"

这样一说，对方的脸色也缓和下来。我接着就问："现在只有想办法补救，你看能不能给我开个证明，说明我评二级没满五年的原因？"

对方心里本来多少都有些内疚，见我这样一说，就同意了。而且在以后，她还尽量想法帮我，为我最终评上一级尽了不少力。

这一次的争论，还算自己醒悟得早，最终避免了。但更多的时候，却是与人争论后，自己吃了亏，才后悔："说不与人争论的，又与人争论。"

人天生就好斗，攻击性、侵略性正是人的动物本能，而且人的尊重需要，决定了人有争强好胜心理。这一切都使避免争论变得困难异常。

那么，我们如何才能做到避免争论呢？

1. 低水准的自尊意味着摩擦和麻烦

人们常说："阎王好惹，小鬼难缠。"在社会上与人交往，往往官越大，越好说话；反而是一些官不大的人，想过官瘾，表现自己的权力，有意刁难你。

怎样的狗才咬人？只有饿疯的狗才咬人。同样道理，也只有缺乏自尊的人，才总喜欢与人争论。甚至别人无关紧要的一瞥或者一个稍显苛刻的字眼，在他们看来都无异于一场灾难。他们能把别人毫无恶意的批评看作针扎刺蜇，或者觉得别人的话锋芒在内，一语双关。低水平的自尊使他们遭受痛苦的折磨。

那些喜欢吹牛、长于炫耀和大言不惭的人，那些傲慢的人，那些恃强凌弱者，他们试图通过压制别人来表现自己的重要性，努力使对方感到自卑。实际上，他们自己恰好在承受着自己瞧不起自己的痛苦。

低水准的自尊就意味着摩擦和麻烦。要避免争论，首先就要建立高水准的自尊，将人生定位在高格局上，做人争大胜不争小胜。如果一个人认定自己可以做一些更有价值的事，那么他势必对自己充满信心，也就会努力去追求一种真正的出类拔萃。这样的人当然不会在小事上斤斤计较，不会对人颐指气使来表现伟大。也只有这样的人，才胸怀宽广，容易谦让，待人热情、大方，也就自不容易与人争论了。

德国大文豪歌德，有次在狭路上遇到了他的冤家对头。对方毫不避让地昂首挺胸迎着歌德走来，说："我绝不给傻瓜让道。"歌德却赶紧闪到一边，说："我则恰好相反。"

遇见了傻瓜就赶紧让道，不与傻瓜做无谓之争，这就是高水准的自尊。我国古代的韩信也是如此。他自视极高，以至于不愿与无赖做意气之争，而从人胯下钻过。能忍受常人之所不能忍，这才是真正的勇者。

2. 低压力是避免争论的秘密

心理学家曾做了一个实验。将大学生分成两组，一组用夸张的手段宣传忽视牙齿卫生的危险：牙齿腐烂、牙龈有病、癌症等等；另一组则以平静的方式，从科学的角度说明忽视牙齿卫生的坏处。宣传一周后发现：没有实行恐吓策略的一组，反而能更仔细地按照讲解所提出的要求去做了。

心理学研究表明，使意见得到接受的最好办法是：放弃威胁和强迫的企图，而采用平静地陈述事实的方法。

有些人一旦自尊受到攻击，就变本加厉，疯狂地叫嚣，威胁别人，仿佛他的恶意叫喊、凶巴巴的表情就能吓倒对方。我永远不相信直截了当的威吓的真正效力，使用恐惧或威吓策略，别人会关闭头脑不接受你的思想，不论你的思想是多么聪颖。人都有"不争包子争口气"的雄心，一旦你的攻击伤到了他的自尊，他必然奋起反击。

请记住"叫得最响的并不一定就是好牲口"，威胁正是无能的表现。威胁只会激发人的"逆反心理"，而导致争论。不要在任何事情上威胁别人，即使必要，也应以婉转、间接的方式，表现出你迫不得已而为之。这样你的威胁，就只是威胁对方的利益，而不是自尊，因为你也是迫不得已的。

"低压力"是避免争论的秘密。

二、避免争论的技巧

善不善于避免争论，实质上是人的修养问题，但从技巧的角度出发，我们也要注意以下几个方面。

1. 尊重别人的意见，不要随意指出对方错了

有位学员曾给我讲了这样一件事：

"我去黄山旅游，听见挑夫与人吹牛，说鲁迅与他同姓，姓鲁。我就笑着问他：'鲁迅姓鲁吗？'他回答，鲁迅当然姓鲁。我告诉他，鲁迅不姓鲁，姓周。他不信，我俩就争论起来。但谁也说服不了谁，我们决定打赌十块钱，找旅游点管理员评判。结果管理员一听就说：'这有什么好争的，鲁迅当然姓鲁了！'

"结果这场无端的争论，平白无故让我损失了十块钱。"

这位学员指出别人错误的代价，只是让她破费了点钱财；下次你去指责别人错误时，可能就不止如此了。

一个人正在吹嘘自己学问大，知道鲁迅姓鲁时，你何必要去扫他的兴，指正鲁迅姓周呢？这岂不是让他下不了台吗？如果一个人拿着一杯毒药当

糖水喝，那你倒要马上告诉他，那不是糖水是毒药。但鲁迅姓鲁还是姓周又有何大不了，非要你纠正的？

我们要想对人施加影响，就要善于利用人的本性而不是逆此而行。如果你告诉一个人，他的想法是愚蠢的，他就会越发保护它；你嘲弄他的立场，他为了维护面子就不得不与你抗争；你指责了别人的自尊，就会使自己成为不受欢迎的人。人有时就是这样，你指出他的错误，他不愿意承认；但你夸奖他，他反而能主动承认自己的不足。

我曾经买了一个小书柜，花了四百多块钱。有天一位熟人来我家玩，问起书柜，一听四百多块钱就说："你怎么这么傻！花四百块钱买这个书柜，太贵了！"我赶紧解释说是日本进口的，这么漂亮怎么算贵呢！可第二天又有位熟人来我家玩，看见这书柜，连声称赞：很漂亮！买得很好。我却告诉他："漂亮是漂亮，但可能买贵了。"

第一位熟人指责我，我如果承认了，就说明我真笨，所以我要加以辩解；第二位熟人赞扬我，我内心觉得买亏了，在他面前承认，不会伤及自尊，也就自然流露出来。这就是人的心理。

2. 如果你错了，就勇敢地承认

我有好几次骑自行车违章的经历了，但应对的方法不同，导致的结果也截然不同。

有次在内地，我与公司经理踩着一部自行车去看深宵电影。路上遇到一熟人，开着汽车，也要和我们去。于是，我们将自行车放在汽车上，就一齐坐车去了。

本来已经深夜了，应该没有警察，但不知那天那个警察是否失眠睡不着觉出来溜达，恰好碰到我们，以为我们是偷自行车的，要停车检查，出示车证。谁天天将车证带在身边呢？更何况一部旧自行车，车证早已不知哪里去了。警察就要扣住自行车，要我们凭自行车证再来领。

本来一部旧自行车，不要也就罢了。偏偏司机多事，临走还要说一句："一部破自行车值几个钱？不要了！"

警察一听，马上叫道："回来！"又把我们叫转头说："如果你们真是偷自行车的，这样走了，不就走了。不行，把身份证留下来。"我们赶紧赔小心对警察说好话，但没有用，身份证硬是给扣下了。

没有身份证我可回不了深圳，连股票也没法炒。但自行车证又的确找不到，警察完全有理由扣下我的身份证。

没办法，第二天我们只好费尽功夫去打听那天可能是哪个警察睡不着觉出来溜达。打听到了，又通过熟人请他出来吃饭，解释原因。就因为司机顶了一句嘴，为要回身份证，花的功夫不说，请客就用了几百元，抵上几部自行车了。

还有一次，我和一位同学去拜访熟人。出来的时候，正巧碰到下雨，当时我们只有一部自行车，考虑到已是晚上10点左右了，虽然交通规则规定10点半以后骑车可以载人，但因为天下着雨，我们想不会有警察。因此，我就大胆载着这位同学拼命往前踩。雨下得越来越大，我俩的眼镜都被雨水蒙住了，只觉得前面一片模糊。突然，我发现车前有人，赶紧刹车，惯性将我俩都摔到了地上。待我俩浑身泥水狼狈不堪地爬起来时，才发现面前站着的原来是位警察，这下完了。我俩一副低头认罪的模样对警察连声道歉："对不起！对不起！我们不仅骑车载人，还差点把您撞着。"

警察看着我们落汤鸡般的模样内心直想笑，但仍板着脸孔问："你们明知载人不对，为什么还要载人？"

我回答说："已经很晚了，天又下着雨，我们没带伞，想快点回家。"

"既然这样，还不快走！"警察说。

我一听叫我们走，当然赶紧就走。那位同学还不敢上车，警察在后面说："你上车吧，前面没有警察了。"

警察管人是为了维护秩序，但在潜意识中也有一种获得自尊的满足，他最讨厌别人顶嘴。当你在他面前主动承认错误，表示对他的尊重时，他的虚荣心就已经获得了满足，所以往往对你宽大处理。

有次在深圳，我骑车载人，被警察叫住。因为我有急事想快点脱身，知道骑车载人罚款五元。我边走过去边掏钱，到了警察面前，警察说："罚款五元。"话音未落，我五块钱就已送过去，警察一看顿时说："你很有钱？"我急忙回答："不是，不是，罚谁五元钱都心疼，我是知道自己错了，甘愿认罚，下次保证不敢了。"警察一听这才罢了。你掏钱掏快了，他都不满意，你要表现出很心疼、很不舍得的样子，他就高兴了。

别人有错误，不要轻易地去指责，但如果自己有错误呢？那就要很快地、很直率地承认。

承认错误不仅仅表明你有勇气，也是一种技巧。这个世界上傻瓜都知道为错误辩解，但只有聪明人才知道承认错误。你犯了错，明知别人要批评你，你何不抢先把他要责备你的话自己说出来呢？他一定拿你没办法，十有八九他会以宽大、谅解的态度对待你，忽视你的错误。因为当你责怪自己时，唯一能增强他自尊心的方法，就是以宽容的态度对你表现慈悲。

我在中学当班主任时，有次忘了通知学生开会带板凳。结果第二天全校学生中唯有我们班学生背着书包，这下又要被校长在大会上点名批评了。为此，我主动去找校长，对校长说："真对不起，我犯了一个大错误！忘了通知学生开会带板凳。"

校长听后说："你们年级组长当领导的，为什么也不通知学生呢？"

我说："主要怪我,他提醒过我要我通知学生的,可我却忘了。"

校长又说："那些科任教师呢?你年轻嘛,他们应该关照一下。"

"他们可能以为我通知了,所以没说,全都是我不好。"我主动承担责任说。

校长说："既然这样,你们班就不要去开会了,免得影响不好,在教室上自习,你去听一下,然后再传达给学生。"

结果这件事就这样过去了。开大会时,校长也没提。如果我不去主动认错,我想我一定又要被批评得狗血淋头。

你犯了错,还要为自己狡辩,别人会认为你根本不想改正,从而更厌恶你。

袁伟民率领女排鏖战洛杉矶奥运会,分组赛输给了美国队,袁伟民对记者说,责任全在自己,不怪队员。报纸评论,说他有大将风度。

国家足球队教练,亚运会期间,在家门口率队输给了泰国队,引起轩然大波,在记者招待会上,他却把责任推到队员身上:"要他们不要横传、回传,他们偏偏如此。"我听了就很反感,作为教练,队员没听你的,还不是你的责任,怎能一股脑儿地怪罪队员呢?结果那期的《足球》报上,整版都是球迷写信指责他的。

承认错误,不只可以清除罪恶感和自我卫护的气氛,也有助于解决这项错误所制造的问题,能避免争论。

3. 将别人置于"是的"气氛之中

获得"是的"回答的最好方法,是将别人置于"是的"气氛之中。如果你想让别人对你提出的问题回答"是的",你就不妨预先设计一系列别人非回答"是的"不可的问题。这种方法是古希腊哲学家苏格拉底发现的,所以又称"苏格拉底法"。

我有一位熟人在储蓄所工作,随着改革开放的大潮,他们试行奖金与储蓄额挂钩制度,为此他们常常四处活动,争取客户存款。他给我讲述了这样一段经历:

有位客户,同事去动员他存款,他一口就回绝了,说经济条件不好,没余钱。我了解苏格拉底法,很想试一下,经过一番准备后,就去拜访他。

开始他一见我是银行的,就说家庭环境不富裕,没有余钱。这时我告诉他我了解他的处境,然后问他:"您是不是有一个女儿、一个儿子?"

他回答:"是的。"

我又问:"您女儿是不是在读高中,儿子在读初中?"

他惊奇地回答:"是呀。"

我继续问:"您女儿是不是将来准备考大学?儿子将来也准备考大学?"

他说："是的。"

我马上接道："既然您现在经济条件都不太好，那时不是更紧张吗？"

他觉得有道理，说："是的。"

"既然如此，"我说，"那您现在有意识地存点钱，将来是不是会好过一点呢？"

他思考后回答："是的。"

我终于用"是的，是的"法则赢得了一个客户。

人都有心理惯性。当他不断说"是的""是的"的时候，惯性心理会让他继续"是"下去。一个人回答"是的"，他全身对外都处于一种松弛、接受状态。而一旦说出了"不"字，这不仅仅是一个简单的四画字，还表明他的整个组织——内分泌、神经、肌肉——全部凝成一种对外抗拒的姿态，身体形成收缩。一个"不"字是最难逾越的障碍，而"是"则是扫除障碍的通行证。

让人回答"是的"，的确是一种很妙的方法。如果你有机会向意中人求婚，不妨先套取一连串"是的"的回答，比如："这里景色真美啊！""这里的花真漂亮，是吗？"让对方在愉快的心情下回答"是的，是的"，然后再表露你的心迹，请求同意，这样有利于达到目的。

但千万要注意某些得到"是的"回答的问题，却会带来相反的效果。比如："今天真是热得让人心烦呵。""这棵树太难看了，对吧？"这些问题虽然也能得到"是的"回答，却会使人变得郁闷和压抑，处于否定的心境中。

4. 温和的声调是化解争论的良药

美国肯尼奥恩学院的语言研究所证实：当通过电话和通信装置来下达指示时，小声下达的指示，得到的回答也小声；大声的指示，得到的回答也大声。也就是说接受指示的人简直不可避免要受到下达指示的人声调的影响。

同样，在双方的交谈中，不论听话的人多么努力克制，他自己的声调还是随着讲话者的声音的高低，而成比例地起伏。当温和地提问时，得到的回答也温和；当高声提问时，回答也一样。

这一条可以帮助我们制约别人愤怒。你问自己：你是因为生气而大声说话呢，还是因为大声说话而生气？这样的问题似乎是在问："是先有鸡，还是先有蛋？"一般情况，你可能是因为生气而大声说话，但有些时候，你也有可能是因为大声说话而越说越气。有一点是可以肯定的，即你越是大声说话，就会益发恼怒。心理学已证明：如果你保持声音温和平静，就不会变得愤怒。心理学家也承认了《圣经》中古老成分的科学性："温和的回答消除愤怒。"

知道了这条规则，你就可能把别人的情绪控制到一个令人惊讶的程度。当你发现自己处于一触即发的情景，也就是处于一种紧张的环境中，看起来似乎随时都可能难以控制时，你就应谨慎地降低自己的声音，维系平和状态，这样在很大程度上可以迫使别人也保持声音柔和，只要别人将其声音定在平稳的调子上，他一般就不会变得愤怒和易动感情。当然，如果等到别人已怒从心起，这条规律也就毫无效力了，所以你应该用这种技术把愤怒消除在萌芽状态。

温和的回答有助于消除恼怒，同样友善的姿态也有利于避免争论。

我喜欢一则寓言：

太阳和风争论谁更强而有力，风说："我来证明我更行。看到那儿一个穿着大衣的老头吗？我打赌我能比你更快使他脱掉大衣。"

于是太阳躲到云后，风就开始吹起来，愈吹愈大，大到像场狂飙，但是风吹得愈急，老人愈把大衣紧裹在身上。

终于，风平息下来，放弃了。然后太阳从云后露面，开始以它温煦的微笑照着老人。不久，老人开始擦汗，脱掉大衣。太阳对风说，温和与友善总是要比愤怒和暴力更强而有力。

这个世界上最受欢迎的，都是那些温和、友善的人，俗语也说："伸手不打笑脸人。"你始终以友善、以仁慈对待他人，"一个巴掌拍不响"，双方就无法争吵。

美国著名企业家洛克菲勒，曾经面临工人大罢工。当时政府派出军队镇压，使许多工人躺倒在血泊中，这一举动更激起了工人的愤怒，他们高嚷着："吊死洛克菲勒。"但洛克菲勒始终保持平静和友善，去工人家里拜访他们的妻儿老小，与工人交朋友，交心谈心，最终打动了工人。

洛克菲勒用友善的方式，平息了一场举世瞩目的风暴。

始终以友善的姿态待人，保持温和的声调，这既是你良好教养的表现，也使争论永远无法发生。

本章要点

一、赞美的威力

1. 真诚的赞扬和欣赏是激励人的最佳动力
2. 真诚的赞扬和欣赏是一种美妙的人际交往技巧
3. 让人觉得赞扬是发自内心

4. 赞扬的方式

a. 微笑

b. 记住他人的名字

c. 做一个好的听者

d. 赞美最细小的进步，而且是每一次的进步

e. 真诚地请对方帮一个忙

5. 物质奖励要起到吊胃口的作用

二、批评的技巧

1. 不要作无谓的批评、指责、抱怨

a. 要善于了解和谅解别人，要有容忍心

b. 让对方知道你的批评是为他好

2. 批评的方法

a. 从称赞和诚心感激着手

b. 间接地提醒他人注意自己的错误

c. 幽默批评可以化解敌意

d. 在批评他人之前，先谈到自己的错误

e. 用"建议"而不下"命令"

f. 让他人保住面子

三、赢得争论的方式

1. 从争论中获胜的唯一秘诀是避免争论

2. 避免争论的技巧

a. 尊重别人的意见，不要随意指出对方错了

b. 如果你错了，就勇敢地承认

c. 将别人置于"是的"气氛之中

d. 温和的声调是化解争论的良药

第四章　使你成功的秘诀

有位企业家这样说："利用别人赚钱的人，才能赚大钱。"

我佩服凭真本事吃饭的人，是条血性汉子；但我更佩服会利用别人本事干事业的人，因为他们才能取得更大的成功。汉高祖刘邦，带兵打仗不如韩信；运筹帷幄，决胜千里不如张良；治国安邦不如萧何。真本事没有一项比过别人。他之所以成功，正如韩信所说："我会带兵，但高祖会领将。"

你聪明，我会用你的聪明，那我比你更聪明。最聪明的人善于将别人的力量凝聚起来，变为己用。

这个世界上有真才实学的人，最终都为别人所用，很大程度上成为别人的工具，原因在于他们精力都陷于自己的才学，没有注意利用别人。人生成功的捷径，就是将别人的长处最大限度地变为己用。

第一节　让人做事的三种方法

一、强迫

美国得克萨斯州有个奇特的大富翁，在家中做了一个大水池，里面养了许多凶猛的动物，像水蛇、鳄鱼之类。有次，这位大富翁在家中举办大型舞会，高兴起来，就领大家来到这个水池旁，对众人挑战般地说："如果谁敢从水池的这一端游到另一端，我可以给三个优厚的奖励条件选择。第一，一百万美金；第二，一千英亩的土地；第三，可以娶我年轻貌美的女儿。"

他的话音未落，就有人"扑通"一声跳到了水里，以几乎破世界纪录的速度飞快地游上对岸。富翁一看，居然有人这么勇敢，就要兑现他的诺言。于是问这位勇敢者："你想要一百万美金吗？"这位勇敢者摇头说不。"那么，是一千英亩的土地？"答案仍然是不。"看来是想要我年轻貌美的女儿了。"当这位勇敢者又说不时，富翁有点发火了："你这也不要那也不要，到底想要什么？"这位勇敢者立即回答："我想要知道是哪个混蛋把我推下去的。"

这个故事告诉我们，恐惧感对人有极大的阻吓力，那么强迫也就是让人做事的方法之一。别人不做你可以威吓甚至用枪强迫他去做。你平常跑步可能不快，但如果现在后面有只老虎追你，我相信你此时的跑步速度一定是前所未有的。

二、利诱

假设有一头驴子，如何让它进磨房？用强迫的方法，鞭打、硬拽，显然愚笨。聪明人是在驴子的鼻子前面挂一根胡萝卜。驴子喜欢吃胡萝卜，就会往前去吃，但胡萝卜挂在驴子的鼻子上，驴子向前，它也就跟着向前，这样胡萝卜始终在驴子前面，引诱驴子向前。

利诱，是让人做事的第二种方法。

唐太宗李世民外出巡游，看着河上来往穿梭的船只、忙忙碌碌的人群，问随从："他们忙什么？"随从答："他们有的做生意，有的赶考，有的外出……"李世民笑着打断说："天下熙熙皆为利来；天下攘攘皆为利往。"

世人百般忙碌为哪般？李世民一语道破真谛：利。利，就是引诱人的最好胡萝卜。

三、激发人内心的渴望

现在有个智力竞赛题：如何让一匹马喝水？强迫，将马头强按到水里，这种方法谁也不会用。利诱，马喝了水给它奖励。马没经过训练，也不懂。此时最好的方法是给马吃草，在草中放盐。马吃了盐，就会口渴。口渴了，自然要喝水。这时你不让它喝还不行呢！让马喝水的最好方法，是让它心里想喝，自己要喝。同样道理，让人做事的最好方法，就是让他心里想做，自己要做，激发起他内心的渴望。

强迫、利诱只是外在的力量，虽然有时也能引发人内心的欲望，但毕竟是单调的、肤浅的，而激起人内心的渴望却是一种思想方法，阐明了问题的关键：以调动人内心的渴望为出发点。这样焕发的力度才深沉、持久，才巨大无比。

第二节　成功的秘诀

成功有没有秘诀？标榜成功秘诀的人，是不是走江湖卖狗皮膏药的骗子？当然，如果你把成功的秘诀看成是藏于深山的武功秘籍一类，一看就会武功盖世，这种秘诀当然没有。但你去研究就会发现，这个世界上所有成功者，指导他们行为处事的思想方法居然如出一辙。既然这种思想方法能使他们取得辉煌成功，那么，它自然也能成为你的处事良方。

这就是激起别人内心迫切的渴望。

激起别人内心迫切的渴望，用这种思想方法取得成功的例子，实在是不胜枚举。

毛主席为什么能领导共产党，从小到大，以弱胜强，打败蒋介石八百万军队？其中一个重要原因：激起了中国大众的内心渴望。

中国是一个农业大国，农民占了人口的绝大多数，谁赢得了农民谁就赢得了中国。而在落后的旧中国，农民最渴望的就是土地，土地是农民的命根子。谁能给农民土地，谁就赢得了农民，从而也就能成功逐鹿中原。毛主席精辟分析形势，抓住问题的关键，成功地提出"打土豪，分田地"，发动了轰轰烈烈的土地革命运动。

打倒了土豪，就分掉他们的田地，不再受压迫，农民自然纷纷起来革命。土地革命的胜利也为中国革命的最后胜利奠定了基础。

麦当劳为何能消除国界，打破饮食习惯的不同行销世界？当然，麦当劳已成为一种文化，原因自然多种多样，但其中一个重要原因却是：麦当劳处处顾客至上，千方百计激发小孩的渴望，让人们从小就习惯麦当劳的饮食。

我同事的小孩每周都吵嚷着要去麦当劳，"给我买个滑嘟嘟""给我买个回力巴士"。麦当劳最大的成功在于它不仅靠食品吸引人，还每周不断设计出花样翻新的玩具，激发小孩内心的渴望。再加上笑容可掬的麦当劳叔叔，精诚周到的服务，充满魅力的宣传，小孩去麦当劳那就真如过节一样。这样的举动真是一举两得，小孩吵嚷着要去，大人自然也得去，以小孩带动大人；同时又从小养成了人们吃麦当劳的习惯，让麦当劳生生世世在人们心目中扎下根。

麦当劳不仅想方设法吸引小孩，它还尽量运用周到的服务吸引成人。我去麦当劳不仅领略到整洁的环境、周到的服务，连去洗手间都感受到麦当劳的温馨。

洗手间墙上有一段幽默对话：

一人乞讨，人问："你讨钱为什么？"

"讨钱买酒喝。"

"喝酒为什么？"

"为了壮胆气。"

"你要壮胆气干什么？"

"好再去乞讨。"

麦当劳让你去洗手间都不感到无聊，处处让你感受它的关怀。这样周到的服务能不激起顾客的欲望吗？

成功者之所以成功，在于他们善于激发人内心的渴望。引起对方的急切欲望，能做到这点的人，会掌握、拥有全世界；不能的人将孤独一生。

不要经常去谈论我们所要的，这是很孩子气的。当然，你感兴趣的是你所要的，但别人不一定对你所要的感兴趣。其他人正跟你一样，往往只对他们所要的感兴趣。你就应该针对他们的所要，去激发他们的欲望。

任何事情从激发人内心的渴望着手，就能为你带来成功。

例1：让人回信的方法

美国一位心理学家去姐姐家做客。姐姐烦恼地告诉他，尽管写了很多封信催促，但读大学的儿子仍长期不写家信。心理学家微笑着与姐姐打赌："我能让他很快写回信。"

心理学家的信发出没多久，果然很快就收到了回信。他姐姐好奇地将信拆开，信的前面都是些客套话，但后面却附上了一句："你说随信寄的一百美金我没收到。"

例2：让小孩吃饭的方法

小孩子吃饭像吃药一样，是谁都觉得头疼的问题。一般家长往往威逼、利诱，不吃饭就打，或者是许诺吃完了饭买玩具，但这类方法都不算高明，你不妨去试一下激发小孩吃饭的欲望。

我侄子上幼儿园，全家每天都为他吃饭操心。有天他兴高采烈地告诉我，他在幼儿园60米跑比赛中得了第六名。我不以为然地说："怎么才得第六名？太没用了，我以前参加运动会，每次都进入前三名。"

他说："你没见第一名长得多壮呀！腿这么粗！"他边说边用手比画。"他是我们幼儿园最能吃的。"

我接着问："你还要参加运动会吗？"

"要，我作为幼儿园的代表，还要出去比赛呢！"

"你在自己幼儿园都只拿第六名，出去比赛肯定'赶鸭子'，那时多没面子啊！"我激他道，"现在还不好好多吃点，长壮点，这样开运动会才有劲。"

这样说着，果然他那天吃饭吃得很好。以后每当他忘了，不肯吃饭时，我就提醒他："你就要参加运动会了，还不好好吃。"结果他马上又吃得很乖。

这种做法虽简单，但效果却奇佳。

例3：打动人的方法

我看过一本美国著名企业家的传记，他的人生转折点正在于他运用了激发别人内心迫切渴望的方法。他在传记中这样述说：

"青年时代，我特别崇拜纽约人寿保险公司董事长，很想在他手下做事，但苦于这位董事长权尊位高，很难见到。在详细研究了他的爱好后，我发现他虽然对权力、地位都不是很感兴趣，但特别实际，热衷于赚钱。经过一番周详的准备后，我去这位董事长的办公室。当秘书告诉我董事长很忙，无暇见我时，我就对秘书说：'我知道董事长忙，但我的事也很重要。如果他抽空见了我，很可能就会赚到几百万美金；如果不见我，就可能失去赚这几百万美金的机会，请你把我的话转告董事长。'

"秘书听我说的这样严重，就进去禀告董事长，董事长见有人这么大口气，号称能为他赚几百万美金，即刻叫请进。

"结果我终于找到与董事长面谈的机会，就将我精心准备的方案、设想倾囊而出，终于打动了董事长，聘我为他的下属，从此我就走向了事业的坦途。"

例4：说服人的方法

在我的生涯中，有多次说服别人的经历，但有一次给我留下深刻印象，是我历次说服别人中最成功的。

那次公司请某名人举办系列讲座，计划租一个录像放映厅作教室。公司业务员去洽谈后回来说，每晚租金500元。我问："你没还价吗？"

业务员回答："他们说惯例如此，这是最低价了。"接着业务员补充说，"他们还将租给别人的发票给我看了，确实每晚最少租金500元。"

我们一算，按每晚租金500元，公司举办这样的活动就没有多大价值。他们是私人承包，私人承包就绝对没有一成不变的惯例。我既然号称是研究人际关系的，就去试一下吧！

我去到该放映厅，说明我的来意。对方说："知道，知道，你们业务员来过了。你看这是租给别人的发票，每晚最少500元。"

这时，我大致给他算了一下，如果每晚租金就500元，公司举办这样的活动就没有多大价值。只有换地方或者取消这次活动。接着我说："假设你们便宜一点，按每晚300元租给我们，看一下对你们利弊如何？

"弊端：每晚租金300元，可能不如放像赚钱，经济上有损失。利益呢？1. 这次系列讲座，邀请的是名人。我们的口号是要做到全城的人都知道。而讲课地点在这里，宣传上自然要突出，实际上为你们做了免费宣传。这是金钱所无法衡量的。2. 录像带翻来覆去就那么一些。你现在租给我们，没有放录像，别人没看过，下次放时别人会来看。如果你现在不租给我们而去放录像，下次再放时，别人看过了，就不会来看了。这样你的绝对观众会有一定的补偿。3. 我也算过了，每晚租金 300 元，你们不会亏本。去掉上交费、人工费、电费，你还有得赚，只是赚得少一点而已，但是一笔稳定的收入。"

然后，我留下电话号码，请他们权衡后做出决定再通知我。

第二天，他们就打电话给我，说租金从来没有低于过 500 元，但这次愿意 350 元租给我们。而且还强调增加 50 元不是讨价还价，我们举办这项活动能打响他们的名气，对他们也有好处，大家应该成为朋友。只是我在计算成本时，少算了一些费用，最少要 350 元才能保本。我们也同意了。

这次谈判可以说非常成功，为何成功？整个谈话过程中，我始终围绕着对方谈：这样做对他们有什么好处，对他们有什么不好，很少提到自己。我的好坏，他们才不关心，他们关心的只是他们自己。而大多数人常犯的错误就是喜欢谈论自己，你要打动别人就必须谈论对他们的好处。

当然你也不能一味地谈论好处，他会觉得你是王婆卖瓜，自卖自夸。我曾经向优秀的推销员取经，他们告诉我在推销中，他们常常首先谈自己产品的缺点，而不是像一般人所想象的那样大谈产品的优点。谈产品的缺点出乎客户的意料，容易赢得客户的信任，让客户认为你分析问题很客观。这时再谈产品的优点，客户容易接受。这是聪明的做法！

当然，谈缺点应该是小缺点，有大缺点就不能谈了。谈缺点的目的只是为了赢得别人的信任。

那么，说服别人时应该遵循的法则是：围绕着对方谈。先谈一些这样做的小缺点，赢得别人的信任。然后再集中去挖掘对别人的好处……将对方内心的欲望激发起来。

第三节　激励人的方法

激起人内心的渴望对人生来讲是如此重要，那究竟如何才能激起人内心的渴望呢？

马斯洛说：人有自我实现的需要。也就是说每个人都存在巨大的潜力，而且人人都想发挥出这种潜力，这也是人性。既然如此，那么仅从人有促使潜在能力得以实现的趋势来说，无可避免在潜意识中人都是自负的，都是个人英雄主义的。

谁不自负？那些最渺小，或认为自己很差的人，他们也自负。例如，谁会真的认为自己笨？有的人虽说自己很笨，但他至多也只是承认某些方面差，在心里他还会觉得自己在一些方面很行；还有，谁不为自己的失败找理由？有些人虽然也承认失败是因为自己的能力不足，但在潜意识中他还是会不自觉地找一些客观的理由来为自己解脱。自负正是人的本性。人都会为自己做的某些得意事沾沾自喜，都会因为别人的某次恰如其分的赞扬而喜笑颜开。说起来，人也真是很孩子气、很幼稚的。

人既然自负，也就必定有个人英雄主义。谁不想展露自己的才华？谁不想突出自己？而这种个人英雄主义也常能使人产生巨大的创造力。那些伟大的人物不正是因为他们的个人英雄主义精神，才创造出辉煌的业绩吗？当然越是伟大的人物个人英雄主义就越强，而且也越能理解大众内心的个人英雄主义的潜在欲望。

伟大的人物都是用思想征服大众。首先，让大众崇信这种思想，准备为之奋斗，并让他们从中感受个人价值的实现。我们不是经历过吗？许许多多的年轻人为毛主席的一些思想所倾倒，积极投入各阶层的翻天覆地的"文革"中，打倒反动权威，推翻走资本主义道路的当权派。大家之所以有这样热情的冲动，正是在"造反有理"中，小人物表现了自己的重要，体现出自身的价值。伟大的人物正是通过激发大众内心的个人英雄主义精神，从而利用大众。

伟大的人物懂得如此，我们也要懂得如此，利用人的自负、个人英雄主义，正是激起别人内心渴望的有效技巧。

一、让别人乐意去做你所建议的事

任何人要做好一件事，就必须心里愿意做、乐意做。因此，使人高效率做事的方法就是要让他乐意做。

1. 让人觉得重要，是调动人积极性的有效方法

英国国王爱德华八世，少年时代就读于海军学院。但读书期间，同学们总喜欢踢他的屁股。此事被班主任知道了，王子被踢屁股那还了得，于是召集学员调查原因。最后，学员承认说："他将来会成为国王。到时我们可以向人吹牛，踢过国王的屁股。"

人人都喜欢炫耀自己，都想让人觉得自己重要。小孩玩玩具时，叫父母过来看，如果父母不过来，他就会有意拧一下、掐一下小弟弟、小妹妹，让他们痛哭，招惹大人的注意。小孩摔跤时，刚开始很可能并不哭，待到没人来管时，他就会突然放声哭起来。这些现象都反映了人与生俱来的心理：希望别人重视自己，让自己显得重要。

既然人人都有这种心理，那让人觉得重要不也正是激励人的有效手段吗？

著名科学家法拉第，早先是一个贫穷的木工，他的转折也正在于他让大科学家戴维感到了重要。

有次他去聆听戴维讲课，听课下来，他将戴维的讲课从头至尾记得一字不差，戴维见后激动不已，自尊得到极大满足，最终让法拉第做了自己的助手，法拉第也从此展开了事业的风帆。

你研究一下情书，情书里面人际关系技巧丰富无比，一些人看上去傻呆呆，但写出的情书却感人至深。情书是在强烈的感情色彩掩饰下表现的技巧性，因此自然、真诚、温馨。而让人觉得重要，则是一种重要的手法。例如"如果没有了你，我的生活就没有了欢乐"，"你是我暗夜中的星辰，生命活力的源泉"等。

很多做教师的也知道，管理一个调皮班的有效方法，就是选一个最调皮的，但又有一定威望的"坏"学生做班长，给他权威感，他就会积极地帮助你管理班级。这种方法不仅能用来管理学生，对于调动成年人的积极性也有效。

幼稚！这曾经是人们批评拿破仑的话。他制定了荣誉勋章，颁发了一万五千个给他的部下，又把十八个将军升为"法国元帅"，还称他的军队为"无敌陆军"。有人批评拿破仑用"玩具"捉弄摆布饱受战争洗礼的老兵，而拿破仑答道："人就是被玩具所统领的。"

实际上，给人一个漂亮的头衔、动听的名号，就能让他感觉重要，从而调动他的工作积极性。

办酒吧，大家都认为赚钱，实际上当你深入其中就会感到艰辛。来酒吧的顾客，常常是那些跳完舞、看完电影，有些甚至是已经喝醉酒，来这里撒野的。有次他们要餐厅经理下跪，经理不肯，他们就用烟头将经理的脸烫伤。这些人一直让我们很苦恼，报警吧，最多拘留15天，放出来后，说不定哪天路过餐厅，一个大石头扔进来，你还不知找谁。公司为此开了好几次会，寻找对策，都不得法。有天我灵机一动，将这条街上两个最坏却最有威望的人请来公司吃饭，席间我对他们说："二位在这一带这么有威望，的确不容易，是人才，我们公关公司正需要人才，我们想聘两位做公司的高级顾问。"

这两位街边的飞仔，没什么文化，一听正规公司聘他们做高级顾问，自然满口应承。我们花了几十元钱，买了两本很漂亮的聘书，允诺他们二位在公司吃饭八折优惠，他们介绍的熟人九折优惠，他们联系的生意可以提成，但不拿工资。

此后，他们二位就四处吹嘘：本人是公司的高级顾问，大家在此吃饭注意点。有他们两位这句话，下面那些牛鬼蛇神自不敢捣乱，就这样令我们长期头疼的问题，花了几十元钱，买了两本聘书就解决了。太划算了！偶尔有几个路过的捣乱，一个电话给他们，几天后，高级顾问就说："搞掂了，他们不敢再来捣乱了。"

在武汉，最高级的酒店应数长江大酒店，能在里面工作的员工都有一种不可言喻的自豪感。有次朋友给我介绍了长江大酒店里的一名员工，他拿出名片潇洒地派给我，上面的职务赫然印着 CA 领班。我一看，在长江大酒店工作，还是领班，因此对他格外尊敬。过了不久，我见多识广了，也住过大酒店了，我才知道 CA 领班是干什么的。CA 领班是干什么的呢？住大酒店时，房间门口有块牌，客人外出时，就将牌翻过来，上面写着"请即刻打扫"，这时 CA 领班就赶紧领着人过来打扫了。

但试想，如果该先生的名片上印着清扫工的领班，他还会这样潇洒地派名片吗？自然不会！而换成了洋味十足的"CA 领班"，他顿时就神气十足，这对于调动他的工作积极性不也有帮助吗？

后来，我们公司也采用这种方法，尽量给员工挂上一些洋味十足的头衔，比如什么襄理啦、QC 主管啦之类。你可别小看这些，这种方法令员工顿生自豪感，对别人说起自己来都昂着脑袋，从而对本职工作更加热爱，产生出一种内在的积极性。

让人觉得重要，应特别注意以下几点：

a. 让别人知道，他给你留下了深刻印象

在与人首次见面或者第二次见面时，你就告诉对方他给你留下深刻的印象。这样无异于告诉对方他有特色、有个性、有吸引力，让你一见之后，就永难忘记。

有次在"人际关系培训班"上赞扬训练课时，有位美丽的女孩对一位演讲的先生发表了赞扬。她说："第一次上课作自我介绍时，这位先生潇洒的风度、虎虎的生气就给我留下深刻的印象，这次的演讲更加深了这种印象……"说完后，那位先生很高兴，将她的赞扬列为自己最中意听的之一。我说："那当然，全班五十多位学员，她唯独对你印象深刻，那自然说明你与众不同，特别富有魅力。"

b. 与众人说话时，分开你的眼神

有一件小事，曾给我很深刻的印象，反映了我在待人方面的失败。

当时我和友人刚刚创办起公司。有位高中同学和他的一帮友人路过我们公司，进来看我。老同学数年未见，自然分外亲热，让他们入座后，我就与老同学滔滔不绝地侃起来，侃着、侃着，他的友人提出要走，我意犹未尽地送他们离去。几天后，这位老同学又来看我，他告诉我，他那帮友人说我有股臭傲气。我思来想去，我待人是很随和、谦虚的，怎么会被人说"臭傲气"呢？

原来在谈话时，由于我和老同学久别重逢，注意力都集中他身上，一个劲地跟他说话，将他的友人忽略了，没有尊重别人的存在，让别人感觉到重要，所以他们觉得我"臭傲气"。

在与众多人谈话时，要将眼神分开，对这个看一看，对那个点点头，表明你是在与所有人谈话，关注到所有的人。不要将精力全集中在一个人身上，这样做时，旁人会有一种强烈的陪衬感，从而对你产生不满。

这只是小事，但小事反映你待人的态度。在与人见面介绍你的同伴时，也是如此。要么节省时间一个都不介绍；要么就一定要每个都介绍。千万不要落下一个，那落下的一个会想：你们都是人，难道我就不是人吗？

父母在介绍小孩时，也要注意这点。有些人对客人介绍自己家人时，总是说："这是我夫人×××"，然后，话锋一转，"这些都是我的孩子"。

你介绍夫人作为一个独立的个体，但介绍孩子为什么就要用"这些"来代替呢？难道他们都是论斤称两成堆成堆地扒拉的吗？你也应该把他们作为一个独立个体介绍，"这是老大×××，这是老二×××"，从小就尊重他们的人格，将他们当成真正的"人"看待，重视他们的个性。

2. 使人觉得照你的期望去做，是一种荣耀，是帮了你一个大忙

人有趋炎附势的心理，又都想表现自己的重要性，如果能帮上重要人物的忙，就会顿生自豪感。所以心理地位高的人在让人做事时，让他觉得不仅是工作需要，还是帮了一个大忙，往往就能提高对方的工作积极性。

做班主任是一项辛苦的工作，年轻人谁都不愿做。我刚毕业时做了几个月班主任，但校长看不惯我的工作方法，不跟我打招呼，就免去了我的班主任职务。我心里说："你以后别想再叫我做班主任。"

一天上午，一阵急促的敲门声将我从睡梦中惊醒。开门一看，副校长光临："小丁，现在有件急事要你帮忙。"我一听校长大人居然有事要我帮忙，顿时热血上涌："什么事？"

"初三（6）班班主任调走了，现在缺班主任，你一定要帮这个忙，算是给我面子，去顶一段时间。"

"什么时候上任？"

"越快越好！"

我二话没说，口脸一洗即刻就去了。

如果副校长是以命令的口气叫我去当班主任，我想我绝不会去，但他以一种请我帮忙的口气对我说话，效果就不同了。

以后我也尝试运用这种方法。我们公司办了一个培训班，有次组织学员出去实习。两点半集合，但到了中午，负责车的职员才突然说弄不到车。此时真想将他骂一顿，但骂不能解决问题，我对他说："你一定要把车弄到，否则学员会有意见，算是帮公司一个忙，从私人友谊出发，也是给我面子。"结果，那天中午他连饭都没吃，四处奔忙，终于完成任务。

如果你是领导，或者心理地位较高，那么下次在让人做事时，别忘了附上一句："这是帮了我一个大忙。"

二、给他人一个美名，让他为此而奋斗努力

大家都知道一个富有哲理的故事，叫"皇帝的新衣"。

皇帝请了位大名鼎鼎的裁缝，为他制作一件美丽的衣服。有一天，皇帝巡视到裁缝那里，发现裁缝的机器上空空如也，就问："你做衣服怎么没有布料呢？"裁缝回答，这件衣服聪明人才看得到，傻瓜是看不到的。皇帝一听，怕别人说自己是傻子，赶紧连声夸奖衣服漂亮。众大臣也为了表明自己聪明，纷纷赞扬衣服美丽极了。于是皇帝很高兴，就给了很多赏钱。

终于，皇帝的新衣制成了，全城人都欢呼雀跃地来看皇帝穿上美丽的新衣，大家齐声称赞太漂亮了。唯独一个小孩不懂事，问："爸爸，爸爸，皇帝怎么什么都不穿就跑出来呢？"

皇帝为什么上当？就是被美名所累。

1. 让人获得美德的最好方法是把美德转嫁给他

一般人都向往着自己有一些美好的、优秀的品德，当你把某种优秀的品德安在他头上，他认为自己真的有这种品质时，也就会按这种品行去为人了。正如英国前首相丘吉尔所说："让人获得美德的最好方法是把美德转嫁给他。"

下次你要找人帮忙，就先对他说："别人都说你乐于助人，所以我来找你。"你想让人帮忙，就先将乐于助人的高帽子给他戴上。

在小孩身上，心理学的效应表现得最为明显。

一次我去拜访友人，可他的小女儿老在边上捣蛋，他就对女儿说："甜甜，爸爸前天去幼儿园，幼儿园的阿姨表扬你，说甜甜很懂事、很听话，知道大人干正事时，不干扰大人，现在爸爸和叔叔谈要事，你是不是先自己玩一下？"他女儿听后，为了表明自己的确懂事，就乖乖地到一边玩去了。

这种效应不仅体现在小孩身上，也能在成人身上反映。

有次我去同事家吃饭，吃完饭后很想与他下盘棋，但又怕他夫人一个人收拾碗筷有意见。因此，在吃饭时我就说："你太有福气了，真是前世修来的，娶了这么贤惠的夫人，家里收拾得井井有条，对你又体贴又宽容。"

结果吃完饭后，他夫人为了表明自己贤惠，主动说："你们去下棋吧，碗筷我来收拾就行了。"

人都希望别人赞扬自己，认为自己有好的品德，你何必不去满足他的期望呢？

有位熟人装修房间，不小心将房间打穿个洞。隔壁老太太非常气愤，过来吵了一架。一段时间后，包工头来检查装修情况，想上阁楼看看，就去隔壁借凳。我告诉他借不到，包工头笑笑就去了老太太家。只见他半对我半对老太太说："这位老太太一看就知道是好心人，很善良的，老太太，把您的凳借用一下。"结果可想而知。

你想让人干什么事，就先将对应的美名安到他头上吧！

2. 希望是激励人的神妙成分

有一位化妆品制造商，他的生意兴隆，财源广进。大家都想知道他成功的秘诀，但他始终缄默不言。于是，每当他过生日，诚心者就刻意安排，大肆庆祝。这样年复一年，化妆品制造商渐渐衰老，在他过70岁生日那天，终于被大家感动，说出了他的秘诀："我从来不许诺我的化妆品能让人美丽，但是我总是给人们带来希望。"

美容行业为什么生意兴隆？实际上人的美容内在调节是主要的，外部调理只能起辅助作用，但人们为什么对美容趋之若鹜呢？就在于它给人们带来了希望——美容会让我变得美丽。

我记得我们几个年轻人在开始办公司时，大家工作积极性高涨，废寝忘食，有人将准备结婚的冰箱也奉献出来，不计酬劳。为什么？就是因为我们心中燃烧着火一般的希望，要最终成立集团公司、跨国公司，为实现童年玫瑰色的梦想而奋斗。

世界上绝大多数人是为希望而生活：现在不好，将来会很好。希望正是激励人的神妙成分。

高明的领导者在调动别人积极性时，一定要善于给人带来希望。

我有一位同学在深圳西乡海洋精密仪器厂工作。他们的工资待遇在西乡算中等偏下，但他告诉我他们厂很少员工跳槽。他说他们来自台湾的董事长特别有本事，每次从台湾来，就对大家说他如何白手起家，短短十几年经营的企业就一跃成为台湾 300 家大企业之一，将来海洋厂还要向内地扩展，不断壮大。那时大家就是海洋厂的元老。董事长每次一来，大家的积极性就特别高涨。

这位高明的董事长，正是善用希望激励人。

麦当劳的成功，也在于它自誉为麦当劳大学，为年轻人提供学习、施展才华、升迁的机会，而且在麦当劳干足 15 年，就可以用麦当劳的招牌自立门户。

希望是点燃活力的阳光，没有希望生命将会枯竭。

三、诉诸高贵的动机

一个人去做一件事，通常只是为了两种原因：一种是真正的原因，另一种则是听来很动听的原因。

1. 唤醒别人的良心发现，挑起他高贵的动机

人性本恶，还是人性本善？我认为在人生的历程中，大家都受到善的教育，因此或多或少都有一些良心。那么将自己表现得可怜巴巴一点，去唤起别人的良心发现，不就是一种有效的技巧吗？

有时我去办事，不巧对方下班，要我改天再来，我就常用这种方法："我住得很远，来一趟不容易，而且明天你们又休息，这件事的确很紧急，请您务必帮个忙。"用可怜巴巴的声调一说，倒的确有成效。

女孩运用这种方法最能产生奇效。女士天生就给人柔弱的形象，再用一种半撒娇、半可怜巴巴的声音一说，天啦，谁能挡得住她的请求哟！

你看情书"真的，我太爱你了！但我知道我这么渺小又怎能配得上你呢？但我总忍不住想多看你一眼，多听一下你的声音。每次从你家路过，看到你窗前的灯光，我的心就倍感温馨。但我太渺小了，渺小得从来就没有勇气敢说爱你"。这类话我想能俘获许多小姐的芳心。

如果你买了一件衣服不甚满意，想去退换，但该商店注明：货物出门，概不退换。你怎样打动售货员呢？

将自己说得可怜一点，就是一种有效的方法。

"我女朋友的父母一直反对我俩交往，她花了很大精力才说服父母，让我登门拜访，但她双亲特别注重仪表。小姐，真对不起，我这件衣服买大了，看上去有点臃肿，能不能帮我一个忙，换一件合身的。我真的很感激你，因为这关系我的终身大事。"

明天，你就去生活中试一下这个方法吧！

2. 眼泪的妙用

要唤醒别人的良心发现，挑起他的高贵动机，一个重要技巧就是流眼泪。

有次，香港电视播放澳大利亚总理霍克演讲。霍克讲着讲着就流下了眼泪，当时我也感动异常，眼睛都湿润了。

过了不久，我去图书馆看资料，有篇文章介绍霍克其人，说他最大的绝招就是流眼泪。一般人印象中，政治家都是冷酷无情的，可霍克却常在演讲的关键时刻动情地流下眼泪。于是大家都认为霍克有人情味，很善良，也就纷纷拥护他。

歌德说：哭的男人都是好人。男人给人的印象是铁石心肠，如果男人哭了，说明他有感情，心地善良。更何况"男儿有泪不轻弹"，男人的眼泪珍贵异常，也就自然感人至深。

我有位学员，一个东北大汉，一米八几的个头。当我讲眼泪的妙用时，他打断了我的话，说他对眼泪的妙用比我体会更深：

"我是大连人，可妻子是农村户口。为了调妻子的户口，我求了许多人，用了不少钱，花了五六年时间，但仍然没有作用。有次我面对着主管此项工作的老太太，谈着我的家庭困难，生活艰辛，越谈越伤心，止不住眼泪就流了下来。老太太也被感动了，嘴里在安慰我：'别哭，别哭。'可自己也流下泪。我更加忘情地倾诉着自己的不幸。最后，她对我说：'下个星期我一定帮你解决问题。'

"就这样我耗费了无数精力和钱财，花了数年时间未解决的难题，流了几滴眼泪就解决了。"

眼泪不仅是男人的武器，也是女人的法宝。

拿破仑说：男人最害怕的莫过于女人的眼泪。很多男人，面对女人各种手段也不屈服，但只要女人一哭，就软弱下来。

我目睹了这样一件事：

有位深大刚毕业的女孩，公司经理派她去办房产证。她去到主管部门，却在门口犹疑着不敢进去，一位慈祥的老者见她如此情景，就领她去见处长，可处长看了她的手续，说手续不全不能办理。

那位女孩只好回去，可走到门口，想着经理第一次派自己出来办事，就办不好，回去不好交代。于是走也不是，不走也不是，就在门口徘徊。那位老者出来又见到她，觉得怪可怜的，就再领她见处长，并为她求情。

处长说："我为她办了，我会犯错误。"

那位小姐只好又回去，可走到门口，想着想着居然伤心起来，就愤然自己回去找处长。处长埋头工作也不理她。她就不说话，只是一个劲地在边上哭。哭着哭着，处长终于受不了了，抬起头说："算了，算了，即使我犯错误也把房产证给你了！"

女人的眼泪真能所向无敌。有时你并不需要哭出来，只要用带哭腔的声音一说，就能折服对方。

眼泪不仅是表现可怜巴巴的姿态用软弱来打动人，它也可以表现你很坚强：用牙齿咬住下嘴唇，让泪花在眼眶中闪烁，眼睛坚定地看向前方。下次你受委屈时，表演一下这种姿态，我相信没有人能不为之所动。

3. 为自己所做的事寻找一个高尚的理由

唤起别人的良心发现，挑起他高贵的动机，是打动人的妙方；同样，我们每一个人都是理想主义者，都喜欢自己做的事有个动听的理由，那么，为自己做的事寻找一个高尚的理由、美好的动机，就也容易感动他人。

在一次公关大奖赛中，我根据一位优秀推销员的亲身经历，出了一道笔试题：

假设你是商报的推销员，去某公司准备推销商报，恰遇公司经理，当经理知道你是商报工作人员后，对你说："我正要找你们，你们的报纸总是不能按时送到。"此时，你怎么办？

一般考生都回答："送报是邮局的事，不过我可以替你们反映一下，提出意见。"

这种处理方法太被动。那位推销员是怎么处理的呢？他马上随机应变："商报是委托邮局送的，我们经理正是怕邮局服务不好，所以派我来了解情况。"说完就拿出笔和本，认真听取经理意见，并记下来，结果经理大受感动，又加订了几份。

四、让他人觉得这个想法是他自己的

心理学上有种对抗理论，即人们都喜欢自由地支配自身活动，没有人愿意听人指使、受人摆布。

记得读书时，有做不出的题问教师，如果教师原原本本地做出来教我，没多久就忘了。但如果教师仅仅只是提示一下，让我再认真思考，那么做出这道题后，印象非常深刻。

每个人对于自己发现的想法，都比别人用银盘子盛着交到手上的那些想法更为得意，也就更有积极性。那么，硬要把自己的意见塞入别人的喉咙里，岂不是很差劲的做法吗？高明者通过提出建议或者利用暗示、提醒，然后让别人自己得出结论，这才是调动人积极性的聪明做法。

在深圳，电脑培训风靡一时，人人都学电脑，当然电脑培训也就能赚大钱。我们也想跻身于这大潮之中，但各种审批手续复杂异常，怎样调动主任的积极性，让他愿意辛勤奔波呢？当然，我们可以将电脑培训计划全盘端出来，但主任只会觉得是我们的想法，他只是一个实行机器，不会有高涨的积极性。有鉴于此，我们换了一种方式："主任，为了体现我们的综合培训机制，我们是否应该增加一些培训项目？"

"增加什么项目呢？"

"是啊，增加什么项目好呢？哎，我们可以参考一下别的培训机构有哪些好的项目。"结果，主任拿起报纸一看，自然满目都是电脑培训，也就建议开展电脑培训。

这是主任的高见，他当然就跑得特别带劲。

五、提出挑战

我曾与友人合作创办了一家私营公共关系公司，赚了一些钱后，我们投资办了一间酒吧，命名为"伤感酒吧"。我总认为这个世界上大多数人都是伤感的，即使活得很愉快的人也有伤感的时候。开始酒吧生意很好，那些失恋的、生活受了打击的、活得不愉快的，纷纷光临酒吧，酒吧也生意兴隆。但随着时间的推移，酒吧的弊端也开始暴露出来。

在内地大家有一种观点，认为在酒吧做的女孩就不是好人。因此，我们雇的一帮小姐，都是熟人、朋友，带些帮忙性质。她们好胜心强，工作积极性也很高，但就是没有谁愿意做诸如洗碗之类琐碎的杂事。在深圳，咨客在门口微笑迎宾是很正常的事，但如果你要她们微笑迎宾，她就会对你说："我来这里做都是瞒着我妈来的，你还要我去门口拉客？"你如果逼着她们笑，她们也笑得比哭还难看，使整个酒吧显得很不正规，营业额也开始下降了。为此，我们换了好几位经理，运用了奖金制度、思想工作等诸多方法，但效果并不明显。

有次我在人际关系学书上发现了一条技巧，于是我推荐给经理要他一试，结果竟然产生了奇效。

酒吧里有八位小姐，我们将她们分成两班，轮流当班。同时我们在吧台边上放一块小黑板，要求每班下班时在上面写下当天的营业额。

比如 A 班下班时黑板上的数字是"300 块"，那么 B 班就会努力去改变为"350 块"。到 A 班呢？自然就会更努力去增加黑板上的数字。

这样，大家在互相攀比中产生了积极性。原来叫谁，谁也不愿洗碗，现在为了超越，却自己安排轮流来。原来要她们去门口微笑迎宾，她们怎么也不干，现在竞争激烈了，她们也会去尝试。任何事都是一回生二回熟，拉了一次客人进来，原来也就这么回事，这也是一种工作，没什么大不了的。第二次也就驾轻就熟了，微笑也由生硬变得甜美。

一个简单的方法，虽然没有使酒吧营业额长年上升，却在三个月内保持了直线上升势头，超过了奖金、思想工作的效力。

一般成功者都喜爱竞争，珍视自我表现的机会，以证明他自己的价值。因此，超越、获胜、挑衅、挑战，是振奋人们精神的一项绝对可靠的方法。

有次去找一个编辑帮忙，在报纸上刊登广告。他对我说："老熟人嘛，打九折。"我问："凭你的能力，只能打九折吗？"这样一问，将他的能力和打折联系起来，打折少了说明他没本事，他只好说："打折太多也不好交代，八五折吧。"

如果你想使人们——有精神、有勇气的人——接受你的想法，光用奖金、薪水是不够的，工作本身的竞争以及自我表现的机会，才是成功者所喜爱的。你应该利用工作本身的难度、利用人的竞争来"提出挑战"。

兵法云：用将不如激将。提出挑战中的一个重要方法就是"激将法"。

我们学校的财政大权都掌握在校长手上，超过200块就一定要校长签字才能报销。有次，副校长带队去广州参观，大家一齐吃餐饭，吃饭时副校长怕开销太大不能报销，不征求我们的意见，就独自拿菜单点了菜。我们一看尽是些什么炒茄子呀之类的便宜菜，对此我们很不满意，自己出钱吃饭也不会这么小气。我们几个青年教师就装着出去买烟，私下商量起来，最后决定试一下"激将法"。

首先，一个人说："校长啊，我是北方来的，听说广东的蛇菜很出名，我没吃过蛇，能不能点条蛇让我见见世面。"

另一个马上接道："蛇很贵，吃了怕不能报销吧？"

我赶紧说："怎么不能报销，有校长在这里还怕不能报销？你真是的！对吧？校长！"边上同事赶紧随声附和。这样一来，弄得副校长没办法、不点蛇吧，好像显得他没本事报销几百块钱，结果就只好点了蛇。

诸葛亮最善用"激将法"了，你何不也用一下呢？

第四节　利用人内心的欲望

我们不仅要懂得激发人内心的渴望，也要善于利用人内心的欲望来调节他人心理。

心理学理论告诉我们：人在认识事物时，绝不是原封不动地将进入视觉和听觉的东西感知下来的。人的感觉会受内心欲求的左右，在不知不觉中发生变化。

例：

看上去 a 比 b 长，实际 a 和 b 一样长。这明显说明人看待事物并不客观。

有一位印象派画家，为了反映人生苦难，画了一幅在痛苦中挣扎的人像，拿给他的两位好朋友评判。当医生的朋友看后连声说好，这幅画绝妙地反映了绝症病人的苦痛。但那位数学家朋友却不断点头称是，说这幅画形象反映了他做不出数学题时的绝望情景，弄得画家哭笑不得。

人看待事物，绝不是按照事物的本来面目客观地看待它，往往受到自己的经验、环境的左右，而使事物的面目发生变化。

日本有位杂志编辑，算不上才华出众，但很受主编赏识。每次提出的编辑方案，几乎都能获得总编的批准。那位大名鼎鼎的总编，为何如此偏爱这位平庸无奇的编辑呢？

原来，这位编辑每次向总编提交新的方案时，总要加上一句"这类东西据说目前在美国很时髦"一类的话。就是这么简单的一句话，却使他的方案在总编的脑海中留下深刻印象，远胜其他编辑的影响。因为总编曾经留学美国，平时也对美国杂志极为关注。所以，总编常常夸奖那编辑很能干。

那位编辑提出的方案内容，究竟在美国时髦到何种程度，不得而知。但他针对总编崇拜美国的心理提交方案的手法，可谓炉火纯青。他所使用的方法，正是高级推销员推销商品的惯用技法之一，巧妙地利用别人内心的成见去调节他人心理。

既然人的心理可以调节，那我们可以巧妙地运用技巧，最大限度地让人们接受我们的观点。

一、善于抓住别人的"心理期待"

要调节他人心理，首先就要善于抓住对方的"心理期待"。

假设你为买一辆推小孩的童车转了好几个百货商场，你一定会听到店员从各个角度介绍商品的性能。

"这是便携式的，车体很轻，搬着相当方便。"

"这车可以放平让孩子躺下，也可以弄成小椅子让孩子坐在里面。"

"车篷的骨架有四根，特别结实。"

"这车的弹簧特别好，震动很小。"

"这是折叠式的，不占地方。"

假如你家周围在修路，你正为如何不让孩子颠簸而大费脑筋，那么，"弹簧特别好，震动很小"这句话就会打动你；而如果你家房子小正为没地方放车而发愁时，"不占地方"对你就太有诱惑力了。于是，其他店员讲的特点便不能对你产生多大的影响。

这种情况在心理学上称为"期待"现象。人做任何事内心都有一个期待的目标，人的认知和行为在相当程度上受这种"心理期待"的影响。

说服别人、调节他人心理首先要准确迅速地把握住对方的期待目标，然后朝这个目标发起进攻。没有针对性的说服往往并不能打动对方的心。

我有一次去内地旅游，见到一套西装比较喜欢，但一看标价才 220 元，就怀疑这么便宜的西服会不会好。这时，售货员走过来对我说："先生，有心买还可以便宜点。"本来我就觉得便宜没好货，她居然还能便宜，我当然就没买了。如果她换一种方式对我说："先生，这套西服原价 500 元，由于仓库积压，只剩少量的，现在要清仓，所以削价处理。"我想我可能就买下它了。这就是售货员不善于抓住我的"心理期待"。

总之，只有抓住别人的"心理期待"，才能"有的放矢"。

二、调节他人心理的方法

在把握了他人的"心理期待"后，就可以运用以下的技巧来调节他人心理。

1. 利用群体力量

一天，你走在街上，看到个体摊档上很多人在争买某种衣服，此时你心里会想："这衣服很便宜，或者款式新潮？"可能也去买一件，结果你就上当了，那些争买衣服的人都是摊主的熟人。这套骗人的把戏很多走江湖的人都会用，它之所以有效，就在于大家的一种心理：很多人做的事，一定不会吃亏。

人是社会化的动物，极易受群体的影响。人往往以自己所属集团的规范为依据，调节自己的行为。比如"邻居已经买了……""大家都这样做……"，对社会性动物——人来说，常会有强大的诱导作用。

一些培训班为什么要强调第十一期、第十二期，就是为了表明已经很多人学了。招生时将第一个报名的写为第二十一个，也是同样道理。

调节他人心理，一个重要的方法，就是让他觉得很多人都在这样做了，他就会产生信任感，从而引发内心的欲望。

推销时，搜集整理一些重要顾客的使用资料，某某厂家是用我们的产品，某某大企业和我们建立了长期的合作关系，这些都可以极大地增强产品的说服力。

2. 利用名人和权威机构的作用

人，对于自己缺乏自信的事情，往往会相信权威或专家的话，这在心理学上叫作"威光暗示"。专家的威望越高，暗示作用越强烈。

有位音乐专家拿出一张唱片说："这是一位著名的小提琴家演奏的，你们一定能听出这演奏是多么迷人，既细腻又华美。谁都会被这美妙的演奏所打动。"等大家听完之后，他再拿出另一张唱片说："同样的乐曲，可这张盘是一位音乐学校的学生演奏的。"于是，十个人中恐怕有九个人能听出这两张唱盘的不同之处。其实这两张唱盘完全一样。这就是"威光暗示"的惊人效果。

一些产品的宣传、广告，常常大事渲染某某研究所鉴定，某某教授、专家推荐，这正是利用"威光暗示"来增强产品的可信度。

另外，每个人都羡慕名人，都对自己与名人所有的共同之处感到得意。"某某名人也用过……"这种话用于说服别人，有时比你说上一大堆产品的好处还管用。

国产香烟中最贵的是熊猫牌。熊猫牌香烟为什么最贵？它又没有大量广告宣传，就是因为报纸上曾介绍邓小平抽的是熊猫牌香烟，使它顿时身价百倍。

武汉市有个"老通城豆皮"，因为毛主席去吃过，所以一下闻名遐迩。还有"才饮长沙水，又食武昌鱼"的武昌鱼，就因为毛主席的诗词，而世人皆知，这样的例子不胜枚举。

利用名人，可以有效地调节他人心理，增强可信度。

深圳曾经有一个教气功学英语的骗子，就是凭着他与海灯法师偶然的一张合影，四处招摇，赢得了主管部门的信任，在深圳办起了培训班，使不少人上当受骗。许多公司拉大旗作虎皮，利用名人的题字、题词作保护伞，让你产生错觉，以为他们有某某大人物撑腰，从而使你信任他们。一些举办大型活动的组织，都找退居二线的名人做名誉主席，实际是利用他们做通行证。这些人已经退居二线，没有什么实际工作，权力的欲望得不到满足，请他们做名誉主席，容易得逞，但他们毕竟是以前的老领导，现在的领导多少都要买他们的账，这些活动就容易被批准。这些都从反面说明了名人对于增强产品的吸引力和可信度有不可低估的作用。

3. 利用"崇洋媚外"心理

长期的闭关自守，无休止的内战、纷争，导致我国的生活水平与先进国家相比有了巨大的差距。人们听到的、看到的、使用的东西都是国外的好，从而产生了"月亮也是外国的圆"的心理。

许多卖衣服的，标榜西服是法国名牌、美国名牌，但价格却只有二三百元人民币，他们为什么要挂羊头卖狗肉呢？就是利用大众"崇洋媚外"的心理。

给自己的产品染上一些"洋气"，诸如国外最时新的、全部国外进口、主要部件是国外进口之类，都能增添产品的说服力。

4. 运用科学性和数据化的语言

现代是一个科学的时代，人们在长期的愚昧中，不断由科学带来进步，而且我们从小都受到了科学的教育，因此大众崇尚科学，但在某种程度上，却产生了"科学迷信"。

有次，一位熟人想从陕西进一车皮"秦冠"苹果来深圳，但又害怕销售不出，就先放了一箱在摊档上试销，要我给写一个广告牌。我想，"秦冠"苹果只获得国家银质奖，在深圳获国家金质奖、进口的苹果大把，银质奖标榜出去，没有什么吸引力。于是就翻出《辞海》，在一块硬纸牌上写上："秦冠"苹果含糖量百分之几，含维生素 A 百分之几、维生素 B 百分之几，某某研究所鉴定。

几天后，摊主奇怪地对我说："你们的苹果不比别的苹果好，价钱也不便宜，但就是销得好。"

这就是科学性和数据化的语言起了作用。

我曾经写过一篇关于教改理论的文章，送出后没能发表，原因是理论没有经过实践验证。过了一段时间，我与同事打赌它能发表。为此，我跟踪记录了六个班级：三个实验班，三个对照班，并将实验前成绩的百分比，几个月实验后成绩的百分比，附在原文后面，结果没过多久，这篇文章就发表了。

如果你说："大部分人都在用我们的产品。"那就不如说："有 92% 的人在用我们的产品。"这样别人会认为你是经过认真的调查、计算而得出的结果。总之，要说服别人，就要尽量标榜科学性，运用一些科学术语、数据化的语言，这些都能增强别人的信任。

本章要点

一、让人做事的三种方法

1. 强迫
2. 利诱
3. 激发人内心的渴望

二、成功的秘诀

1. 善于激起别人内心迫切的渴望

2. 打动人的说服技巧：

以对方为中心，围绕对方说；谈些小缺点，赢得对方信任；再集中挖掘这样做对对方的好处

三、激励人的方法

1. 让别人乐意去做你所建议的事

a. 让人觉得重要，是调动人积极性的有效方法

b. 使人觉得照你的期望去做，是一种荣耀，是帮了你一个大忙

2. 给他人一个美名，让他为此而奋斗努力

a. 让人获得美德的最好方法是把美德转嫁给他

b. 希望是激励人的神妙成分

3. 诉诸高贵的动机

a. 唤醒别人的良心发现，挑起他高贵的动机

b. 眼泪的妙用

c. 为自己所做的事寻找一个高尚的理由

4. 让他人觉得这个想法是他自己的

5. 提出挑战

四、利用人内心的欲望

1. 善于抓住别人的"心理期待"

2. 调节他人心理的方法

a. 利用群体力量

b. 利用名人和权威机构的作用

c. 利用"崇洋媚外"心理

d. 运用科学性和数据化的语言

时髦往往和无知结伴，而无知的时髦则加倍庸俗。　　——尼比留柯夫

第五章　增加你的吸引力

人人都想增加自己的吸引力，让众人对己趋之若鹜，而这不仅决定于自身条件，还取决于一定的技巧。

下面将叙述的技巧我誉其为人际关系中最高级的真理。那天当我豁然领悟这条技巧时，我就知道我已经可以开始取得成功了。可以毫不夸张地说，一旦你真正掌握了它，你就已经成功了一半。

第一节　表现自身的重要性

"凡是人，就有忘恩负义、虚假作态、挑三拣四及懦弱善妒的劣根性。他们喜欢攀龙附凤，一旦攀上了，就毫无条件地奉献自己，奉献生命、热血与财产，因为他们清楚，此时的奉献，对方无所需、不会要，才得慷慨如此。万一有一天，人家潦倒没落需要资助了，他们却是远远地背弃了。"

这是权谋派鼻祖马基雅弗利的名言。你是不是觉得过于尖刻了呢？那么我问你，你最愿意与怎样的人交往？如果你很诚实地回答这个问题，我相信答案一定是：成功的人、有钱的人。

这个世界上人人都愿意与成功的人、有钱的人交往，与他们交往不仅利用价值高，而且你会倍感自豪，仿佛自己地位也得到提高。大家都说成功的第一步最难迈出，就是因为你没有成功，在别人眼里没有利用价值，因此别人都不愿理你；一旦你迈出了成功的第一步，有了利用价值，人们就都愿与你交往，从而他们也有了被你利用的价值。

人性就是趋炎附势的，这是无法逃避的现实。既然如此，那你想要成功，为什么不表现出你已经成功了呢？这样大家就都会来巴结你，与你交往，你也就更容易取得成功了。

当我开始明白这个道理时，我正与某大学校友会洽谈合作事项。这是我第一次走上社会与人打交道。

从小，父母就灌输给我一种思想：做人要谦虚。教师也谆谆教导我：谦虚是美德。因此，我将谦虚作为了衡量品德优秀与否的尺度。所以一开始，我抱定我的生活宗旨，谦虚地请求他们帮助、支持。但我说尽好话，可到最后，他们董事长甚至不愿见我一面。

为什么谦虚反而不能如愿呢？这时我开始思考表现重要性的作用。我决定改变处世策略。

于是我就给他们办事员打电话，直率地告诉他，这种合作能为他们赚多少钱，有哪些困难风险都是我承担了，他们所做的仅仅只是借个名，就能赚钱。我们是同乡，希望能合作。如果实在不愿意，也就算了。说完我就装作要挂电话。对方一听马上就说："你等等，我再给董事长说一下。"

结果第二天他们董事长就约我见面。

第二天，平常最讨厌拿皮包的我，也拿了一个公文包去见他们董事长。董事长是个老头，当时正在与人说话，叫我稍候，我就大大咧咧地往沙发上一坐，装模作样地不断看手表，仿佛还有许多事要做。董事长见我这般焦急，马上将那人打发走，开始与我交谈。我简洁地重复了我对办事员说的话。董事长听后就对我说，要研究研究。我即刻逼紧一步说："我与很多官僚机构打交道惯了（实际上当时我还从没与什么机构实质性打过交道），他们都说'研究研究'，也不说'行'，也不说'不行'。我喜欢爽快，'行'就行，'不行'就不行，希望你们尽快答复，不要耽误我的时间。"好像我后面还有大把单位等待合作。说完我就即刻告辞。

结果第二天早上，他们董事长就直接打电话给我，说他们全体董事连夜开会研究，同意我的合作要求。

谦虚使自己碰壁，表现重要性却让自己获得成功。

也许有人会问了："你前面谈要谦虚，现在又说要表现重要性，这不矛盾吗？"

的确，表现重要性与我们所接受的传统教育有些背道而驰，但不是绝对对立。何谓谦虚？谦虚是有本事而又不自高自大。谦虚的定义本身就是辩证的统一。如果你很有才华，而且别人已经很了解你的才华，那么谦虚会令你显得平易近人，是一种让人景仰的美德。但如果你的本事还没有表现出来，别人还不了解你时，这时的谦虚，别人不仅不会认为是美德，往往还觉得你是真的无能，调动不起别人的欲望。

东方的传统思想：谦虚是一种美好的品德。确实，在做学问、在与人交往中，谦虚会使你不断进步，使你备受欢迎。但要影响人，让别人重视你时，这时的谦虚就不能是真谦虚了，只是通过谦虚的方式来表现你的重要性，让人重视你。这时的谦虚只是一种技巧。

正如吹牛，有些人手舞足蹈、唾沫横飞地吹；有些人则以谦虚的姿态，随便自然的声调，淡淡地夸张事实，让人觉得一切都理所当然。这后一类人才是高明的，他们的吹牛才卓有成效。表现重要性也正是如此，既要表现你的重要，又要让人觉得你谦虚，这才是最高超的。所以很多领导在出外办事时，总喜欢带一下属。因他自己不好吹嘘自己，只有让下属在适当场合吹捧自己，抬高自己的身份，以使自己的说话更有分量，办事更有效力（在适当场合吹捧领导，这也正是为下级之道）。

表现重要性对人生是如此的重要。用我的话来说，就是"要跳起来掌人一嘴，将人打蒙"。下面的例子也许会给你有益的启示。

例一：让人提供优秀的服务

有次春节期间我和友人去一间叫"水车屋"的日式餐厅吃日本料理，吃饭时可以唱卡拉OK，但由于吃饭人太多，小姐很难照料到我们。友人对我说："我稍稍用点技巧，就会让这位小姐对我们殷勤备至。"

于是友人斜看了她一眼，估计多大的说话声音她能听到，然后显得很随便地对我说："春节期间一般餐厅都关门了，今天我开车路过这里，发现这里营业，就用手机叫你来。你从深圳来，我们合作做了这么多生意，也该好好请请你。"简单几句话就表明他既有大哥大，又有私家车（实际上他没有）。果不其然，那位小姐即刻认为我们是"大款"，对我们的态度马上变得格外客气，稍一扬手，我们的点歌单她就马上过来拿去。

例二：操纵人的方法

那还是我们主办1990年公关大奖赛时的事。当时，评委有电视台副台长、报社主编、名教授等，为了不让他们产生大奖赛只是几个乳臭未干的黄毛小子心血来潮之物的感觉，邀请他们时，我们就煞费苦心，特意请别人通过拐弯抹角的关系，用各种方法去打动、说服他们，为了保持神秘感，我们几个主办者始终没有露面。但丑媳妇总要见公婆，特别公关作为一门新兴的科学，评分没有统一标准，如果A评委欣赏某位小姐，亮出高分9.9分，而B评委却不赏识这位小姐，亮出5分，在电视台转播时，就要闹笑话了。怎样让这帮老头子听我们的，按我们定的评分标准行事呢？为此我们精心设计了一番。

评委开会的那天，我们特意租了一家大酒店的会议室，包了一辆"的士"，当评委陆续到齐后，我们就乘"的士"来到大酒店。

车一停稳，就有人恭敬地为我们拉开车门，我们神气地走出来。

这时秘书上去报告："我们经理来了。"

走到门口，培训部部长又抢前报告："我们经理到了！"

然后我们在前呼后拥之下，以非凡的气派走进会议室。此时，只见众下属，搬凳的搬凳，拿茶杯的拿茶杯，倒茶的倒茶，忙得不亦乐乎。你别看那些名流，他们也没有见过这种阵势，听着我们带广东腔的普通话，还以为来了哪位香港大老板的公子。会场气氛特别严肃、安静。一切就绪，我们简短地讲述了此次大奖赛的重要性，评分要有统一标准，然后具体事项请大家与培训部部长商量，说完就赶紧溜之大吉（说多了会露馅）。

一回到公司，大家就笑得捂着肚子直不起腰，原来那些开车门的、端茶的、倒水的，都是我们的朋友，只不过为了抬高我们的身份临时演戏罢了。但这出戏却取得了明显的成效，最终那帮评委还是按我们的要求，认认真真、兢兢业业地办事了。

例三：借鸡下蛋

你遇到过做生意缺钱的时候吗？去年我目睹了我的一位朋友是如何解决这个问题的。

当时他们公司想组织生产一种补药。但各项投资后，却缺7万多元买药瓶，按照与药瓶厂订的合同，他先付10%的订金，药瓶厂将药瓶生产好，送到他指定的地点，然后一手交钱一手交货。但他一时拿不出这笔钱，怎么办呢？如果不能如期付款，药瓶厂将药瓶拉回去，他的订金也就如扔到了水里。面对这种危难，最好的办法自然是请药瓶厂宽限时日，但乞求绝不是办法，他们会怀疑你的付款能力。只有想办法表现出重要性，震慑住对方。

药瓶厂供销科科长来的那天，他租了一套豪华大酒店的办公室，将公司招牌临时挂上。然后安排好，几点钟谁打电话来，说是广州长途；几点钟谁又打电话来，说是香港长途；几点钟谁进来，有生意要做；几点钟谁又进来，别着广东腔的普通话，洽谈合作。一切安排妥当，待对方供销科科长到达时，大家马上各就各位，开始进入角色。

供销科科长进来后，他说现在很忙，递支烟，倒杯茶，请坐下稍等，然后大家继续谈生意。供销科科长坐在边上静静地听着他们张口就是上百万元的生意。这时电话铃响了，我的朋友拿起电话："喂，……广州长途呀。……我们上次的货怎样？……很好吗？那你们的款什么时候汇到？……要过一个月啊？最好快一点！我们现在急需资金周转。"过一会又有电话，自然是香港长途，也是合作很愉快，但款要迟一点汇到。之后，来公司谈生意的人，川流不息，各类方言，各种公司，个个仿佛腰缠万贯，大张金口。

那位供销科科长何曾见过这样场面，偷偷问边上职员："你们公司有多少资金啊？"

"对外嘛，就说几百万元！"职员的口气，好像公司有上千万元一样。

这时总算一切忙妥，我那位朋友连声向供销科科长道歉，让他久等。然后表明对他们的产品很满意，将来还准备多订几千万支，只是不知道他们能不能如期生产出来。供销科科长听后，赶紧拍胸脯，保证没问题。我的朋友说，刚才他也听到，很多款项公司还没有收回，能不能将这批瓶子钱拖后半个月一个月再付。供销科科长刚才听到他们公司动不动上百万元的大生意,自然不会在乎骗他这几万元,何况后面还有大笔生意呢!因此很爽快地就同意了。

也许有人会说我介绍的都是骗人的把戏。我不否认。但我认为只要不以害人为目的,这些技巧也可以称之为交往中的一种艺术。人有些时候,是需要这种艺术的。你有天大的本事,但找不到用武之地,岂不白搭。表现你的重要性,正有助于你寻找大显身手的场所。

有位小有名气的作家到海南一杂志社求职,主编问他:"你有什么优点,擅长什么?""没什么,没什么,我只打算来这里学点东西。"他小心翼翼地回答道。"既然你没什么专长与优点,到我这儿混饭吃吗?"结局自然可知。

碰壁后,朋友把他取笑了一番,如此这般地为他指点迷津。经不起朋友们的怂恿,他决定再试一次。这回,他把已经发表的几十篇大大小小的文章打印成册,附上目录,在主编面前潇洒地一摊。主编看完目录,惊讶地注视着面前这位曾经战战兢兢的求职者,含笑地点了点头。

表现重要性在"恋爱"中,也是一种重要的技巧。

有位朋友曾问我一个奇怪的问题:"你中意某位小姐,但她不中意你;有位小姐中意你,你却不中意她。你选择谁?"我当然回答选择我中意的。他接着问:"即使你将她追到手了,她不爱你,产生不出激情,你幸福吗?何况你追她将来你必定处处迁就她迎合她,生活岂不很累?"也许他说得有道理,但如果选择我不爱的,那我又能有激情吗?又能快活吗?

追一个人不仅为了得到,更重要的是征服。没有"征服"的"得到"是不会幸福的。

不可否认男女之间也有"柏拉图"式的恋情,但现实世界中绝大多数男女的爱恋是受到条件左右的(征婚广告上不都注明,身高多少、收入多少,仿佛被卖的肉说:我这块肉好价钱应该高)。男女之间衡量对方,往往过多考虑的是对方能否给自己带来自豪感。男的要求女孩有气质、漂亮,往往并不是为了自己看,而是为了让别人欣赏:"你的女朋友真不错。"同样道理,女的挑选先生,很大程度上也是为了让同伴羡慕:"你先生是个有本事的人。"我们公司经理就曾对我说:"每当我与人谈生意或者组织大型活动坐在主席台时,我女朋友与我感情就特别融洽,因为我令她感觉骄傲;而每当我俩单独上街,她亭亭玉立的身段反衬我'三等残废'的身材时,她内心就总会产生一丝无形的躲闪意念。"

女人因为佩服,因为你在众人面前的地位而产生爱恋。"追"一个人并不是要去做她的奴隶，要全靠温情和殷勤去感动她。更重要的是表现出你的重要性，充分施展你的魅力，表现你的优势去打动她，让她为之心折。

表现重要性，对于先生来说应如此，对于小姐来说也应如此。美国有位小姐，因很少男士约会她，苦恼地去请教心理专家。岂料专家的处方却是：对约她的先生加以拒绝。当这位小姐提心吊胆地照做之后，果然约她的先生增多了。

男人都有征服欲。越难得到的东西，就越想得到，而且得到后滋味也越浓。所以小姐的矜持、冷艳，正是征服先生的妙方。虽然先生都喜欢女友对他痴情一片，但也喜欢对旁人炫耀：她有很多人追。一位小姐如果有很多人追，而自己又不水性杨花，那么，这正是征服先生的本钱。

表现重要性可以说涉及生活的方方面面，它正是一种人生哲理。"越有钱就越有钱"，电影《百万英镑》说明了这个道理，其实任何事情都是这个道理。

美国一位医生的真实故事就能说明问题：

有一天，医生的朋友有急事找医生，恰遇医生去看一场重要的足球赛，医生的朋友就赶到球场广播找人，"某某医生，有人找！"连播了三次。

一周后，医生突然发现自己的诊所病人大增，他奇怪地问："你们以前没来我这里看病，现在为什么来这里呢？"病人的回答令医生大出意料，他们说："您那么忙，看球都有人找，说明您医术很高明。"

人就是这样，喜欢跟那些事业兴旺、繁荣的人打交道；乐意到忙碌的商店中抢购物品；到忙碌的医院中排队等候看病；会跑到活动频繁的场所去，分享他人已在享受着的事物。

所以那些忙碌兴旺的生意，是看起来最被人们迫切需要的生意。那些成功的人物都是体现出自己重要性的人物。这并不是一种取巧的说法，这是高级的真理。只要你能创造出一种繁荣的、被人迫切需要的气氛，你的知名度会很快上升。只要你保持一种"缺钱、困窘"，以及"我做得并不怎么好"的气氛，那么事情就会越来越糟。最无力的销售方式，是让人感到东西卖不出去而在推销。"请给我一点生意做吧！"这种请求别人可怜的做法是永远也做不成生意的，只会把到手的生意赶跑。

既然如此，你要增加知名度，增加你对其他人的影响力，那就要创造出一种兴旺的景象，使别人知道"我的客户很多""我的崇拜者很多"。任何你所能想到的事，都给人留下一种"你已经有很多了"的印象，那么你就会因此而水涨船高；如果是保持一种"我做得并不怎么好"的气氛，那么你就注定要变成一团糟了。

繁荣兴旺招致繁荣兴旺；贫穷没落会使你更加贫穷没落。

一、树立自己的威慑形象

美国一位大老板，去法国一间高级餐厅就餐。由于平时一心扑在事业上，很少光临这种场所，当招待问他饮什么酒时，他随便点了一种普通酒。结果招待马上摆起架子，调侃地告诉他，喝这种酒应该到对面的下等酒吧，这里不卖。这位大老板一听，顿时诚惶诚恐，请招待做主拿瓶酒。结果招待给他点了餐厅里最贵的酒，花了他一万多元，还对他表现出不屑一顾的神情。出来后，大老板越想越气：那位招待一年赚多少钱？我一天赚多少钱？我一天的收入比他一年的还多，居然被他大呼小叫，花了钱，还受气。

这位大老板之所以有如此结果，正是被招待的威慑形象镇住了。

对于文化素养低的人就是这样，你尊重他、以平等的方式待他，他就认为你没有本事，软弱好欺；你对他毫不在乎、凶他，他反而认为你有来头、有大本事，对你毕恭毕敬。不懂得尊重自己的人，是不能理解别人对他的尊重的价值的；懂得尊重自己的人，才懂得感谢别人对他的尊重。有些人天生就是奴才，有些人天生就是主人，这正是对自己做人权利的尊重与否所造成。对于做奴才的人，天生的贱骨，你就必须用鞭子去抽打他，他才敬畏你；只有对做主人的人，你才应该尊重他。而实际上每个人或多或少都有做主人与做奴才的双重性，这就要你既尊重他，又要时刻记住挥舞着鞭子。而这鞭子就正是你的威慑形象。

威慑形象的作用，在餐厅就餐时表现得最为明显。

有些人去到高级餐厅，虽然点了很多菜，但由于举止言行不大度，餐厅服务员就认为他是开洋荤，仍然对他行为不恭。有些人大摇大摆地去到餐厅，对服务员大呼小叫，然后只点一碗粥。那些服务员反认为他是经常光顾大酒店的，不过今天只想喝粥，反而对他客客气气。

有时，外表的善良会使你显得软弱好欺，只有树立威慑形象，才能显示你的重要。

二、获得心理优势

人与人的交往是一件很奇怪的事，虽然大家都在努力追求和谐，但有时这种和谐却不得不经过争斗才能得到，这种争斗是为争取心理优势而进行的。

譬如，你与最要好的朋友，即使是恋人交往，也需要为取得心理优势而争斗。人都有这样一种弱点：一旦觉得自己了不起了，多少都会对对方产生一种轻视。很多人因为地位、环境变了而喜新厌旧就是明证。

我记得我们举办公关大奖赛时，经理的女朋友也偷偷报了名，经理一见就说："进入复赛就将她淘汰。"

我不解地问："为什么？"

"她现在就已经傲得不行，再让她进入决赛那尾巴还不翘到天上！"

所以，做人要树立自己的信心，建立自己的优势感，有时也要善于适度打击对方的信心，不能让他翘尾巴。否则，他会瞧不起你。这种生活哲学能应用于广泛的领域。

下面介绍两种打击别人信心的小技巧。

1. 利用眼神掌握主动权

人的语言分口头语言和身体语言两种。比如表示肚子饿了，拍拍肚皮这就是身体语言。许多口头语言无法表达的意思用身体语言来表达往往更有效。恋人之间含情脉脉的一眼所表达的无限情意就是口头语言所无法做到的。学生上课讲话，教师盯他一眼，这种批评既有效又能在大众场合保住学生面子。

俗话说，"眼睛比嘴更能传神"，眼神正是身体语言的重要部分。如果运用恰当，能给你的生活带来不少方便。我记得一个运用眼神的真实故事：

那是 1989 年，文教卫系统举办集体舞大奖赛，我们单位的一帮年轻人特别好出风头，大家练得很辛苦，个个铆足劲誓夺第一名。比赛那天，我们发挥得也特别出色，纵观各路参赛队伍，眼见我们已冠军在望……

这时机关幼儿园代表队出场了。她们一出场，就令我们感到了危机。清一色的娘子军：个高的穿套黑西服扮男伴；女伴队伍则身着洁白的拖地长纱裙，洁白的丝手套，胭脂口红，珠花项链，个个仿如仙女下凡。再看我们的女伴，至多只能算服装整齐，谈不上什么打扮。更何况她们从事幼教工作，自然能歌善舞。眼见到手的金牌就要溜掉了，岂能甘心？于是我们商量好，十个小伙子全部坐第一排，全都不眨眼地集中看着她们第一个出场的小姐。

舞曲奏响，众位小姐翩翩出场，伴随着悠扬的音乐节奏，她们的头部也优美地左右摆动着。这时第一位小姐突然发现居然这么多人不眨眼地盯着自己，仿佛被什么吸引住了，还向自己倾斜着身体。开始她以为服装有问题，但看看服装却没什么，再看我们，仍盯着她看，顿时紧张起来，以致舞步出错，我们一见赶紧全体鼓掌，这下她更慌了……

集体舞一人出错，自然整体都乱。最后我们在身体语言的帮助下，终于如愿以偿，得享冠军宝座。事后有同事送小孩去她们幼儿园，她们还愤愤地说："你们学校那帮年轻人，哪里是教师，一群流氓。"

也许有人会说这是卑鄙的手段，但我想说明的只是眼神的作用，眼神运用得恰当，往往能使你在交往中掌握主动权。

在洽谈生意或者寻求合作时，有时你不仅要经受对方语言的考验，还要能顶住他目光的侵袭。对方常常为了考验你的真实性，打击你的信心，用审视的眼光盯住你看，这时你的神经必须格外坚强。

但这种用眼光盯住别人看以考验别人的方法，往往效果适得其反。那些老练的骗子由于久经考验，往往能镇定如常；只有那些初涉社会的诚实之人，在你尖利的目光凝视下，才可能举止失措。那么，在与人交谈时，该如何使用眼神才能获得理想效果呢？

心理学家告诉我们：人往往是越处于主动优势的地位，越能首先将视线从对方身上移开。

在与一个陌生人交谈时，最初的三十秒钟内便能决定你能否有效地打击他的信心，将对方引入你自己的轨道内。当与对方相对而坐，面面相觑时，谁先把视线移开谁将获得主动。

换句话说，两人面面相觑时是处于同等地位上，但只要其中的一方首先将视线移开，对方马上就会揣测你的心情，注视你的一举一动，"是不是在瞧不起我""是不是已经了解我的底细"？信心开始动摇，所以，你以后的一言一行都会左右他的视线。

有人曾问我这样的问题："熟人不停地在我面前吹牛，好像很了不起，真讨厌！但我又不愿过分伤他，怎么办呢？"

我想解决这个问题比较好的方法就是：开始用眼睛盯住他看，然后突然装出一副无所谓的态度，将眼神移开。这时，他的信心会开始动摇，"是不是我吹得太厉害了"？

这种方法，在谈判、做生意等各种交谈中，都可以用来打击别人的信心。

2. 使人丧失自信的方法

日本心理学家多湖辉先生述说了这样一件事：

有一次，我去某山村回来时等公共汽车。当时在汽车站等车的除我以外，只有一个建筑工人模样的人，我们分别坐在了车站上长椅的两端。等了一会，只见那人一点一点朝我这边挪动。周围一个人也没有，安静极了。我有些害怕，终于站了起来。于是，那人有点不好意思地说："我……，我想找您借个火。"我这才放心地重新坐到了椅子上。

从心理学上讲，人各自在自己周围有一个不容他人侵入的领域，如果突然被侵入，便会产生不快感，同时这种感觉会转化为恐惧和不安，使人丧失自信。

美国的刑警教科书中这样写道："警官将椅子放在离罪犯一米左右的地方开始审讯，然后随着审问的推进一点一点地向罪犯靠过去，直至最后让罪犯的一条腿被夹在警官的两腿之间，完全逼近他。"

这个方法的道理就是通过强行侵入对方的"防区"，使其丧失自信，老老实实地就范。

许多人都有过前面多湖辉先生述说的那种体验。罪犯抢劫犯罪时往往是首先逼近对方然后突然下手。遇到这种事，绝不能惧怕地一步步退缩，因为那等于告诉犯人你已经丧失了勇气和自信，表现出一种心理的动摇。这时办法有两个，一是急速逃开，把犯人甩出自己的"防区"之外；如果做不到，干脆一动不动迎上去逼近对方，这样做同样会使犯人惧怕，攻破他的心理"防区"。

在交往中，有时也要善于攻破对方的身体"防区"打击他的信心。比如在公司里面，我们经常会遇到一些手提公文包，西装革履，油头粉面，表现得好像很了不起的人物，对你侃侃而谈指手画脚，仿佛自己多么伟大。为了打击他的信心，便于讨价还价，我们常常在他讲得得意忘形之际，突然拍拍他的肩膀："慢慢说，慢慢说，别急。"

心理地位高的人，一般人是不敢拍他肩膀的。拍肩膀这种侵入他人身心范畴的方法，即刻就有增加自己心理优势，挫伤别人信心的作用。

攻破对方的心理"防区"，不仅可以运用侵入身体范畴的方法，还可以想办法去侵犯对方的心理尊严。

环亚文化公司总经理杨津四十多岁，是农村人，带有浓重的乡音。他们公司不大，但他在与我们公司联合进行亚运彩旗销售活动时，却架子十足，口气大得不得了，动不动就刚与省委领导见过面，带来了某某指示。虽然我们年轻，但也不吃他这套，为了打击他嚣张的气焰，不让他小瞧我们，我们就常常在他正儿八经地颁布所谓领导指示时，突然滑稽地学他的方言，结果大家哄然一笑，在这笑声中，他故弄玄虚建立起的心理优势顷刻就化为乌有。

学方言，开玩笑，比如"这家伙怕老婆"之类的方法都有助于侵入对方的心理尊严，从而剥下他装得不可一世的虚伪面纱，打击他的信心。

第二节　制造神秘感

泰国有一家饮食店，门前摆了一个大酒桶，引人注目地写着："不许偷看！"但是无遮无拦，路过的行人都禁不住好奇心的驱使，停下脚步往桶里看个究竟。一看之下，不觉令人捧腹。原来桶里写着："我店有与众不同、清醇芳香的生啤酒，一杯五元。请享用。"

这"不可偷看"的生意经，就是利用了神秘感，来引发人的好奇心理，吸引你"非看不可"，当然看过之后，你就会想到花五元钱去尝试一下这家店的啤酒到底有什么与众不同的地方。

无独有偶，深圳大剧院附近也有一家商店，别出心裁地标出"男士不许入内"，引得过往的先生不禁怦然心动，纷纷让女友进去看个究竟，可里面却没有什么特别之处，但这家商店却因此门庭若市。

一、利用神秘感，可以调动人的积极性

人能经历的最美妙的事莫过于神秘。人类文明的发展、科学的进步，很大程度上是因为人对神奇事物的好奇心、探究心理。

人是好奇的动物，都喜欢神秘的事物。越是陌生的事物，就越想体验；越是不让做的事，就越有尝试的欲望；越是不许知道的事，就越要千方百计地打听。因此巧妙地利用神秘感正可以引发人的探究心，从而调动人的积极性。

我喜欢一个学员实验神秘感作用的故事。

她住在深圳沙头角，每次来市里上课，来回就要几个小时，为此她很想找一个同伴。每次她下课回去，同寝室的女友问她："总是这么晚回来，干什么去了？"她都不回答，只是神秘地一笑。吊了这位室友一段时间胃口后，当她又好奇地问她时，她说："明天晚上你跟我去就知道了。"结果整整一天那位女伴都惦记着这件事，只盼晚上快点到来。直到出发坐在车上，那位女伴还问："到底干什么？"她仍然故弄玄虚："到了你就知道了。"当然到了之后，那位女伴才发现原来也没有什么大不了的，只是听课罢了。

二、保持神秘感，有助于增添魅力

人不仅好奇，还有劣根性。孔子说："唯女子与小人难养也。近之则不逊，远之则怨"。实际上人人都有这种心理。与你太熟络、太亲近的人，往往不懂得尊重你，甚至会"翻到你的头上去"；反而不太熟络的人，才会尊重你的权威，不敢对你随随便便。

我高中有位同学当了总经理，他最怕就是见到我们这帮同学。当他正威风凛凛地在那里指手画脚时，我们过去就踢他一脚，"你这家伙混得不错啊"。完了，他顿时就威风扫地。我讲课也怕有熟人听，我在慷慨激昂地传授人生大道理，学员也都崇敬地聆听着，唯有熟人摆出一副高人一等的姿态，脸上还透着神秘的笑意，我顿时就会觉得讲不下去了。

太熟悉你的人是一定不会崇拜你的。更何况人都是吃五谷杂粮长大的，生长在这混沌的世界上，不可避免都有自身的一些缺点和不足。那些名人由于各类宣传工具的渲染，使你对他景仰万分，但当你真正与他接触后，

你却发现他原来也只不过如此。人人都是这样"只不过如此"。

我永远记得少年时代，每当在影片中见到毛主席，伴随着悠扬的《东方红》乐曲出现时，我的心就激动不已，情不自禁地鼓掌欢呼。那时，毛主席在我的心目中是世界上最伟大的神。实际上，毛主席当时只不过是一个身患多种疾病的值得尊敬的老者，我相信如果我当时真的见到了他，与他接触一段时间，就绝不会产生这种狂热的崇拜。

人不是神，都有缺点和不足，因此我们看人就要一分为二。如果他有某些超凡的才华，我们就要佩服他、尊敬他，而且这种佩服和尊敬也并不因为又发现了他的某些缺点而减弱。但大多数人看问题都不是这样成熟，都带有强烈的情绪色彩。被某人的优点所打动，就佩服得五体投地；一旦发现了他的缺点，又将他看得一钱不值。因此做人要保持魅力，维系权威，就要善于制造神秘感。

有一次我深夜住进一间酒店，发现值班的是位女士，为了得到她的照顾，我就与她聊天，说："这么晚了，你们酒店还让女士值班，太不应该了！"

她回答说："是啊，别的酒店过12点就不安排女士当班。"

我半开玩笑地接道："太辛苦了！这个时候要与你丈夫去公园甜甜蜜蜜的多惬意呵！"

她笑着回答："老夫老妻了，还去什么公园。"

我说："你们也可以像年轻的恋人一样嘛，卿卿我我。"

她说："唉，没有神秘感了！去公园还有什么意思。"

人如果没有了神秘感，也就没有了魅力。

谈恋爱时情感的变化就是这样。初恋时，互有神秘感，两人感情炽热；接触久了，彼此太了解，没有新鲜感，没有刺激，这时感情就开始滑向低谷。很多恋人的分手就在此时。如果大家能维持过这一段时间，那么感情就又会走向平稳，而进入成熟阶段。所以有位哲人说"爱情要常新"，就是指夫妻之间的情感要不断寻求变化，迈向新的高度。心理学家也强调：夫妻之间要保持一定的心理距离。

特别对于先生，要在女友面前保持魅力，就要善于制造神秘感。要经常带给女友一些小的新奇、小的惊喜，这样女友就会觉得你浪漫，跟你在一起有味道。但是这种神秘感又不能太大了，太大了女友又承受不了。

不仅先生在女友面前要善于制造神秘感，作为领导也更需要在下属面前保持神秘感。

有位学员曾苦恼地提出一个问题，他承包了一间工厂，并带了一帮哥们去了。但厂里最难管理的就是这帮哥们，平时仗着与他的关系，工作吊儿郎当，他又不好过分指责，弄得影响很不好。

为此我给他开了一个处方，逐渐减少与这帮哥们的接触，少与他们说话。果然没多久就见效果，由于关系的逐渐疏远，他的领导地位也就逐渐突出，权威性也就体现出来了。

有人会问："保持神秘感，那不是与要平易近人相矛盾吗？"实际上平易近人正包含着一种居高临下的姿态。只有形容领导平易近人，有谁说草民百姓平易近人？所谓平易近人，只是让人感觉和蔼可亲，而并不是要让人"犯上作乱"。周总理我们都说他平易近人，但有谁敢随便拍他的肩膀？

优秀的领导要善于把握平易近人与制造神秘感之间的分寸。和蔼可亲时要注意维系自己的权威；制造神秘感时，又要让人觉得你平易近人。既要维系权威，又要让下属觉得你可亲可敬。

保持神秘感还要注意在与不太熟悉的人合作或者要影响他人时，如果要维系头上的光晕，增强你的重要感，那就要尽量少出面，让一个得力的下属代替你，只是到一切都有眉目了，你才最后出面拍板。所以很多皮包公司，没有什么经济实力，但却仍然要雇一些职员，一方面是为了表现重要性，另一方面也是为了方便制造神秘感。我有一个朋友已濒临破产的边缘，但却还雇着一帮人，我建议解雇他们算了，他却说："如果这样，那我就翻不起一点浪了。"记得我去内地讲课时，想听别的教师讲课，可经理坚决反对，他一切场合都不让我出面，轮到我上课时，他还亲自出面隆重地将我介绍一番，结果那次讲课效果出奇好。

第三节 讲礼貌的好处

记得去深圳中学对面问路的事。当时道很黑，我低着头上楼梯时，突然迎面遇到一位老人，我不由脱口就问："喂，第八幢怎么走？"

那老人头也不回地回答："笔直走。"

这时我转过身，看着渐渐走下楼梯的老人说："谢谢您呵！老师傅。"

那位老人听到我的感谢，才转过身来，对我补充说："笔直走到第三栋，向右拐弯。"

原来这位老人跟我讨价还价呢！如果我不谢他，他可能就让我一直走下去了。我感谢了他，他才教我"向右拐弯"。

的确，很多时候问路都是这样，如果别人问我，也用"喂，这条路怎么走啊"，我想我要么不告诉他，要么就乱指一条路。我是人，不是一件东西，不是给人"喂"来"喂"去的。

问路中的讲礼貌只是小事，但管中窥豹，可见一斑。礼貌是言语动作谦虚恭敬的表现；对待别人彬彬有礼，正是对他人的尊重。

一、讲礼貌是你良好教养的表现

实际上，一个颇具魅力的人，并非靠他背后的学历来作支柱，而是靠他平时所积聚下来的涵养。而一个人的涵养如何，则往往是靠他懂得多少礼仪而定。

英国王室成员从小就要接受宫廷礼仪培训，我国的名门之后也被强调要知书达理，现在礼仪培训已风靡深圳，正因为礼貌直接反映了人的教养水准。

一位学员对我述说了这样一个故事：

"我去某公司应聘，面试时，外面很多人在等，叫到谁，谁就去到经理室推门而入。叫到我时，我在门口敲门问：'我可以进来吗？'经理说可以，我再进去。

"几天后，我就被该公司聘用。过了一段时间，我与经理熟了，就问他聘我是看中我什么优点。经理回答：'说老实话，你哪一条都不比别人强，我看中你的，是你进房时敲了门。敲门说明你懂礼貌，而懂礼貌，说明你有教养，有教养的人不说能在公司有大的作为，起码不会给公司制造乱子。'"

修养是人内在的品质，但这种内在的品质正通过人外在的礼貌表现出来。

两个人在一起聊天，一位说："哎，那个丑八怪是谁呀？"
另一位回答："那是我哥哥。"
这位一听吃惊地说："哎呀，没注意你们俩长得那么像呵！"

这句话毛病百出。本来说"丑八怪是谁"，已经没有礼貌了，别人回答"是我哥哥"就应赶紧道歉吧，他却偏来句"长得那么像呵"，那另一位不也成丑八怪了吗？这种说法足见说话者没有修养。

有天走到街上，我见到父子俩吵架。父亲正凶巴巴地叫骂着，可儿子却毫不示弱地喊道："老子不是看到你是老子的老子，老子不打断你的腿。"

真是有其父必有其子。人的礼貌反映了他的家庭教养。

大家来到深圳，各地骂人的方言都派不上用场，骂了别人也听不懂，因此大家都别着普通话叫嚷"他妈的"。我们年轻人为了表现粗犷，表现彼此之间的亲热，也常常"他妈的"前、"他妈的"后。特别有些知识分子，为了不让别人觉得自己书呆子气十足，也有意在说话中加上几句"他妈的"，"他妈的"已成为国骂。但有些人骂习惯后，却收不了口。

有次我一个同事与他叔叔谈话，我在边上记录，两分钟的谈话就说了十四次"他妈的"。

回来后我问他："你刚才与谁在说话呀?"

"我叔叔。"

"你与你叔叔说话,也是'他妈的'前、'他妈的'后吗?"

他不好意思了。

幸好是与他叔叔在说话,如果是与别的长辈,别人不会说他鲁莽,不拘小节,而只会说他没有教养。

小事真的能暴露一个人的本来面目。你平常的一言一行,无不反映了你自身的修养。

我在文秘班授课时,由于电脑机房在里面,因此每次上课都有学员进进出出,面对形形色色的学员,通过她们不同的进出方式就能大致看出她们某些方面的修养水准。有些女士,见到有人在上课,为了减小影响,因此尽量放轻脚步;但有些女士,却怕别人不知道她有高跟鞋一样,咯噔咯噔走得山响。出教室关门也是如此,有些女士小心翼翼,尽量不发出响声;可有些女士却猛力关门全然不在意别人的存在。这后一类女士说好听点,是不善于为别人着想;说难听点,则是没有教养。

人的教养水准是无法伪装的,内在有涵养,行为、举止自然就会彬彬有礼;内在修为不够,行为、举止也就自无法表现得有教养。

二、讲礼貌能增添你的魅力

现代小姐心目中的"白马王子",往往是"斯文靓仔";现代先生所属意的"白雪公主",常常要有"大家风范"。何谓"斯文"、何谓"大家风范"?正是指良好的修养,温文尔雅的风度。而讲礼貌正能显现你良好的修养,使你风度儒雅,举止潇洒(讲礼貌正是一种潇洒)。

英国强调绅士风度。何谓绅士风度?自然是待人接物彬彬有礼。与女士一起进门,应先替女士将门推开;与女士一起吃饭,应先安排女士入座,这展现的是你作为翩翩君子的风采。可有些人却不同,进门时,特别是那种弹簧门,以为他会替你拉住一下,昂首挺进,可他一松手,门"啪"的一下,就将你打了出来。

你有没有这种感觉呢?有些女孩容貌、打扮、举手投足都给人留下美好印象,但只要你偶然见到一次她们像泼妇般地在骂人,我想这些美好印象顷刻间就会荡然无存。

先生也同样如此。有人曾对我说:"先生就要有一些'油汗味'!"的确,男人就要有男人的气概。但粗犷不是粗鲁,也不是大大咧咧。粗犷只是一种精神上的狂态、行为上的豪放。男人就要刚柔相济,既粗犷又懂礼貌,这样才会使你备受人喜爱。

你外在显露的气质,正是你内在思想、品质、修养的一种反映,而讲礼貌正能使你显得气质优秀。

三、握手是对他人的尊重

礼貌还表现在与人握手的方式上。握手虽然是小事，但小事有时也能坏大事。在我的生活经历中，有两次握手，使我毕生难忘。

第一次，自然是我作为成人的第一次握手。在我读大学时，父亲的老战友来探望我，一见面就伸出手，我长那么大从来没被人作为成人而正式握手，真有点受宠若惊，慌忙之中伸错了手，当对方迁就我换成左手时，我却又伸出了右手，就这样经过几次变换，才握成了这让我感觉自己已成人的第一次手。如果说第一次握手刻下了让我走向成熟的烙印，那么第二次难忘的握手，却让我懂得了尊重别人的重要。

有一次，会同一帮友人荣幸地得到某大公司总经理的召见。当我怀着敬仰的心情快步走上前，满腔热情地伸出我的手时，他却只是随便地拿出手，放几根手指在我手上蹭了一下就罢了。我突然感到蒙受了极大的耻辱，我郑重其事，他却敷衍了事。我当时真想找条手帕狠劲地擦擦手，然后潇洒地扔掉。虽然我没这样做，但在我的心里却产生了震颤——握手也是表达对他人尊重的一种方式。

握手所告诉别人的东西，有时远远超出你从这种方式中想象到的。软弱无力的握手，反映的是你缺乏自信心，一触即松的握手，表现的是你对人的冷漠，而那种傲慢自大和强压似的握手，却正显示你在装腔作势。只有在握手时略带一点力量的坚定的握手——不是故意用力挤压式的——表明："我充满了活力，我已经把握了那些物。"这种方式的握手代表着自信，代表着待人热情而有分寸。

特别对于小姐，要么就不与人握手，与人握手时，不管是否出于羞怯，请抛弃那种一触即松的方式，而采用落落大方，充分表现你热情的方式——略带一点力量的坚定的握手。这也正是你待人彬彬有礼的表现。

四、过分礼貌是拒人于千里之外

讲礼貌的好处虽然很多，但我们也要辩证地看待。

有位学员曾给我提出一个问题，怎样与他的女朋友分手，而又不过分伤她的心？有学员开玩笑说，告诉她自己得了癌症活不长了。这种方法自然骗不了人。要解决这个问题，方法自然有好多，但我觉得"讲礼貌"却是其中非常有效的一种。

比如他突然对女朋友表现得特别彬彬有礼，她帮了他忙，他说声"谢谢"，大家分手，他说声"再见"。这种过分的礼貌实质上正是拒人于千里之外。

小姐拒绝追她的先生就常用这种方法，始终对他彬彬有礼、客客气气，这实质上正能对先生的爱意产生一种遏制。如果这位先生知趣，自然就会不做非分之想。

人际交往中也正是这个道理。如果你去找老朋友帮忙，他突然对你过分客气，又是倒茶请你喝，又是让位请你坐，那么他已经对你见外了，实质上正是在拒绝你。

与真正的朋友交往，大家是不拘礼节、随意自然的。过分拘于礼节，正是彼此隔膜的表现。

为什么有人与人相识不久，就仿佛情意相投的老朋友？为什么有人与人交往却始终不能达至和谐？前一种人正是人际关系的高手，他们善于快速打消礼节，表现出大家就像老熟人一样。如果表现得恰当，这种气氛自然也能感染对方，从而快速融化彼此的陌生感。

我有次去深圳小梅沙游泳，不小心眼镜掉进了大海。恰好第二天来了一批熟人，大家一起去东门食街吃野味，当时我老远就模模糊糊地看见一个人微笑着向我走过来，热情地对我伸出手。我想是熟人，可不要怠慢，也赶紧伸出了手，结果握着、握着，我看着对方，才发现我并不认识，于是我问："你是谁呀？我不认识你呀！"

对方热情地回答："我是'秋实'餐厅的老板，欢迎你光临我店。"

我笑着说："你这家伙，我们第一次见面，你就好像几十年前已经认识我了。下次再见面，我想我们一定就有血缘关系了。"

这位老板的做法，虽然过分，但效果却明显，我们还是去了"秋实"餐厅。

与人交往的陌生感、拘束感，犹如一座冰山，而交往中快速打消礼节，表现得随便自然的方法，则仿如照耀冰山的阳光。

如何与领导处好关系？这是人人都关注的问题。

我调来深圳是因为我们校长的帮助，因此我对他感恩戴德。每次他对我说话，我都毕恭毕敬地听，在他面前我从不敢乱说乱动，行动中规中矩，做事谨小慎微。有次我上楼梯时明明见他想下楼，但他一见我，却马上装作想起什么事一样又缩回去了。为此，我很难过，我百般感激他，为什么他反而怕见我，见了我就躲呢？

实际上从人的本性来说都想活得轻松自如，谁也不愿总是戴着虚伪的假面具，生活本身就够艰辛、吃力了，人自然愿意与那些使他感到随意自然的人相处。而我在校长面前过分拘束，导致他与我交往始终有一种很累的感觉，享受不到交往的乐趣，这就是过分礼貌的弊端。

为此我决定改变我与校长的交往方式，尽量在他面前表现得随便自然，在尊重他的前提下，时不时还与他开些无伤大雅的玩笑。有次去深圳民俗文化村旅游，人人都不愿与领导走在一起，觉得与他们一起太拘束了，可我却有意走到校长身边，开玩笑地说："想不到校长大人也有很孤寂的时候，别人都怕与你一起，还是我来陪你吧。"结果这种处世方式的改变，使我与校长的关系更加融洽。

要记住领导也是人，他与你一样也渴望有些要好的朋友，也渴望与那些使他不觉得拘束的人交往。你观察过没有，凡是领导真正要好的朋友，都是和领导相处随便，能适当开玩笑的人。所以你千万不要被领导外在的假面具所吓倒，他正需要你给他说说笑话，将他看成朋友，让他活得轻松愉快。这就是与领导的相处之道。

当然你也不能随便拍着领导的肩说："你这家伙混得怎么样啊？"由于领导的地位，开玩笑一定要在不损伤他尊严的前提下进行。

礼貌既然是辩证的问题，那我们如何把握分寸呢？我觉得对领导、长辈、异性就要多注意礼貌，而对青年同类则要善于打消礼节。当然，最重要的还是根据当时的环境、气氛而定。如果当时的气氛需要你表现良好的教养、尊重对方，那么你就应该表现得彬彬有礼；而如果当时对方正兴致盎然，需要你凑趣时，你就不妨打消呆板的礼节。总之，高明的方法应该是：既让对方感觉你有教养、讲礼貌，而又不会因此而阻碍你们关系的融洽。

第四节 运用你的幽默力量

幽默是一种修养，也是一种艺术，能用来改善你对自己作真诚的评价，并增进你与他人的关系。

一、幽默，使你人生态度更乐观

幽默，不会帮你由矮变高，或从胖变瘦，也不会帮你由失败而变成功，甚至在你痛苦的时候，也不一定能让你快乐起来。

但是它的确能帮助你！如果你用有趣的思想，轻松地面对自己，你会发现你对自己的缺陷、失败、痛苦，就更容易原原本本地去接受，并能用一种新的眼光去看待，也许你就会觉得好过一些了。

我有一位同学，英俊而又才华出众。一次不幸的车祸使他的腿终身残疾。我们都替他惋惜，避讳提他的腿。可他出院后看到我们怜悯的眼神，却富含哲理地开玩笑说："别人都说我的腿不好，其实哪里？明明是路不平。"

他的内心不痛苦吗？我相信一定痛苦万状。他正是借这种幽默来勇敢地接受自己。

用幽默去嘲笑痛苦，痛苦会减轻；用幽默去嘲笑失败，失败会变得微不足道；用幽默去嘲笑自己的缺陷，你会更勇敢地接受自己。

美国一位女政治家，对手讥笑她的肥胖，她在一次竞选演讲中却主动说："有次我穿上白色的泳装在大海里游泳，结果引来了苏联的轰炸机，以为发现了美国的军舰。"结果在笑声中选民反不以其肥胖为意。

钢琴家波奇，有一次开演奏会，发现全场上座率不到五成。他当然很失望。但是他走向舞台的脚灯对听众说："这个城市的人一定很有钱。我看到你们每人都买了两三个座位的票。"

于是这半满的大厅里，充满了笑声。

有人曾给我讲过"文革"期间开相声大师侯宝林批斗会的故事：

当主持人高呼"打倒侯宝林！"时，侯宝林赶紧往地上一躺说："侯宝林给打倒了。"当主持人叫喊："给侯宝林戴上高帽子！"侯宝林就拿出自制的一顶高得出奇的纸帽，往头上一戴说："侯宝林已经戴上高帽子。"逗得大家笑得前翻后仰，弄得主持人哭笑不得，本来一场严肃的批斗会，结果变成了侯宝林的滑稽表演。

二、幽默，可以增加你的吸引力

我向很多女孩征求意见，问她们中意什么样的先生。结果绝大多数女孩都提出了共同的一条："有幽默感。"

在西方，没有幽默感的先生，简直就是没有魅力、愚笨的。

幽默会使你显得乐观、豁达，会增强你的感染力。你欢乐时，你的幽默能让人分享你的欢乐；别人痛苦时，你的幽默能帮助他人减轻痛苦。人人都有追求快乐的天性，都想生活轻松写意，那么幽默也就自会使你受欢迎了。同时，幽默还会使你显得聪明、机智。笨人哪里会幽默呢？甚至别人的幽默他都不能理解，常令人哭笑不得。

人们喜欢幽默的人，希望与幽默的人一起工作，乐于为这样的人做事，而且希望选择一位有幽默感的人作为终身伴侣。

我最佩服我们公司经理的一条，就是他的幽默感。谁都愿与他在一起，他总是能让你轻松，给你带来欢乐与笑声，这也正是他富于吸引力、凝聚力之所在。

一次我同他坐火车从广州来深圳。沿途他都在讲笑话，几分钟就一个，引得车厢里的旅客都围过来，还不断地有人给他递烟、送饮料，整个车厢充满了笑声。他当时简直就是车厢里的王子。

我还记得他讲的几个笑话：

"有位先生上厕所小便，将随身带的录音机放在身后地上。小偷见了，就将录音机拿了顶在头上，装模作样地小便。那位先生小便完了，转身发现录音机不见了，就四处寻找。小偷说：'你怎能这么大意？现在小偷很多，你看我小便时都把录音机放在头上。'那位先生听了，懊悔连声地说：'就是，就是……'"

"有一次足球比赛，一帮球迷弄不到票。我知道体育场里住了运动员，就叫这帮球迷穿上旧运动衣，大家排好队，在我'一二一，一二一'的口号声里向体育场跑去。到了体育场门口，我对看门的老头说：'6个啊！'老头说：'嗯，6个。'然后1、2……6地数，数完后，老头突然醒悟过来。'6个，6个什么呀？'可我们人已经进去了。"

他的笑话一个接一个，几乎就没有间断。边上人个个听得笑哈哈，我在一旁被人挤了近两个小时，居然完全不知疲倦。这是我坐火车从广州来深圳的旅途中，感觉时间过得最快的一次。

人人都应该有幽默感，幽默正是人际关系的润滑剂，是一切奋发向上者所必不可少的力量。那么，怎样才能养成幽默感呢？

三、培养幽默感的方法

幽默实质上最能反映人的说话水平。我为了训练学员的幽默感，要求他们每人讲个笑话。结果笑话还没讲完，他自己笑得不得了；可讲完后，下面却没一个人笑。因为大家还没有听懂怎么回事。

看恐怖电影，如果一枪就把人打死了，你还没反应过来，可能一点都不会紧张。而优秀的恐怖电影却往往在紧张的音乐配合下，凸现在黑暗的小巷中，一双神秘的脚在一点点地挪动。可能电影最终还没将人杀死，但却由于高超的气氛渲染将你吓个半死。讲幽默也同样如此，要有铺垫、气氛渲染、制造出人意料的戏剧化效果。

那么我们是否要将这些幽默的技巧一条一条地罗列出来，认真地加以记忆、学习呢？如果这样做的话，那么可以说你的幽默感就被扼杀了，被那些条条框框扼杀了。幽默最重要的是要随机应变，要根据对象、环境以及一刹那的气氛而定。而要掌握这种本领，唯一的途径就是熟能生巧。

平时要经常看些幽默、笑话之类的小故事，背一些精彩的，有空就在朋友面前讲讲，讲多了，你就会随机应变、自由发挥，也就能把握幽默的技巧，创造性地加以运用。幽默能力是运用得越多就越强的。

我看过这样一个小幽默故事：

外国学生学中文，最头痛的就数"东西"这个词。教师说："'东西'

这个词类似于英文中的'thing'，但又有些区别，'东西'可以用来表示物，如粉笔是东西，黑板是东西；也可以用来代表人，形容人调皮，可以说：'你这个鬼东西'，描述人坏，可以说：'你这个坏东西。'"

学生听后，就对教师说："桌子是东西，板凳是东西；我是东西，你是东西。"

教师一听赶紧纠正："不能说人是东西。"

学生马上改正说："老师，你不是东西。"

教师一听哭笑不得，说："这更不对了，这是骂人的话。"

学生听后糊涂了，不理解地问老师："说你是东西不对，说你不是东西也不对，那你到底是不是东西呢？是东西又是个什么东西呢？"

类似这样的笑话有许多，记下来，背一些，适当场合讲一下，会增进你的幽默感，同时也会使你做人更受欢迎。

当然幽默并不是纯技术的，更重要的，它还是取决于你的品质。幽默正是你人生观的一种反映。只要建立乐观的生活态度，心胸开朗、豁达，那么你并不需要刻意追求，就会成为一个富有幽默感的人。

第五节　适当打扮能增添你的魅力

我有次和同事去东门买电器，我西装革履，他衣着随便，还趿拉着一双拖鞋。口渴了我去买甜筒，店主将找的钱送到我手上，还连声说："谢谢先生。"回来时，他也去买甜筒，结果对方将找的钱往柜台上一扔就不理他了，气得他当即愣在那里好长时间才缓过来，感慨地对我说："唉，穿着打扮不同，受到的待遇就是不同。"

这个世界是以你出现的形象而认可你。人都有以貌取人的心理，而这个貌正包括了穿着打扮。在别人还不了解你时，常常会依据你的服饰来判断你的身份、地位。例如，你西装革履，即使问路，别人都会对你客客气气；而衣着邋遢时，就会对你爱理不理。恰当的衣着打扮正是让人尊重的一种方法。

不仅如此，衣着打扮还能影响你的心理。在交往中，衣着打扮占优势的人，心理上也往往会有优势感。为什么一些人追求名牌服装，就是因为穿上名牌服装好像他们自己也变成了"名牌"。

美国南北战争期间，格兰特率领联军打败了南方联盟的李将军。但在受降仪式上，李将军全副戎装，穿戴整齐；格兰特却衣着随便，服饰不整。结果格兰特内心好像是李将军在受降，自己在投降一样。这件事，成为了他的终身遗憾。

衣着打扮还直接向人展现了你的精神风貌、性格习惯。

曾经有位老厂长去与台商洽谈合资办厂，结果台商一看到他整整齐齐的中山装，风纪扣也扣得严严实实，就吓得不敢合作了，认为他是那种保守的老干部，没有灵活性。

适度打扮，大方得体，会显得你有朝气和活力；衣着邋遢、头发蓬乱，则仿佛你备受生活摧残，一蹶不振。我发现凡是 40 岁以上的男人，仍然注意穿着打扮的，一定都在事业上有所成就。因为这个年龄仍能注意美观，说明他没有被家庭生活琐事所压倒，仍保有一颗顽强的上进心。

注意服饰，适度打扮，不仅是美学问题，更重要的，它还能影响你的心理，甚至有助于改观他人对你的看法。

本章要点

一、表现自身的重要性

1. 树立自己的威慑形象
2. 获得心理优势

二、制造神秘感

1. 利用神秘感，可以调动人的积极性
2. 保持神秘感，有助于增添魅力

三、讲礼貌的好处

1. 讲礼貌是你良好教养的表现
2. 讲礼貌能增添你的魅力
3. 握手是对他人的尊重
4. 过分礼貌是拒人于千里之外

四、运用你的幽默力量

1. 幽默，使你人生态度更乐观
2. 幽默，可以增加你的吸引力

五、适当打扮能增添你的魅力

附一 声音的艺术

　　技巧在生活中是非常重要的，但要圆满地运用技巧，还需要良好的表达能力，而声音艺术就是表达能力的重要方面，它甚至还直接影响到人的魅力。可以说声音艺术是人际交往中的高级技巧。

　　记得有次熟人邀我去参加一个家庭聚会，其间遇见一位小姐，打扮得花枝招展、卓尔不凡，给人的感觉就像一只美丽的孔雀，令我心荡神移。但很可惜，她一说话，留给我的美好印象顷刻间就荡然无存。因为她的声音也像孔雀叫。

　　中国有句成语，叫"声色犬马"，将"声"与"色"并列，足见古人对声音的重视。声音对人来讲在某种程度上不亚于容貌的作用，声音要有一种能渗透人心的魅力。我们公司在招聘公关小姐时，对声音的要求就特别高：要有磁性，用我的话来说，要像国民党的女播音员一样，娇滴滴的。因为在我们公司，公关小姐的工作经常是电话联系，在电话中，不见其人只闻其声，所以声音特别重要。

　　声音的影响力，一方面取决于人的嗓子，但更大程度上还是取决于声音中的情感因素和声调艺术的运用。

　　实际上，我们把声音作为我们表现自我的方式，远远超过了其他任何方式。声音不只交流思想，它也传达你的感情。声音的高低、热情的程度，无不传达出你的生活观和待人态度。

　　自信的人，声音蕴藏力度；热情的人，声音渗透热力；乐观的人，声音饱含活力。你有没有注意听你自己的声音，它是代表失望、冷漠，还是勇气、热情？让情感充塞你的声音吧！放开你的闭气闸，表达出你待人的热情、友善，这正是使你的说话更具效力的重要手段。

　　声音不仅要渗透情感，还要注意声调的运用。

　　我永远记得大学时代电子线路教师所讲的课，劈里啪啦，像打机关枪一样，没有停顿、没有变化，弄得大家目瞪口呆。不懂运用声调艺术，讲话就一定没有色彩、缺乏吸引力，无法清晰地表达情感和思想。声调艺术是辅助沟通的重要手段。

　　法国一位著名的悲剧大师应邀出访美国，在欢迎宴会上，大家纷纷要求他来段即席表演，为了不负重望，他就用法文非常悲痛地讲述起来。虽然大家听不懂法文，但只觉声音凄婉动人，撕心裂肺，全场一片肃然，许多老太太都忍不住潸然泪下……讲完后，全场一片悲声，唯独法国来的随行人员哈哈大笑。旁人问：这么凄惨怎能笑得出？随行人员答说："你们被他骗了，他没说什么凄惨的故事，只是在用非常悲痛的声音念着：刀子、叉子、盘子、碟子……"

这就是声调艺术的魅力，我也曾有过被人运用声调所骗的经历。

潮州人被称为中国的犹太人。深圳的菜场，小商贩一般都是潮州人。每次我去买菜，害怕被他们骗，总要装模作样地看看秤。每当此时，摊主就豪爽地说："二块五给你算了!"我一听占了便宜，赶紧付了钱就走。时间长了，有一次当摊主又说"三块钱给你算了，费事去计较"时，我就认真地计较一回，结果一算下来，才两块八。摊主多赚了我两毛钱，但语气上仿佛还是便宜了我。

如果说人嗓子的好坏是天生，那么声调的运用就完全靠后天的锻炼。

一、练习使声音有力，且富弹性

为了锻炼大家的胆量，我在训练学员时，常采用让学员上台演讲的方式。我发现，凡是社会经验丰富、自信心强的人，演讲起来就能从容镇定，侃侃而谈；而越是社会阅历不足、自卑感强的人，上台讲话声音就越细小、越无力。

要表现你对自己的信心，要让人瞧得起你，要与别人平等地交往，在讲话中就必须使声音坚定有力。但坚定有力，不是像一块破砖被扔到墙上，硬邦邦的。声音要有弹性，要有一定的厚度。讲话声音应该是通过胸腔的共鸣发出，而不是扯着嗓子叫喊。当然这种共鸣要通过练习，使它出乎自然，而不要矫揉造作。

二、练习使声音自然

如果声音中缺乏音调、速度、表情及语言的变化，剩下的便毫无生气了，也就是你夺走了自己的热忱、温暖及人性。我们要给语言染上色彩，要让声音出乎自然的情感流露。

1. 强调重点

人在讲一句话时，不可能每个字都是重点，如果字字都作为重点，听者一定很辛苦，也很累。讲话时，次要的内容应该一带而过，强调重点。这样让人听起来有变化感，主次分明，讲者有声有色，听者轻松愉快。

2. 改变你的音调

据报载：意大利著名男高音歌唱家帕瓦罗蒂在北京音乐厅唱歌时，震得房顶悬挂的吊灯都摇摆不定。这也许有些夸张，但一般职业歌唱家音域范围能达 36 个音阶之多。

你的音域范围有多少呢？是否像人嘲笑的"五音不全"，连五个音阶都不能用全呢？讲话要能抑扬顿挫，要有音调的变化，要让感情的起伏渗透进声音的起伏之中，这样的讲话才有生气、才有活力。不要像一个老学究在读枯燥的论文，死气沉沉。

3. 变化说话的速度

一个正常人说汉字的速度，1 分钟应能达到 120 个字。如果你 1 分钟不能达到 120 个字，那么，最适合你的职业是什么呢？我推荐给你——做保姆。因为只有带小孩子，才不需要说话速度那么快。

讲话应当变换说话速度，有快有慢，这样才能显出轻重缓急，秩序井然。你能把"一块钱"念得让人听起来感觉好像比"一万块"还多吗？当你将前者读得缓慢、沉重，后者读得轻快、随便，效果就出来了。你不妨试一下。这就是变换说话速度产生的效果。

4. 在要点前后停顿一下

"沉默是金"，记得有首歌里这样唱；"此时无声胜有声"，有首诗里也如是说。

在讲话中，突如其来的沉默就是如此，因为它能够迅速吸引人们的注意。国外有位演讲大师，每当他走上讲台，首先就一声不吭地用眼光横扫会场。本来喧闹的会场，因他这一举动，顿时安静下来。几秒钟后，他才突然石破天惊地讲出一句震撼人心的话，大家的吸引力马上就被他抓住了。

不仅在讲话开始时，在讲话过程中、在要点前，都可以运用停顿。你讲得好好的突然停下来，正在听的人，甚至那些注意力不集中的人都会觉得奇怪，而被你的举动吸引住，此时你再讲出重点，收效自然就大。

声音艺术的重要性对人是不言而喻的。你要影响他人、要说服他人，在大多数场合都是通过声音来完成，那你为什么不刻意训练一下，以更好地运用声音艺术呢？如果你喜欢唱卡拉 OK，那也可以拿着麦克风练一下朗读，多多地充满感情地朗读，甚至多多地绘声绘色地讲故事，正是提高运用声音艺术能力的有效途径。

声音的艺术在很多场合都有用，就不必一一赘述了，我只想谈一下为大多数人所忽略的它在企业起名中的作用。

三、声音艺术在起名中的运用

也许一般人都以为，名字对企业来说是件无足轻重的事。这里我想举一个例子来说明这种看法的错误。

日本著名企业索尼公司，在创业之初叫东通工。"东通工"在日语里意味着一般普通的中小企业，这个词大众化、土气、没有特色。后来公司研制收录机成功后，就将"东通工"改名为"索尼"，"索尼"这个词让人感到新鲜、洋气、独特，而且朗朗上口，有开口音，音节干脆、响亮，读起来就让人振奋。顿时"索尼"传扬开去，成为家喻户晓的公司，"索尼"的产品也随之销路大开。应当说，索尼公司的成功，与"索尼"这个名字的语感宣传作用是分不开的。后来日本公司纷纷效仿，出现了"松下""三洋""东芝"之类。

名字代表了企业，是企业公关宣传的最直接对象，起好了名字，可以有效地帮助企业提高知名度，扩大影响。

当然起名不仅要考虑音调，更重要的还是要有寓意，让人容易记。江南的"傻子瓜子"就是如此。初时别人笑卖这种瓜子的人傻：这么便宜，岂不赚不到钱；后来卖瓜子者干脆就叫自己的瓜子为"傻子瓜子"。傻子卖的瓜子，你买了还有不占便宜的？结果"傻子瓜子"反而名震全国。还有一天我走到街上，看见一家小酒店叫"六七八酒食"，一看就让我记住了。

"名字"既要寓意深刻，又要容易记住，朗朗上口，这就是起名的艺术。

四、使人记住信息

语言是复杂的艺术，不仅有表达技巧、声音艺术，还要注意别人的注意力。要在他人注意力最集中时，将信息有效地传达给他。但人的注意力受生理和心理等诸多因素的影响，是一个复杂的问题，下面仅介绍最简单的两种情况，以通过此来启发、提请大家从生理和心理的角度注意人的注意力。

1. 首位效应

美国心理学家曾做了一个实验：拿一篇描写人物性格的文章给一帮大学生看。这篇文章开始表现出主人公好像很活跃、很外向，但整篇文章看完后，经过思考会发现主人公实质是一个很内向的人。大学生看完后，心理学家做了一个调查，要求大家写出主人公的性格倾向。结果发现，绝大多数人都被书的前半部分所迷惑，纷纷认为主人公性格外向。

心理学认为：从一个人那里获得信息时，愈是最先输入的信息，留下的印象愈深刻。这种现象在心理学上叫"首位效应"。

我本人也有类似的经验。有次别人请我去演讲，我将对方指定的时间记在日程表上。可几天后，对方又提出更改时间，当然，我也把更改的时间记在日程表上。可是，到了演讲那天才发现，自己记住的一直是对方第一次指定的时间。于是不得不打电话再次确认。

当你一个人向别人传递信息时，愈是重要的内容，愈应放在前面，正所谓"开门见山"，让别人一下就能把握住重点。否则你前面啰唆了一大通，还未涉及重点，别人早厌烦了，注意力也涣散，此时你再谈出重点，效果早已大打折扣。正如教师上课，学生的注意力集中在除掉开始几分钟的前半节课，后半节课往往就没精打采。所以优秀的教师将重点讲解一般都放在前半节课，后半节课则用来练习、巩固。

2. 新近效应

从一个人那里获得信息时，重要的内容应安排在前面。那么从很多人那里获得信息时，比如大会发言，在什么时候发言效果又最好呢？

有人会根据上面的理论，说第一个发言最好。这种想当然的结论是错误的。第一个发言的人，虽然也能给大家留下深刻印象，但往往给人的感觉却是猛张飞一类鲁莽的人。

心理学强调：当人从不同的情报来源获得许多情报时，他将会受最后一个情报的左右。这种现象心理学上叫"新近效应"。

在一次会议上，众多的到会人员围绕着议题正在进行着热烈的讨论和激烈的争论。此时，有一个人默默不语、一言不发，只是偶尔在本子上记几笔。会议接近尾声时，他才站起来，拿起刚才写字的本子，对各位发言者的意见作一番归纳，然后有条不紊地阐述了自己的意见。最终，他的意见成了这次会议的结论。领导不是常常这样做吗？当你也这样做时，不仅让你的意见能深入人心，也让人感觉你是一块天生的领导材料。

在任何情况下，最后的意见，往往左右了人的心灵。

附二　广告的艺术

　　本章的内容好似与本书游离了，与人交往，去探究广告的艺术干什么？那么与人交往要取得成功的话，是不是要了解人的心理，善于激发人的欲望呢？而广告艺术对这两点是最重视的了。

　　我看电视、看报纸，最注意的，首先就是广告。广告篇幅不大，但凝聚了相当的艺术力，是策划人精心思虑的结晶。看广告，花时不多，但受益匪浅，对个人修养、掌握大众心理都有极大帮助。广告艺术对于我们，正是他山之石，可以攻玉。

　　在商品经济飞速发展的今天，广告已成为企业创名牌、产品促销的重要手段。作为艺术，广告的作用已不仅仅是广而告之，更重要的是激发大众的购买欲望。广告正是要通过多种艺术手法，不断地、反复地将信息呈现给大众，诱导你相信，然后刺激你主动去买。

一、宣传的效力

　　心理学家发现，绝大多数人买东西时，如果遇到许多不同品牌，他潜意识中，一定会选购见过广告的产品。

　　心理学理论也强调：模拟体验与实际体验往往能够融合为同样的体验。当你看到那些缤纷多彩的产品广告时，你的内心正在经受模拟的享受，受到一种舒适美感的诱惑，自然而然在你潜意识深处会产生一种实际体验的欲望。

　　谈起广告，我就想起它对我抽烟上瘾的影响。从小学背着教师偷偷将丝瓜藤当烟抽开始，直到在内地工作，十几年过去了，我抽烟始终没上瘾，拿得起放得下。但来深圳后，香港电视里经常播放的万宝路香烟广告，却深深地刺激了我：一位充满男子汉魅力的牛仔，在美国西部雄浑绮丽的黄土、大山之间豪放地与群马追逐。小憩时，点起一支万宝路，深深地吸一口，多惬意呵！整个广告画面渲染了一种粗犷、豪放的气息，令人不禁感觉，唯有抽万宝路才像一个真正的男子汉。每当看到这个广告，我都止不住想抽支万宝路。这种强烈的诱惑最终让我抽烟上瘾。

　　广告的作用的确不可低估。可以毫不夸张地说：在现代社会，广告正是决定产品销路的命运之神。

以前的奥运会，同类产品可以有几家做赞助商。可美国洛杉矶奥运会，组委会主席尤伯罗斯为获取高额利润，突出新招，同类产品中只许独家赞助，当然这家公司必须付巨额赞助费。当时，柯达公司自认得东道主之利，不去积极争取，结果被日本富士公司赢得了奥运会胶卷的垄断广告权。这下柯达公司急眼了，在各条公路、街道竖起巨大的柯达广告牌，花的钱甚至超过了富士公司的宣传费，但效果仍不理想。从那年开始，富士胶卷就超过了柯达胶卷成为世界销量第一。

在广告上求省钱的举动，往往都是短视。广告占的篇幅越小、频度越低，导致大众信心就越不足。深圳有家企业招聘员工，寥寥数字，就用了大幅报纸版面，结果应聘者甚众。问他们原因，都说："这么几个字就用这么大篇幅，说明这家企业经济实力雄厚。我们来了，自然工资也高。"

越没有实力的企业，越不敢做广告，顾客就越少，经济效益也就越差，导致一种恶性循环；只有敢大量做广告的企业，引来顾客越多，经济效益就越好，从而就越有实力再做广告，产生良性循环。广告越隆重、越气派，给人的感觉就是企业越有实力。国外越有名的企业、越大的企业，做的广告越多，就是这个道理；而且大量的广告，还可以引发员工的自豪感，从而调动员工的工作积极性。

二、满足消费者的理想要求

弗洛伊德说人遵循唯乐原则。人的本性都喜欢美好的事物，向往美好的生活，但现实又是这样的无情，所以人都寄希望于理想，易陶醉在理想之中，所以凡是能激发人理想的事物，都一定受欢迎。

同样道理，一种畅销的产品往往也并不仅仅在于其实用性，同时在于它能起媒介作用，帮助消费者实现某种理想和希望。

比如衣服的实用性是保暖，但现代社会谁买衣服仅是为了保暖呢？大家买衣服更重要的目的，是让自己显得潇洒、漂亮。这就是大家内心的理想。因此广告不应仅仅局限于产品的实用性，还要尽力去宣扬能有助于满足大众的理想。"新奇士"橙汁的英文名就是这个目的。"sunkist"，将"t"改成"s"就是与太阳接吻。多豪迈的名字，让人喝起它来，就仿佛在与太阳接吻，内心会陡然升起一种辉煌。

德国曾有家公司，推出一种摩托车，宣传口号是：经久耐用，十年不坏。对于重视实用的德国人来说这句口号好像颇受欢迎，但摩托车销路却很不理想，为此公司进行了深入的调查。原来当时大多数德国人的生活水平还买不起汽车，可大家普遍认为过两三年就买得起汽车了。而这种摩托车却被大力宣扬为十年不坏，大家想过几年买了汽车，这摩托车怎么处理都不经济。因此多数人都决定暂时克制一下。

弄清了销售额减少的原因之后，该公司除了立即撤掉"十年不坏"的宣传口号以外，还用一连串的心理战术满足消费者的理想要求。他们的做法是改变摩托车的款式，使其外观形象接近小汽车。例如把原来类似自行车的车铃改为类似汽车的喇叭；本来轻骑是不需要牌照的，他们却特意给他们的产品装上像汽车牌照一样的"装饰品"等等。这些对策果然奏效，摩托车又一次畅销起来。

"名牌效应"也反映了大众买商品正是为了实现某种理想。很多人宁愿花普通衣服几倍的价钱去购买名牌服装，倒不在于名牌服装的实用性有多好，而是穿上名牌服装，能抬高自己的地位，心理上会有优越感。

很多广告词，譬如"这里是你施展才华的广阔天地"，"这里让你童年梦幻，梦想成真"，都是针对消费者的理想。有次我见到一则专卖游戏机商店的广告：这里，是您孩子成为科学家的摇篮。就是强调玩游戏机，能开发智力、锻炼反应能力，通过夸张的手法，渲染为小孩未来成才打下基础，以打动家长。

任何优秀的广告，都必须善于迎合顾客内心的理想愿望。

三、使商品流行的方法

怎样的商品才受人欢迎？这一点与人受欢迎的条件恰好相反。实际上现代人对商品流行的感觉，具有两方面的内容，即对物质的求同性与心情的各异性。既要求价格的一元化、低廉化，同时又希望商品品种繁多，追求同他人有所不同的心情各异性。

我有次买了件衣服，既便宜又漂亮。我非常喜爱，时常穿在身上。后来同事发现这衣服好，也纷纷去买，一下这种款式的服装仿佛就成了"校服"，令我觉得很没意思。此后，我就不愿穿这衣服了。

所以优秀的厂家应该用品种繁多的系列产品，把人们头脑中固有的"便宜——质量差"这种形象连锁转变为"便宜——产品丰富，具有个性"，在人们心中树立起一种新的形象。

但便宜时常会带来反效果。我们年轻人之间有人吹嘘自己衬衣多漂亮，你只要一句话：才几十块钱一件！对方顿时就会威风扫地。价格便宜，象征着低档，意味着你没钱；价格昂贵，显示你有钱，表明你与众不同。

我高中有位同学是服装个体户，有次卖女式大衣，标出了全市同类产品最低价——80元。但看的人很多，买的人却很少，大家都只是摸摸看看。"这么便宜！是不是货有问题?"我同学一气之下将大衣收了起来。过一段时间，他又重新将大衣挂出来，标价180元。结果没过多久，就卖出了好几件。

用上价格昂贵的商品，人内心会产生一种自豪感：我有钱，我比你优越。所以深圳越有名气、越昂贵的大酒店，去的人就越多。坐在里面，就仿佛自己长高了一截；出来，又成了自己吹牛的本钱。广告宣传也要针对这种心理。比如有种空调机的广告："很多人希望拥有，很少人能够享受。"香港 dreyer's 广告：吃得起当然要吃 dreyer's。都是通过标榜商品的昂贵，吃（用）起来与众不同，来刺激购买欲望。

四、广告的艺术手法

广告绝不应只是枯燥的产品说明书，它必须通过艺术的手段让人们对产品产生信任。国内某些广告老是呆板地强调获得什么金质奖、银质奖之类，虽然也能让观众产生一定的信服力，但久而久之，会让人腻味而厌烦。国外的优秀广告着眼点始终在于让人赏心悦目，永铭于心，仿佛是一件优美的艺术珍品。这种差别是经济的发展水准造成的。在发达国家，产品质量一般都得到保证，广告的作用就只是让人记住产品；而在我国，众多的伪劣产品，使人们心有余悸，所以厂家要突出表现的是产品质量的保障。但随着经济的发展、人们视野的开阔，大众更需要一些具有高度艺术性的广告，让人在得到美的享受的同时，潜意识中记住产品。

广告的艺术手法越高明、观赏性越强，它宣传的产品就越能深入人心。许多优秀的广告，通篇都是艺术的渲染，有的如一部优美的风景片，有的似一个生动的小故事，只在最后才点出产品。这种手法并没有喧宾夺主，反而让人更加深刻地记住了产品。

艺术正是广告的生命力之所在。在众多的广告中，斑斓多姿的艺术手法，实际上，归纳起来不外有三种。

1. 运用科学性和数据化的语言

现代是一个科学的时代，飞速发展的科学技术给人类带来了今天的高度物质文明，人们从小到大学习的都是科学知识，膜拜的都是科学巨匠，因此在人们心目中往往产生了一种科学迷信：只要科学的东西，就是合理的、正确的、毋庸置疑的。

在前面已讲过利用人的科学迷信调节他人心理。广告中，如果多运用一些科学性术语、数据化的语言，也能增强说服力。有些牙膏广告强调某某专家鉴定、某某医科所鉴定，就是这个道理。屈臣氏蒸馏水广告，开篇就是：人体含 70% 的水分，所以水的选择很重要。一种浓郁的科学性油然而生。然后配上晶莹透明的优质水，当空中滴下一滴仿如甘露的蒸馏水时，溅起灿烂水花，激荡无穷……令你不得不产生信任感，激发痛饮的渴望。

当然过多的学术性语言、数据罗列，会显得单调、死板。所以许多广告运用科学的图形，来简洁、直观地表现科学性。如许多药品的广告，治胃的就配上胃器官图形；治头疼的，就展现脑器官图形。这些图形既强调了科学性，又不乏生动。

2. 戏剧化地展现思想内容

人的思想底蕴都向往着一些浪漫、波折的事物。莎士比亚的戏剧之所以受人欢迎，很大程度取决于它的跌宕起伏、一波三折。平铺直叙地报告事实永远是不够的，必须使事实更生动、有趣而戏剧化地表现出来，才能有效地吸引人们的注意。戏剧化也是广告中的一种重要手法。

香港一家专营胶黏剂的商店，曾推出一种新的"强力万能胶水"。店主用该胶水把一枚价值数千元的金币粘贴在墙上，并宣布谁能用手把这枚金币掰下来，金币便归其所有。一时，观者如云，登场一试者不乏其人。然而许多"壮士"在费尽九牛二虎之力以后，仍然只能"望墙兴叹"而徒劳无功。据说还惊动了一位颇负盛名的气功大师，出山一显身手，结果还是白费力气。于是，这种胶水的良好性能有目共睹，名声不胫而走。这就是充分运用戏剧化的效果。

戏剧化通过富有鲜明色彩的对比，制造强烈的反差。如有的洗衣粉洗出的牛仔服，不经意从楼上掉下来，硬得居然插进了水泥地；而用了柔软剂洗出的牛仔服，穿在身上却柔软舒适。

戏剧化有时又显示"犹抱琵琶半遮面"，渲染神秘感，增强诱惑力。如一种手表广告：一只戴着黑手套的纤秀的女性的手慢慢伸出来，与另一只充满阳刚之气的男性的手温柔地接触，在这种浪漫的情调下，慢慢地掀起衣袖，露出半边手表，然后又迅速地放下衣袖。本来广告就是想宣传手表，但却故意只让你看一半，制造神秘感，诱发你的好奇心。

夸张的手法、节奏明快的音乐、出人意料的结果等都是戏剧化的有效手段。

戏剧化中最重要的手段还在于制造轰动效果。记得小时看人张贴海报，常常将四五张同时贴在一起，当时怎么也想不明白：让人知道贴一张就够了，为什么要这么浪费呢？现在想来才明白，这样做的目的就是制造轰炸式的宣传效果，吸引人非过去看看不可。特别对于新鲜出炉的广告，一出台就要如原子弹爆炸般地制造出轰动效果，轰得众人都想一试。那种细水长流的广告手法，远不如将经费集中起来，去营造一种恢弘的，对人视觉、听觉乃至心理的轰炸。

深圳"阿波罗"香烟广告，就突出地运用了戏剧化手段。某天，《深圳特区报》的半个版面，突然只用来登载了这样几个字：明天将有一颗新星出现！引得大家好奇心起，纷纷议论，盼望第二天报纸。结果第二天，报纸上仍然占了半个版面，却只出现了这样几个字：这颗新星即将登台！到了第三天，大家才像盼星星、盼月亮般看到，笼罩半个版面的几个大字：隆重推出"阿波罗"香烟。大家盼望了几天的新星，原来就是一种香烟，在好奇心驱使下，免不了想去品尝，"阿波罗"香烟的销路，也就此打开。

在电视广告中，运用戏剧化手段的，也比比皆是。《星岛日报》的广告：看报人入了迷，小偷进家搬走了家具，缚住了其妻子，甚至窃贼手中的吸尘器不小心吸走了他的假发，他都浑然不知。这种夸张的手法，既有强烈的观赏性，又反衬了《星岛日报》的迷人。

戏剧化效果中，一个很重要的方法还在于制造浪漫的情调。香烟广告现在已经禁播了，但以前一些世界名牌香烟的广告，的确给人以美的享受。

健牌香烟，口味醇厚悠长。广告画面则是蔚蓝的大海，边上美女簇拥，躺在柔软的沙滩上。此时，抽一支烟，该是多惬意呵！万宝路香烟，刚烈有力。配上的画面，则以辽阔壮美的美国西部为背景，展现粗犷、雄劲的气魄，令你认为只有抽万宝路才像一个真正的男子汉。

我很欣赏一部跑车的电视广告：在茫茫无际的大沙漠中，一部红色跑车一跃而出。辽阔无边的撒哈拉大沙漠已经够引起人的无限遐思了，而驾驶着一部漂亮的跑车在此间尽情奔驰，又该是多浪漫呵！茫茫的沙漠映衬着跑车，就犹如湛蓝的天空映衬着红日，让人不能不有黄山观日出的壮观感受。

3. 表现浓厚的人情味

人人都有七情六欲，能在大众心里产生深切共鸣的东西，一定是充满人情味的。只有那些洋溢着浓厚人情味的广告，才能深入观众的心灵，达至水乳交融的沟通。那些说教式的、标语口号式的广告，只会让观众反感，而不会有任何积极作用。如果广告能让观众感到，就像是邻居家的女孩子走过来对自己说："阿姨，这洗衣粉可好用啦，洗出的衣服特别干净。"那么她不仅不会反感，而且还会马上想要知道："真的吗？什么牌子？在哪买的？"

心理学认为：人在涉足一个新领域之前，有一种特殊的心理倾向。即在那里寻找与自己心灵相通的人；假如找到了，他们便会比较轻松放心地进入。而人情味的作用，正在于使观众对广告产生亲近感。

香港雀巢助长奶粉的广告，主要手法就是表现人情味。

一位年轻的妈妈依偎在丈夫怀里，娇嗔地强调张家喂婴儿用雀巢助长奶粉，李家也用雀巢助长奶粉。这种写意本身就人情味十足。最后丈夫说了一句类似调情的话："你是相信我多些呢，还是相信雀巢助长奶粉多些？"看似与广告内容无关，却顿使整个广告生机盎然，洋溢出浓厚的小家庭生活情趣。

表现人情味并没有脱离广告主题，只是让广告显得更加丰满，有血有肉。我记得日本一种变焦照相机广告。两位恋人在古罗马广场的喷水池边上相依相偎。突然来了一车游客，大家纷纷拿着这种相机抢拍这对恋人的浪漫。先生一见，顿时松开手，岂料小姐毫无防备，一下跌进喷水池。正当先生在那里拢拢头发，搔首弄姿，洋洋得意，准备接受拍照时，小姐水淋淋地从水池里钻出，愤然一高跟鞋扔过去，打得先生狼狈不堪。

这种广告可以说让人一见，就永远没法忘记。这才是真正的广告艺术。

表现人情味一个重要的成分，还在于引起人们对童年的回忆。尽管人们也许并没有意识到，但事实上成年人的潜意识中常有对童年体验的怀念。如果广告能做到刺激消费者唤醒童年的回忆，那么他们便自然而然对商品本身产生某种亲近感。电视广告中，让儿童演员出场，让他们边吃边说"真好吃！真好吃！"之类的话，或是让他们向大人撒娇要买某种食品，其目的就是唤起成年人对孩提时代的怀念，让他们都来买。口香糖之所以畅销，也在于大家嘴里嚼着口香糖，内心会油然而生对童年情趣的体味。

结束语

我从 1989 年主办人际关系训练班至今已 5 年有余了，其间不断总结成功人士的经验，吸取前辈的理论，以至于我敢这样说：任何一个在社会上取得成功的人士，一定是本书中某一条或者是某几条做得很出色。这本书正是每一个渴望取得生活成功人士的有效指南。

也许有人会说："你太狂妄了！"如果你不愿相信本书的理论，我也不能强求，但只希望你合上本书后能暂时试用三个月，如果没有效果，那就将它扔到垃圾堆去！如果确对你生活有所帮助，那么在今后的生活中，就努力将它变成自己的生活方式吧！

曾经有位学员这样对我说："老师，您今天教我应该如何如何，我觉得很有道理；明天又教我应该如何如何，我也觉得很有道理；可您后天又教我应该如何如何，虽然也很有道理，但人按您教的应该这样应该那样生活，岂不太累？而且应该如何如何，说来容易，做来却也真难。就如您领我发现了大海，也把我带到了大海之上，但我突然发现大海是这般辽阔无际，我反而更觉不知所措，对生活也更没信心了。"

老子说：道法自然。这个世界上最富吸引力的性格，是本身性格的自然流露；这个世界上最有效的交际技巧，也正是源于自然的生活方式。只要你能深刻认识人性，透彻地了解人，并怀着博爱之心，尽量在生活中做到随心所欲，充满做人的自信，有一种追求幸福的顽强不息的勇气，那么你并不需要刻意追求，就一定是人际交往的高手，一个最高技巧的掌握者。

《方与圆》并不要求你改变自己，它只是通过剖析讲解帮助你更深刻认识人性，把握人性的弱点，帮助你树立信心，建立乐观的生活态度，培养健康的心理。一句话它只是帮助你发挥潜能，回复真正的你。刻意改变自己去掌握某种技巧，是永远无法取得成功的。

《方与圆》犹如一根划着的火柴，如果您只打算看看而已，那么它至多只能带给您一时的感情激动或情绪冲动，在您的生活中这根火柴就会慢慢熄灭；但如果您内心有一种渴盼，正把它作为向渴盼迈进的工具，努力把它变成自己的生活方式，并付诸行动，那么这根小小的火柴便可以形成燎原之势了……

　　到这里本书就结束了，但我真心地希望这不是一个结束，而是一个新的开始……

方与圆 2

——成功者的个人修炼

沉落的夕阳，将黄金洒向大海，于是一贫如洗的渔夫也摇荡起金桨！

丁远峙 著

SQUARE & CIRCLE

奥修讲过这样一个故事：

有位老人在德里附近的一处坐着，一个年轻人刚好开车路过，他停下车来问老人："德里还有多远？"老人说："如果照你自己的路线、照你自己的方向走的话，那就要走很远、很远，你必须绕过整个地球——因为德里就在你背后两英里的地方。"

现在的大街上，每天都游荡着无数有才华的穷人和不幸福的人，他们有才华但依然贫穷或不幸福，因为他们的心灵没有受到启示，思想没有得到点拨。

人是需要被点拨的，否则你一辈子都只能在黑暗中摸索。也许一句话、一个观念，就能改变你的一生。

前　言

"他最苦恼的便是没有了方向感，觉得自己像是浮萍……噢！多可怕的一件事！这个人跨了出去，却不知道自己的路在哪里，最后只有退了回来。"

——雨果《悲惨的世界》

如果将一个密闭的容器中间用隔板挡开，一边是气体，一边是真空。当你抽开隔板，气体就会自动进入另一边，在容器中逐渐地达到均匀状态。这个过程是不可逆的。这就是热学中著名的熵增加原理：系统的自然倾向总是不断地向无序的混乱方向发展。

既然这是宇宙的基本法则，所以人生也遵循这个原理。如果不控制好人生，人的生活也会向无序的混乱方向发展。

二战期间，出身于犹太家庭天才的美国数学家诺伯特·维纳在研究改进导弹技术时，创立了一门新兴科学——控制论。

控制论一词 Cybernetics 来自希腊语，意为掌舵术，包含了调节、操纵、管理、指挥、监督等多方面的涵义，它是研究各类系统的调节和控制规律的科学。现在控制论的思想方法已被广泛应用于系统学、工程学、生物学、经济学、生产管理、社会决策等多个方面，控制论与相对论、量子力学一同被誉为"20 世纪最伟大的三项发现"。著名科学家钱学森将控制论引入工程学中写出了世界名著《工程控制论》，也正是在控制论思想的指导下，钱学森将中国的导弹送上了天。

其实人生也是一项系统工程，只是更复杂，更受多种因素的影响，因此更需要控制论的方法。

生命是一种宝贵的资源，不能随意挥霍。许多人终其一生都不知道自己到底有多大的能力，因为他们从来没有梦想成真的企图，没有努力过，没有尝试过。每天只是碌碌营营为生存奔忙，没有感受过生命力的强大，没有享受过创造的欢乐，生命成了只是一种将要被消耗掉的废物。但谁不想人生过得高贵而富有意义呢？结果如此，是他们智商低或者缺乏能力吗？不是的，只是他们没有精心地规划和控制人生，没有让生命发挥出高效力。

我总觉得每一个人只要愿意，无论所处的环境如何恶劣，都可以过上所梦想的生活。关键是要学会驾驭人生，不能把人生的控制大权让给一些外在的因素。

"驾驭"其实也就是"控制"。人只要把握好人生的方向，培养高尚的情操和爱好，控制精力、时间、资源，将它用在正确的地方，并锲而不舍，就能有高效率的人生，进而发挥出无限的潜能，过上快乐而丰盛的日子。

所以我相信成功就是一种控制，成功学就是人生的控制论。

一、能戒才有真正的自由

我们为什么要控制人生？随心所欲的生活不是更快乐吗？

如果你只想随波逐流，听天由命，平庸地度过一生，那当然不必控制人生；但如果你想人生更有价值，生活更丰富而快乐，你就必须学会控制人生。

佛教说：能戒才有真正的自由。如果你吸毒上瘾，你就被毒品所控制，失去了自由；你只有戒除毒瘾，才能获得真正的自由。人生也是一样，你只有控制人生，戒除各种低劣、懒散的劣根性，才能让心灵获得真正的自由，人生才能真正随心所欲。

孔子说："吾十有五而志于学，三十而立，四十而不惑，五十而知天命，六十而耳顺，七十而从心所欲，不逾矩。"孔子的意思不就是他到了70岁才将随心所欲与控制人生完美地融合到一起，达到了人生的最高境界吗？

德国诗人歌德也说："谁要伟大，必须聚精会神。在限制中方能显身手，唯有法则能给我自由。"

人生要"戴着镣铐跳舞"，这种镣铐不是人生的枷锁，而是人生的规范，只有规范的人生才是有序的，也才能够更有价值、更快乐。

在过去的岁月里，我信奉"在慵懒中享受人生"的信条，一切随意，率性而为，从不刻意控制自己。这样的生活虽也写意，但几年下来，却没有任何成果，只是虚耗了时间。

人生绝不是一艘随意漂流的船，要想主宰人生，就必须始终控制好人生的方向，提高生命的效率。

人生是一场战斗，假如你因为胆怯、懒散而害怕人生的战斗，拒绝人生的战斗，随波逐流，其实这是没有用的。你还会因为生存压力、生活需要，自然地逼迫自己去参加这场战斗。结果当你被动地接受这场战斗时，你很可能会成为一个战败者。你还不如主动出击，选择有利于你的人生战场——目标，做好详尽的计划和准备，去打一场真正的你选择的人生战争，去争取胜利。

二、掌控人生的法则

人生需要控制，这种控制可以分为两个方面：一是从内控制，控制自己的思想、观念和情绪；二是从外控制，通过确立目标来控制我们的行为、精力，以尽力发挥出我们的潜能。

俄国生物学家巴甫洛夫做了个著名的"条件反射"实验。他每次在摇铃后，才拿食物喂狗。久而久之，狗形成了条件反射，不论有没有食物，只要听到铃声就流口水。

巴甫洛夫是让动物产生条件反射：刺激——反应；但很多人在人生中，也只是刺激——反应。有人惹到他，他就生气；一遭遇失败，就产生自卑，也就是一刺激就反应。但这种反应有什么好呢？生气的情绪会影响你的工作和生活，损害你的健康；自卑感则更糟，能让你丧失人生中的进取精神，使你的生活黯淡无光。既然如此，那我们为什么不选择对这种刺激不做反应呢？

其实任何外在事物本身都没有力量让你生气或自卑，生气或自卑只是你情绪或思想上的一种选择。所以，左右我们情绪或思想的不是外物，而是我们面对外物时的态度与反应。我们可以选择生气，也可以选择不生气；可以选择自卑，也可以选择不自卑。

我看过这样一个故事：

有位美国演讲大师应邀在日本演讲，他讲了一段笑话，用了几分钟，但翻译只翻译了一句话，下面就哄堂大笑；接着他又花几分钟讲了一段精彩的故事，但翻译仍然只用一句话，下面就掌声雷动。

事后，美国大师问翻译："你的翻译真有水平，我讲了那么长时间，你只用一句话就达到了效果。你是怎么翻译的呢？"翻译回答："你讲完笑话，我就翻译了一句：大家笑。于是大家都笑起来；你的故事很精彩，讲完后，我就叫：大家鼓掌。于是大家就都鼓掌。"

这个故事是为了讽刺日本人的英文水平差，但从另一个角度看，我们很多人就像故事中的听众一样，对待外界的各种刺激，驯服得就像奴隶，外界怎样发信号给我们，我们就怎样反应。

生活通过一些失败、痛苦及各种困难的刺激，来让我们作出负面的反应，我们就迅速地听从命令，产生自卑、消沉、不快乐等思想和情绪。其实自卑、消沉、不快乐等负面思想和情绪，也都只是我们面对外界刺激时的一种反应。

我们是人，应该有理性和主动性，我们不是只能像动物一样地对刺激作出被动反应，我们可以主动地选择思想、态度和情绪，选择我们的反应和行动。对于各种负面的刺激，对于能破坏我们思想、情绪和行为的种种刺激，我们完全可以置之不理。这样我们才能够真正掌控人生，才能够成为自己思想和行为的主人，而不是沦为外界刺激的奴隶。

所以无论环境如何，我们遭遇了什么，我们都要努力掌控自己的思想和情绪，掌控自己的精力和行为，这样我们才能真正成为自己的主人，那么我们也必将能主宰自己的生活，成为一个快乐、成功而祥和的人。

三、关于这本书

一次我去某公司举办讲座，过后一起吃饭聊天。他们老板小学文化，靠摆地摊卖书起家，现在拥有了数亿元资产。开始我认为他是土财主，不太愿意跟他深谈，但他却讲了一句令我大感震惊的话，他说："以前的成功是偶然，现在的成功是必然。"

深思之下，我觉得他讲出了真理。以前大家缺乏商业意识，社会上竞争不激烈，机会很多，谁敢下海，碰到机会就能成功，因此成功是偶然。但现在，人人都渴望成功，竞争越来越激烈，很难再找到天上掉馅饼的机会，要成功就必须具备成功的素质，使成功成为一种必然。

成功没有侥幸，每一个成功者的内在都必定有某种东西，正是这种东西决定了他们必定成功。同样，快乐和祥和的人也是这样，他们内在必定都有某种东西，也正是这种东西决定了他们拥有快乐而祥和的人生。本书就是为揭示这些东西而写的。

我写的每一本书，都宁愿让一个人读 1000 遍，也不愿意 1000 个人都只读一遍。书中的很多思想，你们现在看的时候也许不太在意，但当你们在若干年后回味人生时，你们必会对书中的理念有更深的领会，特别是当在生活中遇到了各种问题的时候，请善用书中的理念，你将发现你的人生又会有一片新天地。

我不敢保证，你看了这本书之后就会有截然不同的人生，但却敢保证，只要你确实运用了书中的方法，你就绝对拥有能够掌控人生的力量。

那么，你是否做好了改变的准备呢？如果是的话，就让我们开始吧！

上 部 行动篇

只要开始，就会心生热忱；
持续为之，便能走向成功！

人最大的享受是享受自己生命的力量；人最大的归宿，就是归宿到自己生命力的创造过程中。

1967 年 3 月初，加拿大东部有一个 11 岁的儿童死于老病。

照出生年月算，死者雷基·加兰特只有 11 岁，但他患的是一种叫作早老症的奇症，出现很多 90 岁老人特有的症状，如衰老秃顶、血管硬化、皮肤松弛。事实上，雷基死的时候，已经是一个老人，压缩在他匆匆 11 年中的是漫长的一代生理变化。

早老症是极为罕见的，但人在心理上的过早衰老，却比比皆是。青春就意味着有朝气、有活力，我们每个人年轻时都会有梦想，都想过努力，可走上社会后，没几年这种梦想就消失，人也变得越来越实际，眼光越来越现实，同时也变得越来越狭窄。我们还自以为是变得成熟，实际上是心理上的衰老，是生命力的退化。

雷基仅仅生活 11 年，就衰老成 90 岁的老人，而我们很多人也仅仅只有二三十岁，但在心理上却已像一个老人，再没有任何事能让他们情怀激荡，生命中已没有了热忱、没有了朝气、没有了力量，这不也是一种早老症吗？

生命之所以值得赞美，是因为她的朝气、她的活力。我们看着欢蹦乱跳的小狗，看着活泼嬉戏的小孩，不都感到愉悦吗？生命的真谛就是生命意志，就是生命力。活着是最基本的，狗也活着，猫也活着，人如果仅是活着，那与它们又有什么区别？

就像人在水中就必须不断游泳一样，人在社会中也必须充满朝气与热忱地不断追求与奋斗，否则你就会逐渐消沉。

有一位对前途备感茫然的小伙子，找一位老夫子算命。老夫子拿起小伙子的左手看了一阵后说："年轻人，你在人生中没有方向，做事也三心二意，随意又懒散，你不会有什么前途。"小伙子一听，心里想这个算命的怎么看得这么准呢，他的确是这样的人，于是心里一片悲哀。老夫子看他这么凄凉，就又拿起他的手说："不过……"小伙子一听有转机，赶紧问："不过怎样？"

老夫子叹口气说："不过，到 40 岁你就会习惯了。"

我们很多人年轻时雄心勃勃，但逐渐地就消沉下去，再到后来也就慢慢习以为常了。这时他们常挂在嘴边的话是："我的希望都放在我儿子身上。"

当你这样的时候，你儿子也会对你说："老爸，你放心，我的希望也都放在您孙子的身上。"

放在别人身上，大家都不用负责任，当然是便宜事。

记得有记者采访巨人集团的史玉柱时，有这样一段描写：很多人的锐气总会被年龄与惰性慢慢消解，但史玉柱不会，他是勇往直前的。他宁肯忍受磨砺，也不愿默默无闻地打发人生。"如果有一天我不干了，那肯定是因为企业不需要我了，或者身体不行了，否则我不会停下来。"在他那里，全部的幸福就是实现自己的意志和愿望，展现自己的生命力，轻松是辉煌后才能带来的那种短暂轻松。

人活着就要像活着，就要表现得与死不同，要体现自身的价值。人的价值正是在生命的鼓舞下，在生命力的光耀下取得。

只有弱者、娇生惯养者、平庸者才会抗拒生命和力的光辉，因他们的平庸而谴责极度充盈的生命。真正的强者要表现出旺盛的生命力，这是生命的圣化，能使人臻于崇高的极乐境界。

有人会问了：那你如何看"淡泊以明志，宁静以致远"呢？淡泊，淡泊的是功名利禄，如果连生命的意志都淡泊，那与朽木又有什么区别？至于陶渊明，他在《桃花源记》里展现了他的生命理念。如果没有文笔优美、流芳千古的《桃花源记》，我们又何以知道陶渊明呢？陶渊明不也正表现了他的力吗？

人类最高尚、最进步的美德，就是体现自己的价值，充分表现生命力。那么，我们怎样才能拥有强盛的生命力，怎样才能保持青春，让朝气与活力四射呢？

有位垂暮之年的老人，很贫穷，又没有什么亲人。他的愿望是能够拥有一间自己的草房。为了这么一间草房，他每天都要起早贪黑地去收集材料。他一个人的力量毕竟太小，他用了好长时间，但是一直凑不够材料。他每天忙乎乎的，也就顾不上生病，精神也挺好。大家每天看到这个老头，都觉得他的身体很不错。

终于有一天，老人如愿以偿，他完成了自己这间小房子。当他眼看着自己的房子完成时，突然感到自己苍老了。于是他就倒下头来休息。第二天，他就感到很累，清晨也就起不来床了。之后，他居然卧床不起，不久就过世了。

如果他的房子需要再晚一年完成，他的生命很可能会再延续一年时间。

一次在西安演讲时，我遇见了中国老一辈的演讲大师景克宁教授。景老以82岁的高龄，站在台上讲了3个多小时，没用任何讲稿，但思维清晰，逻辑严明。

过后与景老一起吃饭。因为演讲时，我看见景老一直拿着雪茄，便问他一天要抽多少烟。景老告诉我，他一天要抽两包雪茄。要知道一支雪茄可抵半包烟。看着景老精神矍铄，我真后悔自己花了那么大精力戒烟（景老还说最喜欢请他演讲的就是红塔集团）。我又问景老锻不锻炼身体，景老回答没时间锻炼。这时，景老看着桌上的菜说太清淡了，便要求来一盘猪蹄。

我笑着对景老说："景老，您完全颠覆了我对健康的概念。您又抽烟，又喝酒，还喜欢吃油腻的食物，而且还不锻炼。但您的身体为什么还会这样好呢？"

景老告诉我，因为他一直有一个信念，有一种追求。他总在努力工作，10 多年来，他已在全国演讲了 2700 多场，听众达 300 余万人。

景老曾因反林彪罪，被判死刑，但正要执行时，林彪却摔死在温都尔罕，于是景老捡回了一条命。但随之又因反江青被判了 20 年徒刑。到粉碎"四人帮"景老出狱时，他已 60 多岁了。于是景老一天当三天过，他说："人不能拉长生命的长度，但可以强化生命的密度。"

景老出狱后没几年，医生检查出景老得了膀胱癌，告诉景老需要化疗，否则活不过三年。景老问化疗会有什么后果，医生回答头发会掉，眉毛会掉。景老就坚决不同意化疗，他说："我要演讲，我要把我对生命意义的理解告诉每一个人，如果我的头发、眉毛掉光了，那不把人都吓跑了。"

结果现在，景老活了十多年，身体状态、精神状态都还好好的。

对比我的父亲。记得他老人家在退休后，每天就靠打太极拳和下棋打发时光。下棋时，还经常为悔棋问题与人争吵，虽然下棋时他是开心的，但每次回到家里，我都能感觉到他内心的痛苦，因为他认为自己就好像只是一个等待死亡的废物，再也没有价值了。退休后，他丧失了生命中的追求，于是身体就越来越差，健康状况日益恶化，结果几年后就去世了。那时每次看到他，我的心都是疼的。为什么一个从来心高气傲的人，退休后就会丧失了追求呢？

从那天起，我就在心里对自己说，将来无论活到 70 岁还是 80 岁，我都要在心里始终葆有一份追求。

人如何才能延缓衰老？如何才能保持旺盛的精力？

存在车库里的汽车，油箱中不需要汽油；没有目标追求的人，生命中也不需要有更多的生命力。因为用进废退，没有追求，不进取，生命力就会退化。生命力是因目标而滋生，因追求而强大。生命力就是在消极悲观者体内衰退，在乐观进取者体内畅流的一种力量。

海尔集团的总裁张瑞敏也有一段时间积劳成疾，住进了医院。海尔集团的员工都为总裁的身体十分担忧。本来，张瑞敏完全是由于劳累过度所致，理应好好休息一段时间。但海尔集团的常务副总裁杨绵绵特别精明，她并没有让张瑞敏彻底休息，而是每天都过去请示一些事情，结果张总裁很快康复了。

原因何在？杨绵绵深知以事业为重的张瑞敏并不能完全休息，他需要精神的驱动。杨绵绵每天给张瑞敏一些精神的动力，可以使他的病情早日好转。

力量是在追求中产生，有追求正是生命动力的源泉。

所以，保持积极的思想，有健康的情绪，诸如信心、勇气、兴趣、乐观和向前看，都能带给我们新的生命和强大的生命力；而消极、悲观、愤怒、怀念过去，不仅是老迈的特征，而且会促使衰老提前来临。

现在有一种"退休综合征"。一些人工作时好好的，一退休就觉得无事可做，没有寄托，觉得自己是一个废人，很快就变得苍老、疾病缠身，生命力迅速衰退。

记得央视二台《对话》节目中，主持人问年届 67 岁的力帆老总尹明善："您看上去像只有 50 岁，有什么保持青春的秘诀吗？"尹明善回答："我的秘诀就是工作。我每天工作超过 12 小时。"

人身体内各系统的种种作用到底如何发生，我们所知甚少，但我们确实知道它能发生作用。例如手指割伤了，我们知道能痊愈，但却不知道它是如何痊愈的。

法国著名外科医师杜波依斯，在他手术室外面贴了一句名言："外科医师包扎伤口，上帝使伤口愈合。"这个上帝就是人体内的一种神奇的力量，我们的生命力。它正是我们青春的源泉，也能延缓人的衰老。

美国人哈奇奈克博士说："我们所以会年老，并不是因为年岁增长，而是因为我们对外来事物的反应不同之故。"人的衰老在很大程度上是因为人的思想态度和情绪的影响。

如果我们可以劝一个人每天坐在轮椅上，放弃对将来的一切梦想，放弃对新观念的兴趣，把自己视为毫无价值、不重要、没有生产能力的人，这样一来，我们就可以把他变成一个老人。

许多人在退休之后，生活便一落千丈，正是因为他们觉得积极而富创造力的生命已经终止，他们的工作已经完成；他们没有向前看，对生活厌倦，不去活动，而且常常丧失了自尊；他们觉得被人抛弃，不再居于重要的地位。他们为自己制造了一个无用、没有价值、衰老的寄生者的形象。

人可以退休却不可以放弃生活。这里不仅是指那些实际上退休了的人，更是指那些虽然还没有退休，但在心理上已退休了的人。人的老迈，不论是生理上的还是心理上的，首先都是你思想上接受了自己的老迈，消沉了意志。

现在西方有一种提法，叫"C 型人生"。随着科技的进步，生活水平的不断提高，人类寿命不断延长，体质也越来越强健，再加上价值观的多元化，知识的普及，终生学习的盛行，特别是新生代年轻人逐渐成为社会的主流，他们个性鲜明，更加自我，拥有颠覆、创造、叛逆的本质，从而引发了"C 型人生"的创新生活形态。

人生不再是直线，生命充满了无限可能。

以前的"线型人生"是青少年时期学习，青中年工作，老年休闲、等死。"C 型人生"则是任何时候都可以是一个起点，45 岁可以再找工作，60 岁可以跑马拉松，80 岁可以再去谈一次恋爱。

人生任何时候都可以是一个起点，因此学习也必将成为终生的需求，而终生学习反过来又有助于人保持年轻的心态。

"C型人生"使我们的人生不再像一次赌博，不会因为一次高考、一次择业就注定了终生。人生中会有很多次重新开始的机会，生命也不会到老了，就成了一种仅仅只是要消耗掉的废物。

人在病魔面前也不再是被动的，不再是听到自己得了癌症后，就开始预备后事，人可以迎击并战胜病魔，可以发挥你的潜能，人可以"长生而不老"。

"C型人生"让我们随时都可以保持追求，使我们的生命力变得越来越强大，越来越坚韧。因此，从生命的力量中去享受更充实的生活吧！这就是保持旺盛的生命力，保持青春的秘诀。

第一章　人生成功的不二法门

人人都向往成功，街上各种成功学的书籍也成千上万。成功是很难，但成功的方法真有这么复杂，要这么多吗？如果说成功有秘诀，那么我认为人生成功的全部秘诀就只有两条，这两条秘诀不一定保证让你成功，但世界上所有成功人士一定是这两条秘诀应用得很好。当你掌握了它以后，你就可以踏上成功之路了。我经常开玩笑说，掌握了这两条成功秘诀，街上所有成功学的书籍你都可以不用看了，是不是很划算、很能为你省钱啊。

第一节　只有开始，才有未来

好好想一想，5 年前或 10 年前你对自己有怎样的期望？对未来的生活有什么样的梦想？现在，是否做到了呢？

在大学毕业 5 年后的一个晚上，我做了这样一个回顾，我流泪了……

那天是学校的校庆，我们参加完校庆后，同学之间组织了一次聚会。在餐桌上大家畅谈着各自的事业和生活，有些同学已经取得了很大的成功，对比他们我内心只是感觉到惭愧。

读大学时，我与他们一样对自己有很高的期望，希望自己能在事业上有所成就，生活能过得快乐而浪漫，人生能像一个生动的故事。但现在呢？一事无成，每天只是为生存奔忙，没有醉心的事业，没有对生活的热忱，每天只是在无聊中打发时光，生活郁闷而痛苦。难道以后的生活还要这样下去吗？我的梦想、我的快乐呢？

5 年的日子过得飞快，转瞬即逝。我怀抱着梦想和热忱走上社会，对生活有着强烈的欲望，也曾奋斗过、努力过，但为什么还是虚掷了光阴，到头来仍然无所作为呢？

第二天大学时期的辅导员来了，面对老师，我谈了我的苦闷。

听完我的倾诉，他沉思了一会儿，然后拿出一张纸，在上面画了 A、B 两个点，问我：要从 A 到 B 点，怎样走才是捷径呢？我说这是小学生的问题，我在 A、B 间画了一条直线。随后他将 B 点擦掉，问我：再怎么走才是捷径呢？我说只有起点，没有目的，怎么可能有捷径呢？他说："你有没有觉得你的问题就在这里呢？"

我突然明白了，我有欲望，有梦想，也有热忱，但学生时代的梦想，更多的只是一种诗人式的浪漫，是为梦想而梦想；我也有欲望，但我的欲望太多了，我从未将欲望集中于一个占主导地位的欲望上。我既想事业有成，又贪恋娱乐，还想生活轻松写意。这么多的欲望混杂在一起，互相抵触，结果自然一事无成。

我的失败正在于缺乏一种强烈的欲望，一个为了实现它我愿意舍弃其余一切的欲望。我的各种梦想、欲望都太空泛了，只是一种笼统的想法，既不够强烈，又没有具体化，因此无法在生涯中规划、操作它，也就导致了方向的不明确。

就像一艘在大海中航行的船，开始偏离了一点方向并不觉得，但在几个月、几年甚至几十年后，它就驶向了完全不同的方向。

没有一个清楚、明确的人生目标的人，在人生路上往往就会偏离最初确定的航向。

一、人生是从树立清楚而明确的目标开始

在《爱丽丝梦游仙境》一书中，当爱丽丝来到一个通往各条不同方向的路口时，她向小猫邱舍请教。

"邱舍小猫咪……能否请你告诉我，我应该走哪一条路？"

"那要看你想到哪儿去。"小猫咪回答。

"到哪儿去，我都无所谓——"爱丽丝说。

"那么，你走哪一条路，也都无所谓了。"小猫咪回答。

很多人想知道如何选择成功的生活道路。但你问过自己没有，怎样才算成功呢？你的人生目标是什么呢？如果你都没有明确的人生目标，你就不可能有具体的成功标准，既然你都不知道怎样才算成功，那你怎样选择又有什么所谓呢？

人生就是这样，你漫无目的，那走哪条路都没有什么所谓。人生是从树立清楚而明确的目标开始的。你只有先树立了目标，确定了人生方向，才可能选择生活的道路，进而才能够掌控人生。

约翰·亨利·法伯是法国伟大的自然科学家。他曾利用松毛虫做了一次最不寻常的实验。松毛虫有一个特点，喜欢盲目地跟着前面的松毛虫走。法伯很小心地将它们排成一个圆圈，在圆圈的中间放一些松针，这是松毛虫最喜欢的食物。每条松毛虫都跟着前面的松毛虫，开始不停地兜圈子，一个小时又一个小时过了，一天又一天过去了，一连七天七夜，它们一直在绕圈，最后，终于因饥饿与筋疲力竭而死去。但在距离它们不到10厘米远的地方就有很丰富的食物在等着，它们却饥饿致死。

活动不一定就能导致成就。我们大多数人的生活都只是在日复一日地兜圈子，每一个今天都只是在单调地重复着昨天，这样活100岁也只等于活

了一天。很多人活了一辈子都不知道自己到底有多大的能力，能够创造怎样的奇迹，因为他们没有一个明确的目标，从来没有尝试过，没有一个开始。这个世界上最大的浪费不是自然资源的巨大浪费，而是人力资源的巨大浪费。

有些人对我说："集我 20 年经验之大成，我告诉你……"

我总是笑着说："你哪有 20 年的经验，你最多就是一年的经验重复了 20 年而已。"

我们大多数人不正是这样吗？一个没有人生目标的人，永远不会体认到自身的潜能，永远只能是"徘徊的普通人"中的一个。

一次在家吃饭时，我们讨论起了成功学。我问我姐："成功最重要的因素是什么？"她说："是勤奋！"我笑说："妈是最勤奋的人了，但社会上为什么不认为她成功呢？"（当然，我认为我妈是最成功的。）

勤奋不一定就能导致成就，只有朝向目标的勤奋工作，才能使你取得成就。

不成功者常常混淆了工作本身与工作成果。他们以为大量的工作，尤其是艰苦的工作，就一定会带来成功，其实任何活动本身都不能保证一定成功。一项活动要有用，就一定要朝向一个明确的目标，成功的尺度不是做了多少工作，而是做出了多少成果。

目标有助于我们避免这种情况发生。如果你制定了目标，又定期检查工作进度，自然就会把重点从工作本身转移向工作成果了。单单用工作来填满每一天，是再也不能接受的了，做出足够的成果来实现目标，这才是衡量成绩大小的正确方法。

人生就像建造一幢大厦，你以为用一些材料胡乱拼凑就行了吗？真正的建筑师总是事先要依据自己的知识和经验描绘一幅蓝图，然后再根据蓝图准备材料，挑选施工队，并在整个过程中监督、管理，让工程严格地按蓝图进行，最后，描绘的蓝图就变成了现实。当然，还有一个重要的问题，就是要确定工程期限，你见过一个没有期限的工程能完成的吗？

同样道理，我们要建造人生的大厦也需要一个蓝图，并确定期限。这个蓝图就是我们的目标和人生规划。要掌控人生，使人生有序，能按自己的意愿发展，首先就要从树立清楚而明确的目标开始。

唯有目标能帮助你控制人生的方向，帮助你做更好的人生决定及选择，帮助你明确、合理地分配时间和资源，使你的人生更具效力。

目标也正是我们动力的来源。回忆我的生活，在我最消沉的时候，也一定是我丧失了目标的时候；我最富激情的时刻，也正是目标明确，看到了即将达到目标的时刻。

每个人都是这样，有了目标，才会有源源不绝的动力，才可能激发出全部的潜能。

人不是机器，因此都有惰性，我不相信这个世界上会有没有惰性的人。但为什么有人能克服惰性取得成功，而有些人却完全被惰性左右呢？那些能克服惰性的人就是因为有着明确的人生目标。目标就是一种导向，就是一种规范的力量，能帮助人控制自己的生活。

这个世界上有许多人，对待工作的态度是能混就混，得过且过，工作起来无精打采，一杯茶，一张报纸，一些无聊的闲谈，就能打发一个工作日。其原因就在于他们没有明确的目标，工作仅是糊口之需。他们的生活漫无目的，也就没有向目标迈进的动力的控制，生活就容易变得混乱无序，而最终无所事事。

我们说纲举目张，目标就是人生中的纲，你只有在人生中举起了纲，在纲的作用下，人生才会变得张弛有序。就像一堆珍珠，只有用绳子串起来才成为项链，否则只是一堆混乱的珠子。目标就是我们人生的主线，它串起了我们整个的人生，否则人生也会散乱。

一旦你树立了目标，整个世界都会为你让路。

二、只是开始向前走

我去过很多大学做讲座，大学生问我最多的问题是：如何发现自己的特长，找准人生定位？

以前我渴望成功，看了大量成功学的书，那些书都告诉我做人要有长远规划，规划越长远成功的可能性越大。于是我认真地按照规划做，但我发现对我没有效果。

如果说十几二十年前人们的生活变化不大，人生方向基本上是从一而终，那时还容易预测未来，那么现代社会变化越来越快，变数越来越多，人生就像去解一个 $X+Y+Z+\cdots\cdots=P$ 的拥有无穷变数的方程式，你已很难真的预测到你的未来。传说中的神仙可以预测几十年、上百年后的情况，但我们都是凡人，我不相信有人可以预测到他几十年后的发展状况。那些成功学书中侈谈的什么人生长远规划，真的不足信。很多成功学书籍的作者自己都没有切身去追求过成功，他们只是在闭门造车，凭空想象成功的法则。其实计划不如变化快，人生中最重要的就是要订立今年的计划，现在的计划，要马上行动的计划；而且订好后就一定要去做，在做中检验、改进、思考，行得通的计划就继续做下去，并想办法做大。不行的就修改，再不行就淘汰，再想新的办法，再行动。那么在做的过程中，你就会逐渐找到自己的特长和兴趣。

世界第一 CEO（首席执行官）杰克·韦尔奇在上海演讲的时候，TCL总裁李东生问了他一个问题："我们如何才能预测企业 10 年后的发展方向？"

杰克·韦尔奇回答："预测一年后的情况都是很难的，预测 10 年后的情况是愚蠢的。"

一个人如果总想着有一个完美的人生规划再行动，那么这个人一辈子也做不了一件事情。

邓小平在改变中国历史进程的改革开放这样的大事上不也说过："要摸着石头过河。"

中国的改革开放是一个前无古人的事业，在改革开放的初期，也许即使是一代伟人邓小平的心里，也只知道要变，但是却不清楚到底应该怎么变，既然大家都看不清楚，就只有去尝试、去实践，在实践中不断反省、总结、提高，也正是这种策略，使中国取得了举世瞩目的经济增长。

美国管理学家吉姆·柯林斯先生的研究也印证了我的想法。多年来能排名世界 500 强的企业有几千家，但其中能持续 50 年以上排行榜的只有 18 家公司。吉姆·柯林斯找出了这 18 家公司，并研究它们到底有什么与众不同。结果他发现与人们的想象完全不同，这 18 家公司中，几乎没有哪一家一开始就有一个长远规划或者伟大的构想，它们只是在不断地尝试，好的保留，不好的放弃，像达尔文的进化论所说的那样，适者生存，不适者淘汰，不断地进化成功的。

山姆的创始人山姆·沃尔顿、索尼的创始人井深大和惠普的创始人休利德同属传奇人物，但他们创业时都没有伟大的构想，他们只是开始往前走，尝试做任何可能的东西。他们创办事业的时候什么也没有，只有要成功的意愿和一股伟大的热情，并随时准备取消、修正或改进一种构想。

3M 的 CEO 卡尔顿说："我们公司其实是无意碰上了一些新产品，但是，千万别忘记：一定要行动才能碰上。"

行动、改正、尝试，如果你尝试的某些事情有用，就保留下来，没有用的就改正，或是尝试别的事。企业就是逐渐演进的物种，人也是逐渐演进的物种。

很多年轻人都想寻找人生中的定位，其实人生中的定位坐在那里想是怎么也想不出来的，对于任何一个刚走上社会的年轻人，是无法一眼看到自己的人生方向的，只有去做，去尝试，在做中找，在尝试中找，在不断地寻求发展中找。

从我自己来讲，我是学理科的，从来就没有做过作家梦，开始也找不到人生定位。当一位朋友鼓励我同他一起创办公司时，我们决定了办公司，但却不知道办什么公司。那时审批公司是很严的，我们思来想去，决定办公关公司。因为我们当时身处特区，了解国外公关的发展，而 1989 年内地人一般听都没听说过"公关"，我们号称中国第一家私营公关公司，工商局容易批。果不其然，公司最终批了下来。虽然公司办成了，但是没有企业找我们公关。记得公司成立时，我们在门口挂了一条巨幅的广告：通联公关，有求必应。公司成立了几个月，只有一个老太太来找我们，说她女儿不见了，要我们去找。我们说我们是公关公司，怎么帮你找女儿呢？她说你们不是"通联公关，有求必应"吗？

公司是成立了，但靠什么赚钱呢？在现实的逼迫下，我就想到了办公共关系的成人培训；开始了成人培训后，渐渐地我就喜欢上了培训，于是就将主要精力用在了培训上；培训时间长了，有影响了，就有电台、电视台请我去做讲座。在一次电台讲座时，一位听众打来热线电话说："你的每一次讲座我都听了。我都听腻了，你还没有讲烦吗？何不写本书一了百了呢？"我一想也是，写成书后可以一劳永逸，免得总是重复地讲那些内容，于是我就开始写书了。没想到一炮打响，于是我也就阶段性地找到了自己的人生方向。

其实任何一个人的发展，都是在做的过程中不断地思考、变化、发展，最终确立人生方向的。包括那些伟大的人物也是这样。毛泽东开始也一定想不到他闹革命求解放，最后能解放中国人民成为国家主席的。要不大家都去闹革命了。任何事情都是一步步做出来的，关键是你要去做，要在做中思考、发展。

中国首富刘氏家族，他们原来是干什么的，不就是卖鹌鹑蛋的吗？他们在卖鹌鹑蛋的时候，能想到自己会成为中国的首富吗？他们能够有长远规划，想到将来要从事地产和金融行业吗？显然不可能。他们开始只知道卖鹌鹑蛋赚钱，就去卖鹌鹑蛋；卖了鹌鹑蛋后，想到卖鹌鹑不是更赚钱吗，就去卖鹌鹑；卖了鹌鹑后，有一次来广东，发现广东的农民都在排队买泰国正大康地的猪饲料，就想卖猪饲料不是更赚钱吗？于是就成立了新希望饲料厂，从此也就展开了他们事业的风帆。

开始，他们只是在做，做了再想如何发展壮大，只是有一颗永远向上的心，总在想着要发展自己，要不断地壮大自己。其实世界上最好的18家公司都是这样做出来的：开始从小事做起，不断地做大做强，不好的淘汰，好的就继续做下去。

当然不是说人生中梦想不重要，也不是说人生中不需要长远规划，但那只是对人生的一种猜测，或一种大致方向的判断。诗人艾青说："梦里走了千万里，醒来还是在床上。"比梦想、长远规划更重要的是行动，是开始。人生就像攀登高山，没有开始，你就永远不可能登上顶峰。

其实成功者与失败者的一个重要区别就在于有没有开始。我有很多朋友，他们才华横溢，我曾经很佩服他们。但现在他们只是在为三餐搏命，生活无聊又无趣，大家谈论起来，他们也认为原因只在于他们从没有开始，而我有了一个开始。

我每次上总裁培训班课时，都会抽时间请他们谈谈个人成功中最重要的因素是什么。其中很多人都告诉我说："就像你强调的，成功必须要有一个开始。有了开始，而后就像推一辆车爬坡，不进则退，会逼着你将所有的能量都发挥出来，拼命推车到达顶峰。"

今年8月份我去东莞做讲座，10月份时我又去了。当时，我对在场的听众说："有听过我讲座的举手。"下面有一批人举手。我又说："有按照我说的方法订了今年的目标，马上要行动的目标，并开始了行动的请举手。"结果只有两个人举手。一个办了一个劳务公司网站，另一个办了一个班组长学习研讨俱乐部。他们两个人现在都遇到了很大的困难。但他们说："丁老师，就像您说的，如果没有开始，我们就会像原来一样，每天只是在平庸中重复地兜圈子。现在我们虽然遇到了很大的困难，但这会激发我们的潜能，一旦我们将这困难克服了，我们的能力就获得增长，我们的企业也会办好。"

我喜欢一位哲人的话："如果在人生路上为自己设计太多，就会失去许多的可能和乐趣。"西方最有名的军事家克劳塞维茨也说："详尽的计划通常会失败，因为情况一定会变化。"所以人生中的关键是要迈出第一步，是要有一个开始。就像一列火车，启动是最难的，然后就慢慢加速，越来越快，越来越容易。人生的旅程也是这样，只要启动了，开始了，并保持变通性，积极主动，追求改善，不断演进，情况就会越来越好。

试一试，而且要快，并接受必然会有的失败。不要总躺在那里想、躺在那里说，就订一个看得见的目标，马上开始行动吧！

只要开始就会心生热忱，持续为之便能走向成功。关键是要把你人生的火车开动起来！

人生中不可能有一个完美的长远规划，所以关键是要订一个可以马上行动的计划，并即刻行动，在行动中检验、改进、思考，行得通的计划就继续做下去，并想办法做大，不行的就修改，再不行就淘汰，再想新的办法，再行动。

第二节　在行动中学习

问一个问题："人最重要的能力是什么?"答案可能五花八门，有人会说赚钱的能力，有人会说成功的能力，有人会说成名的能力，还有人会说是获得幸福与快乐的能力。

这些能力的确很重要，但进一步问下去，我们要怎样才能赚钱?怎样才能功成名就?怎样才能获得幸福快乐呢?

你要赚钱，要成功成名，你就必须成就事业;而要成就事业，你就必须有能力有知识;而要有能力有知识，你就要善于学习，也就是要有学习能力。

人是经由学习而进步，经由学习而改变。学习能让我们掌握知识和技能，有助于我们寻找工作，有助于我们的人生成长，但我们常常忽略的是，什么是人生中真正的幸福快乐？我们如何享受人生的幸福快乐？甚至什么是爱，如何爱？其实这些问题也都是需要学习的。

追求快乐是人的天性，但在生命中很多的快乐只是一种幻象，当幻象破灭后，你就会陷于更深的痛苦之中。所以人生要获得幸福快乐，首先你就要认识什么才是真正属于你的幸福快乐，你要怎样才能得到它，而这当然需要学习。同样爱也是这样，爱不仅是得到，更是一种付出，爱是一种能力的问题，既然是能力，那就也是需要学习的。

概而言之，学习的能力才是人生中最重要的能力。而人最神奇的是，每个人都有无穷的学习能力，只要创造出一种新的情境，人们就有可能经由学习而改变，经由学习而解决问题。既然如此，所以每一个人通过学习，都可以获得幸福与快乐的人生，都可以获得成功的人生。

我有一位朋友，他们企业发展得非常好，每次去大学招聘时，成绩不是系里前 30 名就不考虑，但有次他们却招了名排 120 名的学生，于是我问他为什么。

他说："开始我们看他的成绩是 120 名，就不想要他，但他拿出去年的成绩单，说他以前一直不重视学习，所以成绩是系里的 300 多名，但今年他醒悟了，认识到学习的重要性，开始认真学习，结果半年时间成绩就由 300 多名进到了 120 名。他还说如果有可能再给他半年的时间，他一定能达到我们的要求。最后，我们所有人一致同意要他，因为大家认为他学习能力强。"

华为在招聘员工时，因为开始无法了解招聘对象，所以很看重文凭。但招聘结束后，在新员工进企业第一天的大会上，任正非就会告诉大家，文凭只代表你的过去，进了企业后，文凭就失效了，大家都站在同一条起跑线上，关键是看你后面的学习能力、成长能力。

我在企业也是这样，我最看重的就是员工的学习能力、成长能力。我常说第一次失败是悲剧，第二次失败就是喜剧了。第一次失败因为你不懂，所以很悲惨；但第二次做同样的事你还失败，那不是一个笑话吗？你也太蠢了吧！新人第一次做错了事不怪你，如果你第二次就能够做好它，能有进步，那就是一个好员工。失败不要紧，做错事也不要紧，关键是你要能从失败、从错误中吸取教训，取得进步，那就是一个聪明人。

所以学历不重要，学习的能力才重要。只要有很好的学习能力，你就能够获得各种你需要的能力，取得进步。不懂不要紧，只要你肯学习，善学习，你就能由不懂变到懂。不懂不是罪，不懂装懂就有罪；不懂不表示你愚蠢，不懂还自以为是、不肯学习，那就是愚蠢。

国家也是一样的道理，落后了还不自知，还不愿意承认，还不向先进的学习，还妄自尊大，那不也是愚蠢吗？谦虚使人进步，骄傲使人落后，这样简单的道理对于个人、对于国家都是一样地适用。

一、"学习"能改变命运

记得一场电影中的场景，独裁者问雇佣军中的少校："说出你最喜欢的武器，我都能给你弄来。"

少校回答："才智！"

的确，"才智"是所有武器中最厉害的武器，但"才智"是买不到的，要获得"才智"，唯有通过学习。

这个世界上没有天才，别人比你更有能力、更成功，只是因为别人比你更爱学习，更会学习。

但由于应试教育，大家对学习有了反感。记得我大学毕业第一天，就将量子力学书找出来往天上一扔，"我再也不用看它了"，因为我老考不及格。

我们现在很多人离开学校后，学习就画上了一个句号，表明学习结束了，再也不学习了。其实离开学校时，人应该是一个问号，因为学校的学习只是掌握一些基础的知识和学会学习的方法，真正的学习是从学校毕业后才开始的。

一个人停止了学习，也就意味着停止了成长、停止了进步。

记得有报纸登刘晓庆坐牢时，姜文送了一句话给她："太忙对自己是一种损耗。"

以前我一直认为演员就像驴屎蛋，只是外面光，这句话让我顿时对姜文刮目相看了。他的意思是你以前一直忙，没时间充电，坐牢虽是坏事，但也可以利用这机会，有时间学习提升自己。

人最糟糕的事情是什么？就是耗完了你的知识资本。在年轻的时候，你在学校努力学习，刚工作时，也会像个笨蛋到处求教，让你的眼睛和耳朵开着。但后来，你深深陷入无休止的工作中，开始把长期积累的知识、智慧挥霍殆尽。因为整天忙于做事，你停止了学习，你变成了昨天范式的破碎的纪念品。如果你听之任之，你只会成为明日黄花。所以快点学习吧，否则很快就会落伍。

其实一个人要想改变自己的命运，勤奋学习、不断地提升自己才是唯一正确的道路。

有次去深圳宝安一书城做讲座，这家书城的老板拥有 4 家大型连锁书城。但他刚到宝安时，也只是一个打工仔，月收入不到 200 元。他告诉我，当时打工很辛苦，但他仍然利用难得的星期天和节日时间，不收分文报酬地去帮一位开服装店的老乡卖衣服，而且去得最早、走得最迟，目的只是为了学习做生意。当我听到这里时，我就知道他一定会有出息。

他说一次在节日帮着卖衣服时，发现老板一天的收入就有 1000 多元，而他一个月的收入还不到 200 元，从此他就立意要自己做生意。但他什么都不懂，所以什么都要学习。其实直到现在，他留给我最深的印象就是做人谦虚，善于学习，这也正是他还能不断进步的原因。

要做一个成功者，就要终生学习。我只听说过成功者喜欢学习的，没听说过不喜欢学习的人能成功。

李嘉诚就是一个喜欢学习的典范。他少年时因战乱没有完成学业，这成了他最大的遗憾。因此他决定做生意赚够 100 万元后，就重新回学校念书。但当他赚到 100 万元后，由于已经拥有了一个企业，要对员工负责，所以没办法回学校念书了，他就只好利用业余时间自修，这养成了他每天晚上都要看书的习惯。他说为了避免晚上看书入迷忘了时间，影响第二天的工作，所以每次看书时，他都要设定闹钟。

正是这种热爱学习的态度，使李嘉诚成了别人眼中的超人。他在经营塑料工厂时，订阅了很多世界著名的塑料工业杂志，从中了解世界市场和新产品技术。一次他在杂志中发现美国研制出一种新的制造塑料产品的机器，但价钱要 2 万美金，他买不起，他就决定自行研制。

他勤奋地学习有关知识，36 个小时不眠不休，最后成功地制造出了同样性能的机器，但成本却只有美国机器的十分之一。这部机器制造出来的塑料产品为工厂赚了不少钱，从此李嘉诚工厂的资产以每年至少 10 倍的速度增加。

学习让李嘉诚尝到了甜头，因此他终生都热爱学习。前几年李嘉诚最赚钱的一笔生意是关于 3G（第三代移动通信）的所谓"卖橙"神话，我是学理科的，我对 3G 都不是很明白，李嘉诚一个 70 多岁的老头怎么能懂呢，他不学习能行吗？到老年，李嘉诚的主要工作就是回馈社会，但李嘉诚基金会只捐赠两种行业：教育和医疗。李嘉诚少年时父亲就得肺结核去世了，所以他重视医疗，但他更为看重的却是教育，他基金会网址的首页上就写着"知识改变命运"，鼓励人们终生学习。李嘉诚小时候没有机会接受更多的教育，因此他希望能尽自己的力量帮助更多的人接受教育。李嘉诚虽没有机会接受更多的学校教育，但他一生都在学习，可以说他一生都在社会这所大学校里学习，他一生都是一个学生。

还有比尔·盖茨，他也是一个热爱学习的榜样。大学期间别人热衷于谈恋爱，他却热衷于电脑软件和看关于财经的书籍。他认为看书比谈恋爱更好玩。

比尔·盖茨喜欢学习，学习使他拥有了丰富的知识，使他不仅在软件方面有了独特的贡献，而且在企业管理上也创出了一套适合现代企业的方法，这就是期权制，让主要员工获得公司股票的期权。不是说微软创造了上百个亿万富翁吗？现代很多大型企业都采用了微软的管理方式，我觉得，比尔·盖茨在管理方式上的贡献比他在软件方面的贡献还更重要。

任何一个成功者，都是通过学习才开始走向成功的。终生学习，才会终生进步。社会在不断地发展变化，学习就像逆水行舟，不进则退，没有原地踏步的。人的知识不进步，就会落后，知识就像机器也会折旧，特别是像电脑方面的知识，数年不进步，就会面临淘汰。一个人要成长得更快，就一定要喜欢学习、善于学习。

毛泽东就更是一个读书迷了。他在临去世前的几个小时，由于眼睛已经看不见了，还要秘书为他念他所喜欢的书，他是在秘书的念书声中去世的。

犹太人说：没有知识就不能成为真正的商人。毛泽东说："没有文化的军队是愚蠢的军队。"

你可以去考察这个世界上任何一个真正的成功者，你会发现他们一定都有一条共同的最大特质，那就是喜欢学习、善于学习。

杰克·韦尔奇在 GE（通用电气）公司推广"无边界行动"，激发员工的学习热忱，他们甚至达到了迷恋的程度，"迷恋更好的思想、更好的方法，无论它是来自周围的同事、GE 的其他部门、同一条街上的公司，还是地球另外一端的什么地方"。

"无边界行动"对 GE 的战略实践产生了巨大的影响。GE 以前的存货周转率一直不高，他们尝试了各种办法，但依然成效不大。一次他们偶然得知美国标准公司在产品和制造程序的复杂性远超过他们的情况下，存货周转率却比他们高得多，于是他们组织 GE 的人大规模地拜访美国标准公司，与碰到的每个班组长和工厂经理会谈。他们考察了美国标准公司所有的工厂，复制了他们的理念和方法，结果没有几年，GE 的存货周转率就几乎翻番。

多年来，GE 不仅内部各个企业之间、各个部门之间、每个人之间彼此学习借鉴，还从对沃尔玛、丰田和其他几十家企业的拜访中学到了很多东西，就连 GE 最为有名的 6 西格玛质量管理，也是从摩托罗拉公司学来的。

所以最聪明的人，其实也就是最善于学习的人，善于学习才是人成长的捷径。

我去华为做讲座时，问他们一个管理层干部："你们老板任正非，每天做些什么？"他回答："什么也不做。"我正准备笑时，他接着说，"公司的事情，他都靠制度和授权交给大家做了。夸张点说，他的工作就是成天坐着飞机，去和世界各个大企业的领导人交流、学习。"

我觉得这正是任正非的聪明之举，一个领导人最重要的工作之一就是学习。比如华为要学习思科，按思科的方向发展。任何一家企业在发展过程中都会遇到瓶颈，在华为的瓶颈还没有到来时，任正非就已经在和思科、西门子等企业领导的交流中，学习、找到了突破的方法，并提前做好了准备。所以华为不仅突破了每一个瓶颈，而且也正是在这种不断突破瓶颈的过程中，快速发展成为一家现代企业的。

华为一位负责培训的干部也告诉了我一件事，她说在一次干部大会上，任正非举起一本书，问有谁看过，结果下面没有一个人看过。当时，他问我看过没有，我说也没看过。这本书叫《老张的哲学》，是老舍先生的处女作。任正非的意思无非是要求大家要喜欢学习，要广泛地学习。

接着她还告诉我，任正非的高级顾问在做了半年后，往往就会主动辞职。我问为什么，她说任正非的高级顾问，虽然都是些我们国家著名的经济学家和博士、研究员之类，但任正非就像一块海绵，跟了他半年后，就被他吸干了，感到没有东西再能教给他，于是只好辞职了。

这话显然有些夸张，但从我接触到的那些成功者来看，他们给我最大的感觉，也的确就是热爱学习、善于学习。

要记住：你能得到多少，往往取决于你能知道多少。"学习"能改变命运。

要点：

你能得到多少，往往取决于你能知道多少。"学习"能改变命运。

二、成功者只是运用了正确的方法

为什么有人成功，有人失败？

在我的生活中也曾有过无数次失败。记得大学毕业后近 5 年的时间里，我尝试做了很多事，但却是失败一个接着一个。当时我深陷在成功者是真的比我优秀的想法里，对自己深感失望。

那天我的一位朋友来看我，他父亲是我在内地的同事，因此他曾在我任教的学校和我在同一间宿舍里生活了一年。他初中文化，工作后因工伤断了一根手指，20 多岁就开始病退在家。我正式调来深圳后，帮他在学校找了一份保安工作，但他干了不到三个月就辞职了，从此我们失去了联系。

没想到过了六七年他会来看我，我很高兴。他告诉我他在内地一家房地产公司做老总，我听了差点吓得跌个跟头。他说他离开学校后就去一家地产公司做销售员，由于工作努力，业绩突出，不久就被提升为销售部负责人。他们公司的主项是与大学合建教师楼。他发现现在大学教师收入很高，而教师宿舍都是一些很老旧的房子，教师又不愿意离开校园生活，因此都想在学校附近买商品房。

刚好他叔叔在内地开了家房地产公司，他认为当地的房价在全国大城市中是最低的之一，他决定回内地发展。他给他叔叔详谈了他的全套想法，他叔叔很赞同，决定让他负责大学城的开发。

果然大学城销售很好，引起了轰动。他说：有的顾客上午来看的房，到了下午就又涨价了。

因此不少大学纷纷找他们公司合作，业务量突飞猛涨。后来他叔叔干脆将公司的主项转到了大学城的开发，并任命他为总经理。

他的成长让我感叹了许久，从他身上我发现成功者其实跟我们一样的普通，他们之所以成功，只是因为他们运用了正确的方法。

记得读初二时，学校举办背英语单词竞赛，我考得很差，但同桌却是全年级第一名，那时我也认为是自己记忆力不好。后来同桌告诉了我他记单词的方法，将单词分类，将加了后缀和相近的单词归类在一起，每天上学、放学的路上，就在心里默默记诵。我采用了他的方法，并按自己的习惯将单词重新分类，不仅上学、放学路上记，临睡前也在心里默默地记一遍，结果到了初三，在学校的背单词竞赛中，我就成了第一名。

这个体会让我知道，成功者运用的方法，我也一样可以学到，也一样可以运用去取得成功。

生理学家研究认为人的神经系统是一样的。难道你的神经系统不一样吗？那不是有"神经病"吗？既然神经系统都是一样的，那别人能做到的，我们为什么不能做到呢？

成功者只是运用了正确的方法，而且他们的方法我们一样可以学到，一样可以运用到生活中取得成功。因此向成功者学习，向优秀者学习就是成长的捷径。

成功者用几十年摸索出来的路，我们没必要再用几十年去摸索，我们只要从他们那里学习过来就行了。就像我要去你家里，最快的方法当然是你带我去，因为你最熟悉这条路了。所以不论你从事什么行业的工作，进步最快的方法，就是去找你这一行业的最优秀者，向他学习。

多见世面，增长见识，去跟最优秀的人接触、交谈，就是学习的捷径。

但人们往往只知道羡慕成功者的成果，却忽略了成功者的思想观念、智慧和方法。

农村有一条标语：要致富，少生孩子多种树。其实赚钱是赚谁的钱，穷人才是财富的源泉。世界上大多数人都是穷人，做穷人的生意才能量大。中美两国现在的首富不都是从事零售行业的吗？

欧洲著名的银行家罗斯柴尔德，从开旧工具店起步；英国最大的百货公司马克斯·斯宾塞，最早只是一家寒碜的西装店；美国石油大亨哈默，靠着在酒精中添加药用生姜汁，以生产姜汁啤酒起家而步入国际市场；日本浅野建筑的创始人浅野总一郎，则在神田卖水致富，如今他是东京证券交易所的董事长。

这些人都有一个共同的特点，就是熟知普罗大众的生活状况，并由此发展出自己的事业。

富人总在研究穷人。他们要赚穷人的钱，就要研究穷人，了解穷人的需要。那么，你要成为富人，你就得去研究富人。由穷变富是大多数人的憧憬，但没有致富的思想和方法，富有永远只是聊以自慰的幻想。穷人不能只是慨叹命运不济。穷人就要站在富人堆里，汲取他们致富的思想，掌握他们成功的心态，才能真正实现致富的目标。

同样道理，人人都想成功，但成功者永远只是少数，因此，我相信每一个成功者背后必定会有一个故事，真正的成功者绝不是靠侥幸成功，他们必定有自己特出的思想和方法，特出的行为和行动。所以你要成功，你就得去研究、学习成功者。

如果你在你的朋友群中是最优秀的，这是好事还是坏事？肯定是坏事！你最优秀说明只有你能教别人，别人教不了你，你就得不到进步。你永远要交往那些积极上进的人，有真才实学的人，比你更优秀的人，多跟他们接触，你就会越来越进步。就跟下棋一样，找一个比你水平还低的人下，你的棋只会越下越臭；你应该去找高手，他们让你四五个子也没关系，面子是一种虚假的东西，跟高手下才能取得快速的进步。

运动队需要优秀教练，教练的作用很重要；其实人生也需要教练，教练的作用也很重要。我们的人生教练就是那些成功者、教师和一些好的书、好的课程与好的 CD、VCD，以及我们周围的所有能帮助到我们的人。

你要成功，需要人生教练。

要点：

成功者只是运用了正确的方法，他们的方法我们一样可以学到，一样可以运用到生活中取得成功。

三、行动学习法

她告诉我，然后，我自己又发现了。

——英国行动学习法之父列文

很多人说："现在的成功学书都标榜如何如何能改变人生，但我们看了那么多成功学书为什么却没有改变呢？"

著名教育家卡尔·罗杰斯曾这样说："任何可以教给别人的东西相对来说都是不重要的，并且它对行为很少甚至没有明显的影响……（这种知识）是无法直接传授给他们的。"

任何书都只是提出一些原则和思想方法供你参考、选择，书本上学到的知识或别人教授给你的知识，你只有通过自己的体验，去重新发现它、认识它，这些知识才能真正成为你自己的，转化为你的力量。你只有从别人的经验中找到自我的理解，才能变成自己的。

只有开始，才有未来。其实人也只有开始，才能不断地在行动中学习、成长。

我们说人最重要的能力是学习能力，那最重要的学习能力又是什么呢？我们人生中最美好的青少年时期都在学校度过，在学校的学习中，成绩好的，我们说他学习能力强；成绩不好的，我们说他学习能力不强。其实学校中学习只是掌握书本知识，成绩好的只说明他学习书本知识的能力强，学习不好的，充其量也只能是说他学习书本知识的能力不强。学习的最终目的是为了用，是为了指导我们的实践；而且无论多么伟大的书，无论它多么想反映真实，但书毕竟是书，总与现实有距离。所以我们学的任何间接知识都只有通过行动来理解、消化、吸收，并转化为自己的力量。也就是说，任何脱离了行动的学习都是无法衡量我们学习能力大小的，在行动中学习的能力才是人生中最重要的学习能力。

人要在行动中学习，在行动中学习行动，才能不断进步，不断成长。我们每个人在幼年时代都是尝试走路才学会走路的，如果不尝试走路，人一辈子也不可能学会走路。其实生活中的很多事都是这个道理，如果你不行动，不去做，不在做中学习，你就永远不可能掌握它。

毛泽东读书时，就读的是师范学校，没有进过军事院校，没有系统完整地学过军事理论，但他为什么能成为伟大的军事家，将那些正规军校毕业的对手打得落花流水呢？原因正像他自己说的，他是"在战争中学习战争"。不论你看了多少本关于兵法的书，如果你不实际参加战争，你就永远不可能成为一个军事家。像战争这种关乎国家民族存亡的大事，都要在行动中学习，所以真正有用的知识是在行动中学到的，真正有用的知识是要运用在行动中才能显示它的重要性的。

读初中和高中时，我的语文成绩都不好，语文老师总批评我，我的错别字特多，说老实话标点符号的运用，到现在我都没完全弄明白，经常有些小学生给我写信，说叔叔你书中第几页第几段有个标点符号错了。是错了，我也只好承认。但是不是因为这样，我就要将错别字和标点符号全弄明白了再开始写作呢？如果这样，我想我一辈子也不可能出书了。其实错别字和标点符号有什么了不起，现在电脑 WORD 文档中成语运用错误，下面就会有条红线，我去查字典改正不就行了，而且出版社还有编辑，有这么多人帮助自己，何必要被这些东西束缚了呢？所以我是边写作边学习，在写作中学习，在学习中写作，这样我的进步才快、效率才高，学习的目的才更明确，欲望才更强烈，学习起来也才更有乐趣。这也正是我一个理科生最终能写书的原因。

同样道理，你要成为一个企业家，当然你先要打下一定的基础，但更重要的，你必须去尝试。先去跟一个成功者打工，学习他的经验，然后自己经营一家小型企业，再想办法做大做强。你只有在经营中才可能学会经营。其实做任何事、学任何东西都是这个道理，只有在做中学、在学中做，才能学得更好、更实用，也才能做得更好。

人的聪明与否，在很大程度上正取决于他是否善于在行动中学习，能成功的人正是因为他们善于在行动中学习。为什么一些低学历的人能创办大企业？不正是因为如此吗？李嘉诚 13 岁就辍学就业，但他为什么能从事塑胶、地产、码头、金融业，不正在于他善于在做中学习、在行动中学习吗？人最重要的能力就是在行动中学习的能力，在行动中不断取得进步的能力。

为什么我们说真正的学习是从学校毕业后才开始的呢？无论你从事什么行业，你都只有不断地在做中学习、在行动中学习，你才可能取得进步，成为这行业中的佼佼者。

人要终生学习，才能终生进步。你要生活，你就必须要行动，只是有些人的行动是被动的，有些人的行动是主动的。只有主动的行动你才更有学习的欲望，你才能学习得更多更快。所以每个人都在终生学习，只是学习得多与少、好与坏的问题。学习不一定只是看书，从生活中、从经验中、从行动中的学习对人来讲作用更大、效果更好。

学习不仅是能力的问题，更是态度的问题。你要能终生学习，要取得好的学习效果，首先你就要有学习的欲望，真正的学习促进者只能是学习者自己，没有学习欲望的人，有再强的学习能力也是没有用的。

但学校里的学习在人生中不能马上见到运用成效，它只是一种潜在的财富，而且学校中的学习是我们无法按爱好来选择的，基础教育规定你要学什么，你就得学什么，没有选择。何况即使让我们选择，我们也无从选择，因为作为还没有步入社会的学生，我们懂得太少，根本无法知道我们真正喜欢什么，因此对于学校中的学习，我们无法有强烈的欲望。但行动中的学习就不同了，行动中的学习关系到人的生存大计，关系到人的未来发展，而且行动中的学习是马上就能见到成效的，所以行动中的学习者才更有学习的欲望。

当你不断地去行动时，你就会产生强烈的学习欲望。

在行动中学习是一种体验式学习，它由四个阶段构成一种学习循环。这四个阶段分别是：（1）体验；（2）思考；（3）形成理性；（4）实际应用。

（1）体验

首先谈谈体验的问题。在禅宗的公案里有这样一个故事：

一位哲学教授去见南泉禅师，问了一些大问题：上帝、天堂、地狱，以及最终的真理、时间和空间。他说了一大堆，南泉听完后说："等一等，先喝杯茶吧。"

这个教授有点不悦。他问的是如此大的问题，而这个家伙却端给他一杯茶！因此他说："不要转移话题！"

南泉说："我不是在转移话题，我这是在把你带入正题。"他泡好茶，教授啜了一口，然后南泉问："这茶味道如何？"这位教授不假思索地说：

"你自己去品尝，味道是无法拿来讨论的。"

南泉说："你是一个好人，将来有一天你或许会明白，至少你不是一个白痴。至于最终的实相、涅槃的真义、开悟的真义……你连茶的味道都说不出来，而却在谈开悟之事？"

人世间的真理是无法通过言传和读书来掌握的，你必须去体验。就像品茶一样，茶的味道是无法表述的，你要知道茶的味道就只有去品尝。所以毛泽东在著名的《实践论》中说："你要知道梨子的滋味，你就得变革梨子，亲口吃一吃。"

佛经的第一句话也总是：如是我闻。为什么要这样呢？就是告诉你经书的记载只是对佛祖讲道的听闻，要真正理解，就必须在生活中去体会、运用。

人只有在行动中才能学习行动，就像无论你读了多少本如何骑自行车的书，如果你不骑上自行车练习，你就永远不可能学会骑车。所以要学习行动，首先你必须得开始、得去行动，你才有体验。

（2）思考

其次你得运用你的大脑思考，透过现象看本质，将感性认识上升到理性认识。但我们常常在对事情没有更多思考的情况下，让它顺其自然地发生，我们只是被动地反应，没有积极地思考，也就没有主动的行动。

人的学习都有一个过程，是一步又一步地由低级向高级发展，由浅入深，由简单到复杂，由片面到更多的方面，由感性认识上升到理性认识。人开始的学习都只是初步的了解，是一种感性认识，要在多次的反复中，认真思考，才能上升到理性，即掌握规律。

其中的关键就在于要认真思考。古语有"眉头一皱计上心来"，也就是我们普通说法所谓"让我想一想"，我们要透过现象看本质，就要勤动脑、勤思考，遇到事情就要"让我想一想"。勤快不只是指一个人勤于动手，也要勤于动脑。行动中接触的各种现象都只有通过动脑子思考才能把握本质。

（3）形成理性

体验式学习不是为了了解现象，更重要的是要把握规律。一位老电工师傅告诉我，集他几十年做电工的经验，他发现同一根导线中，有多少电流流进去，就有多少电流流出来。我笑着告诉他说："这条规律我没用一分钟就知道了，因为在我读初中时基尔霍夫定律就告诉我了。"

感性认识只有上升到理性认识才能对实践有指导作用。毛主席说："要完全地反映整个的事物，反映事物的本质，反映事物的内部规律性，就必须经过思考作用，将丰富的感觉材料加以去粗取精、去伪存真、由此及彼、由表及里的改造制作工夫，造成概念和理论的系统，就必须从感性认识跃进到理性认识。"

很多人为什么会对某件事没有把握，因为他没有接触过这类事，或者接触不多，没有掌握规律，心里就没底。当他工作一段时间、了解情况后，如果他又是一个虚心的人、肯动脑筋的人，他就能够掌握规律，做到心里有底了。

（4）实际应用

在感性认识通过思考上升到理性认识后，就要进入体验式学习循环的最后一个阶段——运用。在实践与认识的关系中，实践是第一位的，认识是第二位的。认识来源于实践，最后也要服务于实践，指导实践。

培根说："知识就是力量。"

我觉得这句话不够完整，应该是：运用知识才是力量。

知识可以转化为力量。如果你学了满腹的知识不去运用，那就像一枚金币藏在了地下。你只有把它挖掘出来，并拿去使用才能体现出它的价值。

学是为了用。你所学习的一切，最主要的目的还是为了用。邓小平最喜欢看的就是地图和字典，这两者都是最实用的工具。

读大学时，我们班有几个同学都是很喜欢看书的，其中还有几个被我们称为书迷。上次同学聚会，大家还在笑，说他们这么喜欢看书，反而是我写了书。其实原因就在于，他们虽然看的书多，但却没有去用。我看的书可能不如他们多，但我看了，就去运用。

学了只有去用，才能体现出你所学的价值，否则学习也只是在做无用功。

我们了解了行动学习的过程，还需要掌握一些行动学习的方法。

1. 模仿

独特并不是独一无二，而更多的是一种综合、一种借鉴。

很多人问：成功有捷径吗？如果你认为捷径就是一步登天，这样的捷径当然是不可能有的。其实真正的捷径就是少走弯路，少走弯路就是捷径。

凤凰卫视《世纪大讲堂》节目，有次邀请著名经济学家林毅夫做讲座，给我启发很大。林毅夫是一位富有传奇色彩的经济学家。他曾是国民党军队的连长，后来只身偷渡从金门游泳到厦门，日后考上了北大，又出国留学考取了博士学位，当时被誉为朱镕基智囊团的成员。

当我们在大力提倡民族创新精神时，林毅夫却认为现阶段中国重要的不是创新而是模仿。因为创新要投入巨大的财力物力，因为是创新，走别人没走过的路，因此失败的可能性也很大。而模仿是将别人成功的经验直接拿来，省力省钱，又不会走弯路。日本经济高速发展的经验不也证明了模仿的优越性吗？美国为什么提倡创新，因为它走在世界的最前列，无处模仿。中国的捷径就是模仿，将先进国家的成功经验模仿来用。

善于学习是一种能力，是人生中一种很重要的能力，而善于学习中一种很重要的能力就是模仿，要学会模仿。你想在某个方面取得成功，这个方面一定已有某个人取得了成功，你不如去了解他的经验，学习他的经验，这样你就能走捷径。

几年前福州一个最大的书商请我去讲课，见到他后我大感吃惊，他才20多岁，后来我又见到了他的父母，他父母原先都只是福州附近小渔村里的普通渔民。于是我问他："你这么年轻如何就将生意做得这么大呢？而且我见过你的父母，我感觉他们不可能在这方面帮助到你。"

他告诉我其实很简单。他原来在广州给一个书商打工，这个书商有一项业务是给东莞沃尔玛配送货。老板总是很懒的，要将具体工作交给员工做，而他又特别留心，因此他熟悉了整个的过程。

后来他听说沃尔玛要在福州开店时，就辞工回家，注册了一家文化公司。在沃尔玛打地基时，他就抢先去和沃尔玛谈代理配送书。沃尔玛发现他很熟悉配送书，于是就和他签了合同。而沃尔玛在刚开业阶段，进货量比较大，因此他赚了不少钱。做了半年多后，又有一系列大型超市进驻福州，因为他有为沃尔玛配送书的经验，因此也理所当然地取得了这些超市的配送书代理权，于是他的生意也就越做越大了。

你可以去考察，凡是年纪轻轻就能白手起家创下一片基业的，一般都是先给一个成功者打工，然后学习、模仿成功者的方法，再自己创业成功的。

我有一位朋友是开牙签厂的，每年营业额也有上千万元，我问他："你怎么想到开牙签厂的呢？"他告诉我说："谁能想到做牙签也这么赚钱。我只是开始来打工时，碰巧到了一家香港老板开的牙签厂，发现他很赚钱。后来让我跑业务，业务跑熟了，我掌握了销售渠道，而且办牙签厂的门槛也不高，我就想何不自己办厂呢，就这样开始自己经营起来。"

现在年轻人择业往往考虑的是企业的规模和薪金的高低，这是目光短浅的做法。我们从小都有着梦想，勤奋学习，努力工作，总想着实现自身的价值，过上好日子，难道我们工作就是为了这每月的一两千元工资吗？最后我们终将每日为生活操劳，为一些繁杂的琐事费心。

比如要你将山上的水运来卖，当然你可以有两种方法，一是用桶提水，二是修建管道。用桶提水，是用体力换金钱，用青春求生存，一旦你提不动了，你也就丧失了生存能力。而修建管道就不一样，虽然开始要投资，要贡献能力，而且几乎没有回报，但一旦管道修好了，财富就会源源不绝地流来，并能让你享用一生。

其实年轻人的路还长，目前最重要的就是学习，取得经验，工作的目的应该是为了自己能有更好的发展。因此在找工作时，薪资应是第二位的，能在工作中学到东西、锻炼能力才是最重要的。因为一时的薪资，就像用桶提水，不能保证你一辈子无忧，而学到了知识和经验，有了能力，就像修建了管道，能让你一辈子受用。所以要向成功者学习，跟最优秀的人一起工作，要找一项能适合自己发展的工作，要能在工作中不断地学习进步、积累经验，提高能力，为日后的发展打下基础。甚至如果你能在工作中学习到成功者的模式，然后再拷贝这种成功，这就是人生中真正的捷径了。

我们办培训中心的时候，很多员工学到了方法后，都自己办起了培训班。有人还问我："你生不生气啊？他成了你们的竞争对手。"我说："不会啊，这说明我们这里还是一所培养人才的大学。他个人能有更好的发展，我们祝福他。"

台湾巨富辜振甫也是这样，他出身于富商家庭，但他年轻时隐姓埋名，只身去了日本，从公司最基层的员工干起，学习日本企业的管理经验，为日后管理家族生意打下了基础，而他们家族的公司，也正是在他手上成为世界级公司的。

在北大做讲座时，北大的一些学生质问我："你强调模仿，但总跟在别人屁股后面，没有创新，怎么能有超越呢？"

记得比尔·盖茨在哈佛大学商学院演讲时，学生问他："你中途就辍学去办公司，我们要不要像你一样呢？"比尔·盖茨回答说："我奉劝你们千万不要这样，否则会碰得头破血流。世界上像我这样的天才是绝无仅有的。你们应该先去为一家成功的公司工作并学习他们如何做事，会令你们受益匪浅。"

模仿是一种综合，是一种扬弃。没有模仿，哪来创新？有位哲人说："这个世界上没有发现，只有找到，因为你发现的东西早已存在那里，你只不过是找到它罢了。"清代著名学者纪晓岚，他从不写书，只是编书，他认为所有的思想古人都已有了，你只要整理汇编出来就行了。

有一个妻子叫丈夫到商店买火腿。买完后，妻子问他为什么不把火腿的末端切下来。丈夫反问为什么要把末端切下来。她回答说她母亲做的火腿很好吃，而她母亲每次都把火腿的末端切下来。这时岳母正好来访，他们就问她为什么总是切下火腿的末端。母亲回答说外祖母做的火腿更好吃，而她每次都要将火腿的末端切下来。然后母亲、女儿和女婿就决定去拜访外祖母，来解决这个三代的神秘之谜。外祖母很快地回答说，她之所以切下末端是因为当时的烤炉太小，无法烤出整只的火腿。

模仿不是不动脑筋地简单照搬，模仿是要找出成功者的原则和方法，并通过模仿来掌握这些原则和方法。就像我们学物理时一样，老师讲解习题时，我们不能就题论题，而是要通过老师对具体题目的讲解来掌握原理和方法，这样就能举一反三，活学活用。

在一个村里有一位叫西施的美女病了，皱着眉头，按着心口，样子十分动人。同村的丑女东施看见了，觉得很美，也学她的样子，却更加丑得可怕。这就是东施效颦的故事。

不懂原理和方法的胡乱模仿，不结合自己实际情况的模仿，都不会有好的结果。为什么我们要走有中国特色的社会主义道路呢？不就是这个道理吗？

从更深一个层次来讲，简单事物模仿容易见效果，对于复杂事物则很难全方位地模仿，所以模仿就一定要结合自己的特色，模仿只是为了更好地创新。只有学习别人的优点，再加进自己的特色，才能最终变成适合自己的东西，你也才有可能成为这一领域的大师。

就像画画的有两种人，一种是画家，一种是画匠，有的人画得很好，但他不是画家，这就是差异。雕塑大师和石匠的区别也一样，经验丰富的石匠刻石狮子的时候，手法纯熟，做工精美，但是他永远都不能成为雕塑家，因为这是制作和创造的差别。

从我来讲，我喜欢模仿，可以这样说，没有经常学习别人的东西，我是无法写书的。但我学习别人的，只是为了变为自己的，而不是要跟着别人转。学习别人的，但以我为主，这样别人的东西也才真的能为我所用，变为我自己的东西。

企业家也一样，他除了要具备一般的企业管理知识以外，更重要的是要有自己的思想，应该有创造性。如果在企业管理中，只是把从书本上学到的东西，把别人的经验搬过来，那样也能成功的话，当企业家就太容易了。海尔做得那么好，大家完全照搬不就行了么，而实际上很多人就是照这样去做了，但是很多却失败了。

四川新希望集团的陈育新讲了这样一件事："我们去新津考察了几家企业，主要是饲料加工厂，我们看到一家非常有名的饲料厂，现在却已经关门。据当地人讲，那个厂子以前什么都在学我们希望集团下属的饲料厂，厂房的方向和围墙都和我们的一样，甚至包括门，门上的油漆颜色都完全照搬，但它还是倒闭了。以前也有些饲料厂从我们希望集团挖了很多人才过去，认为这样就能达到和新希望集团一样的水平，但是后来它们都纷纷倒闭了。"

复杂事物在细节上你是很难模仿的，别人的个性特色你也是模仿不了的。所以模仿一定是模仿原则和方法，并一定要结合自己的特色，最终目的还是为了走出自己的道路。

总之，你学习别人的，但最终却是为了变成自己的。这就好像阳光照耀着树木，但是树木还是以树木的方式生长，而不是以阳光的方式。

要点：

模仿成功者就是成功的捷径。

模仿不是简单地照搬，而是要模仿成功者的原则和方法。

2. 反思和探询

人在思维上都会有一些跳跃性，常会仅从一些表面的现象就直接跳跃到得出结论。

我有一个朋友曾很苦恼地告诉我，他女朋友提出与他分手，说他太以自我为中心，不关心人、体贴人。我问："她以前不是很爱你，认为你很好的吗？"他回答："她说我很少主动打电话给她，即使打电话也是有事说事，说完就挂了。她从来没听过我说一些柔情的话，没见过我讨好她，也从没见过我买一些温馨的小礼物送她。"

其实我这个朋友内心是很爱、很关心他女朋友的，只是性格比较内向，又总觉得处处表现出来，好像有点假惺惺的。但女人就是情感的动物，她不会深入理性地思考，常从一些表面现象，引发情感的冲动，就直接跳跃或得出结论。而这些导致结果的表面现象却常常是一些假象。

所以我笑着对他说："骗女人的男人不是坏人，骗得不好才是坏人。"

不仅女人有跳跃性的思维，每个人都有跳跃性思维。一个人在同一时间内能关注的因素是有限的，心理学家米勒认为大概只有 7 个。比如现在让你看 100 个人的照片，看完后你肯定无法记住每个人的脸，只能记得个别特征，像是穿红衣服的女人、高个子的男人等，而我们在生活中，就常常因为我们所关注的几个特征得出结论，于是这种结论也常常会以偏概全，导致错误的结果。

跳跃性的思维也是企业常见的问题。例如公司的决策者，常会因为顾客不断地要求更大的折扣这一因素，而直接跳跃到认为顾客最关心的是价格而不是服务，结果就导致牺牲服务来降低价格的错误决策。

苹果电脑开始的成功在于他们首先推出了新型电脑抢占了市场，于是他们从这一现象跳跃到得出结论：抢先占领市场是最重要的。

当他们 1982 年推出第三代苹果电脑时，产品是一个很好的创新型产品，但他们在抢先上市的错误思想指导下，在还有很多小毛病未解决时，就抢先上市，结果让苹果电脑的老顾客纷纷转向了其他品牌，该产品成了苹果电脑的一大败笔。

但如果你据此就认为抢先上市是不对的，那又会造成错误。像英特尔的赛扬三号工作站，就是抢先上市占领了市场，而成为大赢家的。

为什么抢先上市占领市场的策略在某些场合行得通，在某些场合又行不通呢？这就需要具体情况具体分析，赛扬三号工作站的顾客是经验老到的工程师，他们能容忍某种程度的缺点存在，因为他们自己有能力克服。而第三代苹果电脑的最大市场是消费者与商业人士，这类顾客无法忍受需要好几个月来维修小毛病。他们需要第一次就管用的新系统。

记得看过这样一个故事：

有一位卖地毯的波斯商人，他发现美丽的地毯中央隆起了一块，于是把它弄平了。但是在不远处，地毯又隆起了一块，他再把隆起的地方弄平。不一会儿，在一个新地方又再次隆起了一块，如此一而再、再而三的，他弄平一块地方，就会有一块新的地方隆起，于是他拉起地毯的一角看个究竟，结果一条蛇很生气地溜了出去。

人不论遇到什么问题，都要寻找原因，寻找深层原因。不要只被表面的现象所蒙蔽了，也就是要善于透过现象看本质。

那我们如何避免跳跃式的思维，只通过表象得到错误的结论呢？解决这个问题的最好方法就是要勤于反思和探询，多问几个为什么，从对过去的疑问中找出正确的结论。

人的思维活动快如闪电，很容易就会由表象跳跃到结论。而反思就是在放慢思考的过程，就像将电影镜头变慢，以便我们重新检视我们整个的思维过程，避免思维的偏见，以找出那些得出错误结论的原因，让我们重新回到正确的航向上来。

在行动中学习是一种积极的生活方式。要在这种积极的生活方式中快速成长，就要善于总结和反思。有位哲学家说："单凭经验并不能创造学问，获得真正的受益需要反思。"

我是一个经常很严格地反思自己的人。在各个方面我都会反思自己，在与人交往、与人合作，在工作上、在工作方式上，我都会不定期地反思自己，这种严格的反思自己的方法，使我在做人、在工作上都有了不小的进步。

我在写每一本书的时候，写完后都不会马上出版，总要先搁置一两个月，然后再去看、去反思。因为在写作过程中，自我会激情澎湃，自己往往会被自己的情感蒙蔽，这时的感觉往往是不真实的。放一两个月，冷静下来后再反思，就能看得更客观一些。这时看到好的地方就保留，不好的地方再进行修改。这样就保证了我的书不至于是孤芳自赏。

人的任何认识都必须符合客观规律、实事求是，任何不符合外界规律的行动都注定会失败。但人在初次行动时，不可避免地都只是了解事物的表象，因此很容易失败，这时我们就要"吃一堑长一智"，而面对失败，最重要的也是要总结和反思。

人要从经验中学习，要通过对过去事件的思考，寻求对过去事件的理解，以帮助我们找到未来类似情形下新的行为方式。而反思正是从经验中学习的一个关键，正是反思使我们连接了过去的行动，并使我们未来的行动更有效率。

人正是在疑问中进步、在反思中成长的。

而且人在多年的生活工作中，都会形成一种思维定势，也就是所谓的心智模式，有一种自己习惯的而又不被自己察觉的看问题和思考问题的模式。

比如毛泽东在多年的战争生活中，与党内的"左"倾、右倾机会主义者斗，与党外的各种敌人斗，养成了斗争思维的心智模式。中华人民共和国成立后，他未能迅速从根本上转换思维，将这套斗争哲学的心智模式延续到了建设时期，发起了多项政治运动，以阶级斗争为纲，结果对中国的经济建设带来了很大的伤害。

爱因斯坦也是这样。他在二十几岁就有了多项划时代的大发现，但也正是这些发现形成了他的心智模式。他坚信世界的终极真理都是简单的、美的，所以不接受当时新兴的量子力学理论，不相信测不准原理，将他后来的全部精力都用在了建构统一场理论上，结果导致这样一位伟大的天才，在三十几岁后就没有具体的科学研究成果了。

如果他当时能改变心智模式，接受量子力学理论，并将其与相对论理论结合，相信人类的科学史能被推前几十年。

每个人都有固定的心智模式，也就是固定的思维信念、习惯、方式和方法。但在新时期、新的环境中，就会有新的问题，因此要用新的眼光看问题，要用新的思考问题的方法来改变旧有的思维模式。否则就会跟不上变化，导致落伍。

美国企业界最富于戏剧性变化的莫过于福特汽车公司，它在短短的15年间从无比的成功走向濒临瓦解，但同时，也唯有福特公司在短短的10年中又重新走向了辉煌。其中的变化正是管理企业的方法能不能顺应时代而造成的。

福特是一个天才，他自己研制出了汽油机汽车，建立了世界上第一条汽车生产线，让汽车成了普通民众的交通工具，将人类带入了汽车时代。

但他在巨大的成功面前，越来越专断独裁，不相信管理人员，他认为管理权正是所有权的象征，管理权是所有权的自然延伸，只有所有者才有管理权，任何人想分享他的管理权就是对他的伤害。所以他在企业里推行秘密警察制度，派遣秘密警察监视公司所有的主管，不许主管行使他们的权力。

在福特汽车公司规模还不大的时候，福特凭他的天才，独自管理能将公司办得如日中天，但在公司规模逐渐扩大，成了美国的"巨无霸"后，福特的心智模式就使他不能顺应变化，还抱持以前的管理模式，结果使企业濒临灭顶之灾。

直到福特老迈而无能为力时，他年轻的孙子不得不走马上任。

年轻人虽然经验不足，但年轻人有新眼界、新思维，福特二世重视管理，他在企业大力推行目标管理制度，进行人性化管理，并充分授权给管理者，结果没用多少年，福特汽车公司又重整旗鼓，重新复活了过来。

像福特汽车公司这样的例子有很多。无数的创业成功者，甚至天才的创业者，他们的失败正源于他们过往的成功，形成了僵化的心智模式，使他们不能顺应时代的变化，而最终被时代所淘汰。

所以能否改变心智模式，使我们的心智模式能顺应时代的发展，也就是能否迁善心智模式，正是我们的人生能否与时俱进，长久地取得成功的关键。而要迁善心智模式，就要常葆开阔的心胸和开放的思维，能经常反思自己，能听进不同的意见。

改变思维，迁善心智模式，你就会又有一片新天地。

要点：

人是在疑问中进步、在反思中成长的。

迁善心智模式正是一个人能与时俱进、常葆成功的关键。

3. 深度汇谈

人的学习是一项很个人化的活动，我们习惯于独立地以个人化的方式来思考、理解、消化我们所学的知识。但人多力量大，古语也有"三个臭皮匠顶个诸葛亮"，其实团体的学习正是一个人进步的捷径。

记得读大学的时候，看了《爱因斯坦传》，中间有一段描述，介绍了爱因斯坦在瑞士伯尔尼专利局工作期间，与几个朋友经常聚会，一起阅读、思考、讨论、研究、探讨着有关哲学、物理学、数学及文学的问题，他们自豪地把他们的世界叫作奥林比亚科学院。爱因斯坦晚年在与这些朋友的通信中，将他们的奥林比亚科学院称作相对论的摇篮。他本人在《论动体的电动力学》这篇著名论文中也以这样一句话结尾："最后，我要声明，在研究这里所讨论的问题时，我曾得到我的朋友和同事贝索的热诚帮助，要感谢他一些有价值的建议。"

在大学毕业后，受爱因斯坦行为的影响，我也与几个要好的朋友成立了一个周末俱乐部。每个周末我们都聚会在一起，畅谈、讨论各种问题。那时我们每次聚会都会有一个主讲，内容以各人的擅长为主，从历史、地理、文学名著到朦胧诗等，无所不包。主讲完后，就是大家的自由讨论，因为每个朋友都将他多年学习和研究的精华讲给大家，因此每个人收获都很大，大家在短时间内知识面就有了全方位的扩展，对原来很多不熟悉的内容都有了新的了解。

由于这种俱乐部的成效，我就将喜欢与人一起探讨的习惯保留了下来。在写《方与圆》的时候，我有一位很要好的朋友，基本上每一章我都讲给他听，然后听取他的意见，共同讨论，这种写作方式也正是日后《方与圆》能畅销的原因（有些人问："那你为什么不在书中感谢他呢？"我只是觉得《方与圆》并不是什么了不起的书，所以没好意思这样做）。即便现在，我每写一本书的时候，都要将书中的内容通过讲座的方式与各种人交流，然后再根据讲座的效果来修改、补充，我总想如果我的讲座能受欢迎，那么根据讲稿变成的书也一定会受欢迎。这就是我的写作方式。

两块铁在大力碰撞后，就会产生火花；人的思想在碰撞后，也会产生火花。我们的思想是在碰撞中产生灵感，在碰撞中才能理解得更深。而讨论、交流、汇谈，甚至是争论就正是一种思想的碰撞，是我们学习进步的很好的途径。与人交谈争论就像磨剑一样，会让你的思想越来越锐利、越有锋芒。

对量子力学做出卓越贡献的"测不准原理"发明者海森堡甚至这样说："科学根源于交谈。"他在《物理学及其他：相会与交谈》这本引人注目的书中，回忆了平生与鲍立、爱因斯坦、玻尔等伟大物理学家的交谈，海森堡说这些交谈对他的思考有不可磨灭的影响，而且在某种程度上，这些交谈也孕育了许多使这些人后来成名的理论。

合作学习具有令人吃惊的潜能，集体可以做到比个人更有洞察力、更为聪明，团体的智商可以远大于个人的智商。所以在团队中我们要时常组织一些深度汇谈。

这类汇谈不是表面的功夫，所以叫深度汇谈。通过组织成员的交流、探讨，来把握事物的本质，帮助每个人取得进步，同时也有利于消除团队成员彼此间的隔阂。

团队成员间的相互学习有时比向专家学习更有效。因为团队成员间面临许多相同的问题，有相同的目标、相同的障碍，因此彼此的方法可以相互借鉴、启发。一个人取得了成功，他的方法对其他人而言就更有实际意义。

讨论、交流、深度汇谈，甚至争论，正是行动学习中的一种重要方法。

要点：

与人交流、争论、探讨是磨砺思想的利器，启发灵感的源泉。

四、谦虚才能学习得更多

我们说过：态度决定一切。任何事情态度都是第一位的，行动中学习的态度就是要谦虚。

老子说："江海所以能为百谷王者，以其善下之，故能为百谷王。"

百川之所以都汇流于大海，因为大海处在最低的地方。

什么叫虚怀若谷？装满了水的杯子，再往里面倒水是倒不进去的，你只有始终保持一种空杯子的状况，才能吸纳更多的水。

我每次办培训的时候都能遇见一些五六十岁的总裁级的人物，令我惊奇的是学习态度最好的就是他们。每次做讲座的时候，他们都听得最认真，记得也最认真。我常常感叹，年轻人反而不如他们好学。因为他们经历丰富，一生都在不断地追求进步，所以他们才真的懂得知识的重要性，尊重知识，这也正是他们能成功的原因；而且他们都有了一定的社会地位，还能放下身份来学习，这本身就表现了一种做人的品格。

反而很多年轻人，感觉向别人学习，请教别人很没面子。谦虚是一种美德，不耻下问或者喜欢请教别人也是一种美德，这并没有什么难为情的。聪明人就是最爱学习，也最会学习的人；请教别人其实比看书的学习效果更好。要不，为什么我们读书时有了教材，还需要教师呢？

要记住谦虚才能学习得更多。

孔子说："知之为知之，不知为不知，是知也。"知道就是知道，不知道就是不知道，才是真知。做人要保持谦虚，不要不懂装懂。

古人云：满招损，谦受益。意思是自满必招来损害，谦卑必受到益处。

我总觉得太有天才，太强势并不一定是好事。毛泽东是一个大天才，他处处都比别人强，也就造成了他晚年的刚愎自用。而邓小平就没有毛泽东那样的天才，所以他能听得进别人的意见，能接受先进的思想，因此也就只有他才能带领中国步入务实的改革开放的道路。

其实不可能有人是完美的，人要认识到自己的不足，才会学习，才能进步。这个世界上所有的最终失败者，都只是因为他们没有了谦虚的态度，刚愎自用，听不进别人的意见，不能虚心学习而导致的。

每个人都有说"不"和说"是"的自由。幼年时我们在父母的羽翼下成长，渐渐长大后，为了显示我们的独立和存在，我们开始有了反叛情绪，开始对父母说"不"；甚至有些时候根本不需要说"不"，我们也会说"不"；还有些时候我们心里很想说"是"，但我们宁愿说"不"。如果父母坚持要我们把头发剪短，我们会故意留长发；反之，如果父母要我们把头发留长，我们就会剪个短发。

到了成年后，我们就更喜欢说"不"了。人不需要多少聪明才智就可以说"是"，因为当你说"是"的时候，没有人会问你什么，因为你既然都已经说"是"，又何必解释和争论呢？但是当你说"不"的时候，别人一定会问你"为什么"；"不"表现了你的聪明，显得你不盲从，给你自由的感觉。

生命中说"不"的机会比说"是"的机会多，但说"不"的聪明只是在卖弄自己，唯有说"是"才有和谐，才可能从别人那里得到益处。别人有100条缺点你没看到，没有损失，但有一条优点你没学到，那就是你的损失。学会说"是"才是人生中的大聪明。

说"不"的自由是非常幼稚的自由，如果一个人终其一生都陷在"不"里面，成为一个永远都是在说"不"的人，那就代表他已经停止了成长。人要学会说"是"，不仅孩子要学会从父母的话语中找到"是"，我们也要善于从别人的话语中发现"是"，这并不是教你盲从，这是要你善于去寻找共同点，去寻找和谐，去发现别人的优点。其实人都需要经过一长段时间的学习和成长，才能成熟到既说"是"，却还能保有自由的权利，说"是"

而不沦为他人的奴隶。

一个人有本事是件值得佩服的事，如果再能用谦虚的美德来装饰，那就简直值得敬佩了。

要点：

谦虚才能学习得更多。

五、看书的方法

我是一个坚定的行动主义者，人最重要的学习就是在行动中的学习。但人的生命有限，我们不可能每件事都去亲身实践，而且也没有这个必要，所以从书本中学习，从他人的经验中间接地学习，正是人生中获得知识最多的一种方式。

谈到看书，我介绍一点我看书的方法。除了那些休闲的书，只要是你需要认真看的书，看的时候就一定要拿笔，不拿笔就不要看书。看到重要的地方，就画出来，有什么样的感受，就在书中写出来。看书时，不要太相信你的记忆力，过不了多久，你就会遗忘的。

我几年前看过的书现在大都遗忘了，但我只要拿起那些书，看到我以前画的重点和写的感受，我就能马上回忆起来。

看书要看自己有兴趣的书，这样看书效率才高、印象深刻，而且吸纳得更多。年轻时，因为确定不了人生的方向，看书就要广泛涉猎，要有广博性；成人后，时间有限，看书就要专了，而且要带有明确的目的性。带着目的看书，只是吸取自己需要的书中精华，不需要的就跳过去，这样看书的效率是最高的。我现在能短时间内大量阅读，都是用这样的方法。

总有人问我："你好像什么都懂一样？"我回答："其实我能知道这么多，只是因为我看书的数量是你们的十倍、百倍。"

看书、学习、思考、行动，人生才会不断地进步。

要点：

你要知道得越多，你就要学习得越多。

贝尔在试制电话机时，感到有关问题还没有把握，便去向著名物理学家约翰·亨利请教，贝尔谈了自己的设想，然后恳切地问："先生有何见教？"

"干吧！"亨利回答。

贝尔不安地说："可是，我对电的知识知道得很少。"

"学吧！"亨利又简短地回答。

电话机试制成功后，贝尔激动地说："如果不是亨利先生这两个词的鼓励，我是不可能发明电话的。"

其实任何人要在人生中取得成功，也就在于这两个词："干吧！""学吧！"

第二章　积极主动的人生态度

这里，我将用锤子砸开包裹你生命的石块，也许溅起的火花会灼伤你，但它能解放你的生命力。

小时候我曾想：要是有上帝，他应该让我想要什么就有什么。

我们是上帝的子民，上帝当然宠爱我们，给我们一切我们所想要的。但如果获得是这样简单容易，那我们还有什么快乐可言呢？我们又怎么会珍惜我们的所得呢？所以仁慈的上帝只给了我们获得这种需求的力量，并将它隐藏在我们内心。关键是我们要懂得这种力量的存在，要尽力发掘出来，用它去获得我们的需求。但我们大多数人都没有寻找到或者说挖掘出这种力量，以至于我们都平庸了。其实正是由于有这种力量的存在，无数英雄才向他们的人生挑战，并用它铸就了辉煌。

第一节　每个人都是自己命运的设计师

香港有位记者采访我时，曾半开玩笑地问："我想做美国人，却出生在香港；我想生在有钱人家庭，却出生在中产阶级家庭；我想做男孩，但却生来是女孩。人生不是很宿命吗？你相信命运吗？"

我回答："我相信命运，我相信自己能改变命运。的确，人有很多东西无法选择，是宿命的。但人却一定能通过自己的主动努力改变生活中的命运。"

有这样一句格言：每个人都是自己命运的设计师。

这句话被提得太多，以至于大家都麻木了，不能体会它的重要性。实际上越是经久不息被几代人推崇的东西，就越是重要的。比如人参、灵芝，几千年来被人们尊为圣品，现在它也仍然是难得的补品。反观近几年社会上大力宣扬的一些新型补品、营养品，虽然流行一时，但又有多少能持续四五年呢？所以凡是优秀的东西就一定是久经考验，被几代人认可的东西。因此我并不追逐时髦，总是喜欢从古老的、普通的真理中，去寻找出它的现实意义。古老的、普通的虽然意味着简单，但往往却是人生中最重要的真理。

　　记得曾去一位在深圳打工的亲戚那里玩，聊起天来，他感慨万千："每次听潘美辰唱的《我想有个家》时，我都会泪流满面。多想像一个正常人那样成家立业过上稳定的生活，但三十好几了，还要在异乡漂泊，不说立业，连成家的愿望都无法实现。"

　　我笑他是一个结婚狂。其实成家的要求对一般人而言都不算高，但对于他却是困难重重。他属于白领打工一族，月收入 3000 元左右，可深圳的高消费和年轻人多姿多彩的生活，这种收入只能基本算够用，很难再有结余。转眼间他来深圳已有七八年，年龄也不小了，开始有了成家的压力。但在何处成家呢？在深圳？没有深圳户口，不稳定的工作收入，住房的压力，好像不现实；而且在来深圳前，他父亲就笑话他不要还没立业就带着一个姑娘大着肚子回家靠家里养活。但回家乡一时又不容易找到合适的工作，而且也不可能拿到这么高的工资。于是留也不是走也不是，高不成低不就，进退两难，谈起来就愁绪满怀，看不到生活的前景。

　　但这能怪谁呢？

　　每一个初来深圳之人，都怀抱着一番理想，于是痛下决心要学好英文。我初来深圳时，也曾立志学好英文，但坚持不到几个月，就由于枯燥乏味，终于放弃。而他和一个伙伴同时来深圳打工，他怀揣大学房地产专业毕业文凭，同伴只有高中文化。开始两人都有共同的想法，在深圳这个改革开放的地方，要立足就必须学好外语，于是两人都开始了学习，但有大学文凭的他最终没能坚持下去，于是现在三十好几了还在到处打工，为生存奔忙；但他的同伴，却始终坚持每天自学两三个小时，为了学好英语，他还专门应聘去了当时深圳唯一的五星级酒店——蛇口的南海酒店做服务员，为的是能多与老外接触练习口语，就这样，两年后他的英语口语就有了一定的提升，适逢阿莫科石油公司招仓管员，他干过仓管工作，又能用英语交谈，于是顺理成章地被聘用，一年后就被提为仓管经理，月收入 1 万多元，后来在深圳买了房、成了家，现在 30 多岁又去美国自费留学读本科。两人完全不同的际遇、不同的结局，正在于是否主动努力，是否坚持不懈。

　　初来深圳时，我曾多次告诫他，来深圳不能求享受，要努力奋斗混一个出身，起码现阶段不能图享受，否则就失去了来深圳的意义。开始他听我讲时还会很振奋，但时间一长就淡忘了。因为他没有危机感，他的收入使他可以过上较舒适的生活，于是惰性增长，以致来深七八年都无所作为。

　　所谓人无远虑必有近忧，他现时的感慨就正应了这句话。这一切不都怪他自己吗？

　　每一个人都应该对自己的生活负完全责任，你现在的处境正是你自己造成的。现在生活不得意，人生不快乐，你不要抱怨，要抱怨就抱怨你自己，为什么不主动努力呢？难道你身边没有比你起点还低但最终取得成功的人吗？与他们比较一下，难道你不应该抱怨自己吗？上天是公平的，只有付出才能有回报，你只有艰辛地努力了，才能最终享受人生。

成功的确困难，但不成功你会遇到更多的困难。没有成功你就不会有好的回报，生存的压力就会围绕着你，你每天就会为无数的繁琐小事烦恼，会为饭碗烦恼，会为每天的菜价烦恼，会为寻找伴侣烦恼，会为孩子的前途烦恼。如果你每天深陷其中，你就会被这些烦恼所困扰、所支配；但如果你从中跳出来，眼界更高一点，你就会发现，只要你成功了，这些烦恼也就迎刃而解了。家务可以找保姆，菜价涨跌也就那么几毛钱，不屑一顾。不是说比尔·盖茨见到地上有100英镑也不会弯腰捡吗？因为他捡这100英镑所耗的短短几秒钟时间，对他而言可以赚上千英镑。

成功很难，但不成功更难。成功的难是干大事的困难，而不成功的难，则是应付琐碎生活小事的困难，那么，你更愿意面对哪一种困难呢？

据说在深山里面住着一位智慧老人，他能预测未来。几个调皮的小孩就想戏弄一下老人。他们抓着一只鸟到老人那里，问老人："你不是能预知未来吗？请问我手上的这只鸟是死的还是活的？"

老人回答："如果我说这只鸟是死的，你手一松，这只鸟就会飞掉；如果我说这只鸟是活的，你就会将它掐死。这只鸟的命运，掌握在你的手上。"

这只鸟的命运就是我们人生的命运，它就掌握在我们自己手上。

我们每个人都是自己命运的主人，我们的人生是失败还是成功，是默默无闻还是光彩显赫，完全是自己造成的。

德国思想家尼采曾这样告诫我们：那些受苦受难、孤寂无援、饱尝凌辱的人，不要被妄自菲薄、自惭形秽、颓唐压得抬不起头，你们唯一所能依靠的就是自己，就是自己生命的力量。

提到深圳，很多人认为深圳的发展是因为地理位置，有政策优势。我不否认，但我认为更重要的是深圳的地理位置、政策优势，吸引了一大批热血之士，正是他们创造了深圳的奇迹。

我曾刻意接触了几十位白手起家的巨富，虽然他们从事的行业及做事的方法、手段不尽相同，但他们都有吃苦耐劳、坚忍不拔、顽强向上的精神。他们每个人都有一段艰辛的往事，有一段常人无法忍受的吃苦、忍耐、奋进的历史。他们之所以能坚持，之所以能从中表现出强大的力量，正是因为他们有着强烈的成功欲望，有一颗不甘平庸的心。就像尼采说的："人怎样才会获得强大的力量，怎样才能肩负大任呢？肉体和精神的一切美德和本领，都是不辞劳苦、一点一滴地积攒的。要不辞劳苦、自我克制、目标专一、坚忍不拔地重复同一劳作，吃同样的苦头。"

一位学员曾给我讲了他的故事。第一天上课他就给我留下了深刻的印象。他是带着两个保镖，开着一辆奔驰车来的。

"我没有文化，也没有专长，但就想来深圳闯闯。由于没有边防证，我是藏在'的士'后备厢里面混进深圳的。来深圳后，因为找不到工作，我曾三次逃港，但三次都被抓回。你一生中都不会有那种感受。我被扣留在拘留所时，已身无分文，那时一颗花生米我都舍不得很快下肚，要使劲地咀嚼，以挤出它的每一滴油来。

"后来我开始帮人卖菜，晚上就睡在摊档上。我是潮州人，不会讲白话，卖荷兰豆时，我却大叫着：'去边度，去边度。'（去哪里？去哪里？）别人在叫卖着菜，我却在叫喊着'去哪里。'顾客都觉得好笑，但反而过来买我的菜。我赚了一点钱后，就去贩卖水果。由于是随地摆卖，成天都要跟城管的人打游击。有时刚辛辛苦苦赚点钱，攥在手里还没热，就又被罚没。特别有一次，我刚进了一批水果，突然天降大雨，水果都被淋湿，又卖不出去，结果全部烂掉，我又成了穷光蛋。后来听人说西丽湖香港人多，卖香赚钱，我就借了一些钱去卖香。果然生意不错，我又开始有点钱了。

"我觉得自己熟悉卖水果，还想做水果生意，但我不想再做游击摊贩，想找个门面。我在深圳转了很多地方，发现侨社（靠近深圳关口的华侨商店）没有卖水果的，我就去找侨社的老总。我穿着拖鞋，一副寒酸样，老总一见我，话都没说一句就叫保安将我赶了出去。第二天，我穿了件像样点的衣服，又去见老总。当他又要赶我时，我赶紧说：'我只讲一句话就走。'然后我说：'侨社门口没有卖水果的，有些香港人喜欢内地的水果，我在门口摆个摊，会吸引香港人来，不管他们买不买东西，起码会到店里转一转，增添些人气。'老总听完我的话后，没有表态。那时老总上下班有小车，我却骑着自行车。于是第二天，我买了一些水果，租了辆'的士'守在门口。当老总下班回家时，我就叫'的士'跟上。由于车太多，跟着跟着就跟丢了，但我没有放弃，隔天又租辆'的士'跟踪，就这样直到第四天才终于跟到他家。老总回家上楼时，一扭头就看见了我，于是对着我一笑，将我让进了家门。老总告诉我他知道我跟了他几天，还说在我之前找他的人有几十个，但没有一个像我这样有恒心。并当场决定叫我明天就去。

"我终于有了固定的销售点，水果生意也很好。一年后，有位老头找我说香港人喜欢中药，卖中药更好。我不懂中药，就和老头合伙卖中药。这样生意越做越大。后来上步食街开业，我有了本钱，也抓住了这次机会，在里面开了间餐厅。深圳人都知道上步食街的生意红透全深圳，我当然也就赚到了钱。现在我名下还有房地产公司、实业公司……"

随后他告诉我，他的生意越做越大，但感觉自己没有文化，很难将公司发展壮大，所以想学点东西，结交一些有知识的朋友。

我看着其貌不扬的他，直到现在他还像一个暴发户式的农民，瘦小的身上穿着一套专为"鬼佬"做的肥大的名牌西服，细细的腕上戴着一块大大的劳力士金表。如果不了解他，我会觉得他很俗气，很可笑。但现在我从他那拙劣的外表所包裹的一颗不算高雅的心里，却看到了一股强烈向上的冲劲。

一个没有文化，看上去似乎素质也很低的人，通过自己艰辛的努力，主宰了自己的命运。但我们还有更多的人，受过良好的教育，也表现出较高的素质，却仍然要为生活奔忙，命运被别人主宰。

命运不自己主宰，就要被别人主宰，而要主宰自己的命运就要靠努力，靠奋斗。现在大家都说：有文化的没钱，没文化的有钱。我一直想探究文化是否制约了赚钱。文化并不制约赚钱，只是文化在一些人身上产生了副作用，使他们爱面子、讲虚荣，不愿做低贱的事，不能吃苦中苦了。

成功不是一件轻而易举的事，但也不是高不可攀。古人早就说过：要以苦作舟。吃常人难以吃的苦，忍受常人难以忍受的磨难，这才是成大器的途径。实际上在每个光彩显赫的人的后面都有一部辛酸的血泪史。只是他们成功的光环笼罩了一切，使你看不到背后的阴影。众人只知道羡慕、景仰他们，却不知他们为此付出的代价。说不定让你按他们的经历重新来一次，你还不愿意呢。

当英国著名元帅勒菲弗的一位朋友称赞他的财产和好运时，元帅回答说："你是嫉妒我吗？你完全可以以一个比我更便宜的代价得到我的这些财富。到院子里去：我拿一支手枪，在30步开外，向你打20枪，如果我不能打死你，那么，我所有的财产都归你……怎么样？你不愿意？很好，那么，请记住，我是在枪林弹雨中，在出生入死中才达到你现在所发现的这种成功状态的。我起码冒过在更近的距离内被敌人射杀1000次以上的危险。"

现在很多人都说我很划算，写了一本畅销书，就像在银行里开了一个活期存折。其实人们只注意到我写书后的收获，却不知道我为了办班、做讲座、写书所付出的代价。实际上又有哪一个成功者，没有付出过代价呢？

当然有些人的成功轻而易举，但多数人的成功却历经磨难。前一类人的成功绝没有后劲，后一类人的成功才能保持长久。因为后一类人的成功不仅仅在事业上，更重要的是成功在"人"上——人得到了锻炼。更何况容易得到的东西是没有什么滋味的，经过艰苦努力的获得，才有一种沁心的快慰。

试想如果人人事事顺遂，不劳即获，要啥有啥，遍地都是黄金、鲜花、美味佳肴，伸手即来，张口就得，不需要努力，不需要劳作，那这个世界多乏味啊，也许最后人人都会变成疯子。

所以孟子早就说了：天将降大任于斯人也，必先苦其心志，劳其筋骨，饿其体肤，空乏其身，行拂乱其所为，所以动心忍性，增益其所不能。

我们国家最亏的一代，是现在那些五、六十岁的人，所有的不幸都被他们赶上了。长身体的时候是三年困难时期，读书时要上山下乡，结婚时又赶上计划生育，40多岁青春已逝时又遇到下岗，真是生不逢时。于是很多人正当年富力强的中年时，却仅仅只是"洗了睡"，一天一天地打发着时光。

他们的不幸社会有责任，但他们自身也有责任。

中央电视台曾播出了一个"芦荟大王"的故事：

那是一位中年下岗女工，丈夫弃她而去，她独自带着女儿，完全没有生活来源。一次偶然在电视中听说芦荟对美容、治病都有奇效，于是决定种芦荟。

她向父母借了一笔钱，带着女儿，去偏僻的乡下，承包了一片土地。一位完全不懂农活的中年妇女要种芦荟，困难可想而知。由于没有多少钱，无法请劳工，一切苦活、累活都要自己干。挑土、担水、施肥，仅仅为了挖一条水渠，一个强壮的男子汉都会累趴下的体力活，她一个妇道人家硬是咬牙挺了下来。

但辛苦并不一定就有回报，由于完全不懂芦荟的习性，种的芦荟长得不好。于是，她又开始学习农业知识，去很远的地方请教专家。就这样白天辛苦，晚上还要照顾女儿，女儿睡了，她还不能睡，还要挑灯夜战，补习农业知识。一位在北京长大娇生惯养的女性，在电视中见到她时，已完全像一个村妇，黝黑的皮肤，健壮的身体，这正是她几年辛苦的见证。

她谈到艰辛处时，眼泪都止不住往下掉。有一次家里灯坏了，她和女儿搭着凳子往上爬，女儿在下面扶着，她在上面换，但怎么都不够高，女儿怕摔了母亲，母亲怕摔下来砸了女儿，无奈之下，母女俩抱头痛哭。最后还是邻居大叔听到哭声，过来帮忙换了。

我第一次在听成功人士的事迹时，是从头至尾眼里含着泪的。她现在种植的芦荟有几十万株，价值数百万元，是名副其实的"芦荟大王"，但我仍然为她的经历而心酸。

环境的确重要，但命运如何，起决定作用的还是自己。

朱熹曾说："少年处不得顺境，老年处不得逆境，中年处不得闲境。"少年人太顺了，得不到锻炼，无法激发潜能，会为以后埋下悲剧的种子；老年人再处于逆境，就很难有翻身的机会；而中年人正是年富力强、知识、经验都具备，是出成果的时候，这时闲着，无异于将年轻时的努力、奋斗、人生经验都浪费了。

每个人都是自己命运的设计师。你失败，只是因为你自身努力不够；

你成功，也只是因为你努力了。

以前见到乞丐时，我总是不能理解：人怎么可以不要尊严，怎么可以放弃生命中那神圣的、可以改变命运的力量，而去做一个寄生虫？

后来我反视自己，我不也是一个乞丐吗？其实我们很多人都是乞丐，命运的乞丐。

我们总是顺从环境、顺从命运，从没想过努力，从没想过奋斗，或者也曾想过，但最终却屈服在环境和命运面前，成为命运的羔羊。我们不思进取、不求上进，总是乞讨命运的好安排，这与乞丐何异？这是精神上的"乞丐"。

人们贪图享受，不去力求改变，却又企盼命运的眷顾。人们只是在乞讨，却不懂得索取、创造。命运并没有好心肠，它不会施舍弱者，你只有发奋努力，去征服它、主宰它，它才会听命于你。

女人最憎恨什么人呢？——铁屑向磁石说："我最憎恨你，因为你吸引，而力又不强，不够吸引我依附你。"

古龙也说：女人就像一只鹿，总在你面前跳来跳去，但只有勇敢者才能握住它的犄角。

这个女人其实就是我们的命运。

大部分人都被生活控制，而不是控制生活。

其实衡量一个社会的优越与否，我觉得很大程度上是看这个社会能不能让更多的人通过个人努力而掌握自己的命运。

很久很久以前，有只老鹰下的蛋被大风刮进了鸡窝，老母鸡将这只蛋和其他的鸡蛋一起孵化了出来，从此小鹰在鸡群中开始了生活。由于生长在鸡群中，小鹰不仅走路像鸡，连叫声也像鸡，但众小鸡还是嘲笑它：你看你长得多么难看，脖子细细的，腿长长的。小鹰自己也觉得很自卑，它只梦想着有朝一日能飞上篱笆，像只公鸡一样啼鸣。

一天它独自外出，不小心迷了路。这时飞来了一只老鹰。小鹰惶恐地问："你是谁？"

"我是老鹰。"老鹰问："你是谁？"

小鹰回答："我是鸡。"

老鹰说："不，你不是鸡。你是一只鹰。"

小鹰说："我真的是只鸡，我在鸡群里长大的。"

老鹰说："你看你和我长得多像，我们有同样的长腿，有同样的细脖子。你是一只鹰。你应该像我一样地飞翔。"

从此小鹰开始了向老鹰学习飞翔，终于有一天小鹰飞上了蓝天。

其实我们每一个人都是这只掉落在鸡群里的鹰，如果你不飞向蓝天，其他的鸡还会嘲笑你是只最丑陋的小鸡，你应该振翅飞向蓝天，那才是你真正的归宿。

要点：

每个人都是自己命运的设计师。

第二节　积极主动的人生态度

真正的成功者不是花哨的时尚杂志，而更像是一本经典古书，其封面朴实无华，但翻开内容，它的思想和精神却震撼人心。

每个人都是自己命运的设计师，那我们如何才能掌控自己的命运呢？我觉得掌控人生命运的法则就在于四个字——积极主动。也就是思想上积极，行动上主动。

美国文学家梭罗说："最令人鼓舞的事实，莫过于人类确实能主动努力以提升生命的价值。"

一、积极的思想

一个人的成长不在于经验和知识，更重要的在于他是否有正确的观念和思维方式。

——哈佛校训

人生中最小的差别是一念之差，但却可以导致我们人生中最大的差别——成功与失败。决定你人生的正是你的人生态度。

我们的人生不受制于所遭遇的环境，乃受制于我们所抱持的态度。我们无法完全控制人生中将要发生的每件事，但却可决定要怎样去想、去相信、去感受和去面对，当我们决定了要如何去面对时，也就注定了我们会有怎样的人生。当你用积极的思想去面对人生中的遭遇时，你就会有积极的行动，也就可能得到积极的结果；而你用消极的思想去面对人生中的遭遇时，你就只会有消极的行动，从而得到消极的结果。

爱迪生发明灯泡时，实验了上万种材料做灯丝才最终成功。别人问他："你怎么能做到在失败了9999次后，还能坚持下去呢？"爱迪生回答："我没有失败9999次，我只是发现了有9999种材料不适合做灯丝。"

美国总统罗斯福少年时代是一个花花公子，但一次游泳时，受了寒，引发了小儿麻痹症，从此双腿不能动了。当时罗斯福的心里充满了悲观和恐惧，他甚至一度认为自己就这样完了。但是，最后他决定用积极的思想去面对，不向所遭遇的逆境屈服，决心改变自己，成为一个卓越的人。他努力学习，积极参加社会活动，最后他当选为美国总统，并成为美国历史上最伟大的总统之一。

　　还有被以色列人定点清除的哈马斯精神领袖亚辛，他14岁踢足球时就受伤致残，导致终生只能在轮椅上生活，但他没有向命运屈服，仍然坚持自学，并考上了大学。其后他又用他的伊斯兰思想去鼓舞大家，并创立了能影响全世界的哈马斯组织。

　　在上个月我看了系列电视节目《超级访问》中访问桑兰的那一集。桑兰曾是国家女子体操队队员，在参加纽约友好运动会时，不幸摔伤致残，胸部以下失去了知觉。《超级访问》是以善于赚取被访人的眼泪而著称的，但在那一整集的节目中，桑兰始终都是一副笑脸，她的笑声清脆而爽朗，极富感染力。

　　她谈了现在她在北大读书的生活，她说每天都是靠家人和同学帮她上下抬轮椅，推着她上学；放学后，她又要赶到医院接受理疗。有时她也觉得太累了，像这样的读书还有什么用？但她并没有放弃，她坚信自己还有未来，桑兰充满信心地说："北大是我人生的又一个新起点。现在，我想拿的是学习成绩的金牌。"

　　在她母亲出场的时候，我想她母亲一定会在谈到桑兰时泪流满面，但没想到她母亲也是一副坚强的面容。她母亲说："开始我总是背着桑兰流泪，心里后悔送这孩子去学体操。但桑兰反而能不断地劝慰我说事情既然已经发生了，后悔也没有用，重要的是要接受现实，并去面对它。所以现在我也能面对这种现实了。"

　　《超级访问》是情感访问类的节目，但主持人怕刺激了桑兰，没有触及情感的话题，反而是桑兰主动说起她喜欢靓仔，特别是韩国的男演员元彬，她的房间里贴了许多他的海报。主持人问她："那你以后是不是想找一个靓仔做老公呢？"桑兰笑着说："靓仔只能看，做老公靠不住，我还是想找一个能真正爱我的人。"

　　桑兰的话语里还像一个二十几岁的正常女孩那样，有自己对爱情的憧憬和向往，但要知道她的胸部以下是没有知觉的。

　　一位伤残成这样的女孩，还能对生活充满信心和期望，何况我们这些身体正常的人呢？

　　人生中不管发生了什么问题，首先，重要的是接受，而不是抱怨。既然问题已经发生了，抱怨又有什么用呢？你只有接受它，想办法解决它，这才是一种积极的思想。

　　在我们每天的生活中，问题总是层出不穷，但遇到问题时，我们最通常的反应是归咎于人，抱怨外界的环境、责怪命运不公平等等。

　　其实往往问题本身不会造成我们的痛苦，不会让我们有一个消极的人生。如果我们能直接面对问题，将全副精力用在解决问题上，这时问题就会转型为挑战。如果我们把自己丢入混乱中，感觉自己碰到的问题是"不公平"的，我们加进去的这个成分就会像是汽油一样引爆，使我们的精神受苦，心灵不得休息。现在我们不只有一个问题，而变成两个了。那种"不公平"的感觉打击我们、腐蚀我们，夺去了我们用来真正解决问题的精力。

各种宗教为什么都要说现世是苦难，要苦修行才能得到来生的快乐呢？不就是为了让我们能接受所遭遇的一切吗？当你信仰现世就是苦难，你遭遇到任何问题时，你就会认为这是对你的一种磨炼，你就容易接受它。

要记住：带给我们痛苦与消沉的往往不是问题本身，而是我们面对问题时所抱持的态度。

有位商人问美国演讲家马尔茨："我要怎样做才能快乐呢？在股票市场上我已经赔了20万美元，我已经完蛋了，没脸见人了。"

马尔茨告诉他，哲学家艾庇克素德有句名言："人受困扰，不是由于发生的事实，而是由于对事实的观念。"

因此不在事实上加上悲观的观念，人就可以快乐些。那位商人的事实是亏了20万美元，悲观的观念是他已经完蛋了，没面子了。其实造成他不快乐的真正原因，并不是失去了20万美元，而是他因此失去了目标，丧失了进取的态度，消极地屈服于挫折，而不是积极地采取行动去扭转人生的厄运。

后来他对马尔茨说："我一定神志不太清醒，才会相信损失金钱并不是我闷闷不乐的主因，但我高兴你说服了我。"他不再呻吟自己的不幸，面对"现实"，重新振作，并寻找到另一个目标，开始全力以赴朝它迈进。5年以后，他不但赚到了有生以来最多的钱，而且以他的事业为荣。

美国哲学家威廉·詹姆斯说："我们所谓的灾难，大部分是来自人们对现象所采取的态度。受害者只要改变他内在的态度，由恐惧变为奋斗，这种灾难时常会转变为令人兴奋鼓舞的益处。"

每一天都是好坏的交集，没有一天或一件事是100%的"好"。世界上的事物与个人生活的遭遇是悲观、痛苦，还是乐观、快乐，全在于个人的选择。这纯粹只是一种选择、专注与评价，而不是事实上的诚实与不诚实。好与坏都是一样的"真实"，问题只在于面对现实时，我们的注意力要放在哪一面，我们要抱持何种态度和想法。

我印象最深的是曾在中国轰动一时的电视剧《阿信的故事》中阿信的儿子——日本八佰伴的总裁和田一夫。

和田一夫曾经风光过，他出入坐的是配有专职司机的劳斯莱斯，住的是寸土寸金的深院豪宅。可是，今天的和田一夫只能搭乘地铁出行，住处也变成了局促简陋的两室公寓房。

说起和田一夫的成功，至今仍是日本商界的传奇。和田一夫把自家的蔬菜铺子一举办成了年销售额5000亿日元（约合40亿美元）的跨国零售集团。但是，和田一夫实施的盲目扩张战略，也给八佰伴国际集团背上了沉重的债务包袱。1997年，负债额超过1000亿日元的八佰伴集团宣告破产。

在八佰伴破产后的半年时间里，日本各界充斥着对和田一夫的批评，和田一夫不得不过着隐居生活。他躲在亲戚家中，逃避媒体的追踪。回忆起这段经历，和田一夫说："我一夜之间从天堂来到了地狱，我从家财万贯沦落到一无所有。我至今仍然只靠养老金过活。"

但时年68岁的和田一夫并没有被打倒，1998年，他在朋友的帮助下开办了一家小型的经营顾问公司，希望把他失败的教训告诉后来者。

2002年已是72岁高龄的和田一夫来到了杭州，在杭州电视台的节目中，和田一夫仍然对自己的未来满怀希望。他说他的咨询公司都是免费提供服务，他打算在不久后的将来开始收费，并准备在亚洲其他地区开设咨询公司的分支机构。对于自己的咨询网站，和田一夫的计划是在2003年前推出英文版和中文版网页。看来，老当益壮的和田一夫对东山再起充满信心。

在电视节目的最后，和田一夫拉着他夫人的手，一起高唱着：我们还有明天，我们还有明天……我听着已是泪流满面了。

是什么力量能让一位72岁高龄、遭遇了人生中最惨痛经历的失败者，还能满怀希望地高唱我们还有明天呢？是他精神的力量，是他那种积极的人生态度。

只要精神不倒，人就永远不会倒。遇到挫折就放弃的人，正是在人生的关键时刻出卖自己的人。真正的勇者就是决不在人生中的关键时刻出卖自己。

其实人的各种心理力量都非常依赖于信心和勇气，在我们的坚强意志面前，它们贡献一切能力。但是，如果我们动摇、犹豫，那它们也会动摇、犹豫。同样，自信和勇气也并非是与其他心理能力互不相关的品质。自信也是所有心理力量的一部分，当自信心薄弱时，这些心理力量就会相应地缺乏功效。

总是不停地想着困难并夸大这些困难，这种习惯会削弱一个人的力量，并能严重地破坏一个人的创造力，使他不敢大刀阔斧地干一番事业。成就斐然的人总是那些目光远大并能蔑视困难和障碍的人。

要点：

积极的思想会产生积极的行动，得到积极的结果；消极的思想会导致消极的行动，得到消极的结果。

南非前总统曼德拉说："生命中最伟大的光辉不在于永不坠落，而是坠落后总能再度升起。"

1. 成功者就在于决不被失败所击倒

这个世界上每个人都失败过，不是一些人，也不是大多数人，而是每一个人都失败过。

去问一问你所认识的一些成功者他们曾否失败，你可能会听到一个像这样的反问："你想听哪一次的失败？"本田公司创始人本田在他的传记中就曾这样写道："我的人生是失败的连续。"

如果你真的想找没有失败的人，我知道在深圳有个地方再没有失败的人。那是在沙湾，那里是深圳的火葬场，那里有一片墓地，躺在那里的人再也不会有失败，再也不会有问题。这个世界只有死人才不会再有失败，不会再有问题。

人生中不在于没有失败，只在于决不被失败所击倒。什么叫成功？成功者不在于跌倒的次数有多少，只在于总是比跌倒的次数多站起来一次。

在英国国家船舶博物馆收藏了一条船，这条船自从下水以后，138 次遭遇冰山，116 次触礁，207 次被风暴折断桅杆，13 次起火，但是它一直没有沉没。

这个世界上没有不受伤的船，船就要在大海中航行，你能怪大海吗？人要生活，你能责怪生活吗？无论我们在人生中遇到了怎么样的挫折，关键是不能因此而沉沦。

一位攀登珠峰失败的运动员，在临走前对着珠峰说："珠穆朗玛峰，你虽然打败了我，但我会再回来的。我要战胜你，你不会变得更强大，但我会！"

被誉为"世界第一 CEO"的杰克·韦尔奇谈到了他读高中时的一件事：

当时他是校冰球队的成员，在一次联赛中，他们开始连赢了 3 场比赛，但随后却连输了 6 场，而且其中 5 场都是一球之差，所以在最后一场比赛中，杰克·韦尔奇极度地渴望胜利。

在上半场杰克·韦尔奇就独进两球，但下半场对方却连进两球，将比赛拖入了加时。加时赛开始没多久，对方又进了一球，比赛结果 2：3。

杰克·韦尔奇愤怒地将球棍摔向了对方场地，怒气冲冲地进了更衣室，当时整个球队都已经在那儿了。

就在这时，门突然开了，他母亲大步走了进来，一把揪住他的衣领，冲着他大吼道："你这个窝囊废！如果你不知道失败是什么，你就永远都不会知道怎样才能获得成功。如果你真的不知道，你就最好不要来参加比赛！"

杰克·韦尔奇在他的朋友们面前遭到了羞辱，但母亲的话他从此就再也无法忘记，是他的母亲让他懂得了在前进中接受失败的必要，这也为他日后的成功打下了思想基础。

柏拉图说："人类没有一件事是值得烦恼的。当克服一次挫折之后，你便提升了一次自我。"

英国有一位叫约翰·克里西的作家，年轻时勤奋写作，但得到的却是接二连三的沉重打击：743封退稿信。在如此打击后，他是怎样来面对的呢？

他说："不错，我正在承受人们所不敢相信的大量失败的考验。如果我就此罢休，所有的退稿信都变得毫无意义。但我一旦获得了成功，每一封退稿信的价值都将重新计算。"

失败是人生中的一笔宝贵财富，但前提是决不能放弃，否则失败就成了真正意义上的失败。

海明威说："世界击倒每一个人，之后，许多人在心碎之处坚强起来。"

没有巨石挡道，怎能激起灿烂的浪花？无论我们遭遇什么身体或情绪的创痛，最要紧的便是在创痛中寻找某些意义。

雅典奥运会占旭刚失败了，记者问他："你是两届奥运会的金牌获得者，对这次复出有没有后悔？"

占旭刚回答："我已经尽力了，我不后悔。"

很多人谈到自己人生中的失败，那你有没有问过自己：你真的有失败吗？你全力以赴过吗？只有全力以赴了却没有达成结果才能叫失败，你都没有全力以赴，又怎么有资格说失败呢？人生中不论是成功还是失败都是一种美，失败是一种悲壮的美。而最不值得过的人生是既没有成功也没有失败，因为这样的人生是平庸的，是没有价值的。

如果用力挤压一个橙子，会流出什么？自然是橙汁。如果我用脚大力踩这个橙子呢？当然还是流出橙汁。如果我使劲地将这个橙子往墙上摔呢？结果还是流出橙汁。因为橙子的内在就是橙汁。

同样道理，我们内在是什么，无论生活对我们怎样挤、压、踩，我们就将流出什么。你的内在是软弱，你就将流出软弱；你的内在是信心，是坚强，是越挫越勇的气概，你就将流出你的英雄本色。

世界上有什么样的困难、重负是我们所不能承担的呢？即使你将我击倒了，我也仍然要匍匐前进。

要点：

成功者不在于没有失败，只在于决不被失败所击倒。

2. 失败中存在着等量，甚至更大利益的种子

小时候我们常会"打鼓救鸡"。为了挽救一只将死的鸡，我们总是将鸡放在地上，再在上面扣一只木盆，然后用木棒不断地敲击木盆，这响声会刺激鸡的生命意志，使它挣扎着努力想站起来，通过这样的一种刺激，鸡往往又会重新获得生机。

还有常养鱼的人都知道，当喂养的金鱼从鱼缸中跳到了地上时，一会儿你才发现，这时将它放回鱼缸，它已很难存活。有一个办法，就是将它放回鱼缸后，不断地用棍子搅动它，逼它运动，这样它就能活下来了。

这说明了一个道理，生命力是在激励中产生的，没有刺激，没有求生的欲望，生命力就变得衰弱。对于垂危的病人，医生不是总要求家人要不断地跟他说话，刺激他的求生欲望吗？

面对失败，只要你保持越挫越勇的精神，那么每一次失败都会更加激发你的生命力，都会使你的人生更上一层楼。

就像一个人得了感冒，究竟是好事还是坏事呢？生病当然是坏事，但医学知识告诉我们，人得感冒后，身体的内在机制在治疗感冒的过程中，人的免疫系统会重新调整，当治愈了感冒后，你的免疫力就会变得更强。所以医生常说：一个人如果从来不病，那一病就可能是一场大病；适度地得一些小病，有助于增强人的抵抗力。

失败中存在着等量，甚至更大利益的种子。每当失败降临，你不退缩，拼尽全力去克服，你就会发现自己的能力又获得增长。失败是成功之母，是人增长才干的最佳途径。

记得我大学刚毕业时，有一位老人对我说："你们年轻人多跌几个跟头，经受一些磨难，绝对是件好事。只要不一蹶不振，仍然顽强上进，跌倒了再爬起来，那么能力就会获得增长，心智也更加成熟。"

我笑着说："那你多跌几个跟头不也好？"

老人感叹地说："我已经老了，再跌倒就爬不起来了。"

就像一个赌徒在本钱丰厚时不去尽力尝试，到本钱耗尽时就没有机会了。时间就是我们的本钱，一切失败在时间面前都显得微不足道。只要有时间，我们就有机会，谁降生到这个世界不是赤条条的呢？失败了，至多也只是赤条条地重新来过，而这时我们已更成熟了！

刘永好在谈到史玉柱的失败时就曾说："史玉柱之所以跌这么大一个跟头，是因为他一直都太顺了，没有经历过磨难，所以一旦失败就是一个大的挫折。而我之所以没有出现大的错误，只是因为我在创业之初，就不断地遭遇失败，所以人已经历练成熟了。"

　　著名运动员李宁也谈过他人生中的一次惨痛教训。在1988年奥运会前，他已因伤病退出了一段时间的国家队，并准备就此退役了。但由于当时国家队青黄不接，后继乏人，又动员他重返国家队。李宁为了国家的利益，在已很久没有系统训练的情况下又重回了国家队，但由于伤病及更换教练等诸多原因，李宁在赛前基本就没有系统的训练，所以那届奥运会李宁彻底失败了。全国人民在电视中都看到了李宁极为失败的表演，而且因为习惯，他总是面带微笑，这更激怒了广大体育迷：这么难堪的表演，他居然还能笑得出来。

　　李宁回国后，迎接他的是一片骂声，甚至他回国进海关时，海关的检查员都对他说："你还回来干什么？"还有人干脆就给他寄来了绳子，要他上吊算了。那时他也觉得没脸见人，心中承受着巨大的痛苦。

　　但现在当他重新谈起这段经历时，他觉得对他的人生是一件极好的事，使他变得更为成熟。他甚至说：如果没有这段经历，也许就没有他后来创办李宁牌企业的顺利。

　　他这样说："成功，不断地成功，能增强我的信心，使我勇往直前，不断地渴望着去创造。但失败，却能使我更清醒地认识这个现实的世界，增强我承受现实的能力。世界这样大，个人的短暂辉煌只是这个世界无数汹涌浪花中的一小朵，过一段时间就会消失，就会被人忘却。所以人的任何失败都不是一件了不起的大事，人生的路还长呢！世界还大得很呢！总有我们重新再来的机会。"

　　没有经历过磨难的人能说得出这样的话吗？

　　原来造物主无意要我们受苦，受苦往往只是一个过程，借此帮助我们找到自己、认识自己，并且肯定自己。

　　美国爱荷华州的农夫有种一贯的做法，当马铃薯收割之后，为了在市场上可以卖更好的价钱，他们先把马铃薯按大小分类、装载妥当后，便运往市场。人人都如此，但有一个人例外。

　　这个农夫从来都不费心思把马铃薯分类，但他所赚的却不比其他人少。他的邻居觉得很奇怪，于是向他请求秘方。他说："其实简单得很，我只是把马铃薯通通载上货车，然后选一条最凹凸不平的路往城里去。在这8里路的车程中，最小的马铃薯通常都会坠到最底下的一层，中型的马铃薯就会留在中间的位置，而最大的则会被推到最顶的一层。"

　　这个浅显的道理，也是生活的定律，犹如大型的马铃薯会在崎岖的路上攀上顶端，艰难的日子会使坚强的人能傲视同侪。

　　美国曾做了一个调查，发现继承遗产超过15万美元的人中，有20%的人从此就不上班了。如果他们用这些时间来研究文学、艺术那也是件好事，但不可否认很多人因此也就成了一个彻底的寄生虫。

　　人生长在优越的家庭是好事还是坏事呢？生长在优越的家庭生活一定

会很好，前途也会有保障。但其实人生也像一场球赛，如果你早已知道了结果，那还有什么乐趣呢？所以我喜欢白手起家，喜欢靠个人的奋斗去创造美好的人生。

印度人奥修说过这样一句话："很多时候你将会走错路，但为了要到达那扇正确的门，你必须先敲错很多门。生命就是这样，如果你突然间就闯进正确的一扇门，你或许根本无法理解这就是你在寻找的那扇门。"

要点：

面对失败，只要你保持越挫越勇的精神，那么每一次失败都会更加激发你的生命力，都会使你的人生更上一层楼。

3. 要创造良好的成功环境

很多人问我：成功与环境的关系大不大？

孟子的母亲一生就做了两件事：第一件事当然是生下了孟子；第二件事就是搬了三次家。

她为什么要搬三次家呢？不就是为了选择环境吗？

以前我一直认为自己很懒散，没有毅力，但当这次我与公司签了合同，要在规定时期内交出我的作品时，我焕发了无穷的力量，在一个星期内就整理完成了两本书。

成功是一个磁场，失败也是。失败者只是从没走进过足以激励他们的环境，没有发挥出潜能，没有感受过工作带来的成就感。当你走进了足以激励你的环境中，发挥出自己的潜能时，你会发现你也有充沛的热情，你也有无比的力量，你也能感受人生取得成就后的那种荣耀。

你只有身处在成功的磁场中，才能激发你的斗志。

有个人十分崇拜一位驯兽师，便想拜师学艺。经过苦苦哀求后，那位驯兽师终于同意收他为徒。一天，师父对徒弟说："你看到缸里的金鱼吗？你能训练它眨眼睛吗？首先你得冲着它眨眼睛，它看着你眨眼久了，它也许会跟着你眨眼睛。半个钟头后，我再回来，看它是否学会眨眼睛了。"

半小时后，师父回来。徒弟告诉他说，怎么也没希望使金鱼跟他一起眨眼。师父叫他再试试，然后就出远门了。一个星期后，师父回来，见徒弟呆瞪着的眼睛像斗鸡眼，一张嘴像金鱼那样在空气里一张一合、一张一合的。

你不能影响别人，就会被别人影响。所以想乐观，就跟乐观的人在一起；想积极主动，就与积极主动的人在一起；想成功，就要与成功的人在一起。

很多人抱怨无法激发出个人的潜力。我觉得有一个方法可以改变你，就是去跟成功者在一起。

如果你与成功者在一起学习，他们都非常热情、非常有行动力，你跟他们在一起，不行动都不行。一个人要成功，有几个方法：

第一，他必须帮成功者工作；

第二，当他开始成功的时候，一定要跟更成功的人合作；

第三，当你越来越成功时，要找成功者来帮你工作。

只要你能依照这三个方法，按部就班地去做，你一定会非常成功；一般人无法成功，是因为他们连帮成功者工作的态度都没有，他总是想要自己先发明一套。事实上，当你还没有找到成功模式之前，自己发明出来的方法大多数效果都有限。

人所处的环境，所交的朋友，会影响他的思想、决定他的行动力，所以环境往往也能决定一个人的命运。

我刚来深圳时，有幸认识了一些积极向上的朋友，我们彼此激励，用各自的努力来鼓舞对方，那时我总能用一种积极的心态去面对生活。后来我们这些朋友各奔东西了，我们还约定每个月必须通一封信，在信的末尾都要加上这样一句话：你还在努力吗？

这些信直到现在我还保留着，每次翻看心中都会油然生发一种力量。

人不是机器，都有软弱的时候，都有懒惰的时候，因此交一些积极的朋友，让自己经常处在积极的环境中，才能总是葆有那份热情、那份冲动。

现在我也有一些朋友，他们幽默、风趣，很会玩，跟他们在一起总是很开心，但他们的生活哲学就是快乐，他们只想轻松地生活，不愿意耗费太多精力去追求成功，追求个人成长。跟他们在一起我虽然得到了快乐，但却也变得越来越颓废。

如果将朋友比喻为人生中的财富，那么有些朋友是你的资产，但有些朋友却可能是你的负债。你要分析你的朋友圈，将资产留下，将负债去除。

积极的环境，才有助于你长葆积极的人生心态；消极的环境，只会使你的人生消极。

要点：

如果将朋友比喻为人生中的财富，那么有些朋友是你的资产，但有些朋友却可能是你的负债。你要分析你的朋友圈，将资产留下，将负债去除。

二、主动地行动

优秀的人不会等待机会的到来，而是寻找并抓住机会、把握机会、征服机会，让机会成为服务于他的奴仆。

——美国前总统塔夫脱

这个世界上没有天上掉馅饼的好事，即使有天上掉馅饼的好事，也不一定就落在你头上，在一大堆人中比你高的就有优势，你只有跳一跳，才可能抢到这个馅饼。所以积极主动，永远是成功者不变的法则。

那天走在街上，无意中遇见了我的大学辅导员。他看到我时热情地走过来和我打着招呼，然后说："读书时真看不出来，你现在竟成了作家！"

的确，我是一个很平凡的人。大学时我的成绩在班上只能算中等，也没有什么特长，一点不出众，但我现在之所以能写出一本畅销书，是因为我真的努力过，并一直在主动出击寻找机会。

记得刚来深圳时，我就一直想着干点什么事。回老家办成公司后，我接到了能正式调入深圳的商调函，那时我一直认为深圳更好发展，所以我毅然放弃了公司又回到深圳。回深圳后，办了一期贵族班赚到了一点钱，却又不知道该做什么事了。一个偶然的机会看了卡耐基的书，我想我也要像卡耐基那样办成人培训。定下这个目标后，我就开始搜集资料、看书、静心思考，做充分的准备。那时白天有工作，晚上又总有狐朋狗友邀约打扰，我只有在深夜12点以后才静得下心，也只有那段时间才真正属于自己的心灵。近一年的时间，自己差不多每天都是凌晨4点多钟才睡，就这样在不断的熬夜之中，我认为已做好了充分的准备，可以施展才华了。

但一个年轻人要办成人培训班，谁相信呢？我找过十多家培训中心，慷慨激昂加声情并茂地说服，还运用了表现得可怜巴巴的手段，却没有一家相信我。他们不好直接拒绝，就将我推给成教局，说需要成教局同意。

我去了成教局，成教局也不同意。我只好通过熟人找关系，去了成教局一位处长家里，这位处长告诉我，说没有教材他们不好批。我就回去准备教材，为编写教材我花了一个多月。教材编好后，我又去了成教局。其实成教局的领导们根本不相信我能办卡耐基的培训，他们说我没有教材只不过是一种借口。现在他们被我缠得没有办法，就说这种班要市委宣传部特批。

于是我傻乎乎地就真的去了市委宣传部。市委宣传部的人给我的感觉就是普遍素质都很高，他们直接告诉我说："你也不动脑筋想想，一个培训班哪里用得着宣传部批！你是被他们当皮球在踢。"

那时我真的就是一傻小子，全凭着一股初生牛犊不怕虎的气概才坚持下来。但大半年的四处碰壁，我终于认识到，以自己这样一个毫无名气的毛头小伙子，要办一个独创的能在报纸上登广告收费的培训班是不可能的，只有想法先从免费培训班着手。

我分析了接触过的培训中心，从中选出一家我认为对我有一些好感的，提出我出课室租金，先免费办一期培训班，看效果如何。由于不用承担责任，没有后顾之忧，培训中心原则上同意了，但提出要我先试讲一次。我精心准备了试讲，功夫不负有心人，试讲效果还不错，也有人愿意报名参加免费培训。

于是我办了一个月的免费培训，效果很好，但培训中心却还是认为我不够成熟，希望我多做些准备。

那天在烦恼中和一位朋友谈起了这件事，他说你怎么这么傻，这事你不出面还容易办些。他要我完全交给他去办，不用再操心了。

他找了一家熟人的培训中心，先将我吹了一通，然后说我人在北京，开课的时候就会赶过来。由于我出广告费，培训中心没有风险，于是他们同意了，并将我的培训作为中心年度计划的一部分，一起报给了成教局。结果成教局的人看都没看，就盖了一个章。

真叫作：踏破铁鞋无觅处，得来全不费工夫。

老实说由于没有教材，没有模式，我是摸着石头过河，边干边改进。开始的培训是不成熟的，但我凭着一股热情、一股冲劲，和学员建立了融洽的关系，在善良的学员配合下，我的培训班才能不断地办下去。就这样在实践中摸索、实践中成长，培训班也越办越成功，开始有企业邀请我做培训了，厂长、经理协会也来请我讲课，电台、电视台也来了。一次在电台做节目时，一位听众打电话来说，你为什么不将讲的东西写成书呢？这样就不用去全国各地重复讲演，也能让更多的人接受你的思想。这句话提醒了我，也鼓励了我，于是我决定写书。

我的文学功底并不好，讲演是一回事，写书又是另一回事，但我有事业心、有热情、有冲劲，这些支撑着我，我不断地修改，不断地与朋友们探讨，这样历经数年，熬了无数个不眠之夜，做了无数次的修改，以至于我都能背出书中的每一个细节。我原本不抽烟，但为了熬夜提神，为了帮助自己集中注意力，我抽的万宝路空烟盒就可以装一大书柜了，喉咙和肺都受到严重伤害，天一冷就咳个不停。我常和朋友们开玩笑说：我真的是用生命在写书。就这样，伴随着生命和青春的流逝，我才终于完成了《方与圆》。

书写成了，哪个出版社愿意出版？出版了又有谁来买呢？为找出版社我就耗时近一年，还要负责包销一大部分。我没有卖过书，完全不熟"做书"这一行，也没有书商接受我，有个书商看了封面一眼就扔给我说："这是什么鬼书，没人要的。"但我对自己的书有信心，我知道很多书商文化程度不高，他们没有眼光鉴赏书，只是看到某书畅销后，才趋之若鹜。我没有能力让书行销全国，但我可以靠自己的努力让它在深圳畅销，这样一定会波及全国。

于是我像一个街头小贩一样，在所有愿意接纳我的书店门口扯上一条大横幅，说得好听是"签名售书"，实质就是街头叫卖。每个星期天我都西装革履装模作样地端坐桌前，一些朋友便帮我四处张罗，那真是一段自尊心受煎熬的日子。虽然我知道书也是商品，但在内心深处总认为书是神圣的，是不应该街头叫卖的。但没有办法，这是唯一的路。

我自己有公司，经济收入应该算可以，但我仍然十分重视这本书的销售，这主要不是钱的问题，是想让自己对别人有点用，让别人在社会中认可自己的价值。

现在，我每天都能接到很多崇拜者的来电来信。一位东北的读者打长途找了我很多次都没找到，那天在工作人员的帮助下终于找到我了，我问他有什么事，当他知道接电话的是我后，很兴奋地说："我就是想听一下你的声音，能听到你的声音就很高兴了。"我着实感动了一阵，也为自己的工夫没有白费而高兴，因为感觉到自己活着是真的被别人需要了。

我有很多同学，他们从小就做着作家梦，文学功底也远胜于我，我将写的东西拿给他们看，他们轻而易举地就能挑出许多毛病，以至于后来我都不敢将写的东西拿给他们看，怕打击了自己的信心。现在大家在一起聊起天来，他们都感到活得烦，因为事业无成。他们文学功底远胜于我，但他们没能出书，反而是我写了书，我觉得只是因为我并没有躺在幻想中，而是处处主动出击，脚踏实地去做了。

我谈了这么多，你们可以看出来，我刚进入社会时就是一个愣头青，连办一个小培训班都费了这么多周折，但这些周折对我未尝不是件好事，让我变得更成熟了。

像我这样的一个傻小子都能有所成就，我相信每个人都可以有所成就，关键是要用一种积极的思想面对人生，并在行动上永远地主动出击。

思想上积极，行动上主动，这就是掌控人生命运的法则。

索尼原来只是一家小公司，但盛田昭夫在科学杂志上看到贝尔试验室发明了晶体管后，第一时间就去美国买下了专利。你们估计一下用了多少钱？改变了整个世界的专利只用了2.5万美元。因为当时全世界都还没有认识到晶体管的重要性，而盛田昭夫敏锐地发现了机会，并主动出击抓住了机会。

当时的电子管收音机体积都很庞大，像一张小桌子。盛田昭夫利用晶体管很快就生产出了一批小型收音机，它的口号是：能装在口袋里的收音机。其实当时他生产的收音机比口袋还要稍大一点，于是他将每位推销员的衣服口袋都做大了一些，让他们装在口袋里去推销，结果晶体管的这项专利当年就为他赢利250万美元，索尼也从此开始成了世界级的大公司。

比尔·盖茨的微软公司开始也只是一间小公司，完全无法与IBM竞争，但他懂得不够实力成为竞争对手时，就先成为朋友的法则，主动地靠近IBM，积极争取IBM的订单，并最终取得了成功。微软公司正是借助于IBM的力量才强大了起来，而IBM数年后才反省到他们的自杀行为。

很多人总在说人生中机会不好，你没有积极的思想、主动的行动，即使有好机会你也不会知道，还是一样地会错过。就像马克·吐温常抱怨的："我往往是在机会离去时，才明白这是机会。"

人生中不是没有机会，而是你需要用积极的思维去发现机会，并主动出击去把握机会。

《方与圆》发行量过 500 万册，创造了过亿元的产值。但我第一次拿给一位书商看时，他一把就给我扔了出来，说这是什么鬼书；而"方点圆"公司的彭总却在《方与圆》还没有影响的时候，主动找到我要求代理发行全国。

人生中真的不是没有机会，我们也真的能掌控自己的命运，关键是要积极主动，有积极的思想、主动的行动。

我们说成功需要有好的人脉，那如何才能建立人脉呢？这也需要积极主动。

以前有位学员曾对我说："老师，我每次上班出门坐电梯，都碰到一位小姐，她与我住在同一幢大厦。一人坐电梯怪闷的，我很想跟她打招呼，但又怕她不理我，自讨没趣。"

在班上，我们把这作为任务交给了这位学员。

第二天这位学员继续讲他的故事。

"我坐电梯又遇见她，这次我想一定要跟她打招呼。可她板着脸，一副冷冰冰的模样，我又害怕了，但我想就把这作为一次试验吧！于是硬着头皮与她打了个招呼。岂料她马上回应了，原来她也很想跟我打招呼，只是怕我拒绝她罢了。"

其实每个人都渴望友谊，别人总是显示出不友好的原因或许只是在于他担心你、害怕你将拒绝他，所以采取主动精神，不要等待他人发出建立友谊的信号，自己先做出第一步行动，这样也许你会看到对方也开始变得热情了。

克服别人将会"冷落"你的恐惧感，冒一次风险，为了证明他是友好的，打一个赌。虽然你不可能每次都赢，但伸出友谊之手而被别人拒绝，并不可耻，它反而更显出你的潇洒、大度。

在日内瓦会议上，周总理主动向当时的美国国务卿杜勒斯伸出了友谊之手，但杜勒斯傲慢地拒绝了。

这是谁的耻辱呢？当然是杜勒斯的耻辱，因为他拒绝了一只和平之手。

一次我回内地和一位朋友上街，路过他女朋友家时，他邀请我一起上去坐坐。坐着聊了没多久，他女朋友就对他说："我们分手吧，我已提过了多次，我是认真的，我已下了分手的决心。"

当时我听到这句话时就感到很气愤，这样的话怎么能当着外人的面说呢？我想要是我遇到这种情况，你不尊重我，我也不尊重你，我一定会说："哼！你有什么了不起，分手就分手。"

可我这位朋友却是这样说的："既然你决定分手，我也不能强求，但只请你记住一点，我是真的爱过你！这种爱也并不因为你的拒绝而减弱。"

听了他的话，回去后我对他说："我们认识了十几年，我没有发现原来你还是那么伟大、那么潇洒的！"

要建立广泛的人脉，也要主动出击，克服别人将会拒绝你的恐惧感。

要点：

凡事主动出击。

其实主动的行动包含着两个方面的含义：一是要马上行动，这是一个快速变化的世界，机会稍纵即逝，因此找到了任何机会，就要马上行动；另外就是要执着。

三、执着

林肯讲过一个铁匠的妙事。

有个铁匠把一个铁柱放进炭炉里烧得通红，然后他拿出来放在铁钻上把它锤成一把剑。剑是打成了，可是他一点也不满意。于是他把剑放进炉火里再烧再锤，但由于损耗，已不可能再铸成一把剑了，结果他就做了一个马蹄铁，但他仍是不满意。他把马蹄铁再放进炉里烧红，但拿出来时，连马蹄铁也做不成了，他就将它打成一根铁钩，但他还是不满意，他将铁钩放进炭炉里，当他把这烧红的铁器拿出来后，他已不知道可以把它打成什么器物了。在毫无头绪之下，他把这块铁器放进水里，热铁在水里发出嘶嘶之声，铁匠于是说："我结果使它产生泡泡啊！"

如果你的人生也像铁匠这样，今天做这，明天做那，那么你的人生也只会冒几个泡泡就完了。

人生的目标可以变，但不能经常变，经常变你就将一事无成。

我问一个问题："你们知道林肯吗？"

大家都会回答："知道。"

因为林肯经历了无数挫折，但仍然坚持了下来。

记得一本书上刊载过一个美国人的故事。大致内容如下：

他是一位相貌丑陋，有着蹩脚南方口音的美国人，有过短暂的婚姻，最后又死于非命。他的一生充满了坎坷和不幸，他只有过一次成功，于是他帮助了好些人。

他的故事是这样的：

21岁做生意失败；

22岁角逐州议员失败；

24岁做生意再度失败；

26岁爱侣去世；

27岁一度精神崩溃；

34 岁角逐联邦众议员落选；

36 岁角逐联邦众议员再度落选；

45 岁角逐联邦参议员落选；

47 岁提名副总统落选；

49 岁角逐联邦参议员再度落选；

52 岁当选美国第十六任总统；

这个人的名字叫作亚伯拉罕·林肯。

我再问一个问题："你们知道邓小平吗？"

大家仍会回答："知道。"

因为他在一生中三落三起，但绝没有向困境低头，结果改变了中国的命运。

"但你们知道马英高吗？"

"马英高是谁？"

你们当然不会知道他是谁，因为他半途而废了！

心理学家格罗夫说："只有偏执狂才能成功。"

很多人说："为了成功，我努力了上百次，可就是不见成效。"你相信这句话是真的吗？别说他们没试过上百次，甚至于有没有十次都颇令人怀疑。或许有些人曾试过三四次，但因为不见成效，结果就放弃了再试的念头。

其实成功的秘诀，就在于发现并找到什么对你是最重要的，然后拿出行动，不达目的绝不罢休。

桑德斯上校是"肯德基炸鸡"连锁店的创办人，他是如何建立起这么成功的事业呢？

桑德斯上校在 65 岁时还身无分文，孑然一身，当他拿到平生第一张救济金支票时，金额只有 105 美元，但他没有抱怨，而是自问："到底我能对人们做些什么？我能在哪方面表现出我的价值？"

随后，他开始思量起自己的所有，并力图找出可以作为的地方，而第一个浮上心头的就是："我不是拥有一份人人都会喜欢的炸鸡秘方吗？如果能卖给餐馆，并教会他们怎样才能炸得好，这样餐馆的生意额就会增加，上门的顾客也会增加。如果他们指名要点炸鸡，或许餐馆就会同意让我从中抽成。"

好点子固然人人都会有，但桑德斯上校跟大多数人不一样的地方，就在于他不但会想，而且还付诸行动。随即他便开始挨家挨户地敲门，把想法告诉每家餐馆："我有一份上好的炸鸡秘方，如果你能采用，相信营业额一定能够提升，而我希望能从增加的营业额里抽成。"

很多人都当面嘲笑他："得了罢，老家伙，要是有这么好的秘方，你干吗还穿着这么可笑的白色服装？"但这些话丝毫没有让桑德斯上校打退堂鼓，因为他还拥有人生成功的第一秘诀，那就是执着，决不轻言放弃。

最终桑德斯上校的炸鸡配方被接受了，但是在整整被拒绝了1009次之后，他才听到了第一声"同意"。

在过去两年的时间里，他驾着自己那辆又旧又破的老爷车，足迹踏遍美国每一个角落。困了就和衣睡在后座，醒来逢人便诉说他的炸鸡秘方。他为人示范所炸的鸡肉，经常就是他果腹的餐点，往往匆匆便解决了一顿。

在历经1009次的拒绝，整整两年的时间里，有多少人还能够锲而不舍地继续下去呢？真是少之又少了。也无怪乎世上只有一位桑德斯上校，这也正是他取得成功的可贵之处。

如果你好好审视历史上那些成大功、立大业的人物，就会发现他们都有一个共同的特点：不轻易为"拒绝"所打败而退却，不达成他们的理想、目标、心愿就绝不罢休。

迪士尼为了实现建立"地球最欢乐之地"的美梦，四处向银行融资，可是被拒绝了302次之多，每家银行都认为他的想法怪异，但现在，每年有上百万游客享受到前所未有的"迪士尼欢乐"，这全都出于一个人的执着。

我相信，只要能不断辛勤灌溉所种下的种子，执着地去做你认为正确的事情，那么你就必然会走出人生的冬季、进入春季，多年看似不见成效的努力，终将会有收获的一天。

有位父亲，把一棵看来已死的树锯断。春来的时候，他竟发现树桩的四周长出嫩芽来。他说："我以为它真的死掉了，叶子在冬天时都掉光了，枝干那么脆弱，一折就断，我真以为这棵老树已再没有生命了，但谁知道它的根仍蕴藏着生命力呢。"他望着他的孩子说："孩子，你不可忘记这重要的教训啊！千万别在冬天砍树。"

每个人都会有人生失败的时候，关键是决不要放弃，你这个时候做的消极决定，很可能像在冬天砍树一样，是一种错误。

对于执着，我印象最深的是在电视中看到的关于邓伟的事迹：

邓伟毕业于北京电影学院摄影系，是张艺谋的同学，他初次作为电影摄影师拍的电影就获得广泛好评，正当前途无量时，他却有了一个梦想，要完成世界100个文化名人的人像摄影。这样的梦想对于当时的邓伟来说无异于天方夜谭。没有资金，没有世界性的名气，谁会理他，即使同意了，他又怎么有钱去拍摄呢？但他抱定了有千分之一的希望，就要尽100%的努力。于是他放弃了电影摄影，开始为自己的梦想做准备。

为了锻炼自己的意志，他独自去了新疆的荒野，在雪原上锤炼自己挨饿耐渴的吃苦能力。恰好他的同学在那里拍电影，当同学在拍摄荒野的雪线时，发现有一个人，就等待着他离开，但等了很久也没见离开，就在长镜头中仔细看，竟然惊奇地发现像邓伟，就叫其他人来看，大家也觉得像邓伟，于是用扩音器喊他的名字，邓伟听到后就过来了，大家见到竟然真是他，都笑问他是不是有病。

邓伟在锻炼自己的同时，也开始给一些文化名人发函，希望能拍摄他们的人像，以留给后人怀念。但三年过去了，没有一封回函，他都要放弃了，这时接到了香港船王包玉刚的回函，函中的内容却是拒绝他的请求。但父亲鼓励他说："任何事情敢想就是成功了一半。"

不久英国一家学校邀请他去做摄影讲座，讲座结束后，他就留在了英国打工，由一个客座讲师，一变而为一个打工者。他做过油漆工、搬运工、熨衣工，由于熨斗太重，留下了后遗症，他说几年中手一握紧就痛。他省吃俭用，一个人孤独地在英国生活，这一切只是为了存钱完成他的梦想。

其间他不断地向名人发函，但均没有回复，他决定主动出击，直接去找他们。首先他选中了新加坡总理李光耀。他就直飞新加坡，下了飞机后，要求的士司机带他去李光耀家，的士司机觉得他有问题，都不愿意，他答应多付一些钱，的士司机在钱的诱惑下就带他去了。

到了李光耀家附近，的士司机不能再往前开了，就告诉了他路线，让他自己去。于是他下车自己往里走，遇见了一个哨兵，拦住他问找谁，他回答找李光耀，哨兵就让他进去了。继续往里走，又遇见了一个哨兵，他说有封信要给李光耀总理，又获得了通行。到了一栋房子的门口，他敲了门，一个身材魁梧的人打开了门，问他干什么，他说他是中国的摄影师，有封信想交给李总理，那人问能否让他看一下，邓伟就将信交给了那人，那人说："如果相信我，就由我将信转交给李光耀，有消息再通知你。"邓伟同意了。

古语说：踏破铁鞋无觅处，得来全不费工夫。几天后，在一个海边，邓伟接到了通知，约他去给李光耀拍照。

万事开头难，给李光耀拍照后，他就将李光耀的照片附在了函件里面，又向一些名人发了函，这回他得到了一些人的允许，于是他的摄影计划开始能进行下去了。当然其中也不是都很顺利，为了给以色列总理拉宾拍照，他连续几年锲而不舍地给拉宾写信，拉宾回信了，寄来一张亲笔签名的近照，但拒绝了他的要求。可邓伟并没有放弃，他继续写信给拉宾，说那张照片拍得并不好，他能够拍得更好，就这样历经四年，终于感动了拉宾，为拉宾拍摄了照片。

就这样一个看似天方夜谭的故事，经过他的不懈努力，终于办成了。整件事耗资300多万元人民币，全是靠他自己省吃俭用打工赚来的。为了准备这些摄影，深入了解他的拍摄对象，以拍出他们的个性与神韵，他写的笔记就有 20 多本，用他的话说，每一次摄影都是一个故事，都可以写一本书。

张艺谋对邓伟做了一个精彩的总结，形容他读书时做事就一根筋，也只有他这样一根筋的人才能办成这样的事。

人有时真的就是要一根筋，这样常常能使我们完成一些看似不可能的事。邓伟的例子就是明证。

记者曾问邓伟："你做这件事，没有名，没有利，当电影摄影师多好，你后悔吗？"

邓伟回答："我不拍电影会有其他人拍，但这件事是我真正想做的事，我不后悔。"

曾经有段时间医院误诊他得了癌症，他却说："我已经做了一件我一生中想做的事，我死而无憾。"

我们活到现在，我们做过一件我们真正想做的事吗？我们做事往往只是为了生存，只是为了利益，但从没有真正做过一件自己想做的事情，这是多么可悲呀！

每一种思想，只要持之以恒，百折不挠地加以贯彻，迟早都会梦想成真。

要点：

每一种思想，只要持之以恒，百折不挠地加以贯彻，迟早都会梦想成真。

每个人都梦想着能在生命中遇到贵人，贵人能在自己的人生道路上帮一个大忙。其实你生命中的贵人就是你自己。哪一天当你有了积极主动的心态，懂得用积极的思想去面对生活，主动出击去寻找机会，你就遇到了你生命中的贵人——有积极主动心态的你自己。

积极主动是成功者最基本的要素。

记住！当你体味到自己积极主动的那一天，也就是你遇到你一生中最重要人物的那一天；而这个世界上最重要的人物就是你自己！你的这种思想、这种精神、这种心理就是你在人生中取胜的法宝、取胜的力量。

积极主动，你就将无往而不胜！

第三章 保持思想的开放性

维纳在《控制论》中说：一个体系抵抗组织衰变的重要方法就是保持开放。

被誉为日本经济起飞首要功臣的管理大师戴明博士，在日本做的最重要的工作之一，就是将日本企业单向的、封闭的组织系统，改造成循环的、开放的组织系统。

第一节 变幻原是永恒

变幻原是永恒。这个世界上唯一不变的就是变，而且变化的速度越来越快。

记得 10 年前我买了台 BP 机，那时还威风得很，我将它挂在腰上，每次上街腰都挺得直直的。过了两年，开始出现了手机，那时还叫大哥大，像一块砖那么大，我有一位同学买了，他每次外出坐在"麻木"上时，都跷着二郎腿，双手抱着大哥大放在腿上，我常笑他应该放到头顶，但现在街上随便一个扫大街的屁股后面就别着一个手机。

我读大学时听录音机还是很稀罕的，那时的录音机主要是日本三洋厂生产的，所以又叫"三洋"。记得报纸上还登载了一件这样的事：一位仁兄分别有一位香港的亲戚和一位农村的亲戚写信想来他这里玩。他回信给农村的亲戚说最近很忙不要来了，回信给香港的亲戚说很高兴他来玩，希望能带"三洋"过来。结果这位马虎的仁兄将信装错了，他香港的亲戚没来，农村的亲戚却牵着一头山羊来了。

但现在不要说录音机，CD、VCD、DVD 数年就一个变化。其实近几十年的科学发明，已经超越了人类历史上发明的总和。知识在不断更新，信息在大爆炸，人们说除了老婆和孩子不能变，万物都可以变；有人说老婆必要时也可以变，是可以变；有人说要经常变，你想得美！

"变"给我们带来了两方面的问题：一是危险，二是机会。

面对变化的世界，人和企业墨守成规就会跟不上时代，遭遇危险。在管理学中有一种煮青蛙效应。将一只青蛙扔进热水里，它会很快跳出来；但将青蛙放进温水中，它不会跳出来；然后给温水逐渐加热，青蛙开始察觉不到，没有反应，待到水温升高后，由于它的体力在这种缓慢的加热过程中已经耗尽，这时青蛙再想跳出来，已经晚了。很多企业的破产其实就是陷进了这种煮青蛙效应，待到企业醒悟过来时，已经悔之晚矣。

所谓人无远虑必有近忧。所以居安思危，预作筹谋，尽早把握变化才是人和企业保持长盛之道。就像沃尔玛的创始者沃尔顿所说："你不能只是继续做以前行得通的事情，因为你四周的每样事情都在变化。想要成功，你必须站在变化的前面。"

另一方面，变化就意味着要重新洗牌，会有新的领域出现，于是又给我们提供了机会。比尔·盖茨之所以能成为世界首富，是因为变化——个人电脑的出现给他提供了机会，如果没有这种变化，他是不可能在 IBM 的眼皮底下壮大起来的。还有中国富豪榜上那群年轻的富豪，不正是变化给他们提供了机会吗？

生活在这个时代真是非常幸福。当今的世界充满着前所未有的可能性与机会，让我们能达到的目标更多。而且事实上我们所面临的选择也可能是人类史上前所未见的，由于能从事的美好事情太多了，因此从中选择的能力可能就是决定我们一生成就的最重要因素。

要点：

变幻原是永恒。

变化带来了两方面的问题：一是危险；二是机会。

第二节　人的最高级的思维模式就是开放性思维

危机，就是在危险中的机会。变化的世界是既有危险又有机会，至于究竟是危险还是机会，就要看你是否能把握住变化，并顺应变化。

1987 年 5 月深圳发展银行发行了股票。由于是新生事物，大家都抱着怀疑的态度，不愿意买。最后变成了各单位的摊派，要求共产党员和干部带头认购。一些热爱党的事业的爱国者却因此也发了一笔不小的财。1988 年股票已经有了交易，当时股票市场就像杂货店，不大，也乱，人们怀揣着一张不记名的纸，在私下里讨价还价，谈着交易。那天，一位朋友告诉我，他的熟人有张 1 万多股的股票要卖，每股想卖 1 块 2 角，他不够钱，提议我俩各出一半凑足钱买下来。他找我一方面我俩是朋友，有事好商量；另一方面他也认为我能接受新生事物。但当时我辛苦工作三四年，全部的积蓄才几千块钱，而且我想原来 1 块钱一股的原始股都没买，为什么现在要花 1 块 2 去角买呢？于是我对他说用 1 万多元钱买张纸是不是犯傻啊。他见说服不了我，就另找人合伙买下了。不几年，股票开始疯涨，大家砸锅卖铁地去买股票，交易所门口买股票者排成了一条长龙，深圳发展银行的股票也因此翻了 300 多倍。他们手上股票的市值已近 400 万元。我悔得肠子都青了。

人生中不是没有机会，但我们总是怀疑、犹豫，顾虑重重，结果白白地让它在眼皮底下溜走了。这是我人生中错过的一次最容易发财的机会。

但人生中的机会远不止这一次。1989 年我在深圳开办了成人培训班，当时负责报名的员工劝我：像我这样单打一的培训班，绝大部分费用都用在了广告上，是在为报社打工，自己赚钱不多。深圳打工仔众多，他们来深圳后都不想回去，必定要学一技之长，以便将来能在深圳谋生，而电脑必是首选。不如投资买几台电脑办电脑培训。我问他要投资多少钱，他说要 1 万多，也不知他怎么知道我有多少钱的，我全部身家就 1 万多元钱。辛辛苦苦赚的 1 万多元钱，要我就这样全部投进去，我真不放心，于是拒绝了他。最后他说服一家电脑公司的主管，借了单位几台陈旧不用的电脑，由他负责办起了电脑培训。当时每位学员收费 300 多元，租一间教室，请几位授课教师，费用不高，而每期报名的学员都有几百人，每月纯利就在 10 万元以上。我还清楚地记得他第一次赚到 10 万元后，激动地跑来用颤抖的声音对我说："我有 10 万元了！"

以后他又自己买了电脑，办了一系列分支机构，不断扩大，不几年就成了深圳最大的私人培训机构。

这两件事给我的触动太大了。反省自身，我这个人还是很保守的。人要把握机会，顺应变化，就要保持一个开放的心态。

其实人的最高级的思维模式就是开放性思维。任何一个企业，任何一个人，只有保持一种开放的心态、开放的思维，才可能去把握住机会。你没有这种思维，即使机会来了，也会从你的大门飞进来然后从窗户飞出去。

从此我对任何事物都保持开放的心态，绝不轻率地否定，当然也不盲从，而是要先去了解它、认识它。我在心里对自己说："以后只要看到一点机会的尾巴我就要死死抓住。"

要点：

人的最高级的思维模式就是开放性思维。

第三节　双向的开放性思维

曾经在书上看到过一个故事：

约翰·鲁斯准备从纽约到波士顿。他到机场买票后还有几分钟空闲。于是他走向一个体重计，踏上去，投入一枚硬币后，得到一张纸条："你的名字叫约翰·鲁斯，体重 75 公斤，而且你正要搭乘 14 点 20 分到波士顿去的班机。"因为一字不差，所以他大吃一惊，认为这是个玩笑。他再次站上去，丢下另一枚硬币，很快又出现一张字条："你的名字仍然是约翰·鲁斯，体重仍然是 75 公斤，而且你仍然赶得上 14 点 20 分到波士顿的班机。"现在他比刚才更困惑了。突然，他想到了一条计策，决定试一试，愚弄体重计一下。他走进更衣室，换了衣服，重新踏上体重计，投入硬币，这次又出现一张字条："你的名字仍然是约翰·鲁斯，体重仍然是 75 公斤，但你已经赶不上 14 点 20 分去波士顿的班机了。"

你想愚弄生活，结果你也必会被生活愚弄。

我们很多人都错过了"14 点 20 分到波士顿的班机"。不论是事业上还是爱情上，都不是没有机会，而常常是有了机会，我们却没有开放的心态，犹豫、怀疑、缺乏勇气，不敢去尝试，以致让机会白白溜走，也因此我们常常错过了生命中很多美好的事物。

开放的心态，才有助于把握机会。开放的心态涉及两个方面：一是对外部的世界开放；二是对内心的世界开放，也就是反思式开放。

一、对外部世界开放

中国为什么长期落后呢？一个很重要的原因，不就是长期的闭关锁国吗？听部队的人讲，海湾战争前，我们的部队还在练拼刺刀，当看到别人完全是信息战、导弹战，已经是见不到人的战争时，才顿感自身的落后。

国家不开放就会落后，个人不开放就会愚昧。

1. 把握趋势的变迁

未来学家托夫勒说："愿意的人，潮流领着走；不愿意的人，潮流牵着走。"

一个人要取得成功，一个企业要发展壮大，最关键的就是要善于抓住趋势的变迁。成功的人将不是那些抗拒潮流的人，而是能预测并接受改变的人。

IBM 公司最早是生产打孔机的，只是美国的一个中型企业。后来小沃森接管了父亲的公司，他曾经参观过世界上的第一台电脑，虽然那台电脑又大又笨重，但给他留下了深刻的印象。他上台伊始就提出了一个响亮的口号：时代是汹涌澎湃的潮流，经营企业万不可逆时代潮流。他决定转产做商务电脑。这是一场豪赌，小沃森押上了个人与公司的全部前途，但他成功了，因为商务电脑正是发展趋势，也因此 IBM 一下成了世界上最大的公司，被称作"蓝色巨人"。

小沃森一生喜欢探险，企业成功后，他五十几岁就决定退休，去圆他儿时的梦想，驾游艇去北极探险。但他的下一任埃克斯却思想保守，躺在 IBM 原来的成功上，不能顺应变化。当时家用电脑的萌芽已经出现，电脑小型化、家庭化是必然趋势，但埃克斯却固执地死守大型商务电脑领域，到后来家用电脑普及的时候，IBM 几乎要破产了。直到郭士纳上任后，他知道在家用电脑及其软件方面，IBM 已失去先机，无法与英特尔和微软竞争，因此他就一步跳到了网络服务，敏锐地抓住了"信息高速公路"的新趋势，这样 IBM 才又重新强大起来。

李嘉诚的发迹也就是在几个关键时刻，成功地把握住了趋势的变迁。他开始是做塑胶花的，慢慢做大以后，在 1967 年香港地价大跌的时候，他趁机买进了很多地；到了 20 世纪 80 年代地价狂涨的时候，他又把地产抛掉，转而去做码头。他总是能够把握趋势的变迁，提前别人半步，这也正是他能成为巨富的原因。

有次在总裁班上课时，一位总裁发言说："老师讲了一个道理，要善于学习和思考，起码要超前别人半步。"

我听后赶紧半开玩笑地纠正说："不是起码超前半步，是只能超前半步。超前一步就惨了。就像打仗时，冲到最前面的是干吗的？不就是挡子弹的吗？前面的倒下了，第二排的就上去立了功。"

而与李嘉诚相反的是王安电脑公司。曾几何时，王安电脑公司享誉全球，王安也成了广大华人的骄傲，但他不能割舍过往，死抱住以往的成功不放，不能顺应变化，没能及时融入个人电脑、家用电脑的趋势中，结果只落得一个破产的结局。

要把握趋势的变迁，做人就要能割舍过往。趋势的变迁关键在于"变"，而要"变"就要能割舍过往，而最难割舍的过往就是过往的成功。很多成功的人、成功的企业之所以最终失败，正在于他们不能割舍过往的成功。

IBM 割舍了过往成功的打孔机，结果就迎来了新的进步，做出了商务电脑；当他们在新的形势下，不舍得割弃商务电脑，迎接个人电脑的趋势时，就面临破产的威胁，直到他们割舍了过往成功的商务电脑，投入"信息高速公路"的新领域时，他们才又获成功。

我记得最好玩的就是甲骨文的老总埃里森，很有个性的一个人。《上帝和埃里森的不同》中有这样一段话："埃里森相信，要把竞争对手置于死地，不仅要打败他们，还不能给他们活路，必须使他们丢脸，蒙受耻辱。干得漂亮还远远不够，一定要取胜，这是公司存在的原因，也是埃里森存在的基础。"

有次埃里森受邀去哈佛大学演讲，面对世界第一流大学的学生，埃里森开场讲了三句话。第一句话是："你们完了！"哈佛大学的学生觉得很奇怪，我们怎么完了呢？他又说："你们没有什么了不起！"第三句话说："如果你们认为考上了哈佛大学，有了金字招牌就很了不起，那你们是彻底完了！"

他接着说："老大比尔·盖茨，我是老二，还有戴尔，我们三个大学都没毕业，但你们以后的薪金谁发？是我们！"

他的意思是说他们三个富豪榜上排名前列的人物大学都没读完，但你们读完了哈佛大学的还要靠他们发薪水。埃里森只是希望哈佛的学生不要自满，不要躺在过去的成功上不思进取，并不是真的要他们都中途退学去创业。

任何一个人、一个企业要能永续进步，就要能割舍过往。自从我写出了《方与圆》后，全国各地邀请我做讲座的，都指明要讲《方与圆》，于是七八年来我总是躺在过往的成功上，没有任何进步。当我认识到这个问题后，我决定再也不讲《方与圆》了，并努力去寻找人生中新的突破，于是我又开始有了朝气，有了新的进取精神，有了重新学习的动力，于是我又开始有了新的进步。

要把握趋势的变迁，人就永远要做两件事：一件是现在正在做的事，另一件则是将来要做的事。

几年前我住的附近有家摩托车维修店，一次聊天时，我对店老板说，深圳将来一定会普及汽车，应该提前做好应变的准备。但当时维修摩托车生意很好，很赚钱，虽然他也很认同，但却迟迟没有具体行动。结果后来深圳私家车普及，摩托车不让上牌，主干道禁行摩托车，他再想转为汽车维修店时已经迟了，已经竞争不过别的汽车维修店了。

如果当时他在经营摩托车维修的同时，也小小地开一家汽车维修店，来学习、摸索经验，抢占先机，即使这样做亏点本也值得，因为到汽车普及时，他就正好能顺应变化。

我认识一位朋友，原来只是一个保安，但现在却成了一个集五金厂、地产中介为一身的老板，还出版了一本自传——《打工皇帝》。

他总结成功秘诀，认为很重要的一条就是他总在做两件事：现在的事和将来的事。做保安时，他认识一位五金厂的师傅，发现工资很高，于是他就努力学习五金技术，并最终成了一个五金方面的技术工人；成为五金技术工人后，他又想着应该自己办一个五金厂，经营自己的事业，于是他又开始了尝试办五金厂；到五金厂办好后，他又不满足了，觉得做地产更赚钱，但他实力不够，于是他就在经营五金厂的同时，邀几位朋友共同注册了一家地产中介公司，先包下了一片厂房，然后再转租给厂家，又开始尝试做起了地产。

他在做一项事业的同时，就想着下一项事业；在做好现在事业的同时，也去尝试未来的事业；一件事情不成功，就去尝试另外的事情；因为尝试阶段投资不大，所以失败了也不会伤筋动骨。他就这样不断地摸索、尝试，以寻求更大更好的发展。这其实也正是那些著名企业能由小到大不断发展，最终成为世界级公司的秘诀。

人的生命总是在不断更新的，每过 11 个月，我们体内的细胞就会全部更新一次，我们又是一个崭新的自己。同样道理，在我们的人生中，我们只有不断割舍过往，决不总是躺在原来的成功上自我陶醉，这样我们才会焕发出我们的生命力，焕发出我们的热忱，我们才会不断有新的进步，才会真正拥有又一个崭新的生命。

我们既要抓住今天，也要拥抱明天。

要点：

成功的人将不是那些抗拒潮流的人，而是能预测并接受改变的人。

把握趋势的变迁。

要能割舍过往。

2. 高峰与低谷的辩证法

哲学中有条否定之否定规律，向我们揭示了事物的发展规律：螺旋式上升，波浪式前进。

古语说：盛极必衰。事物的发展都是像波浪一样由低谷到高峰，再由高峰跌到低谷，循环往复以至无穷。

马克思据此推论出资本主义社会必然出现周期性的经济危机。一种产品很少企业生产，这就是低谷；随着发展，必然会供不应求，于是生产的企业开始大发其财，这时众多企业见生产这种产品赚钱，就大量投于其间，高峰出现；接着就开始出现供过于求，于是企业纷纷亏本，出现新的低谷。

记得我和一帮朋友多年前去郑州开了一家"的士高滚轴溜冰场"，《郑州晚报》上的广告标题还是我写的，叫"中原地区轰天第一巨响"。

那时我们在深圳见到滚轴溜冰很火，就想内地也同样会火起来，于是投资了50多万元将郑州一个老体育场简单装修后，改造成一个滚轴溜冰场。

开始，郑州人不熟悉滚轴溜冰，所以生意不好，我们连亏几个月。那时为了鼓励大家学习滚轴溜冰，我们每天都设一些奖项，获奖者可以按得奖等级得到数量不等的免费门票，每个月还设一项大奖，可以得到一部山地自行车。这样苦心经营数月，大家渐渐学会了滚轴溜冰，也接受了这项新生事物，我们的生意就变得红火了。

这时我们却出人意料地登广告出售。郑州人很不理解，认为我们傻，开始亏本，到赚钱的时候却又出售。于是每天电话不断，想买者云集。经过讨价还价后，我们以200多万元的价格将其售出。

其实郑州人不知道，我们是外地人，自然不可能在郑州长期做生意，我们办这个滚轴溜冰场的目的，就是为了生意好时出售。现在滚轴溜冰正火，我们将其出售，自然能卖好价钱。而人们对于娱乐项目总是追逐时髦的，现在红火，玩一段时间后，又会有新的娱乐项目出现，生意必然会下滑，那时再卖，可能就卖不出去了。

任何事物的发展都是高峰和低谷的辩证统一。高峰中潜藏着跌落低谷的因素，低谷中孕育着新的高峰。高峰的前途一定是低谷；低谷的未来必定是高峰。

既然事物的发展规律如此，那我们做任何事都必须谨记：高峰时退出，低潮时投入。

人都喜欢跟风，见"好"就上，见"坏"就收，这是人的直观哲学，这种方式会使你永远比人慢一拍。

我做生意有一项原则，就是不接手已经很红火的生意。因为这时接手价钱一定很高，自己也很难再将生意做得更好。人都不是傻瓜，这时接手最多也只能赚个苦力钱；而接手冷清的生意，一方面价钱不高，另一方面如果自己能想办法将生意做好，那么就能赚大钱。

问一个问题：投资可口可乐的股票好不好？

肯定不好！因为它已经发展得很好了，成长空间有限。你投资它，风险是很小，但利润也不会高，没有风险就没有高回报。其实真正有利润的事是把握机会，注意在事业的低谷时投入。

世界第一 CEO 杰克·韦尔奇在来中国做讲座时，曾谈到 GE 公司的两个最赚钱的买卖。

在 1997 年爆发的亚洲金融危机期间，泰币的汇率可以说是整个崩溃了，没有人愿意在泰国制造汽车，但韦尔奇认为泰国人最不愿意放弃的东西就是汽车，他们哪怕卖了房子在汽车里面睡觉也不会卖掉汽车，所以 GE 当时在泰国就收购了很多汽车企业。在泰国经济下滑的时候，GE 去收购那些汽车企业，人们都认为通用电气公司疯了，但是后来泰国经济复苏之后，GE 的投资就得到了巨大的回报。

还有就是在"9·11"事件之后，美国的航空公司业绩都非常糟，很多飞机航班都停飞了，乘客数量大幅度减少，因此当时飞机的售价也大大下降，很多飞机被放到沙漠当中，因为沙漠里面没有降雨，空气湿度比较小，不会生锈。但此时的 GE 公司却在美国收购了很多这样的飞机，使公司拥有的飞机数量成为世界上的第一名。现在航空业复苏，飞机的售价大幅上升，GE 又因此赚了一大笔钱。

做任何事情的时候，高峰时要有危机感，低潮时要善于把握机会。

新生事物必然战胜旧事物，新生事物是最有生命力、最有发展前途的。这就需要我们抛弃跟风哲学，总是不断地寻找有生命力的新事物，永远把握住趋势的变迁。

在《选对池塘钓大鱼》这本关于个人职业生涯规划的书里，就谈到了这样一个观念：如果你想求稳定，掌握规范，那就要去大公司任职；但如果你想更快速地发展，想有更多独当一面的机会，那就应该去寻找那些高速成长中的小公司。只有在小公司中你才能得到全方位的锻炼，才有更多的机会出头。试想如果你能在微软的发展初期就在微软任职，那你现在的前景是不是不可估量呢？

美国有一位世界富豪排行榜上位居前列的富豪，叫保罗·艾伦，美国杂志介绍说多种测试表明他的智商是非常低的，但他为什么能成为世界级的富豪呢？只是因为他跟比尔·盖茨合作，是微软的创办人之一。

要点：

高峰时要有危机感，低潮时要善于把握机会。

3. 思考未来

我有很多朋友，他们都是白手起家将企业由小办到大。因此事无巨细，整天都是忙忙碌碌的。

我问他们：你们天天忙碌不抽一点时间来思考未来，企业能发展好吗？但他们却回答，每天都陷于一大堆事务性的事无法脱身，连陪老婆小孩的时间都没有，哪有时间思考未来。

我记得邓小平说过这样一句话：领导人最重要的能力就是有远见。

比方说下棋，高手高在哪里？就是他能看得更远一点。美国有个远景规划大师叫舒尔茨，他通过分析和规划成功地预测了1970年的油价是大跌，为公司赚了大笔钱，成为世界闻名的远景规划大师。李嘉诚也多次强调，领导人要多思考未来。

现代社会瞬息万变，科技不断创新，理性已很难预测将来。试问数十年前，谁又能预测到电脑、因特网能这样方便地走近我们的身边呢？

荣格认为人思考问题有四种类型：（1）感觉—思考型；（2）直觉—思考型；（3）感觉—情感型；（4）直觉—情感型。感觉—思考型的人注重理性思维，强调做出决定的过程和可靠性，他们力图建立有秩序的、可控制的确定性。但这类人过于注重对具体事务的思考，往往容易被枝叶蒙住眼睛，所以只适合做一个战术家。直觉—情感型的人依靠自己的判断和经验，喜欢使用富于启发的、直觉的形式而非规则来做决定。他们不喜欢陷入具体的事，总是关注重大问题和力求把握长远的目标。因此更容易成为一个战略家。

在预测未来上需要理性，但更需要直觉和情感。亚当斯强调："可能对创新能力最常见的压抑就是我们对常见的解决问题方法的依赖。创新的方法更多的是依赖于人的情感，而非理性。情感的方法可以产生革命性的突破。"

情感是如此奇妙，很多人早年情感的积淀，会成为终生不渝的精神基石。我从来不相信一个冷漠无情、对万事麻木不仁的人，能取得什么大的成就。其实拿破仑、爱因斯坦、毛泽东等人不更多的是属于情感型的思考者吗？

世界酒店业大王希尔顿说："上帝在创造人时，赋予人一项特殊的功能，以区别于其他动物，并能成为生命世界的主人，那就是洞察力。可是只有少数人明白上帝的旨意，他们理所当然成为上帝的宠儿。"

人生就是一种选择，而任何一种选择都是对未来的选择，对未来发展的选择。世界上所有大企业家的成功，也都可以说是选择的成功。丰田英二之所以能缔造"车到山前必有路，有路就有丰田车"的丰田汽车公司，就是预见到二战后，随着经济的发展，家用小轿车必定会成为未来的主导车型，所以及时地将生产大型卡车和货车的工厂转行生产轿车。

不要说领导人，就是我们每个人选择职业，也都要思考未来。有些大学生报考专业时，总是选现在热门的专业，到四年毕业后，这个专业可能就过剩了。所以你要考虑四年后哪个专业最热门、最紧俏，这才应该是你的选择。

现代的时间管理将事情分为重要而紧迫的事；不重要但紧迫的事；重要而不紧迫的事；不重要又不紧迫的事。比如说学习、思考未来、考虑发展、规划、战略等，这些事就属于重要但不紧迫的事。正因为这些事情不紧迫，所以有些人就一拖再拖，一直拖到干脆就不做了。

其实最好的时间管理就是要重视这些重要而不紧迫的事，因为这些事才最有价值。

领导者最重要的任务其实不是管理，而是要思考、要学习，要考虑未来、考虑战略。

联想的总裁柳传志强调执行，执行是很重要的，但战略不对，执行得再好又有什么用？联想现在不正在为自己战略的错误而付出代价吗？

《战国策》中有个故事：

魏国大臣李梁对魏王说："我来的时候，看见一个人驾车往北走，他说要去楚国。

"我说：'楚国在南方，为什么往北走？'他说：'我的马好。'

"我说：'马虽好，可这不是去楚国的路啊？'他又说：'我的路费多。'

"我说：'路费虽多，但是这仍不是去楚国的路啊？'他又说：'我的车夫本领好。'

"其实，方向错了，这几个条件愈好，就只能离楚国愈远。"

一个人首先必须确定是在做正确的事，而后才是正确地做事。

以前我总想不通，企业应该自己最了解自己的情况，为什么很多企业要请麦肯锡公司来解决问题呢？后来我看了《麦肯锡卓越工作方法》，中间介绍了麦肯锡公司在接下任何一单咨询生意时，他们首先做的一件事就是要确定是在做正确的事。就像一个医生面对一个病人时，病人说他感冒了，不负责的医生才会马上开出一些感冒药，有责任心的医生会首先对病人做出诊断，看是不是肺炎或其他什么原因引发的症状，再对症下药。

企业家杂志上介绍，美国80％的企业破产是因为没能正确做事，是执行力的问题；而中国80％的企业破产是因为没有做正确的事，是战略的问题，也就是领导力的问题。因为美国企业的制度比较健全，有像董事会等各种机制的制约，因此战略上出大的问题比较少；而中国很多企业常常是老板说了算，因此容易出战略上的错误。

曾有篇文章比较香港与内地的决策制度，说内地是快决策，慢执行；香港是慢决策，快执行。内地的快决策往往是领导的拍脑袋决策，常常缺乏综合考量，执行起来会遇到各种问题，执行起来就慢了，甚至有些根本就执行不下去。而香港的慢决策，是决策时听取多方面意见，综合考虑各种因素，使决策更为科学和合理，避免领导的拍脑袋工程，这样的决策一旦做出，因为各种因素都考虑了，执行起来自然就快了。

所以优秀的领导作重大决策时要慢，要综合考量，这样执行起来就会快了。

领导确定方向，管理来实施。领导与管理就仿佛思想与行为。领导确定做什么事，管理是有效地把事情做好。管理是在成功的阶梯上努力往上爬，领导则指出所爬的阶梯是否靠在正确的墙上。

古人观景时强调"意由物发，意在物外"。由景生意，但意要超越景，达到更高一层次的意境。也就是做事既需要就事论事，又需要意在事外，要跳出就事论事的小框框，要有战略眼光，要善于从更深的层次看问题。

香港电视系列片《黄土、黄水》每集都邀请国共双方代表蒋介石的儿子蒋纬国将军、新华社前任香港工宣部长黄文放以及香港的军事评论员，从军事角度共同探讨国共两党战争中的胜败原因。大家在很多方面意见都不一致，但有一个共同的见解，就是国民党失败的一个关键原因是缺乏有战略眼光的军事家。

战略眼光也就是要有大局观、长远观念。全局是由各个局部组成，但又大于每一局部。所以要取得全局的成功，要靠每一个局部的努力；但有时，为了全局的利益，又需要牺牲局部的利益。这就是全局与局部的辩证法。

纳粹德国的著名军事将领隆美尔，被西方世界誉为神话。他不仅战无不胜，而且对爱情坚贞如一，不论战争多艰苦繁忙，他每天都要给远在柏林的妻子写信（有时是秘书代笔）。在进攻比利时、荷兰、法国的战斗中，他以伤亡几千人的代价，击溃了数百万法军，仅俘虏就有几十万，进展速度快得连希特勒都犹疑了，连下数道圣旨，命令他停止进攻，结果给英法军队创造了敦刻尔克大撤退的机会，为以后的反纳粹战争保存了实力。

在非洲战场，他更是充分展现了军事才华，无数次以弱胜强打得英军溃不成军，创造了多个战争史上的奇迹，被称为"沙漠之狐"。但隆美尔只是一个优秀的战术家，不是战略家，他不善于从全局考虑问题。尽管他指挥的战斗几乎可以说战无不胜（德军在非洲失败的战斗，都是因他身体不好，回德国治病不在战场），但他的胜仗打得越多，就越陷希特勒于不利。

当时的主战场在苏联、西欧，应该集中主要的精力在上述战场，非洲只是一个次要战场，但隆美尔身为希特勒一手提拔的爱将，又不断地打胜仗，成了纳粹的一面旗帜，以至希特勒不得不投入大量的兵力和补给，只要是隆美尔的要求，希特勒都尽量满足，隆美尔的胜仗打得越多，需要补充的兵力和物资就越多，就将希特勒主战场的力量削弱得越多。实际上隆美尔只要维持非洲战场的局面就行，但他天生的攻击性和卓越的战术天才，引诱他不断地攻击英军，他在战术上不断取得胜利的同时，在战略上却坑了希特勒，分散了希特勒在主战场的力量。

战术能力是一个人处理具体事务的能力，这很重要，但更重要的还是要有战略眼光，要有全局观和长远观。就像下围棋，你可能在某一局部斯杀能力很强，但当你吃掉对方一块棋后，发现自己还是输了，因为你没有全局观，不懂得可以牺牲局部而在全局获利。

是否有战略眼光，正是一个人是否有大智慧的标志。做人、做事就要善于从全局、从长远来考虑问题，不能陷于一时一事，这就是谋略。

在人生奋斗上也同样如此，努力奋斗是必要的，但同时要有谋略。我们绝不能贪一时之利，要从整个人生的角度考虑问题。

所以领导者最有价值的工作就是学习、思考，但对于学习和思考等重要而不紧迫的事，你一定要抽专门时间去做，绝对不能用零碎的时间。零碎时间的效率是很低的。比方说我今天用零碎的半小时写书，到明天再写时思路就会中断，又要重新思考，这半小时对我而言就毫无价值。

一个人最好每个月都要抽出一两天的时间，专门学习和思考。古人强调要慎独，人都需要一段孤独的时候。比如一杯混浊的水，你越搅动它就越混浊；当你静静地将它放在那里不去动它时，浊物就会沉淀下去，水就会慢慢地变清澈了。人也是这个道理，时常要在孤独中冷静一下，从具体的事务中跳出来，从旁观者的角度来考量一下。下棋不是有句俗话叫"当局者迷，旁观者清"吗？

比尔·盖茨就有一个著名的封闭周。每年他都要抽一周的时间住在他姥姥那里，这时谁也不许找他，连他夫人也不能跟他联系。但每次他从这一周出来后，世界就要因他而发生变化了，微软许多大动作都是他在这一周里想出来的。今年他准备将封闭周扩大为两周，上半年一周，下半年一周。

慎独就是摒弃外界的浮躁，退入自己的心灵里面，而那里正是人灵感的源泉。

曾有人问我："你说开始很重要，现在又讲要多思考未来，怎么解释？"

在佛经里有这样一个故事：

某天清早，有一个人问释迦牟尼佛一个问题，佛陀回答了。但是，那个人不了解那个答案，于是他到傍晚时又问了一次。佛陀又再回答他。那人非常惊讶，因为跟早上的答案是不一样的。

佛陀说："那是必然的。那时是早上，现在是傍晚，太阳正落下西山。我跟着生命一起流动，而且，随着我的流动，我的答案也会改变。我无法给你一个静止的定论。"

任何有体验的真诚的人，从来不会有单一的定论。他无法说它绝对如此，事物都是不断地发展变化的。任何原则和方法的运用，都要具体情况具体分析，都只是在一定的环境和条件下适用。世界上绝没有绝对的、一成不变的、适合于任何情况下的真理。因为甚至就在你说它的时候，它可能就已经改变了。

开始与多思考未来这是两个层面的问题。创业者也要考虑未来，但最重要的是开始；而大企业的领导者则要多考虑未来，把握企业的战略方向。

要点：

要多思考未来。

最好的时间管理，就是要抽专门时间做那些重要但不紧迫的事。

要做正确的事，而后才是正确地做事。

4. 站得高才能看得远

人的认知都是受环境局限的，人很难超越所处的环境，所以多见世面，去发达的国家，就容易事半功倍地增长才智。

辜振甫年轻时为了增长见识，放弃了身在豪门的优越生活，隐姓埋名去了日本，在日本公司中从最基层干起，潜心学习日本的管理。学成回国后，将日本公司先进的管理方式引入家族公司，结果造就了闻名世界的辜氏企业。

我有很多朋友在深圳工作、生活了几年后，就回内地创办了自己的公司，而且发展都不错，因为他们在深圳开阔了视野，回内地自然就显得先进。

人的智商差距都不会太大，为什么有的人就显得聪明呢？因为他们见多识广，接触的东西较为先进。比如一个偏僻山区长大的孩子，无论智商多高，如果不出去见世面，又怎么聪明得起来呢？人的才智是靠见识、靠学习，在行动中锻炼出来的。

我在某中学教书时，学校解决教师饮水问题是每个办公室都安装一台饮水机，大家喝水既干净又方便，冷热水随意。后来我调到另一所学校，发现他们还在雇人烧水，然后提着水壶逐个办公室送。于是我建议学校每个办公室装台饮水机，这样可以减少人工，多花不了多少钱，老师却方便多了，结果学校采纳了我的建议。教师们都说我聪明、会算，其实我哪里是聪明，只是比他们见识多一点罢了。

现在很多人热衷于出国留学，我认为这是一件绝好的事。以前我很犹豫着去不去法国留学，我给一位留过学的朋友打电话说我想去法国留学，但又不想封闭在学校里学那些专业，这样去值不值？他告诉我说，出国留学即使你没能学到先进的专业知识，但只要你在发达国家生活一段时间，你的所见所闻就能让你变得观念先进、做人有远见。

于是我毅然决定去法国。我一句法文不懂，临去前就学了一句"我是中国人"，将法语的读音用中文标出来，就是"用热水洗那碗"。到法国我一见人就告诉他"用热水洗那碗"，就这样在法国混了一年。

站得高看得远。你只有站在最高处，才能看得更远。

有篇文章介绍了大连实德的老总徐明。他开始做外贸，当时国家规定活虾不许进口，他就和商家商量：将虾做熟了，不就不是活虾了吗？于是他们钻政策的空子，进口熟虾赚了一笔钱。后来国家政策逐渐完善，漏洞补上了，他就没法继续做了，于是就去欧洲各国游历。

到了德国，他看到德国很多家庭都在用塑钢玻璃，他就想大陆将来肯定也会用，于是投下了他的全部资金，并贷款 1.2 亿元引进了 12 条塑钢型材的生产线。当时别人都说他太超前了，但现在他却成了中国的塑钢大王。

徐明的成功，你能说他比你多长一个脑袋吗？他只不过比你多见了世面，以至于他后来每年都要抽时间去欧洲看一看。还有现在的丁磊、张朝阳，不也就是将在美国见到的东西复制到了中国吗？

说起来真的很简单，别人比你聪明，往往只是因为他见的世面比你多；所以你要想聪明，就要多去阅历，多见世面。

有一天一个小孩正在使用他的小望远镜，他对父亲抱怨说："这东西不好，不用它我还可以看得更清楚，每样东西都变得那样小。"他的父亲笑笑，原来那小孩看反了，他从缩小的那一头看，难怪无法看到放大的东西。父亲轻轻地将望远镜筒倒过来，于是那个小孩的视野就被扩展了。

如果你过分地看重眼前利益，就像是将望远镜拿倒了，你只会看到缩小的世界；如果你懂得从长远的目标看问题，你就是在正确地使用望远镜，你的视野就会被扩展。

要点：

站得高才能看得远。

多阅历，多见世面，就能增长才智。

二、对内心世界开放（反思式开放）

在人生中失败并不可怕，人们不是说失败是成功之母吗？但如果你老失败，那就成"老母"了。

其实失败是成功之母，这句话还不够完整，仅一位母亲怎么能生得下小孩呢？"失败"这个母亲必须与"反省"这个父亲结合，才生得下"成功"这个孩子。

你失败了而不反省，那下次还会失败。就像你沿着一个方向走路，掉进了沟里，下次不反省还沿着那个方向走，当然还是会掉进沟里。

子曰："吾日三省吾身。"人要学会反省，要善于从失败中去寻找一些新的意义，这样失败才会变得有价值。

管理大师德鲁克强调，不管是个人还是企业每做一件大事时，就要将实际目标与预期目标比较，找出做得好的、做得不够的和要舍弃的。做得好的，就要继续发扬；做得还不够的，就要想办法改进；完全没有效果的，就要舍弃掉。

人不断地反省，才会不断地提高。人进步的能力、学习的能力，就体现在人反省的能力上。

萧伯纳说："智慧不与经验的多寡成比例，只与对经验的领悟程度成比例。"

我们说：知人者聪，知己者明。人还要善于从反对者那里，从批评中反省自己，取得进步。

记者采访三峡大坝的总设计师时问："对三峡大坝贡献最大的是哪些人？"

总设计师回答："是那些反对建设三峡大坝的人。"

记者被弄糊涂了，问："为什么这样说呢？"

"因为没有他们提出那么多的反对意见，三峡的设计就不会那么完善，将来就可能出大问题。"

古人告诉我们要闻过则喜。知道了自己的缺点，就意味着会有新的进步。

日本推销之神原一平每个月都定期举办他的个人批判会，他会买来酒和食物款待那些被邀请来批判他的人，正是通过这种个人批判会，原一平才不断地获得了自我进步、自我更新的能力。

我也喜欢听不同的意见，因为相同的意见，最多只能让我心里高兴一下；而不同的意见，才能让我检视自己，取得进步。

被誉为最伟大的管理天才的美国通用汽车公司老板斯隆，每次提出一个新方案在会议上讨论时，如果大家意见全都一致，他就会将方案搁置起来，然后说："希望大家回去再认真思考一下这个方案，我们下次再讨论。"

因为意见全都一致时，才是最危险的，如果出了问题，大家会措手不及，也找不到替代方案。

愚蠢的人才喜欢听赞扬，聪明的人善于听批评。

要点：

人进步的能力、学习的能力，就体现在人反省的能力上。

智慧不与经验的多寡成比例，只与对经验的领悟程度成比例。

第四章　要做就要做到最好

香港经济学家张五常先生曾谈到过经济学上的边际分析。

假如有三个金矿。在第一个金矿里，每花 1 元钱成本就可生产市值 5 元的金沙；第二个花 3 元成本可得 5 元金沙；第三个要花 4 元成本才可得 5 元金沙。在这三个金矿中，第三个最接近边际。若金沙因需求变动而有所变动，第三个金矿的资产净值会有最大的百分比转变。以如上的数字为例，若金沙市值上升 1 元，则第一个金矿的盈利上升 25%，第二个上升 50%，而第三个的盈利却上升 100%。若金沙下跌 1 元，盈利下跌的百分率也与上面一样——第三个金矿下跌 100%。若金矿下跌 1 元以上，这个边际金矿会首先关闭。

无论是办公司还是做人，在边际上的都是最容易被淘汰的，是风险最大的。因此无论做什么事，要做就要做到最好，这样才有抵御风险的能力，才能在竞争中保持优势。而且做到最好了，占领的市场才能最大，利润才能最高。

史玉柱就说过：他永远只做行业中的前三名。而吉列刀片的总裁却更有魄力，他说："要么第一，要么第二，要么退出。"

杰克·韦尔奇在 GE 有一个著名的经营管理思想，就叫第一第二战略，也就是只保留在行业中处于第一第二的企业。

曾有中国企业家问他："作为一个中小企业，我们没有足够的钱，实力不够、资源和品牌不够，即使拼了老命也很难达到第一第二，我们如何学习你？如何实行你在 GE 所推行的第一第二战略？"

对此，杰克·韦尔奇反问道："你是不是在你的细分市场当中希望成为第一名？你是不是在你特定的发展领域当中希望成为第一名？"

人如果还不能在大的方面成为第一，就力争先在小的方面成为第一。事实是，第一第二不是一蹴而就的，你可以首先努力成为你所在的街区的第一第二，然后逐渐成为你所在的城市、你所在的国家的第一第二，最后再成为世界上的第一第二。犹如你不能成为第一 CEO，你可以成为第一面包师、第一鞋匠、第一服装师。

第一第二战略更是指人做事的一种精神，就是永远要做到最好，如果你不能在你所从事的行业中成为第一第二，你就不能算做到了最好。人就要永远抱持这种做就要做到最好的态度，即使我们开始从事的只是一件小事，但是我们也要力争做到最好。只有这样，我们的人生才能成功。

那我们如何才能做到最好呢？

第一节　"集中"是所有成功者的法则

在一个晴朗的天气，将放大镜放在报纸上，离报纸有一小段距离。如果放大镜总是在不断移动的话，报纸是永远也不会被点燃的。然而放大镜不动，你把焦点对准报纸，阳光就会聚焦在报纸上，报纸就会燃烧起来。要善用太阳的威力，就要将所有的光和热都聚焦在目标上。如果你总是游移不定，即使有伟大如太阳的能量，也是无法燃烧的。

最近研究兵书，发现攻势的原则有三种形态：正面攻击；突破攻击；迂回攻击。

"正面攻击"好似以推土机的推力正面向前推进，以全面攻击使敌人溃退。"突破攻击"就像把铲雪机尖锐的刀锋戳入障碍物那样，冲入"敌阵"。"迂回攻击"则是避开敌人强固的防卫据点，从侧翼攻击。

英国著名军事战略家李德·哈特研究了290个战例，结果发现以正面攻击取胜的例子只有6个；而且这6个都不是一开始就计划要采取正面攻击，而是在战斗的过程中，迫于需要而改变战术的结果。

同样道理，生活、环境中的种种困难就像障碍物挡在我们面前，阻挡着我们取得成功。我们要突破这层障碍物，就要像攻击战一样，不能发起全方位的进攻，也就是不能要求全方位发展，四处出击去寻找成功的机会。人的精力有限，我们只有将有限的精力集中在最适合发挥我们潜能的某一个方面才容易取得突破。我们必须按自己的环境、条件选定一个人生的目标，集中力量向这个目标发起攻击，才可能有所成就。

人的智力和能力会有差异，有人强一些，有人弱一些。但强的人不一定就比弱的人能取得更大的成功。就像战场上两军实力会有强弱之分，但真正的强者是善于集中优势兵力攻击对方的弱点，这样在局部上你就是强者。同理，在人生路上，我们能集中精力去发展我们的某一项专长，我们就比那些聪明但四处出击的人占优势。所以集中精力正是人生成功的要诀。

李德·哈特说："如果把战争的原则凝缩为一个词——那就是'集中'。"

其实你看古今中外各种兵法，其核心无非就是要善于制造局部的优势。在不重要的地方做出牺牲，以便在重要的地方获得优势。孙子曰："兵者，诡道也。故能而示之不能，用而示之不用，近而示之远，远而示之近。利而诱之，乱而取之。"所谓欺诈，所谓"声东击西""奇袭"，无非就是要分散敌人的兵力，捕捉敌人的弱点，以便自己集中力量获得优势。

窦文涛在《锵锵三人行》中调侃：一位老红军战士谈到毛泽东的战略思想，说白了就是"打得赢就打，打不赢就跑"。

其实这正是聪明的战法。打不赢还要打，那不是傻吗？我们的人生也要这样，避开那些我们不可能取胜的领域，全身心投入我们能够赢的人生战争。

毛泽东的战略思想中，一个重要的原则就是：集中优势兵力，各个击破敌人。面对蒋介石武装到牙齿的 800 万军队，解放军处于明显的劣势，但毛泽东善于集中兵力，避其锋芒去打击蒋介石的薄弱环节，形成了我军在战斗中的局部优势。就像一个人将五根手指都伸出去是没有力量的。但我们可以将手指缩回来，攥成一个拳头再打出去，就力量无穷了。

我总觉得人的差异是不大的，那为什么有人成功却有人失败呢？其实关键也在于"集中"两个字。成功的人能集中精力，而失败的人精力却总是分散的。

在传媒界流行着这样一句话："一个人围着一件事转，最后全世界可能都围着你转；一个人围着全世界转，最后全世界可能都会抛弃你。"

其实在人生中也是这样。人总在四处寻找生意，了解别人是怎样成功的。我认为去寻找生意的人是很难取得成功的，起码不太容易取得大的成功。真正能取得成功的人，总是发挥自己的特长去创造生意。特别在现代，商品经济发达，人们的生意头脑都很敏锐，都在捕捉成功机会，而只有那些真正有特长的人，才能创造出一种别人无法替代的生意领域。所以培养自己的特长，发挥自己的特点，才是现代的成功之道。

培养自己的特长，发挥自己的特点，也就是要走专业化道路。我的一些高中同学在很年轻的时候就开始做生意了，他们总在四处找生意，弄到一笔算一笔，武汉话叫"撮虾子"。但多少年后，我回去时他们还在靠这种方式做生意，我对他们说："找不到人生方向的时候，要赚第一桶金的时候，可以用这种方法，但最后一定要走专业化道路，这样才可能长期发展下去，才拥有自身的核心竞争力。"

一位书商对我说："你太划算了。一个电话打到纸厂，纸厂就将纸运到印刷厂，印刷厂印出书后就送货到仓库，我从仓库拿货帮你销到全国，再将款汇到你的账上。你在全国各地游玩，钱就自动进了你的口袋。"

我回答说："全国像你这样的书商我可以找几百个，但全国像我这样的人只有一个，我是无可替代的。"

无论个人还是企业要能持续地成功就要做到无可替代，有自己的核心竞争力，这样在竞争激烈的社会中才不会被淘汰。

即使要从政，走专业化道路也更有效。

记得毛泽东在给他最疼爱的儿子毛岸英的信中就说："现在不要过早地从政，应该努力学习专业。"我见到很多人在一些小单位里为了一些芝麻绿豆大的官不辞辛劳，溜须拍马，阿谀奉承。实际上这是一种既愚蠢又眼界狭窄的方法。做人如果能在专业上出类拔萃，就很容易获得良好的名声，也就很容易超越众人而赢得领导的青睐。而且中国的传统大家总是容易佩服那些有真才实学的人，瞧不起那些不学无术的向上爬者。这样你也很容易得到众人的支持。所以先把精力用在专业上，力求在专业上出类拔萃，正是一种事半功倍的好办法。

我并不关心你具有多少能力、才华和能耐，如果你无法管理它，将它聚焦在特定的目标上，并且一直保持在那里，那么你永远无法有多少成就。

那个能射到鸟的猎人，绝不是去追逐满林子的鸟，而是一次只瞄准一只鸟。你必须学会舍弃其余一切的欲望，而专注于你最强烈的欲望。能否专注，是你能否达到目标的关键。

要点：

"集中"的原则，是一切成功者取胜的法宝。

第二节　做自己喜爱的事

如果你们和我有任何不同的话，那就是我每天起床后都有机会做我最爱做的事，天天如此。如果你们想从我这里学什么，这就是我对你们的最好忠告。

——巴菲特

有位医生在医学研究上做出了巨大的贡献。别人说他是天才，他却伤心地说："我辛苦研究了 27 年，他们却说我是天才。"一句话将他 27 年的辛勤努力都抹杀了。

画坛的一代宗师齐白石，也从不认为自己是天才。齐白石以画虾著称，但他在画螃蟹上也下过很大功夫。他开始画螃蟹壳时只用一笔，但画了很多次都不满意，就改为画两笔，但仍然不满意，最后用三笔画一个螃蟹壳。三笔画出来的螃蟹壳表现出了层次感。就这样齐白石仅仅为画好螃蟹壳就用了 20 年时间，直到 70 岁时才成熟。

爱迪生说："天才是 1% 的灵感，加 99% 的汗水。"

换句话说，对于成功而言，智商只占 1% 的重要性，其余的 99% 要靠辛勤的努力。

其实，一个人要能为事业流下 99% 的汗水，也不是件容易的事，要不世界上成功的人为什么永远只是少数呢？这个世界上大多数人事业不成功，不是因为智力问题，只是因为他们对事业不能全身心地投入。

日本左川捷运公司的创始人左川清，白手起家，在短短的 30 年间，创造了年营业额超过 3000 亿日圆的日本商业运输业中最大的公司。有人问他成功的秘密，他的回答很简单："因为我一直在拼命地干。"左川清以自己的勤奋，写下一条墓志铭："这里躺着一个一生额头上流着汗水拼命工作的人。"

还有拿破仑，书上说他精力充沛，每天只睡五六个小时，从不知疲倦，有 4 个秘书跟他一起工作，都感觉吃不消。用这样的精力投入工作，还有什么样的伟业是不能成就的呢？所以拿破仑说在他的字典里没有不可能的字眼。

像这样的例子有很多、很多。这个世界上真正的成功者，往往都是工作狂，他们精力旺盛，仿佛浑身有使不完的劲。但一个人怎样才能达到这样的工作状态呢？我不相信人仅凭毅力就能做到这样，要能如痴如狂地工作，首先就得热爱所献身的工作。

爱因斯坦曾说："那种使我合宜地投身于工作的感情状态，就像一位献身者或一位情人的感情状态。"

试想，如果我们也能像爱因斯坦、像拿破仑、像左川清那样投入工作，我们又怎么会不成功呢？

所以，成功说困难也困难，说不困难也不困难。杨振宁说："一个人要出成果，因素之一就是要顺乎自己的兴趣，然后再结合社会的需要来发展自己的特长。有了兴趣，'苦'就不是苦，而是乐。到了这个境地，工作就容易出成果了。"

我从来没听说过一个因爱好而工作的人会不成功的。因为爱好，他就能全身心地投入。而一个人在工作上取得成就的大小，往往在很大程度上取决于你情感投入的多少。

美国哈佛大学心理学教授丹尼尔·戈尔曼出版了一本叫《情商》的书。为了比较智力的高下，人们引入了"智商"的概念，相较如此，戈尔曼引入了"情商"的概念，并认定这比智商更为重要。现在人们不仅接受了"情商"的概念，甚至认为"情商"标志着文化上的一个转变。

美国教育家尼尔·普斯特曼在谈论现代教育时说，学生"进入学校时像个问号，而离开学校时像个句号"，这是学校教育的悲哀。这种教育之下，学生的个性被泯灭了，才情被淹没了，智慧被冰封了，这种教育无歌也无诗，精神家园荒芜萧索，创造之树枯萎凋零，想象之鸟不再高翔。

在教育上，我们总是逼着学生学习，从来不去注意他们的情感、爱好，一味强调智力、能力、知识的作用，也就必然使学生认为学习很苦，于是我们就大力宣传勤奋和毅力，什么"学海无涯苦作舟"，"头悬梁，锥刺股"等，而一个没有爱好、没有情感投入的人，再怎么努力也是不能取得最高的成就的！世界上有哪一个取得杰出成就的人，从事的事业不都是自己的所爱呢？

在现代管理学中，大家热衷于时间管理。人不是机器，怎么可能不考虑情感的投入，而只机械地管理时间呢？

爱迪生原来天天十几个小时泡在实验室。别人问他："是什么原因使你能那么辛勤地工作？"爱迪生却说："我工作过吗？我从来就没工作过，我只是在做自己喜欢的事情。"

喜欢自己的工作，在工作中投入热忱，其实就是最好的时间管理，能创造最好的工作效率。

毅力、勤奋，只能帮助人完成工作，唯有情感的投入才能使人成就伟业，所以"情商"比"智商"更为重要。

金融界的传奇人物巴菲特建议："当你出去工作时，要为一个你钦佩的人的组织工作，因为这将令你兴奋。"

要为你钦佩的人工作，更要做你喜爱的工作。如果你工作，而又不喜爱你的工作，那就像为钱结婚一样。

有位年轻的俊男娶了一位大款老太太，在面对人们的困惑时，他自揭谜底："人们想用钞票时，从不看它的发行日期。"

为钱结婚也行，你得到了一样你想要的东西——钱，但同时却失去了另一样更重要的东西——你的情感和家庭的温馨。如果你对生活的要求很低，你尽可以为钱结婚，如果你对人生充满憧憬，有更高的要求，那为什么不争取两全其美呢？

人生也是这个道理。赚钱很重要，但快乐更重要，体现自身的价值更重要。

其实一般人的生活方式通常都是本末倒置。他们想先拥有更多的钱，更多的东西，然后再去做想做的事情，他们说："我真的不是很喜欢这份工作，但我准备去干10年，有了基础后，我再去干我喜欢的工作，这样我就会成为快乐的人。"

这样的方式注定不会成功，要将顺序倒过来才对。首先你必须成为真正的自己，去做你最喜欢的事、需要去做的事，这样你才会焕发出全部的热忱，并坚持到底，取得成功，拥有你想要的事物，成为一个快乐的人。

在人生的旅途中，最糟糕的境遇往往不是贫困，不是厄运，而是精神和心境处于一种无知无觉的疲惫状态。感动过你的一切不再能感动你，吸引过你的一切不再能吸引你，甚至激怒过你的一切也不再能激怒你，这时，你就需要寻找另一片风景。

人生中最悲哀的事情就是对人生失去了热忱和激情。

生活就要不断地挑战自己，不断地往前走。人生中最大的快乐是什么？就是要投入你的热忱。如果说成功要有神灵相助的话，这个神灵就是热忱。热忱在古希腊语中的含义就是内心之神。

爱默生说："人类历史上任何伟大或光辉的时刻都是热情的胜利。"

我是一个很懒的人。但我的合作伙伴们给我的感触非常之深，他们是一群做事非常投入、非常有热忱的人，这种感觉刺激着我，也给了我压力，我都感觉会被他们的热忱逼疯掉。但我实实在在觉得，每一个人都应该有一些梦想、有一个目标，投入你的热忱。我讲过，人只有投入热忱的时候，大脑里才会分泌出内啡肽，你才会有一种快乐的感觉。

我喜欢有热忱的人，我喜欢那些做起事来还会热血沸腾的人。任何困难都会在热忱面前低头，热忱能成就万物。

比尔·盖茨是这样定义成功的："关键在于你能从每天的工作中得到乐趣。对我来说，这种乐趣是与非常有魅力的人一起共事，致力于解决新问题。特别是软件开发，是最令人感兴趣的工作，我想我拥有最称心如意的工作，每次我们获得了一点成功，我就感受到了快乐，感受到了成功。"

挽救 IBM 于危难之中的奇迹创造者郭士纳，曾谈过一次影响他一生的经历：

在哈佛商学院读书的最后一年，郭士纳因为找工作经历了几次招聘面试，最后他将意向集中在麦肯锡咨询公司和宝洁公司。

那时，他是一个可塑性很大的 23 岁的青年。在应聘宝洁公司的面试过程中，负责招聘的高级经理问了他一个问题："假设现在是星期五晚上，你得到了最新的市场调查报告，发现上个月的市场份额下降了 20%，这时，你会在第二天，也就是星期六，取消所有的原定活动安排，而来到办公室想出一个应对方案吗？"

也许我们有些应聘者会撒谎，但西方的应聘文化讲求的是诚实，所以郭士纳当时被这个问题给问蒙了，虽然他没有直接回答这个问题，但他的反应就是：不知道。

于是毕业后，他就去了麦肯锡公司。

但这件事使郭士纳知道了，对工作的热忱才是成功者所应该具备的基本要素。从此郭士纳不仅刻意培养自己对工作的热忱，而且在他后来选拔人才的过程中，也将是否"对追求成功充满激情"放在了第一位。

郭士纳说："伟大的机构不是管理出来的，而是领导出来的；它们也不是行政过程的结果，而是由那些热切地追求成功的人们在不断高涨的成就感的促使下辛勤努力的结果。"

热忱和激情是一台品质优良的机器的电源，它可以使这台机器运转、使之活跃起来，并使之愿意更努力和更好地去运转。

如果将人比喻为一台发动机的话，那么你的智商、天赋及知识只是这台发动机的额定功率，是你可以达到的功率，但能不能实际发挥出这个功率，你的输出功率有多大，却取决于你的热忱、你的投入度、你的行动力。只有焕发出全部的热忱，全身心地投入，你才可能将所具备的额定功率全部转化为有效的输出功率，甚至激发出你无比的潜能，使输出功率超越你的额定功率。

热忱、激情正是人成功的动力之源，而热忱和激情正来自人对追求成功的渴望，来自人的使命感和责任感，来自人的兴趣和爱好。

订一些高远的目标，焕发出你全部的激情，全情投入地工作，你就会感受人生充满热忱时的喜悦，由此你也会享受到人生中梦想成真的浪漫。

要点：

除非喜爱自己所做的事，否则永远也无法成功。

激情是人生成功的基本要素。

第三节　将事业置于第一位

《以自己的方法致富》的作者史奴利·布拉尼克博士，曾对 1500 名男女做了持续 20 年的研究，这项研究从他们 20 多岁开始，直到 40 余岁为止。这 1500 人当中，有 83 位受试者成了百万富翁。这些成为富翁的人士有几项特征。首先，他们并没有立志要富有，其余的人多半曾在某个阶段企图赚很多钱，而且尽力尝试一切能迅速致富的方法。他们曾试过投资和逐渐增资的计划，但是没有人成功过。

这项研究发现，每个变成富翁的人，都很早就下定决心要专攻某件令他们痴迷的事——他们喜欢做的事。结果，努力工作 15 或 20 年后，他们猛然发现，自己的净值超过了 100 万美元。他们这么忙于自己所喜爱的事，这么忙于表现卓越，以至没有察觉自己变得这么富有。在这类人当中，有百分之七八十都不是企业家，也不是伟大的技艺天才，而只是靠他们在工作中的卓越表现和专长成为富翁。

古诗说：有心栽花花不发，无意插柳柳成荫。人总在想着赚钱，就一定赚不到大钱；如果你总是想着将工作做好，有一个好的过程，那么就一定能赚到钱。因为任何一个行业，只要你能做得最好，就一定能赚钱。

一次受朋友之邀去中大讲课，课后与同学们交流。一位同学问我，他很想创业，但没有第一桶金，有什么方法能得到第一桶金呢？

我说："我有一个方法能让你很快地赚到第一桶金，你想不想知道？"他说："想知道。"我说："去抢银行吧！"

我觉得他是颠倒了过程与结果的次序，先有好的过程，才能期望有好的结果，没有过程又怎么会有结果呢？你是先做好了事业，才能赚到第一桶金，然后将事业扩大；而不是先有了第一桶金，才去开展事业。

美国有一位种树大王，今天他的总资产已经超过千万美元。他是在 16

年前赤手空拳做这行生意的。他说："我很喜欢树木，喜欢种树，在十几年前开始想做一个世界上最好的林业工人。于是开始收购不毛之地，并将它转变为一片健康的松林。

"现在我已经赚到很多钱了，而且还会赚到更多钱呢！有趣的是，我从来不曾想要赚钱。我只是尽可能，集中精力来种树而已，这样金钱就会不请自来。"

人要干事业，眼光就要远大，"风物长宜放眼量"。开始不要过多计较报酬，只是认真将事做好，事做好了，就能得到大家的欢迎，生意自然就会好，这时赚起钱来，想挡都挡不住。

比尔·盖茨不就是这样吗？他能成为世界首富，专家评论他是赢在策略。开始，他的服务都不收费，吸引最多的人使用，当全世界都用习惯了时，他却在一些附加领域里收钱。有人形容比尔·盖茨就像修了一条免费的高速公路，大家都去他的高速公路上开车时，他再在高速公路边上设一些加油站、小卖部，大家都走他的高速公路，自然要去他的加油站、小卖部消费，于是他也就赚了钱。

其他一些人也建设了高速公路，但一开始就收路费，大家自然不走这样的高速公路，于是他们也就赚不到钱。

人生的道理都很简单，很多人不是不明白，却经不住眼前利益的诱惑，或者有些人根本就是不愿意付出长期的努力。目光短浅的人，双眼只盯住眼前的芝麻，当然也就容易被芝麻遮住眼，看不到远处的西瓜。

现在，大部分人的通病是"我想做某一项工作，听说那个行当很赚钱"，或者"我想进入那一行工作，听说有人在那一行赚了很多钱"。如果你"因为某某生意有钱可赚，所以决定做这项生意"，那么这是最愚蠢的决定。

人们说"战争年代做军火，和平年代做医药"，有些行业的确利润很高，但在这些行业中不是仍有很多破产者吗？在任何行业中情形都类似，都会有一些高收入者和一些低收入者。要知道没有破产的行业，只有破产的企业和破产的人。同样，也没有能保证赚钱的行业，但只要你能在某一行业中做到最好，你就一定能赚钱。

因为"有钱可赚"而工作，就不一定是你的兴趣所在，不一定适合你的特长，你就不会取得最大的成功，也就至多只能是这一行业的三流人才。而为了"目标"而工作，你的工作就符合心意，能吸引你，使你能用尽心力，充分发挥特长，激发潜能。这样，你就一定是这一行业中的佼佼者，也就必定能成功，你就注定会赚钱。

米卢说：态度决定一切。使人成功的正是工作态度，而不是赚钱的方法。方法可以有很多种，但态度只能有一种，那就是敬业爱业，踏实勤奋，尽力将工作做到最好。

每个人工作都有目的。把金钱置于第一位，你就很可能一直处于贫穷之中；而把事业置于第一位，你就会走上致富之路。我相信这样的道理：如果你能真正喜欢一项工作，而且用最大的努力去做好它，那么你所选的任何行业都能很赚钱。

其实，每一个行业都潜藏着无数的财宝等待着你去攫取，这里面还包括着数不尽的快乐与满足，关键是你能不能做到最好。

要点：

每个人工作都有目的。把金钱置于第一位，你就很可能一直处于贫穷之中；而把事业置于第一位，你就会走上致富之路。

第五章　潜意识的力量

那天去听演讲，演讲者开场就拿出一张 100 元的钞票，面对大厅里的人问："谁要这 100 元？"一只只手举了起来。演讲者接着说："我打算把这100 元送给你们中的一位，但在这之前，请允许我做一件事。"他说着将钞票揉成一团，然后问："谁还要？"仍然有人举起手来。

他又说："那么，假如我这样做又会怎样呢？"他把钞票扔到地上，又踏上一只脚，并且用脚碾它。而后他捡起钞票，钞票已变得又脏又皱。"现在谁还要？"还是有人举起手来。

"无论我如何对待这张钞票，你们还是想要它。因为它内在的价值依旧存在，并没有因为我的踩蹋而贬值。人生路上，我们会无数次被自己的决定或碰到的逆境击倒、欺凌甚至碾得粉身碎骨，我们觉得自己似乎一文不值。但无论发生了什么，只要我们的心灵保持高贵，我们的内心不倒，我们就永远不会丧失价值。无论地位如何卑微，经济上如何拮据，多么微不足道，我们依然是无价之宝。生命的价值不依赖我们的地位，也不仰仗我们结交的人物，而是取决于我们本身！我们的本质是高贵的、独特的——永远不要忘记这一点。"

我一直认为人的潜能有脑潜能和体能潜能，体能潜能是有局限的，而脑潜能则是无限的。我们谈的精神力量和潜意识就是人的脑潜能，当你认识到它的力量，并开发出来的时候，你就能创造奇迹。而所有创造了奇迹的人，也正是因为他们最大限度地开发出了脑潜能。

第一节　潜意识具有无穷的力量和智慧

我一生都相信这句话：每个人都是一座宝藏。

既然每个人都是一座宝藏，可为什么还有许多人生活得不快乐、不幸福、不成功呢？

成功、快乐、幸福都需要祈求，失败者只是因为他们祈求的方向不对。比方说：想加工资，就去向老板乞求；想成绩好，就去向老师乞求；甚至想找一个女孩做女朋友，就去向那个女孩子乞求。所有你们想得到的，都是向外部的世界乞求。我要说那是错误的。

人应该向哪里祈求？应该向你的内心祈求。每个人都是一座宝藏，我们的宝藏在哪里？在你的两个耳朵之间的地方，你应该向你的头脑、向你的内心世界祈求。

小时候我家附近有一座基督教堂，里面有所基督教学院。记得去玩的时候常能看到一些女孩在那里读书，学习基督教。当时我很好奇，就问她们："你们相信上帝，但你们能不能告诉我上帝在哪里呢？"其中一位女孩回答说："上帝在你心里。"

其实不管是上帝、活佛、安拉，还是我们所谈的潜能，都只是一种符号上的区别，都只是我们生命力的化身，你信仰他们也就是信仰自己的生命力，因此也都能帮助我们获得幸福、快乐与成功，都是我们所拥有的具有无限大能量的宝藏。这座巨大的宝藏就存在于我们的心灵之中，我们想要获得的一切，都应该向它祈求。

大部分的人都生活在外部世界，他们关注外部世界，想从外部世界获得他们想要的一切。只有那些受到启迪的人才会非常关注内部世界，值得注意的是，这个内部世界，即你的信仰、思想、欲望、情感、想象，造就了你的外部世界。你的伟大创造力正来源于你的内部世界。你要改变你的外部世界，首先，你就得改变你的内部世界。

下面请你们做一个简单的动作：把手放到头上。

是不是很容易啊！我问过很多人："你们为什么能把手放到头上去？"他们说："这还用问吗？你是不是有病啊？我想放就放上去了。"

实际上这个做起来很简单的动作，生理学家告诉我们，它一点也不容易，完成起来非常复杂。首先要大脑发出指令，通过神经系统传输到手上，然后指挥肌肉、骨骼运动，才能最终完成这个动作。要制作一个机器人完全达到跟人一样的效果，按现在的科技水平还做不到。

那么这样一个复杂的动作是谁帮助我们完成的呢？是潜意识。

我们大脑里有一种神奇的功能——潜意识，比方说我们的血液循环，心脏的跳动，毛发的生长，你在睡眠的时候它们仍在自动地运行，这些工作都是谁完成的呢？就是潜意识。

每个人的头脑里都存在着潜意识，潜意识蕴藏着巨大的能量。

曾看过一本科学杂志介绍说，经过研究发现人的大脑里有 140 亿个神经元，而人类只用了 7 亿个左右，占 5%。

科学杂志这样说，但我就不大相信。因为按生物学伟大的奠基人拉马克的理论，任何事物都是用进废退，长期不用就会退化。例如人是从动物进化来的，动物四只脚在地上爬，需要有一条尾巴来保持平衡；但当我们进化到直立行走时，尾巴没有用了，也就慢慢退化，现在只剩了一根尾骨在后面。人身上的每个部分都有用，如果没用，经过千百万年的进化，早就被淘汰了。现在医学上说盲肠没用，可以把它割掉，但是很多医生仍然认为可能还有用，只是我们没弄明白。

所以我不相信人只用了7亿个神经元，占5%。要是这样，那其余的95%早就退化了，我们的头脑就会和猪脑一样。

那还有95%谁在用呢？我认为就是潜意识。现代的心理学已经完全认可了人有意识和潜意识。整个的意识世界就像一座浮在水面的冰山，意识是上面的部分，潜意识是水下的部分。冰山水下部分是水上部分的9倍，而潜意识专家默菲说：潜意识是意识的3万倍。

例如学开车的时候，刚学会很紧张，别人跟我讲话，我都不敢搭理，我说："别跟我讲话，我会撞人的。"但现在车开熟了，别人不跟我讲话，我还要找人讲话。"你们跟我讲话啊，要不然我会睡着的。"一遇到紧急情况，马上就会有本能反应。这个本能谁在管啊？就是潜意识。车开熟了，变成了习惯，大脑就把这个任务交给潜意识，而我们就可以变得很轻松，依靠本能反应来驾驶。

本能、习惯都是潜意识的工作。还有直觉，我们把握很多事物都需要靠直觉，直觉也是潜意识的工作；还有灵感，许多科学家讲灵感，这也是潜意识的工作。所以说潜意识运用得好，能帮助我们提高工作效率，取得生活成功。

其实很多伟大的科学家也是借助潜意识在工作。以前学化学的时候，化学老师就跟我们说，苯分子它的结构很复杂。当时发明苯分子结构的著名化学家弗里德里克也想不通它的结构，不知道原子应该怎么排列。这个问题困惑了他很久，一直没有答案。一天晚上他睡觉的时候，梦见一条蛇，蛇头咬住自己的尾巴，构成了一个环状。早上醒来，这个图像一直冲击着他的大脑，他马上联想到苯分子结构应该是一个环状。现在人们所知道的苯原子环形排列，就是这样产生的。

现代物理学中有两大划时代的理论：一个是爱因斯坦的相对论，另一个是波恩奠基的量子力学。波恩发现量子论时，也是在梦中，他梦见了一个一个的点冲击他，醒来后，就构建了量子力学的基础。还有胰岛素的发现，班廷医生一直在关注糖尿病的事，他知道这种病给病人带来许多痛苦。当时在医学界尚无药物能对症下药。班廷医生花了大量时间进行研究，想解决这一国际医学难题。一天晚上他很疲倦，就睡了，在梦中，他梦见自己从狗的退化胰腺管中抽取残液。这就是胰岛素的起源，它帮助了千万名患者。

我讲的事情都是真实的，有很多事情你都可以借助于潜意识来帮助你。

我印象很深的是我母亲几十年都晕车，基本上不坐长途车，坐车就要带药。那年我第一次买车，回老家后，我跟母亲说："你不是总想去你的出生地看一下吗，我明天就带你去，我也想看一下你的出生地。"我母亲听了很高兴。

第二天一大早我们就出发了。去我母亲老家开车大约要五六个小时，我们到了她的出生地，看到她出生的那间小屋还在，边上还有一条河，母亲还见到了她少年时的那些小伙伴。我们待了两三个小时，然后驱车回家。回到家里已是晚上时分，吃饭的时候，我姐突然想起来了，就问母亲："你怎么不晕车了呢？"我母亲也突然记起来一样说："是啊，我都忘了晕车的事呢。"

就这样她老人家坐着儿子买的车，实现了她数年的愿望，回到了她的出生地。她心里很高兴，忘了晕车这回事，结果就不晕车了，也因此她晕车几十年的毛病从此就好了。

潜意识真的是一种很神奇的力量。记得小时候，我邻居一位老人病危，医生认为连一个晚上也活不过去了。可是老人的意识还很清醒，大家都希望让她再同远在内蒙古的小女儿、女婿见上一面。于是不停地在她的耳边小声说："您一定要支持住，您的小女儿和女婿正乘火车赶回来，她一定要见您最后一面。您最喜欢她了，她说如果没见到您最后一面，她会终生遗憾的。"大家不停地在她耳边述说，结果这位老人坚持到第四天，和小女儿见了最后一面后才去世。

去年我有一个朋友，得了很严重的病，病情危急，我记得医生当时就清清楚楚地对我们说："你们要轮流看着他，只要他一清醒，你们就跟他说话，要让他有求生的欲望，千万不能让他放弃这个欲望。"

在现实生活中，我们能找到很多潜意识创造奇迹的事例。潜意识就是我们灵魂中的宝藏，获得这种宝藏的力量并不需要我们特别地努力，它就在我们身上，我们只要知道如何运用它就行了。

要点：

我们总在向外部世界索求，但真正的宝藏在我们内心。

潜意识具有无穷大的智慧和力量，能帮助我们解决许多问题。

第二节　让意识与潜意识和谐一致

阿拉伯神话故事中有一座宝藏，要打开它的大门，需要念一个咒语，叫：芝麻开门。

潜意识是存在于我们心灵中的宝藏，那要打开它的大门需要一个怎样神奇的咒语呢？下面我将教给你们这个咒语，当你掌握了这个咒语后，你就能打开心中的宝藏，让奇迹在生命中出现。

为此，我们先要了解潜意识的工作方式。潜意识怎样工作呢？

人的心中存在着意识和潜意识。意识通过五官来感知，它可以进行推理，可以做出选择。例如，你可以选择工作，选择伴侣，选择娱乐。而潜意识却只透过直觉感知，它是产生情感的地方，它是记忆的仓库，它是负责习惯的执行官。潜意识是不受控制的，例如心脏的跳动、消化系统的运作、血液的循环、呼吸等，都是潜意识的作用。

如果一个人的意识和潜意识不协调，就会导致人格的分裂。有很长一段时间，我都处在意识和潜意识的不协调中。我从小喜欢看名人传记，崇拜英雄，所以人生就要有所作为的思想已深入我的潜意识中，成了我生命中的第一目标。但我的意识却常受制于本能，我有很多的爱好，贪玩、懒惰。我每次玩起来都很开心，可静下心来后，却又觉得虚耗了光阴，无所作为，因此内心会很痛苦，于是我又逼迫自己努力工作。但我始终无法控制自己，坚持不了多久，又会抵挡不住诱惑去玩乐，而后又痛苦，又去努力工作。我就在这种不断的循环中折磨自己，效率低下，没有作为，人还活得很痛苦。

其实为什么世界上有那么多的人处在混乱和痛苦之中呢？就是因为他们不理解自己心理上这两种意识的相互作用。如果意识和潜意识能和谐一致地同步协作，人们就会有健康、幸福、平安、喜悦和成功。

那么，怎样才能让两种意识和谐一致呢？

一、保持轻松与平和

如果你是第一次试着穿针引线，你想将线牢牢拿稳，然后穿过那个小小的针孔，但线要穿过针孔时，你的手就会情不自禁地抖起来，线就穿不过去了。这在医学上叫"目的颤抖"。对于目的太过紧张，就像自行车的链条绷得太紧一样，会使你的心理运转受阻碍。

生活中的很多问题都是这样，正是我们的紧张、担忧、焦虑等情绪抑制了我们的潜意识。

医学上已经证明，人的手划伤了，在晚上比白天好得更快。为什么呢？因为潜意识是不会停止活动的，在睡眠的时候，人处于放松状态，没有主观意识的干扰，潜意识反而工作得更好。

只有轻松和平和才会为你带来高效率，紧张会破坏潜意识的正常工作。如果你现在心跳很正常，但你一注意自己的心跳，情绪紧张，心跳马上就会加快，因为你破坏了潜意识的工作。

有些人在第一次约会时很紧张，甚至声音都变了。其实他一紧张，就破坏了潜意识的工作，潜意识工作不正常了，在生理上表现出来，就是你的声音都变了，我们就说你"失身"了。第一次约会就"失身"像什么话呢？

这样的例子有很多。运动员在大型比赛中不都要想尽各种方法放松自己吗？因为比赛时紧张，潜意识就不能正常工作，而习惯是潜意识的功能，运动员刻苦训练养成的良好习惯动作因为紧张就发挥不出来，就会导致动作失败。

考试时也是这样，你一紧张，潜意识工作就不正常了，负责记忆是潜意识的工作，于是很多平时你记得滚瓜烂熟的东西，到考试时反而想不起来了。

所以意识与潜意识和谐一致的方法就是要放松自己，让心里感受平安和信心。

当我懂得了这条规律后，每次工作的时候，我就想办法放松自己。我的主要工作就是看书、写书、准备讲座，我觉得最好的效果就是早上一起床躺在床上，闭上眼睛，想象书应该怎么写，讲座要怎么讲；还有就是下午去散步、跑步时，在湖边、在山涧，我的灵感就会源源不断。后来我知道了很多作家、科学家思考问题时，也都是在散步时、在思想处于放松状态下进行的，而且效果特别好。

既然保持轻松与平和，才有高效的心理运转，那现代人为什么会有紧张、担心、焦虑的重压呢？

如果将潜意识比喻为电脑，那么意识就相当于操作者。意识能收集信息，观察情况，考量外来的感觉资料并形成判断，但它不能完成工作。发现问题、认清问题是意识的工作，但解决问题却是电脑的事，也就是我们内在的潜意识的事。

现代人紧张、焦虑、担忧，其原因正在于他们不懂运用潜意识，而想用意识的思考来做每一件事、解决每一个问题，而又正是他们的担忧、焦虑抑制了他们的潜意识。

例如在社交场合，有些人的意识思考过分浓厚而表现笨拙。他们过分注意自己的言行举止，似乎每一个举动都是"想出来的"，似乎每一句话都要先估计它的效果才说出来。他们的有意识思考抑制住了潜意识的运行。如果他们能够放松心情、不刻意、不担心、不再想他的举止，这样，他的行动便能自动自发、随心所欲。

要记住：激发起了强烈的欲望，确立了目标，拟定了计划，就已经给潜意识下达了指令，你的成功辅助机制——潜意识，就会自动帮助你完成这一切。所以在具体行动时，就不要担忧，让身心都放松，将问题交给潜意识来解决，其实也就是将你对命运的关心交给更高的力量，这样，你将会发现一个更伟大的自我，你的人生也将会因此而既快乐又有效率。这绝不是玄学，而是一门真正现代而新兴的科学。

要点：

让潜意识高效率工作的方式：在放松的状态下工作。

二、快乐的成功方法

记得从读高中开始，我就不太听得进老师讲课，总是习惯于自学，因此知识掌握得很不踏实，到高考时自食恶果，考得很差，勉强被一个小城市的师范院校所录取。那时，我还是踌躇满志的，总想着怎么能一辈子做教师，当一个孩子王呢？于是我痛下决心，一定要勤奋学习，争取考上研究生，这是改变我未来命运的唯一道路。

当时我学的是物理，但到了大学后，由于各种原因，我感觉物理远不如高中时有趣了，一看到物理书就不舒服，而且大学的生活丰富多彩，那么多年龄相仿的年轻人生活在一起，聊天、看球、打球、郊游、聚餐，每天都有节目，加上我天性贪玩，虽然日子过得很愉快，但却总是影响学习。经过几次在思想上痛苦地谴责自己后，我在宿舍墙上贴了一个生活脚印栏目，发奋每天必须学习 10 个小时，不学足不许睡觉，完成了的那天就打钩，没完成的就打叉。

这样坚持了几个星期。那天，晚上和同学一起看亚洲杯中韩男排决赛，中国队最终 3：2 连追 3 局反败为胜，大家都兴奋了，一起去喝酒庆祝，折腾到最后，已是凌晨 3 点多了。我想还学什么呢？反正还有明天。

管理学上有一个"破窗理论"。意思是：如果有一排窗户全部是好的，你不会去踢它；但如果一排窗户中有一扇是破的，你踢别的窗户就会毫不犹豫了。所以规则定下来，就不能有一点违犯，有一点违犯了，这个规则就更容易被违犯。而我的学习计划就像那排窗户，其中有一扇是早就破了的，所以再踢破其余的窗户也就总是显得很容易。

我的爱好实在太多了，因此总有特殊情况，生活脚印栏目上每天都是叉，叉得我都不好意思了，只好将那张图表撕了。

过了一段时间，受到某种刺激，我又突发感慨，在日记中大骂自己一通，强迫自己必须按计划学习，于是又贴一张生活脚印栏目在墙上。但坚持不了多久又会故态复萌，于是又责备自己，接下来又能坚持几天；但过几天又会给自己找一些理由，反正还早，以后还有时间。就这样三天打鱼两天晒网，断断续续折腾了几年。弄得同宿舍同学都说："快别理他了，那个家伙精神不正常。"

到最后自己痛下决心，决定春节也不回家，买几箱快餐面，关在宿舍里苦读。但自己并不喜欢那些书，只是靠毅力强迫自己苦读，所以学习效率总也不高，到最后研究生没考上，自己的大学生活也被折腾得苦不堪言。

那时，我对自己彻底失望了，认为自己是一个没有毅力、没有出息的人。

现在我懂得了潜意识的原理后，我明白了，其实用强迫的方式逼自己学习是不可能成功的。物理学上说作用力越大，反作用力也越大。你越是强迫自己，内心的抵触就越大，效率就越低，而且你也越不容易坚持长久。人不是机器，我不相信有哪个人能单靠毅力、强迫自己取得成功。真的不行，我有很深的体会。

你可以观察那些学习最好的同学，他们一定不是靠毅力，强迫自己学习。他们之所以学习好，是因为他们认为应该学习，将学习当成一件自然而然的事，因此能在学习中保持一种轻松状态，并从中感受到了一份乐趣。

潜意识的工作方式告诉我们，要提高学习和工作的效率，能让自己持之以恒，就要保持一种轻松的心态。也只有在轻松的心态下，你才能逐渐培养出对学习和工作的兴趣。

有很多人习惯于在听着音乐的状态下看书、学习，而且效率更高，不就是因为音乐有助于人放松吗？

毅力只能帮助人完成工作，唯有爱好和热忱才能使人取得杰出成就。世界上所有最成功的人，他们的成功一定不是毅力的成功，而是爱好与热忱的成就。

为了避免我讲的潜意识是伪科学，我曾专门上网查阅了一些医学资料。有份资料中谈到，1975年美国医学科学家就发现了大脑内可以分泌一种物质，叫内啡肽。它的成分和吗啡一样。当一个人达到兴奋状态时，大脑里就会分泌出内啡肽，人就会有快感。

所以你想工作效率高，首先你就要放松、放松、再放松；在放松中，慢慢地，你就会产生兴趣，焕发热忱，这时你的头脑里就会分泌出内啡肽，你就会有快乐的感觉。

我要反驳一个传统而又十分流行的观点。现在很多成功学的书鼓励大家，要像奴隶一样地工作，要吃苦、流汗水，要艰苦奋斗，这样你才会成功，才会富有。我说这是鬼话！事实并不是这样，生活得越轻松越好，在放松的状态下工作，做你爱做的事，去感受它的激动和喜悦，这样你就能在轻松快乐的状态下取得成功，而且这样的成功才是幸福的成功。

要点：

不要像奴隶般地去工作；不要相信汗水和艰苦奋斗才能变得成功和富有。事实并不是这样，生活得越轻松越好，做你爱做的事，去感受它的乐趣和激励，这样你会在快乐中变得成功和富有。

三、用高尚取代低劣

我在一本书中看过这样一个故事：

有个小孩到森林里散步，最后来到一块大空地旁的小屋。房子的两侧是大花园，两座花园里各有一位园丁。这两座花园很不一样，其中一座杂草丛生，园丁是个脾气暴躁的人，手边拔着杂草，嘴边不断骂着。

另一座花园则呈现一幅和谐的景象，到处开满花朵，洋溢一片自然美景。这座花园里的园丁做起事来好像很轻松，他背靠在树干上，吹着口哨，哼着歌。

这个小孩决定去拜访那位轻松自在的幸福园丁，问园丁为什么可以这么轻松就把花园打理得这么有条有理，而另一位园丁则要不断地工作，但花园还是一团糟呢？

那位轻松自在的园丁回答："你知道吗？曾经有过一段时间，我也和对面的园丁一样忙着拔杂草，但后来我发现根本无法战胜杂草，它们的根还是留在土壤里。拔杂草时，种子又掉落在土里，不久又生出杂草来。我这边拔完了，马上又要从另一边开始拔。

"后来我改变策略，去找一些生长得比杂草还快的花和植物，这些植物没多久就完全占据了杂草的生活空间，有这些花朵的地方，就没有杂草。如此一来，我的花园当然干干净净。"

从小我就知道：吃得苦中苦，方为人上人。现在我要重新反省这句话了。如果认为学习、工作是在吃苦，我想也就永远不会取得最大的成功，只有将工作看成乐趣的人，才可能最终成功。

其实人都有一些劣根性，都有一些庸俗的爱好，与其想用坚强的毅力战胜它、克服它，倒不如发现、挖掘一些高尚的兴趣，并用它占据心灵。

斯宾诺莎说：并不是因为我们克制情欲，我们才享有幸福；反之，乃是因为我们享有幸福，所以我们能够克制情欲。

人在打理自己心灵的花园时也是一样的道理。人应该发现、挖掘一些高尚的爱好和兴趣，并用它占据心灵，这样劣根性就会自动退位。

人不能总是刻意抵抗一些东西，你越是要抵抗的东西，它就越会顽固地存在那里，因为是你将它当作对手放在了那里。当你静下心来，寻找内心的丰富，不再浮躁时，它就会消失。

要点：
不要总是努力去克服低劣的东西，而要用高尚的爱好和兴趣占据心灵。

四、培养兴趣

其实人的爱好不是天生的，而是培养出来的。

天生的东西我们叫本能，比如要吃好的喝好的，住舒适的房子，从性爱中得到快乐，这些只是冲动，这种冲动是天生的，是动物属性，所以称为本能。但爱好却不同，爱好不是天生的，爱好是培养出来的，是需要学习的。比如欣赏绘画，你必须先学习，具备一定的素养，懂得一些光线、结构、颜色的理论，你才能欣赏，才能为其所感染、陶冶。

如果你知道自己一生将会从事什么工作，你又想要取得成功，那你就必须将这项工作变成你的爱好。那怎样才能将工作培养成爱好呢？

以前有些朋友叫我去打高尔夫球，打了几次我就烦了。我按照教练教的规范动作，两手握紧，双腿略为弯曲，然后一下用力打出去。结果杆子扔出去了，球还在那里。打了几次也打不好，教练也不好说我笨，反正我看她就那个意思。于是打过几次后，我就再也不打高尔夫球了，一点兴趣也没有了。

但是我学下围棋的时候，开始水平不高，我就找一些围棋书、棋谱来看，感觉有点进步后，就去找一个朋友下，开始总是输，每次输了就回去打棋谱，渐渐我的水平提高了，他开始下不过我了，我很得意，又去找一个更高水平的人玩，开始也常是输，输了就回去看棋谱研究，那段时间我进步非常快，因此我就很喜欢下围棋。只是后来觉得下围棋太耗时间，我才放弃了。

一个人要培养爱好，首先，你得努力成为这方面的专家，然后，再让自己不断地取得一些成就。

其实也很容易做到。你只要肯花精力，天天学习，用心钻研，就一定能做好；一旦做好，你心理上就会产生喜悦，就会喜欢它，于是你就更愿意学习、研究它，于是你也就能做得更好，形成良性循环。

我原来教物理，遇到一些学生，特别是女同学讨厌物理。为什么呢？因为物理成绩不好，成绩不好，她们就讨厌物理，讨厌就不想学，不想学，成绩就更不好，形成恶性循环。

我就找她们来谈话说："任何一科成绩从50分提到70分容易，从80分提到90分就很困难。你们英语好，物理差，就像一个跛脚的人，高考时是要吃大亏的。你们试着转换一下思维，在三个月内将主要精力都用在学物理上，不断暗示自己，我好喜欢物理，物理很有趣、很好玩，别的科目学完后，就将时间都用在学物理上。你们花了时间，作出了努力，成绩就会提高；一旦有提高，你们就会产生兴趣，有了兴趣你们就更愿意学物理，就更愿意花时间，也就更能提高，会形成良性循环。我跟你们打赌，这三个月内你们按我说的办，看成绩能不能提高。"

实际上在工作中投入爱好和兴趣，是让潜意识发挥最佳效能的方法。因为这时不仅你的意识和潜意识和谐一致，你的大脑还会达到兴奋点，产生亢奋的热情，使自己处于最佳的状态。所以不要幻想仅靠强迫、靠毅力就能取得成就，那是骗人的鬼话。真正杰出的人士我不相信能靠这样的方式取得成功，他们都是将工作变成自己的爱好，而任何爱好都是培养出来的，没有爱好是天生的。

以前我也不知道自己能写书和办讲座，初中时我的语文并不好，我一直是理科强、文科弱。当我要从事这项工作时，我就有意识地培养自己，多看喜欢看的书，不断地练习写作和讲座，当我做得越来越好时，我就越来越喜欢写作和讲座，我也就越来越容易成功了。

要培养爱好，第一，就要多学习、钻研，成为这方面的专家。你懂得越多，你就会越喜欢它。第二，懂得越多，你在这方面就越容易取得成就。

给自己定一些逐渐提高的经过努力能达到的小目标，让自己不断有成就感和进步的喜悦。越有进步，越有成就，你就会越喜欢它。

要点：

爱好不是天生的，爱好是培养出来的。

让潜意识工作的最好方式就是放松，在放松中培养爱好和兴趣，并从中感受快乐和喜悦。

五、达到忘我的境界

曾流传着一个关于伟大科学家牛顿的故事：

牛顿请朋友来家里吃饭，鸡做好，上了桌，他却突然有了一个想法，于是进了实验室。朋友来后，见到桌上的鸡，他太了解牛顿，于是自己吃了鸡就走了。也不知过了多长时间，牛顿从实验室出来了，见到桌上的鸡骨头，自言自语地说："我还以为自己没吃饭呢，原来已经吃过了。"

要有伟大的成就，在工作中就要有一种忘我的精神。在达到忘我的境界时，人最有灵感，最有创造力，而且由于全神贯注，因此工作效率也最高。所有能取得卓越成就的伟大人物，都是因为他们能在工作中达到一种忘我的境界。

不仅工作如此，在学习中达到忘我境界时，理解力也最强，学的东西也记得最牢。

享受人生的快乐也是这样，只有达到忘我的境界，不被任何东西分心时，才能达到快乐的极致。

当你看见池中盛开的莲花，你观看日出，你看见天空中展翅飞翔的鸟儿，或任何能激起你内在细腻情感的景象，甚或是你看见一位靓女或帅男从面前经过，就在那一刹那，你被美所震慑，你的自我消失，整个人受到深深的触动。此时你被某些东西深刻地占据，你忘了自己——你既是你，又不是你，你把自己暂放一边，就在这些片刻，自我会掉落，这时你就是处在神性之际，你就是神。

忘我的状态是一种快乐的状态，是一种美的状态，是一种处在巅峰的状态。人在忘我的时候，意识与潜意识融为一体，意识消融在潜意识中，这时我们就会没有了紧张、焦虑、犹疑等意识活动对潜意识的束缚和干扰，潜意识就能更好地发挥效能，我们就会有好的记忆，有源源不绝的灵感，有强大的创造力，有深湛的理解力，就会消除各种功利心，只是在为工作而工作，为学习而学习，为娱乐而娱乐。这时我们就是最纯粹的、最美的，我们就已经升华为神。

忘我是人的最佳状态，那么，我们要怎样才能处在忘我的状态呢？

忘我是意识与潜意识融为了一体，因此靠强迫、毅力等意识活动逼迫自己，是很难进入忘我境界的。只有在轻松的状态下，在优美的环境中，从事所爱好的工作，人才容易进入忘我的状态。

另外，我们都有这样的体会，当你突然处在危急关头时，你就会忘我。如果你突然掉进了激流中，或者突然有人要用刀砍你，这时你都会进入忘我的状态，用尽一切力量来逃生。所以特别大的压力能让人忘我，能让人有高效率。

《蓝色狂想曲》是美国作曲家乔治·格什温的第一部交响乐作品，但你知道它是怎样诞生的吗？

有一天，一位爵士乐团指挥请格什温写一部"庄严的作品"，而写惯了通俗音乐的格什温声称对交响乐"一窍不通"，拒绝从命。那位乐团指挥无奈之中想出了一条妙计：他在报纸上发布了一条消息，说三周后在音乐厅上演格什温的交响乐作品。格什温看到后哭笑不得，没想到对方会用这种荒唐的办法逼自己就范。如果三周后拿不出像样的交响乐作品，自己的声誉就要受损，而交响乐对他来说，是一个从未涉足过的领域。他感到自己被逼进了死胡同，似乎在劫难逃。

没办法，只好硬着头皮埋头苦干。出乎意料的是，两个星期后，格什温居然完成了一部惊世之作——《蓝色狂想曲》。首场演出便获得巨大成功，这首名曲从此奠定了格什温在乐坛上的地位。

人的潜意识就像弹簧，受的压力越大，反弹力也越大，就越能激发出它的无穷能量。

我们知道经济学中有一个"鲇鱼效应"。原来，产于欧洲北海的沙丁鱼性情比较懒惰，从海里捕捞上来后往往不爱游动，很难存活较长时间。当地的渔民想了一个绝招：在鱼舱里放进几条比较凶猛的鲇鱼。这样一来，沙丁鱼在鲇鱼的追赶下，始终处于紧张游动的状态，正是这种高压力下的状态反而使沙丁鱼充满活力，能够存活更长的时间。

所谓"鲇鱼效应"也就是说压力能够转化为动力，只要我们能勇敢地面对压力，就能源源不断地将我们的潜能激发出来。

人都是有惰性的，在懒懒散散的状态下，一定无所作为。只有在高压力下，你的思想才能高度集中，才容易进入忘我的境界，才能让意识与潜意识融为一体，才能最大限度地激发你潜意识的能量。

有人会问了：那么压力与放松不是很矛盾吗？

比如要建一幢房子，你必须在工期上有一个时间期限，否则就会变成一项胡子工程；但在具体施工的时候，你就不能总是让工人处在压力下工作，这样往往容易出事。就像运动员，在整体上要有一个压力，比如还有多少天要参加奥运会，让他们不能有丝毫松懈，勤奋训练；但到了实际参加奥运会时，却又要想尽方法让运动员放松，以发挥出他们的最佳水平，甚至是超水平发挥。

压力与放松是一种辩证的统一。人在整体时间上要有压力，但在具体工作时，却要尽量处在放松的状态。其实不论是加压还是放松，都只是为了你能更好地进入忘我的状态，能最大限度地发挥出潜意识的能量。

要点：

人对待工作，光有爱好是不够的，还必须有压力，人在压力下才能有更高的效率。

第三节 潜意识是土壤，意识是种子

曾经看过一位催眠大师的表演，他先将一位女孩催眠，再暗示她，她的身体变得越来越硬，越来越硬，硬得就像一块石头。然后，他让人抬住这女孩的肩膀和双腿，使女孩中间悬空，再要一位强壮的男士坐在女孩的身上。当时全场都震惊了，这位男士坐在女孩的身体上，真的就像坐在了一块石头上。

这是我亲眼所见。当意识被催眠了的时候，潜意识真的能遵从暗示，发挥出神奇的效能。

心理学家做过大量的实验，表明人在催眠状态下，潜意识对所有的指示和暗示都接受，哪怕是错误的暗示，而且一旦接受后就做出相应的反应。催眠医师对试验者在催眠状态下暗示他是某某人，是猫和狗，试验人都能做出相应的反应，有些反应与暗示的非常相像。有一个熟练的催眠师，在受试者进入休眠状态后，分别向他们暗示：你的背在发痒，你的鼻子流血了，你现在成了大理石塑像，你现在被冻起来了，现在温度在零摄氏度以下……之后，每个受试者做出的反应均与暗示的内容有关。

潜意识最显著的特点就是：它没有判断力，没有推理能力，只有执行能力，而且是超强的执行能力。也就是说潜意识不推理不判断，只听从意识。意识是潜意识的守门人。不论对与错、真与假，意识告诉潜意识什么，潜意识就相信什么，并执行什么。

举个例子就容易理解了。哪天你们找几个人商量好，见到一个同事时，你先跟他说："你的脸色好苍白啊！你可能是病了。"要说得很逼真。过一会，又来一个同事，看到他说："哎呀，你今天有一点不对头，赶快去医院看一下吧！"过会儿再来一个人说："你今天真的看上去不舒服，去看一下医生吧。"只要你们表现得很逼真，他就会真的生起病来。

为什么会这样呢？因为大家都这样说，他的意识就相信自己病了，而潜意识是不作判断的，它只听从意识，并执行意识的指令。意识相信自己病了，传达给潜意识，潜意识就认为你想生病，就真的让你生病，让你的脸色变白，呼吸不畅，身体不舒服。

但如果你去跟一个航海几十年的海员说："你今天出海会晕船的！"不管有多少人跟他讲，他都会一脚把你踢到海里去，他会说："我做了几十年海员还会晕船？"

意识不相信，潜意识就不会让他晕船。

潜意识没有判断能力，只有执行能力。一旦潜意识接受了一个想法，它就开始执行。潜意识既执行好的想法，也执行坏的想法。你要是消极地使用这一规律，它就会给你带来沮丧、失败和不幸。如果你的习惯思维方式是积极的、和谐的、具有建设性的，那你就会拥有健康、快乐、成功和一切美好的事物。

潜意识是土壤，意识是种子，思想播下怎样的种子，潜意识就帮你收获怎样的果实。

你选择积极的思想，就是在潜意识的土壤里种下了积极的种子，潜意识就发挥它的神奇力量，帮助你收获积极的结果；你选择消极的思想，也就是在潜意识里种下了消极的种子，潜意识也就让你得到消极的结果。

所以永远只让那些积极的、快乐的思想占据心灵，将那些消极的、不快乐的想法挡在心灵之外，这就是人生成功与快乐的法则。

人生就是一种选择，你选择幸福的思想，就有幸福的结果。

要点：

潜意识没有判断能力，不辨真假，只有执行能力，它听从意识的判断。意识是潜意识的守门人。

潜意识是土壤，意识是种子，思想播下怎样的种子，潜意识就帮你收获怎样的果实。

一、人的能力就是你选择的能力

潜意识真的具有无穷的力量和智慧，能帮助你解决任何问题。关键是对潜意识表达的一切，一定要信，要深信不疑，才能起作用。而要相信潜意识，你就必须排除所有的负面思想。

人的负面思想会阻碍潜意识的活力，抑制它的神奇力量。诸如"我不行啊""我不能啊""我会输的"等负面的思想，正是对自己的否定，对自己潜意识神奇力量的否定。

很多人对我说："老师，我的记忆力不好，你的记忆力怎么那么好呢？能不用讲稿站在那里不停地讲几个小时。"

其实他们的情况我也一样有过。记得小时候看电视报，看过一遍后，整个下星期的节目我都能记得清清楚楚。可是现在看电视报，昨天刚看的，今天是什么节目就又忘了。我当时也认为年龄大了，记忆力就不好。

后来我懂得了潜意识的法则，我知道了是我自己的问题。我认为自己的记忆力不好，我的意识就告诉潜意识：我的记忆力不好。潜意识不辨真假，它就真的让你的记忆力不好。我如果告诉我的潜意识：我的记忆力很好，我能记住。潜意识认为你想记住，它就发挥出神奇力量，真的让你记住。

大家可以去试，非常有效。你一有记忆力不好的负面思想时，就马上将它排除掉，告诉自己：我的记忆力很好，正在一天一天变得越来越好。这种方法对提高人的记忆力帮助非常大。

每个人的能力都是他自己选择的能力。你认为你的记忆力好，你的记忆力就会变得越来越好；你认为你的记忆力差，你的记忆力就会真的变差。不仅是记忆力，很多能力都是这样，都是你选择的结果。你选择行，你就行；你选择不行，你就真的不行。这就是潜意识的法则。

所以哲学家说：你认为你能或不能你都是对的。你认为你能做那件事情，你的潜意识就会帮你做成那件事情；你认为你不能做那件事情，你的潜意识就不会让你做成那件事情。

不仅能力，人的情绪也是人选择的结果。有些人说：被别人气得要死。其实不是被别人，是被他自己气得要死，是他心里接受了，选择了生气。

萨特说："他人就是地狱。"我们有必要对这句话做进一步的了解，他只是陈述了一个非常普遍的误解、一种非常普遍的错觉：如果我们痛苦，我们就认为是别人让我们痛苦；如果我们愤怒，我们就认为是别人惹我们愤怒。反正别人全是肇因就对了。

其实如果你愤怒，那就是你在愤怒；如果你生气，那就是你在生气。没有人是祸首，没有人能使你痛苦，除非你决定痛苦，否则无人能使你痛苦。所以任何一件事情都是你选择的结果。

心理学家认为：以为自己处于某种状态并相应地为之，这种状态就会越发明显。也就是说，你想要什么状态，就装出你已经有了那种状态，并在言行中表现出来，你就会真的处在那种状态之中。

情绪不好时，你就装出情绪已经很好了，告诉自己：我的情绪很好，很开心，很快乐，并真的按照很开心、很快乐的样子去工作、去娱乐，这样潜意识就会让你的情绪真的好起来。

如果你累了，感觉到疲倦，你就告诉潜意识，你不累，你的精力很充沛，状态很好。你暗示自己，并在行动中表现得精力充沛、状态很好，你会发现你的体能真的就能恢复很多。

潜意识就在我们的心里，它只吃我们喂给的食物，相信或不信、要或不要，都由你决定，潜意识一旦接收了你的决定，就将结果演给你看。

正面的思想会让你有健康的心理、积极的行动、快乐的情绪，有助于发挥你的潜能；而负面的思想只会带给你负面的心理、负面的情绪，它会阻碍潜意识神奇力量的发挥。

所以，你的人生能否顺遂如意，全看你如何与潜意识对话。

要点：

人的负面思想会阻碍潜意识的活力，抑制它的神奇力量。

人的能力就是你选择的能力。

二、选择幸福的思想

当年格兰特总统问哲学家斯蒂尔："谁是最快乐、最幸福的人呢？"

斯蒂尔的回答出乎格兰特总统的意料，他说："谁能这么想，也能这么做的人，就是最快乐与最幸福的人。"

在一次讲座时，我讲快乐是自然状态，是正常的；不快乐是不正常的，是有原因的。有一位大学生反问："这是不是阿Q精神呢？我倒认为不快乐是正常的。"

人生就是一种选择，人的快乐与否也是一种选择。如果你想不快乐，那你尽可以这样思想，也许你就会真的变成阿Q。

其实人生中很多的对与错，特别是思想上的，是没有一个绝对的判断标准的，都只是人的一种选择。因此凡是有助于我们人生成功与快乐的思想就是正确的，凡是不利于我们人生成功与快乐的思想就是不正确的。

快乐是你心理上选择的结果。生活快乐的法则就是要随时把守好心灵的大门，永远只让那些美好快乐的东西占据心灵，将那些不快乐、不开心的东西全部挡在门外。一个人的快乐程度有多大，就取决于你内心能让多少美好的东西存在，而将那些不美好的东西排斥出去。

世上有什么问题值得我们烦恼，值得我们焦虑呢？出现了问题，如果问题有办法解决，就用不着烦恼；如果问题没有解决之道，那么烦恼也没有用。

烦恼、忧愁、痛苦等所有的不快乐，都只是一种情绪，一种负面的情绪，都是属于心理的问题。

其实不仅是快乐，人生中的成功、友善、博爱无一不是你选择的结果，你想获得幸福的生活，你就必须在潜意识里种下幸福的思想，它就能帮助你收获幸福的人生。

你想快乐，就要在潜意识里播种快乐；你想要成功，就要在潜意识里播种成功。

人的外在世界是人内心世界的反射，所有外在的改善都来自人内心想法的改善。

所以选择高贵，选择积极主动，选择终生学习，选择一切有助于你人生幸福的思想，你就会真的有幸福的人生。

只让生命中的美好充满你的心灵，在爱中生活，在梦想中生活，你就能过上成功而快乐的生活。

要点：

选择幸福的思想，就有幸福的结果。

三、斯托克代尔悖论

那么，在爱中生活，在梦想中生活，会不会导致盲目乐观呢？

吉姆·柯林斯先生写了一本书叫《从优秀到卓越》，非常棒的一本书。他筛选出了 18 家从优秀到卓越的公司，将它们作为研究对象，寻找这些企业有什么奇特的方法，能够在激烈的竞争中脱颖而出，并长葆优秀。

其间他介绍了一个所有这些企业都一直在用的，而且还将继续运用下去的关于信念的方法，叫斯托克代尔悖论。

斯托克代尔是美国的一个海军上将，在越南战争期间，是被俘的美军里级别最高的将领。但他没有得到越南的丝毫优待，被拷打了 20 多次，关押了长达 8 年。他说："我不知道自己能不能活着出去，还能不能见到自己的妻子和小孩。"但是他在监狱中表现得很坚强。越南人有一次为了表现他们优待俘虏，把他养了一段时间，准备给他拍照。结果斯托克代尔就自己用铁条把自己打得遍体鳞伤，并用刀片把自己的脸割破。越南人拿他没办法，只好放弃了。

每个战俘都被单独关押，彼此看不到。他为了鼓励监狱中的同胞，发明了一种密码，通过用快慢节奏敲墙来表达英文字母。有次一位战俘因思念家人掩面痛哭的时候，他们全监狱的战俘都通过敲墙，用代码敲出了"我爱你"，那个战俘非常感动。

斯托克代尔被关押 8 年后放了出来。吉姆·柯林斯先生去采访他，问："你为什么能熬过这艰难的 8 年？"斯托克代尔说："因为我有一个信念，相信自己一定能出来，一定能够再见到我的妻子和孩子，这个信念一直支撑着我，使我生存了下来。"

吉姆·柯林斯又问："那你的同伴中最快死去的又是哪些人呢？"他回答说："是那些太乐观的人。"

吉姆·柯林斯说，这不是很矛盾吗？为什么那些乐观的人会死得很快呢？斯托克代尔说："他们总想着圣诞节可以被放出去了吧？圣诞节没被放出去，就想复活节可以被放出去；复活节没被放出去，就想着感恩节；而后又是圣诞节。结果一个失望接着一个失望，他们逐渐丧失了信心，再加上生存环境的恶劣，于是，他们郁郁而终。"

斯托克代尔说："对长远我有一个很强的信念，相信自己一定能够活着出去，一定能再见到我的妻子和小孩；但是我又正视现实的残酷。"

吉姆·柯林斯说：斯托克代尔悖论正是那些从优秀奋进到卓越的企业的精神信念。它们之所以能超越同类，长葆优秀，是因为它们对前景充满乐观，相信前途一定是光明的，但是又直面现实的残酷。

其实做人也一样。一个人对自己的前途失去信心，他就没有一点希望。哀莫大于心死。心已死，人也就完了。一定要记住，不管在人生中遭受什么样的打击，不管你处在怎样的逆境，你都要保持一种必胜的信念，对前途充满信心；但是现实生活又是很复杂、很残酷的，你要能够直面它。这就是斯托克代尔悖论。

要点：

斯托克代尔悖论：对前途充满信心，但又直面现实的残酷。

第四节 运用潜意识改变人生的法则

美国作家爱默生说："一个人就是一天到晚自己所想象的那个样子。"

到现在为止，都没有明确的科学证据能证明鬼的存在，但如果一个人走夜路时，心里想到了鬼，他就会越想越害怕，好像真的会遇到鬼一样。

人的潜意识无法分辨到底是真实的经验，还是生动想象的经验。因此，你每天的所思所想，就会变成左右你潜意识的因素。如果你一直想着你不会成功、不会快乐的话，那些想法无疑就是你对自我的一种暗示，会在无形之中反映到你的潜意识上。潜意识就会调适你的思想，并使它接受不成功、不快乐是你人生中不可避免的情况，最后你的思想就会产生一种"不成功、不快乐的意识"；如果你的全部思想都凝聚在你的人生必定会成功，你会快乐地度过一生的话，那么潜意识同样会接受你的想法，使你产生"成功与快乐的意识"，并发挥出它的神奇力量，使你得到积极的结果。

思想是不会停止活动的，即使在睡觉时它依然处于活动状态，它不断地对进入思想的影响因素发生反应。无论是在有意识还是在无意识的情况下，无论你的思想或言辞是积极的还是消极的，它们都会被储存在你的记忆中，并传达给潜意识。

所以人的思想是需要控制的，这种控制不是被他人控制，而是要学会自我控制。经过控制和未被控制的思想，会导致人生中的巨大差异。如果你能将你的思想集中在一个具有积极性的明确目标上，并强迫它成为你每天的所思所想时，你就是在调适你的潜意识，以便为实现目标贡献力量。当然，你也可以不管它，任凭各种消极悲观的念头充塞着你的思想，你的潜意识里就会充斥着消极悲观的因素，你就逃不脱潜意识法则的宿命结局。

所以每时每刻都要控制你的思想，一有消极悲观的念头时，就要赶紧将它从思想中排斥出去，永远只让积极健康的想法占据心灵，你的人生也就会过得积极健康。

那我们如何才能控制自己的思想，让潜意识发挥出它的积极力量呢？下面介绍四种方法。

一、信仰

信仰是一种内在的确定，你只有内在确定了，你的潜意识才会发挥作用，才会帮助你去获得你所想要的。

小时候看过苏联小说《卓娅和舒拉的故事》，我想和我同龄的人都应该看过。卓娅被德国法西斯抓住，为了折磨她，就让她穿着单薄的衣服，在冬天寒冷的雪地里行走。开始她觉得很冷，但折磨时间久了，她习惯后，就不觉得寒冷，反而能越走越快。最后那些穿着臃肿的法西斯，居然追不上她了。

当时我就想是什么力量能够让她抗拒寒冷，表现出坚强呢？其实只是因为信仰。

世界上为什么有这么多的宗教？为什么有这么多人信仰宗教？信仰到底有什么力量？有位宗教家跟我说：生命的法则就是信仰的法则。

我相信这句话。记得去重庆参观渣滓洞集中营时，看见各种刑具的照片，想象着诸如坐老虎凳、灌辣椒水、手指头上钉竹签的刑罚，我就有了一个奇怪的想法：我要是革命党人，被抓住了，会不会当叛徒呢？当我在一次讲课中问学员："你们老实地告诉我，认为我会不会当叛徒？"结果学员们一致认为我会当叛徒。当时我笑着说："你们这么瞧不起我啊！"其实我内心里也认为自己会当叛徒。如果那个时候能服毒自杀，我想我可以做得到。但要我忍受一根竹签一根竹签往手指里钉，我受得了吗？一定受不了。但那些英雄、烈士为什么就能够忍受呢？不就是因为信仰的力量吗！

人生的的确确需要信仰，信仰的力量也是非常强大的。

关于藏密白教三祖马尔巴有一则美妙的故事：

马尔巴听说有一位上师道行很高，于是就去找那位上师，然后带着完全的信任皈依在门下。他问师父说："我现在该做什么？"

那师父说："一旦你皈依我，你就不必做任何事，只要信仰我。我的名字是你唯一的秘咒。每当你遭遇困境，只要记得我的名字，一切都会平安无事。"

马尔巴顶礼了师父的脚，然后立刻就去尝试。他是一个如此单纯的人，竟然去走在了河面上。其他跟了师父几年的徒弟都不敢相信，他竟然能走在河面上！于是告诉师父说："你不了解那个人，他不是凡人，他可以走在河面上！"

师父说："什么？"

他们全跑到河边，那时马尔巴正走在水面上，唱着歌、跳着舞。当他回到岸上，那个师父问他说："那个秘诀是什么？"

他说："秘诀是什么？和你给我的秘诀是一样的——你的名字。我把你记住了，我说：'师父，让我走在水面上吧！'然后就这样发生了。"

这个师父无法相信念他的名字有这种能耐，连他自己都无法走在水面上。但是天晓得发生了什么事？他不曾试过。于是他认为最好在尝试之前再确认一下，所以他问马尔巴说："你可以往悬崖下跳吗？"

马尔巴说："你怎么说，我就怎么做。"他就爬到山顶，然后纵身一跳，所有人都在山谷里等着——等着马尔巴的残骸！如果能找到的话就算奇迹了，因为那山谷很深。

可是马尔巴却以盘坐的姿势、满脸微笑地降落到山谷。他在一棵树下坐着，所有的人都围绕在身旁望着他，愣住了。

那师父说："这真了不起！是念我的名字办到的吗？"

马尔巴说："是的。"

师父说："好，现在该我试试看。"他先是往水面上走去，但马上就跌进水里去了。

马尔巴无法相信师父会跌进水里去，于是徒弟们跳到水里去营救，救起来的师父已然奄奄一息，而且还从肺里压出许多水来……但总算是活了下来。

马尔巴说："你是怎样的师父？"

那师父说："请你原谅我，我不是个师父，我是冒牌的。"

但马尔巴说："如果你是冒牌的，那你的名字怎么有效呢？"

那冒牌者说："不是我的名字有效，是你的信仰。你信仰什么不是重点，重点是信仰、信任、爱、全然。我不信任自己，不信任任何人，我欺骗了所有人，所以我怎能信任呢？而且我总是害怕别人欺骗我，因为我一直在骗人；信任对我来说是不可能的。你是个天真的人，你信仰我，奇迹会发生是因为你的信仰。"

信仰能带给我们神奇的力量，但信仰的对象本身也许并不神奇。

和拿破仑·希尔合著了许多成功学著作的斯通，曾讲到小时候他在一张纸上画了无数个美金的符号，不断地画，画了很多，梦想着赚钱，立下赚钱的信念，结果后来他就成了大银行家。

情感是潜意识的功能，信仰就是一种最强烈的情感，它能让你的潜意识发挥出无穷的力量。你相信的东西就是你潜意识中的东西，这是一个永恒的真理。

中国我最喜欢去的地方是西藏。除了灼热的红日、苍茫的高原、晶莹的雪山、高翔的雄鹰，让我感受到野性的力量外，我印象最深的是藏族群众对朝圣的虔诚。一位藏族老妇人带着她的小孙女，手中不停地转动着经轮，口里喃喃地念叨着经文，背朝雪山，在苍茫的高原大地上，用藏族群众特有的叩拜方式，全身向前匍匐在地上，再向前收缩起身，就这样一步一叩地缓慢地向着晶莹剔透的圣湖行进。

在我的生命中是第一次看见这样的景象，我很惊奇，我就一直静静地看着，直到她们到了圣湖边。然后老奶奶和她的小孙女就趴在湖边，不停地叩拜，那种虔诚让我感觉到无比的神圣，我内心充满了一种崇高的敬意。我问老奶奶从家里走到圣湖要花多长时间，她的小孙女告诉我：走了一个多月。霎时我惊呆了！

后来有藏族群众告诉我，有些住在青海的藏族群众要去拉萨朝圣，全家就找一个身体最好的，从青海开始就这样一步一叩地前行，全家人就推着一辆装有食物和水的小车，沿途陪着他。到了地方要吃饭、睡觉时，就在那里堆一堆石头做记号，休息好后还要从那里继续出发。就这样走到拉萨常要一两年时间。没去过西藏的人，无法想象那些荒无人烟的地方，冰山雪地，根本就见不到人，他们却顽强地坚持了下来。还有很多人根本就没能完成他们的壮举，在中途就死掉了。能够走完全程到达拉萨的，拜完佛后，回去就成了全村人的英雄，因为他们认为，他的壮举不仅是赎了他全家人的罪孽，也是对全村人的一种救赎。

当我看到藏族群众这种神奇的习俗时，我真的由衷地感叹信仰力量的伟大。那天，我一个人坐在圣湖边，我就在想，藏族群众朝圣的力量是这样伟大，我问自己，我也将用一生来朝圣，那么我生命中的朝圣是什么呢？

我没有什么主义，也没有什么宏大的理想，我的朝圣就是寻找我自己，将自己生命的池塘，变成汪洋的大海。

生命怎样才能走出狭窄通向辽阔呢？生命必须是一种探索，不是一种欲望，不是野心勃勃地成为这个成为那个，而是去探寻，去发现真正的自我。

生命中没有了信仰，生活就会变得混乱，人生也会看不到希望，找不到生命的意义。残忍地杀害了4名同宿舍同学的大学生马加爵就讲，他这样残忍，只是因为他活着不知道生命有什么意义，他人生最大的失败是没有了理想。这不正是没有信仰的结果吗？

我一直认为中国最大的危机：一个是信仰的危机；一个就是价值观体系的崩溃。一个人没有信仰，他的生活真的会很混乱。婴儿可以不相信母亲的乳房吗？我们可以不相信同类彼此之间的爱和真情的存在吗？如果这些基本的信仰都丧失了，这个社会真的就没有什么意义了，而且会很危险。

生命的法则就是信仰的法则。你信什么，就能得到什么。要让生命充实而有意义，首先就得有一种全身心的、虔诚的信仰，找到支撑自己人生的信念。

透过信仰能生成一种强大的力量，能支撑我们走过生命中最艰难的时刻。信仰有时候只是一种小小的支撑力量，有时候却是一种能让生命蜕变的力量，我们每个人在一生当中，都曾亲眼看过这样的力量运作在家人、朋友或认识的人身上。

在报纸上看过一个叫泰瑞·安德森的人的故事。他是一个很普通的人，1985 年的某天早晨，在贝鲁特街头突然遭到绑架。一块布蒙住了他，他被丢到一辆车中，接下来的 7 年里，他都在一群激进的伊斯兰教恐怖分子的控制之中。他一直被监禁在潮湿、恶臭的地下室牢房里，他长期戴着脚镣手铐，不时地被鞭打折磨。直到 1991 年，当他最后被释放时，全世界的焦点都集中在他身上，大家看着他兴奋地回到自己家人身边——却也很惊讶他对绑架他的人毫无恨意。当人们问他为什么会有这么坚强的意志时，他表示，坚定的信仰与祈祷就是支撑他度过黑暗时期的力量。

这个世界上充满了类似的故事，信仰能创造奇迹。

失败时信仰希望，困难中信仰光明。无论在什么样的困境中，都要保持信心，保持快乐。最近的一些调查报告也显示，坚定的信仰对人们过着快乐的生活确实有帮助。这些调查人员发现，比起没有信仰的人，有坚定信仰的人对生活感觉更满意、更快乐。这些研究也发现，有坚定信仰的人不只是觉得身心平和，而且更有能力应对生活中的困难，比如变老、个人危机或身体受伤等问题。除此之外，有坚定信仰的家庭也比较少出现罪犯、酗酒、吸毒、离婚等现象。甚至有证据显示，信仰对于病重的人也有明显良好的影响。

信仰让你有归宿感，让人们有共同的联系与相互关怀。信仰给人一种深刻的人生目标，让生命更有意义。

我信仰人都是高贵的，我信仰平等、自由、博爱，我信仰每个人都能通过自己的主动努力而改变人生。我信仰每一个生命都是有价值的，都能有快乐的人生。

要点：

生命的法则就是信仰的法则。你信什么，就能得到什么。

二、祈祷

要发挥潜意识的作用，祈祷也是一种很好的方式。

我是一个天生就有宗教情结的人。我喜欢宗教，我看过佛教、基督教、伊斯兰教的经文，发现所有的宗教都有一种祈祷仪式。佛教祈祷时要念阿弥陀佛；基督教要向上帝祈祷；伊斯兰教要向安拉祈祷。

我就在想，祈祷有什么作用呢？为什么那么多人都要去祈祷呢？一位佛教的高僧告诉我："最重要的是，祈祷像是一种日常的提醒，提醒你心中秉持的原则与信念。"

祈祷不仅是在向我们的内心反复地提醒、告诫，它还应该有别的作用，我想从心理学的角度来探讨祈祷的效果。

其实一个人拥有一个东西，他如果不在心理上拥有，就不是真的拥有。

比如说你喜欢一个女孩子，通过你的努力，你追求她，她同意嫁给你，你们结婚了，法律上是夫妻，你拥有了她，但是如果你心里老是不放心，总在想：她是不是真的喜欢我啊？是喜欢我的钱，还是别的什么东西呢？过一段时间会不会跑掉呢？会不会什么时候给我顶绿帽子戴呢？

记得李泽楷去新疆考察西部投资时，新疆维吾尔族的帽子很多是绿颜色的，维吾尔族人为了表达对他的尊重，给了他一顶绿颜色的帽子戴，但他死活不肯戴。不尊重人家的民族习俗嘛。有次中央电视台的著名主持人在解说一场足球赛时说："大家看啊，那个戴绿帽子的就是沙特队的教练。"

你心里不拥有，你就总会怀疑它，就不是真的拥有；只有在心理上拥有了一个东西，你才算真的拥有。

有一个大学生看中了一部漂亮的跑车，他很喜欢它，就跟他父亲讲："爸，我看中了一部跑车，我很喜欢它，你能不能在我大学毕业后买给我？"他爸说："可以，你大学一毕业我就买给你，就当作是我送给你的大学毕业礼物。"

于是他很高兴，因为他知道他爸是很守信用的，同意的事一定会办。所以他整个大学四年都很高兴，他知道毕业后，他就能拥有这部梦寐以求的跑车；虽然读书期间他还没有拥有，但是他的心中已经拥有了，所以他充满了感激和喜悦之情。

要想真正拥有一件东西，首先必须是心灵上拥有。祈祷就有这样神奇的效果。

你想拥有什么美好的事物，就静下心来，在内心虔诚地祈祷。要潜意识发挥作用，你就要全身心地相信。

我喜欢向我的内心世界祈祷，每次祈祷完了，我就相信必定会有美好的结果，所以我就很高兴，因为我在心灵上已经拥有了我所祈祷的东西。

祈祷能给人带来很多快乐。你每次考试前，先花几分钟，闭上眼睛，虔诚地向内心祈祷：我一定会考好，我肯定能考好。然后你全身心地相信自己能考好，你再去考试，保证比以前发挥得更好。

我每次去做人生中的某件大事时，我已经养成了习惯，我都会向内心祈祷。我虽然不是宗教信徒，但是我相信祈祷的力量，我会静下几分钟来祈祷。

《圣经》上有一句话：要求，就会给予；寻找，就会发现；敲门，就会打开。我觉得人生就是这样，你要求就会给你，寻找就会发现，敲门就会打开，关键是你要相信，你要相信你的潜意识，你要向它祈祷，你所向往的美好事物，它都能帮你实现。

可能很多人会觉得太玄了。我实实在在告诉大家，通过我的人生历程告诉大家：这是真的。

小时候我梦想着自己能写书，能在上千人的会场潇洒地演讲，现在这些都实现了。我觉得特别开心，原来这个世界梦想真能成真。

人生中最浪漫的事，莫过于梦想成真。

如果你相信你潜在的巨大能量，并尽力将它发挥出来，将来有一天你也会突发感慨，生活太美妙了，原来我们真的都能梦想成真。到老了，你就可以跟你的孙子谈你梦想成真的故事。

我真的相信梦想可以成真，因为每个人都有这么大的力量，你应该向你的内心祈祷。快乐、成功都没有谁能给你，只有你自己能给自己。

前面已经讲过，很多人的失败只是因为他们祈求的方向不对，他们总在向外部的世界乞求。自己就是一座宝藏，潜意识具有无穷大的智慧和力量，我们应该向它祈求，向自己的内心世界祈求。

你想老板给你加工资，不是向老板乞求，而是应该向你的内心真诚地祈求，那么你的潜意识就会帮助你，让你表现得更好，你的老板自然就会给你加工资；你想要那个女孩做你的夫人，你追求她，向她祈求，她有可能被感动，但感动的最后还不是你给她倒洗脚水的分。因为是你求她啊！人际交往中有一条规律：较不主动者占据主导权。如果你来求我，肯定是我占据主导权啊。实际上追一个人是一种征服，不是要在她面前奴颜婢膝的，你应该表现出你的优点来打动她。所以这种祈求应该向自己的内心祈求，祈求你的潜意识帮助你，让你表现得更好来折服她、打动她。

要点：

要想真正拥有一件东西，首先必须是心灵上拥有。

快乐、成功都没有谁能给你，只有你自己能给自己。

用全部的热忱和信念向你的内心祈祷，你所想要的一切它都会帮你实现。

三、想象

潜意识不辨真假，你想象它就认为它是真的。所以想象事情的美好结局，潜意识就会帮你实现。

心理学家说：想象就是用心灵的眼睛看到你所预期中的美好。

你想要什么结果，就先在心里想象，那就是在用你心灵的眼睛去看到预期中的美好。

很多优秀的推销员在推销之前，先静穆几分钟，闭上眼睛，想象与顾客谈得很高兴，想象推销很成功。结果，推销的时候真的就发挥得很好。

你的潜意识接受了成功的概念，它就会让你表现得很好。

当然你不能在头脑中想象那个顾客很差劲把你一脚给踢出来了，这样你很可能就真的被赶出来了。

你想得到什么结果，就想象那些美好的结果。考试前，你想象自己考得很成功、很快乐，一副轻松愉快的感觉，潜意识就会让你轻松愉快，你就会考得很成功。

在我们的生命中，想象力的重要性远远超过我们所能意识到的。

自古以来，成功的伟人都是利用想象或"心理图像"来预习，以获得成功的。拿破仑未参加实际战争以前，曾经在想象中"练习"军事许多年。韦伯与摩根在他们所著的《充分创造人生》一书里说，拿破仑在他读书的几年中所做的阅读笔记，付印时达 400 页之多，他将自己想象为一位指挥官，画出科西嘉岛的地图，以精确的数学计算，标出他布防的各种可能情况。

希尔顿也在他拥有一家旅馆之前，很早就在心里想象练习经营旅馆的方法，还在孩提时代，他就时常扮演旅馆经理的角色。

查尔斯·罗恩在他所写的《如何每年推销 5 万美元的商品》一书里，提到一些推销员如何利用一种新的方法增加 100%的销售量，甚至有些推销员增加了 150%，而有一名利用这种方法的推销员，竟增加 400%的销售量。

这种方法就是"角色扮演"。也就是在心里预想各种不同的推销情况，然后想象如何解决这些困难，直到演练者在实际中无论何时碰到这些难题，都知道该说什么话、做些什么事为止。

"不管是何种情况，你都能事先有所准备。"每次推销员对顾客推销时，顾客说的话、问的问题，或提出的反对意见都会构成一种情况。如果你能时常估计他会说什么话，你应该如何回答问题或处理反对意见，你就能将货物推销出去。

很多科学家也已验证想象训练是非常有作用的。

心理学家曾做了一个著名的实验，将一批篮球运动员分成了 A、B 两组，A 组接受体育训练，以便投进更多的球；B 组则接受只在头脑中想象投篮场面的训练。结果一段时间后，没有接受实际投篮训练的 B 组进步居然比 A 组还快。

在培训的时候我也曾要求学员试验想象训练。只要他们很认真地试就有效。

先要学员站起来双脚不动，尽量地扭腰转身，将能转的最大角度记下来；然后，再要求学员将眼睛闭上，尽量放松，身体不动，在头脑中想象转动。在想象中尽量转到最大位置，想象身体转动了一圈，我要求想象到的点点头，再想象身体转动了两圈，反复想象。最后将眼睛睁开，按想象中转两圈的样子，快速转过来。一般人都会比原来转得多一些。

很多科学家、作家在解决问题的时候都是在头脑里想象。我读书时要做题，常常就是先在头脑中想象这个题应该怎么解，背英语单词时也是在头脑中想象背，即使现在我写作和准备讲座时，也常常先在头脑中想象准备。

想象有助于发挥潜意识的神奇作用。

要点：

想象就是用心灵的眼睛看见你所预期中的美好。

四、自我暗示

要发挥潜意识的力量还有一种方式：自我暗示。

运动员在比赛中，时不时会举起拳头用力挥一下，口中发出一声叫喊，这正是在自我激励：我能行，我能打败对方。

自我暗示能够激发潜意识的力量，增强信心。

我去广州黄埔海军基地讲座时，他们的队长就告诉我，他第一次当舰长出海时，就遇到了罕见的大风大浪，大多数船员都因晕船而呕吐，他平时也很容易晕船的。但当时责任在身，他就暗示自己：不能晕船，一定不能晕船。结果那一次他真的就没有晕船。

你去见客户前，先用几分钟时间闭上眼睛自我暗示：我能够做得好，我能够成功。这样做就能激发出潜意识的能量。

有很多人问："我想发财，自我暗示有没有可能帮助到我啊？"

我说可以，只要你很虔诚地自我暗示，每天早上或者晚上临睡前闭上眼睛，尽量放松，然后自我暗示：我要赚钱，我要赚钱。多说几次，试一两年，你就肯定能成功。

可有些人说："我试了几个月也没赚到钱。"

问题在哪里呢？一方面你说"我一定能赚钱，一定会很富有"，可你心里又在怀疑：这是不可能的。你自己都在怀疑的时候，自然没有效果。

你暗示的东西，一定要全身心地相信，一定要认为这就是真的，你一定能做到。这样，潜意识的力量才能发挥出来，结果你就可能真的做到。

其实，我不担心你做不到，我只担心你天天这样自我暗示，你的潜意识会让你变成一个守财奴。最后虽然赚到了钱，但却像那个中举的范进一样得了失心疯。

要随时随地运用你的潜意识，用自我暗示让潜意识工作。疲累时，告诉潜意识，你很好，精力充沛；生气时，告诉潜意识，你很快乐，很开心。这样你就会真的很好，真的很开心。

要点：

自我暗示能够激发潜意识的力量，增强信心。

第五节　改变习惯的方法

思想决定行为，行为决定习惯，习惯决定命运。

人们常说的性格决定命运，其实是在说习惯决定命运。我们性格的表现，也就是我们的思维习惯和行为习惯，正是这两种习惯决定了我们的命运。

习惯是人生中的一柄双刃剑，用得好，它会帮助我们轻松地获得人生的快乐与成功；用得不好，它会使我们的一切努力都变得很费劲，甚至能毁掉我们的一生。

所以能否改掉坏习惯，培养好习惯，就是能否获取人生幸福的关键。

首先我们来了解习惯的形成。

习惯是潜意识的功能。我们学习游戏、跳舞或开车，是在意识的指导下一次次地重复动作，直到在潜意识中留下深深的"印迹"为止。然后，我们的潜意识会为我们产生自动的习惯动作。

其实生活中没有其他东西更能像习惯这样证实潜意识的神奇。习惯就像一根拴住你的绳子，在你每天重复这种行为时，这根绳子就会变得越来越粗，越来越控制住你，让你无法挣脱。于是你就成了你习惯的奴隶。所以习惯又被人们称为第二天性，它是潜意识对言行的自动反应。

那我们如何才能斩断这根绳索，让自己获得自由呢？

习惯是意识选择的结果。你选择了做某件事，并不断地重复，你的潜意识就认为你想做那件事，就让它变成你的习惯。到时候潜意识就提醒你该做那件事了，而潜意识提醒你的方式是强迫，是不讲道理的，逼你非要那样做不可。

举个例子。比方烟瘾的形成，首先是你选择了抽烟，你开始抽烟，然后不断地重复抽烟，就在你的潜意识中留下深深的"印迹"，这时你的潜意识认为你想抽烟，它就将抽烟变成你的习惯，到时候它就提醒你该抽烟了。它怎么提醒你呢？它用强迫的方式。现在医学上已经证明，一到时候它就使大脑不分泌内啡肽，不分泌内啡肽的时候，你就会浑身乏力，感觉疲倦，只有通过抽烟这种刺激，大脑才会又分泌出内啡肽。它就用这种方式强迫你。

习惯的形成是有意识选择的结果，既然是有意识选择的结果，那我们也可以再通过有意识的选择来改掉它。所以你有自由选择好的或者坏的习惯的权利。你的习惯只是你的选择。

以前我努力戒过很多次烟，但每次我都是靠意志力来对抗烟瘾，这样可以暂时起作用，但一遇到哪天意志力稍有松懈的时候，烟瘾就更加难以克制，会变本加厉。

那天当我看到关于潜意识的第一本书的时候，我就想用潜意识的方法来戒烟。

烟瘾既然是潜意识的功能，我想改变抽烟的习惯，我就必须要通过意识告诉潜意识我不想抽烟了。

当时我是这样做的，每天晚上睡觉前和第二天早上起床时，我就闭上眼睛，通过呼吸动作让自己放松，放松以后，就自我暗示：我不要抽烟，我一定能够戒烟。然后再想象：戒了烟以后，我的肺感觉空气很清新，做人很清爽，大家都愿意和我聊天，嘴也不像原来那样臭臭的。

戒烟的第一个星期最难，我慢慢克制了，长久地不抽烟，潜意识认为我真的不想抽烟了，它就接受了我改变习惯的要求，于是就让大脑开始正常分泌内啡肽，这样我就不必依赖抽烟而恢复正常了。

很多潜意识心理学家认为，运用潜意识的方法，自我暗示、想象，对于戒毒也很有效。

我看过一些医学杂志，认为人练气功，实际上就是在练潜意识，训练它怎么发挥出高效力。

俄罗斯的科学家还认为，接吻也有助于分泌内啡肽，因为接吻时会激情澎湃。戒烟阶段多接吻，有助于戒烟。

那些科学家还认为接吻有十大好处，其中之一是可以护齿。接吻怎么可以护齿呢？可能是我将你牙齿上的细菌给吸掉了，你把我牙齿上的细菌也给吸掉了。

另外，接吻还可以美容。接吻时，血液循环加快。他们甚至还算出了每接一次吻要消耗 12 大卡的热量。如果你要减肥的话，我建议你多接吻。有人说那我天天接吻，我怀疑这样你会骨瘦如柴的。杂志上介绍说一天早中晚接吻三次，一次持续 20 秒就够了。

我有个朋友说他接吻时一点都没有觉得兴奋，怎么没有内啡肽分泌出来呢？我说你接吻太多了，倒是要防一下艾滋病才好。

简单地说任何一种行为只要不断地重复，就会成为习惯。同样道理，任何一种思想只要不断地重复，也会成为习惯，在不知不觉中影响人的行为。

比如在吃饭的时候，一般人都是用右手拿筷子。为什么会这样呢？因为那些人从小到大都是用右手拿筷子，已经养成了习惯，人是按照习惯来办事的。假如那些人在吃饭的时候，突然改用左手拿筷子，会有什么样的感受呢？当然会觉得不舒服，挺别扭，这说明改变习惯是一个不舒服的过程。但如果那些人每天都用左手拿筷子吃饭，坚持一个月，一个月后他们就不再那么别扭，会稍微习惯一点。其实习惯是可以被改变的，只要不断地重复，就可以被改变。

习惯是有意识的选择，如果我们能将好的思维方式、好的行为、好的工作方式变成习惯，那我们就会很轻松地获得成功与快乐的人生。

行为心理学研究表明：21天以上的重复会形成习惯；90天的重复会形成稳定的习惯。即同一个动作，重复21天就会变成习惯性的动作；同样道理，任何一个想法，重复21天，或者重复验证21次，就会变成习惯性想法。所以，一个观念如果被别人或者自己验证了21次以上，它一定已经变成了你的信念。习惯的形成大致分三个阶段。

第一阶段：1~7天左右。此阶段的特征是"刻意，不自然"。你需要十分刻意提醒自己改变，而你也会觉得有些不自然、不舒服。

第二阶段：7~21天左右。不要放弃第一阶段的努力，继续重复，跨入第二阶段。此阶段的特征是："刻意，自然"。你已经觉得比较自然、比较舒服了，但是一不留意，你还会回复到从前。因此，你还需要刻意提醒自己改变。

第三阶段：21~90天左右。此阶段的特征是"不经意，自然"，其实这就是习惯。这一阶段被称为"习惯性的稳定期"。一旦跨入此阶段，一个人已经完成了自我改造，这项习惯就已经成为他生命中的一个有机组成部分，它会自然而然地不停地为人们"效劳"。

做一个有计划的成功者，去有计划地为自己塑造好习惯。当然，因为与之相对应的坏习惯已经十分顽固，因此要形成某些好习惯时，你可能需要花更多的力气同时去克服坏习惯。中国有句古训：江山易改，本性难移。这句话的涵义有两层：人的本性是很难改变的；人的本性虽然很难改变，但并非改变不了，只是难了一点而已。

改掉一个坏习惯为什么会这么困难呢？只是因为你的思想意识处在矛盾中，任何一种习惯的形成，是因为你在这样做时会得到一时的快感，而且这种快感有无比的诱惑力，使它变得难以抗拒。所以要改掉一个坏习惯，首先，你就要激发自己的欲望，让要改掉一个坏习惯的欲望比想坚持它的欲望更强烈，这样你就已经成功了一半。

假如我们的本性中有一些阻碍成功的因素，我们如果不改变，岂不是注定要失败？如果你对改变自己的劣根性没有信心，裹足不前，请扪心自问：我是要快乐与成功还是要痛苦与失败？不改变，就意味着失败；要快乐，要成功，就别无选择，只有立即改变。

成功其实是很简单的。重复的行为就能形成习惯，良好的习惯就能导向成功，所以，成功也就是简单的事情反复地做。

要点：

习惯的形成是有意识选择的结果，既然是有意识选择的结果，那我们也可以再通过有意识的选择，来改掉它。所以你有自由选择好的或者坏的习惯的权利。

成功就是简单的事情反复地做。

让我们去挖掘出最真实也最丰富的潜能，那是早已蕴藏在我们身上而不自觉的资源，若不使用就太可惜了。

第六章　迈向卓越之路

台湾的林清玄先生曾写了一个很美的寓言故事：

在一个狭长的山谷里，住了一群白蝴蝶，它们居住在溪水边，靠吸食腐木的汁液为生。

有一条毛毛虫，每天看着蓝天，还有蓝天下飞过的多彩多姿的蝴蝶，它心里总是想着："为什么我不能变成一只蓝蝴蝶呢？为什么我不能像多彩多姿的蝴蝶一样，以采花为生呢？"

于是吃着树叶的空当，别的毛毛虫都睡了，这条毛毛虫就独自冥想，想着自己生出美丽的蓝翅膀，在蓝天下飞来飞去，分不清自己是飞在蓝天中，或者是蓝天印在自己的翼上。

每天每天，毛虫都这样深深地冥想。

奇怪的事终于发生了，当所有的毛虫都长出白翅膀时，那只毛虫却长出一对蓝翅膀，蓝得像蓝天一般。

别的蝴蝶一诞生，就飞下土地，吸食腐木的汁液。只有蓝蝴蝶一飞冲天，在蓝天下飞舞，从一朵花舞过另一朵花，它心里想着："百花是如此的美味，为什么白蝴蝶都不知道呢？在天空下飞舞是这么快乐，为什么白蝴蝶都不愿意飞舞呢？"

蓝蝴蝶一边快乐地飞舞，一边冥想，希望自己的子子孙孙都能化成蓝蝴蝶，都能飞舞在蓝天中，吸吮百花的芬芳。

那些聚居在山谷底部的白蝴蝶偶然抬头，看见和自己长得很像的蓝蝴蝶在空中转来转出，都以为自己在做梦，把蓝天梦成了翅膀。

许多许多年之后，在那狭长的山谷里住了一群白蝴蝶和一群蓝蝴蝶。

白蝴蝶一出生，便飞到地上，吸食腐木的汁液。

蓝蝴蝶一出生，便飞上空中，在蓝天飞舞，吸食百花的芬芳，它们蓝之又蓝，蓝得比它们的祖先——第一只蓝蝴蝶——还要蓝；它们自由自在，比第一只蓝蝴蝶飞得更高更远。

读到一本谈生物进化的书，讲到进化和动物的向往与意志有关。例如同一科目的动物，留在海里的变成海象，走上陆地的却演化成大象。

动物的进化虽然动辄数百万年，但追溯到最初，除了生存，还有内在的意志。

想起了那次去张家界旅游，见到路旁茂密的树木，一株株都笔直地挺拔向上，我问学生物的同伴："这里的树为什么长得特别直呢？"她告诉我，树的生长需要阳光，在这茂密的森林中，树要获得阳光就必须尽力向上生长，因此这里的树就长得特别直。

我想树因为竞争，因为向往阳光，就能长得特别直，人的成长不也是这个道理吗？大自然真的是很仁慈的，它赋予了万物一种内在的力量，只要内心热切向往，就能不断进化，达成向往。达尔文的进化论通过上亿年间无数的生物进化，不也揭示了这种力量的存在吗？

你向往成为一个怎样的人，大自然已经赋予了你这种力量，你就能够成为一个怎样的人。

第一节　价值观

如果你只想做一个普普通通的人或者过上小康生活水平就满足了的人，那么，这一节对你没有什么意义。但如果你想做一个真正有意义的人，能真正成功的人，那就必须要有明确的价值观。

生命的意义究竟是什么？很多人探讨生命的意义，其实不应该是你询问生命的意义是什么，而是生命正向你提出质疑，要求你回答生命的意义。因为生命只是一个载体，她的意义是由你自己赋予的，没有任何人能告诉你生命的意义，只有你自己才能决定你生命的意义。也正因如此，你才必须要对你的生命负责。

每一个人都应该对自己的生命负责。要让生命更有意义，首先，你就必须确定你的价值观、人生使命，这样你才不会在人生中迷失方向，使人生变成一场错误。

我看过一位将军的传记。他一生崇拜、追随一位独裁者，当夺得天下后，他发现这位独裁者的所作所为都危害了国家和人民的利益，他猛然醒悟自己一生所追求的目标原来只是一种错误时，却为时已晚了，他这样说："如果我反对他，那也就是在反对我一生的努力。"

韩国前总统全斗焕对韩国的经济起飞发挥了重大的作用，但他独裁统治，镇压光州学生运动，贪污受贿。当这些罪行被披露后，全斗焕不得不在电视上就自己在任期间的罪孽向韩国人民"道歉"，随后偕夫人前往汉城（今首尔）郊外百潭寺求佛赎罪，并自我放逐到山区的一间古庙隐居，过清苦的生活。

如果一个人开始确立的价值观和人生使命就不正确，或者表面看上去是正确的，但实际效果却危害了国家和社会。尽管他勤奋努力，矢志不渝，为了目标而奋斗，但他越努力对社会的危害就越大，到老来醒悟时，他也只有在内心深深地忏悔了。

所以要让人生有意义、有价值，首先你就务必要树立正确的价值观，明确自己的人生使命。一旦你的价值观错了，人生的方向错了，你越努力、越成功，带给人类的危害就会越大，你的人生也只会是一场悲剧。

希特勒也有价值观，正是他的价值观决定了他的行为方式。

希特勒信奉尼采的哲学，他将尼采的哲学观点加进自己的理解后，形成了他的价值观。

尼采认为达尔文的进化论是一种普遍的规律，他将达尔文的进化论思想引入人类社会中，他说："猿猴对于我们人类来说是可笑的动物，但人类就是从猿猴进化来的，那我们对于未来的超人来说又是什么呢？"

动物是在不断的生存竞争中优胜劣汰，使物种不断进化，那种不能进化而适应不了环境的物种，其必然的后果就是灭绝。所以尼采认为人类也需要不断进化，才能不断进步。而人类要发展、要进化，就必须汰弱存强，淘汰弱点，发展优点，这样未来的人类才能更强大、更聪明、更高级，所以弱者就要被淘汰，这是人类进化发展的必然要求。不要同情、不要怜悯，因为同情弱者，就是对人类缺点的忍让，会阻碍人类的进化。

尼采说：上帝也有自己的地狱，那便是他对人的爱。因为上帝拿不起，放不下。

希特勒接受了这种理论，并将它更极端化，他认为日耳曼民族是最优秀的民族，应该统治、治理全世界，而犹太民族是最低劣的民族，应该被消灭。

正是这样的价值观导致了希特勒的疯狂行为，所以也正是价值观导致了一个人行为的好坏。

石油大王洛克菲勒曾经的名言是："当红色的蔷薇含苞欲放时，唯有剪除四周的枝叶，才能在日后一枝独秀，绽放出艳丽的花朵。"洛克菲勒靠他刽子手般的垄断手法敛积了大量财富，建成了一个庞大的跨国公司。但美国人都恨他，称他为刽子手。

在他54岁那年，美国实施反托拉斯法，为了避免垄断公司太强大了影响竞争，要肢解他的公司。那段时间他整天生活在焦虑之中，头发掉了，人也越来越神经质，失眠、焦虑，活着感觉不到一丝快乐。医生告诉他，再这样下去他会活不了多久。但他仍然放不下他的公司，那是他一生的心血。

一天他遇见了一位牧师。牧师跟他讲："你认为人生真正的幸福快乐是什么？你用尽心血将企业办得这么大，但美国人还是恨你，你这样生活有什么意义？"

洛克菲勒听后，思想上发生了变化，他改变了自己的价值观，认为帮助别人才是最大的快乐，于是他决定提前退休。此后他开始大量做善事，随着他慈善事业的进行，"爱"又重新回到了他的心中，他的心胸也开始宽阔起来，活着也越来越有滋味。洛克菲勒终于明白了"施比受更有福"的道理。

洛克菲勒后来又活了 41 年，95 岁才去世，成了美国最大的慈善家。他在传记中说，他的后半生才是真正快乐的人生，因为他又赢得了美国人的尊敬。

洛克菲勒改变了他的价值观，于是就改变了他的人生。

做一个人，首先要明确你真正想要什么，什么才能让你的人生真正快乐，找到自己内心真正的需要，否则你就会迷失。所以，价值观正是人内心的舵。

其实价值观也正是能帮助你取得人生成功的法宝。

毛泽东为什么能取得天下？在黑暗的旧中国，当他接触到马列主义思想后，他认为找到了拯救中国的唯一道路，于是形成了自己的价值观。正是因为有了价值观，他才能和一批有共同价值取向的老一辈无产阶级革命家走到了一起，并用他们的价值观去感召大众，唤醒大众。当大众接受了他们的价值观时，他们便赢得了民心，于是最终也就赢得了中国。

这个世界上很多伟人的成功，其实正是因为他们有正确的价值观，是正确的价值观带来的成功。

那么你有价值观吗？你有人生的终极目标吗？在你的生命中，最重要、最值得追寻的到底是什么？你有没有试着去寻找答案？

一个人如果不能认识自己，不了解自己的真正需要，他就会缺乏生命的目标，找不准人生方向，也不知道如何在生活中体现自己的价值，得到真正的快乐；他就会丧失对自己的爱，对生命的爱，最终必然导致对人生的茫然、空虚、厌烦和无所适从。

现实生活中有很多的事例也证明了这点。不是常有报道某某巨星吸毒吗？他们在没有成名的时候，苦苦追求，为不能成名而痛苦；突然间一夜成名，其后名利双收，成为超级巨星，这时钱和名再也构不成对他们的刺激，他们不知道在人生中还有什么追求，于是只得靠吸毒来寻求刺激，最终毁了自己。

我也有一些朋友，在创业初期，勤奋努力，积极上进，但在赚了几千万元甚至上亿元后，一生衣食无忧，就失去了动力，再也没有了原来的奋斗精神。他们也感觉自己颓废了，生活得没有意义了，但却始终找不到再次奋进的动力。

哲学家叔本华认为人生就是一连串的痛苦。人都被各种欲望左右，达不到欲望，人会痛苦；当达成了欲望时，人又会无聊；而且达成了一种欲望，又会有新的欲望产生，于是又会有新的痛苦。萧伯纳精炼了叔本华的理论，他说人生的痛苦有二：一是欲望没有被满足，二是它得到了满足。

人的欲望不论是满足了还是未被满足，人生都是痛苦，那我们如何才能摆脱这种循环论式的痛苦？如何才能在人生中不迷失呢？

李嘉诚现在 70 多岁了，赚的钱几辈子也用不完，但他为什么还每天工作十几个小时呢？邓小平等一些伟人，为什么能生存不息，就工作不止呢？他们的动力来自哪里？

其实正是来自他们的价值观。因为他们有人生的价值观，所以他们才能有无止境的人生追求。

以前我也没有价值观，只是渴望成功，但当有钱、有名后，我却突然觉得没有动力了，我不知道还有什么能让我真正开心、快乐，我变得懒散，没有上进心。那天当我看了杏林子的故事后，我才猛醒，我应该确立自己的人生价值观，我的价值观是：让每一个中国人都能更有尊严、更自信地生活着。

当我有了价值观后，我就有了人生的方向，也就有了无穷的动力。

价值观能将工作变成你人生的使命，会让你在人生中动力无穷。没有价值观你就会觉得人生不全，没有意义。价值观主宰了我们的人生方式，可以这样说：有什么样的价值观，就决定了你有怎样的人生方式。

价值观是人判断是非黑白的信念体系，引导我们追求人生中所想要的东西，是我们人生的终极目标。我们的一切行为，都在于实现我们的价值观。因为它是我们人生的终极目标，所以是永远无法完全达到的，我们只能在我们的人生中努力接近它，也正因如此，我们才不会陷于萧伯纳所说的那种循环论式的痛苦中。

所以有了价值观的人生才是有方向的人生，永远能进取的人生；才是充实的人生，快乐的人生。

我时常为中国而悲哀。日本明治维新，学习西方，取得了极大成功，其后就开始日渐走向强大；我们也有洋务运动，但却以失败告终。即使现在，日本引入 J 联赛，办得如火如荼；我们引进中超联赛，但却是假球、黑哨、赌球风行，在全世界拥有最多球迷的国家中，联赛却越办越差，越来越没有吸引力。还有股票市场，在西方是一种很好的市场经济工具，而一引入我们国家，就成了巨鳄们吞食小股民的圈钱运动，弄得现在不得不暂停新股发行。为什么会这样？在其他地方好的东西，引入我们这里，就变质变味，成了坏的东西。从根本上来讲，一是制度的问题。好的制度能让坏人变好，坏的制度能让好人变坏。二是中国人缺乏凝聚力，缺乏责任感和敬业精神。但深究下去，产生这些劣根性的原因正来源于中国的两大危机：一个是信仰的危机；一个就是价值观体系的崩溃。

记得小时候，培养价值观是我们教育体系中一项最重要的任务，通过树典型、歌颂英雄，让我们树立了无产阶级的价值观，要消灭阶级，要走向按需分配的共产主义。其实世界的资源是有限的，怎么可能做到按需分配？于是全国人民都有了无产阶级的价值观，但人生活着就要追求快乐，不能总是"无产"啊！所以随后的"文化大革命"以及一些运动，让大家在疯狂中觉醒了，大家感到被愚弄被欺骗了，人们认清了早先价值观的空洞，但这时儒学、佛教、道教等中国传统的价值体系又都已被极大地摧残了，于是人们从一个极端走向了另一个极端，开始彻底丧失了价值观，认为价值观只不过是虚伪、空洞、骗人的东西。

但在一个社会中如果大多数人都丧失了自己的价值观，人们就失去了道德的约束，失去了人生中的追求，那么人的劣根性就会被极度地放大，人们就会为所欲为，这样的后果，会导致人心越来越败坏，这样的民族没有希望。

几十年来我们致力于发展市场经济，这是对的。但同时，我们虽然也强调了，但却没有什么很好的手段来建设精神文明。发展市场经济必须要辅以精神文明建设，否则必会导致人心的败坏；而且这种效应是滞后的，虽一时看不出来，但产生的恶果却将是几代人都难以弥补的。

西方现在不强调以人为本，而要以神为本。因为以人为本，人有很多的劣根性，是不能作为价值标准的；而以神为本，神是人们理想的化身，是人道德的化身，以神为本就是给人树立了道德的规范。

尼采说："上帝已死，人们可以为所欲为。"如果单从解放人的生命力而言，这句话解除了人的束缚，但从道德规范的意义上说，神是不能死的，因为神就是道德规范的化身。人是需要管束的，没有了管束的人，将最终毁灭自己。

中国现在有很多的问题，如贪污腐败，假冒伪劣产品泛滥，信用危机，人心不古等，人们丧失了爱心，丧失了对人的尊重，丧失了个人的尊严，丧失了对生命的敬畏。其原因不正在于中国很多人的人心败坏了吗？而人心的败坏正来源于价值观的丧失。

那我们应该树立一些怎样的价值观呢？

有这样一则小故事：

在一次丧礼上，有人问死者的朋友："他留下了多少遗产？"

对方回答："他什么也没能带走。"

人终究是什么也不能带走的，你只能留下。你留下得越多，你的生命才越有价值；你对社会贡献得越多，你的生命才越有意义。生命的价值不取决于你得到了多少，只取决于你留下了多少。

其实我们每个人都有属于自己独特的人生使命和意义，他人无法替代，你的人生使命早已存在那里，你只是要去找到它罢了。

就像苏菲教大师路米的《桌上谈话》一书中说的：

在这个世界上有一件事是绝对不能忘记的。如果你忘记其他事情，只有那件事没忘记，你就不用担心；反之，如果你记得、参与并完成其他事情，却忘记那件事，那你就等于什么也没做。这就好像国王派遣你到一个国家去完成一件特殊的工作。你去了，也做了一百件其他的事，但如果没有完成你的任务，你就是什么事也没做。每个人来到世间都有一件特定的事要完成，那就是他的人生目标。如果他没有做那件事，就等于什么事都没有做。

这个人生目标指的是你的人生使命和生存的意义，也就是你的价值观。人生活在世界上必须有明确的价值观和人生使命，这是生命意义的所在。

但很多人活了一辈子都不知道自己真正想要的是什么，真正的快乐是什么。因此他们活了一辈子都没有真正享受过属于自己的人生。他们只是被动地活着，像动物一样地刺激反应，而没有主动的生活。

柯维先生在《高效能人士的七个习惯》中谈到要以终为始，也就是要以人生的最终目标为开始行动的指导。那我们如何才能找到真正属于自己的、最想要的人生目标呢？其实人希望在死后得到的评价就是人内心真正想要的目标。所以逼真地想象自己死了，给自己写一篇墓志铭，就有助于你找到内心真正想要的人生目标。

广州某培训机构曾有一个"沉船效应"的训练。通过灯光、音效的运用，逼真地模拟出你乘坐的船快要沉了，这时很多人开始痛哭流涕，纷纷写下自己的遗嘱；过后再通过遗嘱找出自己人生的目标。不过也有一些心理脆弱的人因此而得了神经病，为此还闹出一些官司。

平等、自由、博爱、和平、和谐发展，这是人类社会存在与发展的核心价值理念，凡是有助于实现这些理念的人生价值观就是正确的，凡是不利于实现这些理念的人生价值观就是不正确的。这就是衡量你价值观是否正确的准绳。

练习：人死后希望别人给予的评价，才是内心真实想要的，借此可以找到自己的价值观。

1. 我的墓志铭（希望别人对我的评价）
2. 我的价值观

第二节　梦想

《圣经》上说："要求，就会给予；寻找，就会发现；敲门，就会打开。"

不管是什么，你都会有的；不管你全身心渴望什么，你都能得到。关键是你要知道你真正想要什么，并要对此有一种强烈的欲望。

在法国有一位年轻人很穷、很苦，后来，他以推销装饰肖像画起家，在不到 10 年的时间里，迅速跃身于法国 50 大富翁之列，成为一位年轻的媒体大亨。不幸，他因患上前列腺癌，1998 年在医院去世。他去世后，法国的一份报纸刊登了他的一份遗嘱。在这份遗嘱里，他说："我曾经是一个穷人，在以一个富人的身份跨入天堂的门槛之前，我把自己成为富人的秘诀留下，谁若能通过回答'穷人最缺少的是什么'而猜中我成为富人的秘诀，他将能得到我的祝贺，我留在银行私人保险箱内的 100 万法郎，将作为睿智地揭开贫穷之谜的人的奖金，也是我在天堂给予他的欢呼与掌声。"

遗嘱刊出之后，有 48561 个人寄来了自己的答案。这些答案五花八门，应有尽有。绝大部分的人认为，穷人最缺少的当然是金钱了，有了钱，就不会再是穷人了。另有一部分认为，穷人之所以穷，最缺少的是机会，穷人之穷是穷在背时上面。又有一部分认为，穷人最缺少的是技能，一无所长所以才穷，有一技之长才能迅速致富。还有的人说，穷人最缺少的是帮助和关爱，是漂亮，是名牌衣服，是总统的职位等等。

在这位富翁逝世周年纪念日，他的律师和代理人在公证部门的监督下，打开了银行内的私人保险箱，公开了他致富的秘诀，他认为：穷人最缺少的是成为富人的野心。在所有答案中，有一个年仅 9 岁的女孩猜对了。为什么只有这个 9 岁的女孩想到穷人最缺少的是野心？她在接受 100 万法郎的颁奖之日，说："每次，我姐姐把她 11 岁的男朋友带回家时，总是警告我说不要有野心！不要有野心！于是我想，也许野心可以让人得到自己想得到的东西。"

谜底揭开之后，震动法国，并波及英美。一些新贵、富翁在就此话题谈论时，均毫不掩饰地承认：野心是永恒的"治穷"特效药。是所有奇迹的萌发点，穷人之所以穷，大多是因为他们有一种无可救药的弱点，也就是缺乏致富的野心。

这里的"野心"换成一个动听点的名词，那就是"梦想"。

如果将成功比喻为一次飞行旅程，那么它是从梦想开始起飞的。

多年以前我也曾经消沉，那时我在日记中悲叹：

曾经为事业成功而激动，也曾经为爱情而激动，但现在好像一切对我都无所谓了，再没有能为之心跳的事，也再没有能让我热血沸腾的感觉，活着就像一具僵尸，也许还剩有一些因本能而残留的冲动，仅仅是残留的冲动而已。没有归宿的生活，没有为事业而热血沸腾的生活，是多么无聊、多么乏味啊！

生活不能再这样下去，因为这将是痛苦连着痛苦，甚至会让我丧失对生命的热情。我必须要改变，要找回对生命的爱、对生活的热忱，要唤醒我的生命力。

但改变要从哪里开始呢？

一天上网聊天，一个19岁的大学生问我："你的梦想是什么？"我突然像被针扎了一样，我的梦想是什么？我还有梦想吗？才30多岁的年华，但生命已被生活消磨得衰老，我已很少再有激情去梦想。成年了，不用再学习，也有了经济收入，多年的折腾，雄心已不再，于是，梦就这样悄悄地被生活偷走了。

但雷石东不是63岁才买下维亚康姆公司吗？却创造了轰动世界的《幸存者》节目。还有麦当劳的克洛格，50多岁才开始创业，不也成就了遍及世界的快餐帝国吗？人需要有梦想，年轻时需要，年龄大了更需要，因为年轻时的梦想更多些幻想成分，而成熟后的梦想才更现实，才会令浪漫与现实结合得更好。

总要有一个目标，要有一些辉煌的梦想，这样才会不断地努力，生活也才充实。

在少年时看了《拿破仑传》，我为拿破仑由一介平民而成为横扫欧洲的一代名将而感动，就梦想着成为拿破仑；高中时对物理着了迷，我又梦想着能像爱因斯坦那样，坐在家里，一张纸，一支笔，就能演算出自然世界的变化。但这些都不能算梦想，只不过是想一想而已。那么什么才是梦想呢？

有一位学禅的学生也这样问他的上师，于是上师带他去湖上泛舟。然后问他："你是真的想知道什么才是梦想吗？"学生回答是真的想知道。既然是真的想知道，突然间上师将他推下了船。年轻人沉入了水里，几秒钟后冒出水面来喘气。上师不待他吸足气，又用力把他按了下去。年轻人又冒了出来，却又被按了下去。他第三次冒出来时几乎没有了气力。这次上师把他拉了上来，用通常的方法让他恢复了正常的呼吸。

当这个年轻人完全从"酷刑"中缓过来时，上师对他说："告诉我，在拉你上来之前你最最想要的是什么——那种与其他欲望相比犹如太阳之于蜡烛一般的欲望。"年轻人回答："哦，上师，我最想要的是呼吸空气——对我来说，当时没有任何别的欲望了！"然后上师说："那就是你的梦想。"

其实这还不能算梦想，因为这是在痛苦状态下的需求。梦想应该是快乐的，应该是在快乐、积极心态下的渴求。

有人说第一次与梦中情人约会时，彻夜难眠，兴奋不已，这算不算梦想？这还不能算梦想，因为这种情感很难维持长久。

我们在一生中会为很多的事而激动，甚至想起来就夜不能寐。我们的梦想就应该是这样一种梦，一种快乐的梦想，是一种心能为之激动得颤抖的梦想，是一种能为之舍弃一切也心甘的梦想，是一种能长居心头的梦想。这种梦想会让你内心燃烧着火焰，使你永远怀抱着热忱，怀抱着期盼，永远精力充沛。

当你有了这种梦想时，你的人生就真正找到了目标。

而没有这种梦想的人，说明生活中已没有了期盼，没有了热忱，生活将是平淡无味的。

就像桑德柏说的："除非先有梦，否则一切皆不成。"没有梦想，就没有热情，就不可能有任何成就。

如果你是位业务员，我问你是赚 1 万元容易，还是 10 万元容易？

你会说："这还用问吗？当然是 1 万元容易。"

我说你错了，是赚 10 万元容易。

为什么呢？如果你的目标只是 1 万元，那么你的打算只是能糊口而已。如果这就是你的工作目标和工作原因，请问你工作时会兴奋有劲吗？你会热情洋溢吗？好好想想，难道工作就只是为了糊口而已？

工作总归是工作，不论你将目标定为 1 万元还是 10 万元，你都得打电话、接洽客户、送货。如果你把目标定为 10 万元，而不是 1 万元，出门时一定会更兴奋、更卖力。这时你的心境会鼓舞你发挥出比糊口更高的潜力来。

人要发挥自己的潜力，就要让自己更动心、更有兴趣、更有渴望，而梦想就是源泉。只有动心的未来才能激发成长的念头。倘若没有梦想，没有为实现梦想的努力，没有梦想的实现，我们的幸福何在？

很多人为什么能勤奋工作，孜孜不倦，被人称为工作狂，不就是因为他们心中有梦想吗？他们想过上浪漫而丰富的生活，想像一个英雄一样被人尊崇，这些梦想在他们心中燃烧，像火一样点燃了他们的热情，使他们能对工作有一种狂热。

我喜欢看好莱坞的电影，因为它被称为"梦工厂"。同样我们也应该将我们的生活变成一块梦想地。我们应该用梦想编写生命的剧本，演绎精彩的生命杰作，为了成就感而工作，金钱自会滚滚而来。

是什么鼓舞人不断前进的？是人对未来的梦想。要想生命富有力量，首先就要有一番既远大又脚踏实地的梦想。我们说立志就是迈入了成功的大门，所谓立志，也就是要有梦，要有目标。

奔驰公司总裁埃沙德·路透说："如果你必须造船，你不必叫人们去寻找木头，当然也不必待在那里只顾发号施令和分配繁琐的工作，你应该引导他们去向往远方缥缈无际的大海。"

我们会成为怎样的人，有怎样的成就，就在于先做怎样的梦。欲望比方法更重要。

有一天晚上，我在上海的南京路上闲逛，走累了之后，就买了一瓶冰红茶坐在路中的石凳上边喝边休息。这时过来了一个穿着还比较整洁干净的中年人坐到了我的身边，我也没太在意，休息好后，我起身就准备将饮料瓶扔进附近的垃圾桶，这时他突然说话了："先生，把饮料瓶给我吧。"原来他坐在我身边一直在等待，就是为了收我的饮料瓶。我真的震惊了，他看上去很斯文的，怎么看也不像一个捡废品的。我看着他问："你等在这里，就是为了这个饮料瓶吗？"他有些不好意思地说："是的。"我将饮料瓶递给了他。我想他也许是下岗了，在家里被老婆骂烦了，只得出来捡饮料瓶为生。但我想我至少还应该给他一个忠告，于是我对他说："人生中要得到多少，就看你对生活索取多少。"他听了为之一愣，然后蹒跚而去。

望着他远走的背影，我十分感慨，为什么人与人之间会有这么大的差距呢？我和他都是人，为什么我能休闲地逛南京路购物，而他，一位中年人，却得靠在南京路上捡废品为生。难道说上帝对我特别眷顾？

其实我与他之所以不同，答案就在于我对他说的话：人生给予你所要的一切。如果你只想要一个饮料瓶，你就只能得到一个饮料瓶；如果你想要充满喜悦和成功的人生，你也同样会得到。无数人的经验证明，如果你能放飞梦想，并控制自己的心态和行为，你就无所不能。如果你懂得如何争取，你就必然会得到你所想要的。

其实生活中有不少的乞讨者，不仅是街头的乞丐，还有那些生活中的乞丐，他们之所以生活潦倒、落魄，不在于他们所遭遇的环境，全在于他们选择的面对环境的态度。

人生有两种方式，一种是像巴甫洛夫实验中的狗，只有条件反射、刺激反应，完全听从外来讯息。他们没有行动，只有反应。另一种方式就是运用自己的头脑，选择能使自己和世界变得更好的梦想和行动。

人生有梦想和没有梦想都可以生活，但有梦想的人生，你心中就会燃烧着一团火焰，会驱使你不断向前。

为什么很多人没有了梦想，因为他们不相信自己有权利得到生活的馈赠。当面对生活的困境时，许多人便不再奢望梦想能有实现的一天。当热情渐消，他们便忘了自己身上所蕴藏的力量，生活中不再有自信和希望。

惠普的价值观是：每件事都有可能。惠普的总裁解释说："这不是说每件事情都可以轻而易举，但的确每件事都有可能。"

的确每件事都有可能的！请别忘了我们身上那股沉睡的力量。只要我们今天便拿出行动，去唤醒它，美梦便会在心中复活。

练习：我的梦想（包括我想拥有的、想做的、想成为的、想传播的）

（可以问自己诸如："如果我做什么都能成功，我最想做什么？最想拥有什么？最想成为什么？最想传播什么？"）

第三节　目标

《圣经》上说：你定意要做何事，必然给你成就，亮光也必照耀你的路。

有一位瘦子和一位大胖子在一段废弃的铁轨上比赛走枕木，看谁能走得更远。

瘦子心想：我的耐力比胖子好得多，这场比赛我一定会赢。开始也确实如此，瘦子走得很快，渐渐将胖子落下了一大截。但走着走着，瘦子渐渐走不动了，眼睁睁地看着胖子稳健地向前，逐渐从后面追了上来，并超过了他，瘦子想继续加力，但终因筋疲力竭而跌倒了。

最后，在极大好奇心的驱使下，瘦子想知道其中的秘诀。胖子说："你走枕木时只看着自己的脚，所以走不多远就跌倒了。而我太胖了，以至于看不到自己的脚，只能选择铁轨上稍远处的一个目标，朝着目标走。当接近目标时，我又会选择另一个目标，然后就走向新目标。"

随后胖子颇有点哲学意味地指出："如果你向下看自己的脚，你所能见到的只是铁锈和发出异味的植物而已；而当你看到铁轨上某一段距离的目标时，你就能在心中看到目标的完成，就会有更大的动力。"

人生也是这样，你有目的或目标吗？你一定要有个目标，就像你不可能从你从来没有去过的地方返回一样，没有目的地，你就永远无法到达。

就功能上来说，人就像一部自行车，只有朝着目标前进时才能保持稳定与平衡。每个人都有一部好的自行车，问题是，如果你坐着不动，也不骑到哪个地方去，那当然会在人生中摇摇欲坠。

我们都是追求目标的机器，天生就是如此，如果我们没有个人喜爱的目标，没有"有意义"的目标，我们就很容易在人生中兜圈子，感到"迷惘"，觉得生活"没目的"。我们是被制造出来克服困难、解决问题、从而达到目标的。要是没有可供克服的阻碍，要是没有可供奋斗的目标，我们的人生就不会满足，也不会快乐。说人生没价值的人，其实只是因为他们自己缺乏有价值的人生目标。

目标给了你一个看得见的射击靶。它既是努力的方向，也是一种鞭策。随着你努力实现这些目标，你会有成就感，而且伴随着目标一个又一个地实现，你的思想方式和工作方式也会渐渐改变，你会越来越快乐，越来越心胸宽广。

　　曾有一位医生对活到百岁以上老人的共同特点做过大量研究。他叫听众思考一下这些人长寿的共同因素，大多数听众以为这位医生会列举食物、运动、节制烟酒以及其他会影响健康的东西。然而，令听众惊讶的是，医生告诉听众，这些寿星在饮食和运动方面没有什么共同特点。他发现，他们的共同特点是对待未来的态度——他们都有人生目标。

　　制定人生目标未必能使你活到100岁，但必定能增加你成功的机会。人生倘若没有目标，就肯定一事无成。正如贸易巨子宾尼所说："一个心中有目标的普通职员，会成为创造历史的伟人；一个心中没有目标的人，只能是个平凡的职员。"

　　有什么样的目标，就有什么样的人生。

　　这个世界上有很多人都对自己的生活境况和人生不满意，但其中绝大多数人都不明确自己喜欢的人生究竟是怎样的，对心目中喜欢的世界没有一幅清晰的图画，因此他们没有改善自己生活的目标，无法用人生目的去鞭策自己。虽然他们总对自己的人生不满意，结果他们仍然继续生活在一个只能说他们自己无意改变的世界上。

　　还有一类人，他们虽然也明白自己在人生中应该做些什么事，可就是迟迟拿不出行动，根本原因还是在于他们欠缺一些能吸引他们的未来目标。遗憾的是，大多数人所追求的目标只在于如何应付生活，应付每天的生活琐事，当一个人落到这样的境地时就根本谈不上人生目标了。

　　目标对于我们的人生来说，就像撒在园中的种子，稍不留意，野草就会蔓生，它无须我们关注，就会长得又快又多。如果你期望潜能得以充分发挥，那么就请你订下一个远大的目标，相信你在向它挑战的过程中，会发现无穷无尽的机会，会使人生攀上一个新台阶。

　　今天的你是真正的你吗？你的潜能完全发挥出来了吗？相信你的未来会远胜于今天，现在是你下定决心给自己订出一个值得追求的目标的时候了！

　　目标是很重要，但我们如何订立目标呢？

　　1952年7月4日清晨，一位34岁的叫查德威克的女子，开始了横渡卡塔林纳海峡的壮举，要是成功了，她就是第一个游过这个海峡的女性。

　　那天早晨，天气很冷，海水冻得她身体发麻，雾也很大，她连护送她的船都几乎看不到。时间一个钟头一个钟头过去，千千万万人在电视上注视着她。有几次，鲨鱼靠近了她，被人开枪吓跑了。她仍然在游。在以往这种渡海游泳中她的最大问题不是疲劳，而是刺骨的水温。

　　15个钟头之后，她被冰冷的海水冻得浑身发麻。她知道自己不能再游了，就叫人拉她上船。她的母亲和教练在另一条船上。他们都告诉她海岸很近了，叫她不要放弃。但她朝加州海岸望去，除了浓雾什么也看不到。

几十分钟之后——从她出发算起 15 个钟头 55 分钟之后——人们把她拉上了船。又过了几个钟头，她渐渐觉得暖和多了，这时却开始感受到失败的打击。她不假思索地对记者说："说实在的，我不是为自己找借口。如果当时我看见陆地，也许我能坚持下来。"人们拉她上船的地点，离加州海岸只有半英里！后来她说，真正令她半途而废的不是疲劳，也不是寒冷，而是因为她在浓雾中看不到目标。

查德威克小姐一生中就只有这一次没有坚持到底。2 个月之后，她成功地游过了同一个海峡。她不但是第一位游过卡塔林纳海峡的女性，而且比男子的纪录还快了大约两个钟头。

查德威克虽然是游泳好手，但也需要看见目标，才能鼓足干劲完成她有能力完成的任务。因此，当你规划自己的成功时千万别低估了制定可测目标的重要性。

比如你坐上出租车，几分钟后还确定不了具体要去哪里，出租车司机一定会将你赶下车。确立目标首先要具体、明确，有衡量标准。

如果目标不具体，无法衡量是否实现了，那就会降低你的积极性。因为向目标迈进是动力的源泉，如果你无法知道自己向目标前进了多少，你就会感到泄气，最终会甩手不干了。

另外，篮球筐为什么要定为现在这样一个高度呢？因为太高了，大家都投不进篮，就不会有兴趣；篮筐太低了，大家又太容易投进去，也会兴味索然。目标也要像篮筐高度的设定一样，既不能太高，也不能太低，要跳一跳才够得着。

还有在做房子的时候，都必须要有一个工程期限，否则就会成为胡子工程。同样道理，订立目标的时候，也必须要有一个明确的时间期限，其实目标也就是给梦想配上时间表。

在订立目标时，要牢记以下四件重要的事项：

一、写下你的目标。当你书写时，你的思维活动会自然地使目标在你的记忆中产生一种不可磨灭的印象。

二、目标要明确、具体、有衡量标准。你只有确实地、精细地、明确地树立起目标，你才会体认到你所潜藏的巨大能量。

三、目标要跳一跳才够得着。树立人生更高的目标，不断地向自己提出更高的要求。你把你的主要目标订得越高，你为达到这个目标的努力也就要越集中。更高的目标将激励人们奋斗。当然目标也不能脱离实际地订得太高，当你完全看不到达到目标的希望时，你也不会有动力。

四、给你自己确定时限，安排达到目标的时间。这一点的重要性在于激励你自己不断地向目标迈进。

正确性、可行性、时间性是我们为自己制定成功目标所必须具有的三大要素。

在前面我已对目标谈了很多。其实没有目标，就没有生活方向。这个世界上许多没有明确目标的人，正在为有明确目标的人完成他们的目标。

一个人没有目标，就像一艘轮船没有舵一样，只能随波逐流，无法掌握，最终只会搁浅在绝望、失败、消沉的海滩上。

目的论不仅是人生成功的法则，还是一种很好的方法论，能帮助我们在人生中直指核心。

记得读书时做数学题，一些同学不会做，一些同学要绕一大圈才能解出答案，还有一些同学能直截了当地就找到最简捷的解题方法。后一类的同学是最聪明的，也是老师最喜欢的。同样，最优秀的教师也不是遇见学生的问题就讲出一大堆的理论，而是一句话就能点醒学生，直指核心。其实，人生也是这样，聪明人要有直指核心的能力。不管我们面临的问题多么繁难复杂，只要你能够抓住重点，直指核心，任何问题都会迎刃而解。

我在招聘员工时，很重要的一点，就是看他有没有直指核心的能力。我会通过与他的漫谈，来了解他有没有直截了当地抓住事物核心的能力。

但我们很多人在做事时，总是没有明确的目的和计划，一遇到问题就手足无措、混乱一片，胡子眉毛一把抓。这样的人不仅解决不了问题，只会使问题更加复杂。

我看过很多管理大师的书籍，他们都在书的开始就强调要目的明确，强调企业要明确一些像"我们的事业是什么？我们的事业究竟是什么？"等貌似简单，其实又很不寻常的问题。

华为的企业文化中有一个著名的基本法，第一条就是：华为的追求是在电子信息领域实现顾客的梦想，并依靠点点滴滴、锲而不舍的艰苦追求，使我们成为世界级领先企业。这一条正是为了明确企业的事业究竟是什么，并警醒自己要紧紧围绕这个目标，不受其他投资机会所诱惑。

美国电话电报公司（AT&T）也是在自问自身这样一个问题时明确了"我们的事业就是服务"，从而将服务而不是其他诸如创新之类的作为了公司的重点。有了这层领悟后，他们大幅翻新经营政策，不断灌输员工奉献服务的精神，并且在公关活动中，强调服务的重要。正是由于这样的目的明确，所以在罗斯福新政时期，AT&T逃过了被收归国有的厄运。因为国有企业无法做到像 AT&T 这样细致而周到的服务，AT&T 变得无可替代。

管理学之父德鲁克说企业的领导人要常常自问："我们的目的是什么？我们要如何才能实现它？"以明确企业的方向和经营核心。人生中要直指核心，我们也要时常自问："我要做什么？我能够做什么？""要"与"能够"结合，你才能发现"你究竟应该做什么"，把握人生的定位和方向。

唯有始终明确目标，把握目标，并付诸行动，你才能时刻把握住核心，不偏离核心，这样你也才有可能提高行动效率，取得人生成功。

生活就是不懈地奋斗，解决难题和实现正当的梦想，绝不是遇见难题就将它们一脚踢开。要解决难题，就要始终以目的为导向，这样很多看起来繁杂无序的事就能迎刃而解。

举个例子：

有一座公寓大楼的租用者被警告说，附近地区出现了一些入室抢劫事件。一次偶然事故中，一个中年人在试图拦截小偷时，被小偷刺伤。那天晚上稍晚，救护车和警察离开之后，租房者们聚在一起讨论他们应该怎样实施自我保护。

起初，会议并没有真正的目标。大家谈论起当晚发生的事，有些人也叙述他们见到过的相同事件，以及读到的有关新闻消息等等。终于，有人说："我们还是来谈谈我们到底该怎么办吧。"

当然没有一个人真正知道该怎么办，而这正是他们召集会议的原因。他们中大多数人来这里只是期望被告知答案。但没有人有任何办法，只是有许多观点，而其中大部分的话都是消极的。他们开始抱怨警察，责怪某个人……

一个年轻妇女脱口而出："我们为什么来这儿呀？这简直是浪费时间！"

这话很有些敌意。这位妇女真的很厌烦了，会议开得似乎毫无目的。其他觉得自己终于找到机会可以宣泄一通的人好像受到了伤害。于是人群中出现了死一般的沉寂。

这时有一个人说："我们来这儿是为了对付罪犯。"

但马上有一个反驳意见说："我们能对付罪犯吗？你真的认为我们能对付得了罪犯吗？"

另一个人说："我们来这儿是为了执行法律。"

又一个人反问："但我们能执行法律吗？"

这时在房间的角落有一个小男孩，可能还不到 10 岁，他怯生生地说："我们可以帮助警察执行法律。"

这句话提醒了大家，大家能做的就是看能怎么帮助警察。一旦目的明确了，下一步该怎么做也就显而易见了，自然是请一个警察来，问应该如何帮助他们。

原来我们在公司里面，常常有很多的会议、协商，只是变成了各部门的抱怨和利益之争，这些会议又臭又长，既没有效果，还浪费了时间。后来每次开会时，我们都确定一个目的，要大家围绕着目的讨论，并随时注意以目的为主导，这样才提高了会议的效率。

其实做任何事都要以目的为导向，不能让枝叶蒙蔽了目的。

有些推销员在推销的时候，常常会和顾客争吵起来，其实不论起因是什么，你的目的是销售产品给顾客，却为什么和顾客吵起来了呢？

小学学语文，老师就强调了要有中心思想，文章要为中心思想服务。目的才是最重要的，其他的都只是为达成目的的手段。

练习：

1. 我的目标（给梦想配上时间表）

可行性分析

2. 分析目标：目标是否具体？是否与你的价值观相矛盾？是否与社会的价值观相抵触？是否有达成的判断标准？是不是靠自己努力就能达成？不是就请修正它。

欲望比方法更重要

3. 对于目标只是有兴趣，想要，还是一定要？将一定要达成的目标写下来。

自我分析

4. 我拥有哪些一定可以达到目标的资源？

5. 我以前有过哪些成功的体验（包括事业、健康、财务、人际关系等方面）？原因是什么？

6. 要达成目标我需要具备什么条件（并找出需要掌握的最重要的知识或技能）？

7. 我有哪些不足？应该如何改进？我的最大障碍是什么？要如何克服？

模仿对象

8. 我有哪些值得效法的榜样？我要向他们学习什么？

第四节　计划

大部分的人都高估了1年内所能完成的事，而低估了10年之中所能完成的事。人生中重要的是开始，但要取得成就就需要一长段的时间。

你可以在街上随意叫住100个年轻人，一个个地问他们："你认为你现在的生活和工作方式保证会让你在生活中一败涂地吗？"

当他们从最初的震惊中恢复过来，每个人都会说："你有病啊？我的工作、生活方式会让我一定失败？我正在为光明的前途而努力工作，我一定能成功。"

每个人都这样想，真是可悲。几乎每个人都相信自己会成功，但结果却常常事与愿违，要知道这个世界上真正能实现自己的梦想取得成功的人不足1%。

那么，那些在生活中没有获得成功的人是本来就打算失败的吗？显然不是。问题在于他们根本就没有什么打算，没有明确而具体的人生目标，因此，他们的生活只是在随波逐流。

哈佛大学的爱德华·班菲德博士经过多年研究，发现成功者与失败者的区别在很大程度上是基于个人对于时间的态度而定，班菲德把这个结论称作"时间观念"。

他发现那些成功的人都是有长期时间观念的人。他们在做每天、每周、每月的活动规划时，都会用长远的眼光考量，他们会规划相对长远的未来计划，他们做决策和分配资源时，都是以未来长远的目标为准则。

在另外一方面，班菲德博士发现那些失败的人都只有短期的观念。他们几乎不做长远计划，他们更着重短期的欢乐而非长期的经济保障，更关心眼前的利益而不是未来的成功与成就。因为这样的态度，他们选择短期计划，而导致长期的困苦生涯。

这项发现可以说是所有成功学研究中最重要的一项。也就是说，为了要达到成就的极限，你一定要用长期的眼光规划人生及事业。

好好问问自己，到底什么才是你人生中真正想要的？你希望人生有价值而快乐吗？你希望事业成功吗？你希望拥有很多的财富、漂亮的汽车和豪华的别墅吗？你希望能到世界各地旅行，亲眼看看各种名胜古迹吗？你希望有个幸福的家庭，希望得到孩子的尊敬吗？

不管你心里有什么样的希望，在做这样的梦时，就必须有对事业生涯的长远规划，并准备为此付出长期的努力。要知道成就伟大的机会并不像火山爆发般地在瞬间喷薄而出，而是缓慢的一点一滴的一个积累过程。

但越是年轻人，往往却越想快速达至目标，快速致富，尽早享受生活。其实人一定要先努力工作，持续不断地努力工作好几年，才能达成真正有价值的目标，才能享受渴望的生活方式。

要想出类拔萃，在心理上你就要做好全身心地投入较长时间的准备。因为不论从事什么职业，要培养出足够的专业能力，在竞争激烈的社会中取得成功，你就必须要花很长的时间。

当你对自己做出了这种长期的承诺后，你会发现你对待学习、工作及为人处世的态度会完全改变，你会从战略的高度考虑问题，从而会变得更为优秀。

我们大多会为旅游作计划，却难得有人为漫漫人生花心思计划。我们总是临渴掘井、亡羊补牢，从不未雨绸缪。

现在读书要有学习计划，工作要有工作计划，生活要有生活计划，连生小孩都要有计划，你怎么能认为人生不需要计划呢？没有计划，就是在计划失败。

每一场战争都需要精心规划，人生也是一场战争，人生就是经由计划、准备、实施，为达成最终目标而展开的一长串作战行动。

那么计划是什么呢？计划就是将目标分解。你不可能一口气跑上珠峰，你要将它分解成若干目标，征服了一个目标后，再向新的目标发起冲击。

现在让我与你分享一段我在网上看到的小故事，或许这个小故事可以很实际地帮助你理解计划，帮助你我走出目前的困境。

故事是这样的：

年仅19岁的凡内芮在德州的诗词比赛中，不知得过多少奖牌。她的写作总是让我爱不释手，当时我们的确合写了许多很好的作品，一直到今天，我仍然认为这些作品充满了特色与创意。

一个星期六的周末，凡内芮又热情地邀请我到她家的牧场吃烤肉。她的家族是德州有名的石油大亨，拥有庞大的牧场。她的家庭虽然极为富有，但她的穿着、所开的车，与她谦卑诚恳待人的态度，更让我加倍地打从心底佩服她。

凡内芮知道我对音乐的执着。然而，面对那遥远的音乐界及整个美国陌生的唱片市场，我们一点渠道都没有。此时，我们两个人坐在德州的乡下，我们哪知道下一步该如何走。突然间，她冒出了一句话："想象你五年后在做什么。"

我愣了一下。她转过身来，手指着我说："嘿！告诉我，你心目中最希望五年后的你在做什么，你那个时候的生活是一个什么样子？"

我还来不及回答，她又抢着说："别急，你先仔细想想，完全想好，确定后再说出来。"

我沉思了几分钟，开始告诉她："第一，五年后我希望能有一张很受欢迎的唱片在市场上发行，可以得到许多人的肯定。第二，我要住在一个有很多很多音乐人的地方，能天天与一些世界一流的乐师一起工作。"

凡内芮说："你确定了吗？"我慢慢地、稳稳地回答，而且拉了一个很长的Yessssss！

凡内芮接着说："好，既然你确定了，我们就把这个目标倒算回来。如果第五年，你要有一张唱片在市场上发行，那么你的第四年一定是要跟一家唱片公司签上合约。

"那么你的第三年一定是要有一个完整的作品，可以拿给很多很多的唱片公司听对不对？

"那么你的第二年，一定要有很棒的作品开始录音了。

"那么你的第一年，就一定要把你所有要准备录音的作品全部编曲，排练就位准备好。

"那么你的第六个月，就是要把那些没有完成的作品修改好，然后让你自己可以逐一筛选。

"那么你的第一个月就是要把目前这几首曲子完工。

"那么你的第一个礼拜就是要先列出一整个清单，排出哪些曲子需要修改，哪些需要完工。

"好了，我们现在不就已经知道你下个星期一要做什么了吗?"凡内芮笑笑地说。

"喔，对了。你还说你5年后，要生活在一个有很多音乐人的地方，然后与许多一流乐师一起忙着创作，对吗?"

她急忙地补充说:"如果，你的第五年已经在与这些人一起工作，那么你的第四年按道理应该有你自己的一个工作室或录音室。那么你的第三年，可能是先跟这个圈子里的人在一起工作。那么你的第二年，应该不是住在得州，而是已经住在纽约或是洛杉矶了。"

次年，我辞掉了令许多人羡慕的太空总署的工作，离开了休斯敦，搬到洛杉矶。

说也奇怪，不敢说是恰好5年，但大约可说是第六年，1983年，我的唱片在亚洲开始畅销起来，我一天24小时几乎全都忙着与一些顶尖的音乐高手，日出日落地一起工作。

每当我在最困惑的时候，我会静下来问我自己:"五年后你最希望看到你自己在做什么?"

如果，你自己都不知道这个答案的话，你又如何要求别人或上帝为你做选择或开路呢?

别忘了!在生命中，上帝已经把所有选择的权利交到我们的手上了。

如果，你对你的生命经常问"为什么会这样?为什么会那样?"的时候，你不妨试着问一下自己，你是否很"清清楚楚"地知道自己要的是什么?

有人问我:"你说人生中重要的是开始，现在又谈要有长远规划，这不是矛盾吗?"

人生中最重要的就是开始，但开始并不是要你蛮干。我讲过香港因为慢决策所以才能快执行，制定开始的目标时，也需要仔细考量，周密计划。我强调开始，只是因为大多数想创业者总是在思量，思量思量好几年后，却又拖着拖着就放弃了。而唯有开始才能让人迈出人生的第一步，才能让人将想法转化为行动。

当然开始了也并不意味着就可以轻易成功，从开始到成功还有一段距离，这段距离就需要我们认真地思考、计划，发扬执着的精神。罗马不是一天建成的，成功也需要一段长期的积累。

海尔总裁张瑞敏说过："什么叫不简单？只要把人人认为简单的事情每天做对，并且一直坚持下去，一年、两年，变成习惯，这就是不简单。"

有了计划，重要的就是要将计划中的每一步骤都落实、做好，这就是不简单。

练习：

1. 为了达成总目标，我需要在十年、五年、三年及今年达到什么目标（目标要具体、明确，有时间表）？

2. 要达成十年、五年、三年及今年的目标，我需要完成的每一件事是什么？并重点列出今年的月度计划。

第五节　行动、反省、再行动

人生伟业的建立，不在能知，乃在能行。

——赫胥黎

总有些学员告诉我说："听完你的讲座，我就觉得自己要当国家主席了；过不了几天就只想当总理了；再过数星期、几个月后，干脆就只想当孩子他爹算了。为什么我的热情、干劲总是不能保持长久呢？"

这是没有将热忱转化为行动的问题，无论你有多美好的梦想、多吸引人的目标、多完美的计划，如果没有行动，一切都是白搭。所以我在序言里就强调了开始，人生重要的就是开始，就像你没有起步，就永远不可能登上山顶一样。只有开始，你才可能有结果。

人生就是不断地行动、反省、再行动的过程。行动才是扭转人生最有力的武器。

在我刚开始订下人生的目标时，我心里也总有疑问：这样的目标我能坚持下去吗？

于是我在墙上贴了这样一行字：只要开始，就会心生热忱；持续为之，便能走向成功！

每当我情绪低落或者疲累不想工作时，我就在心中默念：只要开始，就会心生热忱。强迫自己静下心来工作。而我每次都发现这句话是那么灵验，工作本身是有魔力的，它会让你产生热忱。但你必须要开始，你不开始，它的魔力就无从发挥。

　　我发现确立了具体的目标和做了详细的规划后，我的人生立刻就不同了。我有了人生的寄托，有了人生的方向，生活也变得充实而有规律，而且在感觉得到的一天一天的进步中，我体悟到生命的力量、生命的喜悦，我从来没有像现在这样热爱生命，因为它让我创造、让我充实、让我感受到自身的价值。

　　但是还有很多人，他们总在说："总有一天我要做这做那，但遗憾的是那一天总没到来。"我有很多朋友，他们很有才华，但最终无所作为，只是因为他们从没有开始。

　　不同的行动会产生不同的结果，从结果中又可带出新的行动，把我们带向特定的方向，最后就决定了我们的人生。这就是为什么少数人能从芸芸众生中脱颖而出的原因，他们不但有行动，而且有不同于一般人的行动。

　　很多人在做事的时候，首先想到的不是追求成功，而是如何避免失败。为了不输而战与为了赢而战，两者之间有很大差别。成功者都是为了赢而战，他们不是想要，而是一定要，唯有一定要才能产生超强的行动力。

　　我经常听到有些人抱怨他们的工作，当我问起为何还要去上班，他们的答案差不多全是千篇一律："我不能不去工作。"难道这些人真是如此无奈吗？

　　事实上他们没有这个必要，不必每天一成不变地去上班，不必十年如一日地做相同的事，只要他们敢于今天下个决心，从此要重新生活，不再像以前那样便可以了。

　　同样地，此刻你也可以做个新的决定，只要你真心想这么做，那么就没有什么事能够难倒你。如果你不喜欢目前的工作，换掉它；如果不喜欢目前的个性，改变它；如果不喜欢目前的体能状况，锻炼它。

　　只要你对自己任何方面不满意的话，都可以改变它，不过得马上拿出行动，这样人生才能改变。我写这本书的用意就在于告诉大家认清"行动"的巨大力量，进而在人生中发挥无限的潜能，过着积极乐观、快乐丰富的生活。

　　你今天起来的时候，有没有想过你的生命在今天会改观？这是大有可能的，因为在你和成功之间就只有两样事：开始行动！不要放弃！你现在就可以解决你最大的难题，你要做的只是立刻行动。

　　一部高性能的机器，就是能在最短时间内输出最大动力。同样，一个最优秀的人，也就是能在最短时间内做出最大量的行动。我们不能马上成功，但我们可以马上行动！

下 部 心灵篇

大其心客天下之物，虚其心纳天下之善，
平其心论天下之事，空其心应天下之变。

—佛谚—

作者做客辽宁电视台《今晚博客》节目

　　人的头脑就像一部超级电脑，它已具备了举世无双的硬件，但要最大限度地开发出这些硬件的功能，还必须输入一些很好的软件。本篇就是为开发你的头脑而编制的一套心灵软件。

　　我是绝对相信心灵对于人的作用的。记得《六祖坛经》里有这样一段故事：

　　六祖惠能昔日在广州法性寺。当时印宗法师正在讲涅槃经。突然一阵风吹来，风幡飘动。一位僧人说是风动，另一位僧人却说明明是幡动，两人争执不下。惠能见了说："不是风动，不是幡动，人心自动。"众皆骇然。

　　外物只有通过我们的内心才起作用。不论是风动还是幡动，如果你的内心不动，它就不会对你有影响。

　　佛家说："心魔即魔，心佛即佛。"具有魔的心灵你就将成为魔，拥有佛的心灵你就会成为佛。人在生活中是否幸福、快乐、成功，在很大程度上是由你的心灵决定的，是由你心灵的修炼程度决定的。

　　人的成功应该是由内而外的，唯有修炼好心灵，才能享受真正的成功与恒久的快乐。没有修炼好心灵，即使取得了成功，也不能保持长久。世界上有多少成功者在登上了一个小山顶后，就再也不思进取，无聊、颓废，丧失了奋进精神，找不到生命意义的？又有多少成功者是最终溃败的？

　　其实人的成长就像一棵大树的生长，这里有一个平衡性的问题。如果树的根不够深，即使长成了大树，也很容易就会倒下。所以树在生长的同时，它的根也在不断深入，树长得越高，它的根也将越深，你不可能发现十几米高的树只有很小的根，它无法支撑一棵巨大的树；在生命中，成长意味着你内心的深入，你生命的根在那里。

第一章　打开内心里的改变之门

　　每个人的内心都有一扇只能由内开启的改变之门，这扇门从外面是推不开的，只能由内向外推。如果你不愿意打开这扇门，不论我在外面如何动之以情、晓之以理，一切还是无效。所以在看本书的时候，首先希望你能打开内心里的这扇门，当你打开这扇门后，你将会感受一些全新的东西，感受生命由此而来的改变。

　　如果把一支蜡烛放进全黑的屋子，黑暗瞬间消失，屋里有了光明。但是，增加十支、百支或千支蜡烛，房间无非是变得越来越亮。但决定性的变化是第一支蜡烛，是它冲破了黑暗。

　　下面的内容也许将成为燃亮你人生的第一支蜡烛。

第一节　改变就在一瞬间

　　人要改变自己，是一个渐进的、缓慢的过程，还是一种突变呢？

　　很多人的答案是：人的改变是渐进的、缓慢的。

　　如果你也抱有这种观念，我相信你的改变是很困难的。

　　但哲学不是告诉我们事物的变化是由量变到质变吗？

　　比如一个人要戒烟，如果你总认为戒烟是一个渐进的缓慢的过程，要逐渐地戒，我相信你永远也戒不了烟；你只有在某天突然感觉到再抽下去会得癌症，肺会完全烂掉，你才会痛下决断，马上采取戒烟措施，你也才有可能戒掉烟。

　　现代心理学理论告诉我们，人的改变就在一瞬间。

　　我有一位大学同学，是我们班有名的吝啬鬼。来深圳后，他的工资收入高了，但仍然不改吝啬的毛病，每次与他一起吃饭都感觉不爽。

　　一次下班后，他遭遇车祸，当时就昏了过去。肇事司机以送他去医院为借口，将他抬上车，但车开出不远，司机见四下无人，将他扔在路边就跑了。

　　他醒过来后，对前面的事已失去记忆，只是觉得奇怪，怎么自己坐在路边，而且胸口疼痛难忍。好不容易遇见一路人，他赶紧要路人帮忙给单位打个电话。很快，单位来了人，将他送去校医室检查，但查不出结果，于是将他送到了医院，开始医院也查不出原因，就给他拍片，结果发现他断了 11 根肋骨。医生判断他一定是被车撞了。

于是单位为他展开了调查，幸好有一位路人记下了肇事车的牌号，他才获得了一些赔偿，但他却因此在医院住了 5 个月。

出院后，他当天晚上就带着夫人去麒麟山庄总统套房，花 8000 元住了一夜。我问他怎么突然想了。他说要是当时死了不也就死了，再多的钱又有什么用。从此他想通了，钱生不能带来死不能带去，钱就是用来花的。

其实人的改变就在一瞬间，只要你思想上有了一种强烈的要改变的意识，并下一个决定，改变就会出现。

CNN 的老板特德·特纳，年轻时是一个典型的花花公子，从不安分守己，两次被布朗大学除名，其中第二次更是因多次违反有关女生宿舍的规定。他的父亲也拿他没办法。

不久他的父亲因企业债务问题而自杀，他因此受到了很大的触动。他想到父亲含辛茹苦地为家庭打拼，他却在胡作非为，不仅不能帮助父亲，还为父亲添了无数麻烦。他决定改变自己的行为，要把父亲留给他的公司打理好。从此他就像变了一个人，成了一个工作狂，而且不断地寻找机会，壮大父亲遗留的企业，最终将一个小企业变成了世界级的大公司。

不仅特纳，其实很多伟大的人物，他们的改变也就在一瞬间。鲁迅以前一直认为中国落后是因为中国人的体格不行，被称作"东亚病夫"，于是他去日本学习医学。但一次在课间看电影时，他看到日本军人挥刀砍杀中国人，而围观的中国人却一脸的麻木，当时其他的日本同学大声地议论："只要看中国人的样子，就可以断定中国是必然灭亡……"鲁迅思想上顿然发生了改变，他说："我便觉得医学并非一件紧要事，凡是愚弱的国民，即使体格如何健全，如何苦壮，也只能做毫无意义的示众的材料和看客，病死多少是不必以为不幸的。所以我们的第一要著，是在改变他们的精神，而善于改变精神的是，我那时以为当然要推文艺，于是想提倡文艺运动了。"从此鲁迅决定弃医从文，以笔作枪，去唤醒沉睡中的中国，也正因此我们国家多了一位伟大的思想家和文学家。

现代西方流行的神经语言程序学，其心理学的理论基础就是人的改变是在瞬间发生的。通过强烈的刺激，在瞬间改变人们的观念和习惯。在中国发扬光大的禅宗也讲求顿悟，认为人的得道在于顿悟，在于一刹那的开悟。其实人生就是这样，人思想的改变就在一瞬间，当你顿悟后，你就能洞察生命的本性，从被生活奴役而走向自由的道路，将蕴藏在内心中的仁慈和潜能都充分地发挥出来。

以前我办培训班，总是每周 3 个晚上上课，为时 2 个月。但我发现这样的培训只是在传授知识，很难达到改变人的目的。当我参加了一些非常有影响的培训后，发现它们都是集中在两天培训，这种全天候的短时间培训，容易营造一种气氛，使大家受到感染，从而产生一种突变。于是我明白了，真正的培训，目的不只在于传授知识，更重要的目的其实在于改变一个人，改变他的思想、他的观念。而要改变思想、改变观念，就要营造一种环境，创造一种气氛，让人受到激励，从而达成在一瞬间的改变。

培训是这样，其实读书也是这样，读书的最重要作用就在于改变你的思想观念。本书的目的也就是希望能促成你在一瞬间的改变。

如果你真的想改变自己，就去激发自己改变的欲望吧！当欲望最强烈时，果断地做一个改变的决定，你就会发现奇迹将在你身上出现。

要点：

人的改变就在一瞬间。

第二节　要让事情变得更好，先让自己变得更好

很多人渴望改变生活，想生活得更成功、更快乐、更有意义。那怎样才能做到呢？

有这样一个故事：

一艘战舰正在浓雾的天气下航行，由于能见度极差，船长也守在船桥上指挥一切。

入夜后不久，船桥一侧的瞭望员突然报告："右舷有灯光。"

船长询问光线是正逼近或远离。瞭望员回答："逼近。"这表示双方会撞上，后果不堪设想。

船长命令信号手通知对方："我们正迎面驶来，建议你转向 20 度。"

对方答："建议贵船转向 20 度。"

船长下令："告诉他，我是船长，转向 20 度。"

对方说："我是二等水手，贵船最好转向。"

这时船长已勃然大怒，他大叫："告诉他，这里是战舰，转向 20 度。"

对方的信号传来："这里是灯塔。"

结果，是战舰改了航道。

人生也是这样，你不可能要求世界改变，否则你会碰得头破血流。你只能努力去改变自己，让自己进步，以在这个世界中生活得更快乐、更成功。

在一次签名售书时，华为的一位工程师跟我谈了他的苦恼："我是博士

生，人也很勤奋，每天工作十几个小时，但却得不到领导的赏识。我觉得我的价值没有得到认可，心里很苦闷，有时我都真想换份工作算了。"

我对他说："俗话说孩子是自己的好，我写的书我总认为是最好的，你对工作投入了心力，你也会认为你的工作是最好的。但你的工作是不是真的就最好呢？我相信如果你的工作真的很杰出，任何一位领导要追求企业的成长，他就不会视而不见。所以你不要抱怨领导没有眼光，你抱怨领导，你只会得到烦恼，而不会有任何进步；你要反思自己，是不是工作还不够杰出，还没有做到更好，这样你就会想办法改进自己，你也才会取得进步。"

我们很难改变别人，我们只能通过改变自己来影响别人；我们更不要抱怨别人，我们只有通过让自己变得更杰出来征服别人。这是一种思维方式的问题，改变别人是很困难的，即使改变了别人，你也不会有什么进步，而多反省自己，时刻提醒自己还应该做得更好，你就能够改变自己，使自己得到进步。

其实很多夫妻、朋友间的争吵，不也正在于我们总想去改变对方吗？古人讲：严于律己，宽以待人。人最应该反省的是自己，人最应该改变的也是自己。你只有严格地要求自己，不断地改变自己，你才能让自己变得更好、更优秀、更杰出，你生活的世界也才有可能因此而变得更美好。

虽然我每天都在教育别人要反省自己，要从改变自己的角度来思考问题，但有时候我自己都做不到。

在去年与某公司的合作中，出的书总有一些问题。于是我不断地指责他们，责怪他们做事不力，但这样事情并没有向好的方向发展，反而影响了双方的关系。

那天我看自己写的这一段话时，才猛然醒悟，开始反思自己：难道我就没有责任吗？虽然我想集中精力看书、写书，将具体运作完全交给了他们，但授权不等于弃权，他们以前从没有涉足过书业，我应该有责任来监督、指导，书出了问题，我不正应该负主要责任吗？

这样一想后，我就开始改变我的做事方式，对大的原则和方向，产品的最后定型，都积极参与把关，并注意帮助他们在行动中获得进步。当我改变自己后，不仅我自己取得了进步，更可喜的是，我看到公司也在不断进步了。

抱怨环境、机遇、自身条件，指责别人，其实都只是在为自身的问题找借口，是在逃避责任，做人就要勇于承担责任，反省自己，这样才能让自己不断进步，这也才是最终做好事情的方法。

美国成功学家金·洛恩说过这么一句话："成功不是追求得来的，而是被改变后的自己主动吸引来的。"

在《方与圆 1》中有这样一个故事：

美国有位牧师，第二天要去进行一次隆重布道演讲，但踌躇再三，一直找不到合适的讲题，偏偏他的小孩又在边上捣乱。他就拿了一张世界地图，几下将它撕成碎片，交给小孩，说："如果你能将这张地图拼好，我给你两块钱。"小孩高高兴兴地就拿过去了。牧师心想：这张地图够孩子忙上几个小时了，自己也正好准备一下演讲。

岂料过了几分钟，小孩就兴高采烈地跑出来，说地图已经拼好。牧师接过一看，果然一张完整的世界地图又呈现在眼前，他奇怪地问："你怎么能这么快就拼好了呢？"小孩回答："地图反面是一张人头像，我把人头像拼好了，地图也就当然拼好了。"

牧师一听顿然醒悟，他终于找到布道的题目：一个人是对的，他的世界也就是对的。

要让事情改变，先改变自己；要让事情变得更好，先让自己变得更好。如果你感觉自己做事不成功，做人不快乐，生活不幸福，你首先要好好检讨的是自己，自己有没有需要改进的地方。

如果你感觉你的世界不对，那只是因为你自己不对；你感觉自己不成功、不快乐、不幸福，那不是世界不好，只是因为你还不够好。

比如你生病在病房住了几个星期，病好后出门，看到蓝天、白云、绿草，是否会觉得心情开朗呢？生命突然间变丰盈了。世界变了没有？没有变，世界还是照旧。是谁变了呢？是你变了，是你的心境变了。所以一切的改变，首先都来自你自己的改变。

韩国现代集团的创办人郑周永，年轻时家境贫寒，做过码头搬运工、建筑工地杂工和大米配送工。在这位富豪的回忆录中，他说开始他也抱怨环境、抱怨生活，但在米店打工的时候，他从臭虫身上感悟到了人生哲理。

当时他在米店的桌子上睡觉，总有臭虫爬上桌子来咬他，于是他就把四条桌子腿全浸在水盆里，可臭虫居然能爬墙，爬到天花板上再跌下来吸血。他由此感叹臭虫这种不达目的决不罢休的精神。

从此他决定要改变自己，做任何事都绝不找借口、绝不推诿，尽量让问题在自己这里解决，树立了强烈的责任心。

郑周永改变了自己，从此也就改变了他生活的世界。

你想要改变命运，就要学会改变自己。如果你觉得自己不够快乐、不够成功、不够受欢迎，那你就得想办法改变自己。一个人既想改变生活状况，又不去努力改变自己，那像什么呢？我告诉你医生对于精神病人的定义：重复做同样的事情，却妄想有不同的结果。

要想有不同的结果，就得有不同的做事方式；要想有不同的生活世界，就得有不同的自己。

要点：

要想事情变得更好，先让自己变得更好。

成功不是追求得来的，而是被改变后的自己主动吸引来的。

第三节　改变思想，你就改变了命运

那改变要从哪里开始呢？

这个世界上最伟大的发现是什么？瓦特发明蒸汽机，使人类开始了用机器代替人手的历程，引发了第一次产业革命，这个发现很伟大，但不是最伟大；而后电脑的出现，因特网的产生，这些都很伟大，但还不是最伟大；有人会说青霉素的发现、汽车的发明、生物工程……

以上的发明、发现都只是技术层面的，美国心理学之父威廉·詹姆斯说："这个世界上最伟大的发现是：人们可以通过改变自己的态度，从而改变人生。"

我非常相信这句话。为什么说这是世界上最伟大的发现呢？因为唯有这个发现是关于我们每个人的成长与快乐的，它告诉我们人人都可以获得幸福与快乐，而且告诉了我们获得的途径，那就是从改变人生的态度开始。

既然这是世界上最伟大的发现，那我们不妨问自己，在我们的一生中我们运用过这条规律吗？如果没有，那不是对人类知识与智慧的一种最大浪费吗？

如果你对现在的生活不满，觉得自己不快乐、不幸福、不成功，想改变现时的状况，其实你完全可以做得到，你是你自己的主人，只要你改变你的思想，用另一种眼光看问题，你就能改变这一切。

下面的故事是我希望自己能牢记一生的故事：

2003 年年初，台湾有位叫刘侠的作家去世了，《凤凰卫视》为此制作了一套特辑——《天使走过人间》，看完这套特辑后，我被强烈地震撼了。当晚，我的心久久都不能平静，于是我连夜在网上查找了刘侠的资料和文章，那一整晚我都在经受着一种心灵的洗礼，我愿意一千遍一万遍地向人们宣扬刘侠。

刘侠出生在陕西省扶风县杏林镇，为了纪念她的出生地，她取笔名杏林子。这是一个怎样的人呢？她 12 岁就得了一种怪病，经医师诊断为幼年型类风湿关节炎，这是一种自体免疫系统不全而引发的慢性疾病，完全无药可治，患者等于被宣判了漫长的死刑，在死亡之前是无尽的疼痛、更疼痛和更加疼痛的凌迟。

那为什么还要活着呢？刘侠也问了自己这个问题。生病之后，她看着自己的关节一个个坏掉，渐渐不能走不能跳，身体的痛苦倒容易忍受，最大的痛苦是来自内心，"我不知像我这样既没有念过多少书，又瘫痪在床上的病人到底有什么用？我活着到底是干什么？仅仅为了自己受苦、拖累家人吗？我真的要在病床上躺一辈子，永远做一个废人吗？"

于是她告诉自己，如果三年还不康复的话，就不要活了。结果，好不容易熬了三年，还是没有好！她想：好吧，再延长三年好了，如果再不好，就绝对不要活了！

但还不到第二个三年，也就是她16岁的那年，刘侠找到了上帝，或者说上帝找到刘侠。经历过神的精神抚慰，刘侠对生命有了新的诠释：上帝和魔鬼最大的不同就是：魔鬼千方百计只想叫人死，上帝却千方百计只想叫人活，而且活得更好、更起劲、更快乐。所以他给了人信心、希望、勇气，还有爱，教导我们如何在痛苦中保持信心，在灰心中保持希望，在危难中保持勇气，也不断用爱来滋润我们饱受创痛的心灵，好叫我们的生命重新充满生气，勇敢地活下去。

自从有了信仰，刘侠决定用快乐武装自己，与痛苦和平相处。

在她的右手腕上，有一堆密集的小白点，那全是针痕。每遇到需要静脉注射或抽血的时候，医生就摇头叹息，他们举着针管一戳再戳，就是找不到那可怜的血管。有些护士一针又一针地"失败"，常弄得满头大汗，拿针管的手都在发抖，刘侠就忍住痛安慰他们："不要紧，慢慢来！我是O型血，人们说O型血的人都很勇敢。"

刘侠不仅顽强地与病痛作斗争，她还学习着怎样去爱、怎样去付出，并一点一点地磨炼自己的个性。

有位作家看到并描述了刘侠的写作过程。她在腿上架着一块木板，颤巍巍地用两个指头夹着笔写字，每写一笔就像举重一样，要忍受巨大的痛苦，那位作家都不忍心再看下去了。但就这样，刘侠写出了几百万字、20多本的励志书。她的作品也许称不上精致文学，却是一字一痛、一字一爱，所迸发的力量比那些精致文学还要伟大珍贵，这是她以"无用之躯"送给弱势者、身心残障者，以及无数跌倒过、在长夜里痛哭过的人的礼物。

她这样说：那时候活不下去的原因是不知道病何时会好，生命有什么意义、有什么价值？但我有了信仰以后，便对生命有了一个新的诠释：就是每一个生命，不管是老弱伤残或贫富贵贱，都是珍贵的！每一个生命都有特定的价值。人看人是看外表——看容貌、看财富、看地位。但上帝是看内心，看我们有没有对自己的生命尽本分。他不要求每一个人都拿一百分，因为他知道人的才智有高低，能力有大小之分，他只要求我们尽本分、尽了心，就够了。

一个12岁就被病魔缠身的女孩，却凭着自己乐观的生活态度和顽强的毅力，成为风靡台、港和东南亚的著名作家，她的文章被收录在中学的课本中，她的散文《杏林小记》《生之歌》《生之颂》几十年来都是台湾中学生假期指定读物，更以《另一种爱情》获文艺大奖。在当代的华人作家中，没有人比得上杏林子的励志，除了她，没有人可以顶着一个毁坏的身体以文字见证生命的强韧、热情和美丽，历经二三十年而不辍。同时她还创办了台湾最大、最有影响的残疾人组织——伊甸园。她自己在遭受不幸，她却总在想法帮助别人。她在一个盲人按摩院发现两位盲人按摩师有音乐天分，她就鼓励他们唱歌，并为他们请音乐教师，最后这两位盲人按摩师成了台湾有名的音乐组合——双福之音。

杏林子创造了奇迹。不，不要说她创造了奇迹，她本身就是一种奇迹。但奇迹是怎么产生的呢？她的力量源自何处呢？

水流经管道的时候，它的形状是管道的形状；生命的泉水流经你的时候，它的形状就是你思想的形状。杏林子的改变，杏林子创造奇迹的力量，源自她思想的改变，她对生与死有了重新的认识，她懂得了爱和快乐才是生命的真谛。

思想决定行为，行为决定命运；要改变命运，就要改变行为；要改变行为，先要改变思想。

比如，如果一个学生成绩不好，那是因为他学习不够努力；他之所以不够努力，是因为他不喜欢学习，认为学习没用；如果他继续保有这种思想，结果就是将来没有文化知识，也就很难有一个好的人生前途。如果他想改变学习不好的这种状况，他就必须努力学习；而要有持续不断努力学习的劲头，他首先就得改变思想，改变那种不愿意学习的思想。所以人的一切改变，都是从改变思想、改变态度开始的！

人在做事时，有两种不能：一种是技术上的不能，另一种是态度上的不能。技术上的不能，可以通过不断地反思和学习来改善，而态度上的不能，则注定了你必将失败。所以态度上的不能才是致命的，而大多数人的不能，追根溯源，正是态度上的不能。

例如我在很多保险公司举办过讲座，发现大多数保险从业人员的不能正是态度上的不能。他们对自己的工作缺乏热爱，没有信心，别人问到他是从事什么行业时，他就忸忸怩怩地羞于启齿。我告诉他们："你什么时候能够自豪地告诉别人：我是从事保险行业的，我在积极地为国家排忧解难。因为人老了、病了、出意外了，国家就会负担你，而买了保险，保险公司就会负担起这份责任。所以我每卖出一份保险，就为国家减轻了一份负担。当你有了正确的工作态度时，你就将没有什么不能。"

其实从事任何行业的工作都是如此，端正态度永远是第一位的。所以无论是个人培训还是企业培训，培训态度往往比培训技术更为重要。

同样做人也是如此，任何人的成功首先是做人、做事态度的成功。

人有什么样的思想和态度，就会有什么样的行为，而这种行为就会导致最终的结果。但我们传统的管理方法却总是从中间环节入手，也就是从行为的层面入手，意图通过改变行为来改变结果。比如学生成绩不好，就不许他玩，不许他看电视，强迫他多用时间学习，多做作业。员工工作不认真，就通过规章制度，通过各种奖惩来规范他们的行为，以达到好的工作效果。其实行为只是"标"，试图改变行为是治标不治本，左右行为的是背后的思想和态度，不去改变思想和态度，单靠强迫来改变行为，这种改变一定持续不长。唯有通过改变思想和态度，这才是本质的改变，这样他才知道为什么要改变，内心有改变的渴望，这样的改变才能持久，才能导致自动自发的行为改变，也才能最终取得好的结果。

大家常说要"对事不对人"，其实所谓的不对人，只是因为怕伤害了对方，说这种话的人肯定是搞不掂对方的人，因为他没有能力去把人搞掂，所以只有说"对事"而不"对人"。我们真正要做的，正是要通过事来改变人，让人通过事来取得进步，转变思想和态度。

人的生活状况只是人思想的反映，就像放电影，要想改变屏幕上的影像，就必须更换拷贝，我们的思想就是我们生活的拷贝。

你现在的行为、状况，是你以前思想的结果；你将来的行为、状况，是你现在思想的结果。你想改变自己的生活，想走向成功，那就从改变人生态度开始吧！

人都梦想着将来进天堂，其实这个世界上既没有天堂，也没有地狱，它们不是外在有形的地理位置，天堂和地狱都在你心里，在你的头脑里。是你的思想决定了你生活在天堂还是地狱。积极主动地生活，为追求成长而生活，活出真理，活出爱，活出美丽，活出自由，你就是活在天堂里；消极被动地生活，在伪装和谎言中生活，盲从别人而活，或活在种种枷锁中，你就是活在地狱里。

活在天堂还是地狱，选择的权利全在你。转变的关键就在于改变你的思想，改变你的观念，改变你的生活态度。

印度教经籍《薄伽梵歌》中有这样一段话：我们降生在自然界；我们的第二次新生是在精神界。

要点：

人们可以通过改变态度，从而改变人生。

思想决定行为，行为决定命运；要改变命运，就要改变行为；要改变行为，先要改变思想。

第四节　自我心象

在冥冥之中是否有某种神奇的力量主宰着我们的命运呢？如果说有，那这种神奇的力量就是你的信念，特别是你对自我的信念。

在上世纪，有一本在全球范围内畅销了 3000 万册，影响了多位大师级人物的书——《心理控制论》，作者叫马尔茨。书中提出了一个重要的观念——自我心象，它被誉为是现代心理学中所取得的最重要和最关键的成就之一。

马尔茨是美国著名的外科整容大师，在多年的整容生涯中，他发现手上的手术刀能变成魔杖，不仅可以改变人的外表，还能转变人的人生。

曾有一位英俊的推销员，事业成功，生活写意。但不幸在一次车祸中受伤，脸上留下了疤痕，于是他心里痛苦不堪，每天早晨刮胡须时，总是看到面颊上那道可怕的、变形的疤痕，以及那条一直延伸到嘴角的扭曲线。他开始自惭形秽，变得神经过敏，总在猜疑别人会怎样想他，觉得他的外表一定会拒人于千里之外，他的自我也因此变得比他的面孔更加残缺不全。他丧失了自信，对生活感到苦恼，对外界充满敌意，他的注意力几乎全部集中在自己身上，他生活的目标只成了保护自我。他尽量避免可能引发屈辱的场合，越来越封闭自己，他的生活和事业也一落千丈。

最终，他痛下决心请马尔茨为他整容，马尔茨也运用高超的整容术矫正了他的脸部缺陷。自此以后，他又彻底地改变了，言谈举止、态度、情感又和往常一样平易而亲切，于是他的事业也又开始不断地取得成功。

但在马尔茨的整容生涯中，既有这样成功的例子，也有一些不因整容而有所改变的例子。曾有一位因鼻子的异常隆起而终生极端害羞且神经质的公爵夫人，虽然马尔茨运用高超的外科整形手术已给了她一个典雅的鼻子和端庄的面孔，但她仍然没有接受自己的新形象，还是在生活中扮演丑小鸭的角色，像一位不敢抬头正视别人的小丫头。

为什么有些消极、悲观、自闭的人，经过外表缺陷的整容之后，能变成积极、乐观、开朗的人，从而生活和事业也都能开始走向成功；但为什么又有些成功的手术，却并不能带来人的转变呢？有些自卑、自闭的人，却并没有因为外表缺陷的改善而改变自我。

马尔茨认为这暗示着转变人生的真正关键，并不是缺陷被整容本身改变，而是某些内在的东西被改变后，整个人才会随之改变，而这个内在的东西，马尔茨称之为"自我心象"。

马尔茨认为人的心理与精神的自我观念，亦即所谓的"自我心象"，才是左右个性与行为的真正关键。人脸上的缺陷经过整形之后，只有在自我心象也相对矫正过来的情况下，心理才会有戏剧性的转变。有时经过成功的整形手术后，受损的自我心象仍旧存在，因此这个人也就无法转变。所以改变自我心象，才是扭转人生的关键；树立良好的自我心象，才是开启人生美好生活的金钥匙。

那么什么是自我心象呢？自我心象就是"我是什么样的人""我能做什么""我能享有什么"的自我观念，它是由我们的自我信念所塑造的。不管我们是否了解，我们每个人的内心都有这样一幅自己的图像，在我们的知觉里，这幅图像或许模糊不清，我们也可能不了解它。但是，这幅图像却是的的确确存在的，它在无形中决定了我们人生的快乐、幸福和成功与否。

心理学家说："你认为你是什么，什么就是你。"自我心象是人生的前提、根据或基础，正是自我心象导致了个人的整个个性、行为，甚至生活境况。我们的人生体验，似乎只是要证实并加强我们的自我心象。

在你的自我心象中，你认为自己是快乐的人、成功的人，你就会在生活中处处去感受快乐，去努力寻求成功，从而你也就真的变成一个快乐的人、成功的人，于是你也就更加确信你的自我心象，形成良性循环；反之，在你的自我心象中，你认为自己是不快乐、不成功的，你就能在生活中处处找到不快乐，将一些小小的生活挫折都当成人生的失败，在个性上你也会变得悲观、孤独、容易受挫、喜欢指责和抱怨，从而你也就不容易与他人友好相处，不容易坚持奋发向上，因此你的人生也就真的会变得不快乐、不成功，于是你也就更认可你悲观的自我心象，导致恶性循环。

既然自我心象这么重要，那它是怎样形成的呢？人的自我心象是由我们过去的经验，以及他人对我们的反应，特别是童年早期的经历所形成。由这些经验，我们建造了"自我"。这种自我的观念或信念一旦建成，它就变成真的一样，我们不会去怀疑它的作用，而只会按照这种观念或信念，也就是这种自我心象去行事。

如果一个人在荒野遇到一头熊，他马上就会肌肉紧张，心跳加速。但如果他碰到的不是真熊，而是披着熊皮的演员，如果他将这位演员想成了真熊，那么他的情绪与神经反应也会完全一样。

这说明人的大脑和神经系统无法分辨到底是真实的经验，还是生动想象的经验。而人的自我心象的形成就正是如此，它只是透过我们人生中的一些经验而想象出来的结果，因此也就导致了很多人的自我心象只是一种错觉。

比如人的自卑感，自卑感是怎样产生的呢？如果你在人生中遭遇某些失败，这些失败是事实，但这只能说明你做事失败了，至多也只说明你不善于做那些事，但很多人在这事实上加上了自己的想象，夸大为自己的人不行，产生了自卑感。就像你打不出字，只能改进你的方法，而不能怪打字机一样；你在某些方面表现得不行，也不能责怪你的人不行，而应该想办法改进你的方法或者是另寻方向。

同样，人的快乐也是如此，很多人认为"自己是一个不快乐的人"。其实快乐只是一种心理状况，没有人本身就是不快乐的。你也许在生活中遭遇了一些苦难，有很多不如意，但你并不能因此就将自己想象为"不快乐的人"。快乐是一种心理的习惯、心理的态度，这个习惯或态度是培养出来、训练出来的，只要你能保持乐观、豁达，总是从积极的方面看问题，就没有什么人、什么事能让你不快乐。快乐只是取决于你的心理修养。

福斯迪克博士说："替自己画一幅失败的图像，就足以使你不可能胜利；替自己生动地画一幅胜利的图像，就足以帮助你大步地迈向成功之路。伟大的人生始自你心里的想象和希望做什么事、成为什么人。"

要点：

人的心理与精神的自我观念，才是左右个性与行为的真正关键。

人的大脑和神经系统无法分辨到底是真实的经验，还是生动想象的经验。人的自我心象只是在经验的基础上想象出来的结果，所以我们完全可以调整自我心象。

第五节　是你接受的知识和信息形成了你的思想

任何一个人想改变自己，首先是从改变思想开始。那是什么形成了我们的思想和人生态度呢？就像你吸收的营养决定了你的身体，正是你所接受的知识和信息形成了你的思想。

人们不是说知识是灵魂的食粮吗？知识的确是灵魂的食粮，但食粮也有质量的好坏之分，甚至还有些是腐烂变质的，吃了对人体有害。

所以知识的选择非常重要，如果你接受了一些不好的知识，就会伤害你的灵魂，很多人的心态不好，或者做人不成功、不快乐，是因为他接受的信息不好，接受的知识不好。柏拉图说：如果一个人没有真正理解真善美是什么就去学习，那是一种非常冒险的行为，因为他很可能学到一些坏的东西，形成一种不健康的思想。

要有幸福、快乐的生活，就要有积极、健康的思想；要有积极、健康的思想，就要选择接受最好的知识。

我们必须把守好心灵的大门，凡是能让我们积极向上、使人生丰富的知识才可以进入心灵，凡是让我们消极悲观、人生不快乐的知识，就不允许进来。

接受什么样的知识是我们自己的选择，但这种选择往往决定了我们的人生。如果你整天只是将时间耗费在电视机前或报纸上，如果这就是你信息的主要来源，你一定会变得平庸！要看书，要看好书，要看经典的书，你的人生才会真的丰富。

拓展你的心灵，你就拓展了你的人生世界。

你的衣服每天都要清洗，然而你的思想、你的心已有多长时间没有清洗了呢？

下面就是你应该学习的能帮助你过上幸福、快乐、成功生活的知识，是你所应该确立的人生态度，是启动你大脑中巨大能量的一套心灵软件。

要点：

是你接受的知识和信息形成了你的思想。

要有积极、健康的思想，就要选择接受最好的知识。

第二章　生命的意义

我们的真性可以比喻成天空，凡夫心的混乱则是云。有时候，天空完全被云所遮蔽了，我们抬头往上看，很难相信除了云之外，还有其他。但只要我们搭乘飞机，就可以发现在云上有无垠蓝空。我们原先认为它就是一切的云，变得如此渺小，远在我们底下。

——摘自索甲仁波切《西藏生死书》

第一节　只有懂得生命是多么脆弱的人，才知道生命有多可贵

一个人如果参加过一次至亲好友的葬礼后，他的世界观都会发生改变。

当我在火葬场，目送着父亲的躯体进入了熊熊的火焰中，然后出来的只是一坛骨灰时，我捧着这坛骨灰，欲哭无泪。这就是我至爱的父亲吗？这就是我活生生的父亲吗？往昔父亲的慈爱、父亲的亲切教导，又一一浮上心头。这个世界多么残酷啊！它为什么罔顾人的情感，让每个人都要经受这失去亲人的痛苦呢？但人生的结局就是如此啊！

在此之前，我从来没有经历过亲朋好友的去世，没想到第一次的经历竟然就是我的父亲。当我和哥哥去殡仪馆为父亲出殡时，殡葬工人动作粗鲁，完全没有顾及对曾经是一个活生生的人的尊重，我的心被刺痛了。虽然我当时就出言指责了他们，但我心里明白，在我眼里这是我的父亲，但在他们久已麻木的心里，这只不过是件普通的东西。人死了，真的一切也就完了。这是多简单的道理！但要真的明白，却又多么不容易啊！要不世人为什么要殚精竭虑地争权夺利，不择手段地博取也许根本用不完的财富呢？

父亲的去世对我的打击是巨大的，在我的心灵里留下了一层永远抹不去的阴影。从此我就害怕出席追悼会，害怕为逝去的友人送别，因为每一次的送别，都会加重这层阴影。人生就是一场悲剧，死亡是每个人都无法逃避的自然规律，是人的最终结局。既然如此，那我们曾经为之热血沸腾的梦想、奋斗，不是南柯一梦吗？这是一种怎样的悲哀啊！父母生育我、

养育我，自己又刻苦读书，努力考上大学，走上社会后，又艰苦努力才取得了一定的成就，但到头来，还是要走向死亡的归宿。所以无论怎样奋斗，人生的结局最终还是失败。

人生是变幻不定的，但唯一可以确定的就是每个人最终的结局都是死亡，既然如此，何况人生还有许多烦恼痛苦，那我们活着还有什么意义呢？我感到茫然……

要点：

只有懂得生命是多么脆弱的人，才知道生命有多可贵。

第二节　色即是空，空即是色

如果有人问我，有什么样的学问是思考生命中最重要的问题，并且已经对其中一些问题找到了答案的——我会指向佛学。如果有人再问我，有什么样的学问能使我们的心灵有寄托，内心更完美、更丰富、更祥和——我会再度指向佛学。

我记起少年时，曾在公园里遇见过一位慈祥的新加坡游方老和尚，他拍着我的脑袋说我有慧根，并拉着我合影留念，回新加坡后，他还给我寄来了照片和几本介绍佛教故事的连环画。也许佛家真能帮助我获得解脱，于是我找出了那些连环画，从佛理中寻找心灵的平衡。

说老实话，由于从小受的教育，我在思想中一直认为佛教是封建迷信，只有那些没有文化的老太太才信。最终改变我观念的是连环画中关于佛祖出家的故事，这是世界文献中探索人类生命意义的最有名的故事之一，它通过四个遇见的景象，象征性地描述了佛学的起源和要解决的问题。

佛祖释迦牟尼原来叫乔达摩·悉达多，是古印度迦毗罗卫国净饭王的王子。他出生的时候，一个婆罗门相者预言他会离家修游，成为一个出家苦修的圣人，并告诫，不要让他看见任何不幸的事物，如落叶、死尸等。

国王为了让王位后继有人，就禁止他离开王宫，并用宫廷无尽的奢华和雍容华贵包围起王子，极力把他同任何不幸的情境隔开。

就这样，乔达摩长大了，只知道有富贵和享乐。

后来，他娶了年轻貌美的耶输陀罗公主为妻，并有了一个儿子。

然而有一天，他终于走出了王宫。在他的皇家马车中，他被车外的景象惊呆了，他看到一个非常衰老的女人。

他忙问驾车的人："这个女人怎么了？"

他被告知，每个人最终都会像这女人一样变得苍老衰弱。

继续前行，又遇到一个奄奄一息的病人，和一个没有双腿在路边行乞的残疾人。王子吃惊地领悟到，每个人都会受到病痛的折磨。

后来，他们又遇到了一列抬着尸体的送葬队伍，当他知道每个有生命的存在物都将会死去时，他深深地震惊了。但就在他心绪不宁，萦绕在老、病、死的苦恼时，他遇到了一个老人。老人眼睛注视着他，并对他很平静地微笑。

"在人世的苦海中，这个人为什么还会欣喜？"乔达摩惊问。

"他是一位圣者，"赶车人答道，"他已经获得了真理并因此得到了解脱。"

这些新的发现，唤起了王子内心对人类的深切同情。他想，当周围的世界充满苦难的时候，他怎么能够置身于现在这种人为的幸福之中呢？而他又怎能忽视这残酷的事实，那就是他心爱的妻子和儿子终将忍受老迈的痛苦和死亡的结局。

乔达摩王子立志离家修行，以寻求解脱人的生老病死、烦恼忧愁之道。于是，在一个深夜，王子望了熟睡中的妻子和儿子最后一眼，便迅速离开王宫。就这样，29岁的王子毅然抛弃了自己熟悉和钟爱的一切，开始了新的求道生活。

出家后，乔达摩先后向两位大师学习，接受苦行方式，磨砺心志，努力通过苦修和无为来探寻人生的至理。

他与其他极端禁欲者一样，为了怕吃进小生物而杀生，就只喝滤过的水；为了避免呼吸时吸进小虫子就带上呼吸面具；走路时小心翼翼以防踩到虫蚁身上；进食极少从而减少嗜食的欲望。

6年的苦行使乔达摩的身体极度虚弱，像一具行尸走肉。

一天，当他在尼连禅河边洗浴时，突然疲乏无力地倒在水中。要不是抓住岸边垂下的树枝，乔达摩可能就会被缓缓的流水淹死。

上岸后，乔达摩又瘫倒在岸边。这时一名牧羊女在河边发现了他，送他一杯羊乳。

从那天开始，乔达摩意识到苦行不能悟道，事实上饥饿和脱水只能让他心神散乱，干扰思维，至今仍一无所获。他决心放弃这种极端的苦行，滋补身体以便精进求法。

最后，乔达摩来到一株繁茂的菩提树下，跏趺而坐，誓言"不证菩提，决不移身"。乔达摩专心一念，很快进入冥思的高深定境。

不知过了多少时间，他已能够脱离感觉、情感和欲望，进入一种纯粹的清明之境。在第七天的早晨，他睁开眼睛，看到了晨星。在刹那间，他证道了——在突生的极乐中，顿悟生死之源、灭苦之法及究竟极乐。

自此，乔达摩成为佛陀，意为觉悟者，人们称他释迦牟尼——释迦族的圣人。

霍姆斯大法官曾说：科学是对次要的需要做出主要的贡献，而宗教的成就不论多少，却至少是针对最重要的事物。

科学给人类带来了飞跃的发展，但它只是关于物质世界的学问，而宗教探讨的却是关于心灵的，关于生与死的问题。佛祖创立佛教正是为了帮助人们从人生的生老病死、烦恼忧愁中获得解脱。

那么佛祖悟出了什么呢？我们怎样才能在人世的苦海中像那位圣人一样保持一种欣喜呢？

佛学高深玄奥，仅经籍的数量就是其他任何一门宗教所无法比肩的，我印象中的佛学造诣高深的人士都是藏于深山满腹经纶的高僧，他们都要穷尽一生来研习佛学。清末民初的弘一法师，曾经是一浊世公子，放浪形骸；而后又留学国外，专心学画，最后造诣堪称一代名师，连鲁迅等大师都以能拥有他的墨宝为荣；到了晚年，他却抛弃这一切，潜心研习佛学，著述了多本佛学书籍，成为中国近代史上有名的律宗高僧。傅雷形容他的人生经历了三个境界：物质的、精神的、灵魂的。

佛学于我自然难以企及，但以我的浅见，佛学的主要思想还是"万物皆空"，"色即是空，空即是色"。

我国能称得上"佛经"的，大都翻译自梵文，唯一的国产经书《坛经》，是由著名的传奇人物六祖惠能说法，其弟子法海辑录。关于惠能，曾流传着一个广为人知的故事。当年神秀为了取得五祖的衣钵成为法嗣继承人，在壁上书写一偈："身是菩提树，心如明镜台，时时勤拂拭，勿使惹尘埃。"而不识字的惠能却作偈曰："菩提本无树，明镜亦非台，本来无一物，何处惹尘埃。"这两首偈反映了两人"空"的不同境界。神秀要"时时勤拂拭"，才能保持空；而惠能本体就是"空"，"何处惹尘埃"。

佛教认为世间有轮回，人生是一种痛苦，世间的万事万物都如梦幻泡影，因此对任何事物都不要太执着，只有苦修行，悟得正道，才可以脱离轮回之苦。

既然人世可以轮回，人生又是一种痛苦，那死亡就是一种解脱，所以死也就没什么可怕了；而且世间万物皆空，将一切看空，就不会争名夺利，得到、失去都无所谓，那当然不会执着，不执着也就没有了烦恼、痛苦。

世事无常，人们所执着的万事万物，到头来就像竹篮打水，仍是一场空，也就是"色即是空"；而我们在摒弃俗世的各种杂念，保持一种"空"的境界时，就是在安享心灵的祥和，也是在为自己修福，于是"空即是色"。

我曾想，如果我的人生能重新选择，我应该做两年和尚，当两年兵。当兵是为了磨砺意志，增强纪律性，将自己融于集体之中；做和尚则是为了先学会将万物看空，知道用空空如也的心态对待人生，放弃执着，懂得享受心境的宁静祥和。

佛学不仅帮助我从父亲去世的痛苦中获得了解脱，还提高了我的人生境界，使我看穿了世间的虚幻，少了许多痛苦和烦恼，心境能保持宁静、祥和。

现在的世人身处各种欲望的激流中，变得越来越浮躁，已看不到人们真正发自内心的宁静、祥和的微笑了。佛祖的拈花一笑，虽是静坐，祥和的神情，却已飞跃世间一切，那正是心灵修炼到最高境界的表现。因为他坐在了那个生命的根本之上，再也没有一丝的不和谐。

对于我而言，我崇尚佛学，也喜欢佛学，并从佛学中找到了心灵的平衡。但我天生就是一个生命力旺盛，喜欢享受，充满各种欲望的人，因此我无法出世，我始终只能像贾宝玉形容自己的那样，是一个"槛外人"。

记得雍正皇帝在临去世前说了这样一段话："我一生信佛。但父亲将这样的一副重担交给了我，我不得不杀一些人。——我没有佛缘啊！"历史形象中向来残暴的雍正大帝，临死前的忏悔竟然是这样的。

我想我的生命力太旺盛了，各种欲望太强烈了，我可以将万物看空，但无法将生命本身看空，我与佛教也是有缘无分了。

要点：
色即是空，空即是色。

第三节 人可以被毁灭，但不可以被打倒

有天逛书店，偶然看到了海明威的《老人与海》。我知道这是名著，于是买回家看看。那天我看得很激动。

书中根据真人真事，讲了这样一个简单的故事：

一位连续 84 天没捕到鱼的老渔民，决心独自一人出远海捕大鱼。终于他钓到了一条大马林鱼，但鱼实在太大，一时半会无法制服。钓索太紧了会被鱼拉断，太松了又无法让鱼疲于奔命，于是他同鱼展开了惊心动魄的搏斗。

他用他的背部和左右手，轮换着拉住钓索，太紧了就放出去一些，松了就拉紧钓索，饿了、渴了，就吃生鱼、喝少量的水。他的背部和左右手都被钓索勒破了，他用海水清洗后，还是继续拉着；左手抽筋了，就用右手。就这样，他与大鱼搏斗了三天，大鱼才终于筋疲力尽浮上水面，被他杀死。

但鱼有 18 英尺长，比他的小船还长，他只好将鱼绑在船的一边。可回航时，大鱼的血腥味一再引来鲨鱼的袭击。于是，他用尽一切手段来反击。他用鱼叉叉，鱼叉被鲨鱼带走了；他把小刀绑在桨把上乱扎，刀子折断了；他用短棍，短棍也丢掉了；他用舵把来打。

最终他的顽强意志却并没能得到好的结果，回港时鱼只剩下鱼头鱼尾和一条脊骨。可老人最后说："不过人不是为失败而生的，一个人可以被毁灭，但不可以被打倒。"

这是一首颇具象征意义的英雄主义的赞歌。我看的时候并没有流泪，当坐下来静思的时候，我流泪了。人生为了一些目标顽强奋斗，克服了一重困难，会有新的困难等待着你，无论怎样努力，最终还是悲剧。

人生是一种痛苦，但这种痛苦是我们的选择。白痴是不会感到痛苦的，但你愿意像他们一样吗？作为人，就必须有欲望，必须有为达成欲望的努力，不论要历经多少困难，我们也必须要想尽办法去战胜它。

记得崔健在接受记者采访时说："我活得很痛苦，但这种痛苦是要向上走的痛苦。"

其实《老人与海》中的那位老人也知道自己犯了致命的错误，那就是他常说的"我出海太远了"。因为出远海，才能钓大鱼，因为鱼过分大，才被它拖上三天，杀死后无法放在小船中，只能把它绑在一边，于是在长途归程中被鲨鱼嗅到了血腥味，向死鱼袭击，把鱼肉都咬掉，只剩下一副骨骼。这就是古典悲剧主人公所必然落得的结局。但老人的英勇正在于知其不可为而为之，因为这"正是我生来该干的行当"。

的确，作为人，我们有一些"生来该干的行当"，这就是要在生活中彰显我们生命的意志，表现我们的生命力。人活着不能仅是活着，要赋予生命一些意义，要有"出远海"的目标。也许目标最终并不能实现，也许我们会因此而历经磨难，但这正是生命所必须赋予的意义，是生命的本能。

真实的生命不过是一种信仰，不过是一种需要展现的力量。

要点：

人可以被毁灭，但不可以被打倒。

第四节　人能面对死，就能面对任何困难

萨特认为，人生本无意义，但是怎样摆脱虚无却是有意义的。

许多人探讨生命的意义，有的说是追求快乐，摆脱痛苦；有的认为是人生成功；有的喜欢"平淡是真"。其实生命只是我们自我的一个载体，它本身是虚无的，它的意义全在于我们赋予它什么，它的意义只是我们的一种生活选择。

由于工作关系我没能见上父亲最后一面。后来哥哥告诉了我父亲的临终遗言，只有两个字："完了！"我突然感受到了巨大的震动，这两个字充分表现了我父亲的不甘和无奈。也许他还能做更多事，但生命已逝，一切都已完了。就像一个优秀的电影导演，在演绎完电影后，总会感觉到缺憾

一样。父亲在生命将逝时，最不能使他忘怀的竟然是对生命的遗憾。

人的一生早已被判了死刑，只是我们不知道是哪一天，以什么方式。而也正是这种懵懂与乐观，激发了我们的生命力；同时，也正是这种积极的态度，使我们深刻感受到生命中每一刻的存在，让我们以开阔的心胸面对未来。

父亲去世对我的打击是巨大的，但当我从这打击中恢复过来，能坦然接受死亡的宿命时，我觉得自己变洒脱了。人生最难是死亡，既然每个人最终都会面对这最难，那还有什么困难是我们所不能面对的呢？大不了也就一死，反正人都是要死的，只是迟早问题。所以，我敢做我想做的任何事，敢尝试我想尝试的任何东西。从此我不怕困难，不怕失败，生命是我的资源，是我快乐的资源，是我追求成功的资源，是我博取人生壮丽的资源。从此我尽量活得随心所欲，不委屈自己；最重要的不委屈自己，就是不委屈自己的能力。因此我总是在奋斗，总是在与命运抗争，总是在生命中寻找新意；我不想平庸，因为平庸是对生命的浪费。当我这样生活时，我觉得坦然，即使现在出门被车撞死，我也不悔这三十几年的生命。如果有遗憾，那就是我还可以让生命更加快乐，还能在生命中创造出更多的新意……但我还活着啊！

生命短暂，死后一切皆空，这虽然是一个悲剧性的结论，但却能让我解除许多束缚。我以前做事总会考虑这考虑那，顾虑重重，但当我想到人生就这一次，为什么不按自己的心愿、按自己喜爱的方式生活呢？我突然觉得自己变洒脱了。以前我会争名逐利，会为一些小事烦恼痛苦，当我从生命的高度来看待这些事时，我觉得自己很可笑，生命中唯一重要的是让生命快乐，让生命有意义。

生命是短暂的，但没有死又何以来生；没有死的威胁，就没有生的珍贵。我不想永远活下去，也不可能永远活下去，我只想在短暂的生命中充分展现自己，让生命亮丽。也许我们不能像恒星般永恒，但起码也要似流星，即使存在瞬间也要放出耀眼的光芒。

曹操说："对酒当歌，人生几何？譬如朝露，去日苦多！"这是面对死亡的一种狂放。"老骥伏枥，志在千里"，这更是对死亡的蔑视。

死是人的悲哀。但没有死，又何以来生？其实人如果永远不死，那倒是一件痛苦的事。活在永恒的世界中，没有死的威胁，生命又有什么价值，不是很乏味吗？况且人人都能永远活下去，那就无法新陈代谢，也就必然失去创造意识，人类就会归于平庸。

死，如果对于我们来说就像是春天带来了新的花朵，代替并掩埋了上个季节里衰败的枯草，能使世界焕然新生；死，如果就是生命生生不息的流转，就是永恒的回归，那么，我们怎能反对这个自然世界的律令？怎么反对新的春天的到来？而这一景象——万象更新的景象，不正是我们在自然的奇观里由衷地赞美与愉悦的吗？

如果我们已经陈旧、腐败了，那我们就应该成为沃土以催生新的种子……

要点：

人能面对死，就能面对任何困难。

第三章　认识自己

　　每个人都像是一本书。你必须用一双认真的眼睛去观察，用心去阅读，方知这是否是值得你一生收藏的好书。千万不能因为书的外观破旧，或封面不起眼而不愿去翻阅。不主动去品味文章隽永的味道，你将可能错失一座宝藏。

　　古希腊巴那斯山入口处的巨石上，镌刻着这样几个大字：认识你自己！古希腊哲学家认为人类的最高智慧就是认识自己。

　　就像一个人为了爱他人而必须了解那个人和他的真正需要一样，人必须认识自己，了解自己，以便理解自己生命的意义，自我的价值和真正的快乐是什么，并认识怎样才能实现这些需要。

　　记得有一个朋友曾问我：长江上有几条船？在我被弄得莫名其妙时，他得意地告诉我：长江上只有两条船：一条叫"名"，一条叫"利"。

　　人生真的就这么简单吗？你得到了"名"和"利"就快乐幸福了吗？还是只会使你陷于更大的空虚之中呢？

　　其实很多人并没有真正属于自己的目标，他们大都以社会的价值观为自己的价值观。大多数人会告诉你，他的人生目标就是要成功，要赚很多的钱，要功成名就，幸福快乐。但你真正静下心来想过没有，这是你真心想要的吗？还是只是采用了别人的想法，活在了别人的模式里？或者只是深植在你脑海中的社会价值标准？

　　其实非常奇怪的是，人们都不知道自己是谁，真正的需要是什么，却要尽力成为某个人，在生活中不停地追寻。这不是盲人骑瞎马吗？

　　在你的生命中，最重要、最值得追寻的到底是什么？你有没有试着去寻找答案？

　　如果没有自己的价值观，不了解自己的本质，忽略对真我的认识，那么，心灵的迷失，人云亦云的随波逐流，就是必然的后果。太强的功利观，也许会造就一大群杰出的工程师、律师、医生、企业家和政治家，但却会让他们缺少对自己的认识以及对生命的热爱，终究导致对生命意义的怀疑。

　　人应该找回自己，活出自己想要的生命。人生是一出戏，在自己生命的舞台上，我们是制片，是编剧，是导演，更是主角。我们是这出戏的中心，四周的人，充其量都只是配角而已。

卢梭说：对于整个世界我微不足道，但是我对于自己却是全部。

了解真我，能时时保持着这个真正的自己，才能完成上天赋予自己的使命。只有把"心"稳住了，在生命的汪洋大海里，才能平稳地驶往我们的目的地。

第一节　自我的迷失

"我是谁？有什么证据来证明我是我自己？"

——意大利剧作家皮兰·得娄

一次去某城市做讲座，顺便在报社接听了一个小时的热线电话。由于事先沟通不够，报纸将我宣传为心理健康大师，结果弄来不少精神病人的电话，令我哭笑不得。

玩笑归玩笑，但其中一位先生的问题却让我感到了震撼。他说他自杀了3次都未遂（我心想水平也太差了）。他接着说他感觉自己多活一天都是多余的。我赶忙问他为什么会有这种感觉，他回答："我不知道。只是从某一个时期开始，我就觉得自己是一个多余的人。我不敢去外面，不敢上街，觉得每个人都在用异样的眼光看着我。"

我只得装得真的像心理健康大师一样，竭尽所能地对他进行心理辅导，希望他振作起来，但讲了半天也没效果，我一生气就骂起他来："你是一个懦夫，你有年迈的父母在上，你却想逃避生活，你像一个男子汉吗？"没想到这一骂他倒接受了，他说他看过很多心理医生，没有一个骂他的，他承认他的问题就是懦弱。

过后我约他见面。见到他时我十分诧异，他身材高大，仪表堂堂，还是硕士研究生学历，我怎么也想不明白他会像张国荣一样得抑郁症。

你问过自己没有，在这一生中你觉得快乐吗？

现代社会，科技发达，物质丰富，但自杀者和神经病患者却越来越多。随着经济的发展，人们不是越来越快乐，而是感受到更多的压力，人们变得焦躁不安、支离破碎，希望逃避无能，逃避自己，逃避生活，无聊、厌烦、软弱、空虚和寂寞成了现代人的通病，人人神情上都透着生存紧张和冷漠，已看不到发自内心的微笑。

人活在世上是为了享受生命的，但为什么我们却离快乐越来越远了呢？问题出在哪里呢？

这是一个全方位商业化的社会，在商品经济的冲击下，自我的概念已从"我是我所有"转变为"我是你所需"。"我"已经不是我所有了，我只是成了别人的一种需要。人就像一种商品，出卖自己的劳力、技能和智力，如果被人需要，行情看涨，价格就高；行情不景，乏人问津，就毫无价值。人的价值仅仅表现在是否具有交换价值上。于是人关心自己，也就仅是关心自己是否能在市场上获得最令人满意的价格。比如所学的专业将来是否有好的回报，求职报酬是否高，做的生意是否能赚到更多的钱等。个人是否成功的概念，也仅成了是否能通过出卖自己换到优越的物质享受。而越是有名气，就越容易被众多的人所钟爱，于是"出名"也就变得特别重要了。

人们的行为和感觉也越来越像机器，每天按部就班，从未真正体验过自己的任何事情，我们所体验的自己，完全是别人认为我们所应该是的人。没有属于自己的意愿、自己的思想、自己的快乐。活着仅只是活着，失去了纯真，失去了想象力，失去了创造力，拘谨取代了幽默，僵死取代了活跃，人人脸上扮着严肃，却忘记了欢笑，忘记了一些顽皮。

我们逐渐地迷失在这个社会中，丧失了个性，丧失了尊严，丧失了自由的意志，丧失了属于自己的真正的快乐，既然如此，那还有什么证据来证明，我就是我自己呢？就像意大利剧作家皮兰·得娄说的："我没有身份，根本没有我自己，我不过是他人希望我是什么的一种反映：'我是如同你所希望的。'"

我们像一个泡菜缸里泡出的泡菜，全都一个味，我们丧失了自己，这种丧失的结果必然导致对自己身份的怀疑。如果我不能肯定自己的身份，只能假定自己是什么人，那么"我"是谁呢？意大利剧作家皮兰·得娄在他的戏剧中，曾说明了现代人的这种感觉。他提出这个问题："我是谁？我有什么证据来证明，我是我自己。"如果你已经丧失了个性，丧失了自由的意志，丧失了属于自己的真正的快乐，那么，你还有什么证据来证明，你就是你自己呢？

如果你从来就没有在真正意义上成为你自己而真正地生活过，那真是一种悲哀啊！

在佛经里有一个著名的故事：

有一天佛陀静坐后，在林中漫步，这时有一群年轻人匆匆向前走来，问佛陀：刚才你有没有看见几个女孩子从这里走过？佛陀问：找她们干什么？这群人说昨晚他们与这些女子寻欢作乐，可是清早起来发现她们都跑光了，并卷走了钱财。佛陀于是反问：寻找女子、钱财重要，还是寻找你自己重要？

这是一个疯狂而盲目的世界，生活在这个世界上，很容易就会迷失自我。当世人一味追求外物的时候，很少有人能够去注意自己，并意识到认识自己的重要，丧失了自我正是现代人痛苦的根源。

　　而心理医生的治疗却又往往只停留在技巧层面，治标不治本。奥修说心理学家精神不正常的概率几乎比其他行业的人们多出 2 倍。其实现代人要心理健康，快乐生活，重要的是要明确生命的意义，真正地做自己，这才是治本的快乐法则。

　　要点：

　　自我的迷失正是现代人痛苦的根源。

第二节　做自己

　　"生命的可贵之处在于做你自己。"神学家坎伯在《坎伯生活美学》这本书里开宗明义说了这样一句触动人心的话。19 世纪的浪漫主义代表，小说《金银岛》的作者罗勃·路易斯·史蒂文森也说："做我们自己，并尽其所能地发挥自我，是生命唯一的目的。"

　　在古代，铝非常罕有，因此铝成了妇女们贵重的饰品。后来，当人们懂得从土中提炼铝，铝被大量生产后，铝也就不值钱了。钻石、黄金为什么贵重呢？不也因为它们罕有吗？所以凡是高贵的东西，都一定是罕有的、独特的。那么同样道理，你的高贵也因为你的独特性，你的个性。如果你丧失了独特性，也就丧失了你的高贵。

　　螺母、铁钉为什么能被大量复制呢？因为它们都是一样的。人是神圣的，人之所以神圣就在于每个人都与其他人不同，都是独一无二的。

　　如果你丧失了独特性，丧失了你的个性，丧失了你对自我生活的理解，那就意味着你会随波逐流，也就意味着平庸，意味着你对于这个社会可有可无。你与别人一样，那别人就可以替代你，社会就可以没有你的地位，你也就没有了存在的价值。

　　个性、独特性正是证明我们自身存在的唯一特性。实际上越是勇敢、坚强、有智慧的人，便越能在社会中保持自己的个性、思想，不容易为他人、为社会所利用、左右。

　　我们不妨反思一下，疯狂的"文化大革命"为什么能煽动起人们的狂热？各种洗脑般疯狂的活动为什么能有那么多的追随者？我们太容易被人左右了，我们为什么这么容易就被别人左右呢？只是因为我们迷失了自己。当人没有主宰自己的灵魂的时候，灵魂就会盲从于别人。

　　有次听一位作家的讲座，他说作家应该是社会良知的代言人，所以他们不应该盲目地服从于任何人、任何权威，他们只应该听从于自己的个性、理性和良心。其实我们每一个人都应该这样，个性、理性和良心正是照亮我们人生道路的三盏神灯。

　　其实这个世界上能成功的人也都是与众不同的人。所谓与众不同，也就是不随大流，有自己的性格、自己的思考、自己的独立见解、自己的生活方式。

通用汽车公司、IBM 花了近百年才创下的基业，比尔·盖茨仅用十数年就完成了。李嘉诚在传统经济领域耗了大半生赚来巨额的财富，李泽楷在几天内就做到了。世界真奇妙，中国排行榜上前 50 位的巨富，已有多人只有 20 至 30 多岁。他们的成功是因为他们赶上了一个创新的时代，在这个飞速变化发展的时代，要能超越众生，要能捕捉机会，就必须有个性，有丰富的想象力。

成功的道路万千条，只有个性强烈的人，才能找到属于自己的路。没有个性的人，只会随波逐流。

要点：

生命的可贵之处在于做你自己。

一、走自己的路

我相信，人只有实现自己的个性，永远不把自己还原成一种抽象的、共同的名称，不能用一个"人"字涵盖了我们全体，我们每个人才能为人类这个整体做出更大的贡献。人一生恰恰是既要实现自己的个性，同时又要超越自己的个性，为整个人类做出贡献，完成这样一个充满着矛盾的任务。

——弗洛姆

2500 年前，伊索讲了一个故事：

在一个山里的小村镇，那天清晨天气晴朗，阳光普照。有一对祖孙赶着要到另一个大村庄的市集去卖一头驴子。他们把驴子清洗得非常干净，毛也刷得很柔顺，之后祖孙俩就很快乐地出发。就在他们经过一个陡峭的小路时，在一旁闲荡聊天的人们看着他们说："你们看看这两个笨蛋，他们竟然不坐在驴子舒服的背上，让驴子载他们走，竟然让自己走得那么辛苦。"爷爷听见他们的话，想想也对，于是他和孙儿两人一起坐上驴背继续往下坡走去。

很快，他们又碰到另一群路边闲聊的人："看看他们这两个懒人，他们难不成要坐断那头可怜驴子的背啊！"

老人想想也对，他觉得自己比较重，于是下来步行，让孙儿一人骑在驴背上。

不久之后，他们又听见有人说："你们看看那小孩多不孝顺啊！竟然自己骑在驴背上，而爷爷却走得那么辛苦。"

老人听了之后，心想没错啊，所以就自己骑坐驴背上，让孙儿自己走路。

再过不久之后，又有人说："你们看那个老人多么残忍啊！自己轻轻松松地坐在驴背上，却让一个小孩独自卖力地行走。"

到这时候，祖孙俩真是感到困惑不已。后来当他们听到人们说驴子在走了这么长的一段路之后，一定会看起来筋疲力尽，很疲累，到时候一定没有人要买它，他们很沮丧地在路旁坐了下来。

等驴子休息了一阵之后，他们才又继续他们的旅程，但这次他们用一种完全不同的方式。等到傍晚，人们看见祖孙俩气喘吁吁地进到集市，他们俩用一根扁担，中间绑着驴子，就这样一路扛进城来。

伊索说："你无法取悦每一个人，如果你试着取悦每一个人，你将会失去自己。"

但在我们的生命历程中，我们总是按照别人教导的方式在生活。有什么时候是真正按自己的意愿，做了自己呢？

有位教育家说："中国的教育系统中只能产生彼此相似的侏儒，再难产生那些禀赋各异的奇才。"从发展和创新的意义上说，最可悲的个性是平庸，最可怕的社会特征是自相似性。

出生的时候，父母带着喜悦将我们当成了他们独特的宝贝，但以后他们将我们送进了学校，我们就成了学校这条流水线的一个产品，从小学直到高中，和其他同学一样，都在接受着同一个模式的铸造；高考后，终于能按自己的意愿挑选专业了，但那其实也不是自己真正的意愿，因为有分数的制约；大学毕业了，可以工作了，但工作也不是自己真正的意愿，因为有专业和用人单位要不要你的问题。

现在我们成人了，走上社会了，但我们也并没有按自己的意愿而生活。

有位老教授告诉我："人开始是人，逐渐就变为虫了。"

我们生来是人，但随着长大，生存的需要，我们开始改变自己，以适应环境，我们开始迎合人、讨好人，在社会中学会圆滑，变得八面玲珑，于是我们越来越失去自己，由人变为了虫，由有个性、有思想的自己变成了仅为适应社会而生存的虫。

我们的思想和行为都在无形中被社会左右着，我们还以为是按自己的意愿在行动。我们就像一个受催眠的人，我们的思想感觉都受催眠师的指挥，但我们还以为是自己在判断，自己是一个主动行动者。

我们并没有做自己，只是社会的一个木偶。

一直以来大家认为道教的核心思想就是"无为"。但有次看书，发现西方有位学者的观点很新奇，他认为道教的无为思想只是为了提高效率。

老子说："无为而无不为"，老子的"无为"不是真正的"无为"，只是为了排除干扰，将精力集中在真正的"有为"——求道上。按我的理解就是要自然地生活，以自我的、本源的方式自然地生活。

我特别喜欢老子强调的"宠辱不惊"，不论"宠"与"辱"，都只是外在社会对你的反映，是虚幻的，做人最真实的还是追求自己的目标，自己的快乐。所以我做人喜欢保持低调，在平淡中踏实地追求自己的价值和快乐。

走自己的路，让别人说去吧！

我喜欢在台上像个英雄般地被众人鼓掌，而不喜欢坐在台下为台上的英雄鼓掌。我不是生活的观众，我是生活的主角，我的生活应该由我来安排，应该由我自己来决定，而不是由别人、由环境来决定。我要驾驭自己的生活，按自己的意愿随心所欲地过。

自我是什么？"我"不只是一个形体，不只是宇宙或自然中的一个分子，不只是路边的一棵树、一株草，或者家里喂养的一只猫、一只狗。"我"应该有我的感觉、我的思想、我的行动，有我所见的、我所听的、我所想的，有我的痛苦、我的欢乐，"我"就是我的中心，我的一切就是我的帝国。

这世界绝对没有相似的两人，别人的生活方式绝对不会是我的生活方式。如果我是真实的自己，生命将会是一场舞蹈，而人的生命就是注定要成为真实的自己。

奥修说："整个未来新新人类生命的艺术就在于得到这个秘密——意识地、觉知地、仔细地聆听自己的心声，然后想尽、用尽办法跟随它，让它带你到它要去的地方。"

要点：

你无法取悦每一个人，如果你试着取悦每一个人，你将会失去自己。

二、生命中重要的不是表象，而是生命本身

低等人为生存劳碌，中等人为享受生活奔忙，高等人为发展自己、体现自身的价值而畅快生活。

现代社会竞争越来越激烈，人们的精神也日趋紧张。我们每个人生活都很沉重，每天都会感受各式各样的压力，有工作的压力、家庭的压力、生存的压力，我们还会经常遇到各种问题，这些问题有时候是很重的，甚至会把一个人压垮，有的人会自杀，有的人会变得很疯狂。

在这样一个压力越来越大的社会中，我们如何才能生活得快乐呢？

我喜欢武侠小说，特别喜欢里面那些练就一身轻功绝技的武侠高手，在遇到各种危险的时候，他们都能轻而易举地解决问题。其实人生也一样，在现代社会要生活得快乐，不妨也练一下轻功。常人会很笨拙地在世间行走，有时候难免就会受到很多伤害。但有了轻功就不同，就像道家讲的道

遥游，你会有"游"的感觉，在生活中能"举重若轻"。

我为什么要谈举重若轻呢？因为生活中很多人是举轻若重。他们活得很累很累，他们总是拿一个放大镜看问题，将一些小事不断地放大，自我折磨，这不是庸人自扰吗？人要学会举重若轻，对待生活的态度，就像随时倒拿着一个望远镜，将问题看小一点，看得毫不在乎，这样你的生活才会轻松写意。

有一次我从家里出来，没走多远就下起了雨，我回去拿了雨伞，再出门我就上了一辆车，但车开了没多久又遇到塞车，这时我就想起了唐朝诗人孟郊的一句诗："谁谓天地宽，出门就有碍。"

孟郊的诗反映的是一种心境，在这种心境下人是游不起来的，只能走，有时候你连走都不能走，只能爬。人要悠游自在，就需要一个没有太多障碍的世界，像鱼在水中游，像大鹏鸟在空中飞，它是完全没有障碍的行走，也不是没有障碍，而是我们的心把障碍去掉了。其实世间并无障碍，有障碍的只是我们的心境。出门就下雨，淋着雨走路不也是人生的一种浪漫吗？遇到了塞车，我们不也正好趁机听一下，自己想听但已许久没有时间听的美妙音乐吗？当心把障碍去掉的时候，这个世界就是一个通透的世界，这个时候我们就可以很悠然地游，也就是悠游。

那我们如何才能让心除掉障碍呢？这就要有一些超然的态度。就像坐飞机，当你升到高空，在云层之上时，地面上的东西你就看不清楚，看不到了。为什么？因为我们站得高。我们讲站得高看得远，还有另外一句话就是站得高就看不清楚，因为站得高你就会大而化之。

这是我们看待世界的一种方式。当我们有这样一种高高在上的心态和感觉时，这个世界上所有的东西都变小了，变模糊了，变轻了，这个时候我们就有一些超然的感觉，我们的心态就会变得比较轻松。身外的功名利禄、各种荣辱，形形色色的物欲都可以变得比较轻，比较淡了。有人说这是道家思想，道家思想是一种精神鸦片。当然我们不能把所有的事情都看淡了，什么事情都不做，然后像姜太公一样去钓鱼，这样生命也就没有了价值，没有了意义。生命中有些东西还是需要看重一点、看大一点的，这样另一些东西就可以看轻一点、看小一点。

大小、轻重都是一个相对概念，有重才有轻，你将生命中一些东西看得重要，另一些东西也就相对不重要了。

而生命中最重要的当然是快乐，是让自我成长。这样其他的一切也就相对不重要了。

有一位听众问我："金钱意味着什么？金钱对你意味着什么？"

金钱对我意味着什么呢？钱是一个好的仆人，但是一个坏的主人。

钱很重要，没有钱我就无法生存，更不用谈我能随心所欲地做自己想做的事。但钱只是工具，只是帮助我达到快乐的工具。钱绝不能成为我生命的主宰。

弗洛姆写过这样一段话："当人们努力去获取财富，不停寻求那似乎是自己的利益时，他便失去了他的灵魂，也就是丢失了自我。如同许多幻想和白日梦一样，这种追寻只是在新奇和足以刺激人的时候，才给人以一时的满足。"

物质条件是人生存的基础，人人都想过上优越的物质生活，但拥有物质财富的多少并不是人成功的标准。如果仅以此为标准，就会成为葛朗台式的守财奴。有些人拼命赚钱，到晚上关在家里数一下钱心里就快乐了。他们赚钱不是为了享受，不是为了发展壮大自己的事业，他们沦为了金钱的奴隶。

人们挣钱是为了更好地享受生活。但实际上，人们只是为了挣更多的钱而工作，又把这些钱花在再挣更多的钱上，而挣钱的目的——享受生活——却被遗忘了。我们已陷落在手段之网中，却忘记了我们的目的。

像个守财奴那样积攒财富，你会成为富人，但只会成为坟墓里的富人。

那么名重要吗？其实名只是一张具有实际用途的标签，是我们这个存在的一个符号。没有名你就很难找到我，假如我问某人："那个人存在于哪里？"那将会很困难。名字有它的用途，否则邮局会碰到困难，如果所有的信件都是要寄给没有名字的人。你也会很难找到自己的家、很难在人群中找到你的太太，因为每一个人都在那里，却没有人有名字。你也许可以去叫："嘿！"但是那适用于每一个人。

名字是绝对有用的。当你完全变成名字而忘记自己时，问题才会产生。如果你记住你并不是你的名字，如果你记住你是一个独特的生命，你有属于你的思想、你的行为、你的快乐，那么名字就没有妨害。

名字有用，但只是代表我们的一个符号而已，重要的是不能因名而忘了真正的自己。

你出名了，大家都知道你，但那只是知道代表你的符号而已，他们是不可能真的知道你的，所以你切不可因此而忘乎所以，你还是你自己，并不会因为你的符号被很多人知道了，你就变得不是你自己了。就像我喜欢吃臭豆腐，但并不会因为我有名了，就不喜欢吃臭豆腐了，或者臭豆腐就变得不臭了。

名是一种虚幻的东西，我们永远不要因名而迷失了自己。

当然，别人对我们的评价也很重要。鲁滨孙漂流到一个小孤岛上，尽了 20 年的努力也只能求得温饱。人是社会的人，人也只有在社会里，才能发挥出力量，取得巨大成就。但这并不表示我们活着就是为了赢得别人对我们有一个好的评价。你只要认真地做自己，快乐地生活，也带给别人快乐，那么荣誉自然会是你的附属战利品。

曾有读者问我："你是为名利而写作，还是为自己而写作？"我回答：

"我是为自己而写作！如果我为名利而写作，那么我将什么也得不到。我为自己而写作，虽然会有很多人不喜欢我，但也一定会有和我脉搏跳动一致的人喜欢我，为我的真诚而感动。"

可是生活中有许多人，他们刻苦努力，历尽艰辛，甚至几乎奉献生命而取得成就，但最终目的也只是为了抬高他人对自己的评价；还有些人，追求名誉、地位，甚至学习知识、发展艺术，也只是为了赢得人们对他更大的尊敬。他们看书学习，不是为了得到一些真实有用的知识，以改善自己的生活，而只是为了有件可供炫耀的外衣。

人是多么愚昧啊！总在为博取他人的欢心而努力。别人赞扬我们的时候，我们并没有走在自己的路上，只是走在别人的路上。尤其当你明白了就像一个音乐家陶醉在满场的欢呼中时，突然发现那些人只不过是聋子，是怕别人知道了他的缺陷，所以盲目地欢呼时，你又作何想呢？我们是为自己而活，不是为任何其他人而活。

我们不要寄望来自他人的赞美，不需要活在世人的喝彩声里。他人赞不赞美只是他们的事。我们只是努力从自身具备的品质、个性、能力、思想里，寻找对自己生命的赞美，寻找快乐的源泉。我们只是存在于自己的发肤中，并不是存在于别人的看法里。

奥修讲过这样一个故事：

泰迪这个老家伙坐在河边好几个小时了，可是没有半条鱼上钩。几罐啤酒加上炽热的太阳使他打起盹来，所以完全没有预料到有一条活蹦乱跳的大鱼上了钩，他被钓鱼线的一阵拉扯给唤醒了，可是身子却完全失去平衡，还来不及坐稳，就发现自己已经掉到河里去了。

有个小孩兴致勃勃地目睹了这个过程，当那个老家伙在水中奋力挣扎的时候，小孩回头问他老爸说："爹地，是那个家伙钓到鱼，还是鱼钓到那个家伙？"

人已然完全颠倒。在生活中我们是钓鱼者，但我们却常常被鱼钓走。

我们见到金钱，就不再是自己了；遇到权力、名声，就再也不是自己了。当我们取得了一些成功，就会变得飘飘然，不再是自己了。我们马上就忘了一切——忘了我们生命本有的价值，忘了我们的快乐、我们的喜悦、我们的欣喜。我们始终选择生命的表象——那些身外之物，而且还用我们内在的某些东西作为交换。我们常常赢了外在却输掉内在，输掉了我们的仁慈、我们的祥和、我们的爱、我们心灵的快乐，还有我们的健康。这样即使你得到了全世界又有什么用？

一位台湾的出版商问我："你的书那么畅销，那么多人崇拜你，你是否很自豪呢？"

以前我是很自豪，但当我明白对于生命而言这些只不过是幻象时，我也不觉得有什么了不起的。成功、失败只是演绎生命的一个过程，是生命的表象。人生中重要的不是表象，而是生命本身。我不能保证自己一生幸福，但我能保证自己一生快乐；我不能保证自己一生成功，但我能保证让自己一生充实而有意义。因为这是一种心境的问题，是一种人生观或对待人生的态度问题，是有没有目标、行不行动的问题。

我们无法祈盼成功，但我们每个人都可以成功地生活。

要点：

我们无法祈盼成功，但我们每个人都可以成功地生活。

三、做自己，才能拥有真正的快乐

从小我就是一个心高气傲的人，但不幸，来了深圳后也只是一个中学教师。在学校，不要说校长，随便见到一个主任我都要满脸堆笑，语气中透着巴结。那天打的，的士司机知道我是教师后，说："教师好啊，在社会上比我们受尊敬。"他的语气中似乎有些不忿。然后他谈打麻将，说他们一晚的输赢总有个5000、8000元的。从他的话语里，我就觉得自己穷酸。实际上社会上所说的对教师的尊重，我怎么都感觉好似对待老弱病残一样，有一种同情在里面。

我也深爱过一位女孩，但与她交往的朋友比较起来，我总是很自卑，于是一直羞于出口。那天她过生日，我知道她喜欢照相，我逛了很多艺术品商店，精心挑选了一套精美的相框，作为生日礼物送给她。过了几天，我去她家玩，发现我送的相框里镶进了一个男孩在欧洲的组照。我只好苦笑。

我没有人喜欢，在社会上也没有地位，我对于这个世界可有可无，放在哪里都微不足道。我很痛苦，也很自卑，在外人面前我都不说自己是教师。我在社会上有一些有钱的朋友，他们生意很成功，坐驾是奔驰，我却常骑摩托车。每当他们开车接我出去玩时，我的心就有些酸涩。那天在一家有名的酒店里，一位朋友请客拉我作陪，席间他偷偷对我说："你看吃饭的人这么多，但买单的总是那么几个人。"虽然这话并不是针对我，但我听在耳里，却只是觉得难受。

于是我想我要努力，我要赚钱，让别人不再用那种"你是老师啊"，"现在教师不错嘛"的带有同情和宽慰的语调同我说话。

我的努力终于得到了回报，我取得了一些成就，也算有钱了，还有了自己的公司。

那天一位港商给我打电话，说听我的课很有意思，想和我聊一下。于是我们约好，下个周末我去他的私人会所小住两天。

那天他开着一部红色法拉利跑车来接我。我们沿着海滨奔驰着，几小时后到了他位于海边尽头的私家会所。那是背山面海的一栋园林式别墅，有网球场，私人海滩，通往别墅的路都是他自己修的。我在那里尽情享受着阳光、沙滩、海浪、椰风，晚上伴随着海浪舒缓的拍击节奏入眠，那时我仿佛才真正体味到快乐生活的滋味。第二天又来了一批朋友，我们一起坐上他的游艇出海。那是一种美妙的感觉，躺在甲板上的躺椅上，喝着冰镇啤酒，欣赏着无边海景，人竟然有这样的享受。我在想：当资本家真好，我也要当资本家。

但我发现他们太有钱，我怎么都不可能赚那么多钱，于是我又有了自卑。但我感觉他们的素质也并不比我高，而且对我还蛮尊重的。因此要我在他们面前自卑，我真不服。但比钱，我的确没他们多啊！

德国总理施罗德有"奥迪总理"的雅号，因为他结过4次婚，将他送给4位夫人的戒指摆在一起就像奥迪汽车的四环标志。他曾经自嘲道："我每过12年就得换一个妻子，但在这12年里我是忠诚的。"

那天报纸上有篇文章，介绍记者采访施罗德的母亲。记者说："你养了一个好儿子。""不，"施罗德的母亲马上纠正说，"我养了两个好儿子。"施罗德的弟弟是水管工。在母亲眼里，总理施罗德和水管工弟弟都是她的好儿子。

我明白了，人只有机遇、环境、分工的不同，人的本质都是同样的高贵。别人可以轻视我，但我自己不能轻视自己，因为我和他们一样，同样是上帝的宠儿，是独一无二的，是没有人可取代的。我要体现自己的作用，表现出自己的价值。我的价值并不在赚钱的多少和权位的高低上，那些只是身外物，我的价值应该在于发展自我，使自我成长，成为与自己潜能相符的人。

实际上，人的快乐和幸福是不能寄托在外物上的，否则这山望着那山高，你就总会有自卑，总会有痛苦。有了几百万，见到上千万的会痛苦，有了上千万，见到上亿的又不舒服；当了处长见了局长会自卑，当了局长见了部长又会不安。人要活得像个人，活出一种真正人的气质来，你就只有做自己，因为你是独特的，是世间独一无二的，你享受自己，有自己的个性、自己的思想，不断去发展自己，这样你与任何人比都不会自卑。他是独特的，他有钱，他当官，只不过是机遇使然或他热衷于如此。而你所热衷的是做自己，发展自己，这才是人生的真正目的，是人的最大快乐之所在。因为你不需要去讨好别人、迎合人，活得像个顶天立地的汉子。虽然他有钱，当官，但遇到比他更有钱或更大的官，他还得巴结、讨好人。他们并不比你快乐。

这绝不是阿Q精神。你能说那些有权、有钱的人士就一定比我们快乐吗？我倒看到很多的位高钱多的人士整天生活在焦虑中，还不如我这样的潇洒自由。我去了趟法国，发现很多法国青年都是没钱后才去工作，有了够用的钱后，他们就会辞去工作，四处旅游，享受人生。而那些有钱、有权的人士，由于责任重大，却不得不整天扑在工作上，完全无暇享受，生活单调、枯燥。你说谁更快乐呢？有钱、有权并不等同于快乐，快乐应寓于创造中，应寓于自得其乐的生活中。

我并不否认物质生活给人带来乐趣，但几千万与几百万给人带来的享受又有什么区别呢？而且有个性、有自己的思想和方法的人，我总觉得在社会上是不会贫穷的，只要他想去赚钱，就一定能找到适合他自己的方法。

我知道了人要寻找快乐，要活得像个人，就要做自己，找自己的特长，从发挥自己中获得乐趣。爱因斯坦也没当高官，也没多少钱，但他不快乐吗？他跟比尔·盖茨和克林顿相比会自卑吗？我不是爱因斯坦，但我在做自己，在发挥自己中也得到了快乐。

这样想通了后，我遇到任何人都不自卑了，也不觉得压抑了，我始终能将自己摆在平等的地位上和任何人交往。

我突然发现我自由了，不再被外在的金钱和权位所压迫了。遇到钱多、位高的人我能平等交往，钱少、位低的人我也懂得尊重他们了。这样我才感觉到是一种真正的平等，是真正地消除了自卑。

施罗德母亲的话，让我懂得了放下，让我从年轻时一味追求赚钱、成名的独木桥中，踏上了人生快乐的康庄大道。一些数年没见的朋友现在见到我后，都说我更平实、祥和了，感觉到我的心更稳了。我自己也觉得我现在已经懂得了人生，是一个真正快乐的人了。而我的这种快乐，正源于我懂得了做自己才是人生中真正的快乐。

要点：
人的快乐和幸福是不能寄托在外物上的，真正的快乐来源于做自己。

四、人最大的快乐，就是充分发挥人的潜能

快乐是生命中最重要的，但我不想给快乐下定义，因为每个人有每个人自己的快乐。但从人的天性来说，要得到真正的快乐，就需要不断追求自我成长，发挥自己的潜能。就像弗洛姆所说："我们唯一的快乐之路就是运用我们的能力，发挥我们的所有。"

按马斯洛的基本需要理论，自我实现的需要是人最高层次的需要，而自我实现也就是要充分发挥自己的潜能，实现自我价值。

人的潜能创造了运用这种潜能的需要，而不能运用这种潜能则会造成机能失调和不幸福。

例如一个女人，只有成为母亲才是完整的，否则她潜在的母性本能就没有得到发挥，她就不会是快乐的。人有行走和运动的能力，如果这种能力的运用受到阻碍，就会产生严重的生理不适和生理疾病。

人具有爱的能力，如果他不能运用他的这种能力，如果他不能去爱，

他就要忍受由这种不幸所带来的痛苦，尽管他可以假借一切合理的理由而无视这种痛苦，或运用一切有教养的方式来逃避由这种失败而造成的痛苦。但在生理和心理上，他都不可能得到真正的快乐。

人在精神上的郁闷，在生活中始终找不到快乐，很大一个原因就是他的潜能没有得到充分发挥，自我价值没能得到体现。

人如果不能运用自己的能力，他的人格发展就不会完整，他就不能实现内在的和谐，这也正是人的疾病和不幸福的原因之所在。每一种神经疾病都是人的内在能力和那些阻碍其能力发展的力量相冲突的结果。没有个人的个性、爱好、思想的生存、发展空间，没有发挥人的潜能，人就不能真正地体验自我，也就是社会学家说的没有自由和自发性，这样的人在现代社会被视为有严重的缺陷。如果某一特定社会中的大多数人都没有达到这样一个目标，那么，这个社会就是有缺陷的。

所以人只有一种真正的利益，只有一种真正的快乐，那就是充分发展人的潜能，充分发展作为人类一员的自己。人应该以自己为唯一的目的，而不是服务于任何超越于人的意图的工具。我们不是赚钱的工具，不是社会的工具，不是意识形态的工具。我们就是我们自己。我们要最大限度地实现自身的潜能，并对社会做出最有价值的贡献。这样，我们既与世界同为一体，但同时却又保持着自身的人格完整性。在建设性地运用我们的精力时，我们提高了自己的能力，我们"燃烧自己，却不化为灰烬"。

央视二台的《对话》节目我非常喜欢。那天主持人采访了甲骨文公司的总裁埃里森，她说埃里森每周只在公司工作50个小时，其余的时间都用在了探险上。这不由使我想起了IBM的总裁小沃森、CNN的老板特德·特纳，他们不是都热衷于探险吗？西方人热衷于探险，而我们华人却热衷于赌。记得去马来西亚云顶赌场时，导游说：凡是有华人的地方，就一定有赌场。没有公开的，就有地下的。赌和探险都是寻求刺激，但赌是用钱财作刺激，而探险则是用生命作刺激，用生命的潜能作赌本，去挑战大自然。我们应该热爱生活，而不仅仅是生存。单纯的生存是没有意义的，人的意义在于生活，生活就要不断充实自己，挑战自己，永远寻找一些新意。

我们太过于依赖外物，人变得越来越浮躁，只懂得从住大房，开靓车，美酒佳肴，漂亮的女朋友中寻找快乐，却不懂得丰富自己的内心，从创造中去寻找快乐。当阿基米德在澡盆里突然获得了灵感，找到了鉴别皇冠中含金量的方法时，兴奋得衣服也没穿就跑到了大街上。这就是我们所说的高峰体验，这是一种真正的快乐所导致的狂喜。创造是一种忘我的境界，是人生中一种真正的乐趣。

真正成功与快乐的人，绝不是依赖外在之物，他们的成功与快乐来自内在的充实、内在的丰富。只有内在缺乏的人才会不断寻求外在的刺激来麻醉自己，以填补心灵的空虚。唯有不断激发自身的潜能，挑战自己，才是人生永不厌倦的快乐。

金钱、权力，各种利益，享受、娱乐，这些只是生命的奴隶，决不能成为生命的主宰。人可以热爱享受、娱乐，热爱金钱，但绝不能因此而让生命腐化，这些永远只是生命的调料，不能成为生命的主宰。主宰生命的应该是创造，应该是永远向上的意志。没有创造的生命，没有成功来点缀的生命，是苍白的，是违背生命本能的。生命的本能就意味着向上，像种子冲破泥土的阻碍成长发芽，而后去争取阳光和养分，茁壮成长。

生命的意义就在于成长，脱离了成长的意志，生命也就成了废物。

当然，人就像一棵大树的种子，种子中潜藏着成长为树木的可能，但这并不意味着每一粒种子势必就会长成一棵大树。潜能的实现有赖于一定的条件，例如，在种子这种情况下，条件就是适当的土壤、水分和阳光等。一粒种子只有具备这些条件，才能成长为大树；否则，如果缺乏一些适当的条件，例如土壤过于潮湿而不适合种子生长，那么，种子除了腐烂外，决不会长成一棵树。

所以人要得到快乐，要发挥自己的潜能，就需要努力奋斗，去创造条件。人生中，没有平庸的快乐，只有创造者的快乐，只有自我实现的快乐。

要点：

我们唯一的快乐之路就是运用我们的能力，发挥我们的所有。

五、人生是过程，而不仅仅是结果

在日本有一位著名的禅师叫临济。临去世前，数千名门徒聚集在一起聆听他最后的讲道，可临济只是躺着，快乐地微笑着，不说一句话，看着他快死了却不说一句话，他的一位老朋友，一位同样有名的大师提醒他："临济，你是否已经忘了你必须说你最后的遗言？大家都盼望着呢。"

临济说道："请听！"这时屋顶上两只松鼠在奔跑着、尖叫着，他说："多美！"然后他死了。就在那一刻，当他说"请听……"那是全然的宁静。

每个人都以为他会说些伟大的事，但是只有两只松鼠在屋顶上打架，尖叫着奔跑着……然后他微笑，接着便去世了……但是他已经发出了他的最后信息：我们不要将事情分成小的和大的，重要的和不重要的，每件事都是重要的。

在那一刻临济的死与屋顶上两只松鼠在奔跑同样重要，那没有区别，所有的存在都是一样的，那就是他的整个哲学，他一生的教诲——没有什么东西是伟大的，也没有什么东西是渺小的，这全由你而定。

小时候我被教育，全世界的人民都在受苦，长大后要去解放他们，但后来我发现原来受苦的只是我自己。我们曾经背负过太沉重的理想和主义，到头来却发现那只是别人用来操纵和控制我们的一种工具，于是它像肥皂泡一样破灭。现在我们也还背负着沉重的"殷切希望"和"成才的祈望"。

其实，每一个人都体现着人性。虽然，我们在智力、健康、才能各方面有所不同，但我们都是人，谁也不是谁的上级和法官。人生怎样才有意义，任何人都不能替我们决定，人生的意义完全只是我们个人的一种选择。

人生的意义不在于要有一些所谓伟大的人生目标，要干一些所谓的大事。其实事情的重要和不重要，是大事还是小事，只是你自己的一种界定。能够让你快乐的事，能够让你投入心力、投入热忱的事，那也就是大事，那也就是重要的事。

生活本身就是人的目的，决不仅仅是人达至成功的手段。人是为生活而活，不是为成功而活。人不是事业、理想、成功或其他任何东西的附属物，人自身的快乐和幸福才是人生的真正目的。

那天看湖南卫视的《背后的故事》节目。主持人介绍了两个人。一个考研究生 10 年没被录取，另一个写了 300 多万字的作品没能发表，他们的毅力、锲而不舍的精神的确让人钦佩。一个说，国家规定考研究生可以考到 40 岁，他还可以再考 4 年，即使考不上学知识总是没错的；另一个则表示他还将继续写下去，努力争取作品能被人接受。

许多嘉宾、现场的观众都对这两人的行为发表了看法。但我印象最深的还是上海某公司董事长的看法。他认为如果他俩从考研究生和写作中得到了快乐，那么就应该继续下去。但如果是功利色彩太浓，一定要考上研究生和发表作品的话，那还不如放弃。虽然他的话与主持人构想的节目主题不吻合而被主持人打断，但我认为他的话是最实际的。

一个人考 10 年研究生和写 300 多万字的作品是要耗费许多时光和精力的，如果在这么多年的努力中，他们都不能感到快乐，只是靠毅力和一种强烈的欲望支撑着，那么人生最美好的青春时光就这样在没有欢乐中度过那不是很可悲吗？我们说一个人吸毒上瘾而又不能戒除的话，那一生就毁了。实际上同样的，如果他们经过这样艰辛的努力最终结果还是不能成功的话，那我想他们这一生也就没有快乐可言了，那他们这一生不是也被毁了吗？

斯宾诺莎说：幸福不是德性的报酬而是德性自身。

他们的行为是高尚的，但人不能将快乐寄托在高尚行为的回报上，而应该从行为本身感受快乐与幸福。也就是说一个人要喜欢自己的工作，从工作中感受快乐。这样，你能成功，当然更好，即使不能成功，你也从工作中得到了享受。

年轻人都容易重结果而轻视过程，认为过程是手段，结果是目的，没得到好的结果就是失败。其实过程是漫长的，结果是短暂的，人不能为了"短暂"，而放弃"漫长"。就连人生也就是一种过程啊，人的结果不就是死亡吗？享受人生也就是享受人生的过程。

在年少时，我也曾像他们一样对成功狂热，抱定"不成功，毋宁死"

的信条，强制自己放弃多种娱乐和爱好，用"头悬梁，锥刺股"的苦读精神鼓励自己。由于我只是在强迫自己，不能享受学习的过程，因此一方面效率不高，另一方面也无法坚持长久。最终结果是自己学习没搞好，少年时的生活也被毁了。

从此我在选择从事的工作时，都将能享受过程放在第一位，这样工作起来既轻松又愉快，而且还容易取得成效。

人生中重要的不是结果，而是过程。

中国女子羽毛球运动员张宁，1994 年就开始代表国家队出战，虽然一直在国家队待着，状态却不是很理想，只能在国家队任第三单打。但 2004 年在她 29 岁"高龄"时，她却达到了运动生涯的巅峰，取得了奥运会单打冠军。在参加奥运会之前这一年，她就已经多次在国际大赛中打得那些世界著名运动员一局得不到 1 分。

记者问她状态如此之好的原因，她说："原来我是为取得好成绩而训练、比赛，现在我是喜欢羽毛球运动，我能够享受训练和比赛。当注重过程了，你就会赢得这个比赛。"

还有女子举重运动员陈艳青，在落选悉尼奥运会后，她就退役去苏州大学读书，并当了江苏省举重队的教练。不过举重毕竟是她难以割舍的痛与爱，她自己说："在当教练的时候，每天看到杠铃就忍不住想把它举起来。"

结果爱好让她重新回到了举重场，训练成绩也突飞猛进，最终获得了雅典奥运冠军。

过程与结果是一种辩证的关系。不懂得享受过程，就一定不会有好的结果；懂得享受过程，才可能会有好的结果。

现在有一句话叫：人生如战场。其实人生不是战场，人生的竞争只是与自己的竞争，挑战自己，而绝不是与他人的竞争。

人们说："如果你是真正成功了，那你一定会在 40 岁到 50 岁左右罹患心脏病。"我没有得心脏病吧，他们又会说："如果你在 50 岁前心脏病没有发作，那你这一辈子就浪费了，你是个失败者，你并没有试着要让自己成功，你的企图心还不够强烈。充满企图心的人一定会有心脏病，野心越大越是有可能会神经衰弱。"

其实我们很多所谓的成功学只不过是在不断地为心理医生、为精神病院创造出更多的未来顾客。

我们学习成功学，总在追寻"如何"，都变成了"如何之人"——如何致富？如何成功？如何影响他人？甚至如何爱？不久之后的某一天，一定会出现个笨蛋要问如何呼吸。任何的"如何"都只是手段，绝不能成为生活的目的。不要把生活贬低至技巧的层次，生活如果沦为只是技巧的话，它就失去了喜悦与快乐。

生活不是竞赛，如果人人都将人生看作是与他人的竞赛，那么整个人类的生活都变成了奥林匹克竞赛，每个人都在竞赛，每个人都要发挥最佳状态，因为最后的结果攸关生死。每个人就会有数不尽的敌人，你就会活在一个大家都是敌人的世界里，因为你和每个人都在竞争，他们全是你的敌人，他们摧毁你成功的机会，你也破坏他们成功的可能性。

这样在这个充满野心的世界里，友谊之花无法开放，爱几乎是不可能的事，慈悲也无法存在，我们就会创造出丑陋不堪的混乱。所以放弃你的竞赛，放弃你想通过竞赛达至成功的梦，只是专心享受生活的过程，享受工作的过程。

昨天是历史，今天是现在，明天是未来。我们只是力求将每一个今天都过快乐，当它成为历史时，我们的历史也就成为了快乐的历史。

要点：

不懂得享受过程，就一定不会有好的结果；懂得享受过程，才可能会有好的结果。

六、目的是快乐的，达到目的的过程也必定是快乐的

生命是非常简单的，它是一个欢舞，整个世界可以充满欢乐和舞蹈。但总有人有意或无意地谴责生命。佛教认为我们是前世造孽，今世降生到世上为人受苦；基督教认为人是因为犯了罪才被上帝赶出了伊甸园，来到世上为人的；伊斯兰教也认为人前世犯了罪，只有在今世苦修行才能上天堂。人们创造宗教来谴责自己的生命，总认为没有人应该享受生命，没有人应该微笑，没有人应该欢笑，生命只是一种惩罚。当你总是处在不断地被人告知生命是一种惩罚的气氛中时，你又怎样能够享受生活呢？你正在受苦，因为你做错了事，你被扔进这个监狱来受苦，那么你怎样能够享受它呢？

我们的哲学家也在那里大肆宣扬：耽于娱乐便会扑灭心中的光明。人不应该耽于享受，人应该抑制自己，在理性的指导下，去吃苦，去追求成功。快乐是罪恶的象征。

古语说：吃得苦中苦，方为人上人，仿佛成功就是要吃苦。甚至还有人提出了"天平"理论：你要得到多少，就必须付出多少。得到好像总是与付出成正比。我并不反对得到就要付出，但这种付出并不就意味着是吃苦。我为了成功也付出了很多，但现在回味起来，我感觉最快乐的日子还是在付出中的那些日子，而不是成功的现在。

成功是一种快乐，追求成功的过程也是一种快乐。就像人要去旅行，那么为旅行的一切准备也是快乐的。你只有抱有这样一种快乐的心态，你的行为才能持续长久。如果你总认为是先吃苦，日后才能获得甘甜，那么我相信你的计划很可能会中途夭折，吃苦的事总是难以持续长久。甚至当

你吃尽了苦后，却并没能达到目的，那么我想你这一生不是被毁了吗？曾经有一位学员告诉我，他要先立业再成家，他成功的决心是那样强烈，但我总有一些悲哀，如果他的目标太高，而他总不能达到目标的话，他的青春又已度过，那么他将来不是一个悲剧吗？

实际上那些真正成功的人士，并不是到了成功才感觉到快乐，他们整个的追寻过程就是一种快乐。这样他们并没有很大的心理压力，即使不能成功，他们也快乐了。追寻快乐与追寻成功并不是一对矛盾，它们是统一的。你也只有将它们统一起来，你才可能幸福，你也才更有可能成功。

斯宾塞说："以快乐为目的，必然会使达到这一目的的手段也具有快乐的性质。"

以成功为快乐的话，那么追寻成功的过程也是快乐的。就像我要去敦煌旅游，那么在去敦煌的过程中也是快乐的。

但有人会提出反对意见：生小孩是快乐的，但怀孕却是痛苦的。还有治好病是快乐的，但治病的过程要打针、吃药却是痛苦的。我认为成功的过程并不能类比于打针、吃药，因为成功并不能看成是治病，成功是一个人不断地充实、发展、完善自己，要类比的话，我倒认为成功就好比身体长强壮了，而成功的过程就是要吃饭、吃菜，补充各种营养，而这甚至是一件比身体长强壮了还快乐的事。成功虽然有些像诞生小孩，也是创造出了一种新的东西，但在这个过程中也像孕妇一样，有着精神上的无比愉悦，却没有孕妇生理上的痛苦。

总之，不要把追求成功的过程当成是吃苦，抱有这种观念去追求成功的人，据我观察极少有能够真正取得成功的。成功是快乐的，追求成功的过程也是快乐的，这样我们就能唱着歌行进在成功的大道上。

我要对你说，生命不是一座监狱，也不是一种惩罚，它是一种报酬，它只给予那些能够获得它的人，值得受赏的人。现在享受是你的权利，快乐也是你的权利，如果你不享受，不去感受快乐，那么这将是一种罪孽。

如果你不美化它，如果你还让它和你发现它时一样的话，那么这是在与这个宇宙的规律对抗。

生命是要发展的，是要不断被美化的，你不能从诞生直至死亡，都没能体会它的美妙，感受它的活力。

不，不要这样，让它更快乐一点，更优美一点，更芬芳一点。

要点：

成功是一种快乐，追求成功的过程也是一种快乐。

七、成功是自己的一种定义

数年前，一位新疆的读者专程来深圳，找到培训中心想见我一面，但不巧我去了内地。中心人员劝他先回去，说我不知什么时候才能回来。等我回来后，再与他电话联系。但他很执着，表示不见我一面决不离开，还在中心附近找了一家旅店住了下来。中心人员没有办法，只好与我联系，我也只得放弃手头的工作赶回深圳，与他面谈了一次。

他告诉我，他是乌鲁木齐一个拖拉机厂的工人，看了《方与圆》后，就想与我面谈，当面求教成功的经验。他还说希望能在我这里打工，如果不行，就去北京，一定要进入联想集团，做中国的比尔·盖茨。

谈话中，他流露出强烈的成功欲望。他说他30多岁了，还没有谈过异性朋友，也不想谈异性朋友，他一定要成功，成功了才考虑这些事。

听着他的话，我突然感到了恐惧。他将一生都押在了这种"成功"上，如果不能取得他想要的成功，那他这一生不是会很痛苦吗？我也为国家增添了负担——又多了一个大龄未婚青年。

由此，我想我总在宣扬成功，是否会对人产生副作用呢？如果人们认为"成功"就是赚很多钱，出名，或者说是办一个大型的公司，那么，能做到这样的人毕竟只是极少数，那大多数人被激发起了这种欲望，又不能取得成功，那不是很痛苦吗？就像金庸笔下的慕容复，雄心勃勃地复辟大燕国，极度的欲望使他不惜采用一切手段，可惜最终也未能成功，反而因欲望的刺激最后成了精神病。

成功不是可以一蹴而就的，需要雄心、耐性、能力，要做出很多牺牲。而且成功没有止境，并不就意味着快乐啊！

什么谓之成功呢？在一次签名售书活动中，一位老者告诉我，他很喜欢我的书，也很喜欢成功学的书。这时他旁边一个年轻人刺他："那么，你成功吗？"

老者有点生气了，他理直气壮地回答："怎么不成功？我工作30多年，现在退了休，还养育了3个孩子，都成家立业了。我怎么不成功？"

的确，能成就伟业的人只有极少数，起码一个国家的总统就只有一位，但关键是我们如何看待成功。

成功并不是说每个人都要成为拿破仑，成为爱因斯坦，成为比尔·盖茨。成功就是你能快乐地度过一生，并在这一生中充分地发展自己。

实际上成功只是自己的一种定义。你尽心尽力了，你感到快乐了，你认为成功了，那也就是成功。

我认为成功就像攀登一座永远也到不了顶峰的高山，既然永远也没有顶峰，我们就应该边攀登边欣赏沿途的风景。如果只是埋头攀登，一心只想到达最高点，那就很可能错过了沿途的风景。何况如果你一生都到不了你所预定的顶峰的话，你又没有去享受风景，那这一生不就毁了吗？当然如果你只是贪恋现时的风景而放弃了继续攀登的努力，那你也就永远站不到更高处，欣赏到更辽阔的风景。

所以人生要永远努力向上攀登，登得越高，能看到的风景就越辽阔。

但在攀登的同时，也别忘了要及时欣赏风景。这就是人生前进与享受的辩证法。

成功学之父塞缪尔说："超出一般人水平的，哪怕是最高尚的美德，也只不过是充满诱惑力且危险的东西。"

对于我们每一个人来说，最真实意义上的成功，就是快快乐乐地生活，充分地展现自己，让一生过得充实而快乐。而一个人只要能踏实、认真、充实、快乐地度过一生，这样的人就是一个伟人！

人的一生是非常短暂的，只要我们能用心地生活，快乐地生活，安享上帝所赋予我们的一生，尽到了我们做人的责任，那就是成功。

要点：

成功是自己的一种定义。你尽心尽力了，你感到快乐，你认为成功了，那也就是成功。

八、重新成为孩子

《五灯会元》卷17中，青原惟信禅师有一则语录："老僧三十年前未参禅时，见山是山，见水是水。及至后来，亲见知识，有个入处，见山不是山，见水不是水。而今得个休歇处，依前见山只是山，见水只是水。大众，这三般见解是同是别？"

禅师的高论，颇具哲理，三般见解，讲的是人的认识过程。其实又何尝不是指做人的三种境界呢？

儿童时，带着童真，看什么是什么；长大后，变复杂了，见什么事物都会想得更复杂；老年后，明了事物本质，天人合一，因此返璞归真，重新回复童心。而这后一境界才是人生的最高境界。

就像《新约》中所说："我实在告诉你们，凡要承受神国的，若不像小孩子，断不能进去。"

为什么要像孩子呢？因为孩童才淳朴、天真，才有内心的纯洁，对任何事物都新鲜、好奇，因此孩童也才总是快乐的、活泼的、充实的。即使只有一张纸，他们也能将它叠成飞机，折成纸鸢，开心几个小时。

但成人呢？是不是已经太沉闷了。没有好奇，没有冲动，一切都只是习惯，都只是理性。因为成人变复杂了。

复杂生活是物欲的，简单生活才是心灵的。在人生中最能打动我们也最能带给我们愉悦的，是那些潜藏在人性深处的最淳朴自然的情感，这才是人世间最真挚最美好的东西。

那天与一位小女孩聊天，她告诉我走在街上看见一个蹒跚学步的小孩跌倒了，母亲赶紧过去将他抱起来，放在嘴边亲吻。看着这一幕，她觉得很温馨。她的话很简单，但给我的触动很大，从什么时候开始我已经不懂得欣赏这样一种情感了呢？我现在已经很成熟了，但在这种成熟的同时，我是不是已丧失了享受人生中的这份温馨、这份感动的能力了呢？

人在成长的过程中，变得越来越成熟、越来越复杂，也就越来越丧失了那份淳朴，于是我们就不懂得欣赏、享受那种乐趣了，也不懂得最大的快乐就时时会出现在我们身边，就在我们的心灵里，反而要花很大的力气去外面寻找。

我们每个人都被自己所创造的这个世界剥夺了享受生活的能力。

这是一个怎样的世界啊！每一个孩子从他诞生的那一刻起，他的单纯就必须设法被改变，因为单纯在这个竞争的世界中对他毫无帮助，他的单纯被这个世界看起来好像是一个傻瓜；他的天真将在每一个可能之处被利用；惧怕社会，由于惧怕由我们自己创造出来的世界，我们尽力使每个孩子精明、狡猾、认识人性的丑恶，使他处在有权阶层，而不是处在受压迫和无权阶层。孩子一旦在这种错误方向下开始成长——那么他会继续按着这种方向成长，他的整个生命便走向那个方向。

人性真的丑恶吗？那天我乘公共汽车，天很热，车上人很多。一位先生对邻座的小姐说："别挨着我！"小姐马上回应："你以为我想挨你呀！"于是两人吵了起来，吵着吵着，两人突然都笑了。在那一刻我觉得人还是很善良的。天很热，先生自然不希望被人挨着，但人又这么多，小姐又不可能不挨着先生，当两人明白这场架吵得无聊时，也就相视一笑泯恩仇了。

人性的确有自私的成分，但人性中也有很多美好、高尚的部分。如果我们总认为人性是丑恶的，这个世界是黑暗的，那我们又怎么能有一个好心情在这世间生活呢？人性并不丑恶，丑恶的只是我们丧失了淳朴、丧失了天真，丧失了享受美好东西的能力。

我认识一位美国的女大学教师，接触中发现她的知识面不是很广，但人开朗、活泼，处处表现出一种纯真、质朴。当我跟她谈起一些很简单的事时，她会像孩子般地发出感慨："Really?"（真的吗？）当你随便聊起一些快乐的事时，她又会嘴里嚷着"Happy!"由衷地替你高兴。我发现美国人活得比我们简单，正因为其活得简单，所以才总是开朗、快乐的。而我们从小就承受着过多的压力，早早地被灌输了太多的竞争意识，从小学、中学直至大学，美好的儿童、少年时代，都承受着升学的压力。我们的心理开始变得复杂，无形中背上沉重的包袱，童真被过早地扼杀，我们只觉得很累、很辛苦，生活对于我们就是竞争和生存，于是就像那首歌里唱的"生活过得没有滋味"。而美国的学生从小没有这么大的升学压力，甚至连平时考试的分数也属个人隐私，由老师单独通知学生。人们在成长中不用承受过多的心理压力，也就生活得轻松愉快，这样的人成长起来，自然开朗、活泼、淳朴，生活对于他们是五彩斑斓的彩虹。

如果我们已丧失了淳朴，我们也就丧失了对生活的享受能力，也就丧失了对生活的爱意，而对生活的爱不正是人的快乐和创造力的源泉吗？

《泰坦尼克号》《我的父亲母亲》感动了一大批人，因为电影中的爱情是淳朴、真诚的，我们大多数人都渴望纯真的爱。当记者采访一位电影观众时，她回答：如果有人像莱昂纳多那样爱我，我也能够为他付出生命。她的话音中透出她认为现代已很难再找到纯真的爱情。

的确，现代社会人变得复杂，人与人之间已丧失了信任和真诚，彼此猜疑、倾轧，尔虞我诈，人活得不再单纯，人与人之间也不再淳朴，于是我们也就丧失了最大的享受——那一种纯真的情感。

纯真是一种魅力。谁不喜欢看孩子的微笑呢？无论你心情多不好，见到孩子的微笑，就像在多日阴霾的天气里见到阳光。孩子的微笑是最单纯的，成人的微笑中总渗有一些虚伪。虚伪的东西总是令人讨厌的，而成熟不就是有了一些虚伪吗？

我觉得自己是一个挺有魅力的人。我不漂亮，也不高大威猛，但喜欢我的人很多，朋友们常常都嫉妒。我觉得只是因为我热爱生活，在生活中像个孩子，随意自然，活泼天真，浪漫奔放，别人与我在一起，没有压力，能同样地活泼开朗，轻松自如。而这是一种温馨的感觉，有了这样一种温馨，就像多年的老同学聚会，就像要好的朋友久别重逢，自然是一种愉悦的感觉。

奥修有这样一段话："天真才是可爱的，无论何时当你懂得你已经错过了生命中的乐趣时，回归的第一个原则是天真。扔掉你的成熟，忘记你的主义、你的宗教、你的理论、你的哲学、你的为人处世的准则，再度出生，变得天真——这是在你手中的。净化你头脑中一切不为你所知的、所有借来的，所有来自传统、文明的，所有其他的人，双亲、老师，大学给你的东西，将这些扔掉，再度变得单纯，再度变成一个小孩。"

再度变成一个孩子，不仅能让你变得快乐、有魅力，也能让你更有创造力。

台湾滚石出版社决定出版《方与圆》，出版商邓女士在电话中和我交谈几次后，决定来深与我面洽。

早先我们在电话中的几次交谈都很融洽，但那天她在深圳约我见面的电话中，却明显流露出戒备，要我带身份证、私章等，我想这两天也许她在深圳被人骗过。

见面后果不其然，她告诉我，她来深圳第一天就被窃一次，被骗两次。她去逛东门，钱包被人偷了，她笑谓："就当是捐款给了内地同胞。"肚子钱了，身上却没有人民币。这时路边有人叫着换港币，她问美金可不可以换，换出美金后，去吃肯德基，营业员一眼就看出是假币。我插话说："内地的假币很多来自台湾。"她不服气地回答："知道！但假币质量那么差！"言下之意，台湾怎么会有质量那么差的假币！随后她自我嘲弄地说，她真是"迂"，假币质量那么差，只有她才会被骗。

然后，她又跟我谈起她刚到深圳时，看见一位母亲背着年幼的女儿蹲在垃圾桶口，用手在里面扒拉着捡饭给女儿吃。场面感人，她给了钱。走了一段路后，想想那母女俩确实太可怜，钱是不是给得太少，于是决定转回去再给一些钱。但回去后，却看见那对母女正在肯德基里面吃饭。她又一次嘲笑自己太"迂"："想想那母女俩都长得挺好，并不瘦，只有我才傻到上当。"

但我知道她是一个很成功的出版商，办事果断、干练。就这样一个事业成功的人，在我们内地同胞面前，却显得单纯、幼稚。内地人是精明的，连讨饭都有很多花招，既然这么精明，为什么却还是要讨饭呢？

我们这个社会提倡精明而非智慧，颂扬我们的聪明才智中最为肤浅、粗糙和最没有用的层面。

记得记者采访史玉柱，问他："你圆滑吗？"史玉柱回答："我不圆滑。你看我是圆滑的吗？"

精明不等于聪明，单纯不是没有智慧。我也接触过很多成功人士，他们都单纯得可爱。其实他们之所以成功，恰恰是单纯帮助了他们。因为把握事物的本质更多的是靠直觉而不是理性。思想太复杂了，就会破坏直觉，使人缺乏对事物的敏感度。而单纯的人，思维才敏锐，才容易把握事物的本质。所以单纯的人往往更有创造力。

有次去东北旅游，碰到几个上海人，大家聊天，他们自己评价上海人：精明而不聪明。在广东也有一种说法：上海人买东西，首先要了解别人的进价，然后讨价还价，只让对方赚一块钱；潮州人买东西，却不管对方赚多少，只考虑自己能赚多少钱。

精明是小事上能精打细算，聪明是善于把握大事。人应该聪明但不能太精明，太精明的人总是想让别人吃亏，别人自然不愿意跟你合作，你也自然无法取得大的成功。

有一句话叫：吃亏是福。李嘉诚说他以前与人合作时，如果别人是五五分成，他就4.5对5.5，让出0.5实际利益不大，但别人心里会有占便宜的感觉。占了李嘉诚的便宜，多开心的一件事啊！于是大家都愿意跟他合作，因此他的事业也就能越做越大。

很多时候都是这样，让一点小利，实际利益不大，关键是能让别人心理上有占了便宜的感觉，有跟你合作很划算的感觉，这样你就会赢得更大。

这是聪明人的做法。

其实聪明的人往往都不太精明，因为他的思想、注意力都放在大事上，而不习惯将注意力放在小事上。毛主席聪明，所以能把握大事，但不习惯关注小事，特别中国的传统是轻视商业的，认为赚钱是很低下的事，所以毛主席抓经济就不太行。

很多人问我："你谈了对失败的看法，那如何面对成功呢？"

面对成功，就要重新成为一个孩子。

人从孩子开始逐渐成长成熟，而后成功。但成熟过后是什么呢？就像一只苹果，成熟后就只会走向腐烂。所以面对成功，你必须重新成为一个孩子，忘掉以前的成功，去寻找一个新的方面，一种新的领域，或者将原来的成功当成一个新的起点，重新去学习，成长，成熟，去争取新的成功。而后，再度成为一个孩子。

孩子的单纯是纯粹的单纯，当你了解了生活本质后再度变得单纯，则是懂了后的单纯，这种单纯正是人生的最高境界。会使你做人更快乐，更富魅力，也更有创造力。

要点：

《新约》："我实在告诉你们，凡要承受神国的，若不像小孩子，断不能进去。"

第三节　发现自我

假如你不喜欢现在的你，别担忧，因为你不会永远如此。你可以成长，也可以改变。你可以超越现在的你。

《第五项修炼》的作者圣吉在谈到人的自我超越时，认为人普遍有一种结构性矛盾。就像有两根橡皮筋同时拉着你：一根是你深信自己无力，没有资格得到你所想要的；另一根就是你的愿景，对美好前景的欲望。一根往后拽，一根向前拉。你向前走得越远，往后拽的力量就越大；反之，你落后得越远，向前拉你的力量也就越大。

深信无力　　　　　你的现况　　　　　你的愿景
或不够格　　　　　结构性冲突

下面你大声念这段话:

我是最棒的! 我每天都正在变得越来越好, 越来越成功, 越来越快乐, 越来越有意义。我一定能梦想成真!

念完这段话后, 你有什么感觉? 内心是不是有一种微弱的声音同时在说:"这是不可能的。"

每个人内心中都潜藏着对自我的怀疑, 正是这种否定的力量制约了我们的创造力。

所以人要增强自己的行动力, 一方面就要尽量加大向前拉的力量, 要有一个明确而强烈的愿景; 另一方面就是要减弱向后拽的力量, 也就是要消除对自己的负面看法。

你看下面的 4 道数学题有什么问题:

(1) 5+4=9

(2) 7+2=9

(3) 3+5=9

(4) 1+8=9

发现了什么问题? 是不是发现第三题错了? 可是 4 道题只有第三题错了, 其余 3 题都是对的, 你为什么不注意呢?

这说明人都容易受错误的东西影响。人思想中注意的, 往往是以前的失败、以前的教训, 这就导致了人们对自己的不肯定, 认为自己是无能为力的, 是没有资格的。

以前总有人问我:"老师, 我的行动力为什么不强呢? 有什么方法可以增强我的行动力吗?"

我都会反问:"你的行动力真的不强吗?"

举个例子。假如你突然中了大奖, 下星期可以免费去夏威夷旅游。你这个星期的行动力强不强呢? 肯定强啊! 你会将这两周的工作妥善安排, 放弃一些娱乐应酬, 重要的工作力争本周完成, 完不成的会让别人代劳, 不急迫的, 你就会暂时放一下, 待回来再完成。

这样你不仅有超强的行动力, 还有科学的计划性。

人都习惯于注意生活中负面的经验, 也正因此, 导致了人们对自己有很多错误的看法。你说自己行动力不强, 但中了大奖后你不是也可以有超强的行动力吗?

行动力为什么突然变强了呢? 一是你有了一个良好的愿景, 可以去夏威夷旅游。二是你的愿景的确可以实现。中了大奖, 下周一定可以去。要有超强的行动力就要满足两个条件:有一个很美好的愿景; 确信这个愿景能够实现。

所以不是你的行动力不强，只是你还没有让自己处在一种能有超强行动力的环境中。

其实人的自我认定往往是受经验影响或者只是听从了别人的看法，但人的自我认定并不受限于个人经验，而只受限于你对这种经验的诠释。你要怎么来认定自己，只是取决于你的决定。到底你想将什么套在你身上，你给自己贴上怎么样的标签，你就会成为什么样的人。你怎样认定自己，你就会有怎样的人生。

人的一生就是一个不断认识自己的过程。你知道自己到底有多大的能力、多高昂的热忱吗？你知道自己蕴藏着多大的创造力，能创造怎样的奇迹吗？

以前我认为自己的语文水平很差，不是写书的料，但现在我写的书不是畅销全国吗？以前我也一直认为自己很懒，没有毅力，在那次全国订货会后，货订出去了，但书还未完成，于是我用一个星期的时间，整理、写出了两本书。那段时间除了吃饭、睡觉就是写作，每天工作10多个小时，我感觉到了自己前所未有的勤奋和顽强，我认识到自己并不懒，也并不缺乏毅力。以前的感觉，其实只是因为没有找到自己喜爱的工作，没有感受到从工作中体现出来的那种成就感、自我价值感，没有找到从工作中焕发出的那种热忱和喜悦。

每个人都是一样的，你对自己的很多看法也许是不真实的！当你勇敢地去挑战自我，重新走进一种新环境中时，你必会对自己又有一些新发现，感受一份新的惊喜。

很多人谈到自己的自卑感。如果发生了第三次世界大战，所有的人都从世上消失，只剩下你一个人，这时，你是优越的还是自卑的呢？你将只会是你自己，因为周围没有任何人可供比较。

根本没有自卑，自卑是你自己创造的，自卑来自比较。所以放下比较，专心地做自己，依照自己的光亮生活，创造自己的空间，拥有自己，享受自己，你就会消除自卑感，得到快乐。

我们学习，开始工作，都是为了认识并体验自己能做些什么，一旦你知道了自己能做些什么，然后用心去做，这也就是成功了。

认识自己，认识自己的能力，认识自己的快乐，走出习以为常的生活，走出平庸，改变自己，挑战自己，这是人一生的任务。

从孩提时开始，我们就在不断地发现自我：原来我有两只脚可以走路，我有一双手可以拿东西，我有嘴巴可以说话，我有头脑可以思考。

我们的成长过程也就是不断地发现自我的过程。不仅孩提时是这样，成年后，我们更需要不断努力去发现自我，因为我们的潜能是无穷的，我们所拥有的力量是不可思议的。

爱因斯坦读书时，除了数学外各科成绩都不好，不说读本科，爱因斯坦考个专科都考了两年才考上。但他最后不是发现了自己思想的能力，并用此改变了整个世界吗？

还有创立麦当劳帝国的克洛克，51岁前干过沿街叫卖的小贩、摊床小百货、杂货店、电视机商、饮料机商，但没有一项成功。他这样谈到他的艰辛："没有大衣，没有外套，连一副手套都没有；独自在冰冷的街道上驾车回芝加哥，到家之后便成了棒冰，那种满怀失意、一文不名的感觉真是一生难忘……"但就在51岁那年，他发奋努力，重新寻找成功的机会。苍天不负有心人，他认准了麦当劳可以连锁经营的理念，发现了自己具有连锁经营的天才，艰难拼搏十数年，最终让黄色的麦当劳标志风行于全世界。

克洛克这样说："我们需要的是把全部力量投入事业中的人，如果他的野心仅止于养家糊口，还要安适悠闲，他就不是我们所需要的人。"

还有身材矮小的拿破仑，他的身体力量虽不如人，但他发现了自己在战争中的伟大力量，并因此而征服了整个欧洲。他这样说："我比你们矮一个头，但谁敢嘲笑我，我马上就会消除这个差距。"

发现自我的存在是生命的真正开始。于是，每一时刻就是一个新的发现，每一时刻都带来新的快乐，于是我们不断地成长，不断地发现自我，不断地对自己有一个新的认识，感受一份新的喜悦，从此一个新的难解之谜打开了它的门，一个以前从未感到过的新的欢乐，一种对生命、对自我的新的敏感度———一种崭新的爱开始在心中滋生。

原来我可以这样地快乐，原来我是这样地有力量，原来梦想是真的可以成真的。

要点：
人的一生就是一个不断认识自己的过程。

生命是很有深度的，人在匆忙的时候，常常不知不觉中错过了些比较深沉的感动，或是体验。我们自己应该营造自己生命的内涵，让生命充盈、快乐而富有意义。

如果你现在不得意，那不是天生素质的缘故，不要自暴自弃，每个人都是一座金矿，你要做的，只是将金子挖掘出来，发挥其价值。一块金子如果埋在深山里，那也只是像一块废铁。金子只有挖掘出来，并发挥作用，才能体现价值。

父母给了我生命，也给了我一些与生俱来的优点。我健康、活泼，能跑能跳，能吃能喝；我聪明，能读书识字，能思想，能判断；我能行动，能工作，能创造。我还有一些很好的享受，我喜欢吃，喜欢喝，喜欢睡眠，喜欢读书，喜欢跳舞，喜欢喝酒，喜欢恋爱，喜欢……这些都没有什么不对，都能让我快乐。我很好地享受它们，我自得其乐地享受它们。我常常在心里欢呼：让我享受生活的乐趣，让处处留下我纵情狂欢过后的痕迹。

　　当然我也有一些缺点，在生活中也有很多不如意，但这些都是生活赐予我的"橄榄"，先苦涩后甘甜，如果没有品尝过苦涩又怎么能享受甘甜呢？有苦才有甘。听说过中国古代塞翁失马的故事吗？

　　我们应该学会感恩，父母不仅给了我们生命，也给了我们一些与生俱来的优点。如果我们只是看重自己的缺点而自卑，那又怎对得起像爱惜珍珠一样生育我们养育我们的父母呢？我们要感恩，要感谢父母的恩赐，要珍惜自身的优点，尽情享受它，并充分地展现出来。

　　要学会赞美自己，享受自己的生活，为自己而歌唱。

第四章　高贵的心灵

伟大的灵魂并不是平庸之辈所能理解的，它是高贵心灵和强盛生命力的结合物。

小时候去乡下姥姥家玩，姥姥给了我一个石榴，吃完后我随手将它的籽扔在了小院里。几天后，它居然发了芽，于是我拜托姥姥好好照料它。

不经意间十几年过去了，我再去姥姥家时，发现院中多了一棵结满硕果的石榴树。姥姥告诉我这就是我当年随手撒下的种子。我真的惊奇了：一粒种子是这么小，但它的力量却这么无限，居然长成了大树，还结出了无数的果实。

于是我好奇地剥开了一粒石榴的种子，却发现里面什么都没有。但我总觉得它既然能成长为大树，它里面一定有某种细微的、不可感知的本质，正是这种本质决定了它的未来，决定了它的成长方向。

俗语说：种瓜得瓜，种豆得豆。你种下杂草的种子，就只能收获杂草；你种下一棵大树的种子，只要有适合的阳光、水分、空气、土壤，它就能成长为一棵参天的大树。一粒种子有决定一切的本质。

其实人生也是一样，你在心灵里播下了怎样的种子，就将收获怎样的人生。

卢梭一直是我崇拜的偶像，我常常为他的理论，为他孤独的情感、激昂的文采所倾倒。但我初看《忏悔录》时，在心里却怎么也接受不了。一个少年时有露阴癖的性变态者，青年后又与他人共事一位中年贵妇，甚至因为这位贵妇去世时，在遗嘱里未曾提到他，他就偷了这位贵妇一条价值不大的缎带。就这样一个无赖，居然完全靠自学成了民主社会理论的奠基人。于是我在心里问自己，为什么他能超越卑贱成为一个伟人呢？

当我看了他的《论人类不平等的起源和基础》后，我明白了，虽然他浪迹过街头，做过仆人、家庭教师，地位卑贱，但却始终潜藏着一颗高贵的心灵，正是这颗心灵引领他走出了卑劣，激励他在逆境中去寻找一个更公平、美好的世界，从而将人类导向了平等、自由、博爱的新航向。就像卡莱尔说的："他教导的东西，整个世界将去做和创造出来。"正是在卢梭思想的引导下，才有了法兰西共和国，才有了美国的《独立宣言》。

卢梭在《忏悔录》中开篇写道："当末日的号角吹响时，我愿意拿着这本书和任何人一起站在至高无上的上帝面前接受审判。这就是我曾做过的，我曾想过的，这就是真实的我。"

我不相信世界上有完美的人，但从古至今又有谁能像卢梭那样有勇气、有道德，能将真实的自己坦白于众呢？卑贱的人也许只有在卑劣中得到乐趣。卢梭生活在最底层，受尽了各种屈辱，但他心灵的高贵使他无法忍受这一切，在孤独与痛苦中，他思考着人的权利和价值，并用他天才的灵魂和激情四射的言辞唤醒了我们，使我们认识到平等和自由的可贵。他不仅自身超越了卑贱，而且用他高贵的心灵点燃了我们心灵中高贵的火种。也正因为如此，他生前虽然遭到了各种的非议、唾骂，但死后却进入了法国的"先贤祠"——专门用来安葬伟人的处所，具有世界性的荣誉纪念意义。

人的思想和行为不可能全都是伟大的、高尚的，甚至有些可能是卑劣的，但只要心灵保持高贵，并遵循高贵心灵的指引，那么就必将超越平庸，变得杰出。

还有拿破仑·波拿巴，我少年时最崇拜的人物。歌德说：拿破仑摆布世界，就像洪默尔（德国音乐家）摆布钢琴一样，任何时候他都胸有成竹，应付自如。他虽然出生在科西嘉贵族家庭，可初到法国时，也只是一个普通的军校学生。但正像他的名字拿破仑——意为荒野的狮子——一样，他始终有着一颗高贵的心灵。

拿破仑身材矮小，但内心却高贵狂傲，他宣称，他的佩剑只有剑带属于法国，剑刃却由他自己掌握。拿破仑十分迷恋卢梭等人的启蒙思想，为卢梭那种慷慨激昂的语言、热情奔放的思想鼓舞着。他在手稿中写道：一个十分狡猾的凶手在谋杀了合法君主并成功地窃取王位后，同样受到上帝法律的保护……人民比篡权者有更多的权力去驱逐一个篡权的君主。

拿破仑在少年时就向君主的权力发起了挑战。其实他一生都是一个高傲的人。在土伦之战中初露锋芒立下大功不久，由于法国内部的政治斗争，他被投进了监狱。出狱后，一无所有的拿破仑奔走于革命新贵的门前，却怎么也低不下他那倔强的头颅。拿破仑天生就是一个要做大事的人，他不能忍受平庸的生活。在那段没有事业可为的日子里，他心情郁闷，不修边幅，头发蓬松，一副惹人生厌的外表，甚至无心恋爱，身体上也显出了病态。巴尔扎克充满同情地写道："你要有种，你就扬着脸一直往前冲。可是你得跟妒忌、毁谤、庸俗作斗争，跟所有人斗争。"

但拿破仑并没有被命运击倒，他在积极做着准备。不久保王党人发生叛乱，由于巴黎没有合适的军事人才，热月党人不得不请闲居的拿破仑出来指挥军队。面对八倍于己的敌军，拿破仑临危受命，镇静自若，运用高超的军事才华，只用一个小时就击溃了叛军。

一位哲学家说："人生虽然漫长，但紧要之处却只有几步。"拿破仑抓住了仅有的两次人生机遇，使平淡的人生立即绽放出异彩。一夜之间，拿破仑一跃成为手握首都巴黎军事和治安大权的炙手可热的人物。他的面前展现出一片锦绣前程。拿破仑却不屑于此，葡月政变的功勋远没有为他攫取最高权力提供充分的条件。他不愿把自己埋没在巴黎的轻佻生活里；也不愿以自己的权力周旋于各种派别和权贵门前；他宁愿直中取，不愿曲中求。于是他毅然放弃了别人梦寐以求的职位，谋求了一个没有多少实力的方面军司令职位，为的是能统兵在外。

拿破仑心中炽烈地燃烧着施展军事才华、追求成为伟大统帅的强烈欲望，这种欲望不断地驱使他去干一番轰轰烈烈的事业。正是他说出了"不想当元帅的士兵不是好士兵"的名言。欲望加才华就能形成一种坚定的力量，正是这种力量使他最终成了傲视欧洲的雄狮。他本人也成了鼓舞几代年轻人奋斗的榜样。

从卢梭、拿破仑来看，他们有一个共同特点，就是从小就有一颗高贵的心灵，他们不甘平庸，始终追求卓越。高贵正是一切伟人心灵中那种细微的、不可感知的、决定他们成长的本质。

你在心灵里种下的是卑微的种子，你就只能收获卑微；而你种下的是高贵的种子，你就将收获高贵，成为一个高贵的人。

不谈那些伟人，我认识一些很成功的朋友，我也潜心研究过他们，我感觉他们最大的与众不同不是能力上的，也不是知识上的，而是他们从小就有一颗不甘平庸的心。他们并不在外表上表现得狂傲，但在内心深处都认为自己是杰出的，是必将有一番作为的。即使开始的起点并不高，所处的环境很恶劣，身份很低微，但他们的雄心却从来没有湮灭，从来没有丧失奋斗的意志。因此他们总是能抓住每一次机会，甚至在没有机会时，他们也能努力去创造机会。我有一位朋友，现在是拥有 200 多名工人的电子厂的老板，他对我说："当我在内地工作每月只有 200 多元工资的时候，一位在深圳的朋友告诉我他的月薪有三四千元，我都没有羡慕他，因为我认定我将来必定不是只靠几千元工资来谋生的人。"正是因为他有这样的雄心，在他打工做到月收入上万元的管理层时，毅然放弃了职位，创办了自己的电子厂。

从我自身来看，我也实在是一个平凡的人，但没想到不经意间写出的《方与圆》，没有任何媒体的宣传，没有任何炒作，在默默无闻中居然畅销了八九年，直到现在也还在热销之中，表现出了强劲的生命力。那些媒体疯狂炒作，排行榜上总是位居前列的书，书商告诉我最多也就销了百十来万册，而《方与圆》加上各种盗版版本，总数已达 500 多万册；台湾出版了繁体版，而且多次脱销，部分内容还被选入了台湾国文版教材；韩国也翻译出版了韩文版，并成为韩国的畅销书。于是社会上林林总总出现了一系列借《方圆》命名的书，居方行圆已然成了一种做人的境界。一些不法书商还干脆就用我的名义炮制了《纵与横》、《点与线》、《点与面》、《新方与圆》、《新方与圆全集》等等，最令我哭笑不得的是，我不知什么时候就被人终结了，市面上居然出现了《方与圆》终结篇《受用一生的智慧》。就我这样一个平凡的人，在书商眼里已然是创造了奇迹。

既然我在一些人眼里创造了奇迹，而且总有一些热心的读者来电、来信询问，我也开始认真思考一下：自己到底有什么奇特？

但想来想去，只是觉得自己既懒散又贪玩，没有恒心、没有毅力，也没有才华，可能我唯一可取的就是：我平凡，但决不平庸，我总有一颗追求卓越的心。

记得少年时，我就崇拜英雄，喜欢看英雄传记。看了《三国演义》，就崇拜上了诸葛亮；看了《拿破仑传》，又崇拜上了拿破仑。于是这些英雄在我幼小的心田里播撒下人生要铸就辉煌的种子。我的言行举止还和其他同学一样，但我的血管里却已开始脉动着同那些英雄一样殷红的血液，从此我的心灵里就播撒下高贵的种子。记得初二学农劳动时，站在一个小山顶上，面对着波光粼粼的南湖，我在内心发下誓言：将来不论干什么，都要好好干，干出名堂。这成了支撑我一生的信念。

有了这样要出类拔萃的心态，于是我一生都在积极进取，寻找机会。但我生性懒散，临高考前，还为刚借到的大仲马的《基督山伯爵》而不忍释手。结果高考考得不好，没有进重点，进了师范院校。为了高考的失败，我在心中一千遍地痛骂自己，用未来的前景激励自己振作，"不努力，将来只会成为孩子王"，这样的前途与我少年时的梦想有多大的差距啊。我想努力考上研究生以改变命运。但我很贪玩，喜欢看球，喜欢踢球，还迷醉于金庸、古龙的武侠小说，特别是古龙的小说，直到现在，每隔数年我又能重看一遍，而且成了疲累之后很好的享受。最终考研究生也泡了汤。

毕业后，我分到了内地的一所中学。虽然我外表并不张扬，但内心却在为无所作为而痛苦。我在日记中写道：是什么让我从梦中惊醒，是没有成就呵……女人带给我的只是涟涟的泪水，事业带给我的却是锥心的疼痛。

于是我想变换环境，决定去深圳闯一闯。

来深圳后，我还是教书，但内心却总在想着寻找自己的路。我在学校教书，熟悉中学教学。我想应该先利用这个优势赚点事业的起步费。我考虑高考对学生自身要求较高，不是单凭教师努力就能取得成功，而初中生可塑性强，初中知识量小，内容简单，采用家教式的教学方法，只要教师优秀，学生努力就一定有成效。于是我想到在初中办贵族班。当时学生请家教，每晚100元，不仅无法请齐中考要考的五科教师，而且家长不熟悉教师，不知道请的是否优秀。何况100元酬金，也无法请到优秀教师。我就想单独一个学生缺乏相互的促进，学习效果不一定好，而且学起来也挺闷的，无法保持长久的兴趣。但学生太多了又无法因材施教。如果集中5个学生为一个班，每个学生每晚仍收 100 元，总共 500 元。我用每晚 200 元酬金，请最优秀的教师，因为同时开了好几个班，这样我就可以请 5 位教师轮流上课。课时租金一晚 20 元左右。我每个班一晚可以赚 200 多元。我赚了钱，教师对报酬满意，学生进步明显，家长也满意。这是一个三赢的局面。

但班办了一年，就停办了。一方面我并没想在这方面长期发展；另一方面，后来深圳中考各个学校抓得很紧，课外作业越来越多，学生晚上参加学习，就难以完成学校的作业，时间上无法协调。

这种班寿命不长，但我却因此有了一点起步费，也就能开始了我后来的办培训之路。

如果要我总结前面走过的人生，我想我最可取的是从小看了一些英雄故事，名人传记，开始了英雄崇拜，那些英雄的精神在我的心灵里扎下了根。于是我总在梦想着成为英雄，成为我少年时崇拜的偶像中的一员。我总是在折腾着，考研究生、闯深圳、办贵族班、办公司、从事成人教育、写书等，直到现在这种精神还在我内心中燃烧，总是鼓舞我不断向前，不断进取。人生总会有低潮期，当自己某段时间太过沉沦时，这种精神就会从心底深处跳出来，责骂自己，呼唤自己重新振作向前。当自己取得了一定的成就时，这种精神又会鞭策自己，英雄的栖息地应该是更辽阔的天空，决不能躺在一片小草地上沾沾自喜。英雄精神已经与我的心灵融为了一体。

人是应该追求高贵的，活着为什么要平庸，要默默无闻呢？我们不能仅是为衣食住行而活，不能每天只是靠看电视打发时光，人的生活不仅是生存，还要创造出一些价值，这样的生命才是有意义的。

佛教强调人生有因果关系。它认为人有前世、今世和来世。人在现世的生活状况，是你前世的所作所为造成；而你来世的生活状况也取决于你现世的所作所为。即所谓"欲知前世因，今生受者是，欲知后世果，今生作者是。"我不想论及佛学的三世因果哲学，但我相信人生有因果关系。一些人取得成功，成为杰出人物，必定是有原因的。有人说是因为他们有能力，有勇气，有热忱，能抓住机会，我觉得都对，但更重要的是他们有一颗高贵的心灵，正是这粒种子催生出其他因素，使他们获得成功。

种子是有着巨大的力量的。小学时我们就学了夏衍的《种子的力量》。种子埋在土里，但无论有怎样的阻碍，它总是能破土而出，即使上面是岩石，它也能找到缝隙发出芽来。一批小学生研究了爬墙虎对立交桥的破坏作用，发现它的根系能深入到裂缝中成长，对桥造成破坏作用，这不正说明种子的力量吗？

同样，高贵的心灵具有决定一切的力量。无论你现在所处环境如何恶劣、地位如何低下，只要你拥有一颗高贵的心灵，你就绝不会甘于平庸，就会有一种伟大的力量支撑你不断地向上走，而这种不断向上走的力量正是人类所有精神财富中最宝贵的，也必将引领你走向成功。

相信高贵心灵的力量吧！它势必能像种子一样，冲破层层障碍，生根发芽，直至成熟，结出甜美的果实。

要点：

你在心灵里种下的是卑微的种子，你就只能收获卑微；而你种下的是高贵的种子，你就将收获高贵，成为一个高贵的人。

第一节　人的出身不能选择，但道路可以选择

安东尼·罗宾说：一个人目前的处境，正是个人信念的真实写照。

你认为自己是怎样的人，你就会成为怎样的人，过怎样的生活。也就是说你在人生中对自己的定位，也就定位了你的生活状况。你认为自己只能靠乞讨生活，你就注定会成为一个乞丐；而你认为自己有能力，能成就伟业，你就会成为一个出类拔萃的人。

其实，人的整个生命过程一直都在复制我们心中的理想图景，一直都在复制我们心中为自己描绘的画像。没有哪一个人会超越他的自我评价。如果一个天才相信他会变成一个侏儒，并且他一直这么想，那么他就真的会成为一个侏儒。一个人目前的整体能力是不是很强，这一点倒不大重要，因为他的自我评估将决定他的努力结果，将决定他是否能取得成功。

记得有次一位学员的演讲："我们家原本就很穷，父亲突然去世后，抚养我们兄妹五人的重担全落在了体弱多病的母亲身上。那几天母亲都悒悒不乐，每天都用忧郁的眼光看着我们兄妹，时常偷偷地落泪。我们都还太小，不能体谅母亲的难处，只是整天嚷着肚子饿。但母亲以病弱的身体又如何能挣钱养活我们呢？那天，当我饿得实在受不了，对母亲说我饿时，母亲却打了我一耳光，随即又紧抱住我的头痛哭。那时我太小，不明事理，不了解母亲所承受的心理压力。但晚上母亲就自杀了……

"她是因为贫穷！是因为觉得养不活我们众多子女，不能帮助到我们才绝望的呀！"

随后他跪在了讲台上，高举着双手，哭喊着："贫穷不是罪过！我要成功！我要不辜负我的母亲！"

这段情景直到今天还像一柄大锤一样沉重地击打在我的神经上，以至我都不敢去回想。

当然，我并没有他那样的遭遇。在那贫穷的年代，其实大家都很贫穷，我节俭的母亲总是能省就省。我清楚地记得，我上学时总是穿着有补丁的衣服，看着同学背着商店里买的黄书包，我总是将母亲给我做的老土的蓝布书包不好意思地掩藏起来。我多想母亲给我也买一个黄书包啊，但我不好说意思出口，不想给家里添负担。

那时我们住的大院里有一位著名的将军，唯有他家有一台9吋黑白电

视，我们一群小孩想看电视时，总在他家门前转悠，于是好心的老红军爷爷就热情地叫我们进去。大院里还有一位华侨的公子，每天都有一些漂亮的女孩围在他身边，听人说他擦屁股都是用 10 元的人民币，我们羡慕死他了。我总在想，为什么别人家有电视，我们家没有呢？为什么别人能用 10 元的人民币擦屁股，而我连买一个书包的几块钱都没有呢？在我幼小的心田里就留下了人是不平等的印象。

来深圳后，这种印象更强烈了。记得初来深圳时，由于连续几天都没有找到工作，心情烦闷，于是和一位朋友决定去歌舞厅坐坐。那时我在内地月收入不足 40 元，内地歌舞厅门票一般是 5 毛或 1 块钱，我们想充其量这里也就是 10 元一张。当我们随着人流进入电梯，上到上海宾馆顶层的歌舞厅时，发现门票居然要 30 元一张，而我们两人总共才带了 50 元。当时我也不懂伪装，傻乎乎地对迎宾小姐说："我们没带够钱，回去拿了再来。"小姐说："没关系。你们先进去一位，有一位回去拿钱就行了。"我们连忙说："不用了，我们一起回去拿。"当我们回头走到电梯门前时，却傻了眼——我俩都不懂坐电梯（上去时是跟着别人一起坐上去的）。这时小姐发现了我俩的尴尬，微笑着走过来，帮我俩按开了电梯门。当时我真恨不得有个地洞一头钻进去。

我想起美国有部电影叫《逃出生天》，当我俩狼狈地逃出上海宾馆时，我真有一种逃出生天的感觉。贫穷的我俩只好找了一片草地坐下来，我们感慨着自己的卑微，感慨着人与人的不平等，最后我俩击掌盟誓：一定要在深圳混出个名堂来（我那位同伴现在已是深圳某集团公司的总经理）。

一个人无论现在的处境如何恶劣都不可耻，可耻的是你接受了这种处境。我们现在贫穷、低微，这并不可耻，可耻的是我们接受了这种卑微，而不力求改变。

在世界上众多的成功者中，有许多人不都是出身于寒门吗？李嘉诚是做塑胶花出身，英国前首相梅杰的父亲更是马戏团里演小丑的演员，这样出身的人都能成为首相，不也正说明他们社会的文明程度吗？还有苹果电脑的创办者，开始不也只是在一个车库里开始他们创办的历程吗？太平天国的名将石达开是理发匠出身，但卑微的出身遮盖不住他心中的豪情，他做理发师时在门口写了这样一副对联：问天下头颅几许，看老夫手段如何。

人的出身不能选择，但道路可以选择！我们可以通过自身的努力选择生活道路、生活方式，起码可以通过我们的努力加以改善。

荣誉不是出身造就的，而是结果造就的。我们不能因为出身的劣势，而放弃对美好未来的憧憬。

要点：

人的出身不能选择，但道路可以选择！

第二节 规划自己的生活

第一位征服珠峰的新西兰人爱德蒙德·希拉里说："我是个具有一般能力的人，但是我当时很强壮，有足够的决心和动力。我在珠峰的成功说明：成功的人不一定总是个英雄式的运动员。如果有充分的决心，大部分人都可以达到自己的'顶峰'。"

现在，很多人都给我一个溢美之词——著名作家。在小时候，我心目中的作家一直都是很神圣的，只有像巴尔扎克、司汤达、鲁迅这样享誉世界的大人物才能被称为作家。人们称我为作家，还附上一个修饰——著名，实在不敢当，直到现在我都从来不敢认为自己是作家。

读高中的时候，语文老师一直认为我的语文水平很差，写的作文错别字多，语句不通顺，还有一大堆标点符号的问题。即便现在，我写了很多东西给我高中的同学看，他们轻而易举地就给我挑出许多毛病，常常弄得我一点信心都没有了，以致后来我写的东西都不敢给他们看，怕打击自己的信心。而且我从小内向，不喜欢讲话，所以我从来没想过自己能演讲，能在上千人的场所公开演讲，更没想过自己能写书。

后来当我发现这一切我都能做到的时候，我明白了一个道理。

人能否成功，是否有才能是一种社会的判断；但我们真的是否有才能，能否成功又不是社会所能判断、主宰的。

就像朗费罗说的："我们根据自己认为能做到的事，来判断自己的能力；别人则根据我们已做的事，判断我们的能力。"

也许你的家人、同事、领导会说你的能力就那样，其实他们并不了解你。如果我们每个人不去规划自己的生活，社会就会错估我们的生活。

我的老师认为我写作不行，我母亲和我的朋友都认为我不会讲话，这只是他们对我的判定，如果我任由这种判定主宰自己，我也许就被埋没了。但我经过自己的努力，现在不是改变了生活吗？

每个人内心深处都觉得怀才不遇，也的确是，我们每个人都有那么大的潜力，当然是怀才不遇。但我们为什么要寄托在"遇上"呢？我们不应该由别人、社会来规划我们的生活，别人往往会错估我们的生活，我们要自己规划自己的生活，自己去寻找发挥自己才能的机会，去寻找激发自己潜能的场所。

记得有书中曾介绍萧伯纳少时腼腆，害怕在大众场所讲话，还有少许口吃的毛病。在别人眼中他自然是个不会讲话的孩子，但他并没有因为别人的评估而泄气，最后经过努力，不是成了闻名世界的演讲大师吗？我们的才能不是别人能够判断、社会所能理解的，我们所具有的才能是无限量的，是一种宝贵的资源，但它需要被挖掘出来，需要我们自己努力去挖掘出来。

不是由你规划自己的生活，就是让别人错估你的生活。与其让别人错估，不如自己来规划。在我们无法完全掌握自己的生活之前，我们都是弱势的牺牲者；当我们把生活掌握在自己手中之际，才是创造幸福与财富的真正开始。

一个人不知道自己不可以做，而执意去做，常使人创造出奇迹。

要点：

人能否成功，是否有才能是一种社会的判断；但我们真的是否有才能，能否成功又不是社会所能判断、主宰的。

不是由你来规划自己的生活，就是让别人来错估你的生活。

第三节　英雄崇拜

很多人说人的成功有机遇和偶然因素的作用，我不否认。但你可以去考察世界上任何一个真正的英雄，他们的成就绝不是取决于偶然和幸运。机会是每个人的一生中都会遇到的，但能把握住机会的往往只是那些有准备的人。人们说时势造英雄，这话不错，但为什么造的是他们而不是我们呢？这说明英雄和普通人是有差别的，那差别在哪里呢？

毛泽东是我们这个有着2000多年封建史的社会所造就的特殊英雄。他之所以成为英雄，有着我们这个社会时势的偶然，但也有着他自身的必然。

毛泽东从小就有着成为毛泽东的必然。他童年时代写的《咏蛙》绝句就表现了他的豪情：

春来我不先开口，
哪个虫儿敢出声！

虽然他出生在湖南偏僻的农村，但心中却装着整个中国。从小时候每天带着饭盒步行到很远的地方求学，然后去长沙读书，去武汉读书，而后去北京大学，虽然只是做一个图书管理员，但他这种不断寻求知识、开阔视野的努力，正是为了建立一个新中国。毛泽东20多岁时探讨的问题就是"中国向何处去"。毛泽东从小就有一颗高贵的心灵，有着远大的理想，这就是要改变中国的命运，建立一个崭新的中国。正是这种向往产生了无穷的力量，使他的一生充满了传奇，并且最终建立了新中国。

还有邓小平，并非他开阔了中国人的视野，将中国人民引向了改革开放的道路时他才是邓小平，邓小平是他的一生。在他三次被打倒的时候，在他16岁留学法国寻找真理的时候，他就已经是邓小平。因为他从来就没有放弃过努力，他的心中总是装着改变中国命运的大事。在他第三次复出后，他就访问了日本、美国、西欧，从发达国家获取经验，以改变中国落后的命运。

人的成功是一生努力的成果，是从小就有高贵心灵的产物。

英国著名首相温斯顿·丘吉尔，其祖先马尔巴罗公爵约翰·丘吉尔是英国近代史上著名的军事家和政治家，是英帝国争夺海上霸权的功臣。丘吉尔从小就定下自己的抱负，即仿效祖先在政治上所达到的辉煌业绩。他在给母亲的信中写了这样一段话："玩弄政治游戏是一种极好的把戏，一个高手在真正置身于其中之前，磨砺则是十分重要的。"他在后来的回忆录中也曾感慨万分："当我回顾这些岁月时，我不禁虔诚地感谢至高无上的上帝所赋予我们的生存才干。所有的岁月都是好的，无论起伏与兴衰，危险与坦途，永远是动的感觉和希望的幻景。青年们！全世界的青年们！让我们高举战旗，肩负起历史的责任，排除困难，勇敢地向既定目标进军吧！"就是凭着这种向往和由此产生的热情，丘吉尔才最终成就了其精心铺垫的通往政坛之路。

英雄有着成为英雄的必然，这种必然就是他们从小就在心灵里种下了一颗高贵的种子。

那么，那颗高贵的种子来自哪里呢？我们要怎样也才能在心灵里播撒下高贵的种子呢？

草的种子来自于草，树的种子来自于树，高贵的种子只能来自于高贵的人。

每一个伟人的一生中，特别是青少年时期，鼓舞他们成长的正是那些他们所崇拜的英雄。毛泽东推崇曹操，杨振宁崇拜爱因斯坦，马丁·路德·金竭力学习圣雄甘地。英雄的一生正是在英雄精神的照耀下成长的。

在马斯洛之前，心理学有两大流派，一派叫行为主义心理学，它的一个基本原理就是，人是由低等动物偶然进化来的。行为主义学派的领导人斯金纳说："我所能观察到的老鼠的行为与人的行为之间唯一的区别（除了在复杂程度上的巨大区别之外），只在言语行为方面。"所以行为主义心理学将人等同于动物，通过对动物的实验来研究人。华生甚至说："给我一个婴儿和我需要培养他成长的世界，我能使他匍匐、行走、攀登，使他用双手建造石块或木头的建筑物；我可以让他成为贼，歹徒，吸毒成瘾的人。向着任一方向塑造一个人的可能性几乎是无穷无尽的。"

另一派就是弗洛伊德的心理分析学，它以精神病人为研究对象，通过对他们的心理分析，推及正常人。他的工作就是对于过分强调意志力和理性的人的一种反动。他说："文明只得动用每一种可能手段来树起障碍，以对抗人的侵略本性。"他还说："仇恨根植于人与人之间的一切友爱关系之中。对对象的恨比爱要古老。"

　　这两种流派都有明显的缺陷。人有理性，有情感，不能等同于动物；而一个人只潜心研究精神错乱者，那么他对人类的信心势必会越来越小。所以马斯洛认为，要研究人类就应该研究人类中最出色的，他们才真正代表了人类的发展能力。就像研究人类的跑步能力，跛子并不能说明问题，只有世界冠军才能真正代表人类，展现人类的潜力。正因如此，马斯洛心理学被誉为"第三思潮"。

　　同样道理，我们要成为杰出的人，我们就要学习那些最杰出的人，以他们为榜样，崇拜英雄。

　　多看伟人的书，多了解伟人的事迹，就是在和睿智的长者交谈，在潜移默化中，你的目标会更远大，做人会更有智慧。伟人的人生就是我们取之不尽、激励品质的动力和获取智慧的源泉。水往低处流，人往高处走。英雄崇拜也正是在我们心灵里播下高贵的种子；向往成为英雄，正是我们内心永不衰竭的原动力。

　　一个聪明的弓箭手要射击远距离的目标时，瞄准的位置就要比实际目标抬高一点。这并不是真的想把箭射到所瞄准的高度，而是希望借着高出靶位的帮助，以便能够准确地射中实际目标。

　　同样道理，一个明智的人应该追随伟人的足迹，效法英雄。这样一来，即使自己的能力达不到他们那般强，但是至少会给自己的事业带来几分气象，会让自己更有向上的冲劲。

　　其实英雄和英雄崇拜，是一个古老而有趣的话题，但长期以来，我们对此却讳莫如深。我们从小接受的各种教育都在理论上宣扬着奴隶创造历史，但仅只是在理论上，而行动上却是狂热的个人崇拜，宣扬英雄创造历史。毛泽东在会见美国记者斯诺时，就承认我们有个人崇拜，而且说我们需要个人崇拜。直到现在，看看我们的各种媒体宣传吧，哪天不是在宣传强调个人的作用，而且不管每个人的喜好如何，强大的宣传攻势都在引导你去对某个个人感恩，仿佛这个个人就决定了我们全体国人的幸福。反差竟然如此之大。

　　我相信杰出人物对历史的巨大推动作用。没有爱因斯坦，人类对宇宙的认识进程会晚几十年；没有邓小平，中国人民又会被瞎折腾多少年呢？甚至没有张瑞敏，又怎么能想象有今天的海尔集团？但英雄是靠成就来说话的，绝没有哪一个英雄能成为全人类的救世主。英雄也是常人，不是神，他只不过是我们人类中更杰出的，做出了更大贡献的人。我推崇英雄崇拜，但英雄是一个群体，每个人会因个人的喜好不同而崇拜不同的英雄，这样才能产生一个多彩多姿的世界。

　　英雄和英雄的精神是每一个时代都需要的，只是在不同的时代中，他们会以不同的面貌出现。以前有秦始皇，有拿破仑，有老子、孔子；现代有爱因斯坦，有邓小平，有比尔·盖茨。我们表彰劳模，提倡雷锋精神，这没有错。但人若能够争取做栋梁，为什么要做螺丝钉呢？栋梁不比螺丝钉的作用更大吗？我们说领导是公仆，但又有多少公仆高高地骑在人民头上呢？宣扬普通人的优秀品格，这并没有错，但不能以此来扼杀我们大众向上的冲劲，以使那些平庸的当权者永远高高在上。

向上的精神才是推动人类社会进步的巨大动力。在现代社会，向上的精神，只要在法律和道德的规范下，并不会带来社会的剧烈动荡，而只会推动社会前进。

英雄和英雄精神正是我们树立高贵心灵不可或缺的养分，它构成了我们心灵中高贵的本质。

但现在呢？好像英雄都已死去，人们不再崇拜英雄，不再为英雄而激动；英雄好像已过时，不时髦了。这个世界多沉闷啊！最优秀的人都湮没无闻了，因为这个社会缺乏刚性……

的确，这是一个平凡的时代，不能造就轰轰烈烈的英雄。但我想英雄可以过去，英雄的精神不能成为过去。一个时代如果缺乏了英雄精神，这个时代就一定没有刚性，没有创造力，没有蓬勃向上的朝气。直到现在我都不喜欢现代小说，总是沉浸在《红与黑》、《牛虻》等在少年时代就激励过我的经典小说中。因为现代小说缺乏精神，只有古典小说才颂扬了那种高贵而不屈的英雄精神。

人类已经有了五千多年的文明史，但仍然只被动物本性所束缚，只是为了生存而生存。要吃饭，要住房，要享受。总之，就是要赚钱。但作为人的爱好呢？情感呢？思想呢？人毕竟不同于动物啊，要追求一些更高尚的东西。特别现在，要发展商品经济，全世界都在为生存而生活，为赚钱疲于奔命。于是人人唯利是图，目光短浅，猥琐卑劣。这是人的生活吗？我们古代就已倡导的"宁为玉碎，不为瓦全"，"不为五斗米折腰"的那种气概呢？人活得还像人吗？这个世界多需要一种高贵的精神啊！长歌当哭，为人类悲哀吧！

如果在街上看见残疾人时，我们会怜悯他，但我们怎能对自己精神上的残疾熟视无睹？先生存，而后才能求发展。生存的确重要，但这只是最基本的需要，而我们却好似要用全副的精力。人类文明毕竟已经发展了五千多年啊。科技在飞跃地发展，人类的物质生活在不断地改善，人类追求物质享受的贪婪欲望也永无止境。但我们的精神呢？阳刚之气在慢性地萎缩，女人气、惺惺作态、鄙俗却在肆无忌惮地横行。我们怎能忘了少年时曾带给我们玫瑰色梦幻的那些英雄？怎能忘了那些曾激励、振奋、召唤过我们的英雄精神？英雄精神在现代来说，也许太古典，不切实际。但你听啊！它是早已被埋葬的我们数代祖先半哑的、被闷住的声音，它正从数代的深渊里，向我们这些血管里仍流着他们的血的人大声疾呼："这就是我们为世界创造的东西，这就是我们留给你们的唯一值得炫耀的遗产。不要貌视它，尽管你们的思想比我们丰富，尽管你们比我们更务实，但它是人类生存的支柱，是人类发展、创造精神的母体，是一切倒坍的东西中唯一有生命力的基石。"

人们的思想是行动的根源；情感又是思想的根源。正是人们的喜好决定了吸收的知识和思想方式；也正是人们中间无形的和精神的东西，决定着外在的和实际的东西。英雄精神尽管已距离我们很遥远，但它仍从深广的永恒中向我们闪烁，向我们显示它内在的光辉。只要我们能辨认出这种微光，像在巨大的放大镜里闪烁的一丝微光，能辨认出它的核心并非全是疯狂和虚无，而是有某种明智的东西，这就足够了。不要无视这一精神火光，不要将它窒息在玫瑰花中，英雄精神的放养地是在旷野，是在高空，是在一切能激发人类野性与狂放的地方。

"燕雀安知鸿鹄之志"。这就是英雄精神啊！但这句话已经不时兴了，大家会笑话你。现在人们唯一的志向就是赚钱。钱最实际，"有钱能使鬼推磨"，或者假借哲理美化一下"钱不是万能，但没有钱却万万不能"。怎样的目光短浅啊！这只是平庸者的追求。

我记得这样一个故事：

有一个大热天，老人带着学徒在车站敲打铁轨检修。这时，有一辆火车缓缓地开过来，他们只好放下工作，火车停下后，最后一节特别装有空调设备的车厢的窗户忽然打开了。一个友善的声音从里面传出来："大卫，是你吗？"老人回答说："是的，吉姆，能看到你真高兴。"寒暄几句，老人就被吉姆邀请上去。这两人经过一个多小时的闲聊后，握手话别。

火车开走后，学徒立刻走了过来，吃惊地问老人："吉姆是铁路公司的董事长，怎么跟您这样熟？"老人回答："我们年轻时一起在这里敲过铁轨。"学徒又问："那为什么他当了董事长，而您还在这里敲铁轨呢？"老人沉思了一会，然后望着伸向远方的铁轨说："我敲铁轨时，就只想着赚钱糊口；而他敲铁轨时，却想着将来如何在铁路上干出一番事业。"

拿破仑早就说过："不想当元帅的士兵不是好士兵。"不想赚大钱的人，又怎么能够不断发展自己，赚到大钱呢？但钱毕竟只是人的生存工具。我要说：李嘉诚又怎样？比尔·盖茨又怎样？只是一部赚钱机器。要像拿破仑，要像毛泽东，以世界作耕耘的沃土，用思想去征服世界，改造世界。用自己狂暴的情感，给世界带来狂放。让自己成为世界的一段辉煌梦想，成为人们永远不能忘怀的一段灿烂历史。这才是生命真正而伟大的价值。

巴顿曾这样说："人类的一切伟业在战争面前都要相形见绌。"巴顿是为战争而生的，是战神。当战争结束，他就无法活下去。我要说：我们是为英雄业绩而生的，如果不能成就伟业，那就死去吧！英雄精神是在黑暗然而有生命力的光明的人类精神的大旋流中点燃的。这光源灿烂夺目，照亮了黑暗的世界。我们能挨近它便是幸福和快乐。它不是一支蜡烛，而是苍天恩赐我们的天然阳光。取之不尽，用之不竭。沐浴在这光辉中，所有灵魂都会感到畅快。

人们在航海时，要靠灯塔的指引才能顺利完成航程。我们的人生也同样如此，要靠灯塔的指引，才能步向成功，才能使一生快乐而有意义。我们人生的灯塔是什么呢？有的人求助于宗教，相信来生，来生的幸福就是他们今世的灯塔；还有的人由于从小接受的教育，相信某种理想，这种理想就是他们的灯塔。但一夜之间这些灯塔都被摧毁了，于是我们没有了方向，茫然无助，活得无聊而没有意义。其实人不应该寄望于来生，而应该享受今生；人也不应该将自己变成某种理想和主义的工具，人应该追求属于自己的幸福，而我们自身的幸福不就是要出类拔萃，最大限度地展现自身的力量吗？因此我们的灯塔就是那些一提起就能让人热血沸腾的英雄，正是他们的精神像灯塔的光芒一样，照耀着我们不断向前。我呼唤英雄崇拜！

要点：

草的种子来自于草，树的种子来自于树，高贵的种子只能来自于高贵的人，来自于英雄崇拜。

第五章　生命力

这是从遥远星际发出的一丝微光，穿过茫茫黑暗来到人间，去寻找并努力激活潜藏于人们内心深处荒废已久的野性，以共生出一片普照世界的强光。

面对一座万仞高山，我常常会有说不出多少话来的感觉。同样，面对德国哲学家尼采，我也有类似的感觉。

大学时代，我就陶醉在尼采的哲学里，直到现在，尼采的思想还流淌在我的血脉中，成了我灵魂中高贵、野性与狂放的基因。

尼采宣扬"超人哲学"和"权力意志"，健康者能从他的思想里吸取奋进的激素，恶魔也能从他那里找到恶魔的工具。曾深受尼采影响或对他极为推崇的，既有弗洛伊德、萨特、加缪、海德格尔、萧伯纳、梁启超、鲁迅等文化巨擘，也有希特勒等反面巨人——希特勒曾拜谒过尼采之墓，并曾把《尼采全集》当作寿礼送给另一个大独裁者墨索里尼。

在个性受到压抑甚至被泯灭的时代，尼采的思想是极有意义的，因为他极大地张扬了个体生命的价值，他崇拜英雄，呼唤人的自强精神，他的哲学正是对人类中颓废与平庸的一种反动。也正因此，尼采的哲学被称作生命哲学。

尼采厌恶平庸，他甚至认为普通人是上帝粗制滥造的产物，他在《论庸众》的诗中写道："生活是快乐的源泉；可是庸众在哪里与人共饮，哪里的井水就会全被毒化。"因此他是孤独的，他说："在未来之树上建筑我们的巢穴，叫雄鹰用它们的喙为我们这些孤独的人衔来食物！"

我喜欢尼采，喜欢尼采的孤高与反叛，并从他的贵族心灵中汲取了人生的动力。

有很长一段时间我也摆脱不了对自己的卑微无力感，我在日记中责骂自己：

我不是圣人，我只是一个努力想让生活变得有意义的普通人。我只想不辜负我的一生，不辜负我的母亲生育我，养育我。我只想像一个真正的人那样生活。我的要求并不算高，我不想伤害别人，我只想过我自己的像人一样的生活，但我却做不到，我明明可以像真正的男子汉一样地生活，但我却偏偏要像狗一样地生活。摇尾乞怜，为求得一丝的施舍，而甘于放弃尊严，放弃作为一个男子汉的英雄气概。

我每天都在责骂自己，但又没能从责骂中奋起。去死吧！你这个卑鄙的小人，你这个无所作为、虚度光阴的废物，阳光是永远不会照到你的头上的，你只适合在阴暗的角落里生长，在人类弃掷垃圾的荒野里滋生。与野狗做伴吧！它们才是你的同类，你也只配与它们一起生活。

我又怎能不痛心呢？我只是一个寄生物，只是一个既不能创造，又没有欢乐的可怜又可鄙的卑劣的小生命。

我不能仅仅责骂自己啊！我要怎样才能开始走出这阴暗的角落呢？怎样才能重新沐浴阳光呢？先挺起腰来吧！抖掉身上的垃圾，虽然阳光刺眼，但也要勇敢地站起来，呼吸新鲜的空气，寻找真正的养分，重新享受灿烂的阳光。

我们要生活，要像一个真正的人那样地生活，不用卑躬屈膝，不要卑劣猥琐……

在这样一个日益复杂化和事务主义盛行的时代，生活中迷漫着平庸之气。我们要摆脱普遍存在的对生命的无力感和厌倦感，就要激荡起生命的欲望，表现出强大的生命力，去达成生命的意志。

点燃内在的高贵的心灵吧！唤醒你的生命力，你就有了一把烧毁一切低级趣味东西的火。

你想要什么？你要过上怎样的生活？去张扬起你的生命力来攫取它。这就是尼采的整个哲学。

我信奉尼采的哲学。我不愿意平庸，我害怕平庸，平庸比死、比痛苦会令我更加难受。我是一个活生生的生命，我有旺盛的精力，我渴望创造、渴望享乐、渴望从事我所喜爱的工作。我时时感觉生命的力量充盈在体内，如果不释放出来，会憋得难受，并且不断膨胀，直至将我炸得粉碎。

我赞美生命！因为生命的活跃，生命的力量。生命最伟大的意义就在于它的力量，丧失了力量的生命也就没有了任何意义。活着的最高快乐就在于创造，在于体现自己的生命力，去征服、去创造，去体现自己的价值，去让世界为自己感到震惊。如果生命不能表现出生命应有的价值，那活着还有什么意义呢？

难道你听到那些饱受磨难而最终取得成功的人的故事时不热泪盈眶吗？难道你见到那些历尽艰辛顽强向上的人的英雄业绩时不热血沸腾吗？

在少年时代给我留下最深刻印象的书就是《牛虻》，直到现在，我每看《牛虻》，还仍然会热泪盈眶。为牛虻所经受的磨难，为牛虻忍受痛苦的能力，为牛虻在临刑前大无畏的精神。牛虻有一颗真正高贵的心灵，在他的每一条肌肉中都震颤着高傲的意识，他是这样地坚不可摧，他是这样急切地准备迎接新的、更艰难、更遥远的战斗。他就像一张弓，任何困难都只能使他绷得更紧。他顽强、他野性，他要用他的灵魂去激荡这个世界。这才是真正的人的不屈精神啊。

从此我开始理解了什么是生命力，什么是人的力量。生命力就是一种为梦想为事业不懈努力的力量，就是一种不被任何困难压倒的英雄气概。

力的衰弱是后退，保存力只是原地踏步，发展力才是真正的进取。发展生命力也就是保存自己，发展自己。人的生命力表现得越充分，精神就越升华，就越能克服狭隘意识，使胸怀更为宽广。

正像国际歌里唱的：从来就没有什么救世主，也不靠神仙皇帝。要创造人类的幸福，全靠我们自己！靠自己什么？靠自己蓬勃向上、永不衰竭的生命意志，靠自己顽强、旺盛的生命力。

生命力是毁灭的力，是创造的力，是摧枯拉朽、不竭进取的力，是人类发展的第一推动力。只有弱者，才会望而兴叹，为之发抖。它是强者真正伟大、健康的生命灵魂。世界的发展是靠人推动的，是靠人的生命力推动的，人的发展也正仰赖于自己的生命力。成功、创造正是在享受生命的力量。

生命力是强大的、野性的、发展的、创造的意志，是一种洪亮而和谐的音响，它回荡在我们每一个人的心间，当它被真正焕发出来时，会造就一种行星式的运动……

第一节　发掘自身的成功机制

记得去亚布力滑雪场滑雪，当我数十次地在一个二十几米长、坡度二三十度的雪道上不断摔跤的时候，抬头却看见运动员从坡度六七十度的几百米的高山雪道上潇洒地直冲而下，霎时我惊呆了，我简直觉得他们不是人来的。

大家平时在电视里见过滑雪，那不刺激，在现场看，感觉完全不一样。速度非常之快，两边都是树，就中间一条雪道，稍微滑歪一点就会碰到树上，肯定没命。我不由得从内心深处由衷地赞叹人的伟大。运动员从小训练激发的潜能，竟使他们能够轻松地完成常人认为不可思议的滑行。

其实岂止运动员，在生活中我们不是也常能见到一些具有超凡能力能创造奇迹的人吗？人的生命潜力实在巨大无比。

爱因斯坦20多岁就创立了相对论，改变了人们对世界的看法；拿破仑只活了50多岁，但在50多年短暂的人生中，他却打了100多场胜仗，横扫欧洲；比尔·盖茨在30多岁时就已累积了几百亿美元的资产，给世界带来了革命性的技术变革。他们是伟大的，也许我们无论怎样努力也不能像他们那样伟大，但我们总可以像他们那样让生命充实而有意义，让生命充满光彩。

伟人其实也都是凡人，只不过他们毅力坚强，信心坚固，他们不懈地寻求自我发展的空间，表现了强盛的力。他们去改变了，去毁灭了，去创造了，因他们的生命而使世界感受到了巨大的力量。他们的出众只是因为他们的生命力。

人的生命力能创造奇迹，但长期以来，有一件看起来很奇怪，却又不容否认的事实：科学家所知道的，仅限于长期观察得来的琐事，对于人的生命力，人的生命力中最强大的来源——人脑与神经系统如何工作，却一无所知。

直到人类开始着手制作"电脑"，建造自身追求目标的机器时，控制论专家发现必须先要找到某些可用的基本原则，在发现了这些原则之后，科学家们又反躬自问：人脑是否也以同样的方式操作？进一步又想：造物主造人时，是否也赋予了人类一部比电脑或导引系统更具威力的辅助机器？而且也以相同的基本原理操作？著名的控制论学者诺伯特·维纳博士、约翰·冯纽曼博士等等，正是这方面的先驱。

松鼠不用教而能采食果核，大雁不用教而会排成人字形飞越千里，动物都有某种本能，帮助它们适应生活。

可是，我们却忽略了人类也有某种"功能"，而且比动物的更加神奇、复杂。动物的本能只是为了生存与繁衍，而人类却拥有创造性的想象力和行动力，能主动地追求目标，实现目标。因此，在万物之中，人类不仅是物，而且是造物者。唯有人类，才有无穷的创造潜能。

当然，人不是一部机器，但人脑与神经系统构成了一部辅助机器，能自动地引导我们走上正确的目标路线，或引导我们对环境作适当的反应。它能替我们解决问题，提供所需要的答案、主意或灵感。

辅助机制作用一：接近并达到目标

这部成功辅助机器有两方面的作用。其一，如果你知道目标，它就会帮助你去接近它、达成它。

比如练习投篮。篮筐是目标，目标确定了，我们不断地练习投篮，偏左了，偏右了，你的成功辅助机制就会自动地帮你不断矫正，直到你某次投中后，成功动作的模式就被从头至尾地刻入我们的记忆，储存到我们的神经系统和组织中，帮助我们下一次能准确地投中。

当你要重新获得"成功"时，就要将头脑中的储存"重新放出"。要做到这点，就要让当时"成功"的感觉、心情、状态、环境重新再现，也就是要能找回原来成功的感觉和状态，这样，你就能够重复原来的成功。所以，要是成功创造机制的运用有什么秘诀的话，那就是：唤起、抓住、找回及启发成功的感觉。

有一位高尔夫球手，曾向全美第一流的选手讨教，希望能降低杆数。虽然他学了不少击球高招，但苦于学不像，记不牢，于是他去请教安东尼·罗宾。罗宾就叫他别枉费记忆，并且问他可曾有击球很好的经验，他说当然有。罗宾又问他可是经常有，他回答不错。这时，罗宾就解说，他的潜意识在不知不觉中已清楚地记录下他顺利击球的方法，只要他能让自己重新回到当时的心理和生理状况，就可再现佳绩。罗宾帮助他分析，按他的习惯如何才能恢复以前的最佳状况，并帮他找到恢复最佳状况的方法。结果不久后，他就击出了 15 年来的最佳成绩。

行为是心境的反映，如果你曾成功过，那么运用与当时相同的心理和生理状况，就可以再次获得成功。所以要有好的行为，得到好的结果，就要唤起和保持好的心理和生理状态。

生理状态能影响心理状态，心理状态也能影响生理状态。运动员在大型比赛前，教练都要想办法调整好他的身心状态。同样道理，我们在面对人生中的大事时也要调整自己，保持亢奋的心理和生理状态。

人有自动成功机制，所以不要担忧人生中的挫折和失败，只要你不放弃行动，不断地反思，你的成功机制就会帮助你纠正方向，最终达到目标。

要知道，人的神经系统不能分辨"真正的失败"和"想象的失败"。要是我们念念不忘失败，也就是在不断地、活生生地把失败的印象灌输给我们的大脑中枢，我们的神经系统就会确认它是真实的，我们就会产生失败的感受。

相反的，若我们头脑中一直充满积极目标，又一再主动地把这个目标向头脑灌输，使它更加深刻清晰，并且把它看作是一个已经实现的事实，那我们就会产生一种胜利的心态：自信、勇往直前而且深信会成功。

巴甫洛夫说："成功就是热诚而慢慢来。"要设定一些分阶段的容易达到的小目标，让自己逐渐地、不断地获得成功，让"成功的感觉"刻入你头脑的灰质中，你就会自信，会更有勇气向前，也就更能发挥出自己的潜能。自信其实也就是奠基在过去成功经验的记忆之上的。成功本身其实还不如随它而来的那种成功的感觉重要，因为这种感觉能帮助我们培养出成功的习惯和胜利心态。

另外，人和任何自动制导机器一样，都要从错误、失误中学习，所以，犯错及失误正是我们取得进步的途径，离开了错误，很难想象一个人能取得真正的进步，也正因此，错误和失败才是人生中最正常和必不可少的，但很多人却因错误和失败而消沉，放弃了人生中的努力。要记住：从错误中学习到正确后，就要将错误摒除于心外。否则，铭刻于心的错误，就会让你产生自卑意识，反而会使你放弃目标。

错误只是为了帮助你改善行动，绝不是要你停止行动。就像美国电力工程师查理·凯德林说的："任何一位想当科学家的年轻人，必须愿意在成功一次之前失败九十九次，而且不因此伤害到自我。"

辅助机制作用二：找到目标并指明方向

其二，如果你不知道目标之所在，它就会帮助你去找到目标，指明方向。

比如在一片漆黑的房间里，你要摸出一包放在有许多杂物的桌上的香烟，你的手会本能地开始前后摸索，摸过一件又一件的东西，直到你摸到了它，认出它是一包香烟为止。这正是我们自动成功辅助机制的第二种作用：认准目标。

人的成功辅助机制是那样地神奇有力量，能帮助我们每一个人取得生活成功与快乐。但要发挥它的功效，首先就要树立一个清楚而明确的目标，因为成功辅助机制是为目的服务的，它永远指向结果，指向目标。就像人在荒野中迷了路，失去了方向，你就不知向何处去。没有了目标，我们的成功辅助机制也就无法发挥它的制导作用。但人生中的目标和方向却不是那么轻而易举就能找到，各种可变因素太多，常使我们茫然无措。但我们并不能因此而丧失信心，只要我们不断地尝试，不断地摸索，成功辅助机制就会帮助我们找准目标，确认适合我们的人生方向。

你可以去考察这个世界上任何一位真正的成功者，他们不可能一开始就能找到或确认自己的人生方向和目标，他们都是在不断的行动中，积极进取，认真思考，才能最终找准目标的。

成功辅助机制正是我们拥有强大生命力的保证，但成功辅助机制是在潜意识状态下工作的，所以，你无法感知，事先无法得到保证，它只是在你行动时，才开始工作。诚如爱默生所说："付诸行动，你自然会得到力量。"

目标、方向都是在行动中找到的，正确的方法和行为也是在行动中学会的。

要点：

人有神奇的自动成功辅助机制，它能替我们确定目标，解决问题，提供所需要的答案、主意或灵感，能帮助我们创造奇迹。

第二节　自强自立

靠别人而生的，是寄生虫；思想上仰赖别人，只能成为木偶。

在大学时代我喜欢看诗，特别喜欢英国19世纪著名诗人白朗宁夫人的十四行诗，而最让我感动的却是她自身的爱情故事。

白朗宁夫人婚前叫伊丽莎白·巴莱特，在她15岁那年，一次骑马，不幸摔伤了脊椎，从此她就失去了可贵的健康。二十几年来她一直是被禁锢在床上的病人，只有书本是她的天地，只有诗歌，能让她得到一点寄托和安慰。

有幸的是，通过诗歌她认识了白朗宁。白朗宁爱上了她的诗，也爱上了她的人。

他们互通信札，倾诉衷肠。白朗宁用爱去感染她、打动她，用真诚来打消她的顾虑。

白朗宁通过自己的言行教给了她生命的意义，但本人却是那样地谦逊。他一开始就只希望能和她天天见面，每天在她的病床边陪她一小时，称呼她一声"我的爱人"。这就是他最大的幸福了，此外再没有更高的祈求。她的疾病，即使是终生的痼疾吧，也不能把他吓退。哪一个女人能不为这一片至深至诚的爱情所感动呢？她终于勇敢地接受了白朗宁的爱意。

此后，白朗宁每天都采摘鲜花送给女诗人，并不断地鼓励她外出透透风，感受大自然。在这一段时间里，女诗人的健康飞快地恢复着，萎缩的生机重又显示出生命的活力，大夫们不知道这是爱情、这是生命的新的欢乐、新的希望所创造的奇迹，对这种现象只是感到万般惊奇。

白朗宁先生至深至诚的爱情，终于帮助她恢复了健康，最后竟使她成了一个能登山涉水、探幽访胜的周游了欧洲几个国家的健游者。

爱情的力量真是伟大，而爱情的力量不正是一种精神的力量吗？

生命力并不只是一种肉体上的力量，更重要的是一种精神上的力量。

两伊战争，伊拉克军队在军事上拥有绝对优势，但最终还是敌不过伊朗。因为伊朗军队有一种强大的精神力量：为真主而战，死后进天堂。那当然是人人奋勇，个个争先。精神力量抵消了军事上的劣势。解放战争时，蒋介石800万武装到牙齿的军队，却最终被小米加步枪的土八路打败，一个很重要的原因还是土八路的政治思想工作让士兵们获得了无穷的精神力量。

精神可以说是现代科学还没有研究明白的神秘东西，它具有一种无比强大的力量。

精神是人的灵魂，人的脊梁，人的动力的源泉。就像钢铁一样，只有将它放在火上千锤百炼，才能锤炼出一种坚强。人要成熟和发展自己的智性机能，享受生命的内在宝藏，就要顽强不屈地经受生命的磨难。如果生命中没有了磨难，就像气球外面没有了大气的压力一样，生命会无限膨胀，变得轻飘飘。

精神需要养分，需要激励。不断感受振奋人心的事物，不断去努力、去奋争；精神的食粮是荆棘，是血汗，是痛苦，是奋发向上者经受的磨难。

其实人生中遇到的困难是大是小，不仅与困难本身有关，还与个人的精神品质有关。对于那些害怕艰难险阻，在困难面前畏畏缩缩的人而言，如同耸立的高山一般不可逾越的困难，对于那些积极进取，信心坚定的人而言，则可能只是一块微不足道的小小拦路石。

也许你在生活中遇到了很大的困难，你觉得是无法克服的。可你想过没有，有很多人遇到的困难比你的要大上千百倍，但他们不是最终战胜了困难取得成功吗？其实当你奋力克服了眼前的困难，若干年后回首往事时，你会发现那些困难真是不值一提。

蚯蚓这么小的动物都能靠自己的力量掘土前进，我们万物之灵的人类为什么不能凭自己的力量去冲破各种障碍，开辟自己的人生道路呢？

困难只能阻挡弱者，在强者面前，任何困难都会低头。

就像一发强力炮弹可以击穿钢板，但如果慢慢地推压这颗炮弹，它甚至连一块铁皮都无法穿过。这个世界只会为力量开辟道路。

有这样一个故事：

一位商人把他全部财产投资在一种小型制造业上。由于世界大战爆发，他无法取得他的工厂所需要的原料，因此只好宣告破产。金钱的丧失，使他大为沮丧。于是，他离开妻子儿女，成为一名流浪汉。他对于这些损失无法忘怀，而且越来越难过。到最后，甚至想要跳湖自杀。

一个偶然的机会，他看到一本名为《自信心》的小书。这本书给他带来勇气和希望，他决定找到这本书的作者，请作者帮助他再度站立起来。

当他找到作者，说完他的故事后，那位作者却对他说："我已经以极大的兴趣听完了你的故事，我希望我能对你有所帮助，但事实上，我却绝无能力帮助你。"

他的脸立刻变得苍白。他低下头，喃喃地说道："这下子完蛋了。"

作者停了几秒钟，然后说道："虽然我没有办法帮助你，但我可以介绍你去见一个人，他可以协助你东山再起。"刚说完这几句话，流浪汉立刻跳了起来，抓住作者的手说道："看在老天爷的分上，请带我去见这个人。"

于是作者把他带到一面高大的镜子面前，用手指着镜子说："我介绍的就是这个人。在这世界上，只有这个人能够使你东山再起。除非坐下来，彻底认识这个人，否则，你只能跳到密歇根湖里。因为在你对这个人作充分认识之前，对于你自己或这个世界来说，你都将是个没有任何价值的废物。"

他朝着镜子向前走几步，用手摸摸他长满胡须的脸孔，对着镜子里的人从头到脚打量了几分钟，然后退几步，低下头，开始哭泣了起来。

几天后，作者在街上碰见了这个人，几乎认不出他来了。他的步伐轻快有力，头抬得高高的。他从头到脚打扮一新，看来是很成功的样子。"那一天我离开你的办公室时，还只是一个流浪汉。我对着镜子找到了我的自信。现在我找到一份年薪3万美元的工作。我的老板先预支一部分钱给家人。我现在又走上成功之路了。"他还风趣地对作者说："我正要前去告诉你，将来有一天，我还要再去拜访你一次。我将带一张支票，签好字，收款人是你，金额是空白的，由你填上数字。因为你介绍我认识了自己，幸好你要我站在那面大镜子前，把真正的我指给我看。"

那人说完话后，转身走入芝加哥拥挤的街道，这时，作者终于发现：在从来不曾发现"信心"价值的那些人意识中，原来也隐藏了巨大的潜能。世界上，除了信心之外，还有其他的力量能做这样的事吗？

这个世界上，有谁能帮助你呢？只有你自己能帮助自己。"人"字的结构，一撇一捺，不就是自立支撑吗？

人最大的责任不是针对国家、人类或任何其他的东西，人最大的责任就是他自己本身，最大的责任是对自己负责。

有次在电视中听到一位大龄未婚女记者这样说："嫁女人就像卖白菜，早上1斤卖两块，中午降到一块五，到了晚上就只能卖一块钱了。"

但话说回来，有些聪明人也许专门晚上出来买白菜呢？因为那时的白菜价廉物美。

其实不仅嫁女人这样，我们每个人的人生也是这样。如果你不在最值钱的青年时代努力奋斗，充实自己，提高自己的价值，那么老了后，你对于社会就会贬值，就像晚上卖不出去的白菜。

马克思说："任何一个存在之物只有当它立足于自身的时候，才在自己的眼里是独立的，而只有当它依靠自己而存在的时候，它才算立足于自身。"

有许多人虽然出生在这个世界上，但他们从没有成为真正独立意义上的人。他们在生命的道路上前进，但不能把脐带完全剪断，他们对父母、家庭、国家、地位、金钱等仍有着依附，他们依附他人，从未完全成为自己，因此也就从未完全地诞生。

我有一位朋友给我讲了他在英国遇到的一件事：

他住的公寓每天都有一个年老的白人女清洁工来打扫卫生，她没有受过多少教育，当他表示愿意帮助她时，她谢绝道："I am a cleaner, It's my duty, I can do it."（我是一个清洁工，这是我的职责，我能把它做好。）

最后他感慨地说："一个普通的清洁工都能以胜任自己的工作为自豪，这种自强自立的精神已经深入到他们的灵魂中去了。这不也正是英国之所以先进的原因吗？"

是否有自强自立的精神，正是现代中西方文化中的一个重要差别。

常听说西方年满18岁的子女必须离开家庭自立生活，回家吃饭还要交钱。我们总说他们缺少人情味，但这种方式不是正能逼着子女自立自强吗？

也许东方对大家庭更为看重，但我们的家庭观是封闭的，对子女过分溺爱，真是恨不能将其一生都管到底。我们的家长只是在照顾小孩，而没有培养小孩。什么人才需要照顾？只有那些病人和残疾人才需要照顾！西方却更重视培养子女的自立能力。

曾经在杂志上看到一位德国 14 岁的小女孩独自一人周游欧洲。记者采访她的父亲问他难道不担心吗，他说："她每到一个地方都会给家里打电话，有什么好担心的。这样的独立生活正能锻炼她，可以让我们对她的未来少一点担心。"

在《动物世界》中见过猎豹培育后代。在小猎豹长到几个月大后，母豹就要训练它独自爬树、捕食动物，虽然让小猎豹完成这些工作有一定的危险，但母豹知道，如果不这样，小豹长大后生存都会有困难。连动物都知道要使下一代健康成长，就必须要刻苦锻炼，让它经受磨难。我们高智商的人不是更应该懂得这个道理吗？

在《南方周末》上有一篇文章，现转摘如下。

美国青少年心中的楷模

什么是人们心目中的青少年楷模，这个问题的答案千奇百怪。然而在当今美国，却有一种传统性的形象，得到大多数人的认可。

18 岁的约翰·汤姆森是一位美国高中学生。他住在北达科他州的一个农场，1992 年 1 月 11 日，他独自在父亲的农场里干活，当他在操作机器时，不慎在冰上滑倒了，他的衣袖绞在机器里，两只手臂被机器切断。

汤姆森忍着剧痛跑了 400 米来到一座屋子里，他用牙齿打开门闩，他爬到了电话机旁边，但是无法拨电话号码。于是，他用嘴咬住一支铅笔，一下一下地拨动，终于拨通了表兄的电话，他表兄马上通知了附近有关部门。

明尼阿波利斯州的一所医院为汤姆森进行了断肢再植手术，他住了一个半月医院，便回到北达科他州自己的家里，如今，他已能微微抬起手臂，并已经回到学校上课了。他的全家和朋友为他感到自豪。

人们除了佩服汤姆森的勇气和忍耐力外，还有一种独立精神，他一个人在农场操作机器，出了事顽强自救，所以他是好样的。

独立、勇敢、坚毅、不懈地与大自然抗争，这大概是美国从殖民地时代遗留下来的优秀传统，这一传统在吸毒、抢劫、性混乱泛滥成灾的美国社会，仍然存活在美国人的精神里。

汤姆森的故事里还有这样一个细节：他把断臂伸在浴盆里，为了不让血白白地流走。当救护人员赶到时，他被抬上担架，临走前，他冷静地告诉医生："不要忘了把我的手臂带上。"

最能感动人的故事，是那些自立自强的人；最能体现一个人的尊严和骨气的，也是他自立自强的精神。自立自强正包含了高贵、独立、勇敢和坚毅的品质。

记得第一次去香港时，导游就告诉我们，如果要在小摊上买东西，请尽量光顾那些老人家摆的摊。我问为什么，他说在香港老人的社会福利一个月仅吃水果的补贴就有700港币，这些老人家摆了摊就没有这些福利了。他们这么大年纪都宁愿自食其力，而不愿意靠救济生活，不值得我们敬佩吗？

自从听了这个导游的话后，我每次去香港要买东西时，即使走远一点，也总是去找一些老人家的买。

其实自立自强中最基本的含义不就是要自食其力么？但在我们国家长期的大锅饭制度下，大家已养成了懒惰、占便宜的习惯，早已淡忘了做人最基本的骨气——自食其力。

其实从效果上看，来自外在的帮助只会使受助者走向衰弱，而来自内在的帮助则必定使自救者兴旺发达。

安逸闲适和奢侈浮华的生活，无法把人锻炼成艰苦奋斗，敢于直面艰难险阻的人；也不会唤醒人们认识到朝气蓬勃、精力充沛和坚定的行动在生活中所焕发出来的巨大力量。实际上，贫穷非但不会变成不幸和痛苦，通过吃苦耐劳、坚忍不拔的自助实干，它也许会转化为一种幸福；它能唤起人们奋发向上的激情，激励人们勇敢地战斗。在这个奋斗过程中，一些意志薄弱的人也许会自甘平庸或堕落，以换取闲适安逸；但是，那些精神健康和心灵坚定顽强的人，则会从中获取他们的力量、信心和胜利。

培根说得好："人类没有很好地理解他们的财富，也没有很好地理解他们的力量。对于前者，人们竟把它信奉为无所不能的东西；对于后者，人们又太不把它当一回事，对自己的力量太缺乏信心。自力更生和自己战胜自己，将教会一个人从他自身力量的水池中吸取动力，从自己的力量中品尝到甜蜜蜜的面包。"

贪图安逸和自我放纵对人来说是一个巨大无比的诱惑，尤其对那些被欲望所驾驭而缺乏自制的人来说更是如此。他们不想努力奋斗，只希望侥幸能过上一种相当舒适的生活。

其实当你无所事事，在无聊中打发时光时，你没有创造什么，因此你也不可能得到什么。那么你的生活就只能是在贫穷与落魄中度过，生命没有意义，也就没有欢乐。

在小时候我养了一只乌龟，它每次前行时都要昂着头，我就在想：乌龟前行时都要昂着头，何况我们人呢？

人生在历史的长河中，是短暂的，但具体到每个人，一生几十年，又是很漫长的。如果心灵和生活上没有寄托，那这漫长的一生是多无聊啊！而个人奋斗，追求卓越，正可以使我们平淡的人生焕发光彩，我们会有真正的痛苦，会有真正的快乐，人生会像一部跌宕起伏的戏剧。

斯大林说：有一大批年轻人，在底层挣扎着想冲破种种障碍脱颖而出。我想我们应该成为他们中的一员，应该去挣扎着、奋斗着，去实现我们的梦想。

永远带着快乐，欢迎雷霆与阳光……

要点：

蚯蚓这么小的动物都能靠自己的力量掘土前进，我们万物之灵的人类为什么不能凭自己的力量去冲破各种障碍，开辟自己的人生道路呢？

第三节　强大、有力量是一切取胜者的法则

一位拳击高手参加锦标赛，自信十足地认为一定可以勇夺冠军。却不料在决赛时遇到一位实力相当的对手，使他难以招架。拳击高手警觉到自己竟然找不出对方的破绽，而对方的攻击却往往能击中他的要害。

比赛结果可想而知，拳击高手惨败在对方手下，也失去了冠军宝座。

他懊恼不已地下台找他的教练，并请求教练帮他找出对方招式的破绽。

教练笑而不语，在地上画了一道线，要他在不能擦掉这条线的情况下，设法让这条线变短。

拳击高手苦思不解，如何能像教练所说的，使地上的线变短。最后还是放弃继续思考，而求教于教练。

教练在原先那条线的旁边，又画了一道更长的线，两者相较之下，原先那条线，看来变得短了许多。

教练开口道："夺得冠军的重点，不在如何攻击对方的弱点。正如地上的长短线一样，只要你自己变得更强，对方正如原先的那条线一般，也就在无形中变得较弱。"

商场如战场，要在这个商业的世界立足、发展、壮大，就必须要比你的竞争对手更强大，更有力量。要做到这一点，你就要比你的竞争对手做得更好：产品做得更好，服务做得更好。凡是你没做到的或你不懂得做的，你的敌人将会告诉你。

国家也是一种竞争。萨达姆·侯赛因是一个强人，但他在更强大的美国面前也无能为力；美国就能在它的国家划禁飞区，禁止它们国家的飞机飞行，但自己的飞机却肆无忌惮地横行霸道，而且还动不动就超越禁飞区去打一下伊拉克。在别国的领空上不让别国的飞机飞行，这是哪一国的道理？这就是美国的道理。因为美国比它强大。

台湾是我们的领土，台湾问题是我们的内政，但美国就敢卖武器给台湾，还要与台湾建立导弹防卫体系。我们在台湾海峡军事演习，他就敢用

航空母舰监督我们。完全的一副霸王姿态，你又能怎样？我比你强大。弱小就要挨打，这是亘古不变的真理。

专家预测按中国现在的发展速度，三四十年后，中国的经济总量将是世界第一。我相信如果没有大的动荡，像台海战争或者国内局势的大动荡，以中国人的勤劳智慧完全能做到。但美国人唯我独尊的心理根深蒂固，他不会坐视你的强大，总要想方设法来牵制你、制约你，于是在政治、经济、军事上不断施加压力，以民主、自由的名义，谴责中国的政治状况。美国这样做的目的并不是真的为了中国人谋人权，只是借公义的名声，给中国施压，制造动乱；还要建立"他妈的"（TMD）导弹防卫系统，卖先进武器给台湾，以华来牵制华；逼迫你分散以经济建设为中心的精力，像拖垮苏联那样，逼你参与军备竞争，以它强大的经济实力来拖垮你。所以邓小平早就指出中国现阶段要韬光养晦，在国际事务上尽量不要出头。

所以国家需要力量，人也需要力量。

这是一个优胜劣汰的社会，这是一个弱肉强食的社会。

有位读者给我写信说："我为什么总找不到漂亮的女人呢？"因为你没有力量，你没有强大到足够吸引她们。还有的女孩为失恋而痛苦，为被男人抛弃而伤心。你不要埋怨别人，要埋怨就埋怨自己，你为什么不够强大呢？如果你能强大过他，那就只有你抛弃他，而没有他抛弃你。

强大、有力量是一切取胜者的法则。弱者总是悲惨的，总是要被别人摆布的。我讨厌我的上司，我瞧不起他们，我讨厌每星期的政治学习，他们的讲话我简直听不下去，但听不下去我还得听，讨厌他们我还得巴结他们，因为他们有权力，他们比我在这点上强大。

"成者王侯败者寇"。不要埋怨，不要哭哭啼啼，这是小家子气，你的一切不如意，你的一切不满，都是因为你不够有力量，将怨气、将不满深埋在心里，让它们转化为获取力量的动力。

儿时看人掰手腕，就知道力大者胜，见人打架，也总是强者胜。达尔文指出，动物世界，弱肉强食。实际上人的世界也到处是竞争，总是优胜劣汰。这是一个属于强者的世界。

古人说：将相本无种，男儿当自强。人生是没有定论的，大家都在生命本能的冲动下互相撞击，当然是力大者胜。

给自己打一支强心针吧！让生命力重新带来狂暴，让清新、朝气、活力横扫一切颓废之气。

生命本身就是一种激情，它正在我们内心激荡：决不要哭哭啼啼，决不要请求，那是女人气、脂粉味的。夺取吧，永远去夺取！凡生命应该给予的，我们都要去夺取！这才是生命中的阳刚之气。

你能想象一个人的能力有多大吗？你能想象一个普通的人可以造就怎样的奇迹吗？而奇迹对人类所提出的要求，却也不过是简单而又不简单的两个字而已：奋斗。

要点：

强大、有力量是一切取胜者的法则。

第四节　上兵伐谋

我喜欢自强不息，每当听到或看到那些靠个人奋斗而取得成功的人士的事迹时，我都会觉得振奋，甚至那些个人奋斗者最终未能取得成功时，我也会觉得悲壮。自强不息、个人奋斗正是人类的一种精神，离开了这种精神，人类就会走向衰落；个人丧失了这种精神，就会沦为命运的奴隶。个人奋斗永远是人生的主旋律。

但奋斗并不等于蛮干，人要成功不仅靠艰辛的努力，还要有谋略。孙武所著《孙子兵法》的"谋攻篇"中，就强调"上兵伐谋"，主张以谋略制胜于天下。

在电视中，曾见到中科智公司的总裁张楷雍谈他的发家史：

他带100万元的资金回家乡发展，申办了一家注册资金为500万美元的地产公司。由于公司的规模、名气都不大，为了披上一张虎皮，他在报纸上登广告寻求房地产项目合作，当寻找到一家大发展商后，他投资了50万元。按照当时的行规是三七分成，他主动提出，对方可以多得5个百分点，但有两个条件：一是以后他如果弄到新的土地使用权，对方不能占股份。二是对所有的地产开发项目都用发展商的名义。对方见有利可图也就同意了，然后双方进行了公证。

之后，他又拿出40万元捐给希望工程，并希望能见市长一面。当时捐资40万元还是一个比较大的数目，因此市长同意见面。见面后一起吃饭时，他对市长提出他拥有雄厚的资金，但现有的地产项目太小，无法施展拳脚，希望能有更多的土地使用权。市长认为他资本雄厚，又在本市发展，有利于当地的经济建设，因此当场就同意批出了他所提出的投资地块。

有了新的土地使用权后，他又去寻找一个新的合作伙伴，他以土地使用权为股本，对方投资建设，他仍然提出对方可以多得5个百分点。因为他的土地位置好，对方又能多得5个百分点，因此很乐意合作。后来完全用对方的钱盖起一座大厦，他得到了25%的股金，去掉大约占17%的土地使用费后，他净赚了8%。而那座大厦是商业裙楼，每平方米1.8万元，面积有4万多平方米，也就是他用100万元，投资50万元，捐了40万元，还有10万元杂用，结果净赚了近6000万元。

在电视中见到介绍张楷雍的发迹史时，我真有些不忿，我每赚一点钱都那么辛苦，可他运用一些韬略就轻而易举地赚了我想都没敢想过的数目。我真觉得自己很可笑，我总在宣扬个人奋斗，实际上个人奋斗并不意味着要像我一样，锲而不舍地出傻力气，个人奋斗最重要的是要有谋略，运用谋略才能事半功倍，才能取得大的成功。

数年前我回武汉和一帮老同学见面，聊天中大家谈到有位同学已赚了上亿的身家。我真是大吃一惊，在我的同学中居然有身家过亿的人，我想但凡靠个人奋斗而身家过亿的人，必定有些不凡之举，我一定要见见他。

那天终于见到他了。闲聊后，我直接问他怎样能赚到这么多钱，他笑了，给我讲了一个他空手套白狼的故事。

汉口汉正街是全国闻名的商品批发市场。当时里面有一家宾馆由于经营不善，长年亏损，决定承包出去。消息传出后，前去洽谈的人很多，但宾馆规定要谈合作事项必须先交10万元定金。大家都在犹疑思量之际，他却果断地拿出他仅有的10万元钱，对宾馆经理说："不用多谈了，我按你们的要求承包！"宾馆经理见他出手不凡，举止气派，认为他大有来头，于是很爽快地就和他签下合同。随即他就拿着合同找到银行的同学，以宾馆作抵押，贷了一笔钱。拿到钱后，他将宾馆的一楼和二楼全部装修成一间一间的小摊档，取名为顺德家电批发市场，然后自己跑到顺德，鼓动了一大批顺德的电器商租了他的摊位。他仅一楼二楼收的租金就已远超承包费。然后他又将上面几层装修，保留一定的客房，其他的改成办公室出租。这一次承包，他没告诉我具体赚了多少钱，但可以想见，一定是一笔不菲的数目。

其实综观世界上的大富豪，没有哪一个的成功不是运用谋略的成功。赚大钱者都是靠智慧，而绝不是靠体力和机械的工作。艰苦奋斗，锲而不舍的确是成功的途径，但要取得大的成功，就必须运用谋略。

你听过那个从可口可乐公司赚了大钱的人的故事吗？以前汽水没有瓶装的，你要饮可口可乐，就得去冷饮店。但这个人想了个用瓶装可乐的好主意，他告诉可口可乐公司，假若他们以增加的销售量其中1%的利润分给他，他们就可以用他的概念。结果这小小的1%竟使他成了百万富翁。

生活中很多美妙的想法，其实往往来自不经意间。

圣地亚哥的圣哥托斯酒店内的升降机不敷应用了。那些专家——包括工程师和建筑师——被召来解决这个问题，结果他们决定在原有的升降机旁多安装另一部升降机。倘若这样做，他们就要在每一层楼凿个大洞，而新升降机的发动机就要装在酒店的地库。他们画了图纸，一切看来都就绪了。建筑师和工程师走进酒店大堂商讨工序，一个正在抹地的清洁工人听

455 · 8 · 8 · 8 · 8

見他们要在每层楼凿个大洞就说："这地方会被弄得一团糟呢？"

工程师说："这是无可避免的，不过我们会为你多增援手的，你不用担心。"

清洁工人说："你要把酒店门关上好几天呢？"

"这是不可能的，关几天门就会把酒店也关掉了，但没有另一架升降机也不行。"

清洁工人手执拖把说："假如我是你，我就不会用这方法。"建筑师不屑地问："那你有什么妙策？"

"我会把升降机装在酒店外墙。"

建筑师和工程师彼此对望。

最后他们真的把升降机装在酒店外墙——这就是历史上第一架装在建筑物外墙的升降机。

古今中外，凡成大事者皆有胆有识。胆识本是两种不同的感觉，胆是胆量，识是见识。但唯有胆与识有机结合在一起，才有价值。有胆无识，鲁莽行事，难成大器；有识无胆，一步三看，亦无所获。所以，胆与识的高度对立统一才能如虎添翼，才是制胜法宝。

我在行动篇中强调开始，但能开始只说明你有胆，有胆还必须有识，这种识就是要运用智慧，要有谋略和计划。

另外，石头从山下往山上滚是很难的，但从山上往山下滚却容易得多。人要成功就要善于在上层打滚。比如一个人在学校里混，不论你怎样勤奋努力、溜须拍马，至多也只能被校长提拔为副校长。但如果你是在上层的教育局中，同样努力你却可能被局长提拔为副局长。两者的档次明显差了一大截。

善于走上层路线，正是会借力发力。

要点：

真正能取得大成功的人，往往是谋略的成功。

第五节　野　性

我有一位台湾的亲戚，是国民党老兵。记得在我小时候，他曾颇带点历史学家的味道对我说："纵观历史，成功的人必须'男人要闯，女人要荡'。"

我不解地问："为什么说女人要荡呢？"他回答："武则天、慈禧不就是靠'荡'吗？她们用'荡'搞掂了皇帝，征服了当权者，最后再自己掌握政权。还有现代的麦当娜，不仅用'荡'利用了各个阶段的合作者，踩着他们不断地向上爬，扩大自己的舞台，还用她的'荡'征服了观众。"

男人通过征服世界来征服女人，女人通过征服男人来征服世界。一位市长对我说："我辛辛苦苦地征服了这个世界，但一个女人把我搞掂了，于是她就把这个世界搞掂了。做女人真划算。"

女人的成功是不是要靠"荡"我不知道，现在不是有句话叫"男人有钱会变坏，女人变坏会有钱"吗？但我确实知道成功的男人是一定要靠"闯"的。

"树挪死，人挪活"，人只有内心张扬着野性，才会不满足现状，勇于闯荡，不断寻找机会，这样的人也才有可能成功。相反，不论你多聪明，如何才华横溢，如果不闯荡，不去寻找成功的机会，你又怎么可能成功呢？

男人的天空应该是在广袤的世界，而不是在温室般的家里。我不喜欢安分守己、乐天知命的人，男人的血液中就要躁动着野性、躁动着不安分的因子。

所以我总喜欢"送别"的感觉。考上大学时，同学们与我送行，我的心情就既紧张又兴奋，内心深处隐隐有一种渴盼战斗的勇士奔赴战场的感觉。当列车起动，我从车窗里探出半个身子，向同学们挥着手。随着列车渐行渐远，同学们的身影逐渐模糊，那种感觉真是美妙极了。从此这个画面就定格在我的心灵里，成为一段永远挥之不去的情节。于是我喜欢被送别，也喜欢送别。每一次的送别，都会在我长期习惯的久已麻木的生活里注入一种激素。送别意味着新生活的开始，意味着将迎接新的挑战。社会要发展需要有竞争、有挑战；人要发展就更需要有竞争、有挑战。没有不断迎接挑战的生活，人会变得麻木。

别人送我时，我会感到壮丽；我送别人时，我会燃烧起激情。于是生命又开始跳跃，为一种改变，为一种挑战而跳跃。

据报载美国人的一生中平均要换五六种工作，而我们中国人呢？大概大多数人都是"从一而终"。我倒不是鼓励人们频繁地换工作，我只是觉得要让生命活跃与充满，就必须常有新的环境和新的挑战。生命只有在不断变化和迎接新的挑战中才能激发出最大的潜能。

所以我喜欢移民城市。因为这里较少论资排辈，较少各种习惯的束缚。对于移民来说，他们敢于背井离乡，他们一定是具有开拓精神，勇于接受挑战的一群。而且他们带来了各自地方的特点，在新的社会环境中进行了熔炼，形成了一种扬长避短的新特性，于是移民城市也就是最具有创新能力，最具有包容性、开放性的城市，也就容易取得大的发展。美国不是这样吗？深圳不也是这样吗？而我们一些传统上的大城市，长期处在优越的地位上，人人都容易有一种优越感，于是也就失去了包容性、开放性，不善于从别处吸纳养分，也就变得僵化，固步自封。我想深圳原来的移民大都已相对稳定、富裕了，大家是不是已失去了原来的那种开拓精神，是不是需要一些新的移民来冲击呢？

现在大家都知道混血儿比较聪明、漂亮，从遗传学的角度看，混血儿也具有先天优势。而移民不就是一种混血吗？将原来的地方特点，与现在的居住城市相结合，混合出一种新的没有束缚勇于开拓的新特质。

李光耀曾对邓小平说："我们只是福建、广东的农民后代，而你们很多却是中原地带达官贵人、知识分子的后裔。我们能将新加坡治理好，你们自然更能将中国治理好。"

为什么福建、广东农民的后代就能建设好新加坡呢？因为他们是移民，他们有开拓精神，他们有开放性，能将自身吃苦耐劳、勤奋持家的优点，与海外自由开放的心态相结合，也就创造了奇迹。

如果说敢闯还只是一种行为上的勇气，那么，人更重要的是要有野性，要有一种精神上的张狂。

报纸上有这样一条消息：中华鲟已成功地人工繁殖了几十万尾。这么大的数量，我想中华鲟已可以不算濒临绝种动物。但国际上仍将中华鲟视为一级保护物种，因为物种是否濒临灭绝不是以绝对数量来衡量，而要看它的野生种群数量。

很多动物在人工环境中成长，一旦放回大自然后，就丧失了生存能力。人工环境使动物缺少锻炼，磨灭了野性，从而也就失去了生存能力。我们可以看见动物园中的雄狮、老虎，它们只是空具猛兽的架子，却完全没有了猛兽的野性与张狂，没有了作为猛兽的生命力。野性是动物生存的基础。

我们人类同样来自于动物界，属于大自然，只是随着社会的进步，科技的发展，人变得越来越文明，但在这进化的同时，我们却越来越丧失了作为动物的本能——野性。

人是不能没有一些野性的，没有了野性，也就没有了不羁和奔放，也就失去了生命的活力和创造力，也就是失去了生命的力量，那么，生命又算什么呢？

最近看了《深圳改革开放20年》的系列片，深有感触。深圳创造了世界城市发展的奇迹，深圳为什么能创造奇迹？是因为政策，是因为政策解除了束缚，解放了深圳的生命力。

实际上生命力是普遍存在的，只要消除束缚，就能创造出奇迹。

我们每个人也同样如此，我们都有强大的生命力，关键是如何解除束缚，将它释放出来，而这种束缚往往是我们自己施加的，不是有一句话叫做"每个人都是一座监狱，关住了自己"。我们只要解除自己对自己的束缚，就能焕发出力量，就能创造奇迹。

我们不要总按照别人所定的模式："应该这样，因为你必须这样！"而应该按自己的生命意志、理性思维大声地呼喊："我可以这样，因为我想要这样！"我们不要"既然如此"，那是被动的，好像是外物强加在我们头上的，而要我们自己的意志说："我想要的就是这样，以后还要这样！"活出真的自己来。

　　从小我就不喜欢循规蹈矩，按照别人的模式生活。读高中时，我上课就已听不进教师机械地传授课本知识，完全无法集中精力听讲，只得课后再去自学，这样应付考试自然不行。临高考前数天，我还被大仲马的《基督山伯爵》所吸引，舍不得放手。读大学后，由于我并不能真正知道自己喜欢什么专业，于是进了物理系。但后来，我开始看不进那些被机械化了的物理教科书而喜欢上了拜伦、雪莱的诗歌和一些能看得懂的哲学书。直到现在，我对自己的专业、职业都不太热心，专业、职业倒成了自己的副业。我是一个喜欢吃野食的人。我认为家花不如野花香，吃野食长大的人，是真的出于自己的爱好，自己的特长，所以反而能成功。

　　我实在不是一个能长期专注于某一件事的人，做了一件事后，总想去寻求新的刺激，感受新的冲动。从来不喜欢按照别人的模式和社会所定的模式做人，只是按自己喜欢的方式生活。我崇拜英雄，喜欢幻想，热爱大自然，特别钟情大海。我能独自静静地坐在大海边一整天，遥看着苍茫的大海，聆听着汹涌的波涛，用心灵去与大海感应。

　　从大学毕业到现在，这一段不算太长的人生中，我一直都在努力尝试，寻找自己的人生之路。大学毕业后，为了寻求独立自由的生活，在一无亲人二无朋友的情况下，独自闯来深圳，住最便宜的旅店，吃快餐面，忍受招聘人员像挑选商品一样审视我的目光。那是一种对自尊心的侮辱。但我知道没本事挑选别人时，就只有任凭别人挑选。几经挫折，好不容易求职成功，但不到半年，又在朋友的鼓励下，冒着家人的反对，回老家创办公司。那真是一段艰辛的日子，由于年轻，没有后台，又没有钱，辛苦努力了半年公司也没批下来。那时吃住在家，没有收入，家人不说，但自己内心承受着压力：放着深圳的高收入不要，却回来办这种没有把握的公司。

　　永远记得那个寂静的深夜，落寞的时刻，在朋友家昏暗的小阁楼里，拿着一瓶啤酒，随着录音机里齐秦悲怆的声音，低声吟唱：我是一匹来自北方的狼，走在无垠的旷野中，凄厉的北风吹过，漫漫的黄沙掠过……那种悲壮，那种由于醉意的野性和奔放，既是生命的渴望，也是我内心深处孤独的呐喊。

　　生命中美好的东西总是在一点一点地失去，生命、爱情、青春，都在不断地丧失之中，生命是一场悲剧，但我们总应该想办法让它变得悲壮，变得更为有血性。这种信念始终支撑着我。在遇到困难，遇到挫折的时候，我就想这是悲壮的时刻，是需要男子汉血性的时刻，于是我就能锲而不舍，就能顽强奋斗。在签名售书时，有位读者请我在扉页上写下"天道酬勤"，我想我写下的是人间的真理。

　　公司终于办成了。但不久深圳借聘我的单位来了调令。我思考了很久，决定还是回深圳，因为这里是改革开放的窗口，是属于年轻人的城市。调进了深圳，我又要重新开始，我决定办成人培训……其后办讲座、上电台、电视台、写书，我的生活每天都有目标，都有事做，都有新意。那是一段最充实，最难忘的日子，是野性最张扬的日子。

如果说我在同学中还算成功的话，那是因为我比他们多了些野性。

那天在电视中听了著名音乐制作人高晓松介绍自己的故事。高晓松在清华大学电子系读到大三时，由于对音乐的热爱，梦想着成为一个流浪歌手，于是毅然放弃学业，开始了他的流浪生涯。在天津由于没钱糊口，高晓松想去大学宿舍演唱，结果被公安当无业游民抓住。万般无奈之下给家里打电话，母亲赶到天津将他保释出来。他的父母也很开明，高晓松在厦门弄到身无分文时，情急之下给家里打电话，叫母亲寄 1000 元钱给他，可母亲却问他："你有多大了？""20 多岁。""听说厦门是一个港口吧？"高晓松明白了，20 多岁的小伙子在一个有港口的城市还不能生存吗？于是高晓松去做起了搬运工。高晓松也是一个有野性的人。试想，放着全国顶尖的清华大学，居然敢读了 3 年后还放弃学业。这自然要有一种不羁的性格。

跟着别人思维走的人，总是不能成就大业。要有自己的思维，自己的判断，自己的胆识。

我总是开玩笑说：美国人的祖先是罪犯，他们都是在英国犯了罪而被流放到美国的。也许正因为美国人的祖先是罪犯，他们的血液中流淌着野性，所以美国人疯狂，喜欢异想天开。美国人总夸耀自己的"美国梦"，不就是要异想天开，然后再努力去实现吗？喜欢标新立异，正是现代人不断创新，不断前进的动力。

可口可乐、麦当劳、电脑、因特网为什么诞生在美国？这正是梦想加野性的结果。美国社会崇尚个性，因此有各式各样的人，他们各自有着自己的梦想，并为梦想努力，于是人的创造力也就发挥了。东方民族强调纪律性、合作精神，这也不能说不好，但在同时，我们却抹杀了个性，摧毁了创造力。

在美国宇航局铝合金的大门上写有这样一句话："凡是我们能梦想的，我们都能实现。"

野性就是要有梦想，甚至是异想天开。人类就是在异想天开中进步的。没有了梦想，没有了异想天开，我想这个人就已经老了，真正的老了，在精神上和心理上老了。

我们都喜欢青春永驻，但青春不仅是生理上的，还有心理和精神上的，就像一首歌中唱的"只要你的心不老，你就永远不会老"。

在现代，不靠祖辈福荫，能取得成功的企业家又有哪一个不是充满野性呢？我最喜欢的就是 CNN 的老板特德·特纳。

特德·特纳曾驾驶"勇敢者"号帆船夺取过美洲杯赛的冠军，当时他为夺得冠军而不顾风急浪险，因此获得"疯狂船长"的称号。他在生意场上也自诩为海盗，他曾率领他的小电视台向美国三家广播电视巨头发起过挑战，并成功地建立了一个全天 24 小时不间断地播送新闻的有线电视（CNN）。

特纳的成功在于他海盗般的疯狂，狂野不羁的性格，以及奋发向上、顽强不息的斗志。其实野性、不羁正是很多成功人士共同的特点。

IBM（国际商用机器公司）的第二任总裁小沃森，也是一个充满野性的人。大学时由于不喜欢那些枯燥、僵硬的课本知识，读书成绩太差，以至于他父亲不得不多次为他转学。但他始终热衷于探险，喜欢自驾飞机和游艇周游世界。由于父亲年老体衰，他被迫继承了父亲的公司，但他并不按父亲的要求行事，只是机械地继承父亲的打孔机事业，他敏锐地意识到电脑的前景，毅然将父亲奋斗一生的打孔机事业转向了电脑，从而造就了 IBM 这个蓝色巨人。他豪迈地宣称：无论是一大步，还是一小步，总是带动世界的进步。在 50 多岁，IBM 正处于辉煌的顶峰时，他又提前退休，去圆他自驾游艇去北极探险的梦。反之，其后继者由于循规蹈矩，不能跟上时代，错过了发展软件、个人电脑的大好时机，使得 IBM 几近破产，经历沉痛的教训后才改弦易辙，终于重新振作起来。这样的例子实在太多，还有现代世界的首富比尔·盖茨，在世界最有名的大学哈佛读了 3 年，却毅然退学去发展自己的公司，一个没有野性的人能做到吗？

广州也做了一个统计，竟然发现收入最高的阶层只是小学文化程度。小学文化程度的人为什么收入能达到最高？因为他们有野性，敢于很早就投身于市场经济。社会上不是有种说法，改革开放早期能发达的很多都是劳改释放犯。为什么劳改释放犯能做老板，而我们高智商的文化人却仍然要为三餐搏命呢？因为我们有了文化，但却被文化束缚了，失去了野性。

我现在可以算是书界的名人了，也就有机会接触到一些大老板。在想象中，他们能办这么大的公司、书店，必定很不错。但接触后，却发现有少数人的素质出奇之低，要在平时，我都不愿意跟这种人说话。我真为读书人不平，我们有知识、有素质，为什么不及早闯荡，却让这些人占据了中国经济发展的先机呢？

我们大学毕业，能找到白领阶层的工作，比上不足，比下有余。我们心里也萌发过冲动，但一来工作还可以，二来出去以后又能干什么呢？于是在这种犹疑中渐渐消失了斗志。反观那些没有学历的，本来就找不到好职业，为生存，干脆一不做二不休做起了生意。由于他们没有退路，这项生意不行，必须想法寻找另一项生意。改革开放初期，经济秩序混乱，在这样不断的尝试之中，总能找到赚钱的方法，于是他们有了第一桶金。

没有野性，你就只会循规蹈矩地生活，安于现状，没有奔放，没有丰富的遐想，没有对未来生活美好的憧憬，于是你也就没有动力，没有想象力，没有创造力，从而你也就只能平庸地生活，完全被社会和环境主宰，没有自己的个人意愿，随波逐流。这是性格的悲剧，也就是所谓性格决定了命运。

在我们身边的芸芸众生中，有不少人成功，但更多的人却是碌碌无为。我有很多朋友，才华横溢，聪明绝伦，但他们缺乏野性，缺乏内心的张扬，他们只是在等待，却不懂得主动出击。等待有些时候是必要的，但等待的目的是寻找机会，最终还是为了出击。就像战争中有防御，但防御本身不是目的，防御是为了以后能更好地进攻，单纯的防御是不可能取得战争胜利的。人只有张扬着野性，才不甘于沉沦，不甘于被环境和社会左右，才会在各种环境中都努力去寻找机会，创造机会。闻名全国的深圳赛格电子市场，里面的老板又有几个懂得电路元件呢？但他们可以雇用一批电子专业的学士、硕士。他们的成功，只是因为他们很早就从事了电子元件的生意。现在有些大书商，他们不看书，自己也不懂鉴赏书的好坏，但他们会做书，一大批学者、作家在为他们创造着利润。他们的成功，也只是因为他们敢于很早就投身于书的市场经济。

男人活着，就要像一个男人，要有阳刚之气，要有一种将世界踩在脚下的魄力。远古的人类，哪一个诞生时不是"顶天立地"的？只是现代人一出生就在产房里，被完好地照顾了。科学和文明的发展，使人受到了良好的培养，但同时是否也使人像温室中成长的花朵呢？现代人的生命力已明显被柔化了。文明和科学的发展固然使人类取得了飞速的进步，但同时是否也束缚了人的个性发展，涤荡了人类原始的野性呢？就像现在大家常喝的蒸馏水，虽然洁净、方便，但纯净的同时，也缺少了许多微量元素，小孩子喝多了是不利于健康的。

缺乏力的人是悲哀的，缺乏力的社会是贫乏的。人的悲哀不全在堕落，而在于生命力的柔化。生命力就像运动员的体质，不经常锻炼、不刺激它，就会丧失殆尽。我们的民族不正是如此吗？在长年的大锅饭中，人们早已丧失了生命的冲动，失去了生命中最本源的力——生存竞争力，以至于一下岗，就顿觉不知所措。还有我们的儿童，独生的宝贝，在父母的溺爱下长大，完全没有了阳刚之气和野性，如果说西方少年是暴力倾向太强，我倒觉得我们的少年缺少暴力倾向呢。社会是向前行进的，它不允许任何人站着原地不动。我真担心，如果我们的民族这样长期发展下去，会不会被这个强权的世界所淘汰呢？

我喜欢看书，喜欢看名人传记，喜欢看励志书，就是为了激发内心的野性与奔放，以免自己甘于平庸，以免自己消沉。但我看书很挑剔，因为粗制滥造的书太多，我也不愿意让头脑中充塞太多无用的知识，以免被其摧毁我的创造力，磨灭我的野性。在我所读的书中，有少数书是我一拿上手就舍不得放下一气看完的，美国作家杰克·伦敦的《野性的呼唤》就是其中之一，我是连夜将其看完的。书中讲述了一匹狼与狗杂交产下的狗，在历经磨难后，终于回复野性，重新回到大自然，成为一匹狼。

我喜欢狼，喜欢杰克·伦敦笔下的那匹在旷野里孤独的无依无靠的狼。那是一匹怎样的狼啊！除了野性，其他一无所有，但它仍凭着野性，凭着顽强的生命力，在荒野里努力搜寻着，挣扎着，无论多痛苦，要付出多大的代价，它都不愿回到人的社会。狼到了人群中，不是只能变成狗吗？狗的生活虽然安逸，但已经没有了野性。

我喜欢狼在旷野里的嘶叫，喜欢狼的孤独，喜欢狼攻击动物的凶残，喜欢狼在黑暗中那双绿莹莹的贪婪的目光。

任正非在华为创业之初，曾强调企业要有狼的精神。狼的精神有三条。一是嗅觉灵敏，哪里有血腥味都能闻到。企业要像狼一样，能敏锐地嗅出任何一个商机。二是狼总是死缠烂打，决不轻易放弃。即使遇到的对手特别强大，狼也不会轻易放弃，它会一直跟着你，威胁你，到你精疲力竭时，再施突袭。企业也要有这种死缠烂打，决不轻言放弃的精神。三是狼很少单独出动，总是群拥而上。企业也要像狼一样，靠团队去竞争，去战胜别人。

我喜欢狼的精神，但我更喜欢的是狼的野性，狼的生命意志。

人多需要野性啊！生活安逸，无波无澜，灵魂已经麻木，没有了生活欲望，没有了振奋的精神；随遇而安，颓废，无聊。这就是人类吗？这就是人类五千年文明发展的结果吗？工业化的社会只能让人越来越像机器，越来越像社会这个大机器的一个零件，一个微不足道的小零件。只是为了这个大机器的运转，发挥着机械作用。没有了主动性，没有了创造意识，没有了个性特点。大家像一个酱菜缸里的泡菜，全都一个味儿。人的生产力越来越强大，人却越来越失去了自己。人的生活越来越优裕，人却越来越成为优裕生活的奴隶。由狼变成了社会的狗。这是人类的进化还是蜕化呢？是人类的喜悦还是悲哀呢？

生命不是一个将要消耗掉的废物，而是一种资源，一种创造并让生命也快乐的资源。人要有创造力，就需要有丰富的想象力；而要有想象力，就需要有一些野性，一种不喜欢循规蹈矩，不喜欢拘束的个性。因为有野性才会奔放，才会有一些疯狂，也才会有燃烧的热情。

每当看到美国大片中反映古代的那些粗犷野性的场面时，我都会激动，都会感到内心在燃烧。循规蹈矩的生活是多么平淡啊！我喜欢生活中波澜起伏，每天都不可捉摸，每天都充满新意。这就是野性，但野性不只是一时的冲动，更重要的是内心一种恒久欲望，是融于我们灵魂和血肉的一种本能。

奔放出你的野性来，让激情重新燃烧！

要点：

有野性才会奔放，才会有一些疯狂，也才会有燃烧的热情。

人只有张扬着野性，才不甘于沉沦，不甘于被环境和社会左右，才会在各种环境中都努力去寻找机会，创造机会。

书是传播文明的一种途径。但我们已接受了太多的文明。从小受的教育，以及耳濡目染接受的各种媒体宣传，无不是教导我们文明。于是我们学会了告别野蛮，变得文质彬彬，循规蹈矩。但我们野性的生命力呢？奔放的情感呢？也全被文明所制约了。所以我不想再过分渲染文明了，我只想在"文明"的天空里撕开一条裂缝，让我们的思想、我们的情感呼吸一些自由、清新的空气。希特勒说："我们是野蛮人，我们要做野蛮人。"这句话虽然反动，但作为人类的精神来说，野蛮是需要的。野蛮就是不受约束，不要循规蹈矩；野蛮就是勇气，就是用力量去取胜；野蛮会使我们有朝气，会使我们保持蓬勃向上，充满进取精神；野蛮意味着进取，意味着创造，意味着不甘平庸；野蛮正是人类活力的一种源泉。

IBM总经理沃森信奉丹麦哲学家歌科加德的一段名言：野鸭或许能被人驯服，但是一旦驯服，野鸭就失去了它的野性，再也无法海阔天空地自由飞翔了。

生命本应该是充满朝气，充满活力，勃勃向上的，这才是生命的意义，这才是生命。没有了活力，没有了朝气，生命还算生命么？生命就要创新，生命就要快乐，生命就要将内心深处的狂放奔涌出来。有的人终其一生都没有奔放过，生命总是在压抑中喘息，在各种约束中无奈地延续。生命应该像怀素的狂草，要彻底地龙飞凤舞起来。

野性，野性，这正是生命力对现代人的呼唤！

第六章　通向快乐的途径

《老人与海》是我一生中最喜爱的书之一，从它英雄主义的浪漫中，我找到了摆脱生命虚无的道路。

老人的这种精神让我振奋，让我激动，但我觉得它太悲情了，这毕竟是一种古典的英雄主义。人生短暂，生命不是表现悲壮的道具，也不是一场赌博，我们总要想办法让它既充实又快乐啊！

生命只有一次，因此生命是珍贵的，正因为它的珍贵，所以我们不仅要体现生命的价值，也要尽情地享受生命。

生命短暂，死后一切皆空，这也决定了我们生命中唯一的意义：就是要享受生命，让生命真正快乐。

关键是怎样才能让生命真正快乐？

我问过很多人：人活着真正的目的是什么？

他们，包括一些小学生都告诉我："活着就是为了成功！"

我反问："那你活着所有的目的就是为了成功，那成功比活着还重要了？"

我再问："成功是为了什么？"他们说成功了就会有很多钱，会得到很多人的尊重，能对社会做出很大贡献。

我说："成功了会有许多钱，但有很多钱又是为了干什么呢？难道还不是为了你能过得更好吗？成功了会得到社会的尊重，能对社会做出更多的贡献。但这还不是为了你能活得更有价值，更开心，更好吗？"

人生的目的其实就是活着，让自己活得更好，更快乐，更有价值。成功只是让你活得更好的一种手段，甚至可以当作是最重要的手段，但绝对不是目的。很多人总把成功当成人生的目的，这种人活着是不会有真正的快乐的，因为成功是没有止境的，你会陷于萧伯纳所说的那种循环论式的痛苦里不能自拔。

活着就是为了让自己的人生更快乐。但仅仅活着就能快乐了吗？人生中有那么多的烦恼痛苦，显然仅仅活着并不能得到快乐，还需要加上一些别的东西。需要加上一些什么东西呢？需要加上一些美好的人生态度！

我看到很多人活得很痛苦，老是觉得受到了生活的虐待，其实只是因为他的心态不好，心态上出了问题。

人要生活得很快乐，就必须要有一种很好的生活态度。

有些人看到我很开心的时候，就问我："你为什么那么开心啊？"

我会说："你有毛病啊，开心需要理由吗？"

一个人很快乐，他如果能找到快乐的理由，这种快乐就不是真快乐。比方说我因为有了这个玩具就很开心，那没有了这个玩具的时候我不是就不开心了吗？

就如爱一个人一样。爱一个人是什么？是一种感觉和对她整体的爱。如果爱可以说出具体的理由，我认为这个爱就不是真爱。比如说你爱她的眼睛，她的眼睛好漂亮啊！但如果她的眼睛瞎了怎么办呢？你还爱不爱她呢？

真正的爱就是一种感觉，是一种对整体的感觉，是说不出具体原因的。同样，快乐也是这样，快乐是一种常态。

你去医院问医生："我为什么那么健康啊？"医生肯定会把你送到精神病院去。健康是正常的，自然的，是不需要理由的。你只有不健康了才会去医院，医生就会帮你找原因，为你治疗。

快乐是正常的，是自然状态，是不需要理由的；不快乐才是有原因的。

快乐就像山涧的泉水，它会自然地、不间断地往下流。如果哪天你感觉不快乐了，这个泉水不流了，那一定是有了问题。你不需要去再造一条山泉，你只要去找一下原因，可能是有一块石头堵在这个泉眼上面，阻碍了水流，你只需要把这块石头搬掉就行。

我希望大家能永远记住这一点，快乐是自然状态，是正常的，活着就应该快乐。如果你哪一天不快乐了，那一定是不正常的，是有原因的。你要去找一下原因，可能是你的心理问题还是有什么别的问题阻碍了你，你只要将这块石头搬掉就好了。

要点：

快乐是正常的，不快乐才是不正常的。

你不快乐的时候，就需要搬掉你思想里的那块石头。

一、活在当下的快乐中

快乐是对我们生命的庆祝。快乐有生理上的和精神上的，很多人仅仅把追求生理上的快乐当成目的，那不是快乐，只是快感。真正的快乐是精神上的愉悦。

心理学家欣德勒对快乐所下的定义是："我们思想愉悦时的一种心理状况。"无论从医学或伦理学的立场来看，这个简单的定义都是完美得不能再增删了。快乐只是一种心理状况。

然而我们对于快乐的看法，大多数人都本末倒置了。我们说："好好地做，你就会快乐"，"如果我成功健康，我就会快乐"或"对别人仁慈，你就会快乐。"但是更接近事实的是：你快乐，你就可以拥有健康的身心；可以工作得更有成效；可以更加成功；可以对别人更仁慈。

快乐不是赚来的东西，也不是应得的报酬，快乐来自于你的心理状况和生活态度。快乐是本，你快乐了，你就更容易得到健康、成功与幸福，而不是倒过来的。

如果你一直等待快乐，你就可能永远得不到快乐。不快乐的人的最普遍原因是，目前他们不是在生活，也不是在享受人生，他们只是在等待将来发生的事情。他们认为结婚以后，他们找到好职业以后，他们买下房子以后，孩子们完成大学教育以后，某项事业成功以后，赢得胜利以后，他们就会快乐；不可避免的，他们失望了。快乐是一种心理的习惯，是一种心理的态度，目前不练习这个习惯，不培养这个态度，将来就永远不会体验到。快乐不是在解决外在问题的条件下产生的。因为一个问题解决了，另外一个问题还会接踵而至；生活就是一连串的问题。如果要快乐，现在必须快乐起来，不要"有条件"地快乐。

奥修说："人想要快乐，那就是他痛苦的原因。"当你想要快乐的那个片刻，你就已经放弃了这个实在的当下，而跑到未来——那个不存在的、尚未出现的梦境。但梦就是梦，永远不可能有实现的一天。

你今天不快乐，于是你寄望明天会快乐起来，可是明天的快乐源于你，源于你今天的种种。你今天是不快乐的，那么明天也必将延续这个不快乐，而后你就会更加不快乐。当然，因为更多的不快乐，你会又一次对未来欲求更多的快乐。如此一来，你就落入恶性循环：你越是不快乐，就越加欲求快乐；你越是欲求快乐，就越是不快乐。现在的情况就像一只追逐着自己尾巴的狗。

你可以回想昨天，然后陷于不快乐；你可以思索明天，然后陷于不快乐。可是在当下这个片刻，这个悸动着的真实片刻——没有过去、没有未来，就是这个现在，你可以快乐。

昨日的种种已经消逝了，明天的种种源于今天，所以享受当下，享受现在，这就是快乐。

二、不要从比较中获得快乐

既然快乐是常态，可为什么还有那么多人会感觉不快乐呢？只是因为他们将快乐建立在了错误的基础上。

记得读书的时候，有次考试，我同桌考了 70 分，他一向成绩很好的，考了 70 分就很难过。那天我也考得不好，才考了 60 分。当他看到我的成绩后，就突然很开心了，"哇，你才 60 分啊！"

我说你不是混蛋吗，你怎么能因为我考得不好就开心呢？

其实有很多人的开心都是在比较中得到的。比方说有人买了一部豪华小车，他就很开心。为什么开心呢？是因为别人没有车。他怎么能因为别人没有车就开心呢？我以前经常开摩托车，一下雨就很麻烦，要穿雨衣，显得很臃肿。我有了汽车以后，就特别喜欢下雨，一下雨我就开车去街上看那些开摩托车的人，觉得心里特别爽。

很多人的快乐都是通过比较得到的。这种快乐有两面：一面是通过比较会有满足感，能让你快乐；但一山还比一山高，另一面就一定会给你带来痛苦。就像一枚硬币的两面，一面写着满足，另一面写着不满足。

我搬了新居以后，一直觉得很开心，坐在家里就觉得舒服，总在幸福地思量着这里挂幅画，那里加点小装饰。

那天我朋友也住进了新居，我就去他家参观。我看着他家的豪华装修，觉得自己家简直无法与其相比，于是我对买画、买小装饰品的热情就顿然没有了。

我的家并没有变，但为什么仅因为别人的家比我家漂亮，我就不快乐了呢？这就是比较的结果。

奥修先生讲过一个故事：

老爹带着他的儿子去看50个美女跳裸体舞，边看的时候就边在那里发出"呸！呸！呸！"的嫌恶声。

儿子就问："老爸，你不喜欢看啊？"

他老爸说："我当然喜欢看，只是我看的时候就想起了你妈而已。"

老爹与他妻子的关系本来可能是很好的，但看着美女的表演，比较起妻子来，就顿生了嫌恶之心，于是他也就开始不满足了，不快乐了。

人生活在社会中，必然要与社会发生关系。当我们拥有财富时，别人也拥有，于是出现比较。你拥有百万，我得拥有千万，比你富有；你坐桑塔纳，我得坐奔驰，比你神气；你吃一桌用一千元，我吃一桌得花五千元，比你豪华；你当市长，我得当上省长比你大。

带着比较心态去生活的人，他永远都没有满足的时候，因为人类社会的发展日新月异，就如电脑10年前有台286就很了不起，但现在不要说386、486，奔3都显得过时了。用比较心态生活，总想出人头地，超过别人，希望从他人羡慕的眼光中去感受幸福。20年前谁家有一辆自行车，就够他幸福很长时间了，但自行车一普及，拥有自行车就不再有幸福感了；于是要有摩托车才感到幸福，买摩托车的人多了，拥有摩托车的幸福感又随之消失，要有轿车才觉得幸福。社会总在不断地推陈出新，生活在比较中的人，为了幸福他是不可能满足的。

佛教将我们这个有情的世界称为"欲界"。认为执着欲望正是人生痛苦的根源，我们所谓的幸福快乐，说穿了不过是欲望的满足。而欲望又是无穷无尽的东西，欲望与物质条件有关系，但具备什么条件并没有一定的标准，它往往随着物质环境的改善而水涨船高。物质条件丰富了，人的欲望也在不断的攀比中随之膨胀，于是人就总是处在不断向外的追求中，也就总是处在欲望煎熬下的痛苦之中。

人的快乐是不应该建立在比较上的，真正的快乐应该源自于自己，源自于自己的内心。

要点：

从比较中得到快乐，就像一枚硬币的两面：一面写着满足；另一面写着不满足。

三、放下即是快乐

有这样一个故事：

有一个国王，他拥有无尽的权势和财富，王后美丽，王子可爱，王族家庭生活也很美满。但是他就觉得不快乐，一直不快乐。

有一天他把御医召来，说："我怎么这样不快乐呢？你应该让我快乐起来！你要让我快乐起来了，我就赐给你大量的财富，如果你不能做到，我就砍下你的头。"

这个御医一下就慌了。该怎么办呢？要怎么样才能让一个人快乐呢？他想了半天也没想出什么办法，就对国王说："尊敬的国王，我需要静心，要回去参照一下古代的经典，以及以前的医学有什么方法，我明天来告诉你。"

国王说："好啊，你回去查吧。"

这个御医回去就头痛了，心想：怎么办呢？怎样才能让他快乐呢？这个国王看上去已经疯了，我如果做不到，他真的会砍下我的头的。他想了一个晚上，到第二天早上，他得出了一个结论：其实那很简单。

他对国王说："陛下，你想快乐，我找到了一个很好的方法。你去把这个国家最快乐的人的衬衣穿上，你就会快乐了。"

国王很高兴听到这个方法，他说："就这么简单？"于是他告诉宰相："去找一个快乐的人，并尽快把他的衬衫带来给我。"

宰相出发了，他在想：什么人才快乐呢？应该是有钱人才快乐。

他就去到那个最有钱的人家里，讲了这件事情。那个有钱人说："可以啊，你要拿多少衣服去都可以，但我实在告诉你，我一点都不快乐。我还很感谢你告诉了我这个方法，我也要我的仆人去找这个最快乐的人的衬衣。"

宰相又去找了很多人，但大家都不快乐。宰相知道自己上当了，那个御医的问题现在变成了他的问题。他有麻烦了，怎么办呢？

这时有一个手下跟他说："宰相，别担心，我知道一个快乐的人，你也应该知道这个人，他每天晚上都在河边吹笛子，他的笛声很优美，很动听，他一定是一个很快乐的人。"

宰相一听，说："对啊，有时候在深黑的夜晚，我陶醉在他的笛声里，那些曲调是那么地美。这个人是谁啊？他在哪里呢？"

手下说："到了晚上，我们就可以去河边寻找他，他每个晚上都出现。"

第二天晚上那个吹笛子的又出来了，他吹着他的笛子，传出的笛声有着无与伦比的美，每个音符都充满了喜悦，宰相非常高兴，他说："我终于找到这个人了。"

当他们到达河边时，那个人正吹着笛子，他问宰相："你要做什么？"

宰相问："你快乐吗？"

他说："我很快乐，我就是快乐。你想要做什么？"

宰相高兴得手舞足蹈，他说："你只要给我你的衬衫就好了。"

这个人安静不语，宰相就说了："你为什么不说话？给我你的衬衫！国王需要它。"

这个人说："那是不可能的，因为我没有任何衬衫。你现在看不到是因为夜晚太黑了，但事实上，我是赤裸裸地坐在这里。如果我有的话，我可以给你衬衫，我甚至可以给你我的生命，但我没有任何衬衫。"

宰相问："那你为什么感到快乐？你怎么快乐起来的呢？"

这个人说："那一天，当我懂得了放下我所有东西的时候，我就变得快乐了。"

其实快乐有一个很简单的法则：就是学会放下。

我刚开始出书的时候和一位书商合作，他不仅从合作中赚了钱，还盗印了我很多书，并且还欠了我一大笔款。我很气愤，心想怎么会有这样没信用的人呢，我一定要把钱追回来。但找他又找不到。由于太容易相信人，我又没有让他打欠条，官司也不好打。那段时间我心里很烦，做什么都不开心。

但这终究不是办法啊！结果我就想：烦有什么用呢，钱又拿不回来，只是弄得自己越来越难受。其实每个人的一生中都会有一些经验教训，都会吃一些亏，关键是要吃一堑长一智，要改进我的做事方法，以后不要重蹈覆辙。

当我努力从思想上放下这件事后，我就感觉自己变轻松了。

放下说起来容易，其实做起来很难，这与人的修养有很大关系。

生活中很多人总在拼命追逐着一些东西，他们所有的精力都用于索取，但他们却从来没有考虑过，这些索取的东西是不是他们真正的需要？很多人只是见到大家都这样，于是他也要这样，却没有停下来想想：我所追求的目标是不是我想要的？在学校时，我们想要好分数；到了社会上，我们要事业成功，赚大钱，有声望，买更好的汽车，到各地观光等等。然而，如果我们能在这些疯狂活动的时候停下来想一想："如果我真的获得了这些东西，我是否就快乐了呢？"

小时候我很想要汽车，是一个小车迷。但现在我开着车，又不觉得有什么了不得。其实很多人疯狂追逐的东西，当你得到时，你会觉得也就那么回事。

舍得，就是有舍才有得。一个人只有学会了放下，才能够得到，才会快乐。

人要学会放下，放下了才会快乐。但有人会问："如果你对任何事物都能放下，那你还有快乐可言吗？"

的确，我之所以说自己与佛教是有缘无分，就是因为我不能将所有的东西都放下，人生中也需要有执着。我认为：执着是对事业的执着，放下是对物质的放下。

要点：
学会放下就是快乐。

第一节　热爱生活

有次去一所大学讲座，其间有人直接问我：你觉得成功的秘诀是什么？

这个世界上有秘诀吗？如果有秘诀那真的很省事。成功没有秘诀，如果你非要我说秘诀，我就只能说是：永远地相信自己，永远地热爱生活。

人的成功、幸福、快乐与否，最本源的一条就是看你是否珍惜生命。一个人如果连生命都不珍惜，世界上还有什么值得他追求？他又何来幸福而言呢？

当然尊重生命不是要苟且偷生。真正的尊重生命，是要让生命活得轰轰烈烈，活得有价值。如果只是活着，没有任何梦想，没有任何奋斗，没有让生命彻底地奔放起来，那么生命就只像一桶水，随时间慢慢流淌，最终枯竭。这样活着，不是尊重生命，而是对生命意义的践踏。我喜欢《红色恋人》中的一句话：如果不能骄傲地活着，我宁愿死去。

什么叫骄傲地活着？骄傲地活着就是要表现生命的尊严，体现生命的价值。

有些人说那些探险者就不珍惜生命，他们总是用生命去冒险。

在电视中我听过一个女画家讲述她去西藏探险的故事：

"我想去传说中的一个古城遗址。但没有车，我决定步行。背上行囊，带上粮食和水就独自开始了艰难的行程。我边行边画，为西藏的辽阔与粗犷而感动。但不幸我在茫茫的大山之中迷失了方向。几天几夜，粮食吃完了，水喝光了，加上强烈的高原反应，又饥又渴，我已经精疲力竭，上下眼皮沉重得就像灌了铅一样，只是想合上。这里四周一片荒凉，兀鹫就在我头顶盘旋，随时等着我死去后来吃我的尸体。我从小娇生惯养，何曾吃过这样的苦，但只要我的意志稍一松懈，就会睡过去永远不能醒来。我不想死。奇怪我读大学时很多时候都想自杀的，这时却有强烈的求生意志。我狠命地咬自己的手腕，用痛楚来刺激自己保持清醒。饥渴了，就接自己的尿喝。就这样在迷迷糊糊之中不知支撑了多少时候，幸好来了一辆路过的军车，我算是捡回了一条命。

"从这以后，我就加倍地珍惜自己的生命。但我还会去冒险，还会去寻找艺术的灵感。"

生命是宝贵的，探险者不是不珍惜生命，他们只是想让生命更充实，更富有灵性。我喜欢西藏，从听郑钧的《布达拉宫》、韩红的《青藏高原》，到齐秦的"高原狼"之吼起，我就向往西藏。但直到看了这位青年女画家的西藏组画，我才被深深震慑了。画中凝聚的粗犷与野性的精神，展现出的痛苦与美丽共存的浪漫，正是人类原始精神的唯一残留地。如果没有亲身的经历，痛苦的感受，又怎么能再现出这样的气势呢？这组画令我感到了前所未有的振奋，激发出了生命中久已衰亡的本能。这组画让我痛下决心，要坐车进西藏，去体味那野性与神秘。

你去过西藏吗？如果没有，我劝你一定要去一去。任何一个人只要去了西藏，不论你有多痛苦，有多少烦恼，大自然的粗犷和野性都会让你心胸开朗。在那样恶劣的自然条件下，人都能生存，我们还有什么不满足的呢？当我们坐的车一进入西藏时，放眼都是高山，在那些倾斜近70度的高山上，人都站不住，藏民居然能在上面种青稞，我们满车的人包括老外都惊讶得叫了起来。人有多神奇的能力啊！虽然我们每一个人都正在生存着，但我们却并没能理解生命的神奇与魅力，并没能真正懂得生命的意义。难道我们不应该尽一生之力去探寻生命的奥秘，享受生命的神奇吗？我们太倚重于享受外在的事物，实际上生命本身就是我们享受不尽的源泉。生命的神秘，生命的奥妙，也许我们久已习惯生命，已不太懂得享受，就像我们经常会由于遗忘，手中拿着钥匙却到处找钥匙一样，钥匙不在别的地方，就在我们手上啊！

英国大富豪布兰科，创办了闻名世界的唱片、航空帝国，他的触角几乎涉及了商业领域的每一个角落，生活也可以过得穷奢极欲，但他却选择了风险极大的乘热气球环游世界。记者问他怕不怕死，他说怕死极了，但生命中总应该有一些新的东西。

生命中没有了新奇，生命还有什么意义呢？如果我们每天的生活都只是在单调地重复着昨天，那活一百岁也就等于活了一天。生命的价值不在于生活的数量，而在于生活的质量。每天去寻求一些新奇，找一些变化，才能感受生命的奥妙，享受生命的喜悦。我想那些成功人士之所以成功，也正是因为他们总在努力追寻生命的新意吧。

活着就要努力去寻找生命的活跃与充实，死亡的否定力量并不意味着我们的生命就是一个将要消磨和消耗掉的废物，我们要面对痛苦、死亡与虚无的威胁，与之对抗，力求在生命中创造出新的意义。

生命是神奇的。千百年来无数哲人、诗人、科学家都曾探讨生命，为生命发出过感慨，但直到今天，人们仍然在探讨生命，为生命发出感慨。那么生命究竟是什么呢？生命就是心脏的跳动？是脑细胞的活动？或者说是生物体的活动能力？我觉得是又都不是。实际上生命就是每天早上能看到初升的太阳，闻到花香，听到鸟语，能感觉到风吹在脸上，雨淋在身上。拥有生命，就能恋爱、享乐、工作、创造，就能一天一天地长进，就能感受很多的神秘，就能无尽地去拓展。而失去了生命，那就一切都没有了。没有痛苦，也没有欢乐；没有了吃药的苦涩，也没有吃麻辣火锅的畅快；没有了父母的疼爱，情人的依恋……

具体点说，其实生命就像一道菜，菜的好坏，除了要有很好的原材料外，关键还要看厨师，要想生命成为佳肴，是很好的享受，我们每一个人——这道菜的厨师，就要善于烹饪。

要点：

活着能干多少事呵！请珍惜生命！

一、生命的归宿——爱

我做不了伟大的事，只能用伟大的爱做小事。

——德兰修女

弗洛姆有篇名著叫《逃避自由》。文艺复兴以来，西方掀起了要求平等、自由的浪潮，于是追求个人自由的声音一浪高过一浪，人人都呼喊着"不自由，毋宁死"，但当人真的获得自由时，却又常感到无所适从。自由虽然意味着个性的解放，人可以尽情去追求、去体现自己的个人价值，但同时自由却又意味着孤独，意味着无所依靠。人总是矛盾的，既追求自由，又逃避自由。在婚姻问题上不是如此吗？结婚的羡慕未结婚的自由自在，未结婚的却羡慕结婚的有家庭温暖，所以钱锺书先生将世间的这类现象概括为"围城"，城里面的人想出来，城外的人却想进去。

现代社会对于人们同时产生了两方面的影响：一、他变得更独立自主，而且不满现实，喜爱批评；二、他也同时觉得更孤单无依，并产生一种惶恐不安的心理。

有很长一段时间我都感觉到困惑，我有充分的自由，但同时却感到无比的空虚。

人生最难是什么？不是困难，不是痛苦，甚至不是死亡；人生最难是空虚。即使痛苦，心灵也还在为某件事而难受；死亡则是一了百了；唯有空虚，生命力还在，心灵却空空如也。没有激荡的情怀，没有生命力的爆发，感觉不到什么是欢乐、什么是痛苦，灵魂完全麻木，心灵没有寄托。就像所谓的行尸走肉，或者像一具所谓的僵尸。

我害怕空虚，空虚对我是一种煎熬。我有旺盛的生命力，有野性的情怀，但很多的时候，它们却找不到寄托。每当空虚的时候，我总想找一些事来刺激自己，去喝酒，去放荡，甚至都想吸"白粉"，但事后得到的却是更大的空虚。我就像一个不会游泳的人漂浮在水中，连一根救命的稻草都找不到。世界上还有什么能刺激自己呢？还有什么能让自己情怀激荡呢？也许唯有死亡吧！我突然理解了人为什么会自杀。我再也感觉不到透心的畅快了，再也没有了真正的笑容了。

我是怎么了？我为什么会这样呢？空虚是可怕的，但空虚又是自找的，是想事事又无所事事的一种心态。对了，空虚就是一种心态。既然是心态，那就是可以改变的。

我的母亲是一位勤劳的家庭主妇，我的记忆中她从来就没有过享受，每天从早到晚忙个不停，全家的事务都被她一个人包了。如果说人真有不为自己的，我的母亲就从来不为自己，她的全副心血甚至生活、生命都是为了她的子女，她只是为她的子女而活的。但我感觉她很幸福，她看着子女的成长就很幸福。她并不要求子女取得什么大的成功，她只要他们生活快乐就幸福。孩子深夜大老远回家，她马上就从床上起来，为孩子下一碗面放两个鸡蛋，看着孩子吃得开心她就快乐。她从没有过多的时间享受娱乐、爱好、自己的事业，她的事业就是养育孩子，倾注她对孩子的爱意。现代女性会说人生这样度过有什么意义。我母亲没有考虑过生活的意义，但她活得很幸福、很快乐，她从对子女的爱中寻找到了生活的充实。

我家有一位邻居是个哑巴，还不幸得了"鬼剃头"的怪病。他找了一位妻子，她有一条腿被锯掉了。他俩每次黄昏吃了饭后，就手挽手出去散步。边上总有许多人用异样的眼光看着他俩，好像在看一对怪物。但他俩从不以为然，仍然我行我素，甜甜蜜蜜地自得其乐。我感觉他们很幸福，很充实，我甚至有点嫉妒他俩，因为我从来就没有享受过像他俩这样的甜蜜，这样的快乐。他俩相亲相爱，相濡以沫，并从这爱中享受到充实。

我突然明白了，实际上人的幸福不在于别人怎么看，而在于自己怎么感觉。你感觉快乐，那就是快乐，再能陶醉于其中，那就是充实。而人要既陶醉于其中又能感觉到快乐，那就唯有投入你的爱，爱一个人，爱一项事业。

　　青年歌手筠子自杀了，我很震惊，她自杀不正是因为心灵找不到至爱的归宿吗？人一生的敌人就是无聊、空虚，无所事事，所以我们一生的任务，也就是要寻找并创造出我们的挚爱——生活的和工作的。爱正是战胜空虚，让心灵充实的最好途径。

　　身体靠脊梁支撑，心灵要靠爱来支撑。空虚是灵魂的空虚，是心灵上的空空如也，但我们可以用爱来填充。感官刺激不能填补灵魂的空虚，但我们可以去寻找我们所能挚爱的事业啊！我们可以去遨游于大自然中，去与大海对话，去与高山比高，去到茫茫的大沙漠中追寻太阳的归宿。

　　我总喜欢辉煌的感觉。少时就爱看名人传记，长大后又总想干一些惊天动地的大事，因为这样才够刺激，活着才浪漫。我害怕平庸，平庸会让我的生命窒息。所以我总向往辉煌的爱，也总在追寻辉煌的爱，没有爱的光辉照耀，生命不是很苍白吗？

　　有爱才有充实，有爱才有快乐，而且爱还是一种感染人、教导人的最有效力量。

　　记得在日本有这样一个故事：

　　有一个叫岛秋仁的犯人，出生在不幸的家庭。自幼体弱，小学中学成绩都是倒数第一。他性格暴躁，没人愿与他做伴。后来他进了少年教养院。在一个雨夜，他因为饥饿不堪而抢劫，以至杀了人，很快被判了死刑。

　　在狱中，他怎么也忘不了自己一生中只有一位老师真挚地爱护过他。于是，他给那位老师写了一封信。老师很快回了信，并在信中送了他三首短诗。囚犯看了老师充满爱意的诗，引发了感慨，也写了诗回应。老师看后，鼓励他继续写下去，"写诗可以打开你隐藏的才能的大门"、"可以净化你的身心"。

　　在老师的指导下，他的诗每天都有惊人的进步。后来这些临刑前的作品被编入《遗爱集》出版了，他的作品表现了极限状态下的水晶般的心，使许多读者深受感动。

　　渴望爱的死囚
　　　把那爱的圣餐
　　　　撒在牢隅——
　　　　　给那弱小的蚂蚁一点贡献。

　　一次爱意
　　　百般回首
　　　　胜过一生所有福缘——
　　　　　死囚的悟性无边无沿。

这件事使他的老师明白了一个真理："人们可能终生不会忘记小时候的一次真诚的爱意，其力量之大，简直可以左右命运。"

我是坚信人性本善的，人性的本质是充满善意、慈爱和温柔的，人类的高贵、人类的价值也正在这里。当然，人也会有愤怒、暴力和侵略性，但那只是人类较低层次的情绪，人们之所以会有那样的情绪，是因为他们没能获得爱与温情的后果。

一个人心理不健康或者有种种问题，往往是他从小就没有能获得正确方式的爱，没有获得一种真正的爱。

真诚的爱，正确方式的爱，就能改变一个人。

所以爱心教育很重要。爱心教育包括了两个方面：一是从小要培养孩子的爱心；二是教导者要以身作则，投入自己的爱心。

特别对于教师，长期的重复性工作，面对众多的学生，往往容易把学生只当成一个工件，只是维护纪律，传授知识，却不愿意花时间用功夫去让每一个学生都真诚地感受你的爱心，而对感染学生、引导学生来说，爱是最重要的了。

其实每个人生来就拥有爱，它像汪洋大海般的辽阔，充盈在每个人的心灵。人的出生就是爱的产物，他是用被称为爱的材料做成的。但爱是一朵非常脆弱的花，它必须受保护，它必须要强化，它必须被浇灌，唯有如此它才能变得强健。

爱，只有在爱的环境中才能成长。爱需要一个爱的环境，需要四周有同样的脉动。如果一个小孩生长在爱的氛围中，母亲在爱，父亲在爱，不仅仅是爱孩子，他们自己也相爱，爱在四周流动。小孩子就会开始成为有爱心的人，他将不会问："爱是什么？"因为他从一开始就知道，爱会成为他人生幸福的基础。

爱是一门艺术。对于大多数人来说，爱就是被爱，就是一种满足本能需要的欢娱。因为大多数人都把爱看成主要是一种被爱的问题，而不是看成主动去爱和爱的能力的问题。这样对于他们来说，爱的问题就是如何能够被爱，如何变得可爱。为了达到这种目的，男人就向往成功，追求有钱有势；女人就靠修饰自己，使自己变得迷人。

其实爱不应该是被动的，而是一种主动的情感和行为。爱不仅是被爱，更主要的，还应该是主动去爱和爱的能力的问题。

低层次的人将爱看成被爱，高层次的人才懂得爱就是要主动去爱，爱是一种付出，是一种施予，而施比受更有福。我们强调有爱心，要博爱，这都是一种主动的爱的精神，唯有主动去爱的人，才真正懂得享受爱。

有一则关于一位老妇人的故事，那是常常让我感动的。

她辛苦支撑着一个家，却从未得到家人的任何感激。

有一天晚上，她问她的老伴："彼特，我在想，万一我有一天死了，你会不会花一笔钱买花向我哀悼，你会吗？"

"当然会啊！玛莎，你干吗问这个？"

"我只是在想，其实到那时候，100块钱的鲜花对我已经一点意义都没有了。但是我还活着的时候，有时候只要一点鲜花，对我却更有意义。"

玛莎的感叹，不也正是你周围每个人内心深处的心声吗？"有时候只要一点鲜花"，便能带给别人活下去的希望和喜悦。

你还等什么呢？你还要等到你的心无法再爱，眼睛永远无法睁开，耳朵也永远听不到，才肯行动吗？

主动表达出你的爱意，表达出你的感激之情。这样就能给世界带来更多的美好。

爱就像世间盛开的花朵，给予的越多，世界就越美丽。

另外爱还是一种能力的问题。你爱某个女孩，费尽心思她还是不喜欢你，那就是你爱的能力有问题；你爱你的妻子（或丈夫），爱你的小孩，爱你的父母，但你与他们的相处却越来越有问题，那也是你爱的能力有问题；甚至你与你的同事、朋友之间存在着问题，其实那不仅是你的交际能力问题，更是你爱的能力的问题。

在生活中我总是很佩服一些人，他们对谁都能保持友善、和蔼可亲，这样的人总是很受欢迎，到了哪里人际关系都很好。而要我对每一个人都保持友善、打打招呼，我总是觉得太累、太繁琐，何况有些人我都不想理睬。其实这正是缺乏爱心的表现，是我爱的能力有问题。

爱就是理解和接受。我们不能按自己的标准来评判人，每个人都有他自己的个性、习惯，对生活的理解，即使与我们有差异，我们也要善于从他的角度去理解、去接受，这样我们才能平等地对待每一个人。所以说唯有爱才能排除障碍，才能使我们容易接受他人，才能与他人合一。

爱是一种能力，那也就是需要学习和培养的。我们常说的有教养，其实也就是要懂得爱，学会爱。

要点：
爱就像世间盛开的花朵，给予的越多，世界就越美丽。

二、成功者最重要的品质——爱心

每次讲座都有一些从事销售行业的学员问我：如何成为一名优秀的推销员？

这个世界上最伟大的推销员是谁？有人说是乔·吉拉德，有人说是原一平，不一而足。这些回答都不对，这个世界上最伟大的推销员是基督。

基督不需要推销自己，但全世界有无数的人不畏艰难地主动去推销他，现在全世界每个角落的人们都知道基督，都了解他的价值观，他的思想，他为什么能做到这样呢？因为爱心！

推销员最重要的品质就是爱心。为什么很多推销员被人拒绝，甚至别人避之犹恐不及呢？不是很多公司的门口都写着"谢绝推销，面斥不雅"吗？为什么？因为大家觉得推销员只是想赚钱。有些推销员推销产品，脸就长得像100块钱一样，无论他说得如何天花乱坠，顾客知道他的目的就是想赚自己的钱，这样的推销又怎么会成功呢？

奥格·曼狄诺著的《世界上最伟大的推销员》里，最伟大的推销员海菲第一次的推销，却是将商品———一件贵重的红袍，送给了一名在寒冷中的婴儿，此后就有一颗星辰开始照耀着他，这象征着他具备了成为最伟大的推销员的品质。这种品质就是爱心。

推销员的作用是帮助别人。顾客没有那么多的时间去了解各种商品，因此推销员就要做好一个优秀顾问的角色，你要用你对产品的了解，帮助顾客理解并接受产品，挖掘出顾客内心的需求。

爱因斯坦的相对论初发表时，全世界号称只有三个半人懂，三个人懂了，还有一个人只懂了一半。而现在只要是一个物理专业的本科生就能懂相对论。为什么呢？因为有很多科学家、学者、教师将它形象化、通俗化，使人们容易理解。实际上教师的作用不就是要将深奥的理论通俗化、形象化，用深入浅出的方法，帮助学生理解吗？同样的，推销员的任务也就像教师、像那些科学普及工作者一样，要帮助别人接受并理解你的产品。

因此，每一个推销员首先你得成为你所推销的产品的专家，对各种同类产品的优缺点了如指掌。如果你所推销的产品不是最优秀的，或者没有某一方面的特殊点，你就不要推销了，你就要建议厂商改进，你所推销的产品一定要是优秀的，要能对人们有帮助的，这样你的推销才能成功。

其实又有哪一种产品会对人没有用呢？任何一个生产商他所生产的产品都一定是对人有某种用处的，否则这个生产商不是有毛病吗？

我曾经去过一个图书直销公司，直销正版图书利润很低，但他们公司有一位直销员业绩非常突出。于是我问她原因，她告诉我她很喜欢看书，每天都用大量的时间阅读，因此了解很多书，遇到顾客需要某方面的书时，她就会推荐她认为很好的书。开始顾客并不相信她，她就让顾客先将书拿回去看，如果不满，过一两天她可以拿回去。渐渐顾客都开始信任她了，最后有些大企业的单位进书，甚至就将要求对她一说，就完全信任地交给她办了，于是她的业绩也就一个月一个月地越做越好了。

一个真心帮助别人的人，而且也能够帮助到别人的人，又怎么可能会不成功呢？

推销员最重要的品质是爱心！实际上每一个真正成功者最重要的品质

也是爱心！

要点：

真正成功者最重要的品质就是爱心！

第二节　快乐是一种心态

我曾在心里祈祷：如果有上帝，他应该让我生得高大英俊，还应该让我很有钱，还要让我的人生快乐。可我又想，如果上帝说我太贪心只允许我选择一条呢？

如果你们面临与我同样的选择，我相信大家一定选择的是：让人生快乐。

叔本华说："一个悲观的人，把所有的快乐都看成不快乐，好比美酒饮入充满胆汁的口中也会变苦一样。生命的幸福与困厄，不在于降临的事情本身是苦是乐，而要看我们如何面对这些事。"我在深圳的很多富豪朋友也说：外在能带给人的东西是很少的，人的快乐与否还是决定于自己。

现在生活条件改善了，我已经很久没有坐过长途列车。坐长途列车，在狭小的空间里呆十几二十几个小时，真是件十分辛苦的事。但辛苦归辛苦，回味起来也有很多乐趣，有时甚至能在车上找到人生的启迪。

记得那是初来深圳期间，有次买了张硬座车票回老家过年。狭小的车厢里挤满了赶回家过年的人群，车厢与车厢的连接处，过道中间，椅子下面，到处都塞满了人，别说洗手间的门开不了，连挪脚的地方都没有。我都尽量少喝水，以减少上洗手间的次数。饥饿，干渴，连同混杂在污浊空气中的汗味、烟味、臭味，都在疲倦面前变得不是那么难以忍受。只是想睡觉，但头始终找不到支撑点，只能在昏昏沉沉中时睡时醒。

这时一个小女孩的声音钻进了我的耳朵："我要是不疼了，我就回家骑小车，我还要一个大大的布娃娃。"

从她年轻的父亲那儿，我知道了这个今天过四岁生日的孩子长了肿瘤，医生打开了这个孩子的腹腔不敢做手术就又缝上了。

我突然觉得自己的眼睛湿润了，但我不敢让眼泪掉出来，怕影响这孩子快乐的情绪。大人有时还不如孩子，孩子还知道在灾难面前天真地寻找快乐。大人也许已没有了那份天真。但仅是没有了那份天真吗？大人成熟了，世故了，但在这份成熟与世故中，我们是否也泯灭了许多的天性呢？追求快乐就是人的天性！但此时如果我在车厢中大声唱歌，或者是开朗地大笑一下，也许就会有很多人以为我有精神病了。大人已不如一个小孩那么纯真地热爱生活和事物了，于是生活也就只变成了忍受、厌烦与重复。

据电视报道，上海东方航空公司的飞机在起落架不能放下来而在空中盘旋时，虽然飞机上的中国人都很优秀，没有表现得很紧张和恐惧，但心情都十分沉重。唯有外国游客，却仍然在飞机上观赏风景，有说有笑。一个人如果在死亡将临头时，还能去寻找快乐，那么，还有什么困难是他所不能面对的呢？我们现在都大谈要提高民族素质，但什么叫素质高呢？这种在危难面前不仅保持镇定，而且能保持快乐的人不就叫素质高吗？

香港电影《新不了情》中女主角在男友的帮助下战胜了面对死亡的恐惧后，临去世前给男朋友写了这样一句话：如果人生中最难的就是死亡，那还有什么是我们不能面对的困难呢？

要点：

你的快乐与否取决于你的人生态度。

第三节　博爱是快乐的法宝

唐玄奘在奇迹般地独自一人穿越了塔克拉玛干大沙漠之后，历尽千辛万苦来到了佛陀悟道的菩提树下，静心打坐了几天，却不得不为自己俗世的情缘而痛哭。他这样问："佛祖悟道时，我在哪一道轮回呢？"然后他扑倒在地上放声大哭："我永远也不可能达到佛祖的境界。甚至不能接近佛祖的境界。"他的谦恭在那时达到了一种完美的境界，边上的人都被感动得失声痛哭……

有次去珠穆朗玛峰，当然不是山顶而是山脚下，准备封闭两个月，写点东西。但呆了十几天，就觉得寂寞难耐。

那天遇见了一位藏传佛教的高僧，我就跟他聊起了人际关系的问题。我说与人交往是一件很复杂的事，我想了解从佛学的观念是如何看待与人交往的。

他对我说："与人交往很简单。"

与人交往很简单？我很惊诧于他的说法。为了研究与人交往，我专门写了一本厚厚的《方与圆》，但我仍然认为自己没能弄明白与人交往的学问，但他居然认为与人交往很简单。

于是我问他："为什么会这样认为呢？"

他回答我说："我是藏民，你是汉人；我是和尚，你是俗世的人。这叫分别心。当我们放下分别心时，我们都是人类，都有同样的身体和头脑，有同样的身体结构，有同样的心智和情绪。当我们放下分别心和企图心时，不论我在什么地方遇见了什么样的人，我都会觉得我遇见的人就跟我自己一样。那我面对着你时，就像面对着自己，就像在对着镜子中的自己说话，人与自己沟通、交往又会有什么困难呢？"

确实如此，佛学认为众生平等，我们生来相同，我们都是人类。当然或许在文化背景或生活习惯上，我们之间有些许的不同，或许我们的信仰不同，还有些人的肤色不同，其实这些差异性都是次要的，如果我们能将这些差异性放在一边，我想我们会很容易彼此沟通，交换意见，分享经验。

佛教的高僧为什么不论面对的是圣人还是罪犯，脸上都能是那种祥和与宁静的表情呢？不正是因为他们放下了分别心吗？

放下分别心，放下企图心，与人交往就像在与自己交往，人际交往就变得很容易了。

现在，我不敢说我做人没有企图心，但我的确是在努力放下分别心，在面对任何一个人的时候，我都尽量在内心中告诫自己要平等对待。

有了高僧的这一番话，我想我可以回去将《方与圆》烧了。

接下来我又问他："你会有孤独的时候吗？"

他回答："没有。"

我真的不相信，一个人怎么可能会没有孤独的时候，孤独感正是导致现代人心理疾病的重要根源之一。我以为他会回答："我有时也有，但是……"之类的话，但没想到他居然这么干脆地回答：没有！

我说："也有一些人问我有没有孤独感。我的工作需要长时间的自我封闭，所以我常会感到孤独。我原准备在这里封闭两个月的，但才待了十多天，就觉得自己要发疯了，一种难耐的孤独与寂寞。前几天一位藏族的牧羊女告诉我，她家有 100 头牦牛，上千只羊，我一算这不是身家数百万吗？如果再待下去，我就得想办法和她发生一段恋情了。"

我问："像你这样独身一人过一辈子，怎么可能会没有孤独感呢？"

他说："现代人为什么会有孤独感、寂寞感呢？是因为他们将对人的亲密关系只狭隘地定义为男女之间的，当某个特殊的人物离去了，不在了，或者被这个人抛弃了的时候，他们立刻就会觉得孤单与不快乐，会有失恋的苦涩，会有生离死别的痛苦。而当你打开心胸，扩展亲密关系的定义，与身边每天遭遇到的人发展出亲密的感觉来，乐意与他人、家人、朋友甚至陌生人真诚地沟通，紧密地联结在一起，遵循众生平等，慈悲为怀的原则。将亲密的概念扩大以后，你的视野就会开阔，你会发现有许多新的可能性。你就再不会孤单。"

我一直相信博爱是一个人充实与快乐的源泉，这一席话是我所听到的对于博爱的解释中最实在，也最好的。

实际上，人要寻找快乐就要改变思想，当你的思想改变时，你对痛苦的感觉也会改变。你是你自己的主人，你的思想就能改变一切。

要点：

放下分别心、企图心，与人交往就像在与自己交往，人际交往就变得很容易了。

扩展你对亲密关系的定义，你就再不会孤单。

第四节　用感恩的心做人，用爱心做事

人要如何才能在生活中保持快乐呢？我去过西方，也去过台湾，在和一些为人父母者的聊天中，我发现他们在教育子女上都特别强调感恩，从小就培养小孩的感恩和惜福之心。

其实感恩的心和惜福的心正是一个人快乐的源泉。

有些人活在世上，总觉得受到了生活的虐待，成天板着一副脸孔，觉得不快乐。这正是因为他们缺乏感恩的心和惜福的心。

人应该懂得感恩，应该懂得珍惜你所得到的一切。与其追求我们想要的东西，不如感恩我们现在所拥有的一切。

我看过香港的一个电视科教节目——《生命的起源》，给我留下了深刻的印象。

该节目介绍了人的生命体的形成：男人负责播种，女人负责选择。

男女交媾时，一次大概有数亿个精子沿母体子宫往上想与卵子结合，但母体内会分泌一种酸性液体，对精子进行筛选。绝大部分行动力不强、比较弱的精子，因为承受不了母体内酸性液体的侵蚀而被杀死。只有极少数健康、强壮的精子能到达卵子那里，最后只有一个最成功的精子能穿破卵子的外膜与卵子结合，形成一个胚胎。

也就是说，当我们这个胚胎诞生的时候，同时就宣告了你有数亿个可能的兄弟姐妹牺牲了。那真是非常难得，数亿个可能性中只有我们成为胚胎存活。而且你想一下，还有很多人在胚胎中就死掉了，或者在襁褓中就死亡了，我们能够存活下来这不是奇迹吗？而且猪也是这种过程，我们是成了一个人，最高级的生物，没有成为一头猪，难道我们不应该心存感激吗？所以我们应该常怀一颗感恩之心。

海德格尔曾说：自杀是一件纯粹属于自己的事。读大学时我很喜欢这句话，但现在我终于明白：生命是我们每一个人的，但又不全属于我们。在我们每一个生命诞生、成长的里程中，母亲都倾注了无数的心血。还有我们的师长和无数的朋友，在我们的成长过程中，他们都帮助过我们。

生命虽然属于我们，但又不完全属于我们。听见过产房中诞生新生命时母亲痛苦的嘶叫吗？那声音是那样地撕心裂肺，以至我每在电影中看到婴儿临产的镜头时，都会想到母亲的痛楚。

实际上，每一个新生命的诞生都是一个艰难而痛苦的过程，是母亲耗尽心血，历经磨难取得的成功。我们每一个人在庆贺生日的时候，在兴高采烈之际，都不应忘记母亲曾经历的痛楚，第一杯酒都应该孝敬给母亲。那么，我们无端地舍弃生命，不正是一种极端自私的行为吗？又怎么对得住我们的母亲和众多亲朋好友呢？

网友给我传来这样一篇文章：

虽然闹钟响时我会懊恼，会拉棉被盖住头，但我要感谢上苍，因为我能听得到。须知有好多人耳聋。

虽然我还是闭着眼睛，厌恶清晨的阳光，但我要感谢上苍，因为我能看到。须知有好多人眼瞎。

虽然我赖床不想起身，但感谢上苍我有能力站起来。须知有好多人要终生睡在床上。

虽然这一天刚开始就一塌糊涂，袜子找不到，稀饭溢得到处都是，小孩又吵又闹，每个人火气都很大，但感谢上苍，我有一个家。须知孤寂的人到处都是。

虽然我们的餐桌从来没有像杂志的图片那样，早餐也是拼拼凑凑，但感谢上苍赐给我们食物。须知饥饿的人是那么多。

虽然我的工作枯燥乏味，常常千篇一律，但我还是要感谢上苍。因为我有工作机会。须知失业的人好多好多。

虽然我常抱怨、感叹命运不好，但感谢上苍赐给了我生命。

最后我还想告诉你们一件有趣的事。那位网友希望我把这篇短文传给所有的朋友，包括他本人在内。我想他一定是希望自己能认真做到感恩，所以需要多次的提醒。

要用感恩的心做人，用爱心做事，这样你的生活才会快乐、幸福。不要总认为生活虐待了你。我见过很多人，他们不快乐，不幸福，不成功，就是觉得处处受虐待，天天都哭丧着脸。你会觉得这种人很讨厌、很难接近，因为他们的情绪比瘟疫传染得还快。谁都愿意和快乐的人在一起，不要像祥林嫂一样，天天见到别人就说：我的阿毛没有了，我的阿毛没有了，让别人看到你就烦。你应该带给别人的是快乐、是开心。我有多少痛苦的时候，我都自己在心里消化掉，遇到别人，和别人交往，我一定要让他感受到我的快乐、我的幸福。

快乐的人才是最有魅力的！

要点：

用感恩的心做人，用爱心做事。

第五节　要有宽容心

做人还有一个快乐的法则：要有宽容心。

生命对我们是很宽容的。你不小心把手割破了，生命会让它长好；你吃错了食物，生命会通过反胃使你立即感觉到，好让你采取补救措施。生命并不埋怨我们，总是宽容我们，让我们恢复健康。只要我们思想上愿意合作，生命就会给我们带来和平与平安。但消极的思想，痛苦的回忆，对他人的愤愤不平和恶意，都会阻碍生命的这种活力。

生命宽容我们，我们也要懂得宽容别人。付出宽容，能收获健康的生命。我们形容一个人生气：气炸了肺。中医说：气伤肺。你发怒了，怒火中烧。中医说：怒伤肝。你常抱有一颗宽容心，就是在保护自己。现在提倡：学会和自己相处。就是要懂得照顾好自己，不要通过情绪来折磨自己的身体，要学会保护好自己。

在我读小学时，有一件发生在我的邻居姐妹俩身上的小事，给我留下了深刻的印象，直至今天都难以忘怀。

当时人们还在烧蜂窝煤。倒垃圾时，清洁工人拖着装垃圾的车，摇着铃走进我们住的大院，于是家家户户都端着垃圾出来倒。恰巧这姐妹俩住一楼，楼上倒垃圾的都要经过她们家，这样免不了就有些煤灰洒在门口。那天倒垃圾的清洁工又来了。姐姐回来后，发现家门口有很多煤灰，她扫的次数实在太多，这次终于忍不住了，就骂起来。她骂得很凶，也很难听，"哪个王八蛋有本事洒没本事认的，有种的就站出来！"

结果不小心洒了煤灰的那人，终于忍不住了，就跳出来与她对着吵。正吵得热闹，妹妹回来了。我想这下有戏看了，两个吵一个。谁知妹妹见姐姐在与人吵嘴，不仅没有帮姐姐吵，反而一个劲地推姐姐回去，说："左邻右居的，有什么好吵的？别人也不是有意的。你吵的时间早就可以将煤灰扫干净了。"

将姐姐推进去后，她就拿出扫帚开始扫起来。我在一旁看着看着，突然觉得她很美、很动人。这是发生在我读小学时的事，到现在我都还有印象。

以后我在倒垃圾时都尽量小心，不要洒在了她家门口。不仅我这样，我发现别人也都如此。

能宽容、体谅别人，表现出的是你良好的修养和美德，会增添你的魅力，使你显得更可爱。

我高中时的物理老师，人长得其貌不扬，太太却生得楚楚动人，让人一见难忘，而且还是一位大学教师。我们做学生的常常私下议论：物理老师真有本事，能找这么出色的太太。那么他的本事究竟在哪里呢？以前我一直不明白，但有一件小事，却让我突然感受到了他的优点。

那是早晨上学的时候。我在路上碰到他，他正搀着太太去看病，他太太的脚被车撞伤了。我们一起走着，恰好他碰到了一位熟人。熟人问："你太太的脚怎么呢？"此时他是这样回答的："她的脚被自行车撞了，伤得还比较重。唉，从来不病的，就这一回。"

这种回答你是否觉得没啥出奇呢？可我觉得这回答正渗透了他的魅力

所在，我终于发现他的本事在哪里了。试想，他太太脚被车撞了，自己不能上班，还天天要丈夫搀着去看病，这段时间的家务事肯定也是他全包了，他太太内心自会有一种内疚感和烦躁感。而她丈夫的回答正是深入其心，"从来不病的，就这一回。"表达的意思是：你从来就没有麻烦过我，就这一次又算得了什么？这样体贴入微的丈夫，谁嫁了都是一种莫大的幸福。

容忍和体谅虽不如热情的感染力似疾风骤雨，但却仿如丝丝春雨，能滋润人的心田。

要学会换位思考，多从别人的角度考虑问题，这样你就更能宽容别人。你不宽容别人，实际上就是在自己找罪受，在用别人的错误来折磨自己。只有抱持宽容心生活在这个世界上的人，才是最幸福的人。

有些人跟我说：你说要宽容别人，但有些人真的很讨厌。一看这个家伙就不正常，有事没事就跟人过不去。

如果换一个角度，我说："你看到一个跛子，一个残疾人，你会不会同情他呢？你肯定会。有些人是精神上有残疾的，他是这种个性，我们同样要有同情心，要懂得宽容他，体谅他。"

付出宽容，就能收获健康与和谐。

要点：

付出宽容，收获健康与和谐。

宽容、体谅别人，表现出的是你良好的修养和美德，会增添你的魅力。

昙花要经由播种、发芽、成长，而后才绽放。

昙花在污泥中坚毅地等待，仅为了那一瞬间的灿烂。我们的人生也要如此啊！

或许你现在犹如生活在泥潭中，你的周围是无尽的黑暗和腐朽之气，但只要你能坚毅地面对并顽强地奋斗等待，你的人生终归会有绽放的一天。

生活在感恩的世界

感激斥责你的人，
　因为他助长了你的定慧；
感激绊倒你的人，
　因为他强化了你的能力；
感激遗弃你的人，
　因为他教导了你应自立；
感激鞭打你的人，
　因为他消除了你的业障；
感激欺骗你的人，

因为他增进了你的见识；

感激伤害你的人，

因为他磨炼了你的心志；

感激所有使你坚定成就的人。

结束语

我办过很多次培训和讲座，我著的书也有广泛的读者，很多人因此而改变了生活，但也有很多人却只是在一阵激动后，没多久又恢复了原形。这到底是什么原因呢？

人必须对自己负责，必须有对自己的责任心，如果你都不愿意对自己负责，或者对自己的责任心不强，外人无论如何是帮不到你的。

人生中最重大的责任不是对世界、对国家或对任何其他的东西负责，人生中最大的责任是对自己负责，唯有对自己负责的人，才有益于社会，也才是对社会负责。

其实对自己负责，也就意味着对自己的父母负责，对自己的妻子或丈夫，对孩子负责，对自己的师长和朋友负责，对自己的生活负责。只有勇于对自己负责的人，才能勇敢地面对生活，才会保持终生学习的态度，才能永不松懈地追求积极上进，才能持续不断地努力完善自己。

所以，要让本书对你有帮助，首先你得成为一个对自己负责任的人。你的生活无论是好是坏，都只是你自己创造的，你才应该对你的生活负全责。

身为一个对自己完全负责的人，你会拒绝找借口，拒绝推卸责任给其他人。你若成功，功劳归你；你若失败，就得负起责任。

身为一位对自己完全负责的人，你永远要去找答案而不是想问题，是去解决问题而不是去抱怨。遇到逆境，你立刻会停下来说"我负责"，然后，你不会继续去想那些已经发生的事，而是去想下一步该怎么做。负责任的人会把精力集中在未来的机会而非过去的问题上。

他们不会为过去的失败而哭泣，他们了解已经发生的事情是无可挽回的。他们会把每一次挫折或失败当成是珍贵的教训，而且会说："下一次，我就会……"负责任者的座右铭是"如果问题无可避免，我必须负起全责。"

即使做到了这些，你在这本书中所看到的一切也许还是对你没有用，你在任何别的书中学到的一切也许也都对你没有用，除非你决定要开始行动，决定要好好地去运用，人生中唯有真正的决定才能发挥改变人生的力量。

　　幸福还是不幸，成功还是失败，选择的权利就在你手上，就看你对你的人生做出一个怎样的决定。要记住：正是你的决定而不是你的遭遇，主宰着你的人生！

　　在少年时代我崇拜拿破仑，但现在已不可能有那种指挥千军万马做出一个重大战略的决定，但我们可以对我们的人生这个重大战役做一个决定。我们每个人的一生中，真正做出过影响一生的重大决定吗？或者做出过但又不能贯彻执行呢？

　　那么，现在就请你做一个真正的决定吧，并告诉自己誓将贯彻到底！

作者在青岛城投做企业文化咨询

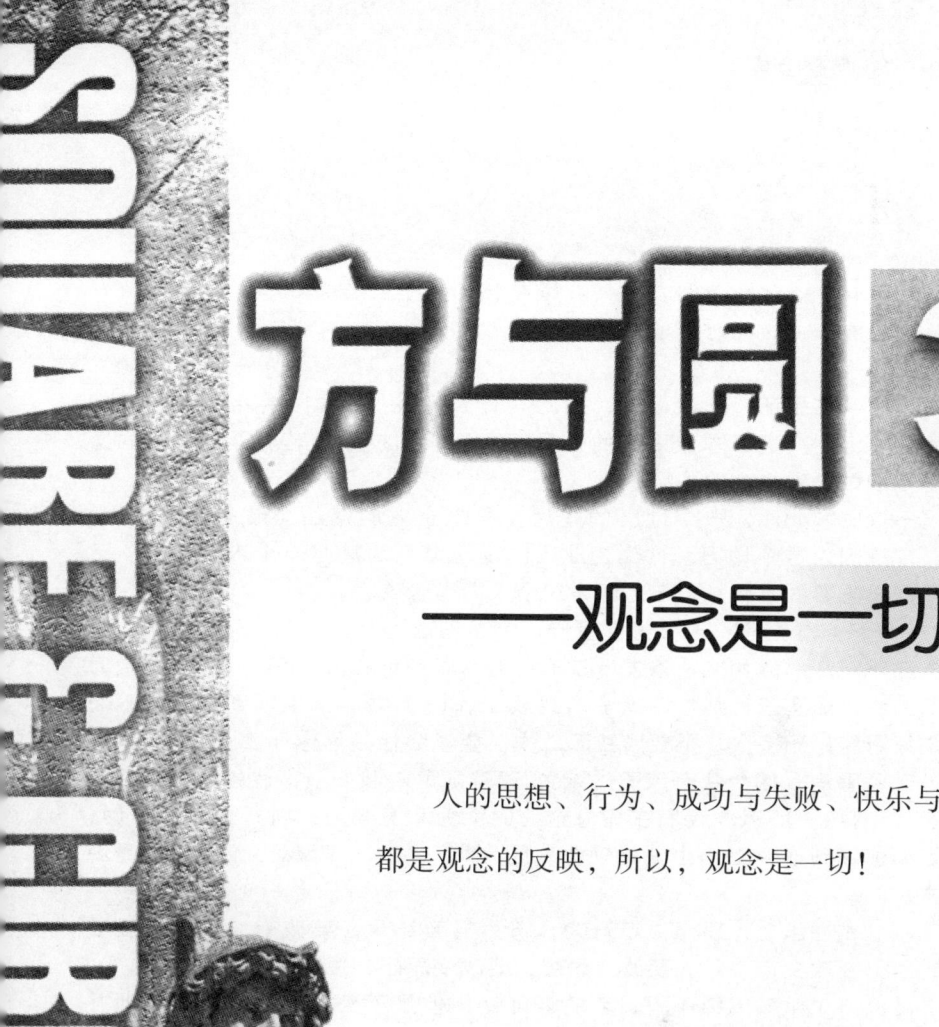

方与圆 3

——观念是一切

人的思想、行为、成功与失败、快乐与痛苦，都是观念的反映，所以，观念是一切！

丁远峙 著

SQUARE & CIRCLE

前　言

　　曾读到过哈佛的校训：一个人的成长不在于经验和知识，更重要的在于他是否有正确的观念和思维方式。

　　我在国外生活过一段时间，因此总有人问我：中国为什么落后？我们落后在哪里？其实中国最重要的落后不是科学和技术的落后，最重要的落后是我们做人观念上的落后。

　　不仅国家如此，一个地区的落后，一个企业的落后，最重要的原因，也一定是因为这个地区、这个企业人的观念落后。甚至一个人的贫穷、不成功，最重要的原因，也还是因为这个人的观念落后。

　　《穷爸爸富爸爸》一书告诉我们，穷爸爸之所以穷，富爸爸之所以富，都是源于观念。例如穷爸爸告诉孩子"努力学习能在好公司工作"，这是为钱而工作，而富爸爸则告诉孩子"寻找工作时要看能从中学到些什么，而不是只看能挣到多少。不要为钱而工作，要学会让钱为你而工作"；穷爸爸说"我不富有是因为我有孩子"，而富爸爸则说"我必须富有的原因是我有孩子"；等等。所以，我们在探讨企业的活力和竞争力、执行力等问题时，一定要追溯到根源上，也就是观念。因为每一个人的思想、行动都是受观念支配的。

　　观念左右思想，思想决定行为，行为导致结果。要改变结果，就要改变行为；要改变行为，先要改变思想；要改变思想，关键是要改变观念。

　　就像一个小孩成绩不好，差的老师认为他是不努力，所以天天罚他补课，做作业，用强制改变行为的方式来改变结果。其实这是治标不治本。优秀的教师会努力去转变学生的观念，让他认识到学习的重要性，他观念变了，思想上愿意学，行动上就会努力学习，努力学习了，成绩就会提高。

　　其实我们很多管理者，都是治标不治本。我们常说"要对事不对人"，我不喜欢这句话，对事不对人实质上是你搞不定这个人，才说对事不对人，我们就是要通过事来帮助人进步，转变他的观念，从而转变他的思想和态度，进而改变行为。

　　可能很多人都听过下面这个故事：

　　有两个推销员到非洲去推销鞋子。到了非洲之后，他们发现原来非洲人是从来不穿鞋子的。其中一个沮丧地说，这里的人没有穿鞋的习惯，肯定没有鞋的市场；另一个则非常高兴，他说，非洲人没有穿过鞋，正说明了这里很有潜力，市场大得很呢！

可以想象得到，第二个人在事业上比第一个人更容易成功。因为只要你愿意去积极地发掘，就会有可能性，就会有机会。

不同的观念带来不同的行动，而不同的行动又会带来不同的结果。我们在管理中往往都只是在规范行动，但如果观念没有改变的话，效果是有限的。

一、改变观念，从而端正态度

人做事情有两种不能，一种是技术上的不能，一种是态度上的不能。大多数人并不像爱因斯坦和那些高科技工作者，做的事情其实是很简单的，所以技术上的不能，可以通过不断学习加以改善，而态度上的不能，则注定了你不会认真工作，也就注定了你必将失败。所以态度上的不能才是致命的。而大多数人的不能，追根溯源，正是态度上的不能。

美国心理学之父威廉·詹姆斯说："这个世界上最伟大的发现是：人们可以通过改变自己的态度，从而改变人生。"这句话是至理名言。改变行为的关键是转变态度，而要转变态度，首先就要从转变观念着手。

我去过很多保险公司讲课，我感觉很多保险从业人员的不能，正是对保险业没有正确的观念，从而导致态度上的不能。我一问他做什么工作时，他就很不好意思，羞答答地难以启齿，好像这份工作丢了他的人一样。实际上，抱这种态度工作，是永远不可能做好的。而产生这种态度的原因，正是源于对保险业没有正确的观念。我在这里不是推销保险，我常跟他们说："实际上保险工作非常有价值，是在为国家分担负担。如果一个人没买保险，他老了，病了，伤残了，国家就会负担；而买了保险，保险公司就会负担，从大家共同的基金中负担。每卖一份保险，就为国家减轻了一份负担。"

其实从事任何行业的工作都是如此，改变观念从而端正态度，永远是第一位的。所以无论是个人培训还是企业培训，培训观念和态度往往比培训技术更为重要。

美国西南航空公司的用人哲学是"态度最重要，本事靠培训"。公司在招聘员工时最看重的就是这个人是否有正确的做人做事观念，是否有趣、是否具有某一特殊品质，然后再对其进行培训。

良好的工作态度和行为习惯，首先就来自有正确的观念。真本事来自好观念！

观念其实是一切，它是你对生活和做人的根深蒂固的自我认知，它决定了你每天对生活和工作所作的回应。作家罗本森说："观念是一个人的信仰、想象、期望和价值的总和。它决定了事物在个人眼中的意义，也决定了人们处理事情的方式。"

每个人在这纷纭复杂的世界中生活，都会形成自己的观念和对人生、对工作的看法。错误的观念会让你步入歧途，唯有正确的观念才能帮助你拥有正确的人生态度，做正确的事。

每个人每天会产生 5 万个左右的想法，其中每一个都会影响我们所有的细胞，这也是观念会对我们有全方位影响的原因。如果带着积极的期望工作，我们就会处处表现得乐观、主动、有责任心且富创造性；如果是抱着消极被动的观念工作，在处理问题时，我们就会显得乏力、软弱、缺少突破，工作中也不可能得到快乐。

所以首先必须树立正确的观念，学会正确处理头脑中的想法，学会用一种有益而不是有碍你生活和工作的方式去思维。

二、观念决定一切

所有的问题都是观念的问题，这句话是绝对的。无数企业的成功也证明，他们的成功正在于他们的经营理念——理性的观念，能符合时代的要求，领先于时代。

我们常说胜败一"念"之差，按现代的说法就是胜败在于观念的一念之差。

亨利·福特在汽车还只是富人们炫耀金钱的年代，就豪迈地宣称："我要为大众造一种汽车。"为了实现诺言，他坚信只要将汽车生产标准化、流程化、规模化，就能大幅降低生产成本，从而降低汽车价格。他有一句狡猾的名言："你可以拥有任何颜色的 T 型车，只要它是黑色的。"

为此他大力改进汽车，使汽车在耐用性、易操作性和维护上都变得很简单，还创造性地在世界上首次运用了流水装配线，而后，这也为世界工业生产带来了一场大革命。

他的标准化、流程化、规模化生产汽车的理念十分成功，终于让汽车真正成了普罗大众都能买得起的普通交通工具，让人类步入了汽车时代。

幽默家勒克·麦克勒克评论道："6 个月内，两只苍蝇可以生产出 48876532154 只新苍蝇，但跟两家福特工厂相比，它们相形见绌。"福特公司几乎垄断了当时的美国汽车市场。

亨利·福特的成功，正是他的标准化、流程化、规模化生产理念的成功。

还有麦当劳公司。当年克洛克看到麦当劳的生意十分红火时，他找到麦当劳的老板迪克兄弟，要求将麦当劳店用连锁的方式扩大经营。但迪克兄弟却摇着头，指着窗外不远处的山坡说："看到上面那栋房子了吗？那就是我们的家，我们都喜欢那边，如果我们多开几家分店，搞连锁生意，我们就永远不会有闲暇回家了。"

于是克洛克投入了自己的全部财产，买下了麦当劳的连锁经营权，并利用自己的经营天才，严格规范各个连锁店，将生产过程标准化，以便于能更大范围地连锁经营，从此麦当劳的黄色"M"标志，便开始走向全世界。

麦当劳的成功，也正是克洛克标准化制作与连锁经营理念的成功。

成功的企业，往往在于有正确的经营理念；而失败的企业，也往往源于其不合时宜的经营理念。

亨利·福特后来的失败就是如此。T 型车给他带来了巨大的成功，但他没有危机意识，在成功面前不思变革，他的统一的黑色、标准化生产的汽车将"顾客标准化"了，使顾客没有选择的余地。

当经济发展后，人们的生活水平越来越高，个性化的需求越来越强烈，通用汽车公司的董事长斯隆从历史的角度描述了他所观察到的机会：汽车生产的第一个时代是"档次"时代；第二个时代是福特创造并统治的"规模"时代；第三个时代则是"规模加个性化"时代的来临。

斯隆成功地抓住时机，用将"顾客定制化"的经营理念，生产多性能、多样化的汽车，最终成功地打败了福特公司，使通用汽车公司的市场份额最高时曾占到了全美市场的 84%，并一举成为美国第一大汽车制造商。

所有的成功，都源于成功的观念，能符合时代潮流的观念。大多的失败，特别是在一个较为完善管理机制下的失败，也源于失败的观念，没能跟上时代发展的步伐。

所以我在企业做咨询时，就经常告诫那些总裁，每隔三五年一定要对自己的经营理念做一番深刻的反省，检讨自己的观念是否落伍，是否符合时代发展的趋势。

不更新观念，就没有真正的进步。

其实从我们自身的经验来看，改革开放，我们也是首先解放了思想，改变了观念，突破了旧观念的束缚，将中心任务从阶级斗争转向了经济建设，从而迎来了几十年的经济高速增长，使人民的生活水平不断提高。

去改变我们的观念，有些事便会在一夜之间被彻底改变。有位专家说：21 世纪，不是一场技术的革命，也不是一场产品的革命，而是一场观念的革命！

对个人而言，那就是：一切皆起因于观念。改变观念，你就能改变命运！

开　篇

一次应邀去某部队给即将退役的士兵讲课，该部队可称得上我军王牌中的王牌，江主席、胡主席都视察过该部队。讲完课后，在参观部队的文化设施时，政委告诉我："这批退役士兵已全被地方企业要去了，现在还有很多企业和地方保卫部门的领导人在会议室里等着，看还能不能要到人。"

我问："为什么你们部队的退役士兵这么紧俏呢？"

政委回答："我们是有着优良传统的部队，我们的训练严格有素，士兵们不论是思想品德还是作风都很过硬，历次退役的士兵在企业中表现都很好，有良好的口碑，所以每次有老兵退役的时候，我们部队的门槛都会被要人的企业踏破。"

我也去过很多优秀的企业，我发现他们的员工在因各种原因离开公司后，都被别的企业抢着要，因为这些员工已在这些优秀的企业中树立了正确的做人做事观念，养成了良好的工作品德和作风。

其实任何一个企业，不仅是员工谋生的场所，还要成为培养人、锤炼人的一个大学校。要让来这里工作的人都养成一种良好的工作态度和行为习惯。这样的企业才算得上是一个伟大的企业。

而要培养出良好的工作态度和行为习惯，首先就要树立正确的观念。但没有哪种转变比观念转变更艰难，也没有哪种转变比观念转变更重要。

总有人谈到时间管理的问题，实际上这个世界上最好的时间管理，就是用最好的状态做最有价值的事情。

学习这本书一定是一件很有价值的事情，所以首先要保持一种好的状态。《圣经》里有一句话：凡要承受神国的，若不像小孩子，断不能进去。意思是说，没有一个孩子的心态，是绝不能进天堂的。

要进天堂就要保持一颗童心。同样的，在读这本书的时候，你首先要放下你的矜持、你的地位、你的固见，保持一种开放的童心状态。这本书并不厚，看完它不需要很长时间，但只要你能全心地投入，并保持开放的心态，我可以保证从你看完这本书的那一刻起，你就会发现有很多新的东西进入到你的内心中，你会感觉到你生命中一种崭新的变化。

但现实生活中，总有些人固执自己对自我、对人生的看法，拒不接受一些积极的思想、有益的知识，关闭自己的头脑，封闭自己的心灵，还自认为有个性，有主见。其实那就像那些生了病的病人，在对医生说："你医得了我吗？我就要死了，有本事你来救我试一下。即使你现在医好了我，一出去，我就再病给你看。"

有这样一个故事：

有一个人，有些精神失常了，他总认为自己正在变成僵尸，每天都在惊恐中生活。妻子见他如此，就带他去看医生，医生给他进行了各种检查来说服他，但他就是不信。妻子只好带他去看心理医生，但心理医生解说了半天，他仍然认为自己就要变成僵尸了。为了证明他不是僵尸，心理医生情急之下，就拿刀在他手上用力划了一下。

"哇，"他说道，"我流血了。"

心理医生说："这下你明白了吧？"

他说："我明白了，原来僵尸都会流血的。"

如果你要证明自己没的救，就没有人能救得了你。

一切变化都源自于内心。内因决定外因。只有你内心有了改变的欲望，那么再加上外力的推动，改变才可能发生。否则，一切都是空谈。

不要忽视一点一点的渐变，成功的职业之旅就像是砍伐一棵大树。你无数次地挥舞斧头，只看见一点点进展；如果只挥舞几次，就根本看不到进展。看起来，似乎只有最后一击才让大树轰然倒下，但这是因为有了之前的成千上万次挥舞斧头，大树才能被砍倒。每次挥舞斧头，无论它当时的效果看上去是多么地微不足道，在整个过程中都是重要的。

当你改变观念，开始采取行动的时候，你可能看不到什么直接效果。但是，就像每次挥舞斧头一样，这并非是徒劳无功之举。在职业生涯中，成功应该是用积极的行动来衡量，而不是直接的效果。在短期内，回报与具体的行动并非紧密相关，但是从长期角度看，它们是密不可分的。就像按照复利方式来计算利息一样，随着时间的延长金额将急剧增加，遵循本书的观念做事也正是如此。

一、期待激励

赞扬是对出色表现的承认，它会促使希望看到的行为重复出现。

上次去美国，顺道探访了在美国某大学任教的老同学。他告诉我说："晚上有位诺贝尔奖获得者做报告，有没有兴趣听？"我的英文水平是很烂的，而且诺贝尔奖获得者讲的东西，我估计也听不太明白，就不想去。但他说："这么大人物来做报告，去见识一下也好啊。"

于是晚上我就去了。诺贝尔获奖者是位老者，他的讲座持续了两个多小时。演讲结束后，大家全体起立鼓掌，当时我一句都没听明白，但看大家起立鼓掌，就跟着起立鼓掌；掌声持续了几分钟后，这位老者便对大家鞠躬致意，我想演讲结束了，就坐了下来，但发现他们全部的人都还站着在鼓掌，就我一个人坐了下来，只好十分狼狈地赶紧站起来鼓掌；几分钟后，老人又对大家鞠了第二次躬，我在国内的生活中已经形成习惯，鞠躬就表明演讲结束，演讲结束就可以坐下来，于是我又坐了下来，但发现全部的人还站着在鼓掌，我慌忙又站起来继续鼓掌；这时老人对大家鞠了第三次躬，这次我不敢坐了，怕又丢了中国人的脸，我先看边上有没有人坐，发现没有一个人坐，心想幸好没有坐下来，要不又狼狈了。

老人不能总站在那里鞠躬啊，鞠了三次躬后，老人转身离开了，当他走出门后，我长舒一口气，终于可以坐下来了，就坐了下来，但发现他们全都还站着在鼓掌，于是我急忙站起来鼓掌，同时问边上的同伴："你们到底要鼓到什么时候？"他告诉我："按惯例，一般要到演讲者走出去两三分钟，估计他听不到时为止。"

回来后我就一直在思考：这不正反映了中西文化观念上的一个差别吗？我们一些企业评先进工作者时，先进工作者站上讲台，下面人就吊儿郎当地鼓一下掌，仿佛说："你不跟我差不多吗？"但我在美国，发现即使在大街上有人扶了一下一位需要帮助的老人，路人就会停下脚步，热情地给与掌声。

我曾在杂志上看到一篇报道，说英国皇家芭蕾舞团在一次演出时，谢幕谢了 21 次。什么概念呢？表演结束后，观众起立鼓掌，全体演员走上舞台对大家鞠躬致意，大幕落下，演员退场；但下面仍然掌声不断，于是演员又出场，大幕升起，全体演员又对大家鞠躬致意，大幕再次落下，演员又退场；但掌声仍然不断，于是演员又出场，又鞠躬，又落幕……就这样反复了 21 次。要我们会觉得这不是有毛病吗？一场芭蕾舞表演最多也就三个来小时，这谢幕 21 次也要半个多小时了。

其实人都是需要被鼓励的。当我看着奥斯卡颁奖礼上，那位获得终身成就奖的老人被众多明星大腕长时间地起立鼓掌，他不断地用双手示意大家停下来，但仍然掌声不断，一直持续了数分钟时，我就在想：如果我是这位老者，这一生都值了。

人不仅需要被鼓励，人也正是在不断地被赞扬和鼓励中成长的。

麦肯锡的创始人马文·鲍尔说："领导者有三种责任：给员工自信和自尊，让他们自我感觉良好；保持员工的精神和士气；帮助员工了解自己的责任，让他们作为个体成长发展。"

《一分钟经理人》这本小书，总结了管理的三个诀窍：1 分钟目标，1分钟赞扬，1 分钟批评。海尔的张瑞敏就是从中总结出了"日事日毕，日清日高"的有效工作方法。我一直认为管理并不复杂，就像杰克·韦尔奇说的："那又不是造火箭。"对于中、基层领导而言，管理也就是要做好这三个方面的工作。

"一分钟"目标就是要用启发诱导的方式，帮助下属设定目标。

对于企业而言，机器设备很重要，现在的大部分公司也都舍得把大量的时间和金钱投入到机器设备的维护上，但我们为什么不将更多的时间和金钱投入到吸引员工和帮助员工发展上呢？工作成果是由人完成的，那当然应该对人进行投入，其实领导人最好的投资就是把时间花在人身上。

但在很多公司里，领导者都不去告诉下属他对他们有什么要求，他们应该做什么，他只会让他们自己去挣扎，然后在他们的工作没有达到期望标准时，对他们无情地批评打击。这种管理是"放任—打击"方式。

我们试想，如果上面提到的狗开始做不好就打它，这样一段时间后，它就会躲到角落里，一动也不肯动了。对于狗来说，周围的环境充满了恶意，根本不值得去冒险。

优秀的领导者要将帘子掀开，开始就要花时间动脑筋让下属明确要求，找到方法，让人明白如何做，怎样才算做得好，并时刻反省行为与目标是否一致。

要知道我们管理的是人，而不仅仅是人的行为。要管理好人，就要善于利用人性，而不是逆此而行。尊重人的特点，就是出色管理的关键。

那人的特点是什么呢？人就是要在不断的鼓励诱导下才能成长，所以要学会"一分钟"赞扬。通过发现人们做对了什么，帮助他们充分发挥潜力。

著名的管理大师，美国通用汽车公司的前董事长斯隆就曾经说过，他每遇到一个下属时，总是用想象的眼睛看到他身上挂着两块牌子，一块写着："请肯定我！"另一块写着："请欣赏我！"

其实研究也表明，员工最希望从组织里得到的东西，除了金钱，反而是得到尊重和肯定，对组织有所贡献、能够做事这些东西，排名在金钱之前。

中国也许很多人生存都有问题，会将金钱排在首要位置，但任何一个真正有能力、有尊严的人都不会将金钱排在首位。

人都需要被肯定、被欣赏，因此及时鼓励、赞赏下属，也正是帮助下属成长，调动他们积极性的有效方法。

IBM公司创始人沃森就总是及时认可每个人的成绩。例如，给完成一笔很棒的业务或者贡献出新思想的员工当场奖励500美元。有一天，这样的故事就发生了，一个年轻人走进他的办公室，告诉他一个了不起的成绩，高兴之余，沃森遍寻衣袋和办公桌的抽屉，希望能找到什么能马上作为奖品的东西，结果他只能找到一只香蕉。他就把这只香蕉给了小伙子。年轻人恭敬地接受了奖品。从那时起，香蕉在IBM公司就成了成绩的象征。

当然对人也不能一味赞扬而不批评，但要记住批评是用来矫正行为的，而不是用来打击人的，所以要将人的行为和人的价值分开，批评行为而不是人。

但我们很多领导者在人们犯错的时候缄口不言，而要一直等到评估工作表现或者自己某天心情不好的时候，才会觉得下属们犯的错误实在太多，让人无法忍受，于是一股脑儿地把新账旧账全都翻出来算算清楚，历数人们在过去几个星期、几个月或者更长时间里做错的各种事情。

工作表现的评估应该是个持续的过程，而不是一年只进行一次。所以赞扬和批评都要即时，赞扬是鼓励人，所以要公开进行；而批评是矫正行为，不是打击人，所以要在私下进行。

我喜欢这句话：在你成为领导以前，成功只同自己的成长有关；当你成为领导以后，成功都同别人的成长有关。

有一部名叫《鬼眼》的美国影片，说的是一个能与鬼魂交流的孩子。我对那些离奇的情节并不太感兴趣，但其中有一个细节却深深地打动了我。

那是影片快结束时，那个特异的孩子决定告诉母亲困扰他很久的秘密：他能看见鬼魂。刚开始他母亲不相信，以为这个孩子出什么问题了。直到孩子说出这样一件事："外婆回来过，她说你在她坟前问过她一个问题，她的答案是：'每一天'。孩子接着问："妈妈，你到底问了外婆什么问题？"

这时，他看见母亲泪流满面、哽咽不已。

他母亲回答道："我问你外婆，她生前是否曾为我感到过骄傲。"

这是最好的嘉许，也是最好的激励。

常常是这样，一句嘉许或者激励的话语，会有起死回生的力量。

二、学会思考

2005 年湖南卫视的"超级女声"办得如火如荼，吸引了众多眼球，弄得央视很尴尬，于是 2006 年央视经济频道重金打造了一档商业赛事，该赛事历时大半年，奖金丰厚，第一名可获 1000 万元人民币奖励，第二名 700 万元，两个第三名，各可获得 500 万元。因为赛事隆重，所以节目也邀请了一些中国经济界的风云人物。我做嘉宾的那一期节目，做嘉宾的就有中国富豪榜上排名第一的黄光裕和排名第二的严介和，还有分众传媒的江南春等。

严介和可算一个传奇人物，2004 年他个人资产才 50 亿人民币，但 2005 年他就一跃拥有了总值 125 亿的个人资产，排名中国富豪榜第二位，但今年他的资产又急跌到 70 亿人民币。他出身于书香世家，本人做过民办教师，但他在节目中却公然宣称他 20 年不读书不看报，他说读书有什么用，读 MBA 有什么用，他用人从博士到硕士，最后发现用大专生就足够了；大家开玩笑说，嘉宾中北京物美的老总和嘉德拍卖行的老总是博士，他马上来了一句："博士博士，啥都不是！"有人说王志东是北大毕业的，他对王志东说："如果你是北大毕业的，那就认为自己是北大荒来的，这就对了。"

读书究竟有什么用？我写书、四处讲座能起什么作用？

问一个带点调侃的问题："毛泽东为什么能成为毛主席的？"

很多人会觉得莫名其妙，其实答案很简单。毛泽东的第一个夫人叫什么名字？杨开慧。对了，毛泽东就因为找了杨开慧，所以成为毛主席了。如果你想当国家主席，就去找一个叫"开慧"的人吧。

读书、学习重要的是为了开启智慧。一流的教师培养思维，传授方法论；二流的教师教授知识；三流的教师当然是应付考试。人重要的是要开启智慧，掌握方法论，变得聪明。所以我们要善于运用头脑，运用智慧。

江南春原来只是上海一个中小型广告公司的老板，个人身家 2000 万元。他说有一个春节别人都放假了，他一个人在一个书店里待了 7 天，这 7 天里他手里拿着书，但却没怎么看，一直在思考问题，7 天下来他就想明白了一个问题：他做广告总在帮别的企业思考，他为什么不将主要精力用在思考自己企业的发展上呢？于是他开始转变自己思考的方向，懂得了为自己的企业思考才是最有价值的工作，而将为别的企业思考、策划的事都交给了他的艺术总监。

有一次坐电梯时，他等在电梯口很无聊，突然想到中国的大厦里面电梯都相对较少，大家都有等电梯的时间，这时人是很无聊的，当然看广告也很无聊，但如果这时电梯口边上有电视放广告，这些无聊的人不是会用看广告这种无聊来打发更无聊的时间吗？而且这种广告方式成本低，目标对象明确，既便宜又有效，一定会吸引众多的广告客户，于是他决定将设想变为现实。

他当时还比较保守，拿出了 1000 万元作为投资，万一失败了还有 1000 万元保障生活，可以在黄浦江边喝喝小酒，写写诗（他是学中文的）。他决定先主攻上海 50 栋大厦，上海大厦的物业管理人员是很挑剔的，开始没有一栋大厦愿意接受，江南春就亲自出马找到一栋大厦的物业主管说："我送一台液晶电视给你们挂在电梯口，二天内只要有业主投诉，就将电视拆走，并将墙面复原，对你们不会有任何影响。"大厦物业管理终于被说服了。结果电视挂上后，大家都觉得很新奇，每天都有很多人观看，还纷纷夸奖物业管理想得周到，连等电梯的无聊都帮大家想到了。从此他就开始被各大厦接受了。现在全国几万栋大厦里都挂有分众传媒的电视，他的电视反而成了一种标准，没挂的大厦就显得没有档次。

结果就这样一个偶然的创意，加上他不懈的努力，短短几年间，就让他小小的广告公司成了中国最大的户外传媒公司，并成功地在纳斯达克上市。2005 年分众传媒的市值高达 35 亿美金，成了纳斯达克里中国市值最高的公司，江南春本人也被纳斯达克邀请，敲响过两次纳指开市的钟声，成了中国企业家里的唯一。

我们说一个人懒，不只是懒在行动上，更重要的是懒在思想上，不喜欢动脑筋。人不仅要在行动上勤快，更重要的是要勤于动脑。

比尔·盖茨也是一个喜欢思考的典型。他每年都有一个著名的封闭周，在那一周里他将自己封闭在姥姥家，这时谁也不许找他，连夫人也不行，他在那里静静地思考。结果每当他从那一周出来后，毫不夸张地说，世界就要因他而发生变化了，微软很多大的战略行动就是他在那一周里想出来的。今年听说他要将封闭周扩大为两周，上半年一周，下半年一周。

伟大的人物都喜欢思考，善于运用头脑，毛泽东被誉为伟大的思想家，就是这方面的楷模。在"文化大革命"初期，这么重要的时刻，毛泽东却将自己封闭在韶山滴水洞，足不出滴水洞狭长的两三里，目的是为了专心思考政权的问题。11天出来后，他就将刘少奇赶下了台。

世界是因人的思考而改变，推动人类进步的正是人理性的思考。

我们谈到人要有知识，知识是由两个层面组成，"知"和"识"。"知"是指学习到的理论、信息和资料等；"识"是指对所知的东西进行分析、研究、批判、再创造，即产生思想的过程。有知无识是书呆子，所以我们历来崇尚"有识之士"，而不是"有知之士"。

人要有"知"，但更要有"识"。成功者不一定是多么"有知之士"，但一定是"有识之士"。

曾经在网上看到一篇文章叫《中国到底有多少傻瓜》，介绍了中国人喜欢上当的几件不可思议的典型事例。哈尔滨一个司机号称能将水变成油，就这样一个违反基本科学常识的把戏，居然赢得了众多领导的赏识，还有三四百家企业争相与其合作，被其骗了高达3亿多元的资金。

还有国内一家媒体曾报道，中国五位名医在第42届世界传统医学会上荣获"诺贝尔贡献奖"。当时舆论为此沸沸扬扬：诺贝尔奖设立104年以来，中国人终于摘到了这顶桂冠，而且一开张就有5人，令国人多么自豪啊！

于是，这些载誉而归的药王菩萨纷纷举办新闻发布会、信息通报会之类，一时间成为若干媒体的热点人物。然而没过几天，斯德哥尔摩就发话了，说诺贝尔评奖委员会不知道有这么回事，同时也有媒体披露，获奖者每人都缴纳了总计86560元的巨额费用。

类似这样的把戏，稍用一点理性就能看穿，但为什么还能蒙骗如此多人呢？这正说明我们国人缺乏理性思考，或者说不愿意、不习惯用理性思考问题。

我也曾看过一盘所谓"魔鬼训练营"的培训光碟，那些交了不菲学费的学员们一上午就在那里拼命地高喊："合理的要求是训练，不合理的要求是磨炼。"而且个个声情并茂，声嘶力竭。这就是魔鬼训练？我看着只是忍俊不禁。这样主讲者不论是合理的还是不合理的要求，都变成无可厚非了。

还有所谓中国式管理。中国以前有管理吗？中国只有皇帝统治老百姓的驾驭术。中国式管理宣扬的不是管理科学，而是一套庸俗的管理关系学。人际关系的确重要，但那只是人际交往的方式和方法，我们绝不能将中国式的人情关系变成管理的科学，那会危害中国企业走向现代化。

还有很多的培训，主讲者在一本正经地讲着一些完全没有什么内容和深刻见解的东西，但我们那些看似很有身份的听众却无不在认真聆听，忙不迭地记录着，看上去着实可笑。如果我们能剥去这些演讲者的所谓光环（这些光环往往只是这些演讲者的自我包装），来理性地思考时，我们就能辨别知识的真伪。

要用科学战胜愚昧，理性代替盲从。要做"有识之士"，而不仅是"有知之士"。

三、坚守核心经营理念

理念就是理性的观念，坚守核心经营理念就是要坚守行业最基本、最决定性的经营规律。

牛顿从树上苹果落地的现象，发现了万有引力定律；从斜坡上的滚球在空中运行的轨迹，推演出了太空中星球运行的轨迹不是圆形，而是椭圆。

这些发现令牛顿都惊诧，地球上的一些小小现象居然和外太空的规律吻合。本来应该是一个无限混沌的大千世界，居然那么一致地遵守某些既定的规律。万事万物的发展为什么都像安排好了一样这么有规律呢？这简直太神奇了！于是牛顿坚信有上帝，是上帝创造了这一切。后来牛顿将全部的精力都用来研究神学，想寻找万物规律的本源。

"事物发展是有规律的，规律是客观的，并可以被人们认识和利用。"这种对世界的认知，自从牛顿的成功之后，就被人们所普遍接受，也正是基于对世界的这种认知，人类才有了科学，才有了技术，才创造出了几次伟大的工业革命，才有了电视、电脑、飞机、宇宙飞船，才有了人类的不断进步和发展。

万事万物的发展都有规律，因此在企业经营的各个行业中也都有规律。我们要认识规律，遵循规律办事，也就是要坚守核心经营理念，一切工作要围绕核心经营理念。

其实行业的核心经营理念是不难找到的，只要让自己站在顾客的角度换位思考，就能把握规律。

下面，我们来分析一些企业的核心经营理念，以开阔思维。

沃尔玛是从事零售百货业的企业。如果你是顾客，为什么要长期去光顾一家零售超市呢？无非是它的价格便宜，服务好。在国际大型超市里的商品质量一般没有问题，所以取胜的关键就是便宜和服务，所以"便宜和服务"就是沃尔玛的核心经营理念，沃尔玛的一切工作都是为了将这两方面的工作做得更好。

为了做到物美价廉，就要节约成本，特别是运营成本。老山姆分析了企业经营的价值链——进货、仓储、配送、零售店、管理等环节，发现只要选取一个中心地点为物流中心，以开车行驶不超过一天的路程为半径，在这个范围内建的分店都不需要大型仓库，直接将仓库变成卖场，就可以取消仓储环节，节省成本。这就是仓储式销售的来源，也就是沃尔玛著名的中心辐射配送战略。

"我们致力于降低每一个人的生活费用，不光是在美国，我们要让这世界有机会购物少花钱并过上更好的生活。"这是老山姆的理念，为了灌输这种理念，老山姆本人就是节俭的典范，他一生都没有开高档车，而只是开着一辆皮卡人货车。有次公司开高层会议，老山姆故意晚到半个小时，看看他的高层们都开什么车，结果发现都是些名车、高档车。老山姆在会议上大发雷霆："如果顾客知道你们开的都是这样的车，他们会怎样想？'这帮家伙都是赚了我们的钱，才能这样享受的。'"

后来，沃尔玛总部的高层都将好车卖掉或者给夫人开，自己都开二手车或不那么高档的车，这成了沃尔玛总部的一种风气。

沃尔玛甚至还有一条规定，只写了一面的纸不能扔掉。其实纸值不了多少钱，老山姆正是通过小事着手来创造一种厉行节约的风气。

当然企业要赢利，就不可能都便宜。所以沃尔玛的便宜，重点在于营造顾客心目中对沃尔玛便宜的认知。

实际上，对一些顾客比较敏感价格的商品，沃尔玛的定价才便宜，而对一些大家不太清楚价格的商品，沃尔玛就并不便宜。只是沃尔玛强大的低价宣传策略，导致大家心目中有了一种认知：沃尔玛的东西都是最便宜的。所以大家还会去买它。

而且沃尔玛每天都有一些特价商品，这样做既可以有宣传的噱头，也可以营造人们头脑中沃尔玛便宜的意识，还可以吸引顾客。而且顾客去到沃尔玛，不可能只买几种特价商品吧。

沃尔玛商店里，到处都醒目地写着"天天平价"，这不仅是口号，也是老山姆的核心经营理念之一，也正是他成功的秘诀之一。

服务，超越顾客期望的服务，是老山姆的另一核心经营理念，这一点我在后面谈服务的章节里会提到，这里就不多说了。

我们再来看看宝洁公司，这是一家日用品生产商。作为顾客我们选择购买日用品的标准是什么？有人说：质量好。是的，要质量好。但日用品的质量，比如牙膏的质量，常人很难分辨。所以要建立品牌。而且生产日用品是多元产品，所以宝洁的核心经营理念就是：多元品牌战略。

宝洁为各种品牌设定了品牌经理负责制，本企业的各种品牌间都可以互相竞争，以各种品牌为生命体，来寻求自我的生存、发展、壮大。

早期联合利华公司比宝洁强大得多，但联合利华认为同一个企业统购统销才能节约成本，所以不设品牌经理，将各种品牌统一于企业之下，结果现在联合利华已完全无法与宝洁竞争了。没有走品牌经理体制的经营管理之路，现在已被行家们普遍认为是联合利华在与宝洁的竞争中处于不利地位的最重要原因。

还有可口可乐。可口可乐公司是一家单一的饮料生产企业，所以它的核心经营理念是：大品牌战略。

如何营造大品牌呢？可口可乐把他们信奉多年的 3A（Available 买得到、Acceptable 乐得买、Affordable 买得起）战略改成 3P（Pervasiveness 无处不在、Preferece 心中首选、Price to value 物有所值）。

要成为大品牌就一定要"无处不在"，所以可口可乐公司采用各种方法建立了庞大的销售渠道，在每一个超市、商场、小零售店、餐馆都要有可口可乐卖；无处不在了，在众多的饮料中，可口可乐还要成为顾客"心中首选"，这就需要通过强大的宣传策划和攻势，让顾客想到饮料，就想到可口可乐；当然，这一切最重要的是要有好的产品做基础，所以产品要独特，要有高品质的保障，定价要合理，也就是要做到"物有所值"。

我们再来看一看中国的企业。中国的企业中能存在几百年的是哪一家？大家想到的一定是同仁堂。同仁堂的成功也因为它坚守其核心经营理念。

同仁堂自制自卖中药材，那么，顾客购买中药材最看重什么？当然是原材料的真实和制作的精心。所以同仁堂的核心经营理念就是其祖辈传下来的一副对联：炮制虽繁必不敢省人工，品味虽贵必不敢减物力。

为了让职员信守核心经营理念，同仁堂的祖训中还强调：修合无人见，成心有天知。你买材料、制药的过程虽然外人看不到，但你成的心上天知道，所以要凭良心做事。正是同仁堂不断强调并信守祖辈留下来的核心经营理念，所以同仁堂成了中国企业史上少有的能保持基业长青几百年的企业。

当然我们也要注意一个问题，那就是好的经营理念并不一定就是正确的经营理念。核心经营理念一定要吻合行业规律。

当年在蒙古大草原上，成吉思汗马鞭一挥，豪迈地宣布："众人皆败，唯我独赢。"这句话就是甲骨文老板拉里·埃利森的经营座右铭。

甲骨文的核心经营理念是：战争营销，抢占市场。埃利森有句名言："埃利森相信，要把竞争对手置于死地，不仅要打败他们，还不能给他们活路，必须使他们丢脸，蒙受耻辱。干得漂亮还远远不够，一定要取胜。这是公司存在的原因，也是埃利森存在的基础。"

甲骨文是研发数据库产品的软件公司，而软件产品有一个特点，那就是用上了以后就很难替换。

其实埃利森是从 IBM 的研究论文中发现数据库产品的远大商业前景的。但 IBM 的商业信条是"追求卓越，最大限度地满足顾客的需要"，所以他们努力工作，要让数据库产品完善了再推向市场。而埃利森针对软件产品的特点，在产品还不完善时，就要求业务员像战争中抢占制高点一样，不惜一切去抢占市场，他对员工说："顾客需要什么，就说我们做到了什么。"

他的各种宣传策略也是战争策略。在甲骨文一个最著名的宣传广告中：一架时髦的战斗机正在击落一架老式战机。时髦战机的机身上大书着甲骨文，而老式战机则寓意着 IBM、微软或其他数据库制造商。还有一个广告则将 IBM 的标识描画成一排栅栏，还有紧抓住栅栏的两只手，表示这是在囚禁之中。广告词是："IBM 从美国制造业中收获了什么？银铛入狱。"

就这样，开始在没有竞争对手的情况下，埃利森抢占了美国主要的数据库市场。后来，客户开始投诉甲骨文产品的各种缺陷，埃利森告诉客户，给他三个月时间，他会完善产品。

大量客户已经购买了甲骨文的数据库产品，他们没有办法，所能做的只有等待。埃利森就调动一切力量来研究完善产品，而后，他也真的做到了。从此甲骨文公司就一跃成了世界第二大软件公司。

有人问我："你谈的都是单一化经营的企业，对一个多元经营的企业，如何确定核心经营理念呢？"

世界上最著名的多元化经营企业就是 GE 公司。GE 的核心经营理念是：数一数二战略。

杰克·韦尔奇上任通用电气的 CEO 之初就宣布：不能达到要求的业务都必须整改、出售或关闭。因此被人们称为中子弹杰克。

为了实现数一数二战略，杰克·韦尔奇在公司大力消除官僚主义，构建扁平管理架构，倡导坦诚精神，并鼓励在行动中学习，提倡无边界学习行动，施行全球化商务、6δ 管理等措施。结果在短短 20 年时间里，就使通用电气的市值增长了 30 多倍，杰克·韦尔奇本人也被誉为世界第一 CEO。

其实我们可以研究世界上每一个伟大的公司，都可以找到它的核心经营理念，而且它们的一切核心工作都是围绕着核心经营理念。

我去过我们的一些大企业，它们都在赶时髦般地建设企业文化，各种理念、标语、口号应运而生，但大多数都只是为理念而理念，为标语口号而标语口号，完全没有实际应用价值。就像有句话说的："女人都要擦了粉才肯出街，企业也一样，企业的粉就是那企业文化。"

有个石化企业的核心理念是"本色做人，出色做事"，他们的领导还自豪地告诉我，他们的企业文化是聘请了多位著名的专家、教授，用了两年时间提炼出来的，这句理念还是一位退休老员工的杰作。

我只说了一句话："这个理念放之四海而皆准，并不能反映你们行业的特点和规律。"

坚守行业的核心经营理念，一切的战略、战术都围绕着核心经营理念，就能塑造出企业的核心竞争力，就能使企业在行业中立于不败。这就是企业文化最简单、最通俗的概述。

谈到企业的核心经营理念，我想谈谈地方经济发展的问题。

我去过中国很多边远的地区，一方面感叹这些地方的贫穷与落后，另一方面却发现越是这样的地方，地方特色却越浓厚，越有独特的物产。

我在陕甘宁边区某市讲座的时候，当地政府招待了一桌曾获得金奖评选的杂粮宴。宴席上地方产的各种杂粮制作的美食，精巧、别致，宴席上现场演唱的秦腔，苍凉而带有西北特色的野性，富有地方特色的民歌民谣，也与宴席的特色相得益彰。劝客人喝酒，主人只是旁观，都有快乐的歌谣伴唱：第一杯酒怎么样，第二杯酒怎么样。虽然客人觉得不公平，但也着实好玩。

杂粮现在被誉为健康食品，在富贵病日益流行的今天，杂粮含有更多的维生素 B_1，更多的膳食纤维，更多的微量元素，有利于降血脂、降血压。

当时，我对酒店的书记说："你应该将这桌宴席的菜肴和这些演出标准化、系统化、规模化，摸索出一套经营模式，先推广到甘肃省，再推广到全中国，为当地的经济发展做贡献。"

她却回答："我们是政府酒店，每年招待都忙不过来，我没有这样的精力。"

一方水土养育一方人。任何一个地方都有它不可替代的特点，和别的地方有所不同的物产，如果有不断扩张的意识，辅以现代化的经营理念和管理，加上中国这样一个足够大的市场，就一定能在经营上上规模，为地方的经济发展做出巨大的贡献。而且地方政府也应该大力扶持这样的企业，让这样的企业做大做强，以带动地方经济的发展。

深圳现在有很多攸县大碗菜，这些小餐馆让众多深圳人习惯了攸县的菜肴，不也推动了攸县的农产品销售吗？

关键是这些贫穷落后地方的人要改变观念，要塑造一批胸中装有大格局的经营者，要培养一批有宏图大志又有现代经营理念的企业家。

我们看看星巴克公司是如何在全球发展壮大的。

意大利是一个充满浪漫温情的国度，意大利人喜欢把工作当成艺术，而不愿意将工作变成只是一种机械性的生产。所以高档品牌很多出自意大利，因为量少，品位高。也正因此，意大利的公司才出现大量的家族公司。

而美国人的特点则不同，美国宣扬美国梦，美国人见到一个好东西，就想把它标准化、流程化，而后复制销遍全世界。

星巴克的创始人舒尔茨在意大利出差时，发现意大利遍布街区的小咖啡吧里，都能喝到一种现磨咖啡豆、现场蒸煮的浓缩咖啡，上面还浮着一层诱人的白色牛奶浮沫。这种浓缩咖啡人们在几十米外就能闻到馥郁的香味，只需轻轻啜一小口，就有一股浓烈的味道穿透舌尖。喝完后许久，还能感觉到它的暖意和力量。而且，这个小咖啡吧里的顾客都彼此熟悉，见面后，就互相打着招呼，一起笑着，聊着天，他们在这儿感到很惬意。

而当时，美国人还热衷于喝雀巢、麦氏等速溶咖啡，咖啡馆也显得典雅、高档，不适合大众的休闲小憩。舒尔茨想如果能将这种咖啡的制作标准化、流程化、规模化，让全世界喝到的咖啡都像在意大利喝到的一样正宗，能在全世界办起这样的小咖啡吧，让大家在小憩中感受到温情。这样的咖啡吧一定能在全世界受欢迎。

于是，在坚守正宗和温情的核心经营理念下，星巴克的品牌扩张到了全世界。

张之洞在引进西方的科学和技术时，讲了一个原则：中学为体，西学为用。地方的经济要发展，就要以地方的特色和物产为内核，加以现代经营理念和管理，企业就能在全国脱颖而出。张艺谋曾说：越是民族的，就越是世界的。那么，越是有地方特色的，也就越是有独特竞争力的。

第一章 追寻生命的意义

维克多·弗兰克是纳粹集中营里的幸存者之一，他在纽约的一次演讲中对听众说："为什么我今天还能站在这里？原因只有一个，是你们帮助我活了下来。当其他人都放弃希望时，我就这样逃过纳粹集中营的魔掌。虽然我从未到过这里，从未见过你们，从未对你们演讲过，但在我的梦中，就是在我的梦中，我已经站在这儿，说过这些话一千次了。"

同样的，我也经常对我的读者和听众们说："真诚地感谢你们，是你们让我觉得活得更有价值，更有意义。所以我常怀感恩之心……"

在这里其实我不只是说我自己，我们每个人都被别人所需要，无论你做什么工作，即使当司机，你也是在方便人们的出行，甚至是清洁工，也在美化环境，让别人能生活得更舒适。

我们每个人都被别人所需要，所以要好好地工作，好好地生活。我喜欢听你们的掌声，也希望你们将来能听到别人的掌声。我们的价值只因能帮助别人而得到升华。

人最深层的追求是什么？马斯洛认为人最高级的需要是自我实现，但弗兰克在他的名著《追寻意义的人类》一书中指出：每个人在生活中最深层的需要，就是意义和目的。

是的，人最深层的追求是对生命意义和目的的追寻。德兰修女、马丁·路德·金，还有中国的武训，他们在追求实现自我的价值吗？没有，他们只是用伟大的爱做着平凡却又不平凡的小事，只是用他们高尚的人格来展现对生命意义的追求，就像德兰修女说的："我做不了伟大的事，只能用伟大的爱做小事。"他们没有刻意追求实现自我的价值，却最终都实现了自我的价值。

佛教创始人释迦牟尼曾问他的弟子："一滴水怎样才能不干涸？"弟子们面面相觑，回答不上。释迦牟尼说："把它放到大海里去。"

一滴水的寿命是短暂的，但当它汇入海洋，与浩瀚的大海融为一体的时候，它就获得了新的生命。大海永不干涸，它永远存于大海之中。

生命是因有意义而放光彩，个人是因融入集体，对集体有奉献而有价值。人的命运如何我们不得而知，但有件事可以很肯定，那就是：真正快乐的人，必然是那些寻找到生命意义的人。让生命有意义不也就是生命的终极目的吗？

　　著名的精神病学家曼林格博士曾被问到对于精神状态濒临崩溃的人有何建议，他建议他们离开家，越过铁轨，随便找个需要协助的人，然后伸出援手。

　　帮助别人可以缓解个人的痛苦，做出贡献可以体现自身的价值。

　　记得小时候父亲问我："你知道爱迪生吗？"我说知道。父亲说："他发明了灯泡给人类带来了光明。"父亲又问我："你知道亨利·福特吗？"我当然知道。父亲说："他制造了 T 型车，让人类步入了汽车时代。"父亲接着说："但老爸我什么都没留下，只留下了你。你也总应该做点什么，才不辜负老爸养育了你。"

　　这段话一直都在警醒着我、鞭策着我。生命短暂，只有对人类的奉献才能长存。

　　英国有一个古老的故事，说的是一个叫彼特的英国政治家，他年纪轻轻就过世了。彼特过世时来到天国之门，圣彼得问他："身为一个政客，你凭什么认为自己可以上天堂？"彼特指出自己从来不接受贿赂，也没有情妇等等。但是圣彼得粗暴地打断了他的话："我们对你没有做什么一点也不感兴趣，你到底做了哪些事情？"

　　你到底做了哪些事情，这才是最有价值的。工作是人生命意义之所在，公司则是实现人生意义与价值的场所。而唯有把工作当作生存意义的人，他的人生才会大放异彩。

　　我们现在热衷于谈论企业文化，企业文化中很重要的一点就是企业要确立使命，要有使命宣言。唯有使命驱动的公司，才能使人们的工作变得更有意义。

　　《水浒传》中有 108 条好汉，但他们以前大部分只是打家劫舍的强盗，宋江上梁山后，提出了四个字，就让这些草莽变成了英雄，这四个字就是"替天行道"。

　　毛泽东为什么能取得天下？在黑暗的旧中国，当他接触到马列主义思想后，他认为找到了拯救中国的唯一道路，那就是要推翻三座大山，走社会主义道路，进而实现共产主义。他形成了自己的价值观，找到了人生的使命，也正是因为有了这种使命，他才能和一批有共同价值取向的老一辈无产阶级革命家走到了一起，并用他们的价值观去感召大众，唤醒大众。当大众接受了他们的价值观时，他们便赢得了民心，于是最终也就建立了新中国。

　　任何一个组织要有吸引力、号召力、凝聚力、发展的力量，就要有组织的使命，有使命宣言。共产党是要实现"消灭剥削、消灭压迫的共产主义"；佛教要"普度众生"；美国在《独立宣言》中宣布："人人生而平等，都从造物主那里被赋予了某些不可转让的权利，其中包括生命权、自由权和追求幸福的权利。为了保障这些权利。所以才在人们中间成立政府。而政府的正当权力，则须得到被统治者的同意。如果遇有任何一种形式的政府变成损害这些目的的，那么，人民就有权来改变它或废除它，以建立新的政府。"这就是美国这个国家的立国之本。

同样，企业这个组织也要有自己的使命宣言，这样的企业才是有意义的，才能吸引人、号召人，才能凝聚力量，持续发展，才能基业长青。

中国长存300多年的同仁堂有它的使命"同修仁德，济世养生"；沃尔玛的使命是"我们存在的目的是提供顾客物有所值的美好东西"；杜邦公司的使命是"通过化学为更美好的生活提供更美好的东西"；迪斯尼的使命是"带给千百万人快乐，并且歌颂、培育、传播'健全的美国价值观'"；索尼的使命是"体验以科技进步、应用与创新造福大众带来真正快乐，提升日本文化与国家地位"。

世界上所有伟大的企业，能基业长青的企业都有企业使命，甚至连生产万宝路香烟的菲利普·莫里斯公司也有它的使命，那就是"捍卫个人自由选择的权利"。

企业使命宣言是企业的纲领，有了使命宣言，也就意味着企业有了鲜明的价值观，有了存在的更伟大的意义。但这种使命还必须得到全体员工的认同，换句话说，企业只需要认同这种使命的员工，只需要立志成为这个成功团队中一分子的员工。因为这样的员工才会将企业当成实现人生意义的平台，才会将工作当成实现人生意义的手段，才会在工作中去体现生命的价值和意义，才会在工作中大放光彩。

印第安人说："人一出生，本人哀啼，众人欢喜。要是一生都能好好度过，让生命体现出价值，则他日辞世时，众人哀啼，本人欢喜。"

第二章　做最好的自己

林清玄先生写过一个故事：

不知你有没有听过这个埃及古老的传说：

有个开罗人，一天到晚想发财。日有所思，夜有所梦，有一夜，他梦见从水里冒出一个人，浑身湿淋淋的，一张嘴，吐出一个金币。并且对开罗人说："你想发财吗？有成千上万的金币正等着你呢。"

开罗人急着问："在哪里？在哪里？我当然想发财，我都想得快发疯了。"

"好，"那吐金币的人说，"想发财，你就得去伊斯法罕，只有到那里才能找到金币。"说完就不见了。

开罗人醒过来，辗转反侧，再也睡不着。"天哪！伊斯法罕远在波斯啊，我到底去不去呢？去，我必须穿越阿拉伯半岛，经波斯湾，再攀上扎格罗斯山，才到得了那山巅之城。我很可能死在半路，"

开罗人想，"但是不去，我这辈子大概就发不了财了。"

去，他不见得一定能发财，谁能相信梦里的事？但是不去，他必定悔恨。

经过几天内心的挣扎，开罗人还是决定冒险。而且，他决定只身前往。

千山万水我独行，开罗人千里跋涉，经历了许多艰难险阻，终于风尘仆仆地到达了"山巅之城"——伊斯法罕。

天哪！伊斯法罕不但穷困，而且正闹土匪，开罗人随身带的一点值钱的东西都被土匪抢走了。

当地的警卫总算把土匪赶跑，发现奄奄一息的开罗人，喂他吃东西、喝水，把开罗人救活。

"看样子、听口音，你不是本地人"，警卫队长说。

"我从开罗来。"

"什么？开罗？你从那么远，那么富有的城市，到我们这鸟不生蛋的伊斯法罕来干什么？"

"因为我梦见神对我启示，到这里来可以找到成千上万的金币"，开罗人坦白地说。

警卫队长大笑了起来："笑死我了，我还常做梦，我在开罗有个房子，后面有7棵无花果树和一个日晷，日晷旁边有个水池，池底藏着好多金币呢。真是胡说八道，快滚回你的开罗去吧，别到伊斯法罕来说梦话了。"

开罗人衣衫褴褛，一无所有地回到了开罗，邻居看他的可怜相，都笑他疯了。

但是，回家没几天，他成为开罗最有钱的人。

因为那警卫队长说的7棵无花果树和水池，正在他家的后院。

他在水池底下，挖出成千上万的金币。

开罗人有没有白去伊斯法罕这一遭？

当然没有。虽然金币就在他自己家里，但是他不去，就不会知道。

我们的一生不也像这样吗？你确实会听见老人说："人生不过如此，一转眼就过去了。"

难道就因为我们有一天会死，就因为知道有一天自己会看开一切，我们在少年时就不必努力，我们就干脆留在开罗，不必去伊斯法罕了吗？

"为了活下去可以采用三种方法：乞讨、偷窃和做事。"法国政治家格拉夫·米拉波这句话的意思我们每个人都很明白。

有位年轻人在单位始终不被重视，在社会上也没有地位，生活十分苦闷。为了改变现状，他去求教一位老人。

老人将他带到海滩上，随手捡起一粒沙子，让年轻人看了看，然后随便地扔在了地上，对年轻人说："请你把我刚才扔在地上的那粒沙子捡起来。"

"这根本不可能！"年轻人说。

老人没有说话，从自己的口袋里掏出一颗晶莹剔透的珍珠，也是随便地扔在了地上，然后对年轻人说："你能不能把这颗珍珠捡起来呢？"

"当然可以！"

"那你就应该明白是为什么了吧？你应该知道，当你没有特别的才能，特别的不同时，你就像一粒沙子，在大千世界的众多沙粒中，放下去就会无影无踪；要被别人认可，你就要努力成为一颗珍珠，找到自己的发光点。"

那我们如何才能成为珍珠，找到自己的发光点呢？

在战争中我们知道，在不具备整体压倒性优势时，攻击战往往都不能发起全方位进攻，而是要集中力量寻找最薄弱的一点加以突破，而后对方整体都会崩溃。

同样道理，人生中也是如此。我们每个人的精力、才智都有限，因此只能专注在某一方面，经过多年的努力，才能有所成就，使我们脱颖而出。

人的智力和能力会有差异，有人强一些，有人弱一些。但强的人不一定就比弱的人能取得更大的成功。就像战场上两军实力会有强弱之分，但真正的强者是善于集中优势兵力攻击对方的弱点，这样在局部上你就是强者。同理，在人生路上，我们能集中精力去发展我们的某一项专长，我们就比那些聪明但四处出击的人占优势。所以集中精力正是人生成功的要诀。

曾经有位书商对我说："你太划算了。一个电话打到纸厂，纸厂就将纸运到印刷厂，印刷厂印出书后送到仓库，我从仓库拿货帮你销到全国，然后，再将款汇到你的账上。你在全国各地游玩，钱就自动进了你的口袋。"

他的意思是他太辛苦，而我这么轻松地就能赚到钱。我是这样回答他的，我说："全国像你这样的书商，我最少可以找到几百个，但全国像我这样的人，只有一个！我是无可替代的。"

我通过多年的专注、努力，做到了在某一方面的无可替代。其实无论是个人还是企业，要能持续成功，就要有所专注，做出自己的特长，有核心竞争力，从而达到无可替代。而且无论是个人还是企业，只要专注在某一方面，经过多年努力，也一定能做出特色。

现在，我常一次次地惊诧不已：各种企业一款一款地推出新车，相互之间却别无二致；无数新开的餐厅、超市却总是乏人问津。同时，我又纳闷我附近的一家涮羊肉火锅店却总是门庭若市，每天等位的人都要排着长长的队。而且因为人太多，里面的服务并不好，但大家为什么还要蜂拥而至呢？

因为它有特色，它的味道好。所以不论是个人还是企业，要成功不需要面面俱到，只要在某一方面做出特色，做到杰出，就能脱颖而出。

在 2500 年前，伊索就讲过一个关于狐狸和刺猬的故事。

狐狸很狡猾，在和刺猬的战斗中能想出几百种进攻花招。刺猬看上去很笨，走路都摇摇晃晃的，但它就懂得一招，狐狸进攻它时，就缩成一团。结果任狐狸怎样聪明，它就是斗不过刺猬。

平淡无奇从来缺乏吸引力，万众面孔，唯我不一样，唯我在某一方面特出，这就叫有核心竞争力。

成功者都拥有最核心的竞争力，那就是无论做什么都追求真才实学和卓越不凡。

德国著名哲学家费希特年轻时，曾去拜访大名鼎鼎的哲学权威康德，想向他讨教，不料康德对他很冷漠，拒绝了他。碰了个大钉子的费希特并未因此而不平，他不灰心，也不怨天尤人，而是从自己身上找原因，心想：我就这样两手空空前来拜访，人家当然怕被打扰了，为什么我不拿出自己的成果来呢？

于是他埋头苦学，完成了一篇名为《天启的批判》的论文，呈献给康德，并附上一封信。信中说："我是为了拜见自己最崇拜的大哲学家而来的，但仔细一想，对自己是否有这种资格都未审慎考虑，感到万分抱歉。虽然我也可以请其他名人写推荐函，但我决定毛遂自荐，这篇论文就是我自己的介绍信。"

康德细读了费希特的论文，不禁拍案叫绝。他为其出色的才华和独特的求学方式所震惊，便决定亲笔写一封回信，邀请费希特来一起探讨哲理。

后来，费希特成为德国著名的教育家和哲学家。

我们常说要"激扬禀赋"。"激扬禀赋"也就是说一个人本来就具有很多天赋，只不过没有很好地利用出来。人是这个世界上最大的资源，对人的浪费是世界上最大的浪费。所以，我们要激发自己的潜能，最大限度地发挥，取得最大成果。其实，我们的禀赋就是上帝在生命的银行里为我们存下的一笔巨款。如果你懂得善用它，你就是富翁；如果你不会用它，你就是穷光蛋。

在一本书中我看到过这样一个故事：

杰克在国际贸易公司上班，他很不满意自己的工作，愤愤地对朋友说："我的老板一点也不把我放在眼里，改天我要拍桌子，然后炒他的鱿鱼。"

"你对公司的业务完全弄清楚了吗？对于他们做国际贸易的窍门都搞通了吗？"他的朋友反问。

"没有！"

"君子报仇十年不晚，我建议你好好地把公司的贸易技巧、商业文书和公司运营完全搞通，甚至如何修理复印机的小故障都学会，然后辞职不干。"朋友说："你用他们的公司做免费学习的地方，什么东西都会了之后，再一走了之，不是既有收获又出了气吗？"

杰克听从了朋友的建议，从此便默记偷学，下班之后，也留在办公室研究商业文书。

一年后，朋友问他："你现在许多东西都学会了，可以准备拍桌子不干了吧？"

"可是我发现近半年来，老板对我刮目相看，最近更是不断委以重任，又升官、又加薪，我现在是公司的红人了！"

"这是我早就料到的！"他的朋友笑着说："当初老板不重视你，是因为你的能力不足，却又不努力学习；而后你痛下苦功，能力不断提高，老板当然会对你刮目相看。"

不要只知道抱怨别人，却不反省自己。如果我们不是仅仅把工作当成一份获得薪水的职业，而是把工作当成是用生命去做的事，自动自发，全力以赴，我们就可能获得所期望的成功。成功者和失败者的分水岭在于成功者无论做什么，都力求达到最佳境地，丝毫不会放松；成功者无论做什么职业，都不会轻率疏忽。

要做就做最好的。已经够好了，请努力去做得更好！卓越是我们不懈的追求。

事业的成功要靠后天的艰苦努力达到，但所有的人已经先天就具有了这种条件，因为，我们一生下来就是卓越者了。

想想吧：为了生下你，许多战斗已发生，这些战斗又最终以你的成功而告终。

数以亿计的精子参加了巨大的战斗，然而只有一个赢得了胜利——就是构成了你的那一个！这是为了达到一个目标而进行的大规模的赛跑：那个为精虫所争夺的目标——卵子，比针尖还要小，而每个精虫也是要被放大到几千倍才能为肉眼所见。然而你生命的最初决定性的战斗就是在这么微小的场合进行的。

精虫中的染色体所包含的全部物质与倾向是由你的父亲和他的祖先提供的，卵核中的染色体则来自你母亲那方。你的母亲和父亲本身代表了二十多亿年前为生存而战斗的胜利的极点。于是一个特殊的精虫——最好最健康的精虫，便以最快的速度与一个等待着的卵结合起来，形成微小的活细胞。

成功了，那就是你！

第三章 为工作而自豪

中国企业中能称得上现代企业的非常少，我认为华为集团就是这少数中的一个。

一次应邀去华为讲座，地点在员工宿舍区的俱乐部里。当我一下车时，有位员工认出了我，过来与我打招呼。在寒暄中，我随意谈起了华为的员工宿舍真漂亮，都是一栋栋的别墅时，那位员工马上热情地问："丁老师，您是第一次来华为吗？讲座完后，如果有时间，我带您四处看看。"然后他指着宿舍前的游泳池说："这是深圳最好的游泳池。"

我心想那是不可能的，只是他少见多怪罢了，但他话语中透着的那种自豪感，却令我感动不已。

一个优秀的企业，首先就要有员工对企业的自豪感。

在日本，如果你干得很好，日本人给你的最高奖赏是什么呢？他会拍着你的肩膀说："你像我们日本人。"我很生气，我怎么像日本人呢？但他们认为这就是给你的最高奖赏。

我们有没有在某个时候，一个老外干得很好时，我们拍着他的肩膀说："你像我们中国人。"如果你现在这样说，他会觉得你在骂他。

任何一个人做事，首先得对你的工作、公司有自豪感，你都不对公司、工作有自豪感，我不相信你能做得好。如果我公司的员工在背后说我的坏话，我还不会特别为难他。但只要我在背后听到他说公司的坏话，我就一定会告诉他："既然你觉得公司这么不好，你去另谋高就啊。"

对公司、工作没有自豪感的人，又怎么可能对公司、工作尽全力呢？其实很多时候，我只要看看某个公司员工的精神面貌，我就能知道这个公司好坏。员工的精神面貌，正是公司好坏的晴雨表。

松下幸之助就曾说过"五分钟了解一家企业"：不需要看它的规章制度，不需要看它的报表，不需要看章法，你只需要感受你看到的人的一言一行、一举一动，你能感受企业背后有一股什么样的"精气神"在支撑着这个企业发展。

记得与一位母亲的聊天，她儿子是位智障人士。她虽然也常为儿子痛苦，但她谈起儿子偶尔的一些聪明行为时，也流露出一种自豪。母亲对于儿子总有一份自豪，那我们对于工作不也总应该有一份自豪吗？无论你从事什么工作，无论你喜不喜欢，只要这工作是你必须要做的，你就要培养对它的自豪感。只有对工作的自豪，才能焕发对工作的热忱，也才能够将工作做到最好。

岳阳团市委主办的"青年论坛"曾邀请我去讲座，课后他们团市委书记陪我浏览岳阳市容。当时，每到一个地方，看到一个新的大厦或景致时，他就津津乐道，如数家珍，到了市政广场他还专门邀我下车走走，给我讲解投资了多少钱，请哪里设计，绿化是按什么标准做的。虽然短暂的接触我无法深入了解他的能力，但从他滔滔不绝的话语中，我感受到了他对这个地方的热爱和那一种抑制不住的自豪感。我想一个地方领导只要对地方充满自豪，起码就会对地方尽心尽力。

同样的，只有对工作和公司充满自豪，也才能对工作和公司尽心尽力。

自豪感，是人有为之骄傲东西的一种情感。没有为之骄傲的情感，也就不可能有忠诚度，也就不可能有全身心的投入和持之以恒的热忱，也就不可能在人生中有什么作为。

在小时候我曾无数次地被钱学森的传奇故事所打动。他为了回归新中国，被美国当局软禁了5年，没收了重达800公斤的书籍和笔记，当时的美国海军部次长还恶狠狠地说："他知道所有美国导弹工程的核心机密，一个钱学森抵得上5个海军陆战师，我宁可把这个家伙枪毙了，也不能放他回红色中国去！"

钱学森在软禁中巧妙地送出了一张纸条，表达了他要回国的愿望，这张纸条最终到了周恩来的手里，经过多方周旋，最后用美国11个被俘的飞行员才将钱学森换了回来。

钱学森是一个很有民族气节的人，为中华民族而骄傲和自豪。1989年，钱学森获得国际理工研究所"小罗克韦尔奖章"，这是国际理工界的最高奖，获奖者必须是国际理工最权威的人士，在已有的16名获奖者中，钱学森是唯一的中国人。但他说他是"作为美国的犯人，被驱逐出境，押送回国的"。所以他发誓再不踏上美国的土地。他获奖后并没有前往美国领奖，而是由中国驻美大使代领的。在当时国防科工委专门召开的庆贺座谈会上，钱学森平静地说："这是第一名中国人得此奖。要紧的是'中国人'三个字，这个'中国人'应该包括成千上万为此做出贡献的人。"

为民族而自豪，为家乡而自豪，这是高尚的人格；为工作而自豪，为企业而自豪，这是高尚的职业操守。但什么时候我们已经丧失了这种自豪感呢？这种单纯的、优美的情感已在现实的生活中被人们淡忘了，国家只成了一个模糊的概念，企业只是一个安身立命的场所，工作只是为了生存而必需的劳作。这种庸俗的观念使得我们没有了爱国的热忱，没有了工作中的浪漫和享受；没有了沸腾的热情，没有了灵动的创造力。

人是必须要有一些为之自豪的情感的。夫妻间没有了为对方而自豪的情感，双方还能有共同生活的基础吗？父母没有了对子女的自豪，还会有对子女的期望和慈爱吗？自豪感正是联结国家、公司和个人热情的纽带。

当然，公司也要让员工有自豪感。你问三星级酒店的员工："酒店是几星级？"她只会耷拉着脑袋小声说："三星级。"而五星级酒店的员工则会自豪地告诉你："我们是五星级。"

我曾问一位四星级酒店的员工："你们是几星级？"她响亮地回答："我们的硬件是四星级，但软件是五星级！"

IBM、可口可乐、华为的员工都为自己的公司而自豪，因为公司也确实有让他们自豪的理由。在那些伟大的公司中，员工对公司的自豪感甚至已经上升为一种信仰。

在IBM成立之初，老沃森就始终在灌输一种观念，IBM是一家与众不同的优越公司，他说："要是你不相信这家公司是世界上最伟大的公司，你在任何事业上都不会成功。"

他的儿子小沃森也继承了这种理念，他在《与众不同的IBM公司》一书中说："如果我们相信我们只是随随便便地为一家公司工作，那么我们就会变成一家随随便便的公司。我们必须拥有IBM公司与众不同的观念。你一旦有这种观念，就很容易发挥所需要的驱动力，致力继续保持这种事实。"

正是IBM公司大力灌输的这种与众不同的观念，使得IBM的员工对公司充满了骄傲和自豪，也才使得他们不断地追求卓越，创造了IBM一个又一个的神话。

还有可口可乐公司。可口可乐有一个神秘的配方"7×100"，尽管今天可口可乐99.67%的原料，比如水、碳酸、砂糖、香料和各种添加物全部来自于生产当地，并由当地调配，但可口可乐原液仍由可口可乐公司总部提供。正是可口可乐的神秘配方，使得世界上各地的可口可乐在口味上可以保持一致，从而建立起了强大的品牌优势。

100多年来，可口可乐的众多竞争者曾高薪聘请高级化验师对其配方进行破译，或是企图收买可口可乐的化验师，但从来没有成功过。其原因就在于可口可乐人的无比忠诚。也正是这种忠诚，才使得可口可乐的神秘配方能够对全球各地采取授权生产方式，使可口可乐遍布全世界。

可口可乐公司为了培养员工的忠诚，首先是从让员工为公司而自豪入手。可口可乐把这种为公司而自豪的信念像教会一样制度化了，从而产生了类似于宗教般的向心力，以至于在可口可乐人眼中，可口可乐简直就不是普通饮料，而是圣水，是充满了魔力的圣水。一位记者曾形容说："无论我去到哪里，发现为可口可乐工作的员工，他们的感觉就像自己是来自梵蒂冈的使者，是接触过上帝一样。我总是感到惊讶。他们对这种产品居然会如此崇敬。"

可口可乐人将为可口可乐工作当作了一种使命。它不是谋生之道，而是一种信仰。甚至于离开了可口可乐公司很多年之后，那些员工依然保持着对可口可乐公司那种"可怕"的信仰：坚持认为可口可乐是世界上最好的公司，坚持认为可口可乐的销售技巧是最好的销售技巧，坚持认为可乐就是可口可乐而不是百事可乐，坚持只喝4℃的可乐并认为那是最好的风味。

作为可口可乐员工，他们的那一种自豪感正来自于对公司实力的坚信和对发展前景的看好。在自豪感作用下，他们时时处处行动上保持精力旺盛，言语上自觉维护公司声誉。可口可乐的员工自然而然地形成团结一心的企业氛围，对公司不利的事情一概不做，对公司不利的话一概不说，大家做事的态度都非常认真、谨慎。可口可乐原液配方的绝对保密就正证明了这一点。

无数伟大公司长盛不衰的经验证明，对公司和工作的自豪感，正是公司的吸引力、凝聚力以及不断追求卓越的动力所在。所以，对公司和工作的自豪感，也正是所有伟大公司新员工培训的第一主题内容。

第四章　工作当玩乐

成功的秘诀，是把工作视为休闲。

——马克·吐温

我们常说：除非喜爱自己所做的事，否则永远也无法成功。

但对于大多数人而言，现实社会中有种种限制，阻碍着我们追求心目中理想的工作。大多数人工作都只是为了养家糊口，或是迫于生计，或是怀才不遇，暂时屈就，真正能学以致用，发挥所长的工作很难找到。许多人在生活的重压下，根本没有时间和精力去寻找新的理想工作。

在我自己有能力办公司之前，我当了多年的教师。虽然各地都在大力倡导素质教育，但不论素质教育被描绘得多么美好，说素质教育搞好了，学生成绩自然会提高，而且学生会更有竞争力。但事实上，为了应付考试而专门的教学，不管怎样，当然比素质教育更能应对考试，而考试成绩是家长、领导、学生唯一能具体看得到的，能让他们得到实惠的，因此也是他们唯一重视的，所以学校、教师也都不得已，只能表面上唱着素质教育的赞歌，实质上还得进行应试教学，因此也让教师工作变得既没有多大意义，又枯燥乏味。除了讲授新课有些乐趣外，其他大量时间都是在进行题海战术和一轮又一轮的考试。加之我一直在三类学校教书，学生调皮、厌学，我常常精心准备的教学，上课时，却没有多少学生认真听。弄得我非常伤心和失望。

那段时间，我甚至恨我的学生，恨我的工作。在街上遇到学生，能不理时就尽量不理，即使学生主动打招呼，我也只是简单点点头应付过去。那时每天上班就像受苦一样，上班就盼着下班，周一就盼着周末快些来到。工作没有让我得到任何乐趣，只是一种煎熬。我多少次幻想着不干这份工作了，但我知道我还得吃饭，还得生活，而我现在能力不够，没有这份工作，我是无法生活的。

有天和一位电视台的导演聊天，她做过记者，当过某杂志的策划，现在又做电视台的导演，她做每一样工作都很出色，我问她怎样才能做到这样。

她这样对我说：

"我有一个朋友打麻将，曾连续打了 36 个小时，两个眼睛都呕睖了，人就像一个白粉妹。但睡了一天后，有人提议晚上再打，她马上又响应了。她为什么能这么有精神？因为她对打麻将有兴趣，她在玩。

"还有一次我和几个朋友邀约骑马旅游内蒙古的一个草原。当时，我们在烈日下骑了 6 天的马，屁股都磨破了，每天晚上躺在床上都浑身酸痛，朋友们都说我们几个人是花钱买罪受，但大家兴致依然很高，纷纷相约明年再来。

"虽然我们的身体受到了磨难，但心灵愉悦，人人都很开心，因为我们在娱乐，在玩。

"所以玩才会有兴致，才会有乐趣。但什么是玩呢？其实做任何事都可以玩，都可以当作玩。我做每一项工作时，都抱着玩的心态，这样工作起来才充满乐趣，而且也更有创造力。"

从那次和她的聊天以后，我就试着将工作当娱乐，用玩的心态来工作。我发现工作中其实也有很多乐趣的。

我是教师，教师的工作是跟人打交道，一般人都是在生产物质产品，而我的工作却是在塑造人，培养人，有什么工作能比培养人、塑造人更有价值，更有乐趣呢？

有一年临近春节时，在街上遇到一个多年前毕业的学生，读书时他是一个很调皮的学生，还跟我发生过一次严重的冲突。那天他大老远看到我后，就跟我热情地打招呼，于是我也只好跟他打招呼，两个人简单地聊起来。闲聊中我无意中谈到深圳每逢春节就车票紧张。他问我："老师，你还没弄到票吗？"我说是的，他说前几天他们班上的一些老同学组织了一次聚会，其中一个同学就在车站工作，他说跟他联系一下看还有没有票，然后要了我的电话。

第二天他就打来电话，说票已弄到。我走的那天，他们班上能联系到的同学就聚在一起，为我送行。

席间我们回忆着以往的生活，以往他们的调皮，以往我的装模作样和正儿八经，我突然发现那些生活也是充满乐趣的。

学生真的是很可爱的。从那天起，我就开始多接触学生，将工作当作一种玩乐。当你接触学生多了，人都是有感情的，你也会感受到他们的喜、怒、哀、乐，从而对他们更加喜欢，于是工作也真的变成不是那么难以忍受，甚至成了一种乐趣。

我突然发现我应该喜欢这份工作，而且这份工作也有值得我喜欢的地方。如果我不去喜欢它，我每天大量的时间都要工作，都要从事它，那我每天大多数时间不就是在受罪吗？如果我转变观念，培养我对这份工作的喜好，那我就能将每天的工作变成一种乐趣，那我每天就能在快乐中生活。这样不是才能生活得更好吗？工作其实也可以当作一种游戏的，既是体力的游戏，也是智力的游戏，还会挑战自己的能力，其实比打游戏机还好玩。

厌恶自己的工作，最终也会遭到工作的厌恶。工作不是我们谋生的手段，而是人生的价值之所在。其实世界上没有卑微的工作，只有卑微的工作态度。从工作中去寻找快乐吧！如果你不能在工作中得到乐趣，你就不能在任何地方得到它。当我们热爱自己所做的工作时，我们才能享受每天有限的幸福，过得满足而又有意义。

从此我的笔记本中有了这样一句格言：人生如游戏，工作当玩乐。

不要误解我的意思，这不是说我看轻人生的意义，对人生无所谓。我也有我的价值观、使命感，我也有我生命的意义，有我的亲情、热忱，但人生的最终结果终究是死亡，万物皆空，当我们适度抱一些游戏人生的态度，将生命中一些东西看轻一些的时候，我们就会少了很多束缚，不会过分患得患失，瞻前顾后，生活才能轻松自在，洒脱自然，这样我们才能在生命中更潇洒，更自如，往往也因此能让我们更有灵感，更富创造力，人生更顺意。

工作当玩乐，工作是实实在在的，也的确有时是重复、枯燥、琐碎、乏味的，我们需要通过工作来赚钱，养家糊口，但我们并不能因此而把工作变成一个陷阱，来陷住我们自己。公司不是监狱，只是我们选择的工作态度，让我们把公司变成了监狱。

现在我几乎每个星期都要出外讲学，经常是下了飞机就上汽车，然后是整天整天的讲课，有人问："你这样整天忙忙碌碌的，不累吗？"我说："你打麻将时不觉得累吧？我就将讲课当成打麻将。"

任何东西只有抱以娱乐的态度，抱着玩的心理，才能让你做起来兴致盎然。

一位香港记者采访我时，给我推荐了一本叫《鱼》的书，这本书我很喜欢。

鱼市场在大家的心目中一定是又腥、又臭、又脏、又乱，讨厌的苍蝇四处嗡嗡地叫，没事尽量不要去的那种地方。

但在美国西雅图有一个派克街鱼市。那里不仅是鱼市场，还成了世界闻名的旅游点。著名制片人克里斯坦森就以这个鱼市场为题材，拍摄了一部企业管理教学录像带，结果轰动全美，成了各大企业培训的经典教材，引致美国的很多企业都要组织员工去那里参观。在以录像带为蓝本写出来的书《鱼》中，有这样一段关于派克街鱼市的描写：

其中一个鱼贩抓起一条大鱼，扔向20英尺远的柜台，并高声喊着："一条飞往明尼苏达州的鲑鱼。"其余的工人齐声应和道："一条飞往明尼苏达州的鲑鱼。"站在柜台后的那个家伙单手接住，简直是不可思议！人群中又响起一片赞叹声，然后他像一个成功的斗牛士那样向喝彩的人群鞠躬致谢。这里的人真是活力四射！

在他边上，另一位鱼贩正在和一个随家长来买鱼的小孩儿开玩笑，他把一条大鱼的嘴巴打开，一张一合地像是在与人说话。另一位稍微年长一些、头发浅灰的家伙则边走边喊道："回答问题，回答问题，专门回答鱼的问题！"而一位年轻的工人则在收银台上用螃蟹变戏法。看着销售人员对着鱼讲话，两位年长的顾客乐不可支。这个地方太热闹了！每个人都在这里感受着，心情放松了许多。

一群干着枯燥、脏乱工作的鱼贩将一个常人通常要绕道走的鱼市场变成了一个闻名的旅游胜地，这正是因为他们乐观的工作态度，将娱乐带到了工作中，将工作变成了娱乐，让每一个来到这里的人都受到感染，都会情不自禁地参与到这个玩的行列中，从而让自己感受到快乐。

其实我们说人要做自己喜欢的工作，但这是需要有能力的。大多数人做的工作都不一定是自己的所爱，在现实生活中，我们把时间投入在工作上只是为了满足需要，只是为了解决生存问题，工作都是被迫的，于是我们总是抱着这样的一种方式生活："谢天谢地，终于又到了周末。"

但要知道人三分之一的时间都在工作，如果你不能从工作中得到快乐，那你三分之一的时间都将在痛苦中度过。与其这样，为什么不想办法让这三分之一的时间变成一种享受呢？既然工作是一定要做的，为什么不去发现工作的动人之处，去爱上自己的工作呢？当学会热爱工作之后，工作便不再是一种负累，而会成为一种快乐。爱上自己的工作，也更容易在不经意之间收获到真正的成功。

工作如何才能变成乐趣，其实这不仅是工作本身有没有乐趣的问题，更重要的是我们对待工作态度的问题。任何工作只要你长期去做它，如果没有正确的工作态度，那么它终究会让你腻烦。

唯有爱好才能焕发热忱，而热忱能成就任何伟业。

寓工作于快乐的氛围，让所有成员都能从工作中得到成就感，并享受工作，正是所有伟大企业的企业文化中所极力倡导的。

老山姆就经常教诲员工："如果你热爱你所从事的工作，那么，每天你都会想尽办法把工作做得最好。不久，你周围的每一个人都会从你那儿感染上那份热情。"

他主张成功要大庆，失败则不必耿耿于怀。教育员工不要对自己过于严肃，尽量放松，这样你周围的人也会放松，充满乐趣，并经常地显示激情。

他在去日本访问后，感受到日本企业员工每天的欢呼场面，回来就制定了"沃尔玛欢呼"制度：员工在商店里每换一次班就欢呼一次，每天要进行三次沃尔玛欢呼。

他说："因为我们工作如此辛苦，我们在工作过程中，都希望有轻松愉快的时候，使我们不用总是愁眉苦脸。这是'工作中吹口哨'的哲学，我们不仅仅会拥有轻松的心情，而且会因此将工作做得更好。"

从此，"沃尔玛欢呼"成了每一位员工的必修课，也成了每一天"带给顾客好心情"的前奏。

老山姆还规定了每星期六早晨的例会制度。它的基本目的是交流信息，减轻每个人的思想负担、团结队伍。公司经常在星期六晨会后举行联谊活动，喊口号、鼓劲、联欢，以减轻每一个员工的负担，使员工身心愉悦，同时也增强了凝聚力，团结了队伍。员工们很容易把星期六联欢所产生的欢娱气氛带到工作中去，而这正是老山姆所追求的"让商店保持轻松愉快的氛围"。

迪斯尼也是这样。迪斯尼在培训新员工时，首先就会问："我们从事什么事业？每一个人都知道麦当劳做汉堡包。迪斯尼做什么？"然后会告诉新进员工："我们做的是让大家快乐。不管是谁、说什么语言、从事什么行业、是哪里人、什么肤色或有什么其他的差别，我们来这里就是要让他们快乐……我们雇的人没有一个是雇来担任什么职务的，每一个人都是在我们的戏里排定的一个角色。"

迪斯尼的管理阶层每年都要接受为期一周的"交叉工作"的训练活动。在训练期间迪斯尼的主管们换下平日上班时的装束，穿上各式的道具服装，在游乐场中客串售货员，卖爆米花、冰激凌、热狗，或是充当导游，收停车费，以及驾驶单轨火车。总之，游乐场有一百多项工作可任其选择。在迪斯尼公司没有所谓的工作人员，游乐场所里的工作人员都是"演员"，而迪斯尼人事部的工作就是"指派角色"。游乐场犹如舞台，工作人员一进游乐场就等于上了舞台，开始表演并为大家服务。就连在迪斯尼里当售票员，也要在接受四天的训练后才能"参加演出"。一旦有人问起洗手间在哪里、游行什么时候开始或是什么时候回野餐地等等，他们必须立即一一回答。一位售票员说："我们毕竟是在舞台上为我们的客人表演一场好戏呀！我们的工作就是时时刻刻地让顾客玩得开心、尽兴。"

迪斯尼利用一整天"传统1"的课程，不断地向新成员灌输迪斯尼公司的经营哲学和作业方式。从副总到最新的兼职人员，每个人都要参加这门课程，目的是让每个"新演员"在开始表演之前都能对公司的历史、成功的背景以及管理风格先有个整体的认识。他们不仅向每一个新职员说明迪斯尼每一个部门和其他部门（如业务部、休闲部、饮食部、销售部、财务部、采购部、娱乐部等）之间的关系，而且要他们了解每个部门在"整体演出过程中"的地位，让全体员工都明白我们是"制造快乐"中的一个环节，更重要的是我们要"制造快乐"，我们自己首先得快乐起来。

毕加索说："我工作时，觉得舒服自在；无所事事或谈天说地，令我困倦。"工作就是玩乐，玩乐在工作中，这就是永葆工作热忱和创造力的法则。

美国的天才老爹，著名的笑星，年收入过亿美元，别人问他成功的秘诀，他说："他们不付钱，我都愿意讲笑话给他们听，我喜欢我的工作。"

正如迪斯尼所总结的："我们做任何事情，要把它做好，就要'热爱'它。没有这种心态，我们做得最好的，就是浪费时间！"

第五章　责任心

你将怎样度过自己的人生时光，大多取决于你在多大程度上愿意承担创造自己人生的责任。

一次在纽约机场，看见一位母亲带着她金发碧眼的儿子。因为小孩很漂亮，所以吸引了我的目光。小孩是很调皮的，下飞机后，就在前面蹦蹦跳跳地跑着，结果不小心摔了一跤。小孩摔跤一般开始不哭，看大人来不来管他，如果大人不管，他就会"哇"的一声哭出来。这时如果是一位中国的母亲，她会赶紧过去抱起他，安慰他，甚至跺着那块地骂道："这地真坏，妈妈打它。"但那位美国的母亲却不是这么做的。她过去后对孩子说："站起来。"孩子没动，只是在那里哭，她又说："站起来。"孩子还是没动，还是在那里哭，这时她突然大吼了一声："站起来！"小孩一听吓得就站了起来。

那位母亲将孩子拉到一边。我觉得这位母亲处理的方式很特别，就跟了过去。只听那位母亲对孩子说："你已经三岁了吧？三岁的孩子应该像个男子汉。连摔倒了都不能自己站起来，将来怎么指望你长大了来保护妈妈呢？"

我突然觉得西方教育孩子的方式都与我们有很大的不同，他们从小就注意培养人的责任感。

我有位朋友也给我讲了他在英国遇到的一件事：

他住的公寓每天都有一位年老的白人女清洁工来打扫卫生，中国人的传统是尊老爱幼，有天他下课早了，就主动地帮老太太打扫卫生。结果那位老太太看到后非常生气，她说："这是我的职责，我有能力做好它，我不需要你的帮助。"在她眼里，你不是在帮助她，而是以为她没有能力完成这项工作。

一个普通的清洁工都能以胜任自己的工作为自豪，这种责任心已经深入到他们的灵魂中去了。这不也正是英国之所以先进的原因吗？

中央台《实话实说》节目中，龙永图副部长也讲了这样一件事：

　　"在瑞士谈判期间，有次到瑞士的公园散步，上厕所的时候，听到隔壁的盥洗室里边哐啷哐啷的，不知道发生了什么事，就过去打开门一看，发现一个七八岁的小男孩在那里折腾。我心里想怎么这样淘气呢。就问他干什么，他说抽水马桶坏了，不知道怎么把水冲下来，半天又没人来，他想自己修好它。我听了非常感动。我们平时上厕所，能拉一下冲水器就不错了，如果冲水器坏了，肯定会一走了之。但这个小男孩坚持自己上了洗手间，就要自己冲，冲不出水来，就不能离开，没有大人来，他就准备自己修好它。可以说他有一种社会责任感，有一种规则意识，这是他从小的时候就在心灵上培养起来的意识——责任感，这种责任意识是非常重要的。所以我觉得，我们中国加入世界贸易组织以后，也要从小给孩子们树立起那种规则的意识、对社会的责任感。"

　　我也见到过一件事：一次排队买一种酱爆鸭时，由于一炉只出十只，一个小孩排在十人以外，他见买不上了，就总是往前插队，被人拉出后，他又跑到前面，甜甜地叫着："叔叔，帮我买一只吧！"别人告诉他，帮你买了，后面的人就买不到。但他仍然不依不饶地粘着别人。

　　同样的小孩，西方是培养社会责任感，而我们的小孩，特别是我们见到一些商人的小孩，从小就在学着做生意，而他们的方法却是从小就学着想办法占便宜。现在的社会教育好像吃亏就是傻，从小就教育小孩占便宜，这样的小孩又怎么能有社会责任感呢？没有社会责任感的人，是不会有大出息的。

　　责任心正是现代中西方文化中的一个重要差别。该你做的，就一定要完成它，这就是责任心。其实没有了责任心，也就没有了做人的尊严，实质上就是一种自暴自弃。

　　存在主义哲学家萨特认为：人生就是一种选择。你说你不做任何选择，那其实也是一种选择，你选择了不选择。既然一切都是自己的选择，那我们就要对选择负责任。也正因为存在这样或那样的责任，我们才能对自己的行为有所约束。

　　存在主义分析治疗学的创始人维克托·弗兰克，他是纳粹奥斯威辛集中营的幸存者之一，他在那个活人实验室里，亲眼目睹了有的牢友惨叫得像头猪，有的牢友却表现得像个圣人。他认为在人的身上，同时具备这两种潜能。至于会表现出哪一种，是由个人选择决定的，而非由环境决定。他说："人绝对可以主宰自己的行为。人确实是由自己所塑造出来的。"

　　法律上说精神病犯了法不用承担责任，因为他没有判断力，没有理性的选择。而我们作为正常人，能对自己的行为做出理性的选择，因此我们也要承担伴随选择而来的责任。勇于负责正是衡量个人能力及成熟度的最佳方法之一。

即使是一个优秀的企业领导人，在不确定性的经营环境中也不可能总是一次就把事情做成功。在遭遇挫折和失败时，只要勇于负起责任，认真总结，从头再来，就会有成功的机会。因此，在盖洛普的调查中，4万多名企业领导人都把承担责任作为自己成功的一种特质。

美国西点军校的校训是"责任、荣誉、国家"。

西点军校历史上曾培养了三位总统、五位五星级上将、一千多位将军，不仅如此，西点军校还为社会培养了大量人才，在世界500强企业里面，西点军校培养出来的董事长有1000多名，副董事长有2000多名，总经理、董事一级的有5000多名。甚至任何商学院都没有培养出这么多优秀的经营管理人才，那西点军校成功的秘诀是什么呢？这就是西点军校对责任心、荣誉感和爱国精神的着力培养与训练。

"国家"意在唤起一种为国家利益和民族理想服务的献身精神；荣誉是对美好事物的追求，对团队和自己名誉的爱惜；责任则是军人职业道德的核心。军人的责任大于山，把承担责任作为自我塑造的主旨，这就是西点精神，也正是这种精神使西点的毕业生走上社会后，也能成为社会上的佼佼者。

其实责任也正是做人的职业道德的核心。

在日本千叶县铁路桥的桥头堡里，几十年来一直耸立着一尊雕像，雕刻的是这段铁路的总设计师。他设计的这段铁路在最后完工对接时，发现有10厘米的误差，晚上总设计师就自杀了。

千叶县建这尊雕像的目的现在已不得而知，但我想这既是为了警醒人们不要犯错误，也是为了表彰这种犯了错误就要有承担的精神吧。

日本崇尚武士道精神，经常有剖腹谢罪自杀的现象。自杀虽然不值得提倡，但做事要有承担的精神却的确应该大力推崇。日本经济几十年来的高速发展，不也正与他们已深化入民族信仰中的责任心有关吗？

曾经在报纸上见到一篇文章说：

有日本的两兄弟吊在高层建筑上工作。突然间弟弟摔下去了，但哥哥还是继续完成工作，直到下班后，才痛哭流涕地赶到医院看望弟弟。别人问他："你当时怎么不下来照看弟弟呢？"他回答："我要工作，下面有人会照料他的。"

这件事不知道是不是真事，但的确，日本人在工作中的高度责任感是有名的，这也正是他们的产品能行销全世界的原因。

日本的传奇企业家本田就十分重视对下属责任心的培养，后来成为本田公司副社长的入交昭一郎回忆说，在大学刚毕业时，本田交给他一项为

F1赛车设计发动机活塞环的任务，但在比赛中因为活塞环的原因，发动机被烧了，本田不仅臭骂了他一顿，还愤怒地告诉他，因为他的行为浪费了多少人的努力，给多少人添了麻烦，并要求他拿着烧坏的活塞环从机械车间到铸造部门，一个部门一个部门地向所有人道歉。

这件事令当时的入交昭一郎无地自容，但从此就深深地烙印在了他的脑海中，让他明白做每一件事时，身上都承担着责任，不仅要对自己负责，还要对其他同事的工作负责。

责任感不仅是有承担的表现，也正是催促人卓越工作的内在动力。

总有人问我："为什么写第一本书就能这么畅销？"我回答："因素很多，但我父母从小就培养我具备的高度责任心是最关键的。"

书要畅销最关键的当然是要写得好。但如何才能写得好呢？这不仅要有丰富的生活体验，要勤于思考，还要有高度的责任意识。

我的父母是受传统文化影响很深的人，他们一生做事都谨慎踏实，责任心极强，从小我就耳濡目染到了这种品质，因此我写书时总是十分谨慎，总担心写的内容帮不到人，浪费了别人的时间和金钱，所以写完后还要反复思量，不断修改，不到自己最满意时绝不拿出来，也正是这种态度才使我的书能经受得起时间的考验。

不仅写书如此，我讲座时也如此。曾和一个企业的新进讲师聊天，当我告诉他我讲座前也很紧张时，他大为吃惊，他说他以为只有他这种新手讲座才会紧张，没想到我这样的名人讲座也会紧张。

其实如果一个人在讲座时已没有了紧张感，就说明这个人已经讲油了，在讲座中已不会有真实的激情和感染力了，也就不会达到最佳状态。诚然我已记不清自己开办过多少次讲座了，但我每面对一群新的听众时，我的责任心还是会令我诚惶诚恐：不知讲的内容合不合适？适不适合这群听众？这种紧张感也正能令自己的注意力高度集中，调动起每一根神经，使演讲达到最佳状态。所以责任心也正是挖掘人内在潜能的法宝。

责任心还是一种美德。有责任心的人会得到领导的赏识、众人尊重。

我喜欢下面的故事：

在墨西哥奥运会上，夜已经非常深了，天气非常凉爽，直到这时，坦桑尼亚的马拉松选手艾克瓦里才吃力地跑进了体育场，他是最后一位到达终点的运动员。

这场比赛的冠军早就拿到了奖杯，庆祝胜利的仪式也早已经结束。艾克瓦里一个人孤零零地抵达体育场时，整个体育场几乎空无一人显得格外空旷。艾克瓦里的双腿沾满血污，绑着绷带，他努力地绕体育场跑完了一圈，跑到了终点。在体育场的一个角落，享誉国际的纪录片制作人格林斯潘走了过去，问艾瓦克里，为什么要这么吃力地跑至终点。

这位来自坦桑尼亚的年轻人轻声地回答说:"我的国家从 2 万多公里之外送我来这里,不是叫我在这场比赛中起跑的,而是派我来完成这场比赛的。"

没有人会再去嘲讽这个选手的成绩,这位选手用自己的行动诠释了"责任心"的深厚内涵,也赢得了人们的尊重。

《读者》中也有这样一个故事:

有位外科护士首次参加外科手术队,在一次腹部手术中负责清点所用的医疗器具和材料。

手术就要结束时,这位护士对外科医生说:"你只取出了 11 个棉球,而刚才我们用了 12 个。我们得找出余下的一个。"医生说:"我已把棉球都取出来了。现在我们来把切口缝合。"但那位护士仍然反对:"医生,你不能那样做。请为病人着想。"医生微笑着把脚提起,让护士看地上那第 12 个棉球,对她说:"你是个好护士。"

责任心是一种做人之道,也是成就事业的重要保证。然而在工作中,总有一部分人缺乏这种神圣的责任感,把自己当成局外人,他们在工作中缺乏激情,没有快乐,有的只是被动地应付,甚至投机取巧、逃避责任,以至在工作中患得患失、心怀不满。

那我们如何才能在工作中具备责任心呢?

二战中期,美国空军降落伞的安全性能不够。在厂方的努力下,合格率已经提升到 99.9%,而军方要求产品合格率必须达到 100%。厂方的工人们一再强调,任何产品也不能达到 100% 的合格率,除非出现奇迹。但军方强烈要求:99.9% 的合格率就意味着 1000 名伞兵中,会有一个人因跳伞而送命。相持不下之时,军方决定改变检验质量的方法,从厂方前一周交货的降落伞中随机挑出一部分,让厂方的负责人以及工人们装备上身后,亲自从飞机上跳下。这个方法实施后,奇迹出现了:不合格率立刻变成了零!

99.9% 与 100%,看起来差距微乎其微。单就产品来说,不但工人们自己认为没啥了不起,就连消费者也认为不能过分挑剔。所以司空见惯和不以为然就成了众口一词的认同。然而,就因为有了 99.9%,1000 名士兵中就有一个无辜送命。为了捍卫生命,稍加一个措施,就诞生了奇迹。如果每个工人都能从顾客的角度着想,满怀责任心地去生产商品,这样的奇迹就会每天诞生。

把每件工作都当成自己的事来做,将自己放在消费者的立场来考虑问题，这样就会有责任心。海尔的 CEO 张瑞敏说："所有的产品都应该是精品，有缺陷的产品等于是废品。"

具有责任感是对管理者最基本的要求，它可以消除扯皮、推诿现象，提高团队效率。而培养责任感，让下属分担责任，则正是领导的艺术。

一次我和一位公司的老板外出旅游，玩了一个星期他的手机都没响，他就开始担心了：这帮家伙怎么都不找我呢？我一点都不重要了，他们别在家里搞政变啊？

我说："别人都不找你正说明你有本事啊。你在与不在，公司都能正常运转。"但他总觉得公司离开他就完了。其实优秀的领导要善于将责任让每一个人来分担，并不是事事都要亲力亲为。真正优秀的领导，在与不在时，事情都能完成好。优秀的领导能让员工各负其责。如果你的手下都能各负其责，你不就很轻松吗？

我们都说克林顿这家伙太不像话，工作时间在总统办公室和莱温斯基偷情。但我觉得克林顿有本事，他把工作都让人分担了。他只要做个决定打某某战争，参谋长联席会议就来制订方案，联军司令就去指挥打仗，他就有时间和莱温斯基偷情。如果你们的老板没时间找女朋友，你们就都有责任。

我常跟公司总经理说："我们千万不要得心脏病，要想办法让下面那些家伙得心脏病。"

领导为什么要把自己弄成心脏病呢？我们为什么不能将这种紧张转移给下属呢？能让下属都紧张起来，才是一个真正优秀的老板。

诸葛亮非常有才能，但他并不是一个好的领导，从管理学上说他是很失败的。事无巨细，都要亲力亲为。像他自己说的：鞠躬尽瘁，死而后已。但这样做，一方面下属得不到锻炼，另一方面也不利于吸引人才。导致诸葛亮死后，蜀中就无人了，也就有了"蜀中无大将，廖化当先锋"的局面。

我在学校当班主任时，就干得非常轻松，别的班主任每天要早出晚归，我却潇洒得很，而且班级管理还很好，他们都很羡慕我。其实我刚当班主任时，就先用了半年时间来培养班干部，手把手地教他们，逐渐地培养他们，到他们能接手后，我就放手让他们干。这样到后来，我就完全不用花什么心思了，班级也能管理得很好。我不仅培养了学生干部，还让自己腾出了更多的时间。

具备责任感是做人职业道德的核心，是能赢得领导器重、同仁尊重的品质，是激发潜能的内在动力。

将责任感根植于内心吧！让它成为我们脑海中的一种强烈意识。

第六章　没有任何借口

擅长寻找借口的人很少擅长做其他事情。

——本杰明·富兰克林

一次去三峡旅游，途经三游洞时，看见有蹦极游戏，大家就一齐去玩。我前面的伙伴一个一个都跳下去了，轮到我的时候，一切捆绑就绪，这时我低头往下看了一眼，这一看，顿时吓得两腿直打哆嗦，几十米高的悬崖，下面是滚滚的长江，我怎么也不敢跳了。他们说："跳啊跳啊，给你绑了半天呢，别人不都跳了吗？"但我始终没敢跳下去。

回去后，他们都说我没用，我也在问自己：为什么我不跳呢？不跳，因为我有后路，不跳可以从后路走。如果这时后面有只老虎在追我，我肯定就跳下去了。

有后路的人，就不会走前路。其实找借口就是为自己留后路，留了后路就一定不会走前路，因为后路安全、舒服。所以任何时候都不要为自己找借口，不找借口就是堵死后路，没有后路就只能走前路。

但很多人一出了问题总是先找借口，是因为这个问题那个问题，人要找借口，一辈子都找不完，做任何事都可以有借口。找借口其实就是害怕承担责任，不愿意对自己负责，总是从其他人身上找自己失败的借口，或者是强调客观原因为自己辩解。

在我们身边总有两种人，遇到问题时，一种人习惯于"不停地找借口"，另一种人则习惯于"努力地寻找方法，解决问题"。前一种人在生活中必定是失败者，而后一种人才能取得真正的成功。

那为什么总有人喜欢找借口呢？找借口唯一的好处，就是可以把属于自己的过失掩饰掉，把应该自己承担的责任转嫁给社会或他人。但这样的人，在企业中不会成为称职的员工，也不是企业可以期待和信任的员工；在社会上也不是大家可信赖和尊重的人。

其实在每一个借口背后，都隐藏着丰富的潜台词。借口让我们暂时逃避了困难和责任，获得了些许心理慰藉。但是借口的代价却无比高昂，它给我们带来的危害一点也不比其他任何恶习少，它会给我们烙上不敢于承担责任的标签，会让我们到哪里都不受欢迎。

与其强调客观，不如从自身入手。

勇于负责的人才是真正的勇者，逃避责任的人是懦夫。做人就要像一个男子汉一样，勇于负责，勇于承担责任，并努力去解决问题。

医生能抱怨病人吗？医生能对病人说："你怎么这么难医啊？怎么怎样医都医不好呢？下次不要来找我了。你这么麻烦的！别人吃两剂药就好了，你吃这么多都不好，砸我的招牌。下次不要来了。"

这样的医生早就要歇菜了。同样道理，人生来就是解决问题的，你能抱怨问题吗？失败者总在抱怨，找借口，成功者总是面对问题，并想办法解决问题。

在人生中每个人都会遇到困难和烦恼，面对困难时，我们不要将困难看成困难，只需将困难看成平时最爱玩的电子游戏中的那些怪物，当它来的时候，你不要怕，你只需要用力地打它，打败它。你甚至可以想：呃，又有的玩了。你玩游戏的时候，不是越大的怪兽越刺激好玩吗？

如果打不过它，失败了怎么办呢？

那又有什么关系呢？我们平常是怎么做的？不就是重新开始游戏，再玩一次吗？

佛家说：烦恼即菩提。

我对这句话的理解是：烦恼其实是一次很好的机会，可以让我们重新审视自己和世界，思考如何解脱。事实上，如果没有烦恼，也就不需要什么解脱了。正如在一场游戏中，没有怪兽就没有什么好玩的了一样。

而说到失败，那也不过是我们每天要面对的众多结果中的一种而已。

烦恼也好，困难也好，怪兽也好，失败也好，关键是你以什么观念来看待它，以什么态度来对待它。

如果你愿意换一个角度，换一种心态，你会发现，我们生活中有很多形形色色的怪兽，原来都可以是那么可爱的。

美国前总统杜鲁门的办公桌上摆着一个木制的牌子，上面写着：Book of stop。这句话原来是啤酒工人在传递啤酒桶时表示到此为止的意思，后来被引申为：问题到此为止。

我喜欢这句话：问题到此为止。我们总在谈执行力、谈效率，其实高效的执行力就在于杜绝推诿和扯皮，让问题到此结束。

众所周知，我们的很多政府职能部门效率是很低的，他们最需要的职业道德就是：问题到此为止。但很多职能部门并不这样想，如果问题都很容易解决，那他们的权力从何表现呢？又如何让人求他们呢？所以大多的时候他们还往往有意制造一些障碍，使问题变得复杂。在我们的法规中有很多的悖论，比如开办一家餐馆，需要工商局审批，但要工商局批，先得有卫生许可证，而要有卫生许可证，餐馆就得先办起来。于是我们就走进了一个循环的怪圈，按正常途径会怎么也办不下来。

行政机关要提高效率，就要有"问题到此为止"的公仆精神和服务承诺；企业要提高效率，同样需要全体员工都有"问题到此为止"的承诺和信念。

我一直认为现代的先进企业，一定要有宗教般的信仰和文化，部队式的纪律和执行力。

西点军校《军号备忘录》中有这样一段话：

> 要培养军校学员不找借口的习惯。在军队中决不允许为失败寻找任何借口。客观环境造成的原因可以用来进行解释，并提交上来，但是即使这样的解释被接受了，也永远不能被当作借口。

在部队里，上级下达任务后，下属只能有一句话：保证完成任务！这是一句庄严的承诺，这不是说事情可以轻而易举地完成，而是表达一种信心，和一种要不计一切完成任务的决心。其实战争中的不可预测因素是最多的了，完不成任务要找借口，各种理由都可以找得到，但大家明白在关乎生死存亡的战争中，如果每个人都害怕困难，找借口不接受任务，这仗不用打就输定了。

企业同样如此，在现代竞争如此激烈，商场如战场的环境下，企业要打赢商战，就需要有一丝不苟的执行力。接受了工作就意味着做出了承诺，做出了承诺就要勇敢地承担责任，勇敢地承担责任就是没有任何借口，全力以赴地将工作做好。

没有推诿和扯皮，每一个人都能勇于承担责任，这样的企业定会战无不胜。

但在企业中，总有一些人在打着个人的小九九，成绩都是自己的，错误总是别人的。他们缺乏团队意识，没有集体荣誉感，总是把"我"放在第一位。

要知道在企业、在团队中，没有"我"这个字眼，只有"我们"的概念。也许在平时讲话之中你喜欢讲"你们"、"他们"，但作为企业的一员，你出去代表的就是企业，而不是你自己，也不是你所在的生产部或者销售部，所以也就只有一个代名词"我们"。

你是推销员，遇见客户说产品有问题，你不能说："那不是我的责任，那是生产部门的问题。"那你是谁？生产部门是谁？你们不都代表着一个公司，是同一个团队的成员吗？所以你应该诚恳地回答："那是我们的问题。"然后向客户道歉，耐心地听取意见，找出原因，找到方法，帮助客户解决问题。

只有"我们"，没有"你们"、"他们"，培养出这样良好的认知习惯和工作态度，就能有效地杜绝喜欢找借口和遇事推诿、扯皮的现象，有利于消除部门间的条块分隔，有利于不同部门间的协同合作，有利于公司的整体团结。

绝大多数人都必须在一个社会机构中奠基自己的事业生涯，只要你还是某一机构中的一员，就应当抛开任何借口，投入自己的忠诚和责任心，一荣俱荣，一损俱损，将身心彻底融入公司，尽职尽责，处处为公司着想。

对于管理者而言更是如此，如果一个管理者只对别人提出要求而不对自己提出要求，那么这些要求是不会产生作用的，而且也是不负责任的。如果员工不能肯定自己的公司是认真的、负责的、有能力的，他们就不会为自己的工作、团队和所在单位的事务承担起责任来。

我们总在对别人提出要求，指责别人，却忘了更应该对自己提出要求，经常反省自己。孔子说：反求诸己。管理者必须牢记：勇于承担责任是巩固地位的最好方法。

工作中出了差错，不论是管理者自己直接造成的还是下属造成的，管理者都应该勇于承担责任，这是取得信任和尊敬的唯一办法。敢于承担责任，正是优秀管理者的重要特点。

如果我是一个公司的部门负责人，我的手下犯了错误，老板来骂我，我绝对不会说是他的问题，那老板一句话把你顶回去了："我请你来干嘛的？"

我只能承担责任，"是，是我的问题，我马上去改正。"回去后我再跟他说："老板骂我时，我可没说你一句坏话，但你这个混蛋做坏了事，让我被骂，你得回去好好反省，改正错误。"

不在上级面前过多地指责下属，不拿客观事实当挡箭牌，尽可能地努力表现，就是一个成功管理者的必备操守。

我在国外期间，发现他们有问题处理不了，要去找上司的时候，他是很不好意思的，会觉得自己很没面子，没能把这个事情完成好。所以不到万不得已，他们是不会轻易找上司的，他们会觉得这是自己无能的表现。

而我们有些人是一有问题就找上司，一方面省心，另一方面万一出了问题也可以不用负责任。但这样总是图省事，逃避责任的人，又有哪个企业会喜欢用你呢？

这个世界上认真做事的人，总被不认真做事的人算计。因为认真做事的人精力都集中在做好事情上，不认真做事的人精力无处释放，他就用在算计做事的人上。

要做一个正直的人、高尚的人、成功的人，就要把承担责任作为自我塑造的主旨，抛弃虚伪的借口。

企业不是避难所，是一个真正的家，只有对这个家做出真正贡献的人，才有资格享受这个家的成果。

第七章　这是你的工作

上次我的电脑被病毒感染了，打电话给负责维护的人来修理。维修部派来了一个年轻人，看上去像是大学毕业没多久。他来后，听了我的描述，查看了电脑状况，就用杀毒软件试了试，发现不起作用，就决定将 C 盘重装。但重装后问题还是没有解决，他又认真地测试了硬件，反复了多少次，确认硬件没有问题。他就与我商量，看能不能将电脑硬盘全部格式化后重装。看着他一杯水都没顾上喝，忙得满头大汗的样子，我就同意了。但他全部重装后，问题还是没有解决。此时已到吃晚饭时间了，他只好收拾起工具，准备明天再来。我告诉他我每天离不开电脑，我的工作都是在电脑上完成的，要求他尽快解决问题。他答应后就回去了。

到了深夜他突然打来电话说："很抱歉，这么晚打扰你。不过我知道你睡得晚。我不想耽搁你明天的工作。"他接着说："我回去想了很久，觉得病毒是进到了内存里，你将主机盖打开，将主板上的电池先拿下来断电，再装上去试试。"

我按他说的做了，结果问题一下解决了。我给他打电话，向他表示感谢。他却说："这没有什么好谢的，这是我的工作。"

这是一件很平常的事，但他的这句话"这是我的工作"，却一直萦绕在我的脑海里，挥之不去。

从此我在讲座后，听众感谢我时，我都会说："这是我的工作。"在回复读者的感谢时，也是这句话，"这是我的工作"。因为我的工作就是写书、讲座，这方面能帮助别人是我应尽的职责，不需要被感谢。

工作不仅是我们谋生的手段，还是我们的生存方式。工作正是我们人生价值之所在。你的人生价值从何体现？不就是从工作中吗？所以"这是我的工作"这句话，正包含着责任和敬业态度，是职业精神的体现。

不要忘记工作赋予你的荣誉，不要忘记你的责任，不要忘记你的使命。既然你选择了这个职业，选择了这个岗位，就必须接受它的全部，而不是仅仅享受它给你带来的益处和快乐，就算是麻烦、就算是辛苦，甚至是屈辱和责骂，那也是这个工作的一部分。

曾看过报道，说央视 2006 年春节晚会邀请了刘翔，但由于组织者一直要求他届时唱首歌，刘翔就婉拒了这个邀请，这可是央视春晚历史上少有的拒绝。他和教练都表示，作为嘉宾在春节联欢晚会上露面是没有问题的，但如果一定要唱歌，那么他们将放弃这次机会，至于演小品就更不可能了，因为刘翔只想以一名运动员的身份让大家记住他。

"我已决定不再当众唱歌，因为我想告诉大家，我是一名运动员，不想做一名歌手。"这是刘翔在拒绝央视春节晚会演唱要求时说这番话的。在我看来，刘翔这句话的完美可以和他在雅典奥运会上震撼世界的表现媲美。

"我是一名运动员"，这是一句洋溢着自豪感和职业精神的话，这句话是给弥漫在现代社会各个角落里的"名利面前的职业软骨病"和"自我角色认知混乱"以公然的蔑视和沉重的鞭挞。

职业精神正是我们当下社会最可贵最缺少的品质，很多职业人缺少"我是一名运动员"式的反躬和自省，对自己所从事的职业持一种非常轻浮的态度，在名利的诱惑之下很容易犯"职业软骨病"，放弃职业尊严，不顾职业荣耀，扔掉职业精神。

在网上流行着这样一段话：

这年头教授摇唇鼓舌，四处赚钱，越来越像商人；商人现身讲坛，著书立说，越来越像教授。医生见死不救，草菅人命，越来越像杀手；杀手出手麻利，不留后患，越来越像医生。明星卖弄风骚，给钱就上，越来越像妓女；妓女楚楚动人，明码标价，越来越像明星。警察横行霸道，欺软怕硬，越来越像地痞；地痞各霸一方，敢作敢当，越来越像警察。流言有根有据，基本属实，越来越像新闻；新闻捕风捉影，随意夸大，越来越像流言。

这实质上就是对现代社会缺乏职业精神的一种讽刺。

我时常为中国而悲哀，我们与日本比较：日本明治维新，学习西方，取得了极大成功，其后就开始日渐走向强大；我们也有洋务运动，却以失败告终。日本引进股票市场，现在东京股指已成为衡量世界经济发展状况的一个重要指标；但一引入我们国家，就成了巨鳄们吞食小股民的圈钱运动，弄得一长段时间不得不暂停新股发行，创造了世界股票市场的先例。即使现在，日本引入J联赛，办得如火如荼；我们引进中超联赛，但却是假球、黑哨、赌球风行，在全世界拥有最多球迷的国家中，联赛却越办越差，越来越没有吸引力。

为什么会这样？在其他地方好的东西，引入到我们这里，就变质变味，成了坏的东西。从根本上来讲，一是制度的问题。好的制度能让坏人变好，坏的制度能让好人变坏。二是中国人缺乏凝聚力，缺乏责任感和敬业精神。但深究下去，产生这些劣根性的原因正来源于中国的两大危机：一个是信仰的危机；一个就是价值观体系的崩溃。

我们已经没有所谓的价值观了，一切都是唯利是图，这样的社会发展下去，前途一定是崩溃。所以当务之急是要重塑价值观，而作为一个企业人来说，也就是要大力倡导职业精神和敬业态度。

记得一次开摩托车时，为了躲避一辆突然转弯的自行车，前臂在对方车把上挂了一下，当时不觉得疼就开车走了，但开了一下，前臂就开始疼痛起来，地上还有一滴滴的鲜血，我赶紧看前臂，发现都能见到骨头了，于是急忙去了最近的医院。

进了医院，医生没有急着给我处理，反而问我："你带了钱没有？"我心想：怎么能这样呢？难道没带钱就不管我了吗？即使没带钱我也可以打电话叫人送来啊。

当时幸好我带了钱。我就说："我带了钱。"

可那个医生的第二句话是："把钱拿出来看看。"

后来要缝针的时候，那个医生还说："不打麻醉药了好不好？"

我说："不打麻醉药怎么行？"

他是这样回答我的，他说："打麻醉药也要打一针，不打麻醉药也就是多几针的问题。"

我不知道这样的职业态度如何能做好工作，这简直是对医生"救死扶伤"精神的玷污。

中国行业的发展规律往往是紧俏→红火→跟风→降价→毁灭，行业的不景气，难于经营，大多是这个行业里的人自己造成。人们不尊重自己所从事的行业，行业在他们眼中只是一种赚钱的手段。如何赚钱才是最重要的，行业的神圣和对行业的尊重都是可有可无的空洞的东西。

例如，多宝鱼原来是中国工程院院士雷霁霖教授从英国引进，并花了六七年时间才在中国养殖成功的，多宝鱼养殖行业每年都能为山东省创收几十亿元，但现在媒体披露了发现山东饲养的多宝鱼里残存的渔药超标，导致大家都不敢吃多宝鱼，各地的经销商也不敢进货，于是这行业里的人就自己砸了自己的饭碗。还有检出了有苏丹红的红心鸭蛋、人造鸡蛋等等，我们都不知道自己能吃什么了。以至有朋友开玩笑说："我准备回老家种菜去了。中国将回到古老的自给自足的农耕时代。"

中国是落后的，我们与发达国家比，一个很大的落后就是国民职业精神的欠缺。

我在法国波尔多旅游的时候，有一件事给我留下了深刻的印象。

当时我想品尝一下正宗的法国干红葡萄酒，就在当地一位朋友的引领下去了一间小酒吧，这里的葡萄酒都是自酿的。

当酒上来后，我正准备按在中国的习惯兑些汽水时，过来了一位有些瘦削矮小的老人，他看上去像这家小酒吧的经理。他问我的朋友我是不是第一次来波尔多，然后耐心地给我们解释干红葡萄酒的工艺要脱糖、脱硫，所以价格要比葡萄红酒贵得多，如果兑了汽水，就等于是将价值几百法郎的干红葡萄酒，变成了价值几十法郎的葡萄红酒了。

在国内我总是将干红葡萄酒兑了七喜来喝，没想到这是不懂喝葡萄酒的表现。于是我对老人表示感谢。当我正准备喝时，老人又告诉我，喝葡萄酒不是这样的，他酒吧的杯子都很大，他说要将杯子轻轻地摇晃，让酒散发出香气，用鼻子嗅嗅酒香，再轻轻地抿一口，让酒香在体内散开，从鼻子里出来，而后再开始喝酒。

我从来没想过喝酒还有这么多讲究，但看着老人艺术般的示范动作，真觉得这样喝酒才是真正的享受，也才能感受到真正美酒的淳厚和馥郁。

老人看着我满意的表情，就将我带到了酒吧门口，指引我看一块牌子，上面写着1796年，这是这间酒吧创办的时间，然后老人又带我看酒吧墙上的照片，原来很多明星政要都来此喝过酒。

老人自豪地告诉我们，他的祖上曾是宫廷的酿酒师，后来就在这里开了这间小酒吧。

回来后我一直感叹于老人将工作当成一种艺术般的享受，也感叹于他随时随地教授客人品酒的艺术。只有会品酒的人越多，美酒的生意才能卖得起价钱，才能越来越好。也许这就是这间酒吧能存在二百多年的秘诀，也许这就是众多明星政要光顾的原因，也许这也正是法国葡萄酒能驰名世界的原因。

职业精神、敬业态度的最高境界就是享受工作，将工作做成一种艺术。

在旅游卫视做的世界销金窟的排名中，排第五位的是购买威尼斯穆拉诺岛的手工玻璃制品，这种玻璃制品的消费额居然超过了去巴黎豪华购物，去非洲贵族般的狩猎。

当你走进穆拉诺岛各家工厂时，都能看到经验丰富的师傅手拿一根长长的铁管，将一端伸入烧得通红的炉堂，取出已经熔化的玻璃浆，放在炉前的铁墩上，一边对着铁管的另一端吹气，一边用铁钳子夹着黏稠的玻璃浆将其提拉或弯曲，一会儿工夫，一件栩栩如生的玻璃制品就完成了。师傅干活看上去不费力气，其实精湛的技艺需要几十年才能练就。

看着他们干活，那是一种醉心的享受；那不是一批普通的玻璃工匠，而是一群真正的玻璃艺术大师。正是他们对这种行业的尊敬，对技术的精益求精，将工作上升为艺术，使玻璃艺术品成了一湾清澈的湖水，在神秘变幻中保持着自己的纯净，在精雕细刻中熠熠生辉。也正因如此，他们的产品成了新贵与巨富都趋之若鹜的精神奢侈品。

人要尊重自己，就要尊重自己的职业，因为职业是我们自己的选择。人要尊重自己，就要精益求精，将工作做到极致，这就是最高的职业精神。

热爱自己的职业吧，别把自己不当自己！

松下幸之助曾对员工作过这样一番讲演：

苏联宇航员尤利·加加林在 1961 年实现太空旅行，成为第一个走上太空的人。在那个年代，宇航员随时都可能献出生命。尽管采取了一切可能措施来保证安全返航，但仍有大量不可知因素存在，危险莫测。可是，加加林甘愿接受挑战，确切地说，他甘愿为事业献出生命。他那非凡的勇气使苏联在宇宙航行方面领先全球。如果他拒绝了，争辩说："绝不行！那太危险了！我绝对不去！"那就只能与巨大的成功失之交臂。

宇航员的工作是个极端的例子，但它说明了要想获得成功必须具备的精神。员工应像加加林一样，拿出同样的热情全身心工作。这种敬业精神会使他们从工作中得到更多的满足和快乐，也会引起同事的注意。这种义无反顾、聚精会神的热情具有极强的感染力，是公司繁荣的坚实基础。

第八章　积极主动

有一次在网上看到一篇文章，是老山前线一位连长写的，目的是为替他们上了军事法庭的副团长翻案。

在 1981 年的时候，我军又攻打过一次老山。当时为了夹击越军，军长要求该连在总攻发起前，迂回穿插到老山后面的一块高地。从地图上看，穿插到该高地三个小时足够了。为了不过早暴露将发起总攻的意图，在距总攻发起前三小时，该连在副团长的带领下出发了。

岂料这里完全没有路，都是森林和峭壁。事后昆明军区司令员曾亲自查看了该路段后说："只要是人，都无法在三小时内到达目的地。"当时，他们才走到一半，总攻就发起了，该连的很多战士就牺牲在我们自己的炮火之下。也因此，事后带队的副团长被送上了军事法庭。

当时，攻打老山的战斗异常激烈，我军发起了多次进攻都未果。但突然老山后面传出了枪声，越军顿时慌乱起来，我军于是趁机攻了上去，并一举占领了老山。事后打扫战场时，发现越军的后面躺着两位我军的士兵。这两位士兵是穿插连的战士，在我军的总攻发起后，别的士兵都被我们自己的炮火炸得到处躲藏，但他俩认为我们是战士，虽然没有到达目的地，但枪声就是命令，哪里有枪声，就要去哪里战斗。结果他俩恰好摸到了老山越军的背后，打了个越军猝不及防，给越军制造了混乱，使我们的部队趁机攻下了老山。

事后该连只有这两位战士被评为烈士，因为其他牺牲士兵都是牺牲在我们自己的炮火之下。

士兵打仗要积极主动，才能抓住稍纵即逝的战机。其实做人也是这样，只有积极主动才能超越期望值地完成好工作。

怎样的员工才算好员工？上班不迟到、不早退，每天忙忙碌碌，早出晚归是不是就算好员工？不一定！真正的好员工要在工作中积极主动。所谓积极主动，也就是要积极主动地发现问题，积极主动地思考问题，积极主动地解决问题。

真正的好员工不是被动地应付工作，你给我多少报酬，我就做多少事，他们能将工作当成自己的事。

东莞有家连锁书城，因为规模很大，常常邀请我去讲座，每次我也都去了。为了方便读者，讲座时间一般都在星期六、星期天，每次去之前，他们负责策划的经理就要安排宣传、场地等，做好各项准备工作，去之后还要全程陪着我。

我问她："你星期六、星期天陪完讲座嘉宾后，平时是不是可以调休?"

她回答："没有。我们工作都很忙，没有调休的时间。"

"那你的工资很高吗?"

她回答："也不是很高。"

"那你有股份吗?"

"没有股份。"

"可你为什么能这样投入到工作中，连节假日也不休息呢?"

她说："这个书店是我们老板带领我们这帮人白手起家，一步一步做起来的，我看着它就像看着自己的孩子，我把这里的工作当成自己的事在做。"

其实，我觉得员工的最高工作境界就是将工作当成自己的事来做。要知道领导不可能将每项工作都布置得那么详细、具体，如何将工作做到最好，只有做这项工作的人最清楚，也只有发挥他的积极主动性，养成他将工作当成自己的事来做的良好品德，才能出色地完成工作。

前几个月我去安徽阜阳讲课，回来在合肥坐飞机，到机场后发现距飞机起飞还有三个多小时，这时随同的员工就说："老师，好不容易来合肥，现在时间还早，你在这里休息，我去合肥图书市场看一下，换几张名片，顺便了解、开拓一下业务。"

当时我就表扬她说："好，这就叫积极主动。"

在哈佛管理案例上，一位管理咨询顾问讲了这样一个故事：

我曾指导过一位拥有60亿美元资产的公司总裁。一天当我和他一起走出他的办公室时，和一个正在耙树叶的清洁工擦肩而过。她用的是一个只剩下5个齿的耙子，而原来这个耙子有31个齿。

总裁停下来问她："你在干什么?"

"耙树叶，"她答道。

"为什么用这把耙子?"总裁问，"你这样耙得到树叶吗?"

"这玩意是主管给我的，"她答道。

总裁显然有些发火了，问："你为什么不拿一把更好的耙子，这能做什么事? 你这不是磨洋工吗?"

她说："但这不关我的事啊，主管就给了我这样的耙子。"

这时总裁转头对我说："我们积压的工作足以累死一匹马，"他尽力控制着音量说，"而且每天都在增加。我们有两个大型发展项目延期了，它们正在消耗我们的现金。两条生产线都没有达到应有进度，现金也在那里流失。我每天都忙得焦头烂额，但如果我们连给人一把合适的耙子都干不了，怎么可能解决其他问题？我要去找她的主管，对主管进行更多的培训和挑选，也可能撤换他。"

我问："这样你就能得到你需要的东西吗？"

"对了，如果我准备成为一个实干的领导人，如果我要显示我个人对紧迫性的感觉，如果我想使理念富有生命力，我想我应该从我做起，亲自为她去拿把耙子。"

我又问："这样你就真的能解决问题吗？"

那个总裁停下来想了一会儿，最后他说："我不可能亲力亲为去解决每一个问题。其实这个问题的最大责任人就是园丁，她是唯一清楚她是否有合适耙子的人。而且我敢肯定，在我之前至少有10个人看到她在用这把破耙子耙树叶，他们为什么都不管呢？"

我继续问："那么，你觉得你的角色应该是什么？"

他笑着说："最终我有责任，因为我把精力放在错误的问题上，我一直在忙于处理表象，那些看似重要的工作，而没有集中精力解决真正的问题——调动每一个员工，让他们积极主动地工作。"

有位中年仪表工人对杰克·韦尔奇说："25年来，公司一直为我的双手支付报酬，但实际上，公司完全可以用上我的头脑——而且什么也不用付。"他的话代表了成千上万人的心声。

要让员工积极主动地工作，我们就不能只用他们的双手，而要善于调动他们的头脑。

华为在公司中倡导：小改进，大奖励。因为华为的待遇很好，所以来华为的员工很多都是中国名牌大学的硕士、博士之流。这些人水平很高，但同时自视也甚高。一到华为，就喜欢提一些关于公司战略的高层面问题。每当任正非看到这些建议时，他就会将提建议的人痛批一顿：你算老几？你处的地位有限，还奢谈什么公司战略。但如果公司中有人对工作提出了一些小的改进意见，任正非就会大加奖励。

任正非在一次"小改进、大奖励"的谈话中说道：

大家可以想一想，发错货少一点，公司的核心竞争力不就提升一点了吗？订单处理速度提高30%，我们的整个业务运行速度不就提高30%了吗？这些都有利于核心竞争力的提升。对于我们这样一个公司，如果谁要来跟我谈一谈华为公司的战略，我都没有兴趣。为什么？因为华为公司今天的问题不是战略问题，而是怎样才能生存下去的问题。我们在座的都很年轻，都是向日葵。但是，年轻的最大问题就是没有经验。公司发展很快，你既没有理论基础，又没有实践经验，华为公司怎么能搞得好？如果我们再鼓励"大家来提大建议呀，提战略建议呀"，那我看，华为公司肯定就是墙头上的芦苇，风一吹就倒，没有希望。那么，怎么办呢？就是要坚持"小改进，大奖励"，为什么？它会提高你的本领，提高你的能力，提高你的管理技巧，你一辈子都会受益。

　　每一个人做的工作，只有每一个人自己最清楚。管理者不可能将每一件事都要求得那么详细和具体，能否做好工作，甚至是超越期望值，完全掌握在做具体事的人的手里。所以只有将做每一项工作的人的积极主动性发挥出来，才可能出色完成工作。而鼓励小改进，也就是鼓励在工作中的积极主动精神。

　　任正非说："我们鼓励员工做小改进，将每个缺憾都弥补起来，公司也就有了进步。所以我们提出'小改进，大奖励'的制度，就是提倡大家做实。不断做实会不会使公司产生沉淀呢？我们有务虚和务实两套领导班子，只有少数高层才是务虚的班子，基层都是务实的，不能务虚。"

　　"小改进，大奖励"其实也是很多卓越公司的做法。老山姆就大力鼓励员工在工作中提出小改进以节约成本。如果员工的建议能节约 10 块钱，老山姆就会奖励他 1000 块钱，老山姆说：我有 4000 多家连锁店，一个店节约 10 美金，4000 多家店推广这种方法，就能节约 40000 多美金。

　　日本企业也非常重视"小改进，大奖励"，而且很多小小的改进都给企业带来了巨大的效益。日本有一个生产玻璃杯出口到欧洲的企业，当时的玻璃杯是平口，欧洲人鼻子很高，喝水的时候就会顶到鼻子，有一个女职员提出建议，将玻璃杯口做倾斜一些。结果就这样一个小小的建议，让该企业生产的玻璃杯在欧洲大为畅销。

　　当年日本的大野研一从美国超市的商品供应形式受到启发，把生产线从"推"改为"拉"，看上去只是方向的小小改变，由此开始生产线上的一系列改变，形成了著名的丰田"精益生产"模式。还有日本任天堂公司，一个普通女员工提出了养电子宠物狗方案，结果就这样一个小小的发明，让电子宠物狗风行全世界。

　　空调应当是什么颜色的？在人们的头脑中，理所当然应当是白色嘛！格兰仕空调在某个夏天却把空调涂上了各种颜色，这就是格兰仕改变的"一点点"。格兰仕由此举起了"颜色革命"的大旗，带来的销售量增加可就不是"一点点"了。

　　要改变这一点点，看上去似乎很容易，哥伦布把煮熟的鸡蛋往桌子上一磕，鸡蛋就立住了。哥伦布由此回应对他发现新大陆表示不服的人：我只是改变了一点点，可你们为什么就没有想到呢？

宝洁公司一位品牌经理也曾向公司建议，他可以让公司利润每年增加上千万美元，方法是将公司生产的牙膏口径增大 1 毫米。直径增大 1 毫米，顾客没有感觉，但原来能用 20 天的牙膏，可能 18 天就用完了。

结果宝洁公司将他炒掉了。宝洁公司认为顾客是不能被欺骗的。可能顾客一时察觉不了，但时间长了，宝洁的牙膏比别的企业生产的牙膏用得快，大家一定会知道，这时负面的影响会更大。

工作中包含了智慧、热情、信仰、想象和创造力，积极主动地工作着的人在工作中发挥着这些神圣特性并享受着这些神圣特性，而失败者和消极被动的人却将这些特性深深地埋藏起来，他们有的只是逃避、指责和抱怨。

有一个古老的故事值得推荐给每一位正在工作的人。

阿诺德和布鲁诺同时受雇于一家店铺，拿着同样的薪水。可是一段时间后，阿诺德青云直上，而布鲁诺却仍在原地踏步。

布鲁诺对老板的不公正极度不满。终于有一天，他到老板那儿发牢骚了。老板一边耐心地听着他的抱怨，一边在心里盘算着怎样向他解释清楚他和阿诺德之间的差别。

"布鲁诺，"老板说话了，"你去集市一趟，看看今天早上有什么卖的东西。"

布鲁诺从集市上回来向老板汇报说，今早集市上只有一个农民拉了一车土豆在卖。

"有多少？"老板问。

布鲁诺赶快戴上帽子又跑到集市上，然后回来告诉老板说一共有 40 袋土豆。

"价格是多少？"

布鲁诺第三次跑到集市上问来了价格。

"好吧，"老板对他说，"现在请你坐在椅子上别说话，看看别人怎么做的。"

阿诺德很快就从集市上回来了，向老板汇报说，到现在为止只有一个农民在卖土豆，一共 40 袋，价格是多少；土豆质量很不错，他带回来一个让老板看看。这个农民一个钟头以后还会运来几箱西红柿，据他看价格非常公道。昨天他们铺子的西红柿卖得很快，库存已经不多了。他想这么便宜的西红柿老板肯定会要进一些，所以他不仅带回了一个西红柿做样品，而且把那个农民也带来了，他现在正在外面等着回话呢。

此时老板转向布鲁诺，说："现在你知道为什么阿诺德的薪水比你高了吧？"

因为态度不同，同样的工作会干出不一样的效果；而干同样工作的人，也会有不同的体验和收获。积极主动的人收获的是成就感和快乐，消极被动的人得到的只能是褊狭、不得意和不快乐。

杰克·韦尔奇在打造自己的成功团队时，总结出了一套方法，那就是"4E 和 1P"计划。

第一个"E"是积极向上的活力（Energy）。有活力就是一种有所作为的精神，有活力的人渴望行动、喜欢变革，他们通常是外向的、乐观的，他们善于与人交流、结交朋友。他们总是满怀热情地开始一天的工作，同样充满热情地结束一天的辛劳，很少会在中途显出疲惫。他们不抱怨工作的辛苦，他们热爱工作。他们也热爱享受。总之，充满活力的人热爱生活。

第二个"E"是指激励别人的能力（Energize）。这也是一种积极向上的活力，它可以让其他人加速行动起来。懂得激励别人的人能鼓舞自己的团队，承担起看似不能完成的任务，并且享受战胜困难的喜悦。实际上，人们会因为有机会与他们共事感到万分荣幸。

第三个"E"是决断力（Edge），即对麻烦的是非问题做出决定的勇气。优柔寡断的性格会把团队带进不安定的状态，最后甚至会成为致命伤。而有决断力的人知道什么时候应该停止讨论，即使他没有得到全部的信息，必要的时候也会做出坚决的决定。

最终上面的三个问题自然会把我们引导到第四个"E"上面，那就是执行力（Execute）——落实工作任务的能力。你可以拥有积极向上的活力，懂得激励自己周围的每一个人，能够做出坚定的判断，但你可能依旧不能跨越终点。执行力是一种专门的、独特的技能，它意味着一个人要知道怎样把决定付诸行动，并继续向前推进，最终完成目标，其中还要经历阻力、混乱，或者意外的干扰。有执行力的人非常明白，"赢"才是结果。

具备了以上所有的"E"，还需要具备一个"P"——激情（Passion）。激情是指对工作有一种衷心的、强烈的、真实的兴奋感。充满激情的人特别在乎别人——发自内心地在乎——同事、员工和朋友们是否取得了成功。他们热爱学习、热爱进步，当周围的人跟他们一样时，他们会感到极大的兴奋。他们的血管奔流着旺盛的生命力。

要成为积极主动的人，就要具备这"4E 和 1P"的特质。

第九章　凡事认真

我们怎样对待生活，生活就怎样对待我们。我们用认真的态度对待生活，生活就会认真地对待我们。

管理大师德鲁克谈过这样一件事：

古希腊著名雕刻家菲狄亚斯，被委任为雅典的帕德嫩神殿制作雕像。那尊雕像面向城市，背朝大海。他很认真地雕刻好了雕像的正面后，在雕刻背面时也很认真，别人问他："除了雕像的正面，我们什么也看不到。你何必雕刻背面也那么认真呢？"

菲狄亚斯却说："你错了，上帝看得到。"

我们做任何事情，上帝都看得到。这个上帝就是我们的良心和我们做人的品德。对事情的认真态度反映的正是我们做人的品格。

我没有当过什么官，只是记得初中时曾被班主任任命为小组长，所以印象特别深刻。

一次放学后做清洁，轮到我倒垃圾。快打扫完教室时，我出去了一会，但回来时，其他同学已经走了，门也被锁上了。我不知道他们帮我倒了垃圾没有，担心垃圾没倒，第二天被老师批评。班主任的家就在学校，我就去他家说明情况，然后拿了钥匙去到班上，但垃圾已经被其他同学倒了。

这件事就过去了。但一周后班主任找我谈话，说我可以当小组长了。我问为什么，班主任说我做事很认真。从此我就知道了，原来做事认真是可以当小组长的。

还记得读大学时曾与我大学老师有过一次谈话，它对我的一生都产生了影响。当时我很佩服一位教师，他一年内出了六本书，当我怀着崇拜的心情对老师谈到他时，老师却嗤之以鼻：什么态度？

当时我不能理解，但后来我明白了，一个人一年出六本书是不可能认真思考，周密筹划的，这正是一种不认真的态度。

这件事情从此让我明白了，做任何事情不要求多，要把它扎扎实实、认真地做好。《方与圆》是1996年出版的，实际上我1995年就写出来了。

由于《方与圆》的畅销，很多出版商都期待着我的新书，并给我许下重金的承诺，但直到 2005 年，10 年来我就写了一本书——《方与圆 2——人生控制论》，这本书我自己都不知道修改过多少遍了，因为修改次数太多，30 多万字的书，每一个细节我都记得很清楚，让人从书中任意挑选一段，我都可以告诉他我写的是什么。因为我心里明白，只有最认真的人才能做出最好的东西。

曾经有兄弟两个画家，弟弟只用一个星期就画了一幅画，而哥哥要用一年才能完成一幅画。结果拿到市场上，弟弟的画卖了十年还卖不出去，哥哥的画一天就卖掉了，价格还是弟弟的数百倍。弟弟不服气地问哥哥，哥哥说："因为你画画只用了一个星期，而我用了一年。"

我相信这样一个道理：越认真做出来的东西，品质一定越高。

毛主席说：世界上怕就怕"认真"二字。我们可以怀抱美好的梦幻、伟大的理想，但饭要一口一口地吃，事要一步一步地做，要达至伟大的理想，首先就要脚踏实地、认认真真地做好手边的事。一个人如果对待每项工作都认认真真，那么即使他处在世界上任何一个不起眼的角落，都终将脱颖而出。

认认真真、踏踏实实地工作正是人生中一个既简单又深奥的哲理。

我原来一直不能理解，组装产品和原装产品差别在哪里？同样的原件，为什么组装的质量就差，价格就低呢？

我跟一个朋友谈起了这个问题，他就说带我去一间组装精密仪表的工厂参观参观。组装精密仪表要求工人都要戴手套，那天天气不是很热，站着还有一丝凉意，老板为了省电就没开空调。但工人戴着手套工作时间长了，会觉得热，就纷纷将手套脱了，于是我看到很多仪表上都留下了工人的汗渍。而且组装精密仪器要求工人上螺丝时，要一个一个地对准，轮流慢慢地用螺丝刀拧上去，但一些工人在螺丝钉与螺母吻合得不好，老对不准时，就强行用电动机器把螺丝钉进去。

出来后，朋友问我："你明白是什么原因了吗？"我说："明白了，差距就在于有没有一种认真的态度。"

前段时间有几个去东欧发展的朋友回来，我与他们聊起了东欧的状况。他们说东欧的经济虽然发展没有中国快，但他们的人心很平和，他们知道就像戒毒者一样，刚开始是会有一个阵痛的。但东欧绝没有像我们这里的什么给猪吃避孕药，用毛发做酱油等劣行。他接着对我说："这样的方法不知那些人是怎么想出来的？他们在做伪劣产品上这么聪明，为什么不将这种聪明用在做出卓越的产品上呢？"

但我知道：败坏的人心，不可能做出优良的产品。

　　你去发达国家，参观一下那些高品质产品的生产厂家，你会发现他们每一个人的做事态度真的都是兢兢业业、非常认真的。这个世界上哪个国家的人最认真？是德国人。你们以后如果有机会去德国旅游，可以尝试去问路，德国人不会像我们这样，即使态度好的也只会告诉你"向前走大约七十几米，再向右转弯走五十多米"，他们都会很精确地告诉你"向前走 73 米，再向右转弯走 55 米"，好像用尺量过一样。

　　在欧洲都有不少人奇怪，德国人制造出的机械怎么会那么结实耐用。德国人加入了欧共体后，大家才猛然发现，原来是在观念上，德国人与别国根本不同。

　　有一个真实的例子，欧共体成员在一起研制大型客机，在试飞阶段时，一些国家的工作人员照例将"精心保养"、"小心爱护"的字样贴在机舱的醒目位置上，以提醒前来试坐的顾客们处处小心。这几乎是全世界的生产商们所惯用的"提议"。

　　而德国人却按照自己的做法，撕去了那些提醒人们如何小心、如何爱护的字样，请前来试坐的每一位顾客对机舱内的所有设施尽可能地折腾，比如厕所的门，你尽量地硬拉硬拽，甚至摔打；对你的座位，你尽可能地摇晃，甚至拆卸；凡是开关、按钮、能转动的地方，希望你用最大的力气去扭动；抽水马桶、餐具、顶灯开关……你都可以用破坏的方式使用，结果，凡是易损易坏的部分都暴露了出来，最终得以加固完善。

　　德国人的产品之所以经久耐用，原来在于他们对产品进行试验时的与众不同，德国人从来不主张让人去小心爱护。因为一件产品是否耐用，完全是厂家的事。

　　我们在欧洲时听过一个笑话：说一个人掉了一块钱。如果是个英国人，他会很绅士地耸耸肩，不要了；如果是个日本人，他则会痛苦地反省，为什么掉了这一块钱，是什么原因造成的，以后不能再掉了；如果是个美国人，他就会打电话叫来警察，让警察帮他找；如果是个德国人，他会在掉钱的地方画一个大方格，在方格中画很多小方格，然后拿着放大镜，一格一格地找。

　　我在想，如果是个中国人会怎样呢？他一定狠狠地往地上吐口唾沫，然后大骂一句："捡了钱的人去买药吃。"于是心理上就平衡了。

　　报上登载过一篇文章：

　　中央芭蕾舞团去汉堡演出的时候，装台期间，我们的灯光设计师和德国技师发生过一次小小的"国际冲突"。我们的灯光设计师在爬吊杆装吊灯时，用的是从国内带去的人字梯，可德国技师认为它不安全，坚持要用德国制造的有调节平衡装置的人字梯。他们架好了"MADE IN GERMANY"的人字梯后，精细地调节四只梯脚，使之不差分毫地保持在一个水平面上，以保证梯子的绝对垂直和平稳。调试过后，德国技师还不放心，又用手反复摇试，使之无一点晃动，经过这样严格的检验，确信它达到100%的平稳后，才允许我们的灯光设计师爬上去。其实我们带去的梯子也十分坚固，使用十多年，爬上爬下数千次，也从未出现过问题；而且人字梯并不高，即使有些晃动也不致有危险。可德国技师硬是要用他们的梯子，似乎过于较真，过于刻板；其实细想下来，这其中却体现出日耳曼民族一种极为可贵的精神。

有法就必须严格遵守，这又体现了德国民族一丝不苟的优良作风。中国驻汉堡的副总领事曾讲过他刚到汉堡时的一个故事。有一次，他在限速的公路上超速了几秒钟，为的是越过前面德国人开的一辆车去转弯。转弯后，他发现被越过的这辆德国人开的车在他后面紧追不舍，一直追了一个半小时，才在汉堡领事馆门口追上了他，下车后那位德国司机就问了一句话："你为什么要超速？"

德国人的认真近乎古板，也正因如此，德国人才造得出奔驰、宝马车。德国产品的质量是有口皆碑的。大家都知道意大利的皮鞋有名，其实那只是因为它的式样设计漂亮，最耐穿的皮鞋还是德国皮鞋。我买过一双德国皮鞋，陪我转了整个欧洲，回来还可以踢足球，还是好好的。

要知道：只有最认真的人，才能创造出最优秀的产品。同样，也只有最认真的人，才会有最卓越的成就。

第十章　唯有规则能给你自由

在限制中方能显身手，唯有法则能给我自由。

——歌德

沃尔特·迪斯尼最伟大的贡献是什么？不是创造出了米老鼠、唐老鸭，甚至不是创造了迪斯尼乐园，最重要的是他从不停止、也从不结束地在进行企业制度的建设。沃尔特·迪斯尼最伟大的创造就是迪斯尼公司。

吉姆·柯林斯在《基业长青》中指出，高瞻远瞩公司的领导人是要"造钟，不是报时"，他们并不是个人英雄主义者，也不是只图企业一时的发展，而是在不断地完善企业制度建设。世界上所有伟大公司基业长青的秘诀，就是可口可乐公司历来强调的管理原则：爱的教育，铁的纪律。

但中国人在骨子里就没有对制度的神圣感和严肃性，我们的制度都是弹性的，可执行、可不执行，人情大过制度。如果我闯了红灯，要被罚款，但我认识交警，就可以不罚，这样我当然也很高兴，但长久下去，制度也就形同虚设。

中国人违反了制度，如果没受处罚，他们还会很自豪，说明他们有本事，认识的人多；而西方人违反了制度，还逃过惩罚，对他们来说那是一种道德的缺失。

有人说：美国人拿着票是对号入座；中国人拿着票是对心理的号入座。中国人为什么没有对制度的神圣感和严肃性呢？

西方最为人推崇的社会学家马克斯·韦伯在研究资本主义为什么在西方兴起时，甚至认为几千年来中国社会不是封建制而是家产制。

西方中世纪的封建制度是一种建立在契约上的制度，在 1215 年英国就有了《大宪章》，用以制约王室的权力。但中国几千年来皇帝的权力都是专断的，不受制约的，因此中国社会一直都是皇权至上，是人治社会。在这样的社会里，制度起不了决定作用，于是就养成了人们不尊重制度，对制度没有神圣感的陋习。

而在西方社会，制度的神圣和严肃是融进了他们历史文化的血液中去了。西方人最信奉的《圣经》、《旧约》和《新约》，其实就是两种约定。《旧约》是与天主的约定，信《旧约》的就叫天主教；《新约》是与耶稣基督的约定，因此信《新约》的就叫基督教。

西方人文化与精神的支柱就是两本约定，神对人的约定，及至后来摩西《十诫》，被认为是通过"上帝的手指"刻在石头上传给后人的，更是特别神圣。

其实从雨果的《悲惨世界》里也能感受到西方对制度的神圣感和执着。《悲惨世界》讲述了这样一个故事：

冉阿让自幼失去双亲，由贫苦的姐姐抚养成人，他因为忍受不住饥饿，偷了一片面包，结果被判了5年苦役。服刑中，他四次试图逃跑，结果被加重惩处，服了19年重刑。好不容易熬到出狱，被释放回家时，但是他的通行证又被盖上"服过苦刑"，"千万警惕"的字样。

没有人留宿他，更没有人给他工作。这时有一个神父热情接待了他，为他提供了一张温暖柔软的床。但冉阿让的生活经历从未告诉他什么是信任和如何对待他人的信任。不仅如此，他甚至不能简单地接受下这份情意。夜里他偷盗了神父家，被神父发现后他还打昏了神父，并盗走银餐器逃到街上，结果被警察捉住。当警察押他来见神父时，神父却说："我这里最值钱的是那对银烛台，我不是也送给你了吗？你为什么忘了把它们也一起带走呢？"一句话解救了冉阿让，使他免受二次入狱之苦。事后，神父还坚持将两支烛台连同银餐器一起送给冉阿让。

在这事之前，冉阿让遇到的都是冷酷无情之徒，他心里郁积着绝望和愤懑。当他被警察捉住，送到神父那里之前，他确定神父一定会勃然大怒，痛斥其罪。神父如此对待此事，是他始料不及的，他没有丝毫的思想准备，这种做梦也想不到的事，使他完全惊呆了。

在神父的感召下，冉阿让觉醒了，他那长久以来沉睡在内心中的"良心"和"爱"的感情由此迸发，使他脱胎换骨，成为一位充满慈爱之心的、有教养的绅士，并在事业上获得成功。也可以说，他的新发现——世上存在着丰厚的爱和具有深沉爱情的人——这一令他无比惊喜和感动的"新发现"点燃了他心目中蕴藏的人间爱的火焰。

奇迹不止如此。他要把连他自己也未曾享受过的父爱和母爱永远给予亲生儿女以外的受苦人。世界上的确具有无私博爱之心的人，这一信念始终激励着他。由于不知情，他无意中解雇了一位贫困的靠出卖肉体来养活女儿的妓女。当他明白了情况后，费尽周折从警察手里解救了这位妓女，但由于贫病交加，这位妓女已奄奄一息了，临终前将女儿托付给了他。冉阿让发誓要照顾好她的女儿。

其间一位尽忠职守的警察沙威发现了冉阿让曾经是一个罪犯，于是展开了几十年像猎狗般锲而不舍的追踪。

后来巴黎公社起义，沙威作为奸细被起义工人抓住，要执行枪决时，冉阿让偷偷放了他。但沙威还是对冉阿让说："你今天放了我，我仍要竭尽全力将你法办。"沙威一生的信条就是：犯了法就要受到惩罚。

最终沙威抓住了冉阿让，但他在几十年的追踪中已逐渐理解了冉阿让的博爱心，并被冉阿让伟大的人格力量所打动，但法与情两者不能兼顾，他不能背弃几十年来所忠于的法律，于是他放走了冉阿让，然后给自己戴上手铐，投塞纳河自尽。

《悲惨世界》的艺术魅力正在于通过这样一个感人肺腑的故事，讴歌了人类中普照世界的博爱精神。这种精神的力量超越了阶级，超越了法律，是人性中最光辉灿烂的部分。但同时它也向我们揭示了西方世界对法律的执着。

文明社会是法治的社会，成熟的企业是靠制度来管理的，而法律和制度都是建立在人们诚信的基础上。为了保障制度的神圣和严肃性，就要特别重视诚信教育，并从整体制度上去规范人们的行为。

我们要学习先进国家的先进理念，来培养诚实正直的品格，法律面前人人平等，严格执行律法就是当务之急。对企业来说，就是要严明企业制度，培养全体员工尊重制度、对执行制度一丝不苟的良好品德。

任正非曾请了一批外国专家来华为设计企业制度，那些专家都是按小时计酬，费用不菲。但制度设计出来后，有些地方与中国的国情不符，于是很多人提意见要求修改。任正非告诉大家，为了这套制度，企业花了大价钱，动用了不少的资源，如果这里改一点，那里改一点，制度就没有神圣感和严肃性了。因此他要求第一年强制执行，不论你觉得制度多不合理，都不许改；第二年可以有局部修改，第三年再融会贯通。

这套方法是任正非从胡耀邦平反冤假错案中学来的。胡耀邦在平反冤假错案时，面对难以胜数的冤案、错案，为了不让繁琐的查证工作影响尽快地落实政策，采用了"先推行、后平冤、再优化"的方法。先将政策落实下去，再来逐步查证，而后再优化。后来，任正非将这套方法升华为了华为推行企业制度的方针，那就是：先僵化、后优化、再固化。

制度没有了神圣感、严肃性，就形同虚设。对企业来说制度建设无疑具有决定性的作用，中国企业要走向现代化，就要努力消除中国人骨子里不尊重制度、不严格执行制度的陋习，用制度管理取代威权管理，用法治代替人治。

其实任何企业的管理都需要双拳出击，一只拳头是企业文化，另一只拳头是严格的制度。制度规范人的行为，让管理科学化；文化从精神层面感染人，充分调动人的积极性，并让人理解制度，心甘情愿地执行制度。这两只拳头缺一不可。

西方的管理崇尚理性和科学，因此他们喜欢建立标准作业程序，Standard Operation Procedure，也就是所谓的"SOP"，将工作标准化、规范化、系统化。

在最近一项权威品牌研究机构的调查中，麦当劳在世界品牌100强中排名第二，仅次于可口可乐。为什么一家做快餐的传统企业能如此风靡世界呢？这就有赖于麦当劳对标准化、规范化、系统化做出的不懈努力。

麦当劳的经营理念是：品质、服务、清洁、价值。为了实现理念，麦当劳制定了许多"标准作业程序"：为了保持餐厅地面干净，每30分钟要清扫一次；汉堡包烤出来20分钟没卖掉，就要丢掉；所用的马铃薯如果当地不能达到要求，就要从美国运来；麦当劳使用的油一旦冷却就不能再用；他们研究认为，汉堡包的厚度在12厘米时，人们吃起来最舒服，所以麦当劳里汉堡包的厚度一律是12厘米；麦当劳的收银柜台也是统一的90厘米高，因为他们研究认为，在这个高度时人们掏钱最方便。

可以说麦当劳的标准化、规范化、系统化是无所不在的，从统一的LOGO，到店面装潢，再到食物制作。这也正是他们能复制、拷贝连锁店到全世界，能创立世界级品牌的原因。

很多中式快餐店看到麦当劳的奇迹，也想挑战麦当劳，但大部分都只是昙花一现，原因何在？很重要的一点，就在于中式快餐难于标准化、规范化，也就难于系统化，不容易复制，不容易大范围推广。如果谁能解决好中式快餐的标准化、规范化问题，又不失中餐的特点，那么中式快餐风行世界的日子就来临了。

星巴克公司也有最严格的服务标准。例如，蒸馏咖啡的时间应在18~23秒内。每次使用的牛奶必须在160华氏度下新鲜发泡。所有配方必须始终如一。

其实标准化、规范化、系统化正是建立品牌的重要法宝。

深圳某医药公司长年亏损，改制后成立了一致医药连锁公司。有一天深圳的大街小巷里突然魔术般地涌现出了许多有统一的LOGO、统一的门面、统一员工服饰、标着某品牌的药店。大家买药最怕的就是买到假药，看到这样统一的连锁店，心里就认为它正规，卖的药一般都不会有假。于是即使贵一点，大家也愿意到一致药店买药。就这样一致药店没有做任何宣传，甚至药比一般药店都卖得贵，就用开连锁店的方式，用标准化、规范化、系统化建立了自己的品牌，并在当年就扭亏为盈，而后还发展成了上市公司。

我也曾应邀去给一批茶叶商讲课。面对他们，我说中国的茶叶历史悠久、世界闻名，但你们知道世界级的品牌茶叶都出自哪里吗？大部分出自印度和斯里兰卡。而且中国的茶叶是以品种和产地出名，你们能说得出几种著名的品牌？为什么中国的茶叶没有大的品牌？是因为我们没有将茶叶的生产标准化、规范化、系统化。我们知道西湖龙井茶好，但有没有研究过是杭州哪一个具体地方产的龙井茶好？是几月份采摘最好？取什么样的茶叶最好？采用什么工艺制作最好？然后定出统一的标准，制定出规范，并系统化地生产，使茶叶的大小、色泽看上去都一致，这样才能打出自己的品牌，用品牌营销策略占领中国市场，进而占领世界市场。

标准化、规范化、系统化，就是科学化生产、简单化生产，这样才有利于大批量生产，大量复制，才有利于树立品牌。

第十一章　永远追求持续不断地改善

日本在二战后，经济发展迅猛，短短几十年就一跃成为世界经济强国。日本经济的成功当然原因很多，但他们将其中一个重要的原因归功于美国的管理大师戴明博士，日本的最高管理奖就叫戴明奖。

那么戴明博士对日本的经济做出了什么贡献呢？首先他就是改变了日本的观念。

当年麦克阿瑟占领日本，实际上行使最高统治权时，为了救助日本经济，指示盟军总部大量在日本购买日用品，在众多的采购中，有一批是电话总机，谁知交货装机后不能使用。麦克阿瑟认识到要振兴日本经济，首先就要改善日本的管理水平。

于是，日本的企业家联盟决心邀请戴明博士来讲管理，教授日本企业管理。戴明去了后，发现听众对象是日本一些大企业的工程师和一线的管理者。他就问邀请他去的联盟："你们日本是真的想改变，还是假的想改变？"大家回答：当然是真的想改变。戴明说："那好，那就请你们让各大企业的总裁来学习。"

此后，戴明博士在日本办了8期总裁班，从此就被誉为日本战后复兴的第一功臣。

只有领导者的观念转变了，其他管理上的策略、方法才能得到真正有效的实施。领导者的观念没变，一切等于空谈。所以戴明开始着重帮助日本企业家转变观念，要他们树立一种产品的质量越好，成本越低的观念。

当时日本企业家都有一种根深蒂固的观念，那就是质量越好的产品，成本当然越高。所以当时日本的产品就像现在的中国产品一样，在世界上是以价格低廉但质量差闻名的。戴明解释说质量要好，开始成本会高，但在科学化、规范化、形成规模后，成本就会降下来。而且由于保证了质量，次品会减少；质量好，大家用起来满意，就会有口碑宣传。这样都会让成本降低。所以一定要牢固地树立质量越好，成本越低的观念。生产高质量的产品正是降低成本的一种方式。现在质量意识已深入到了日本企业的灵魂中。日本企业也正是以质量好、价格低的产品占领世界市场的。

戴明不仅改变了日本企业的观念，他还具体传授了保证高质量产品的方法，这就是质量管制图。日后发展成了著名的六西格玛质量管理。

戴明还认为检查不重要。日本的老板们糊涂了，为什么检查不重要呢？戴明解释说，如果一台电视检查出来质量有问题时，已经太晚了，电视机已经不能卖了。检查的目的是为了找出问题，改善流程，是哪个环节导致电视机出的问题。只有通过不断地改善各个环节，才能保证生产出高质量的产品。所以检查只是手段，而不是目的。

戴明还主张企业选供货商不要用投标的方式。因为投标只能投价格，无法选质量。他认为最好的方式是经过广泛调查，长期固定找一家供货商，让它按你的要求供货，这样才能保证质量。而且你长期从它那里大规模进货，如果别的厂家比它便宜，你也有利于要求它降价。后来日本各大企业都接受了这种观念，尤其是汽车生产商，都只选固定的零件生产商供货，也导致了日本的汽车零件生产商都扎堆在几家大的汽车生产商周围，有效地降低了汽车生产成本。而美国的汽车厂商采用全世界招标的方式，有的零件要去欧洲、亚洲生产，导致成本居高不下。老山姆也深受戴明管理理论的影响，沃尔玛招供货商也基本上不投标，最多也只是在第一次招供货商时用投标的方式，以后就要求按它的要求供货，只要不出大的质量问题，沃尔玛基本不换供货商。

更重要的，戴明博士在日本企业中倡导了一种精神，那就是永远追求持续不断地改善，现在这种精神已经成了日本企业的标志。

什么叫永远追求持续不断地改善呢？用管理大师德鲁克谈过的一件影响他一生的事来作说明是最好的了。

年轻的时候，德鲁克喜欢听歌剧。一次听歌剧时，他听到了一曲充满探索意味而又生气勃勃，活力四射的歌剧。后来他知道了那是出自已经年届80岁的欧洲第一流的歌剧大师威尔第之手。德鲁克很不理解，威尔第已经80高龄了，又是欧洲最好的歌剧大师，为什么要甘冒风险写出这样富有探索性的歌剧呢？如果失败了，那一世的英名不就毁了吗？

结果刚好有记者为这个问题采访威尔第，威尔第回答："在一辈子的音乐家生涯中，我努力追求完美，可惜一直失之交臂。我有责任要再试一次。"

后来，德鲁克一生就将这种理念作为了他的人生座右铭。

这个世界上唯一可以预料的事，就是总有预料不到的事会出现，所以生活就是遗憾的艺术，需要我们不断地追求完善，永远要有再试一次的精神。

这种精神可以说已经深入到日本企业的灵魂中去了。几年前我买了一部尼康F50的相机，但不到几个月就出现了F60，再过几个月又出现了F70。不仅是相机，日本企业生产的任何一种产品，不都是不断地在更新换代吗？

这也正是日本企业追求不断完善精神的体现。

英特尔公司也是这样，它总在不断地自我淘汰。刚出来"奔2"，没多久就有"奔3"，而后是"奔4"、"奔5"，让竞争者永远无法跟上它，这种不断的更新换代，也逼得消费者不得不总要淘汰自己的产品，以跟上时代的步伐。

90年代美国发现日本的经济发展那么快，原来是美国人的功劳，于是又将戴明博士从日本请回美国，戴明在美国又成了红极一时的人物。戴明在日本倡导的永远追求持续不断的改善，在美国将它的英文字首列出来，Constant and Never Ending Improvement，也成了一句响亮的口号"CANI"，它的英语发音为kuhn—EYE。

任何事情都不可能做到十全十美，所以我们只有尽力不断地想办法完善它，也就是要永远追求持续不断的改善！

第十二章　做好工作是人的一种尊严

在杂志上看过一个故事：

日本有家非常有名的布厂，产品质量很好，顾客买他们的布是从来不用检查质量问题的，连日本皇宫都一直使用他们生产的布。但该厂的布做得很好，染料却不行，需要从德国进口。

二战期间，有一天，布厂的老板找到皇宫的主管，很抱歉地说："对不起，我们今年不能供布了。因为战争，今年无法进口到染料。只要能进口到染料，我们将第一时间供布给皇宫。真的很抱歉。"

有什么企业能做到这样？要知道给皇宫供布是一种荣耀，对市场是有指标意义的。皇宫都用的布，质量肯定是最好的。但他因为进不到染料，觉得布的质量做不到最好，就宁愿放弃这笔生意。

回厂后，老板又想：我已是耄耋老翁，说不定哪天就会驾鹤西去，到时那些人会不会将仓库里的布用别的染料染了，拿出去卖呢？于是他在半夜拿着一把剪刀，将仓库里的布全都剪了。

没过一年这位老板果然去世了。但他的举动保全了这个厂生产的都是优质布的名声。现在他剪过的一块布就挂在公司的大堂里，随时警醒着人们。

该厂还有一批退休的老师傅，隔三差五就会来厂里转转，检查各项工作，他们拿的还是退休工资，没有任何别的报酬。别人问为何要如此，他们回答："我们担心我们这帮老东西死了后，他们会把布做得不成样子。"

在他们的意识里，做好产品是做人的尊严。

我们下棋会争胜，打麻将会争胜，但人最应该争胜的是做好工作，做好产品。我们要能自豪地告诉别人说："这产品是我们做出来的。"这产品就代表着我们的尊严。

我看书喜欢看名人传记，凡是能收集到的名人传记，我基本都看了。看名人传记我有一个特点，就是每次看完后我都会问自己，这位名人给我留下的最深刻印象是什么？因为直觉上的印象，往往就是他成功的最大特点。

我看《本田传奇》时，留下的最深刻印象就是本田对技术的专注和对做好产品的执着。

本田一生都梦想着制造汽车，但在经济实力、技术实力都还不够的时候，他选择了先从生产一种汽车零件开始。他的想法是这种零件要能以极少的原材料卖出个好价钱。最终，他选中了生产活塞环。活塞环虽小，但却是汽车中不可或缺的重要零件，而且本田认为将铁熔化，再铸成活塞环的样子，应该很简单。

但事实上活塞环的生产却不是那么简单。为了研制活塞环，本田吃在工厂、睡在工厂，头发长得都快遮住眼睛了，他才不得不去理发店，还要求师傅"在15分钟内完事"。但就是这样努力，那个宝贝的活塞环任他怎么研究，做出来就是达不到要求。

在别人的指教下，他怀着溺死者连稻草都要抓住的心理，跑去找日本冶金学的教授，教授看了他做的活塞环后，说要做一下分析，看里面缺了什么。本田简直糊涂了，活塞环不就是铁做的吗，还能缺什么？当分析出来后，教授告诉他硅的成分不够时，他莫名其妙地问："硅是什么？"教授不可思议地注视着本田："你连这个都不知道，就着手做活塞环？你可真厉害。"

本田明白了他对这些知识一无所知，他强烈地感觉到自己必须充实知识，于是他在近30岁的时候，去做了工学院的旁听生，同那些比他小十一二岁的学生一起听机械课。

掌握了理论知识，再加上本田丰富的实践经验，以及锲而不舍的努力，本田最终生产出了活塞环。几年后，日本《读卖报知》《读卖新闻》还登了一篇文章，把本田大大地赞美了一番：

他着眼于有关内燃机的活塞环方面的技术，进行独自开发和研究。至今，已取得有关活塞环方面技术的28项专利，如果再加上其他方面的技术，他已获得了近40项技术专利，为此他得到了日本发明协会的表彰。为什么他有如此卓越的才能并得以发挥，那是因为他深信：我们不能过分依靠美国的财团和美国的机器，那样怎能在日美战争取得胜利？日本必须依靠自己的力量开发自己的技术。

本田的零件生产厂越办越成功，几年后，本田又成功地开始了摩托车生产。办厂之初本田就将目标瞄向了销往全世界，为了实现这一目标，推广品牌，扩大知名度，他倾全力研制摩托车参加世界级的摩托车大赛，但当时他做出的摩托车赛车完全无法与意大利、德国的竞争，于是，本田决定去欧洲考察。

为了学习欧洲的技术，他将旅费都用在了购买赛车零件上，以至于他不得不削减伙食预算。经常腹内空空，饿得咕咕乱叫。

在准备起程回国时，由于东西太多，本田已没有钱付超重运费，他就将车辐条和轮胎扎结实后背在身上，将各种零件和衣服塞得满满地放在手提行李包里。他奇特的样子，引得机场里的人都像看怪物一样看他。

在过机场安检时，本田被检查员拦住了，指出他的行李超重。这时，从本田身边走过一位身材肥硕的黑人妇女，她刚刚通过安全检查。本田朝她看了一眼：哇，体重绝对超过一百公斤。

本田指着那妇女的背影，英语夹带着日语朝检查员劈头盖脸地说过去："那位妇女你怎么算？她连飞机的椅子都快嵌不下了吧？比起我来，她的总重量要重得多吧？不是也通过了吗？"

但检查员不予理会，只是说："这是规则！"

本田问："如果手提行李轻了就行了吧？"

检查员说："当然。"

本田就将包里的毛衣、西服等衣服，一件件地往身上套，将所有的小零件全塞进里里外外的衣服口袋里。这么一来，手提行李顿时瘦了。但是本田却像刚才走过去的那位妇人，浑身裹得鼓鼓圆圆的。

正值七月盛夏，天气热得人不动也会出汗，更何况本田一口气穿上许多衣服，自然是汗水直淌。

"这样行了吧？"

本田耸起额头，嘴撇成八字状。

一直面无表情、形如木偶的检查员，也忍不住被逗笑了。

检查员说："这样，行了。"

本田终于回到了日本。在机场本田一见到迎接他的人，就急忙从口袋里往外掏东西，可口袋里塞得满满当当的，他掏了半天也没掏出来。他又找呀找的，突然他叫起来："哎，有了。"

本田张开他因工作而满是伤痕的手，露出了一颗钉子。

本田的脸上露出了笑容。

"我看到他们工厂的地上，正好有颗螺丝钉，就拿了回来。"

这是一颗十字的螺丝钉。当时日本只有一字的螺丝钉，一字螺丝钉只能用手工操作，而如果用了十字的螺丝钉，用机械器具就可以拧紧了。本田在欧洲捡的一个螺丝钉，不仅仅是带给本田公司，也是带给整个日本工业生产的一个革命性礼物。

我每看名人传记，都感觉他们的成功不是偶然的，本田的成功不也正在于他想尽各种方法追求产品的卓越吗？

我在中央电视台经济频道《如何找市场》节目时，就提出：更贴切地说，真正的市场不是找出来的，而是做出来的。

我们现在的领导常说："要让市场说话。"但市场是什么？就像德鲁克说的：它只不过是人创造出来的一种需求趋势。

电视没被发明前，看电视只是一种潜在的需求，直到电视被发明后，这种潜在的需求才转变为真实的需求。这种由潜在到真实的转变过程中，起决定作用的就是人的创造性，人的主观努力，人有做好产品是人的一种尊严的强烈意识。

寻找机会，抓住机会，是后进者的名言；创造机会，引导消费，是先驱者的座右铭。

记者曾采访星巴克的创始人舒尔茨，问："你们如何在不到5年的时间内，打造出一个世界级的品牌？"

舒尔茨回答："我们从来没有刻意打造品牌，我们只是努力追求产品的正宗，珍视人们的工作激情。"

专注于产品，专注于真正要做的事情，这是舒尔茨秉持的理念，正是这种理念使他创造了奇迹。而这种理念的建立，源于一次他收看对披头士的专访节目，用他自己的话说："那次访谈击中了我的内心深处。"

在节目中，披头士谈到了他们的最后一次巡演，之后他们就决定退出巡演。在那次演出中有5万名听众，他们狂跳着，尖叫着，披头士都听不到自己的演唱声音了。披头士组合的保罗说："他们喜欢我们当然很好，但听不到演唱声了，也就没有音乐了。当事情变成这副样子时，我们就失去了自己的意义。所以我们只能回到录音棚里去，再次找回自己的声音。"

披头士不为外在的喧嚣和浮华所迷惑，在各种赞誉和疯狂的拥趸欢呼声中能保持冷静，专注于音乐，这也正是他们的音乐能长盛不衰的原因。

在人生中也一样。当我们在某一天只想专心做好某件事时，总会有这样那样的诱惑引诱我们偏离方向，或有这样那样的琐事、烦心事来搅局，弄得我们不能专注于真正要做的事。我们要学会像披头士那样，不管周围有多少喧嚣、引诱，我们都必须保证自己仍然能听到音乐之声，专注于自己真正要做的事，专注于自己的核心价值，将心注入。

舒尔茨说："最强大最持久的品牌是建立在人们心里的——这才是真正可持久发展的品牌。"

第十三章　要有团队意识

出于好奇心，我曾上美国演讲协会网查看谁的演讲出场费最高。结果发现既不是美国前总统克林顿，也不是风光一时的前联储主席格林斯潘，而是七届环法自行车赛的冠军阿姆斯特朗，他的演讲出场费高达每场 20 万美金。阿姆斯特朗在 1996 年 10 月参加世界顶级公路赛时被诊断出患了睾丸癌。癌变扩散到了身体内，医生认为其恢复希望不到 20%。但经过 12 个星期的化疗和一年多的停赛休养，阿姆斯特朗于 1998 年 2 月康复，并在其后创造了世界上最艰苦的比赛——环法大赛七连冠的奇迹，被人们称为"环法英雄"。阿姆斯特朗还创造了另一项医学上的奇迹：一侧睾丸切除之后，还具有旺盛的传宗接代的生命力，在现代医学手段的帮助下，他成了三个孩子的父亲。

阿姆斯特朗是创造了奇迹，但我看他在环法赛上的胜利，可以说完全是团队的胜利。他在每次比赛中，他的队友——美国邮政车队的队员们，就会轮流在他前面领骑，就像大雁的头雁一样，为他减低阻力，这样他就能节省体力，在最后的冲刺中取得胜利。

个人的努力不足以取得胜利，然而团队努力就会获胜。

现代社会是一个要打群架的年代，任何单打独斗都不可能取得成功，所以团队精神、合作意识才是取胜的关键。

历史上许多成功和失败事例非常重要，通过分析对比能帮助我们正确认识、解决问题，还能对未来发展进行预测。虽然历史上每一件事不可能在今天社会中重演，但本质、发展规律、成功与失败结果不会变，如果不尊重历史，不承认现实，就不能解决好今天面临的问题。

在解放战争中，百战百胜、立下赫赫战功的粟裕大将，我在内心中一直认为他是一位战略大师，但了解了粟裕指挥的最典型的孟良崮战役后，才知道战争的胜利往往决定于执行力。

当时国民党军队整体上还拥有绝对优势，在实施对解放区的重点进攻时，粟裕为了挫败敌人的企图，采用的战略是坚决阻击敌人的增援，速战速决地围歼突出冒进的敌整编第 74 师。而对手 74 师师长张灵甫的战略则是倚仗自己全美械装备，冲在最前面，引诱解放军主力包围他，然后拖住解放军主力，让国民党大部队来一个反包围，他在中间开花，内外合击，一举歼灭解放军主力。

这两种战略思想很难说谁好谁坏，关键就看执行力。蒋介石的军队很多都是以前各地的军阀，在蒋介石的威逼利诱下被收编的，蒋介石对他们并不放心，经常用他们去打共产党的军队，战个两败俱伤。张学良、杨虎城的东北军、西北军就是这样。而那些国民党将领心中对此也十分清楚，因此他们在增援时，大打滑头战，保全实力，只是在最后张灵甫告急，蒋介石下了死命令时，这些部队才开始全力进攻，但为时已晚，张灵甫已被全歼了。

为此蒋介石暴跳如雷，事后处罚了国民党一大批高级将领，认为他们支援不力。

孟良崮战役的胜利充分证明了我军超强的战略执行力，而这种战略执行力正来源于我军的优良传统——各团队间的精诚合作。而国民党军队的失败正失败在他们的执行力，失败在他们团队间的尔虞我诈。

人一生中最重要的三个团体，就是家庭、公司和国家。公司既然是人生中最重要的三个团体之一，我们为什么不能在这个团体中友好相处，发挥合作精神呢？

我们说"十年修得同船渡"，那能在一个公司工作又是多少年的缘分呢？我们为什么不能彼此珍惜呢？试想如果团队成员中关系不和，彼此看不惯，互相拆台，那我们每天都要在一起工作，那这每天的工作不就是一种痛苦吗？如果团队成员能融洽相处，彼此成为好朋友，互相帮助，那每天的工作就是一种快乐。我们为什么不能将每天的工作都变成一种快乐呢？

我们度周末、度假的时候，常会邀约好友在一起欢聚，如果我们的工作伙伴都能成为好朋友，那每天的工作不就像在度假一样吗？

我每次讲完座后，总有些学员激动地对我说："老师，听了你的课后，我就觉得自己要当国家主席了！"但过几天再遇到他时，他说："老师，我就想当国务院总理。"再过几个月或一年后遇到他时，他对我说："老师，我就当孩子他爹算了。"

为什么人的热情与冲劲难以持久呢？也总有人问我："老师，如何才能长久地保持超强的行动力，保持高涨的工作热情？"

其实解决这个问题的最佳方法就是投身到一个朝气蓬勃的团队中去。在团队中你的工作已不是你一个人的事，还关系到团队的成败，因此工作会变成一种责任，让你无法停下来。而且团队成员间彼此互相激励，互相帮助，也会给你提供源源不绝的精神动力，让你始终热情高涨。

我原来是一个自由写作的人，写书完全是我个人的事，没有任何压力，因此效率总是不高，几个月才能写出一点东西。而自从成立了工作室后，我投身于一个团队，写书再也不是我一个人的事了，团队成员会不断地催促我，给我压力，让我无法停止，工作已不是我可做可不做的事，工作成了我对团队应尽的一份责任，于是懒惰的情绪被团队的力量压制了。而且每次去到工作室看到大家都在努力工作，他们的情绪也会在无形之中感染我、激励我，就像给我充了电一样，让我也能始终动力十足。

其实工作的绝佳地方就是处于一个好的团队中，它让人兴奋、富于刺激、充满友情和支持，能让你始终动力十足地去取得成功。一个糟糕的团队则是可怕的地方，它每天带给你的是烦恼、不快乐和厌倦，让你如同置身于监狱。

有一个故事，不知发生在何朝何代。说的是一位父亲在临终时把所有的儿子叫到身边，然后，他让儿子们进行了一次关于团队精神的"体验式学习"。

他拿了一支筷子，让其中一个儿子折断。这个轻易就折断了。

他又拿十支筷子，让那个儿子折断。那个儿子无法折断了。

父亲用这种方式告诉儿子们团结的重要性。

这个故事还有一个少数民族版本，只不过，把其中折筷子的情节改成了折箭。

国外也有一种说法：依靠个人100%的力量，倒不如依靠100个人1%的力量。

可见，不管现代、古代，不管哪个民族、哪个国家，团队精神都是非常重要的。

在网上看过这样一篇文章：

谈到企业经营，许多企业家都大呼辛苦，实际上应该是"心苦"。一方面权利不知道可以下放给谁，另一方面内部矛盾不断涌现，企业无法真正地拧成一股绳去达成战略目标，如同一盘散沙。强风一吹带来"新沙子"的同时，也吹走了原来的"沙子"，缺乏"聚沙成塔"的内在精神。

每当秋季来临，天空中成群结队南飞的大雁就是值得我们借鉴的企业经营的楷模、一支完美的团队。雁群是由许多有着共同目标的大雁组成，在组织中，它们有明确的分工合作，当队伍中途飞累了停下休息时，它们中有负责觅食、照顾年幼或老龄的青壮派大雁，有负责雁群安全放哨的大雁，有负责安静休息、调整体力的领头雁。在雁群进食的时候，巡视放哨的大雁一旦发现有敌人靠近，便会长鸣一声给出警示信号，群雁便整齐地冲向蓝天、列队远去。而那只放哨的大雁，在别人都进食的时候自己不吃不喝，是一种为团队牺牲的精神。科学研究表明，组队飞要比单独飞提高22%的速度，在飞行中的雁两翼可形成一个相对的真空状态，飞翔的头雁是没有谁给它真空的，在漫长的迁徙过程中总有雁带头搏击，这同样是一种牺牲精神。而在飞行过程中，雁群大声嘶叫以相互激励，通过共同扇动翅膀来形成气流，为后面的队友提供了"向上之风"，而且V字队形可以增加雁群70%的飞行范围。如果在雁群中，有任何一只大雁受伤或生病而不能继续飞行，雁群中会有两只自发的大雁留下来守护照看受伤或生病的大雁，直至其恢复或死亡，然后它们再加入到新的雁阵，继续南飞直至目的地。

雁阵之优，在于目标一致、前后呼应、配合协调，企业经营也应如此。

企业组织是一个有机体，必须和雁群一样有着清晰的战略目标，打造不同的团队去实现目标，分工明确、通力合作。众所周知，企业组织是靠创造价值存在于社会之中，小企业注重的是创造股东价值，因为迫于生存压力，老板必须有钱赚。中型企业必须注重于创造员工价值和品牌价值，只有这样才可以实现持续增长，变成——大企业。大企业则开始创造真正的客户价值，乃至更深远的社会价值，承担起社会责任。我们都知道，三棱锥（即四个点形成的四面体金字塔形状）是最固若金汤的几何构造，企业若想实现基业永续，四点缺一不可。而V形雁阵正是最完美的诠释，三棱锥可以看作是由4个V组成，每个V代表着一个完美的团队，在塑造股东、员工和品牌价值的同时即形成企业文化，强有力地支撑起3个机制立面，从而实现最终的企业愿景。

然而，大雁给我们的启发还不仅仅是团队精神。

科学研究表明，雁阵中的领头雁一直在换，因为只有这样才能使领头雁永远保持充沛的体力在前面飞，定期或不定期地有雁上去领飞，下面就是坚决的追随者。要有坚决的追随者，那么肯定要有令人信服的顶层管理者。企业人心涣散的原因很大程度上是由于没有清晰、吸引人的企业愿景，无法做出凝聚众人的决策，以及缺乏激励追随者的机制。大雁尚知道应该飞向它们的乐园——温暖的南方，分工协作、关心需要帮助的同伴，并互相嘶叫激励全员，作为搏击于商业浪潮中的企业家们，是否应该得到某些启示呢？我们是否应该倡导一种"美国总统式"的总经理轮换制呢？通过定期投票选举，由董事会和全体员工选出心目中的总经理，这样更容易提拔有"领头雁"特质的人才，也可以在企业内部形成一种上进的良性竞争和沟通合作的氛围，因为，不得民心者，难以管理也。

但从侧面看，"美国总统式"的总经理轮换制在中国这个注重情感管理的国度来说，可能实行起来较难，甚至会因为争夺总经理职位，而形成拉帮结派的作风，因为整个企业体制不完善，人员素质参差不齐，靠情感和关系管理的思维仍然根深蒂固地存在着，所以，建立一套系统的、可以约束并激励员工的企业机制是中国企业管理的重中之重。

一群迁徙的候鸟能够通过分工合作达到省力、提速的目的，知道如何为群体共同的目标而做出个体的自我牺牲，翱翔的雁阵把"V"字写在天空上，这足以让作为思想群体的企业家们深思。

"知道如何为群体共同的目标而做出个体的自我牺牲，翱翔的雁阵把

'Ｖ'字写在天空上"，多么响亮的语言，这足以让我们全体工作者深思。要知道步调一致才能取得胜利。

没有团队精神，没有为团队做出自我牺牲精神的人，做任何事都不可能成功，而且这种人到哪里都不会受欢迎。

钓过螃蟹的人都知道，如果只钓了一只螃蟹，那就要将篓子盖好，因为那只螃蟹会拼命想从篓子里爬出来，直至挣扎至死；但如果钓了一群螃蟹，那就大可以放心地不用盖了，因为一只螃蟹往上爬时，别的螃蟹都会来扯住它的腿，是不可能有螃蟹爬上去的。

总听人说：一个中国人是条龙，三个中国人就变成虫。他们以此来说明中国人有这种螃蟹意识，不善于合作。

你可能跟我一样不承认这种"虫"理论。不过你大可不必为此生气。因为，我们完全没有必要为别人的错误而惩罚自己。这不值得。

其实，如果你是"真龙"的话，你可以有一种比生气更好的方法——用行动证明他是错的。

其实人在内心里，都是有集体意识、合作意识的。我在学校教书当班主任时，学校举办运动会，我就将全班同学动员起来，体育好的报名参加比赛，其他同学各自分工，有的做拉拉队员，有的负责照顾运动员，有的负责送饮料，有的写宣传稿，全班同学都充满热情地投入其中，为集体荣誉而努力，最终我班取得了校团体总分第一名。结果年底语文老师布置作文《一年中印象最深刻的一件事》，绝大多数同学都写了那次运动会。

人是群体动物，爱国、爱家、爱团队的理念已深埋在我们的潜意识中，我们只要将它挖掘出来就行了。而且大家也都明白，由不同个体组成的团队，携手努力，能比相同数量、埋头于自己工作的个体取得更大成就。

但好的团队不是偶然诞生的，要塑造好的团队，就要努力做到以下三个方面：

一、团队利益高于个人利益

"责任、荣誉、国家"，西点军校不仅重视责任感的培养，还十分重视荣誉感的培养。西点军校将荣誉看得至高无上，努力培养学员树立"军人视荣誉为生命"的观念。

我们在小时候就无数次地为董存瑞、黄继光、邱少云的英雄事迹所感动。董存瑞舍身炸碉堡，黄继光奋勇堵枪眼，邱少云烈火烧身也不动，他们都是牺牲小我、成就大我的典型。为了大部队的胜利，他们英勇地献出了宝贵的生命。因为他们知道，在战争中没有个人的利益，只有部队的利益。牺牲自己而成就部队的胜利正是一种英雄行为。在企业经营中也同样如此，团队利益没有得到保障，个人的利益也就不可能有良好、持久的保障。锅里没有，碗里的从何而来？

所以，一个没有荣誉感的团队是没有希望的团队，一个没有荣誉感的员工不会成为一名优秀的员工。

每一个企业都应该对自己的员工进行荣誉感教育，每一个员工都应该唤起对自己岗位和公司的荣誉感。如果一个员工对自己的工作有足够的荣誉感，对自己的工作引以为荣，对自己的公司引以为荣，他必定会焕发出无比的工作热情。在争取荣耀、捍卫荣誉、保持荣誉的过程中，我们个人也不知不觉地融入到了集体之中，获得了更好的发展。

团队是由个体聚集在一起组成的一个集合，在执行任务或者解决问题时需要用到每个人的才能。团队赢了，则团队中的每个人都赢。如果团队输了，则每个人都输。所以团队中的每一个成员要有与集体共同目标一致的目的感和忠诚度。

每个成员必须首先对团队整体保持忠诚。如果各自为战，自我利益至上，他们的承诺就会混淆，他们的职责就会不确定。这样的团队势必崩溃。

我们钦佩那些有集体荣誉感的人，这样的人往往是人们赞颂的对象。有集体荣誉感的人，将团队利益置于个人利益之上的人，永远是这个世界上最受欢迎的人。

二、互相尊重、信任、关心，有坦诚精神

请先忘记来自外界的竞争吧，因为你自己最大的敌人就是企业内部人与人之间不良的交往方式。

——杰克·韦尔奇

1. 互相尊重

一个团队是否有凝聚力、合作精神，首要的是团队成员间要相互尊重，如果团队中你瞧不起我，我看不上你，这样的团队是不可能有好的合作的。

没有一个思想正常的人会把 11 个击球手放到一个板球队里，或者试图用 11 个前锋组建一支足球队。道理似乎很明显，然而一些组织仍然容易患上所谓的阿波罗（太阳神）综合征——他们认为一个由优秀的人组成的团队一定能战无不胜。然而并非如此。一个团队必须拥有完成任务所需要的所有不同技能和技巧，或许还需要一系列不同的性格或者具有不同特殊喜好的人。

面对这样一个不同个体组成的团队，或许有些人与你性格不合，有些人的能力你不以为然，但既然团队需要这些不同的个体，那么彼此间就要学会互相尊重。

现在，许多跨国大企业在其基本信念中都有共同的一条，那就是：尊重个人。不论是沃尔玛、IBM，还是宝洁公司，这一条都是他们企业精神的第一条。

沃尔玛从事的是零售百货行业，西方人自我意识都很强，因此该行业的人员流失率非常高。沃尔玛为了解决这个问题，就要充分尊重每一位员工，让员工有主人翁意识。沃尔玛的员工都被称为合伙人，沃尔玛最大的股东就是员工分红基金会，老山姆曾对员工说："如果有谁问你们谁是公司的老板，你们可以自豪地大声告诉他，我们就是这里的老板。"沃尔玛的办公室都是开放式的，而且员工的标牌上都不注明级别，没有经理、主任之类的字眼，全部都只写上员工的名字，然后在上面附一句话：我们的同事在创造奇迹。

沃尔玛尊重个人的信条，使得沃尔玛员工的流失率成了美国同行业中最低的。

还有上海波特曼丽嘉酒店，这是上海唯一一家连续三届获得著名人力资源咨询公司翰威特评选的"亚洲最佳雇主"桂冠的酒店。近四五年来，上海波特曼丽嘉酒店的业绩直线上升，酒店利润以每年15%的增幅上涨，酒店的员工满意度从96%增长到98%，去年更是高达99.9%。丽嘉之所以能取得如此成绩，就在于丽嘉重视人才，一直信奉：将员工培养成绅士淑女。

就像丽嘉集团的全球总裁高思盟说的："我们提供专业的服务，但我们绝非仆人。"与此相对应的是，丽嘉提出"我们以绅士淑女的态度为绅士淑女们忠诚服务"的座右铭，时刻提醒全体员工作为专业服务人士，要以相互尊重和保持尊严的原则对待客人以及同事。

丽嘉在服务人员中倡导绅士淑女风范，教导员工是专业服务人士，从而让员工自尊自重，并能相互尊重，这是丽嘉酒店成功的秘诀，其实也可以成为我们每一个行业成功的秘诀。

2. 互相信任

一个团队要能发挥作用，团队成员间不仅要互相尊重，还要互相信任。没有互信做基础，你不相信我，我不相信你，团队就无法发挥它的整体力量。

丽嘉在其信条中提出："丽嘉的服务经验除了可令宾客身心舒畅，甚至可以满足客人内心的需求与愿望。"

为了做到这一点，丽嘉每位员工为客人服务的主动性都被看重，酒店所做的就是信任他们，培养他们，并给予自由发挥才干的空间。丽嘉酒店总经理狄高志强调信任是每一个人都需要的东西："比如我自己，我很享受我的工作是因为我得到了充分的自由去对酒店负责，而不是每件事情都请示集团的总裁。"只有创造相互信任的氛围，员工才会对工作感到满意，并把这种信任提升为对工作的积极投入，用出色的服务提高客人的忠诚度，最终给酒店带来回报。这是一个良性的循环。

互信正是团队能发挥作用的基础。

团队成员间不仅要互信，个人也要培养诚信精神。

在商业链条的运转中，法律、合同不可能规范一切，许多时候需要诚信来做保障，如果没有了诚信，生意的链条就会断掉。我是写书的，因此也接触到不少书商，我发现他们中真正能做大的，往往就是有诚信的书商。唯有诚信才能保证生意不断地运转，也才能帮助你不断做大、做强。如果为了短期利益，欺骗了一次合作者，丧失了诚信，那不仅是失去了一个合作者，也会让你在整个行业中信誉受损，因为行业中的商家都是相通的，就像人们常说的："好事不出门，坏事传千里。"

团队合作也同样如此，没有个人的诚信做基础，就不可能有真正的合作。

用人或者与人合作最重要看什么？就是要看这个人的人品。没有好的人品，能力再强，大家终究会不欢而散。中国为什么这么多家族企业？原因不就在于很难找到可信的人吗？在中国，信任往往意味着失控。

巴菲特的用人哲学是：诚实、正直、聪明、活力。但他说："若没有诚实正直，那聪明也不重要了！"张忠谋也说："人如果没有诚信，就算有聪明、能力，永远只是个危险人物。"

为什么欧洲许多先进国家还是很富强？因为他们将道德培养放在首位，他们认为道德是提升国力的基础。因此他们特别重视对诚信的教育和利用整体制度来规范行为，他们的个人信用是要伴随一生的。

一位朋友给我传来这样一篇文章：

欧洲某些国家的公共交通系统的售票处是自助的，也就是你想到哪个地方，根据目的地自行买票，没有检票员，甚至连随机性的抽查都非常少。一位中国留学生发现了这个管理上的漏洞，或者以他的思维方式看来是漏洞。他很乐意不用买票而坐车到处溜达，在留学的几年时间，他一共因逃票被抓了三次。

他毕业后，试图在当地寻找工作，他向许多跨国大公司投了自己的资料，因为他知道这些公司都在积极地开发亚太市场，可都被拒绝了，一次次的失败，使他愤怒。他认为一定是这些公司有种族歧视的倾向，排斥中国人。最后一次，他冲进了人力资源部经理的办公室，要求经理对于不予录用他给出一个合理的理由。

下面的一段话很令人玩味。

"先生，我们并不是歧视你，相反，我们很重视你。因为我们公司一直在开发中国市场，我们需要一些优秀的本土人才来协助我们完成这个工作，所以你一来求职的时候，我们对你的教育背景和学术水平很感兴趣，老实说，从工作能力上看，你就是我们要找的人。"

"那为什么不收天下英才为贵公司所用?"

"因为我们查了你的信用记录,发现你有三次乘公车逃票被罚的记录。"

"我不否认这个,但为了这点小事,你们就放弃了一个多次在学报上发表过论文的人才?"

"小事?我们并不认为这是小事,我们注意到,第一次逃票是在你来我们国家后的第一个星期,检查人员相信了你的解释,因为你说自己还不熟悉自助售票系统,只是给你补了票。但在这之后,你又两次逃票。"

"那时刚好我口袋中没有零钱。"

"不,先生,我不同意你这种解释,你在羞辱我的智商。我相信在被查获前,你可能有数百次逃票的经历。"

"那也罪不至此吧?干吗那么认真?以后改还不行?"

"不、不,先生。此事证明了两点:

你不尊重规则,不仅如此,你善于发现规则中的漏洞并恶意使用。

你不值得信任,而我们公司的许多工作的进行必须依靠信任,因为如果你负责了某个地区的市场开发,公司将赋予你许多职权。为了节约成本,我们没有办法设置复杂的监督机构,正如我们的公共交通系统一样。

所以我们没有办法雇用你,可以确切地说,在这个国家甚至整个欧盟,你可能找不到雇用你的公司。"

日本是缺乏创造性的,他们没有什么真正自己的东西,都是把别人的产品拿来拆开、分析,看还有哪些地方需要完善、需要改进,然后做出自己的产品。

但日本人善于学习,善于发现别人好的地方,然后加以模仿、改进,而后甚至做得比别人更好。日本国民对于诚信精神的重视就是如此。

报上有一篇文章:

初到日本的中国人可能对很多事情都不习惯:开车出行到住宿地,要把车钥匙交给宾馆的服务员;在电器行买东西,店家从不当场开包试用新商品性能……在日本住久了,就都理解了。因为在日本人看来,交钥匙免去了客人自己泊车的麻烦;买电器时拆包试用则会被误解为对店家商品质量的不信任。

有位跑了一辈子社会新闻的日本记者,把上述日本人的习惯称为兑现承诺的"契约意识"。承诺人如果没有兑现自己的保证,自会觉得理亏。同时,承诺人做任何事情都会"丑话说在前头",要做什么,怎样做,可能会引起什么后果,这些后果谁来承担,都会说得明明白白,您中意与否请事先说好。日本律师协会的笠井先生告诉笔者,日本的各种法律都比较完善,对各种形式的违约行为都明确规定了相应的处罚办法。日本人维护契约的意识非常强，他的律师事务所每年接受的案件半数以上是追究"违约责任"的，案子千奇百怪：有状告橡皮没标明不能吃的或火车晚点没事先通知的，也有揭发自己丈夫有外遇的……只要证据确凿，按法律，这些不当行为都会受到处罚。

日本的企业文化更是把"兑现承诺"放在经营理念的首位。在日本，保证自己的产品和服务没有质量问题是企业经营的根本，有了问题最好老老实实地公开、召回，否则会被市场抛弃。一旦企业爆出刻意隐瞒质量问题的丑闻，也就离倒闭不远了。1998年，三菱汽车公司欺瞒质量隐患的内幕被曝光，高层领导集体辞职，几位负责人还在1998年6月份相继被捕。但是，日本人仍然拒绝丧失诚信的三菱扶桑牌卡车：不仅日本警视厅和消防厅宣布拒购，日本的47个都道府县中也有38个拒购，这其中还包括三菱汽车生产基地所在的地方政府。

监督诚信问题的力量之一是媒体。各种"失信"新闻是日本记者的最爱。1998年日本京都地区暴发禽流感，首先发生疫情的是浅田农产船井农场。然而，身为日本养鸡协会副会长的老板浅田肇知情不报，招致了舆论的激烈批评。虽然浅田辞职，但媒体仍不放过。有记者干脆整天蹲守在养鸡场老板的家门口，一出来就打开摄像机，不断地质问，最终逼得浅田夫妇上吊自杀。前些日子，《朝日新闻》有位记者为出名编造了一篇假新闻。事发第二天，《朝日新闻》马上登报道歉，开除记者并调离相关领导，随后又派出记者调查前因后果，一一曝光，最后还用了几个版讨论这件事的教训，生怕失信于读者。

日本社会对于不能兑现承诺的惩戒来自于民众的自我保护意识、法律制裁、市场制约和舆论监督等多个方面。在种种约束下，兑现承诺已深入到绝大多数日本人的潜意识中。一位在日本工作的朋友给记者讲过这样一个故事：留学时代，朋友曾在一家比萨饼店打工。有一次，一位客人打电话订了一份普通的比萨饼，累了一天的朋友误把一份比普通比萨饼贵上一倍的特制比萨饼装进了饭盒。结果，客人勃然大怒，不依不饶。老板低声下气地在电话里道歉了好久，后来还是亲自拿了两份比萨饼上门赔罪。朋友也因此事被炒了鱿鱼。闻此，不由人心生感慨。

诚信度差的国家，不仅反映出国民素质低，经济也必定欠发达；诚信度高的国家，不仅国民表现得素质高，经济也必定发达。

3. 互相关心

富兰克林说："最能施惠于朋友的，往往不是金钱或物质上的接济，而是那些真心的关切，亲切的态度，欢愉的谈话、共感的流露和真心的赞美。"

团队成员间一定还要互相关心。我们和好朋友间都是互相关心的，而我们同属于一个团队，大家的利益休戚相关，我们不是更应该互相关心吗？

多年前松下幸之助在对年轻人讲座时，这样谈到他对相互关心的理解：

"年轻人，你会做肩部按摩吗？"

"不会，先生。"

"什么，难道你从来没给父母做过肩部按摩吗？"

"没有，"年轻人有些窘迫，"至少不常做。"

"好吧，"我告诉他，"这就是说你在事业上将不会有很大的成就。"

这是多年以前我和一位年轻员工的对话。他对此显然有些困惑不解：事业上的成就和肩部按摩有什么相干？让我来解释一下。

"假设你和上级因为要赶一个紧急任务连夜加班。你年轻力壮，毫无问题。可是老板年纪大了，体力不支。你注意到他似乎有些吃不消了。你能够，或者你愿意替他做肩部按摩吗？

"你们是在办公场所工作，工作就是工作，因此你无须提供这种帮助。但这一表示会令上级非常感动。他很可能谢绝你的帮助，但一定非常感激你的体谅。实际上，你所做的表示比按摩更能使他心情舒畅。这种交往融洽了气氛，他很可能会善意地回答：很抱歉这么晚了还让你工作，你大概原本今晚还有个约会吧。"

我接着强调道："同事之间的互相照应是使工作富有成效的关键。我希望你能同样试着体谅你的上司和同事，这只会使你获得更多成就，有百利而无一弊。"

我不是指溜须拍马、戴高帽子，而是强调人之间的真诚体贴。肩部按摩不见得是表达这种体贴的最好形式，但其本质很明确。把你对上级的尊重表达出来、帮助体力不支的人是很自然的事情。正是这种互相帮助使人类社会更加融洽。

别有用心的花言巧语和乖巧举动终会露出庐山真面目。如果把它作为某种策略，那么很快就会司马昭之心路人皆知，起到相反效果。然而，如果语言和行动出自至诚，别人会因此而了解你、尊敬你。以真诚和自然的方式表达对别人的关心，会起到积极作用，任何工作场所都需要这种能力。

日本公司强调"爱公司如爱家"，重视营造家的氛围。日本企业基本上可算终身雇佣制，没犯大的错误，公司是不会轻易解雇员工的，升迁制度也是论资排辈，按工作年限提职。他们这样做的目的就是为了让员工将公司当家，培养对公司的忠诚心。这种管理方式有利有弊，我们不去深入探讨，但日本企业重视感情投资，提倡互相关心，却的确值得我们学习。其实关心他人也正是融洽关系的润滑剂。

我在早期创业时，曾和友人一道办过一家餐厅。记得有次在餐厅，我们一群人坐着聊天，适逢餐厅员工下班，有位女孩上自行车时不小心摔了下来，我看摔得不重，也就没动，心想"摔倒了再起来就得了"。

但此时，只见经理快速起身跑了过去，扶起那位女孩关切地问："摔得重不重？要不要给你找辆车去医院看看？"

女孩回答："不用。"

"你看腿都摔破皮了，去餐厅搽点药，歇歇再走吧。"

经理小心地扶着她回到餐厅，然后就去找药，找到药后，又亲手替女孩搽上，还对她说如果不舒服，下午就不用来上班了，算公假。那位女孩连声说："不用，不用。"此时，我看在眼里，心里在想：我们这么多人为什么都不知道这样做呢？要知道这种做法比发几百元钱奖金更能赢得这位女孩对公司的忠心。

这只是一件小事，可对小事的处理往往却能反映人的素质。

以前，我总认为心里关切别人就够了，说出来有点假惺惺的。在公司的时候，每次员工病了，许久没来上班，见了面后，虽然我心里很关切，但表面上也只是打个招呼就罢了。可经理却不同，他要说的那些话我都可以背下来了。见面后，他必定问长问短："完全好了没有？要不要再多休息几天？"或者"我认识这个医院的一个医生，要不要再检查检查？"不要认为这样做是惺惺作态，这种简短的问话能暖人心。

我有一次病了一段时间后来上班，但与一个同事见面后，他只是简单地打打招呼就过去了，我当时心里就有点难受：原来我这么不重要的，我这么久没来上班他都不知道。

你心里关切别人，但不说出来，别人又怎能知道？即使有些极端自私的人表面做出一些关切和问候，往往也能打动人心。

关心别人，意味着被他的兴趣所吸引，为他的高兴而高兴，因他的担忧而着急。一个人只要对别人真心关切，他必将赢得真正的友情。

关心自己的同事，他们就会关心你！

4. 培养坦诚精神

事业的成功有赖于组织内部全体成员的共同努力。沃尔玛公司的成功有诸多因素，其中最为重要的一点就是：管理者与员工之间良好的合作关系，视员工为事业合作伙伴。这种合作关系按老山姆的说法，就是全体成员之间的"合伙关系"。

团队就是一种合伙关系，但要让这种合伙关系有效运转，团队中就要大力倡导坦诚精神。

杰克·韦尔奇说："缺乏坦诚是商业生活中最卑劣的秘密。"杰克·韦尔奇一直都是"坦诚"二字的有力拥护者，这个话题他给 GE 的听众们宣讲了有足足 20 年。

他说："缺乏坦诚，并不是指那些恶意的欺诈，而是指有太多的人在太多的时候不能真诚地表达自己的想法。他们不愿意直截了当地同你交流，或者无所顾忌地发表意见，以激起真正的争论。他们不喜欢开诚布公。相反，他们把自己的意见或者评论保留起来，他们闭上嘴巴，让别人感到更舒服，或者避免发生冲突；他们甚至粉饰坏消息，以维护自己的体面。他们把事情放到自己的背后，隐瞒了真实的信息。所有这些都是缺乏坦诚的表现，其影响绝对是毁灭性的。"

麦肯锡的创始人马文在早期做律师时，他的主要业务是帮助那些饱受大萧条蹂躏的公司清盘。在对接手的 11 家公司的调查中，马文了解到，根本原因并不是这些倒闭公司的总裁愚蠢，事实上这 11 位总裁都聪明过人。问题在于他们没有获得足够的信息，因而无法做出正确的决策。

通过对 11 家倒闭公司的第一手调查，马文认定，这些总裁本该获悉的信息被屏蔽掉了，否则他们本来是可以挽救危局的。他坚信，如果公司高层能够获知符合实情的报告与数据，那么这 11 家公司中有 10 家本来是可以安然无恙地挺过大萧条的。

马文认为，这其中的罪魁祸首就是企业层级制度，致使员工根本不敢向上级报告真实情况。目睹总裁这种孤家寡人般的处境，马文对由此造成的灾难性后果深感愤怒。这种经历也使马文更加坚信从一线员工（指那些在实地进行销售或在车间制造产品的人们）那里获取信息的重要性。通常，总裁需要了解的关键情况在一线都能找到。

有此洞察之后，马文确定企业不可能消灭层级制度，因此需要一个专业机构的帮助，马文给这个专业领域起了个名字：管理咨询。并选择这个领域作为了自己终生的事业。

缺乏坦诚精神正是企业致命的危害，八佰伴破产后，和田一夫沉痛地总结：最大的原因在于自己没能及时地了解公司的实际状况。

坦诚精神有一种化繁为简的力量。首先，如果团队中保持着坦诚相待的气氛，大家就能敞开心扉，互相学习，那就会有更多的想法被提交出来，并可以加以讨论、展开批评、进而得以改进，想法也会因此变得多姿多彩起来。

其次，坦诚可以推动速度的加快。要知道现代的竞争不是大鱼吃小鱼，而是快鱼吃慢鱼。要让团队在竞争中能更敏捷、更快速，坦诚是必须的方法。

最后，坦诚可以节约成本，而且是节约许多的成本。虽然我们无法精确地算出最终的数字，但可以想到的是，有了坦诚精神之后，我们可以少开多少形式主义的会议，少费多少精力去完成大家都已经知道结果的报表。再想一想，有了这样的精神，在探讨公司战略、新产品或者个人业绩表现的话题时，我们就可以少画多少用心良苦的幻灯片，少做多少令人昏昏欲睡的演示，少开多少乏味的秘密会议，而用简单真实的对话取而代之。

把以上各种益处和效率结合起来，我们将认识到，失去坦诚精神的代价是令人难以接受的。

实际上，缺乏坦诚正是一种自私的表现，是为了让你自己的生活更加轻松，是一种不负责任的表现。

我的台湾朋友给我传来这样一篇文章：

5 块钱的误会

希望大家用心来体会文中的含意，想想自己是不是常遇见这种"想说又碍于面子而不好意思说"的情境。

有一位影剧界的朋友告诉我一个生活小插曲。某次录影，她打电话叫了无线电计程车回家，下车时计费表上显示的是 180 元，她拿出两百元给司机，司机默默地收了。

以台北市的计费标准，表上加 15 元等于车费，她稍微等了一下，以为司机会找 5 元给她，但司机一点动静也没有，她想，算了，才 5 元嘛，就拉开车门下车了。

关上车门的那一刹那，她才恍然想起自己是叫无线电车的，按规矩需再加叫车费 10 元，是她还欠司机 5 元才对。于是她又敲敲前车窗，赶紧把 5 元递给司机。

司机冷冷地摇下前车窗来，说："哼，亏你想到了。不然我还以为，连你这样一个名人也想贪我 5 块钱的小便宜！"

虽然误会是化解了，但我这个朋友心里老大不舒服，她说："他为什么不直接告诉我，我少给了他 5 元呢？"

在日常生活中微不足道的 5 元，在这给了我们一个启示：

是不是有些时候，我们像那个司机一样，无声地在忍耐着某个人的作为，而事实上，我们的沉默反而误解了那个无辜的人，让他根本不知道哪里得罪了你？

你心里因为这样不舒服，他的名誉也因而受损。为什么你不说出口呢？很多类似这种"5 块钱"的问题影响了我们的朋友情谊、爱情品质、人际关系，甚至人的情感……

婆婆嫌媳妇洗的碗不干净，怕变成坏婆婆，隐忍不说，自行把媳妇洗过的碗再洗一遍——媳妇当然老大不高兴。觉得媳妇的菜不顺口，硬把每餐揽来自己弄，背地里又感到自己好委屈。

办公室亦然，你虽然喜欢助人，但因别人搞不清楚你"助人"的尺度为何，常做出你认为过分的要求，你默默做了，却咬牙切齿在心里，在别的同事面前对他表示不屑，也是常有的办公室情事。

忍，不一定都是美德。除非你忍了就忘了，但有几人能够呢？我们想认亏了事，不愿表达自己的看法，但在无意间，我们却以成见伤害了彼此的关系，或无辜者的名誉。

"不知者无罪"，如果对方并不知道他哪里得罪你，你的忍耐只会造成他受损而已。忍耐人的时候，脸色通常很难好看，如果你忍耐的对象是自己很亲密的人，他的情绪和你们的关系一定受损得更厉害！！

有话不妨直说吧。

要普及坦诚精神，就像杰克·韦尔奇说的："你就必须激励它、表扬它、时刻谈论它。你自己还要活力四射、甚至夸张地把这种精神展现出来，证明给大家看。"

当然在团队中普及坦诚精神也需要一个过程。一个团队就像人一样，有出生、成长和成熟的过程。

没有一个像在临时家庭一样一起成长的机会，团队就形不成一个互相信任氛围，在这种氛围中，大家各司其职，并彼此相信别人都会尽忠职守。要高效率地工作，团队需要信任；他们需要时间来建立起这种信任关系，也需要时间来成长。

杰克·韦尔奇说："是坦诚精神把更多的人、更多的声音、更多的活力吸引到了 GE 的事业中来。我们相互鼓励，让每个人都能更开放、做得更好。"

三、互相帮助

索取使人疏远，奉献促进团结。

——圣弗兰西斯

帮助人是一种投资。你今天帮助了他，明天你需要帮助的时候，他就自然会来帮助你。

众所周知，在银行里开个户头，就可以储蓄以备不时之需。我们也可以为感情开个账户，你每一次帮助了别人或者是诚信做事，就是储存了一份情感和信用。你储存得越多，在情感和诚信上就越富有，必要时就能发挥相当作用，甚至犯了错误也可用这笔储蓄来弥补。

财商的理念告诉我们要学会投资，在团队中我们就要学会感情投资，这种感情投资就是要诚信做事，主动去帮助别人。

我在公司历来倡导一种精神：自己的事做完了，就要主动去帮助别人。并让这成为团队中的一种习惯。

沃尔玛也有一条硬性规定：凡是同事需要帮助时，你必须放下手中的一切去帮助他。

因为同伴请你帮助，他一定是遇到了急迫的问题，所以你必须放下手里的一切去帮助他。沃尔玛将其作为硬性规定，正是为了培养团队的合作精神。

沃尔玛文化倡导：当别人有求于我时，不管手头的工作多么重要、时间多么紧迫，我都会竭尽所能帮助他人。这种理念使人想起《三个火枪手》中充满哲理的格言："人人为我，我为人人。"沃尔玛的内、外部客户服务的理念可以浓缩为一个行动，这就是为了客户可以放下一切。

团队中的互相帮助，能融洽关系，增进合作意识。而且，如果工作能对别人有所帮助，我们就能感到真正的满足，品尝到作为集体一员的快乐。

其实任何优异成绩都是通过一场相互配合的接力赛取得的，而不是一个简单的竞争过程。

相互配合，也就要相互帮助。

"在你做完别人期望你做的事之后，你所做的事与你的成功是成正比的"，这是一句改变了美国商会会长唐纳休一生的话，相信它也能够改变你的一生。

第十四章
要提供比满意更满意的服务

服务是培育顾客忠诚度最好的方法，也是最容易的方法。

——德鲁克

现代社会正逐渐步入一个服务型社会。

在20世纪上半叶，制造业不需要以人为本，至少福特汽车公司是这样。福特先生计算出T型车的生产总共需要8000多道工序："我们发现670道工序可以由没有腿的人来完成，2673道由一条腿的人，2道工序由没有手的人……"福特公司以标准化流程为本，人并不重要。

但时代不同了，越来越多的企业将以人为本。理由之一是"服务革命"：一方面，由人来直接满足消费者需求的服务业越来越壮大；另一方面，不管是传统的制造业，还是新兴的信息产业，企业都越来越紧密地与消费者在一个需求多样化、竞争白热化的市场上互动——也就是说，所有的企业都在"服务化"。

一、良好的服务体现你良好的素质

记得刘德华曾为香港旅游业做过一个公益广告："今时今日这样的服务是不够的。"早期香港人对内地游客的服务的确是很好的。

当时内地很多城市开放了香港自由行，我问自由行回来的人："对香港感觉如何？"大多数人都说："香港人素质很高。"我奇怪地问："你们只去了几天，怎么就能确认香港人素质高呢？"他们说："香港人服务很好。"

其实去香港的第一印象，从两地海关人员的服务上就能明显感觉出来。过深圳海关时，即使外国人通道、香港人通道没人，也不对内地游客开放，大家只好排着长长的队，在内地游客通道上耐心地等待。但一通过我们的海关后，就不用排队了，香港海关只要其他通道没人或很少人时，就对内地游客开放。而且内地的海关人员在审查通行证时，个个都像审查偷渡犯一样板着面孔。香港海关人员却是满面笑容，和蔼可亲。如果有幸碰到圣诞节，还会有漂亮的女模特戴着圣诞帽给大家派发利市。

进入香港后，这种感觉就更加明显。你在街上随便遇到一个人问路时，他的态度都会特别友好。一次我问路时，由于对方普通话不好，讲了半天我也没弄明白，于是他就带我到附近的大厦，在门口取了一张简易地图（香港大厦的门口一般都放有简易地图方便游人），在地图上给我耐心地指路。

要知道早几年香港人也不是这样，那时他们对内地人傲气十足，听到内地人就认为是没钱的。但随着改革开放，内地人的荷包越来越充实，而且香港近几年经济大滑坡，需要靠自由行的旅游收入来支撑经济，所以电视公益广告、各种媒体都在大力宣传对待自由行人员要有良好的服务态度，以吸引更多的游客，刺激香港经济发展。

香港人的服务好，所以大家认为香港人素质高。现代社会，有优秀的服务正是你有较高素质的反映。

记得改革开放初期，我去一家餐厅吃饭。那家餐厅比较新潮，率先在门口安排了四位迎宾小姐。以前我从来没有见过这种情况，进门时，一位小姐说："您好。"当时我没有听清楚，就问了一句："你说什么？"结果她马上回了一句："流氓。"认为我在调戏她。

这是改革开放初期，一些具有先进理念的企业强调了服务，但人们服务的意识还没有转变过来。

为什么北方服务不如南方？在南方呆惯了的人，去了北方常常会对北方的服务不适应。是北方的企业老板不重视服务吗？不是的，他们知道北方服务不好，甚至比南方老板更重视服务。原因在于北方人的服务观念。

在旧中国，服务行业是最低贱的行业，是在侍候人，是下等人做的事，因此普遍形成了一种观念：服务别人是在做低贱的事。特别在北方，这种观念更加根深蒂固。因此大家不愿意服务，即使要服务，也是抱着一种大爷心态，你愿来就来，不来拉倒。北京一个拉板车的，不都叫自己板爷吗？做大爷的又怎么可能服务好别人呢？

要做好服务，首先就要改变人的服务观念，服务人不是侍候人，服务好正表明你素质高，这样人们才愿意服务，进而才能做好服务。

现代社会是我为人人，人人为我，每个人都在服务，今天我为你服务，明天你就可能为我服务；我用这种方式服务你，明天你可能用另一种方式服务我。这个世界就是一个互相服务的世界。

二、顾客至上

顾客将是最终决定谁是市场赢家的仲裁者。

——宝洁前总裁杜普里

在服务行业中，做得最好、最成功的当数沃尔玛。在美国的非汽车零售领域，每1美元当中就有9美分是花在沃尔玛，沃尔玛一天销售所耗费的购物小票打印纸带可以长达 4000 多公里，相当于从深圳到乌鲁木齐的距离。沃尔玛在 2003 年一天的销售额就已高达 15 亿美元，这个数字比 36 个国家的国内生产总值还要高，多年来沃尔玛一直雄居《财富》500 强之首。这样一个传统的、可谓夕阳行业的零售商，为什么能取得如此的成功呢？

管理学之父德鲁克说："企业的目的是创造顾客。"如果像传统的经济学家所说的那样，将企业的目的定义为：追求最大利润。在现代社会，在如此激烈的竞争之中，这样的企业还可能长存吗？

企业就是要通过生产、创新、服务，不断地满足顾客的需要，创造顾客。企业的经营目标应该是一切从顾客出发而不是从利润出发，顾客至上，这才是企业基业长青之本。

在沃尔玛的墙上有两条标语，第一条：顾客永远是对的；第二条：如果顾客错了，请参照第一条。

沃尔玛强调顾客至上，在沃尔玛，只有顾客才是老板，顾客永远是对的。沃尔玛的创办人山姆·沃尔顿说："我们的老板只有一个，那就是我们的顾客，是他付给我们每月的薪水，只有他有权解雇上至董事长的每一个人，道理很简单，只要他改变一个购买习惯，换到别家商店买东西就是了。"

老山姆在创办沃尔玛之初就有一个基本信条："只要商店能够提供最全的商品、最好的服务，顾客就会蜂拥而至。"卓越的顾客服务也正是沃尔玛区别于所有其他公司的特色所在，沃尔玛公司不仅把"顾客第一"作为口号，而且把它作为贯彻始终的经营理念，使之成为企业文化的重要组成部分。

我曾亲身感受过沃尔玛的卓越服务。《方与圆》一直是沃尔玛里的畅销书。一次他们客服经理突然给我打来电话，说有位顾客买了《方与圆》，发现有缺页，但沃尔玛已经没货了，也一时联系不到供货商，顾客想换一本，她问我能不能想办法。

为了顾客这么一本不值多少钱的书，想必她也费尽周折，才弄到我的电话。她的精神让我感动，于是我联系了一家书店，打电话告诉她让顾客去换。

可没多久她又打来电话，说顾客住在蛇口，我联系的书店在福田区，太远了，问我能不能在蛇口想想办法。于是我又在蛇口联系了一家书店。

这是一件小事，但从这件小事就能感受到沃尔玛周到细致的服务，因此我也成了沃尔玛忠实的顾客。

三、服务，要超越顾客的期望

下面是山姆·沃尔顿在 1980 年代中期，通过卫星电视和十多万名沃尔玛同仁一起发下的誓言：

"现在，我希望你们举起右手——并且记住我们在沃尔玛所发的誓言，记住'君子一言，驷马难追'——跟着我念：我庄严地承诺和声明，从今以后，每当有顾客走近我身边3米时，我就会微笑，看着他的眼睛，并且招呼他。我敢向山姆发誓。"

沃尔玛所有的策略都是为了满足顾客的需求，老山姆对员工有两条著名的要求，那就是："太阳下山原则"和"3米微笑原则"。"太阳下山原则"是指每个员工都必须在太阳下山之前完成自己当天的任务，而且，如果顾客提出特殊的要求，也必须在太阳下山之前满足顾客。尽管沃尔玛各连锁店的生意都非常好，店员非常忙碌，但当天的事情在太阳下山之前必须干完是每个店员必须达到的标准，不管是乡下的连锁店，还是地处闹市区的连锁店，只要顾客提出要求，店员就必须在当天满足顾客。"3米微笑原则"是要求员工无论何时，只要顾客出现在3米距离范围内，员工必须面带微笑，看着顾客的眼睛，主动打招呼，同时询问能为他做些什么。而且，对顾客的微笑还有量化标准，微笑要露出"八颗牙齿"。在这位创始人看来，微笑服务，只有达到露出8颗牙的程度，才可把热情表现得完美。后来因为顾客在挑选商品的时候，突然打招呼问候显得有些突兀，就将主动打招呼改为推荐当天的特价商品。

沃尔玛制胜的法宝就是便宜和服务。天天平价、服务顾客就是沃尔玛的核心经营理念。

在现代，在企业日益服务化的今天，企业不仅要拼产品，还要拼服务，服务正越来越成为企业的立足之本。

我们总提到250法则，意思是在每位顾客的背后，都大约站着250个人，这是与他关系比较亲近的人：同事、邻居、亲戚、朋友。如果有一个顾客感到不愉快，他就会四处诉苦，影响到250个人。相反，如果顾客得到了良好的服务时，他却不会和很多人分享，因为他认为享受这种服务是理所当然的。但如果服务真正超越了顾客的期望，他就会到处宣传。

超越顾客的期望，他们就会再度光临；而且超越了顾客的期望，不仅能赢得顾客的热情称赞和滚滚财源，还会为企业赢得价值无限的"口碑"，为企业的长远发展奠定坚实的基础。

"要为顾客提供比满意更满意的服务"这是老山姆经常教导员工的。老山姆不仅教导员工，他还经常亲力亲为地做服务的表率。

一次老山姆走到一家沃尔玛分店，发现有个老太太在店里转了一个多小时后，空着手出来。

老山姆就过去跟老太太打招呼，说："我真的很抱歉，我们这么大的商场居然没有一样东西是您所需要的，没有一样东西能帮到您。请告诉我您想买什么？"

老太太一听赶紧说："不是，不是，是我自己的问题。我孙子要过生日，我想给他买玩具，但对玩具实在不懂，所以犹豫了半天也不知道买什么。"

老山姆一听，马上说："我最懂玩具了，我孙子过生日的玩具都是我买的，他总是很满意。这样，我带您去玩具柜看看，看能不能帮您找到满意的。"

然后，老山姆亲自带着老太太去到玩具柜，仔细地说明讲解，帮助老太太挑选玩具，最终老太太高高兴兴地买到了满意的玩具。老山姆还一直将老太太送到店门口，并鞠躬致意，欢迎她再来。

这个故事被写进了沃尔玛员工的培训教材。试想，当员工们看到他们这么伟大的老板都在耐心地服务顾客时，他们怎么会不受感染呢？又怎么会不更加精心地服务顾客呢？在沃尔玛培训服务的课程上，就常常用老山姆的服务故事做案例，来帮助员工树立超越顾客期望的服务意识。

白居易说："用心待客客心归。"服务就要响应顾客的额外要求。

海明威曾言："当我梦想进入另一个世界的天堂时，我就如同身处巴黎的丽兹酒店。"

海明威把丽兹酒店比作天堂并非夸大之词，被国际舆论誉为"世界顶级豪华酒店"的巴黎丽兹大酒店是各界名流的至爱，体验过丽兹酒店精致服务的名流不计其数，卓别林、科克多、奥尔逊·威尔士、伍迪·爱伦、艾尔顿·琼恩都光顾过丽兹。大艺术家更是对丽兹情有独钟，大作家普鲁斯特虽是巴黎人，但却把丽兹视为自己的"精神家园"；另一个传奇人物可可·香奈尔从 1934 年到她去世的 1971 年一直住在丽兹酒店。

资生堂的首席香水师塞尔日·鲁腾斯曾感慨："丽兹是一座宫殿，它拥有你需要的一切，但并不是一个缺乏个性的炫耀场所，而是一个大家庭。在这里，你有回家的感觉，服务生对客人直呼其名。无论岁月怎样流逝，你遇到的始终是同样的楼层服务生、侍者和女服务员，他们个个都对你的怪癖了如指掌。这是一个普鲁斯特式的旅馆：你总是能闻到第一次入住时喜爱的长圆形小甜糕的味道。"

丽兹酒店的成功秘诀之一，就在于它的个性化的体贴服务。

在丽兹大酒店入住的常客一般都是空手而来，不带行李箱，在酒店地下室有这些常客行李箱的存放处，丽兹酒店甚至还专门备有一个冷藏室，用来存放客人的裘皮大衣。

丽兹酒店的酒吧是以海明威的名字命名的。当年海明威嗜酒如命，但总被妻子玛丽察觉后责骂，于是酒吧的侍者专为海明威调制出一种鸡尾酒，命名为布隆迪玛丽，以伏特加与番茄汁混制而成，使海明威可以开怀畅饮，而不被妻子玛丽嗅出他的满嘴酒气。如今在丽兹的海明威酒吧有世界上最昂贵的鸡尾酒辛德卡，400 欧元一杯，用 1834 年的稀有白兰地酒制成。

我有一位朋友入住过巴黎丽兹大酒店，他给我讲述了一段住店经历：

早上，我准备去餐厅用餐，打开房门后，一位服务生就微笑着跟我打招呼："李永嘉先生，早上好！是要用早餐吗？"

我奇怪地问："你怎么知道我的名字？"

服务生回答："酒店要求我们，要熟记楼层每一位服务客人的名字。"

我下到餐厅后，电梯门刚一打开，服务小姐又微笑着跟我打招呼："李永嘉先生，这边请。"

"你怎么也知道我的名字？"我困惑地问。

"楼层服务生刚打来电话，说您已经下楼了。"

入座后，上好菜，我有一些问题想问服务生，但我发现，我问问题的时候，他就前进一步，回答问题的时候，他就退一步。就这样不断地前进一步，后退一步；前进一步，后退一步。

当时我心里在想：这是什么毛病。但现在我明白了，他说话的时候怕唾沫溅到了我的菜里，所以退后一步；我说话的时候他怕我太费力，所以又前进一步。

服务能做到这样的周到细致，还有顾客会不满意吗？什么叫高端服务？高端就体现在细节。

四、销售就是服务，服务就是爱

德鲁克认为：企业的两大生产性功能是行销和创新，所有其他工作都只是成本。德鲁克明确提出："任何企业都有两个基本功能，而且也只有这两个基本功能：行销和创新。"

在静态的经济中，不会有"企业"。因为在静态的经济中，"企业"只不过是收取中介费用的"经纪人"罢了。唯有在不断扩张的经济中，或至少是视变化为理所当然，且乐于接受改变的经济中，企业才可能存在。企业是经济成长、扩张和改变的组织。

因此，企业的一个重要功能是创新，也就是提供更好更多的商品和服务。对企业而言，单单提供产品和服务还不够，必须提供更好更多的产品和服务才行。企业不一定需要成长壮大，但是企业必须不断进步，变得更好。

创新可能表现在更低的价格上，可能表现在更新更好的产品上，或提供新的方便性、创造新需求上；有时则是为旧产品找到新用途。

如果说创新是企业成长之魂，那么销售则是企业的第一功能。首先，企业之所以有别于其他组织，是因为企业会行销产品或服务，而军队、学校、教会或政府都不会这么做。其次，没有了销售，企业的一切工作也都失去了价值。唯有实现销售，企业的工作才能体现出成果。

那么销售又是什么呢？销售无非就是让企业的成果具体地转变为了满足顾客的需要，能服务于顾客。所以销售就是服务，而服务就是爱。

张瑞敏说："用户的抱怨就是企业最好的礼物。"

用户的抱怨能帮助我们修炼自身，能帮助我们改进产品和服务，正是顾客送给我们的最好礼物。

星巴克公司经常派出秘密顾客，检查所有服务标准是否得到遵守。不论出现什么情况，星巴克都奉行"只需说是"的做法。即便客户偶尔点错了饮料，也可以获得免费的饮料券。

星巴克的信条是：体验出色的服务就像喝好酒一样，一旦品尝过陈年美酒，你就会觉得 10 元一瓶的酒简直难以下咽。

所以星巴克总是竭力让顾客体验最好的——最好的产品，最好的服务。当他们体验到出色的产品和服务时，他们就会开始领悟并欣赏公司已经建立起来的产品制度和服务制度，并成为公司永久的忠诚顾客。

用心才能换心，用爱才能换爱，用爱的服务才能换来爱的忠诚。古希腊诗人西塞罗说："付出你的爱吧，让它生根、成长，这样你才能收获果实啊！"

当顾客已经说很好了，你还要更好；当顾客已经说很棒了，你还要更棒！

第十五章
教育要随人、随事、随时、随地

担任领导并不意味着给你授予了王冠，而是给你赋予了一项职责——使其他人身上最好的潜质发挥出来。

——杰克·韦尔奇

在杂志上看过一个故事：

在德国，一位老人在湖边散步，看见一个小孩在钓鱼，发现他拿着两根鱼竿。在德国钓鱼，一个人只许用一根鱼竿。就像中国古语讲的"勿竭泽而渔"。于是老人问："你为什么用两根鱼竿？"

小孩回答："同伴去了洗手间，我帮他照看一下。"

老人赞许地对小孩点点头。又问："你有钓鱼执照吗？"在德国钓鱼需要有执照。

小孩拿出了执照。老人问："你带了卷尺没有？"在德国钓鱼，七吋以下的鱼需要重新放回河里，七吋以上才能留下来，所以要带卷尺。

小孩又拿出了卷尺。老人满意地拍拍小孩的头。

这时有一个路人看见了，就问老人："他是你的孙子吗？"

老人回答："不是。"

"那是你朋友的小孩？"

老人还是回答："不是。"

路人奇怪地问："那你为什么要教育他呢？"

老人说："每一个德国的小孩都是我的孩子，我都有教育他们的责任。"

看到这里，我一直在反问自己：我有将每一个中国的小孩都当成自己的孩子吗？我有要随时注意教育他们的责任吗？

教育要随人、随事、随时、随地。

德国元帅毛奇在打败法国并俘虏法国皇帝后说了一句名言："普鲁士的胜利早就在小学教师的讲台上决定了。"

德国早在19世纪初，为了能屹立于世界强国之林，就采取了种种的措施。这些措施当中，最为重要的一条就是它高度地重视对国民素质的培养，并以此作为国家振兴的基础。

在 19 世纪初，德国的小学生就能从自然课的挂图上，了解到距离他们上万公里之遥的中国长城是什么样子，也可以了解到在五大洲居住的不同人种和不同的生活环境。在小学实验室里，他们还可以接触到最新的自然科学知识。在德国一个边远小镇才特尔的小学博物馆保存着一张课程表，这张课程表记录了当时给小学生们开设的课程：世界地理、自然、算术以及德语、书法、宗教和体操。

在当时，受教育和服兵役一样被视为公民必须的义务，而国家则必须为它的公民提供受教育的机会。德国的免费教育从 19 世纪中期就已开始，上学是免费的，不上学却要受到处罚。1871 年德国统一前夕，适龄儿童入学率就已经达到 97.5%。

德国的年轻一代从一开始就要学会不仅仅只为自己活着，而是为整个民族。

早在拿破仑的军队入侵的时候，普鲁士国王威廉三世就指出了德意志的出路。他说："这个国家必须以精神的力量来弥补躯体的损失。正是由于穷困，所以要办教育。我从未听过一个国家办教育办穷了，办亡国了。"

在普及全民教育的同时，德国还建立起教学与科研并重的现代大学。

当德国还在向拿破仑支付巨额的战争赔款时，柏林洪堡大学诞生了。国王拿出了最后一点家底，并把豪华的王子宫殿捐献出来作为大学校舍。与此同时，他还接受了大学提出的一个要求，那就是：国家必须对教学和科研活动给予物资支持，但是不得干涉教育和学术活动。

同时拥有国家的保障和充分的自由，成就了德意志的科学家。洪堡大学被誉为现代大学之父。在二次世界大战之前，柏林洪堡大学可以说是世界学术的中心。许多知名学者、政治家都在这里留下了他们的身影，产生过 29 位在化学、医学、物理和文学等领域的诺贝尔奖得主，成就惊人。

第一个诺贝尔化学奖获得者凡霍夫就出自柏林洪堡大学，包括物理学家爱因斯坦、普朗克，哲学家费希特、谢林、黑格尔、叔本华，神学家施莱马赫，法学家萨维尼都曾在此任教。

与此同时，共产主义理论的创始者马克思、恩格斯都曾就读过柏林洪堡大学，其他曾在此就读过的还包括欧洲议会主席舒曼、哲学家费尔巴哈、著名诗人海涅、铁血宰相俾斯麦及作家库尔特·图霍尔斯基等。

直到现在，重视教育还是德国的基本国策。德国不仅重视学校教育，还特别重视氛围教育。报纸上有这样一篇文章：

德国的教育心理学家普遍认为，孩子在四五岁时是培养价值观和辨别是非能力的最重要时期，97%孩子的品性是在这个时期养成的。因此，在德国的青少年教育体系里，家庭是道德教育的主要场所，父母则是孩子的启蒙教育者。德国的教育法明确规定，家长有义务担当起教育孩子的职责。德国家庭也都非常注重为孩子营造一个真诚的氛围。家长们普遍遵守这样一个原则：教育孩子诚实守信，家长必须做出榜样。记者曾在德国一个小城的十字路口见到这样一块牌子，上面写着"为了孩子请不要闯红灯"。据当地居民说，自从立了这块牌子，闯红灯的行人和车辆明显减少。

在德国，你如果随地乱扔垃圾或者在没有停车标志的地方停车，马上就会有人过来阻止你，并给你灌输一套遵守社会公德、为下一代做好榜样的理论。氛围教育不仅培养了孩子良好的道德品质，同时也规范了成人自觉遵守社会秩序，诚信待人。

不仅德国重视教育，阿联酋作为一个沙漠里的小国，他们同样重视教育。

阿联酋把石油所得资金转化为一种民族文化，让全民族的人都到英国、美国等世界各国接受良好的教育，通过这种不断的循环，他们计划用一百年的时间，成为一个非常发达的国家。事实也正是这样。

全世界最漂亮的城市就在阿联酋。在沙漠里面完全用淡化海水浇灌出的花草、房子的建设等各方面都非常漂亮。阿联酋以自己为中心，营造了一个以两个小时的飞机行程、七天汽车行程为半径的经济圈，印度和巴基斯坦都在这个圈内，阿联酋称自己为中东的香港。他们现在的商业收入与石油相比已占国民收入的40%，继续这样发展下去，当石油枯竭时，阿联酋人也绝不会再去荒芜的沙漠放羊。

对比我们国家，我们也强调重视国民教育，但我们的重视教育只是停留在口号和宣传中，实际上却是每个家庭的教育负担越来越重，即使孩子努力读书，也不过是在应试教育中煎熬，不仅无法培养正确的学习方法和思维，还导致了广泛的厌学情绪。

经济决定人现在的素质，教育决定人未来的素质。我们说现代的竞争是人才的竞争，但人才来自哪里？人才不是从天上掉下来的，而是靠教育培养出来的。

据美国国家研究委员会调查，半数的劳工技能在 1 到 5 年内就会变得一无所用，而以前这段技能的淘汰期是 7 到 14 年。特别是在工程界，毕业 10 年后所学还能派上用场的仅仅只有四分之一。

学习已变成通往成功的必要途径！

美国人认为："年轻时，究竟懂得多少并不重要，只要懂得学习，就会获得足够的知识。"所以，企业与公司里的上班族可以说是学习市场上成长最快的一群人。1997 年，全美企业员工中仅接受企业正式拨款学习的人数就增加了 500 万名，平均每人每年可以享有 35.5 小时学习课程，因此全美企业员工的总学习时间增加了 1.36 亿小时，相当于 30 万名全日制大学生的总学习时间。换句话说，大约要建好几十所和哈佛大学规模相当的新大学，才能满足企业员工的学习需要。

目前，美国已有 26 家知名企业成立了自己的大学，学习带来的效益也日趋明显。摩托罗拉公司甚至还估计出每花 1 美元投资在学习上，就可以连续三年提高 30 美元的生产力。

"用学习创造利润"，这已被管理学界和企业界公认为当今和未来奠定赢局的商业经营策略。

在中国的先进企业中，也十分重视学习和培训。

深圳广泛流传着这么一种说法："去华为办事千万不要轻易提起你的学历，因为门口让你登记的门卫很可能就是硕士，公司里打扫卫生的可能就是一名本科生。"这虽然是讲笑话，却暗示了华为公司员工的整体高学历。但就这样高学历的员工，华为仍然十分重视他们的学习和培训。新员工上岗前必须经过长达 5 个月的培训，培训内容包括：军事训练、企业文化、车间实习、技术培训、市场销售等，培训最后的结业是上街卖溜溜球，超市卖 12 块钱一个，但实习员工要以 15 块钱一个卖出。以致有段时间，深圳东门天桥上被城管人员抓住无证卖溜溜球的，竟然都是华为的员工。

其实提升人员素质不仅要有专门的学习和培训，更重要的，要在每天的日常生活和工作中都注意帮助人提高，要像上面提到的德国老人对德国小孩那样，教育要做到四随：随人、随事、随时、随地。这既是企业提高竞争力的必要手段，也是企业的责任。

松下幸之助曾对员工说过这样一段话："如果有人问我们松下是生产什么的？你们应当这样回答，'我们松下公司首先制造人才，兼而生产电器。'"

现在有一个"许可悖论"，意思是说：如果没有一定的经验，你就得不到这个工作机会；而如果得不到这份工作，你又积累不起相关的经验。

其实只要给予一个发挥的机会，很多人都对自己的能力充满信心。但最难的是得到许可来展示技能，获得新经验。所以福特汽车公司提倡"领导者是老师"，惠普的总裁费奥里娜也说："我事业上主要的个人目标，就是帮助组织中的员工发挥他们的潜质。"

微软还提出了"让他人变得伟大"的管理理念。即只有让别人伟大，你才是伟大的，积极倡导团队合作精神。

那么，我让他人变得伟大，谁让我变得伟大呢？如果光成为一个奉献者，而没有得到任何东西，这个理念也就沦为了空谈。所以除了理念，微软还建立了相应的机制来保障。

微软的优秀员工评比就是一个很好的机制。首先，要想拿这个奖，你一定要让他人变得伟大，即表现出良好的团队合作精神，为同事提供过无私帮助。其次，在考虑提升时，如果你在一定时间内没有拿过这个奖，会被大打折扣，甚至不予考虑。因为这证明你没有得到大家的认同，你这个人一定有某方面的问题。

微软真正将"让他人变得伟大"的理念与个人的发展前途直接挂钩，在机制上激励了员工朝着这个方向努力。

我们也总在谈优秀的领导人要"启导宏才"，那"启导宏才"是什么意思呢？很多人一辈子最大的目标就是自己的成功。同时，他的上限也就是他个人的成功。事实上个人的成功算不上真正的成功。而当我们真正意识到我们要去"启导宏才"的时候，要去让更多人成功的时候，这个上限就被打破了，视野一下就会开阔许多。而且，在我们激励他人成功时，一种反作用力也会让我们自己更加成功。

德鲁克在《个人的七项体验》中写了这样一段感受：

我个人发展故事中的最后一项体验，发生在 1949 年的圣诞节，当时我才刚开始在纽约大学教授管理学。73 岁的父亲已经退休了好几年，特地从加州到纽约来看我。刚过完新年，也就是 1950 年 1 月 3 日，我们父子俩一起去拜访父亲的老友，著名的经济学家、诺贝尔奖得主熊彼德。66 岁的熊彼德誉满全球，当时仍在哈佛大学教书，同时在美国经济学会会长的职位上表现活跃。

我父亲在 1902 年任职于奥地利财政部，同时也在大学教授经济学。当时熊彼德 19 岁，是年轻学生中最聪明的一个。他们两人性格迥异：熊彼德浮夸傲慢，率直自大；我父亲则是沉默寡言，谦虚有礼，不喜欢出风头。但两人却很快就成为好友，而且友谊坚贞不渝。

1949 年时，熊彼德已经跟年轻时大不相同。他正值盛名巅峰，在哈佛大学再过一年就要退休。两位老先生见面后，开心地回忆旧日时光。他们都在奥地利成长和工作，最后都来到美国，熊彼德是 1932 年，我父亲则晚 4 年。突然，我父亲笑着问道："你现在还会提到，希望后人怎样回忆起你吗？"熊彼德听了放声大笑，连我也跟着笑了起来。父亲会问这个问题，是因为大家都知道，熊彼德在 30 岁左右、出版过两本经济论著时曾提过，他最希望后人回忆起他时，记得他曾是欧洲最伟大的情圣、最伟大的骑师，或许，也是全球最伟大的经济学家。熊彼德跟父亲说："是啊，对我来说，这个问题还是很重要，但我现在的回答可不一样。我希望人们会记得，我是把好几位聪明的学生调教成一流经济学家的老师。"

熊彼德一定看到父亲脸上惊讶的表情，因为他继续说："你也知道，以我现在的年龄，已经能体会到，光让别人记得你的著作或理论还不够。除非你能让其他人的生活因你而有所不同，才算真的有所作为。"我父亲之所以去拜访熊彼德，其实是得悉他已经病重，将不久于人世。就在我们拜访的 5 天后，熊彼德就过世了。

我从没忘记父亲和熊彼德的这次对话。我从中体会到三件事。首先，我们必须自问，自己希望让后人记得什么。再者，这种看法应随着年龄增长而改变，随着个人的成熟程度与外在世界的变迁而改变。最后，让别人的生活因你而有所不同，是值得让后人回忆的事。

一个人的目标有多大，胸怀有多宽广，他的成就就会有多大。

创建了美国摩根大财团的 J. P. 摩根，在年方 15 岁时，就已经在家族的罐头厂管理 35 名工人，这一年他发现了他的第一个商业机密：投资于你的员工、传授给他们技能、支持他们，员工们将助你达到巅峰。如果员工的薪酬丰厚，就会忠于企业；如果尊重员工，你也会得到尊重；如果员工在工作中学到新的技能，他们会用以促进业务发展。

但我们民间有一句俗话："教会了徒弟，饿死了师傅。"很多人就有这样的心态。总经理怕副总经理超过他，所以 100 分的总经理就用一个 80 分的副总，80 分的副总又怕底下人超过他，用了 60 分的经理。

沃尔玛为了杜绝这种现象，在招聘中就有一个硬性规定，招聘人的职位要比应聘职位最少高二级。

其实不要怕别人比你精明，也不要怕别人比你能干。

"奥美广告公司"的创办人戴维·奥格威每次雇用一位新的部门主管，都会送给对方一个俄罗斯套叠式玩偶——里面装着一个较小的玩偶，这第二个里面又装着一个更小的，然后又一个、又一个……共 5 个。最小的玩偶里放着奥格威的便条："如果我们每个人都只雇用比我们矮小的人，我们的公司到最后只会成为侏儒公司。相反的，如果我们每个人都愿意雇用比我们高大的，奥美公司迟早成为巨人公司。"

该公司如今正是如此——它是世界上最有名、规模最大的广告公司之一。

很多人满嘴都是"学习型企业"。可是如果你不主动学习的话，再好的概念也没用。因为，真正的学习是从学习者开始的。

有这样一首诗：

树的方向，由风决定；
人的方向，自己决定。
所以，我一定要——
以今日之我，胜昨日之我；
以明日之我，胜今日之我！

这就是人在学习中成长的座右铭。真正的自我超越是没有止境的。所以，我们提倡终身学习。

结束语

有个落魄的中年人每隔两三天就到教堂祈祷，而且他的祷告词几乎每次都一样："上帝啊，请念在我多年来敬畏您的分上，让我中一次彩券吧！阿门。"

几天后，他又垂头丧气地回到教堂，同样跪着祈祷："上帝啊，为何不让我中彩券？我愿意更谦卑地来服侍您，求您让我中一次彩券吧！阿门。"又过了几天，他再次出现在教堂，同样重复着他的祈祷。如此周而复始，不间断地祈求着。

终于有一次，他就要彻底失去信心了，跪着说："我的上帝，为何您不聆听我的祈求？让我中彩券吧！只要一次，让我解决生活上所有的困难，我愿终身奉献，专心侍奉您……"

就在这时，圣坛上空传来一阵宏伟庄严的声音："我一直聆听着你的祷告。可是，最起码，你也该先去买一张彩券吧！"

现在你明白为什么这样的人注定不会成就大事了吧？光有梦想是不够的，在取得成功前，你必须为实践自己的理想而认真努力，抱着一股坚持到底的决心，并且马上行动！

梦想是成功者的起跑线，决心则是起跑时的枪声，行动犹如跑者全力的奔驰，唯有坚持到最后一秒，才能获得成功的金牌。